Direito Contratual e Convenção de Viena (CISG)

Direito Contratual e Convenção de Viena (CISG)

2021

Gustavo Santos Kulesza
Rodrigo Moreira
Coordenadores

ALMEDINA

DIREITO CONTRATUAL E CONVENÇÃO DE VIENA (CISG)
© Almedina, 2021
COORDENADORES: Gustavo Santos Kulesza e Rodrigo Moreira

DIRETOR ALMEDINA BRASIL: Rodrigo Mentz
EDITORA JURÍDICA: Manuella Santos de Castro
EDITOR DE DESENVOLVIMENTO: Aurélio Cesar Nogueira
ASSISTENTES EDITORIAIS: Isabela Leite e Larissa Nogueira

DIAGRAMAÇÃO: Almedina
DESIGN DE CAPA: Roberta Bassanetto
ISBN: 9786556273273
Outubro, 2021

Dados Internacionais de Catalogação na Publicação (CIP)
(Câmara Brasileira do Livro, SP, Brasil)

Kulesza, Gustavo Santos
Direito contratual e convenção de Viena (CISG) /
Gustavo Santos Kulesza, Rodrigo Moreira. -- 1. ed. --
São Paulo : Almedina, 2021.

ISBN 978-65-5627-327-3

1. Convenção de Viena 2. Contratos (Direito civil)
3. Contratos (Direito comercial) I. Moreira, Rodrigo.
II. Título.

21-73280 CDU-341.24:347.7

Índices para catálogo sistemático:

1. Convenção de Viena : Contratos de compra e venda de mercadorias :
Direito do comércio internacional 341.24:347.7

Aline Graziele Benitez - Bibliotecária - CRB-1/3129

Este livro segue as regras do novo Acordo Ortográfico da Língua Portuguesa (1990).

EDITORA: Almedina Brasil
Rua José Maria Lisboa, 860, Conj. 131 e 132, Jardim Paulista | 01423-001 São Paulo | Brasil
editora@almedina.com.br
www.almedina.com.br

SOBRE OS COORDENADORES

Gustavo Santos Kulesza
Doutorando em Direito Civil
Mestre em Direito Internacional e Bacharel pela USP.
Sócio de BMA Advogados.

Rodrigo Moreira
Mestre em Direito Internacional pela UERJ.
Bacharel em Direito pela PUC-Rio.
Sócio de LDCM Advogados.

SOBRE OS AUTORES

Amanda Guimarães Cordeiro
Mestre em Direito Civil pela UERJ.
Advogada.

Ana Carolina Aguiar Beneti
Sócia de Beneti Advocacia, atua como Árbitra e Advogada. LL.M. pela London School of Economics and Political Science – LSE (University of London). Doutoranda em Direito Internacional Privado pela Faculdade de Direito da Universidade de São Paulo (USP). Pesquisadora (guest) do Max-Planck-Institut für ausländisches und internationales Privatrecht, Hamburgo.

Ana Teresa de Abreu Coutinho Boscolo
Doutora e Mestra em Direito Internacional pela Faculdade de Direito da USP.
Advogada.

Bernard Potsch M.
Doutor em Direito Internacional.
Sócio de Batista Martins Advogados.

Bruno Barreto de Azevedo Teixeira
Doutorando em Direito Internacional pela Faculdade de Direito da USP.
Coordenador do Grupo de Estudos em Arbitragem e Direito do Comércio Internacional da PUC-Rio. Advogado no Rio de Janeiro.

Christian Sahb Batista Lopes
Advogado, sócio de Vilas Boas, Lopes e Frattari Advogados.
Professor Adjunto na Faculdade de Direito da Universidade Federal de Minas Gerais.
Doutor e Mestre pela mesma instituição.
Mestre em Direito (LL.M.) pela Columbia University.
Co-coordenador do GACI – Grupo de Estudos em Arbitragem e Contratos Internacionais da Faculdade de Direito da Universidade Federal de Minas Gerais.
Diretor do CBAr – Comitê Brasileiro de Arbitragem.
Ex-Diretor e Ex-Vice-Presidente da CAMARB – Câmara de Arbitragem Empresarial Brasil.

Daniel Dias
Professor da FGV Direito Rio.
Doutor em Direito Civil pela USP (2013-2016), com período de pesquisa na LMU, em Munique, e no Instituto Max-Planck, em Hamburgo (2014-2015).
Estágio pós-doutoral na Harvard Law School (2016-2017).
daniel.dias@fgv.br

Giovana Benetti
Doutora em Direito Civil pela Universidade de São Paulo.
Especialista em Processo Civil pela Universidade Federal do Rio Grande do Sul.
Professora Convidada em cursos de Graduação e Pós-Graduação.
Advogada.

Gustavo Santos Kulesza
Bacharel, Mestre em Direito Internacional e Comparado, e Doutorando em Direito Civil pela Faculdade de Direito da Universidade de São Paulo – USP. Sócio de BMA Advogados.

Hugo Tubone Yamashita
Mestre e Doutor em Direito Civil pela Universidade de São Paulo.
Advogado em Solução de Conflitos em Lobo De Rizzo Advogados.

Laura França Pereira
Advogada associada de Three Crowns LLP, em Washington, DC.
Mestre em Direito (LL.M.) pela Harvard Law School.
Bacharel em Direito pela Universidade de São Paulo (Prêmio de Melhor Aluno), com período de intercâmbio acadêmico na Sciences Po Paris (menção *summa cum laude*).

Lauro Gama Jr.
Professor do Departamento de Direito da Pontifícia Universidade Católica do Rio de Janeiro (PUC-Rio, Brasil), Membro do Conselho Consultivo da CISG (CISG-AC).

Leonardo Polastri Lima Peixoto
Mestrando em Direito Empresarial pela Universidade Federal de Minas Gerais (UFMG).
Advogado.

Lígia Espolaor Veronese
Bacharel, Mestre e Doutoranda na Faculdade de Direito da Universidade de São Paulo. Pesquisadora Bolsista no Instituto UNIDROIT em Roma e no Instituto Max-Planck em Hamburgo. Sócia de MAMG Advogados na área de arbitragem e contratos.

Maria Beatriz Rizzo Delamuta
Mestre em Direito Civil pela Universidade de São Paulo, cursando LL.M. pela Queen Mary University of London.
Advogada na área de arbitragem e contratos.

Pedro Martini
Advogado de Cleary Gottlieb Steen & Hamilton.
Inscrito no Brasil e em Nova Iorque. LL.M. pela University of California, Berkeley.

Pedro Silveira Campos Soares
Sócio de Grebler Advogados, Professor do IBMEC-MG, Diretor da CAMARB – Câmara de Arbitragem Empresarial (Brasil), Master of Laws (LLM), Duke University School of Law.

Vera Cecília Monteiro de Barros
Sócia de Selma Lemes Advogados. Mestre e Doutora em Direito Internacional pela Universidade de São Paulo.
Professora de Técnicas de Negociação, Mediação e Arbitragem na Faap.
Autora das obras "Exceção de Ordem Pública na Homologação de Sentença Arbitral Estrangeira no Brasil" e "Previsibilidade do Dano Contratual no Direito do Comércio Internacional".

AGRADECIMENTO DOS COORDENADORES

Este livro marca o fim da nossa trajetória à frente do Grupo de Estudos sobre CISG e Arbitragem ("Grupo de Estudos"), organizado pelo Comitê Brasileiro de Arbitragem ("CBAr"). Naturalmente, não poderíamos encerrar esse longevo ciclo tão frutífero sem fazer alguns agradecimentos.

Nosso maior agradecimento é ao CBAr, na pessoa de seu presidente, Giovanni Ettore Nanni, e todos os seus diretores, assim como às gestões anteriores, pelo apoio inabalável ao desenvolvimento dos projetos do Grupo de Estudos nesses últimos anos.

Agradecemos também a todos os autores por terem contribuído para essa obra com seus brilhantes artigos, que oferecem um panorama amplo e detalhado da influência que a Convenção de Viena e outros instrumentos de uniformização e harmonização do Direito Contratual têm tido sobre o desenvolvimento do direito privado brasileiro.

Nosso agradecimento também à Tamara Balassiano, pelo valioso auxílio na revisão dos textos e na organização de todos os trabalhos que culminaram na publicação desta coletânea.

Por fim, agradecemos a todos os aqueles que, direta ou indiretamente, engajaram-se nos diferentes projetos que coordenamos no Grupo de Estudos ao longo dos anos e nos incentivaram a promover novas ideias em busca do desenvolvimento do direito contratual e da CISG, em particular.

Muito obrigado.

Gustavo Santos Kulesza
Doutorando em Direito Civil.
Mestre em Direito Internacional e Bacharel pela USP.
Sócio de BMA Advogados.

Rodrigo Moreira
Mestre em Direito Internacional pela UERJ.
Bacharel em Direito pela PUC-Rio.
Sócio de LDCM Advogados.

APRESENTAÇÃO

O Comitê Brasileiro de Arbitragem ("CBAr") tem a honra de apresentar esta obra, composta por textos de excelência, escritos por autores que compartilham o entusiasmo pela evolução do direito contratual brasileiro por meio do estudo do direito comparado e dos instrumentos internacionais, especialmente a Convenção das Nações Unidas para a Venda Internacional de Mercadorias ("CISG" ou "Convenção").

O lançamento desta coletânea é resultado do trabalho de coordenação de Gustavo Santos Kulesza e Rodrigo Moreira à frente do Grupo de Estudos sobre CISG e Arbitragem, organizado pelo CBAr, que consubstancia uma de suas fortalezas acadêmicas, propiciando debates de grande qualidade entre seus associados, divididos entre vários Grupos de Estudos.

Após exercerem o papel de coordenadores por mais de 5 anos, Gustavo e Rodrigo encerram sua atribuição na liderança do Grupo de Estudos, presenteando a comunidade jurídica com livro que é verdadeiro marco na análise do direito contratual brasileiro. A seguir, apresenta-se breve sumário dos capítulos que o compõem.

Lauro Gama Jr. abre a coletânea com o texto "**O Impacto da CISG no Direito Contratual Brasileiro**". O autor dá destaque ao papel do Willem C. Vis Arbitration Moot (competição internacional de arbitragem) no aprendizado e na divulgação da CISG no Brasil, para posteriormente tratar de algumas das inovações do direito contratual brasileiro inspiradas pela CISG. Ao fim, remete a temas que, em sua opinião, sofrerão a mesma influência no futuro.

Ligia Espolaor Veronese escreve sobre "**A contribuição da CISG para o direito contratual brasileiro: uma análise jurisprudencial**". Faz análise jurisprudencial da aplicação da CISG ao direito brasileiro após os primeiros anos de sua entrada em vigor. Conclui que ainda há muito o que se avançar nesse aspecto. Segundo a autora, os tribunais brasileiros, quando empregam a CISG, ainda o fazem de forma limitada e indireta.

Ana Carolina Aguiar Beneti é autora do artigo "**Restrições à incidência do princípio da função social do contrato nos contratos regidos pela CISG**". O texto analisa a relação entre o princípio da função social do contrato e a preservação do microssistema instituído pela CISG, tendo em vista, principalmente, a necessidade da aplicação e da interpretação uniformes da Convenção. Nesse contexto, examina se haveria lugar para o emprego do princípio da função social do contrato nas contratações regidas pela CISG no Brasil.

Pedro Silveira Campos Soares analisa o "**Requisito de forma nas contratações eletrônicas segundo a CISG**". O texto investiga a controvérsia a respeito do uso de meios de comunicação eletrônica no âmbito de contratos internacionais regidos pela Convenção, com enfoque para a interpretação do artigo 13 da Convenção, colmatando suas lacunas, tendo em conta o princípio de liberdade de forma previsto no artigo 11 do tratado.

Ana Teresa de Abreu Coutinho Boscolo discorre a respeito da "**Conservação dos contratos: contribuição da CISG para o direito brasileiro**". A autora apresenta um estudo sobre o adimplemento substancial no contexto da CISG e do direito brasileiro, de modo a verificar como a Convenção contribui para a evolução do direito brasileiro e para a harmonização do direito em geral em relação ao tema, com especial destaque para o princípio da conservação dos contratos.

Gustavo Santos Kulesza é autor do artigo "**Quem 'redigiu o dispositivo'? Aplicação da *interpretatio contra proferentem* a contratos negociados no direito brasileiro**". Procura esclarecer algumas dúvidas decorrentes da ampliação do campo de incidência da *interpretatio contra proferentem* no direito brasileiro por meio da Lei da Liberdade Econômica (Lei nº 13.784/2019), com foco nas lições extraídas do direito contratual internacional.

Bruno Barreto de Azevedo Teixeira examina os "**Remédios contra o inadimplemento**". Explora o sistema de remédios contra o inadimplemento na CISG, buscando compreender, a partir da análise de seus efeitos, se há espaço para atualização das regras contratuais brasileiras sobre o tema.

Amanda Guimarães Cordeiro disserta acerca do "**Período de graça na CISG e normas similares no direito brasileiro**". A autora aborda o instituto do período de graça (*Nachfrist*) na CISG e traça comparativo entre o tema e a concessão de prazos suplementares para o cumprimento de obrigações prevista em normas brasileiras.

Giovana Benetti apresenta estudo quanto "**A resolução parcial de contratos de compra e venda internacional de mercadorias**". Objetiva identificar quais são os critérios para a resolução parcial da relação contratual segundo as normas da Convenção, mais especificamente os artigos 51 e 73 do tratado. A partir desta análise, ilustra o papel que a Convenção desempenha como fonte de inspiração ao desenvolvimento e ao aprimoramento de dispositivos contidos em normas de direito doméstico.

Leonardo Polastri Lima Peixoto é autor do artigo "**A transferência de risco no Código Civil brasileiro e na CISG**". Propõe contraponto entre o regime da transferência de risco na compra e venda de mercadorias no Código Civil brasileiro e na CISG. Para tanto, busca definir o conceito de risco nos dois diplomas, para depois abordar o momento da passagem de risco do vendedor ao comprador e a distribuição do risco entre ambos sob a égide da Convenção e do direito pátrio.

Bernard Potsch explica "**O regime de conformidade das mercadorias e suas possíveis contribuições à disciplina dos vícios redibitórios**". Trata da matéria da conformidade das mercadorias na CISG e de suas possíveis contribuições à disciplina dos vícios redibitórios prevista no direito brasileiro. Para além do uso das soluções adotadas pela CISG como preceito interpretativo no desenvolvimento da temática, o autor indica cinco propostas atinentes a potenciais modificações legislativas.

Maria Beatriz Rizzo Delamuta escreve o texto "***Fundamental breach* e inadimplemento definitivo: um paralelo entre a CISG e o direito privado brasileiro sob a perspectiva do interesse do credor**". Traça as semelhanças e as diferenças entre a *fundamental breach* na CISG e o inadimplemento definitivo no Código Civil, em ambas as hipóteses à luz do interesse do credor.

Hugo Tubone Yamashita é autor do texto "**A resolução extrajudicial no Código Civil brasileiro e na Convenção das Nações Unidas sobre Compra e Venda Internacional de Mercadorias**". Investiga a hipótese de resolução extrajudicial no âmbito do Código Civil brasileiro e da CISG, buscando identificar as diferenças e semelhanças entre ambos os regimes.

Laura França Pereira examina "**A teoria do inadimplemento eficiente (*efficient breach*), os esforços de unificação ou harmonização do direito contratual e o direito brasileiro**". Aborda a chamada *efficient breach*, teoria surgida nos Estados Unidos da América com base em preceitos da *common law* e da Análise Econômica do Direito. A autora analisa em que medida os esforços de harmonização do direito contratual, em especial por meio da CISG e dos Princípios UNIDROIT, podem contribuir ao desenvolvimento da discussão sobre inadimplemento eficiente no âmbito doméstico.

Pedro Martini apresenta "**Possíveis contribuições da CISG e dos Princípios do UNIDROIT para a exclusão da responsabilidade contratual no direito brasileiro**". O texto é dedicado à análise de possíveis contribuições de fontes internacionais sobre o direito contratual, como a CISG e os Princípios do UNIDROIT Relativos aos Contratos Comerciais Internacionais, para o direito contratual brasileiro, em especial quanto às hipóteses de exclusão de responsabilidade.

Vera Cecília Monteiro de Barros disserta quanto à "**Previsibilidade do dano contratual no direito do comércio internacional**". Trata da previsibilidade do dano contratual como critério limitador de responsabilidade no direito do comércio internacional, à luz das normas contidas nos principais instrumentos de harmonização do direito contratual, com enfoque particular na CISG.

Christian Sahb Batista Lopes desenvolve estudo sobre "**A quantificação da indenização e operações substitutivas na compra e venda de mercadorias: A CISG e o Direito Brasileiro**". Analisa a aplicação do critério da "operação substitutiva", método de quantificação de danos baseado na diferença entre o preço contratado e o preço (efetivo ou potencial) de operação com terceiro, para a hipótese de inadimplemento da compra e venda doméstica à luz do direito brasileiro.

Daniel Dias aborda a "**Mitigação de danos: análise da compra e da venda substitutivas**". O autor também analisa a compra e a venda substitutivas como medidas típicas para mitigação do dano no direito contratual brasileiro, assim como a execução substitutiva e a venda particular como alternativas, respectivamente, à compra e à venda substitutivas, a fim de preencher as lacunas presentes no direito nacional.

Em razão da abrangência dos artigos, voltados ao exame de temas que compõem o âmago do direito contratual pátrio, bem como em função do gabarito de seus autores, todos especialistas na matéria, a presente obra consubstancia produção intelectual de destacada qualidade, cuja leitura é vivamente recomendada, fruto da realização de um dos objetivos institucionais do CBAr, que é fomentar o debate científico especializado.

Giovanni Ettore Nanni
Livre-Docente, Doutor e Mestre em Direito Civil pela PUC/SP
Professor de Direito Civil nos Cursos de Graduação e de Pós-Graduação *Stricto Sensu* na PUC/SP
Presidente do Comitê Brasileiro de Arbitragem – CBAr
Advogado em São Paulo

São Paulo, março de 2021

SUMÁRIO

1. O Impacto da CISG no Direito Contratual Brasileiro

Lauro Gama Jr.

Introdução

A CISG, modelo eclético e fonte de inspiração da reforma legislativa

Muito já se disse sobre a Convenção das Nações Unidas sobre Contratos de Compra e Venda Internacional de Mercadorias ("Convenção de Viena", "Convenção" ou "CISG") como modelo de harmonização, convergência e reforma do direito[1]. Desnecessário, pois, ressaltar a importância da Convenção como *role model*[2]. Basta apontar que a CISG inspirou um número considerável de países na reforma de seus respectivos direitos contratuais, dentre eles: os países escandinavos, Estônia, Países Baixos, Alemanha, China, Rússia e, mais recentemente, a França. Provavelmente, a influência global da CISG constitui uma feliz e imprevisível consequência do *modelo eclético* de uniformização do direito por ela adotado.

[1] SCHLECHTRIEM, Peter. Basic Structures and General Concepts of the CISG as Models for a Harmonization of the Law of Obligations. *Juridica International.* nº 10. 2005, pp. 27-34. Fonte: <http://www.cisg.law.pace.edu/cisg/biblio/schlechtriem12.html, acesso em 25/10/2019). Os links indicados no texto podem ter sido modificados após a conclusão deste artigo.

[2] Um *role model* é uma pessoa cujo comportamento, exemplo ou sucesso é, ou pode ser, imitado por outros, especialmente pelos jovens. Tomei aqui a liberdade de "personalizar" a CISG para usar o conceito de forma a expressar seu papel inspirador.

Sobre o ponto, Filip De Ly diz que a CISG representa um compromisso entre *unidade* e *diversidade*, em que prevalece a primeira, havendo, todavia, espaço para a atuação de normas nacionais eventualmente aplicáveis. Segundo ele, a Convenção exibe seu ecletismo ao permitir uma saudável convivência entre suas próprias normas uniformes, as derivadas de outras fontes (nacionais ou internacionais) e a autorregulamentação privada. Ou seja, dotada de uma estrutura aberta, a CISG forma um sistema jurídico permeável, que interage e deixa espaço para a atuação de regras de origens diversas. Além disso, não tem a pretensão de regular todos os aspectos e suprir todas as eventuais lacunas do contrato internacional de compra e venda, deixando parte dele sujeito ao império de direitos nacionais[3] ou de outros diplomas internacionais.

A CISG no Brasil

O Brasil é um membro retardatário do sistema da Convenção de Viena, iniciado em 1988, com a sua entrada em vigor. Somente em 2014 incorporou-a ao ordenamento nacional[4] e sua aplicação direta pelos tribunais ocorreu, pela primeira vez, em 2017[5].

[3] De Ly, Filip. Sources of International Sales Law: an Eclectic Model. *The Journal of Law and Commerce*, v. 25, nº 1, 2005-2006, pp. 1-12.

[4] Para o decreto de promulgação e texto oficial da Convenção de Viena em português, *vide:* Decreto nº 8.327, de 16 de outubro de 2014.

[5] Ambas as decisões foram proferidas pelo Tribunal de Justiça do Estado do Rio Grande do Sul. A primeira (nº 70072362940, de 14 de fevereiro de 2017) chancelou a resolução de contrato internacional de venda de pés de galinha congelados, celebrado entre vendedora brasileira e compradora dinamarquesa, que não foram entregues ao destino em Hong Kong. O tribunal entendeu que a CISG não se aplicava ao caso, dado que o contrato fora concluído antes da sua entrada em vigor no Brasil. Nada obstante isso, afastou a aplicação do art. 9º da LINDB e determinou que o contrato se regia pela "nova lex mercatória", de sorte que deu pela existência do contrato à luz dos art. 1.2 dos Princípios do UNIDROIT ("PICC") e art. 11 da CISG, e validou a resolução do contrato com base no art. 49 da CISG e na violação da boa-fé expressa no art. 1.7 dos PICC (disponível em: http://www.unilex.info/cisg/case/2036, acesso em 31/07/2020). Esse caso é referido mais adiante no capítulo VI.1 do presente artigo. Na segunda decisão (nº 70072090608, de 30 de março de 2017), o vendedor brasileiro, após receber o preço do comprador venezuelano duas vezes, uma primeira por meio de um banco norte-americano e a outra mediante transferência oficial de recursos a partir da Venezuela, recusou-se a devolver o pagamento em excesso, pois afirmava a sua nulidade pela violação de norma imperativa estrangeira. O tribunal, novamente, afastou a aplicação do art. 9º da LINDB e determinou que, segundo o "princípio da proximidade, o

A presença da CISG nos contratos internacionais de compra e venda de mercadorias envolvendo partes brasileiras promoverá ainda mais o seu estudo pelas novas gerações de estudantes, ampliando a presença do Brasil no *Willem C. Vis Moot Arbitration*[6] e noutras competições de caráter educativo. Somente isso já indica o potencial de influência da CISG no direito brasileiro dos contratos.

Interessante notar, porém, que o impacto da Convenção de Viena no direito nacional remonta a momento bem anterior à sua incorporação formal ao ordenamento. A partir dos anos 2000 – e sobretudo através dos interstícios do Código Civil brasileiro de 2002 ("Código Civil", "Código" ou "CCB")[7] – penetraram no direito contratual brasileiro noções centrais da Convenção de Viena, tais como o "*dever de mitigação dos próprios prejuízos*", o "*inadimplemento antecipado do contrato*", a ideia de "*adimplemento substancial do contrato*", que se liga à de "*violação essencial*", e à "*ampliação de regras de interpretação contratuais*". Essa notável influência da Convenção decorreu do trabalho de professores, estudantes, juízes e advogados, conscientes do seu relevante papel na renovação do direito contratual brasileiro.

Vejamos, em primeiro lugar, o *dever do credor de evitar o agravamento de seus próprios prejuízos,* derivado do art. 77 da CISG e do princípio geral da boa-fé contido no Código Civil[8].

contrato deveria ser regido pela CISG e pelos PICC. Assim, identificou uma lacuna externa da CISG no tocante ao tema da validade do contrato e a supriu com a aplicação dos arts. 3.3.1 e 3.3.2 dos PICC (Disponível em: http://www.unilex.info/cisg/case/2119, acesso em 31/07/2020). Antes de 2017 a CISG foi referida *en passant* por tribunais brasileiros, como se verá mais adiante.

[6] De 2009/2010 a 2018/2019, o número de equipes brasileiras participantes do *Willem C. Vis Moot Arbritation* aumentou de 7 para 32. (Disponível em https://vismoot.pace.edu/. Acesso em 25/10/2019).

[7] Ainda que o Código Civil brasileiro tenha entrado em vigor em 2003, seu projeto inicial remonta a 1975.

[8] Art. 77 CISG: "*A parte que invocar o inadimplemento do contrato deverá tomar as medidas que forem razoáveis, de acordo com as circunstâncias, para diminuir os prejuízos resultantes do descumprimento, incluídos os lucros cessantes. Caso não adote estas medidas, a outra parte poderá pedir redução na indenização das perdas e danos, no montante da perda que deveria ter sido mitigada.*".

I. O dever de mitigar os próprios prejuízos

O dever de mitigar os próprios prejuízos como princípio geral

Primeira e mais direta influência da CISG no direito contratual brasileiro, o *dever de mitigar seus próprios prejuízos* impõe-se ao contratante inocente ante o inadimplemento da parte contrária.

Originado na *common law* inglesa na virada do séc. XIX para o séc. XX, o dever jurídico de atenuar seus próprios prejuízos atua como um *limite* à indenização devida à parte adimplente[9], em razão de sua conduta agravante do prejuízo após o inadimplemento pelo faltoso. A regra ainda goza de muito prestígio no direito anglo-saxão. Recentemente, em 2010, o então juiz da Corte de Apelação da Inglaterra e País de Gales, Sir Bernard Rix, hoje árbitro internacional, recordou a extensão da norma no caso *Lombard North Central Plc v Automobile World (UK) Ltd*[10]. Disse que o dever de mitigar advém tanto de disputas contratuais como extracontratuais, e impede que a parte prejudicada seja indenizada por qualquer perda que pudesse ter evitado através de *medidas razoáveis*.

Por outro lado, a mesma regra proíbe a tomada de *medidas irrazoáveis* e que possam aumentar o prejuízo. Em particular, enfatizou que recai sobre a parte inadimplente – a mesma que colocou a parte inocente em difícil situação – o ônus de demonstrar que a outra parte – que apenas tem de fazer o que é razoável nas circunstâncias – deixou de mitigar seu prejuízo[11].

Na prática da arbitragem, o dever de limitar os próprios prejuízos converteu-se em princípio geral do comércio internacional, razão por que Lord Mustill a ele se referiu como "*parte integrante da lex mercatoria em sua forma atual*"[12].

[9] Ver Dyson, Andrew. *Mitigation in the Law of Damages.* Tese de Doutorado – Corpus Christi College, Universidade de Oxford, 2016, p. 54-56 (disponível em https://www.ora.ox.ac.uk/objects/uuid:b5ab9de2-f228-4424-b732-c3365a779dbf/download_file?file_format=pdf&safe_filename=Dyson%252C%2B%2527Mitigation%2Bin%2Bthe%2BLaw%2Bof%2BDamages%2527%2B%2528DPhil%2B2016%2529%2B%2528dissemination%2Bversion%2529.pdf&type_of_work=Thesis, acesso em 07/08/2020).

[10] [2010] EWCA Civ 20.

[11] Fonte: https://www.casemine.com/judgement/uk/5a8ff71060d03e7f57ea6ff7, acesso em 07/08/2020.

[12] Mustill, Michael. The New Lex Mercatoria: The First Twenty-Five Years. *Journal of International Arbitration*, v. 4, nº 2, abril, 1988, pp. 86-119 (Fonte: https://www.trans-lex.

Contudo, o dever de mitigação não possui expressa definição em muitos direitos de tradição civilista, como o espanhol, o colombiano e o nosso[13].

Apesar da diversidade de tratamento do *duty to mitigate* nos países civilistas, de um modo geral suas normas alcançam os mesmos resultados que os encontrados na *common law*. Isto é, reduz-se a indenização devida na medida em que o prejuízo da parte inocente tenha sido causado pela sua própria conduta após o evento faltoso[14].

O dever de mitigação dos próprios prejuízos na CISG

A Convenção assim prescreve o dever do contratante inocente de minimizar seus próprios prejuízos:

> Artigo 77
>
> A parte que invocar o inadimplemento do contrato deve tomar as medidas que forem razoáveis, de acordo com as circunstâncias, para diminuir os prejuízos resultantes do descumprimento, incluídos os lucros cessantes. Caso não adote estas medidas, a outra parte poderá pedir redução na inde-

org/126900/_/mustill-michael-the-new-lex-mercatoria:-the-first-twenty-five-years-arbintl-1988-at-86-et-seq/, acesso em 25/10/2019). Lord Mustill chegou mais longe afirmando que *"a atenuação é simplesmente considerada como evidente"*.

[13] No direito italiano, há previsão expressa no art. 1227 do Codice civile, assim como no Code civil du Québec (art. 1479) e no novo direito francês (Cód. Civil, art. 1263). Ver também: UNIDROIT, Working Group for the Preparation of Principles for International Commercial Contracts, *Chapter 6 – Non-Performance Section 4: Damages and Exemption Clauses (Draft and Comment prepared by Professor Denis Tallon, Centre National de la Recherche Scientifique – Institut de Recherches Comparatives sur les Institutions et le Droit, Paris – Ivry, pursuant to the discussions during the meeting of the Working Group held in Ivry-sur-Seine from 24 to 27 November 1986)* (UNIDROIT 1991 Study L – Doc. 49), p. 27. Para outros exemplos da obrigação de mitigar prejuízos em sistemas de common law, veja-se: §2-715 (2) UCC; Restatement of Contracts 2d, s 350; Canada Federal Court of Appeal 1994, Redpath Industries Ltd. v. Cisco (Fonte: http://search.cle.bc.ca/clebc-pm-web/considered/viewCase.do?id=11720538, acesso em 23/10/2019); Supreme Court of Queensland 2011, Australia, Pialba Commercial Gardens Pty Ltd v Braxco Pty Ltd & Ors (Fonte: https://jade.io/article/227649, acesso em 23/10/2019). Ver também: Art. 7.4.8 PICC e art. 9: 505 PECL.

[14] Gotanda, John. In: Kröll, Stefan. Mistelis, Loukas, Viscasillas, Maria del Pilar. *UN Convention on Contracts for the International Sale of Goods (CISG): Commentary*, 2011, pp. 1033 e 1034.

nização das perdas e danos, no montante da perda que deveria ter sido mitigada.

Tal obrigação, que já se encontrava prevista no art. 88 da ULIS[15], antecessora da CISG, expressa a ideia elementar segundo a qual a parte inocente não pode recuperar o prejuízo que poderia ter razoavelmente evitado. Trata-se da *"avoidable loss rule"* do direito inglês[16].

Assim como a Convenção de Viena, outros instrumentos internacionais de direito uniforme – em especial os Princípios do UNIDROIT ("PICC") (Art. 7.4.8)[17] e os Princípios do Direito Europeu dos Contratos ("PECL") (Art. 9:505)[18] – impõem à parte prejudicada o dever de tomar medidas razoáveis para mitigar os seus próprios prejuízos.

Antes de mais nada, *a obrigação de limitar seus próprios prejuízos* constitui questão *de fato* relativa à conduta da parte inocente posterior ao inadimplemento da outra parte. Não apenas seu descumprimento precisa ser *invocado*, mas *comprovado* pela parte faltosa, contra quem o pleito indenizatório é dirigido. Assim, o juiz ou árbitro deve apreciar as circunstâncias de cada caso concreto com o fim de determinar se a parte inocente tomou, de boa-fé, todas as medidas razoáveis e adequadas para evitar prejuízos adicionais.

[15] Convention relating to a Uniform Law on the International Sale of Goods, 1º de julho de 1964 (UNIDROIT, 30 de setembro 2013), (Fonte: https://www.unidroit.org/instruments/international-sales/international-sales-ulis-1964, acesso em 25/10/2019 (ULIS)). O art. 88 da ULIS dispõe: *"The party who relies on a breach of the contract shall adopt all reasonable measures to mitigate the loss resulting from the breach. If he fails to adopt such measures, the party in breach may claim a reduction in the damages".*

[16] Ver Dyson, Andrew, *op.cit.* nota 9, p. 62. Segundo o autor, *"[t]he avoidable loss rule provides that 'the claimant must take all reasonable steps to mitigate the loss to him consequent upon the defendant's wrong and cannot recover damages for any such loss which he could thus have avoided but has failed, through unreasonable action or inaction, to avoid'. In summary, 'the claimant cannot recover for avoidable loss'".*

[17] Art. 7.4.8 (Mitigação do dano) dos Princípios do UNIDROIT: "*(1) A parte inadimplente não é responsável por danos sofridos pela parte prejudicada na medida em que esses danos poderiam ter sido reduzidos com a adoção de medidas razoáveis por parte desta. (2) A parte prejudicada tem direito a reaver quaisquer despesas que tenha razoavelmente realizado na tentativa de reduzir os danos".*"

[18] Art. 9:505 (Reduction of Loss) dos Princípios do Direito Europeu dos Contratos: "*(1) The non-performing party is not liable for loss suffered by the aggrieved party to the extent that the aggrieved party could have reduced the loss by taking reasonable steps. (2) The aggrieved party is entitled to recover any expenses reasonably incurred in attempting to reduce the loss.*".

Qual, então, a medida de *razoabilidade* a ser levada em conta? Quais condutas se enquadram na ideia de *razoabilidade?* Em regra, juízes e árbitros aferem se a parte inocente atuou com prudência e diligência, tomando todas as medidas razoáveis a seu alcance e fazendo todo o possível para manter em patamares reduzidos os danos causados pela parte que infringiu o contrato[19].

Essa orientação foi confirmada, dentre outros, por um tribunal suíço, que igualmente ressaltou a obrigação de a parte prejudicada *agir positivamente* para mitigar seu próprio prejuízo, dispensando medidas de mitigação que resultem em gastos inúteis. No caso concreto, aferiu-se a razoabilidade das medidas tomadas pelo vendedor de equipamento têxtil sofisticado e de grandes dimensões, encomendado pelo comprador israelense, que se revelou faltoso. À luz da perícia técnica, o tribunal apreciou tais medidas, em especial, a possibilidade de revenda ou reutilização do equipamento, tendo em vista a virtual inexistência de mercado para o singular maquinário. Confira-se o trecho da decisão:

> (...)
>
> *c) [Initial statement of the Court as to common sense and its belief]*
>
> *The Court notes beforehand that one cannot assume according to common sense that [seller] did not take the necessary and sensible measures to mitigate any losses and damages, because [seller] has its own self-interest reasons for minimizing any prospective loss and damages to the extent possible.*
>
> *d) [Seller's ability to resell the machine wholly or separately]*
>
> *In consideration of the parties' arguments on [seller]'s duty to mitigate, the Court has to decide mainly the question whether one could assume that [seller] was able to re-sell the machine wholly under the circumstances of the market place for used textile manufacturing machines and the particularities of the sold machine. It is thereby decisive whether that machine was unique or more or less a standard model without*

[19] Ver *UNCITRAL Digest of Case Law on the United Nations Convention on Contracts for the International Sale of Goods*, 2016, p. 356-361 (Fonte: https://www.uncitral.org/pdf/english/clout/CISG_Digest_2016.pdf, acesso em 08/08/2020). Ver, por exemplo: Tribunal Supremo da Espanha. Internationale Jute Maatschappij, BV v. Marín Palomares. J. 28/01/2000. (Fonte: http://www.unilex.info/cisg/case/431, acesso em 08/08/2020); e Iran-United States Claims Tribunal. Watkins-Johnson Co. & Watkins-Johnson Ltd. v. The Islamic Republic of Iran & Bank Saderat Iran. J. 28/07/1989 (Fonte: http://www.unilex.info/cisg/case/38, acesso em 08/08/2020).

any detailed specifications. The way one classifies the machine may lead to a different response to the aforementioned question. Further, the classification may also give additional hints about any potential opportunities to resell that machine or to re-utilize it in any other manner, i.e., whether or not the machine could have been resold wholly or just partly re-utilized after its disassembly.

– [Court's conclusions in the light of expert's opinion]

The Court concludes from the expert's opinion, hearing and its written statement (Nº 2.1 to 2.5) that a purchase price of SFr 900,000 might have been possible under very favorable circumstances but correspondingly very improbable as well. However, seeking a purchaser for the whole manufacturing facility might have led to [seller]'s very burdensome and time consuming activities in this respect and to additional storage of all of the different parts of the machine. ***According to the expert's opinion, the actions [seller] took as it disassembled the machine in order to rapidly re-utilize any saleable parts were the most reasonable, sensible and prudent actions it might have taken in a technical and commercial sense.***

– [Court's restatement of seller's compliance with duty to mitigate]

The Court further restates that the expert's arguments and conclusions are convincing without any doubts. The expert gave satisfying, conclusive and convincing answers to all of [buyer]'s redefining and specifying questions. ***For this reason, the Court agrees with the expert's conclusion that [seller] acted principally in compliance with its duty to mitigate the occurrence of losses under these circumstances.*** *This conclusion ought not to be changed merely due to the fact that the expert assumed a possible maximum purchase price of SFr 301,000 in the case of reselling all parts and modules separately, which was higher than the overall income [seller] actually received from the resale of the machine. Thereby, it is worth noting that [buyer] has not brought forward any further and additional general objections to the expert's conclusions and statements during the Court's hearing of the expert and at a later stage.*[20] (grifos nossos)

Vejamos agora como a doutrina da CISG relativa ao *duty to mitigate* penetrou no direito contratual brasileiro.

[20] Tribunal de Comércio [Handelsgericht] de Saint-Gall. Suíça. 3/12/2002. (Fonte: http://cisgw3.law.pace.edu/cases/021203s1.html, acesso em 08/08/2020).

A mitigação dos próprios prejuízos no direito brasileiro

Uma das principais inovações introduzidas pelo Código Civil de 2002 foi a *cláusula geral de boa-fé.*

Embora já presente no Código de Defesa do Consumidor, de 1990, o princípio foi então estendido a toda e qualquer relação contratual pelo art. 422 do CCB, que assim dispõe: *"Os contratantes são obrigados a guardar, assim na conclusão do contrato, como em sua execução, os princípios de probidade e boa-fé".*

Afora relações de consumo, antes de 2003, o princípio da boa-fé objetiva somente se aplicava em situações específicas, envolvendo a *teoria da aparência*[21] ou contratos de seguro, que exigiam – e seguem exigindo – a *estrita boa-fé* das partes[22]. Com o novo Código Civil ampliou-se o alcance da boa-fé objetiva para igualmente impor aos contratantes os deveres anexos ou obrigações de *coerência, informação* e *cooperação.*

Pouco após a entrada em vigor do CCB, o Conselho de Justiça Federal (CJF) aprovou a seguinte proposição sobre o alcance do art. 422 do CCB: *"Enunciado nº 169 – Art. 422: O princípio da boa-fé objetiva deve levar o credor a evitar o agravamento do próprio prejuízo"*[23].

Num dos raros casos brasileiros repertoriados no CLOUT[24], o Tribunal de Justiça do Rio Grande do Sul ("TJRS"), cinco anos antes da adoção da CISG no país, aplicou em *obiter dictum* o art. 77 da Convenção. Tratava-se de litígio puramente doméstico envolvendo o descumpri-

[21] A teoria da aparência é utilizada no direito privado para dar efeitos jurídicos a um contrato mediante o qual uma das partes (de boa-fé) foi enganada por uma aparência. Ver, por exemplo: STJ, 4ª T, REsp nº 12811-MS; j. 31.05.1993, pp. 10-13.

[22] Art. 765 CCB: *"O segurado e o segurador são obrigados a guardar na conclusão e na execução do contrato, a mais estrita boa-fé e veracidade, tanto a respeito do objeto como das circunstâncias e declarações a ele concernentes."*

[23] III Jornada de Direito Civil do CFJ (Brasília, 2004). Os enunciados aprovados constituem uma indicação para a interpretação do Código Civil brasileiro e são conhecidos sob o nome de "*reformulação do direito brasileiro*". Para mais informações, veja-se: III Jornada de Direito Civil, org. Min. Ruy Rosado de Aguiar Jr., CFJ, 2005 (Fonte: http://daleth.cjf.jus.br/revista/outras_publicacoes/jornada_direito_civil/IIIJornada.pdf, acesso em 25/10/2019.

[24] CLOUT – *Case law on UNCITRAL texts*: jurisprudência sobre os textos da UNCITRAL (Fonte: https://www.uncitral.org/clout/?lf=899&lng=en, acesso em 08/08/2020.

mento de contrato de compra e venda e o julgado reconheceu o dever da parte inocente de *minimizar seus prejuízos*[25].

O autor da ação comprara um equipamento elétrico do réu. Devido a suposta falha de funcionamento, equivalente à desconformidade da coisa vendida à luz da CISG, o comprador pediu a condenação do vendedor ao reembolso dos custos incorridos na sua tentativa de reparar, sem sucesso, o equipamento. Pleiteou também o reembolso dos gastos para a aquisição de outra máquina, assim como lucros cessantes resultantes da rescisão contratual. O vendedor defendeu-se dizendo que o contrato fora devidamente cumprido e atribuiu as falhas de funcionamento da máquina ao comprador, que não a teria utilizado de forma correta.

Segundo o TJRS, o comprador violara a lei ao *não tomar prontamente medidas* para substituir a máquina defeituosa, o que teria permitido a continuação de suas atividades. Citando o art. 77 da Convenção de Viena e o Enunciado nº 169 do CJF, afirmou que a parte adimplente, que pede a resolução do contrato, deve tomar *medidas para atenuar seus próprios prejuízos* resultantes do alegado inadimplemento. Entendeu, ainda, que o autor não mitigara seus prejuízos, contrariamente ao que se espera de comerciante razoável em circunstâncias similares, tal como dispõe o art. 8 (3) CISG[26].

Pouco tempo depois, *o dever de mitigar os próprios prejuízos* chegou ao Superior Tribunal de Justiça ("STJ"). Em 2010, em caso envolvendo a venda de um imóvel, a Corte decidiu que a inatividade do vendedor, durante sete anos, antes de tomar medidas para despejar o comprador, contrariava o seu *dever de mitigar os próprios prejuízos*. Em consequência, reduziu no equivalente a um ano a indenização devida ao vendedor[27].

[25] Tribunal de Justiça do Rio Grande do Sul, 5ª Câm. Cível, Apelação Cível nº 70025 609579. j. 20.05.2009.

[26] Art. 8(3) "*Para determinar a intenção de uma parte, ou o sentido que teria dado uma pessoa razoável, devem ser consideradas todas as circunstâncias pertinentes ao caso, especialmente negociações, práticas adotadas pelas partes entre si, usos e costumes e qualquer conduta subsequente das partes.*".

[27] STJ – 3ª T, REsp nº 758518/PR, j. 17.06.2010.

Para além do art. 422 do CCB, o *duty to mitigate* da Convenção de Viena[28] também encontra suporte no art. 945 do CCB[29], aplicando-se à generalidade das relações obrigacionais.

Vejamos agora os contornos da violação essencial do contrato, central no sistema da CISG.

II. Violação essencial e adimplemento substancial do contrato

A violação essencial na CISG (fundamental breach)

A *violação essencial* do contrato é uma das inovações introduzidas no direito internacional do comércio pela Convenção de Viena[30]. Conceito-chave na definição do inadimplemento contratual pela CISG, a *violação essencial* constitui *pressuposto* para a resolução do contrato, tal como preveem os arts. 49(1)(a)[31], 64(1)(a)[32] e 72(1)[33-34]. Confira-se a dicção da norma:

[28] Ver também: Muniz, Joaquim de Paiva; Peretti, Luis Alberto Salton; Marçal Rm Da Silva, João. O Dever de Mitigação de Danos na CISG e a Aplicação do Instituto no Brasil. In: Schwenzer, Ingeborg; Pereira, César A. Guimarães; Tripodi, Leandro (coord.). *A CISG e o Brasil*. São Paulo: Marcial Pons, 2015. pp. 612-636.

[29] Art. 945 CCB: "*Se a vítima tiver concorrido culposamente para o evento danoso, a sua indenização será fixada tendo-se em conta a gravidade de sua culpa em confronto com a do autor do dano.*".

[30] Tais como: a definição da compra e venda de mercadorias, por oposição aos contratos de prestação de serviços, (art. 3) e a noção de "mercadorias conformes" (art. 35). Sobre o tema, ver: Schroeter, Ulrich G. In Schwenzer, Ingeborg (ed), *Schlechtriem and Schwenzer: Commentary on the UN Convention on the International Sale of Goods*. 3ª ed. Oxford University Press, 2010, art. 35, 568-594. A ULIS – predecessora da CISG – previa, em seu art. 10, norma semelhante, porém sem o mesmo alcance. Confira-se: "*Article 10 – For the purposes of the present Law, a breach of contract shall be regarded as fundamental wherever the party in breach knew, or ought to have known, at the time of the conclusion of the contract, that a reasonable person in the same situation as the other party would not have entered into the contract if he had foreseen the breach and its effects.*"

[31] Art. 49 (1): "*(1) O comprador poderá declarar o contrato rescindido: (a) se o descumprimento, pelo vendedor, de qualquer das obrigações que lhe atribui o contrato ou a presente.*".

[32] Art. 64 (1) (a): "*(1) O vendedor poderá declarar rescindido o contrato se: (a) o descumprimento pelo comprador de qualquer das obrigações que lhe incumbem segundo o contrato ou a presente Convenção constituir violação essencial do contrato;*".

[33] Art. 72 (1): "*Se antes da data do adimplemento tornar-se evidente que uma das partes incorrerá em violação essencial do contrato, poderá a outra parte declarar a rescisão deste.*".

[34] Schroeter, Ulrich G. In Schwenzer, Ingeborg (ed), *Schlechtriem and Schwenzer: Commentary on the UN Convention on the International Sale of Goods*, 3rd edn, Oxford University

> Artigo 25
>
> Uma violação ao contrato por uma das partes é considerada como essencial se causar à outra parte prejuízo de tal monta que substancialmente a prive do resultado que poderia esperar do contrato, salvo se a parte infratora não tiver previsto e uma pessoa razoável da mesma condição e nas mesmas circunstâncias não pudesse prever tal resultado.

A ideia de *violação essencial* limita o direito da parte prejudicada de resolver o contrato internacional de compra e venda. Seu fundamento está no *favor contractus,* princípio subjacente à Convenção e segundo o qual o contrato deve ser preferencialmente mantido, em vez de resolvido. E isso porque a preservação do contrato representa a vontade original das partes, fomenta a estabilidade das relações comerciais internacionais, provê maior utilidade econômica e mantém uma certa justiça entre as partes[35].

Há na CISG, portanto, uma distinção básica entre o descumprimento *essencial* e o *não essencial* do contrato, e apenas o primeiro autoriza o término da relação pela parte inocente[36].

Ao praticar uma violação essencial do contrato, o *vendedor* priva o comprador daquilo que razoável e legitimamente poderia esperar do negócio. Um exemplo: o vinho vendido e entregue discrepa das características apontadas na análise laboratorial previamente enviada ao com-

Press, 2010, art. 25, 398-437; CISG Advisory Council nº 5. Fonte: http://www.cisgac.com/cisgac-opinion-no-5/, acesso em 21/08/2020.

[35] Keller, Bertram. *Favor Contractus – Reading the CISG in Favor of the Contract.* in Andersen, C. and Schroeter, U. (eds.) Sharing International Commercial Law across National Boundaries: Festschrift for Albert H. Kritzer on the Occasion of his Eightieth Birthday, Wildy, Simmons & Hill Publishing, 2008, p. 249-50. Outras manifestações do *favor contractus* na CISG são, por exemplo: o art. 11 sobre a liberdade de forma; o art. 16(2) sobre a irrevogabilidade da oferta; o art. 55, que permite termos abertos; o art. 29 sobre a validade do contrato pelo mero consenso das partes; execução defeituosa do contrato, desde que não equivalha a violação essencial, e art. 25 sobre violação essencial.

[36] Para além de uma *violação essencial*, o contrato regido pela CISG somente pode ser resolvido em caso (i) de falta de entrega das mercadorias pelo vendedor; (ii) de falta de pagamento do preço ou falta de recebimento das mercadorias pelo comprador, ou também (iii) inexecução do contrato por uma parte dentro do prazo razoavelmente fixado pela parte prejudicada. Veja-se art. 49 (1) (b) e art. 63 (1) (b) CISG.

prador; além disso, é de baixa qualidade e invendável[37]. Em tais casos, o comprador poderá resolver o contrato – art. 49(1)(a) – ou, se preferir, exigir a entrega de outro vinho, em substituição – art. 46(2) CISG[38], sem prejuízo de reclamar indenização pelos prejuízos sofridos – art. 45 CISG[39] –, e isso nada obstante a transferência dos riscos para o comprador – art. 70 CISG[40].

Não sendo essencial o inadimplemento do vendedor, o comprador fica impedido de resolver o contrato, mas poderá exigir do vendedor a execução específica de suas obrigações – art. 46(1) CISG[41], fixar-lhe prazo adicional para tal cumprimento – art. 47 CISG[42], reduzir o preço

[37] Tribunale di Foggia. Samuel Smith, The Old Brewery v. Vini San Barbato, j. 21.06.2013. Disponível em http://www.unilex.info/cisg/case/1942, acesso em 08/09/2020.

[38] Art. 46(2): "*Se as mercadorias não estiverem conformes ao contrato, o comprador poderá exigir a entrega de outras mercadorias em substituição, desde que a desconformidade constitua violação essencial do contrato e o pedido de substituição de mercadorias seja formulado no momento da comunicação da desconformidade a que se refere o artigo 39, ou dentro de um prazo razoável a contar desse momento.*".

[39] Art. 45: "*(1) Se o vendedor não cumprir qualquer das obrigações que lhe couberem de acordo com o contrato ou com a presente Convenção, o comprador poderá: (a) exercer os direitos previstos nos artigos 46 a 52; (b) exigir a indenização das perdas e danos prevista nos artigos 74 a 77. (2) O comprador não perde o direito à indenização das perdas e danos por exercer seu direito a outras ações. (3) Não poderá o juiz ou tribunal arbitral conceder ao vendedor qualquer período de graça, quando o comprador exercer ação contra a violação de contrato.*".

[40] Art. 70: "*Se o vendedor houver cometido violação essencial do contrato, as disposições dos artigos 67, 68 e 69 não prejudicarão as ações de que dispõe o comprador em consequência de tal violação.*".

[41] Art. 46(1): "*O comprador poderá exigir do vendedor o cumprimento de suas obrigações, salvo se tiver exercido qualquer ação incompatível com esta exigência.*".

[42] Art. 47: "*(1) O comprador poderá conceder ao vendedor prazo suplementar razoável para o cumprimento de suas obrigações. (2) Salvo se tiver recebido a comunicação do vendedor de que não cumprirá suas obrigações no prazo fixado conforme o parágrafo anterior, o comprador não poderá exercer qualquer ação por descumprimento do contrato, durante o prazo suplementar. Todavia, o comprador não perderá, por este fato, o direito de exigir indenização das perdas e danos decorrentes do atraso no cumprimento do contrato.*".

de venda das mercadorias – art. 50 CISG[43], sem prejuízo de reclamar perdas e danos – art. 45(1)(b) e art. 74 CISG[44].

Contudo, a letra do art. 25 da Convenção[45] não permite que o intérprete distinga, clara e precisamente, os contornos de uma violação essencial do contrato[46]. Por isso, o preceito já foi tachado de "*vago e ambíguo*"[47]. Assim, a caracterização do *inadimplemento essencial* depende, em boa parte, das cláusulas e condições que as partes tiverem contratado e, por outro lado, das circunstâncias particulares de cada litígio. Eis porque a jurisprudência sobre a aplicação da CISG tem papel relevante na definição do que seja uma *violação essencial* do contrato[48].

A *violação essencial* do contrato ostenta alguns traços característicos. Em primeiro lugar, exige que a parte tenha *infringido* o contrato. Em seguida, que a infração seja de *determinada natureza e certa relevância*. Também requer que a parte afetada sofra um prejuízo tal que a *prive subs-*

43 Art. 50: "*Se as mercadorias não estiverem conformes ao contrato, já tendo ou não sido pago o preço, o comprador poderá reduzir o preço proporcionalmente à diferença existente entre o valor das mercadorias efetivamente entregues, no momento da entrega, e o valor que teriam nesse momento mercadorias conformes ao contrato. Todavia, se o vendedor sanar qualquer descumprimento de suas obrigações, de acordo com o artigo 37 ou com o artigo 48, ou se o comprador negar-se a aceitar o cumprimento pelo vendedor, de acordo com os mencionados artigos, o comprador não poderá reduzir o preço.*".

44 Art. 74: "*As perdas e danos decorrentes de violação do contrato por uma das partes consistirão no valor equivalente ao prejuízo sofrido, inclusive lucros cessantes, sofrido pela outra parte em consequência do descumprimento. Esta indenização não pode exceder à perda que a parte inadimplente tinha ou devesse ter previsto no momento da conclusão do contrato, levando em conta os fatos dos quais tinha ou devesse ter tido conhecimento naquele momento, como consequência possível do descumprimento do contrato.*".

45 Art. 25: "*A violação ao contrato por uma das partes é considerada como essencial se causar à outra parte prejuízo de tal monta que substancialmente a prive do resultado que poderia esperar do contrato, salvo se a parte infratora não tiver previsto e uma pessoa razoável da mesma condição e nas mesmas circunstâncias não pudesse prever tal resultado.*".

46 Schroeter, Ulrich G., *op. cit.* nota 33, art. 25, pp. 403-404. Para mais informações sobre o tema, vide: http://cisgw3.law.pace.edu/cisg/text/e-text-25.html.

47 Bonell, M. J. The UNIDROIT Principles of International Commercial Contracts and the Vienna Sales Convention (CISG) – Alternatives of Complementary Instruments?. *International Law Review of Wuhan University*, nº 10, 1996, p. 28 – o autor afirma que a linguagem do art. 25 é "vaga e ambígua" e; Heuzé, V. *La vente internationale des marchandises. Droit uniforme.* Paris: GNL Joly, 1992, p. 294, alude a "redação muito defeituosa".

48 Ver *UNCITRAL Digest of Case Law on the United Nations Convention on Contracts for the International Sale of Goods*, 2016, pp. 114-117.

tancialmente daquilo que legitimamente esperava do contrato; um prejuízo que *frustre inteiramente as suas expectativas* relativamente ao negócio. A qualificação das expectativas da parte lesada como legítimas dependerá das *circunstâncias concretas* de cada caso e da *alocação de riscos* ajustada no contrato, prevista nos usos comerciais ou nas regras da Convenção de Viena[49].

Ademais, a violação somente será fundamental quando a parte inadimplente (ou uma pessoa razoável nas mesmas circunstâncias) tenha podido *razoavelmente prever* que sua falta privaria a outra parte, substancialmente, das legítimas expectativas em relação ao contratado. Embora o art. 25 da CISG não mencione *o momento* no qual se deva aferir a previsibilidade das consequências da violação, doutrina e jurisprudência sugerem ser tal momento o da *celebração do contrato*[50].

Duas situações, abaixo resumidas, evidenciam o quanto a ideia de *violação essencial* é sensível às circunstâncias particulares de cada caso concreto. Em ambas, o vendedor inadimpliu gravemente o contrato, causando prejuízos que privaram substancialmente o comprador daquilo que poderia, legitimamente, esperar do contrato. No primeiro caso, porém, o comprador perdeu a ação, porque o vendedor, no entender do tribunal, não tinha como razoavelmente prever que sua falta privaria o comprador, substancialmente, das legítimas expectativas que possuía em relação ao contrato. Já no segundo caso, o entendimento foi diverso. Ei-los:

> O famoso caso dos *moluscos neozelandeses (New Zealand mussels)* envolveu disputa entre um vendedor alemão e um comprador suíço. Este último recusou-se a pagar o preço ajustado depois que as mercadorias foram declaradas "não inteiramente seguras" para o consumo, em razão da quantidade de cádmio que continham, bem superior aos níveis recomendados pelo Departamento Federal de Saúde da Alemanha. O comprador notificou o vendedor acerca da contaminação dos moluscos e solicitou que os recebesse de volta. Seis ou oito semanas depois da entrega dos molus-

[49] UNCITRAL Digest of Case Law on the United Nations Convention on Contracts for the International Sale of Goods (2016), p. 114.

[50] Schroeter, Ulrich G., *op.cit.* nota 33, art. 25, p. 414. Veja-se também: Tribunal Regional Superior de Dusseldorf [Oberlandesgericht Düsseldorf, Alemanha]. Caso nº 6 U 87/96, j. 24.04.1997.

cos, o comprador reclamou também de defeitos na embalagem da mercadoria. O vendedor pleiteou em juízo o pagamento do preço com juros. A Suprema Corte alemã confirmou as decisões de primeira instância e do tribunal de apelação, dando razão ao vendedor. Entendeu que o comprador devia o preço de venda e não podia resolver o contrato, com base nos arts. 25 e 49(1) CISG, eis que o vendedor não cometera *violação essencial* do contrato. Afirmou que as mercadorias eram conformes ao contrato e adequadas ao uso para o qual mercadorias do mesmo tipo normalmente se destinam (art. 35(2)(a) CISG)[51]. O fato de os moluscos conterem maior quantidade de cádmio que os níveis recomendados poderia afetar a sua comercialização, dada a relevância das exigências regulatórias. Porém, não se podia esperar que o vendedor tivesse em conta exigências regulatórias específicas do país do comprador. O vendedor somente seria obrigado a tal se: (1) as mesmas exigências existissem no seu próprio país; (2) o comprador tivesse chamado a sua atenção para a existência de tais exigências regulatórias; ou (3) conhecesse ou devesse conhecer tais exigências regulatórias em razão de "circunstâncias especiais", como (i) possuir (o vendedor) uma filial no país do comprador, (ii) manterem as partes relação comercial há longo tempo, (iii) exportar regulamente para o país do comprador, ou (iv) anunciar seus produtos no país do comprador. A Corte igualmente confirmou que o comprador não poderia resolver o contrato com base na desconformidade da embalagem das mercadorias (art. 35(2)(c) CISG). Todavia, foi decisivo na opinião da Corte o fato de comprador não haver notificado tempestivamente a alegada desconformidade da embalagem (mas apenas dois meses após a entrega das mercadorias)[52].

Um comprador baseado na Louisiana (EUA) firmou com fabricante italiano (vendedor) contrato de licenciamento exclusivo para a distribuição de mamógrafos nos Estados Unidos. Posteriormente à apreensão dos equipamentos pela U.S. Food and Drug Administration, por desobediência a procedimentos administrativos, emergiu litígio entre as partes sobre quem

[51] Art. 35(2)(a): "(2) *Salvo se as partes houverem acordado de outro modo, as mercadorias não serão consideradas conformes ao contrato salvo se: [...] (c) possuírem as qualidades das amostras ou modelos de mercadorias que o vendedor tiver apresentado ao comprador;*".

[52] Tribunal Superior Alemão [Bundesgerichtshof]. Caso nº VIII ZR 159/94, j. 08.03.1995 (Fonte: http://www.unilex.info/cisg/case/108, acessado em 08.08.2020). Ver, ainda, Schroeter, Ulrich G., *op. cit.* nota 33, art. 25, p. 408-409.

deveria responder pela obtenção das licenças exigidas pelas autoridades norte-americanas. O comprador declarou o contrato resolvido com base na desconformidade das mercadorias. Em arbitragem, o vendedor alegou que o comprador não tinha o direito de resolver o contrato, pois seu inadimplemento não fora *essencial* (art. 49(1) CISG)[53]. Em apoio à sua posição, citou o caso dos *moluscos neozelandeses,* julgado pela Suprema Corte alemã, em que se decidiu não estar o vendedor obrigado, pelo art. 35 CISG[54], a fornecer mercadorias conformes a exigências regulatórias vigentes no país do comprador. A sentença arbitral decidiu em favor do comprador, dizendo que tinha direito e motivos para resolver o contrato. Em seguida, o vendedor ajuizou ação anulatória da sentença arbitral, dizendo que a CISG havia sido mal aplicada pelos árbitros, que deixaram de observar o precedente da Suprema Corte alemã acerca do art. 35 CISG. Em particular, o vendedor alegou que a decisão arbitral afrontava a ordem pública e o art. 7

[53] Art. 49: "*(1) O comprador poderá declarar o contrato rescindido:(a) se o descumprimento, pelo vendedor, de qualquer das obrigações que lhe atribui o contrato ou a presente Convenção constituir violação essencial do contrato; ou (b) no caso de falta de entrega, se o vendedor não entregar as mercadorias dentro do prazo suplementar concedido pelo comprador, conforme o parágrafo (1) do artigo 47, ou se declarar que não efetuará a entrega dentro do prazo assim concedido. (2) Todavia, se o vendedor tiver entregue as mercadorias, o comprador perderá o direito de declarar o contrato rescindido, se não o fizer: (a) em caso de entrega tardia, em prazo razoável após ter tomado conhecimento de que a entrega foi efetuada; (b) em caso de outro descumprimento que não a entrega tardia, dentro de prazo razoável: (i) após o momento em que tiver ou dever ter tido conhecimento da violação; (ii) após o vencimento do prazo suplementar fixado pelo comprador conforme o parágrafo (1) do artigo 47, ou após o vendedor declarar que não executará suas obrigações no referido prazo suplementar, ou (iii) após o vencimento de qualquer prazo suplementar indicado pelo vendedor conforme o parágrafo (2) do artigo 48, ou após o comprador declarar que não aceitará o cumprimento.*".

[54] Art. 35: "*(1) O vendedor deverá entregar mercadorias na quantidade, qualidade e tipo previstos no contrato, acondicionadas ou embaladas na forma nele estabelecida. (2) Salvo se as partes houverem acordado de outro modo, as mercadorias não serão consideradas conformes ao contrato salvo se: (a) forem adequadas ao uso para o qual mercadorias do mesmo tipo normalmente se destinam; (b) forem adequadas a algum uso especial que, expressa ou implicitamente, tenha sido informado ao vendedor no momento da conclusão do contrato, salvo se das circunstâncias resultar que o comprador não confiou na competência e julgamento do vendedor, ou que não era razoável fazê-lo; (c) possuírem as qualidades das amostras ou modelos de mercadorias que o vendedor tiver apresentado ao comprador; (d) estiverem embaladas ou acondicionadas na forma habitual para tais mercadorias ou, à falta desta, de modo apropriado à sua conservação e proteção. (3) O vendedor não será responsável por qualquer desconformidade das mercadorias em virtude do disposto nas alíneas (a) a (d) do parágrafo anterior, se, no momento da conclusão do contrato, o comprador sabia ou não podia ignorar tal desconformidade.*".

CISG segundo o qual se deve observar o caráter internacional da Convenção e promover a uniformidade de sua aplicação[55]. A Corte Distrital norte-americana manteve a sentença arbitral, afirmando que os árbitros haviam interpretado corretamente o precedente alemão sobre o art. 35 CISG e observado o art. 7 CISG. Disse, ainda, que a Corte Suprema alemã ditou uma regra geral sobre o art. 35 CISG segundo a qual o vendedor, em geral, não é obrigado a fornecer mercadorias que sejam conformes a exigências regulatórias vigentes no país do comprador, e que tal regra comporta exceções limitadas a três situações: (1) a identidade entre as exigências regulatórias do país do comprador e do vendedor; (2) a informação, pelo comprador ao vendedor, sobre tais exigências regulatórias; ou, (3) "circunstâncias especiais", como possuir o vendedor uma filial no país do comprador ou conhecer o vendedor (ou dever conhecer) tais exigências regulatórias. A Corte Distrital afirmou que a decisão do tribunal arbitral se fundara na terceira exceção, não se aplicando, portanto, a regra geral na espécie, pois o vendedor conhecia ou devia ter ciência de tais exigências regulatórias antes de celebrar o contrato[56].

As seguintes situações foram qualificadas como *violação essencial* do contrato pela doutrina e jurisprudência, no sentido que lhe empresta o art. 25 CISG, a saber: *(i)* o devedor não cumpre a prestação no prazo, sendo tal prazo essencial, quer porque assim diz o contrato, quer por circunstâncias particulares e evidentes do caso (por exemplo, a entrega de produtos de temporada); *(ii)* em que pesem esforços razoáveis do comprador, as mercadorias não conformes são insuscetíveis de utilização ou revenda; *(iii)* as mercadorias vendidas são defeituosas e não podem ser reparadas; *(iv)* é definitiva a não entrega das mercadorias ou a falta de pagamento do preço; e *(v)* o comprador se recusa a abrir uma carta de crédito em conformidade com o contrato[57].

[55] Art. 7: "*(1) Na interpretação desta Convenção ter-se-ão em conta seu caráter internacional e a necessidade de promover a uniformidade de sua aplicação, bem como de assegurar o respeito à boa fé no comércio internacional. (2) As questões referentes às matérias reguladas por esta Convenção que não forem por ela expressamente resolvidas serão dirimidas segundo os princípios gerais que a inspiram ou, à falta destes, de acordo com a lei aplicável segundo as regras de direito internacional privado.*".

[56] U.S. District Court, E.D. Caso nº Civ. A. 90-0380. Medical Marketing International, Inc. v. Internazionale Medico Scientifica S.R.L. j. 17.05.1999. (Fonte: http://www.unilex.info/cisg/case/360, acesso em 08/08/2020).

[57] Schroeter, Ulrich G., *op. cit.* nota 33, art. 25, pp. 409-410, 427-428, 435. Para violação essencial no caso de não entrega e de não pagamento, ver: Pretura circondariale di Parma.

Em todo caso, a prova do prejuízo substancial causado à parte, do valor comercial dos bens vendidos ou da gravidade dos defeitos e da proposta de sua reparação, são elementos decisivos para a caracterização da *violação essencial*[58].

A ideia de *violação essencial* deve ser interpretada restritivamente[59]. Mesmo que a perda econômica seja relevante para determinar o grau de violação do contrato, a jurisprudência tende a enfatizar, na análise da *violação essencial*, as legítimas expectativas da parte prejudicada em relação ao contrato ou a previsibilidade, pela parte inadimplente, das consequências de sua conduta.

A violação essencial com sinal trocado: a teoria do adimplemento substancial

A ideia de violação essencial da CISG foi, de algum modo, aceita no Brasil, mas com sinal trocado, isto é: como a teoria do *adimplemento substancial*.

Conforme a literalidade do art. 475 CCB[60], *qualquer forma* de inadimplemento pode levar à resolução do contrato, quer se trate de uma

Foliopack Ag. v. Daniplast S.p.A. j. 24.11.1989; Tribunal Superior Regional de Celle, Alemanha [Oberlandesgericht Celle]. Caso nº 20 U 76/94, j. 24.05.1995; Tribunal Superior Regional de Dusseldorf, Alemanha [Oberlandesgericht Düsseldorf]. Caso nº 17 U 146/93, j. 14.01.1994; Tribunal de Arbitragem Comercial Internacional da Câmara de Comércio e Indústria da Federação Russa. Caso nº 53/1998, j. 05.10.1998. Para adimplemento fundamental em caso de recusa pelo comprador de abrir carta de crédito em conformidade com o contrato, veja-se: Suprema Corte de Queensland, Austrália. Downs Investment P/L v. Perwaja Steel, j. 17.11.2000 (Fonte: http://www.unilex.info/cisg/case/968, acesso em 08/08/2020), o tribunal entendeu que as perdas incorridas pelo vendedor eram claramente previsíveis para o comprador e este último deveria ter ciência de que seu descumprimento relativamente à abertura da carta de crédito, tal como prometido, resultaria no vendedor quedar-se com um navio afretado que não poderia ser utilizado para o fim a que se destinava.

[58] UNCITRAL Digest of Case Law on the United Nations Convention on Contracts for the International Sale of Goods, 2016, pp. 114-115. Ver também: GRAFFI, Leonardo. Case Law on the Concept of "Fundamental Breach" in the Vienna Sales Convention. *Revue de droit des affaires internationales/ International Business Law Journal* (2003), nº 3. pp. 338-349

[59] Veja-se, a título geral: SCHROETER, Ulrich G., *op. cit.* nota 33, pp. 402-405. Ver também: Corte Suprema Federal da Suíça. Caso nº 4ª_614/2014, j. 02.04.2015; e Corte Suprema Federal da Suíça. Caso nº 4A_68/2009, j. 18.05.2009.

[60] Art. 475 CCB: "*A parte lesada pelo inadimplemento pode pedir a resolução do contrato, se não preferir exigir-lhe o cumprimento, cabendo, em qualquer dos casos, indenização por perdas e danos.*".

falta grave ou leve. A teoria do adimplemento substancial – de origem inglesa *(substancial performance)*, posteriormente transplantada para sistemas civilistas, como o italiano[61] – impõe limites a tal direito. Assim, um descumprimento menor ou simplesmente formal por parte do devedor não autoriza a resolução do contrato pelo credor, a menos que a função social específica perseguida pelas partes já não possa ser cumprida. No Brasil, a boa-fé objetiva (art. 187 e art. 422 CCB) fundamenta tal limitação, impedindo que seja manejado o direito de resolução caso o devedor tenha satisfeito quase a totalidade do interesse do credor consubstanciado no contrato[62].

Em 2001, o STJ consignou que:

> [u]sar do inadimplemento parcial e de importância reduzida na economia do contrato para resolver o negócio significa ofensa ao princípio do adimplemento substancial, admitido no Direito e consagrado pela Convenção de Viena de 1980, que regula o comércio internacional. No Brasil, impõe-se como uma exigência da boa-fé objetiva, (...).[63]

Nessa linha, em 2006, o CJF aprovou o seguinte enunciado:

> Enunciado 361: "Artigos 421, 422 e 475 [do CC] O adimplemento substancial decorre dos princípios gerais contratuais, de modo a fazer preponde-

[61] O art. 1455 do *Codice civile* assim dispõe: *"(Importanza dell'inadempimento). Il **contratto** non si puo' **risolvere** se l'*inadempimento *di una delle parti ha scarsa importanza, avuto **riguardo** all'*interesse *dell'altra."*

[62] Veja-se, por exemplo: Zanetti, C.S. *in* Nanni, G. E. (coord.) *Comentários ao Código Civil*, São Paulo: Saraiva, 2019, art. 475, p. 768; e Tepedino, G. *et al. Código Civil Interpretado.* 2ª ed. Rio de Janeiro: Renovar, 2012, vol. II, art. 475, p. 124.

[63] STJ – 4ª Turma, REsp nº 272.739/MG, Rel. Min. Ruy Rosado de Aguiar, j. 01.03.2001. A ementa do acórdão se acha vazada nos seguintes termos: "Alienação Fiduciária. Busca e apreensão. Falta da última prestação. Adimplemento substancial. O cumprimento do contrato de financiamento, com a falta apenas da última prestação, não autoriza o credor a lançar mão da ação de busca e apreensão, em lugar da cobrança da parcela faltante. O adimplemento substancial do contrato pelo devedor não autoriza ao credor a propositura de ação para a extinção do contrato, salvo se demonstrada a perda do interesse na continuidade da execução, que não é o caso. Na espécie, ainda houve a consignação judicial do valor da última parcela. Não atente à exigência da boa-fé objetiva a atitude do credor que desconhece esses fatos e promove a busca e apreensão, com pedido liminar de reintegração de posse."

rar a função social do contrato e o princípio da boa-fé objetiva, balizando a aplicação do art. 475." [64]

Hoje a aplicação da teoria do *adimplemento substancial* é amplamente disseminada no Brasil[65].

Segundo o STJ, são três os seus pressupostos:

(a) a existência de expectativas legítimas geradas pelo comportamento das partes;

(b) o pagamento faltante há de ser ínfimo em se considerando o total do negócio; e

(c) deve ser possível a conservação da eficácia do negócio sem prejuízo ao direito do credor de pleitear a quantia devida pelos meios ordinários[66].

Em síntese, a teoria busca reprimir a utilização indiscriminada e inútil do direito à resolução do contrato, mantendo, assim, viva a relação, em homenagem aos princípios do *favor contractus*, da boa-fé e da função social do contrato.

Embora sejam fortes as semelhanças entre as ideias de *adimplemento substancial* e *violação essencial*, elas se subsomem a testes distintos.

Em contratos regidos pela CISG, a *violação essencial* deve ser aferida segundo os critérios do art. 25 da Convenção, observando-se, ainda, a doutrina e jurisprudência emergentes da própria Convenção, conforme reza seu art. 7(1)[67]. Ou seja, deve-se verificar que a infração cometida seja *relevante* e, sobretudo, que o prejuízo sofrido pela outra parte seja tal que a *prive substancialmente daquilo* que legitimamente esperava do contrato, frustrando *inteiramente as suas expectativas* relativamente ao negócio.

Diversamente, como se viu acima, o teste aplicado ao "*adimplemento substancial*" verifica: *(a) a existência de expectativas legítimas geradas pelo comportamento das partes; (b) se o pagamento faltante é ínfimo vis-à-vis o total do*

[64] Enunciado nº 361, aprovado durante a IV Jornada de Direito Civil (Brasília, 2006).

[65] Veja-se, *inter alia*, Valverde Terra, Aline de Miranda. Adimplemento substancial e tutela do interesse do credor: análise da decisão proferida no Recurso Especial nº 1.581.505. *Revista Brasileira de Direito Civil – RBDCivil*, Belo Horizonte, vol. 11, jan.-mar. 2017. p. 95-113.

[66] STJ, 4ª T, REsp nº 1.581.505/SC, j. 18.08.2016.

[67] Art. 7(1): *"Na interpretação desta Convenção ter-se-ão em conta seu caráter internacional e a necessidade de promover a uniformidade de sua aplicação, bem como de assegurar o respeito à boa fé no comércio internacional".*

negócio; e (c) a possibilidade de conservar a eficácia do negócio sem prejuízo ao direito do credor de pleitear a quantia devida pelos meios ordinários.

Deve-se, ainda, ter presente que embora a *violação essencial* e o *adimplemento substancial* persigam a conservação do contrato, constituem conceitos distintos e, naturalmente, oferecem soluções diversas para a inexecução do contrato. Portanto, deve-se contornar a tentação de aplicar, em contratos sujeitos à CISG, critérios que são próprios do *adimplemento substancial,*[68] tendo-se em conta, notadamente, o caráter internacional da Convenção e a necessidade de promover a uniformidade de sua aplicação (art. 7(1) CISG).

III. Inadimplemento antecipado do contrato

O terceiro impacto da CISG sobre o direito contratual brasileiro é a noção de *inadimplemento antecipado* do contrato.

O inadimplemento antecipado na CISG

A Convenção – tal como sua predecessora[69] – reconhece o direito da parte inocente de antecipar a resolução do contrato quando se tornar evidente que, no futuro, a outra parte cometerá uma *violação essencial.* Confira-se a norma:

[68] Como o fez o Tribunal de Justiça do Rio Grande do Sul, que citou a CISG e os Princípios do UNIDROIT (art. 7.3.1) para justificar a aplicação da teoria do adimplemento substancial em contrato de venda puramente doméstico. Para um resumo deste caso, veja-se: Matrisul Equipamentos de Precisão Ltda. v. LOHR Sistemas Eletronicos Ltda. Fonte: http://www.unilex.info/principles/case/1681, acesso em 05/11/2019. V. tb. TJRS – 20ª CC, Ap. Cív. Nº 70047331723, Rel. Des. Carlos Cini Marchionatti, j. 04.04.2012. Colhe-se do v. acórdão o seguinte: *"Então, não pode a autora, porque sociedade empresarial, desconhecer aquilo que objetivamente o meio mercantil admite como vigente, amparado pelas regras da Convenção de Viena de 1980 sobre comércio internacional, pelas regras do INCOTERMS e pelos princípios UNIDROIT (artigo 7.3.1), qual seja a possibilidade estrita de o credor enjeitar o negócio jurídico quando o inadimplemento for de tal ordem fundamental, que viole a essencialidade da avença. Atente-se que, apesar de o adimplemento ter sido ruim, ele foi* ***substancial*** *(substancial performance) o suficiente a obstar a resolução e a reconhecer a plena existência, validade e eficácia do negócio jurídico em pauta."*

[69] *Vide* nota 14 *supra.* O art. 76 da ULIS dispõe: *"Where prior to the date fixed for performance of the contract it is clear that one of the parties will commit a fundamental breach of the contract, the other party shall have the right to declare the contract avoided."*

Artigo 72

1) Se, antes da data do adimplemento tornar-se evidente que uma das partes incorrerá em violação essencial do contrato, poderá a outra parte declarar a rescisão deste.

2) Se dispuser do tempo necessário, a parte que pretender declarar a rescisão do contrato deverá comunicá-la à outra parte com antecedência razoável, para que esta possa oferecer garantias suficientes de que cumprirá suas obrigações.

3) Os requisitos do parágrafo anterior não serão aplicáveis quando a outra parte houver declarado que não cumprirá suas obrigações.

Segundo a doutrina do *anticipatory breach of contract,* originada no *common law,* quando o contratante toma ciência, antes do tempo fixado para o cumprimento da obrigação, de que o devedor não cumprirá suas obrigações contratuais, este contratante pode imediatamente tomar medidas contra o devedor, como se o inadimplemento fosse atual. Além disso, independentemente de acionar o devedor, o credor pode suspender o cumprimento de suas próprias obrigações. Daí emergem dois princípios básicos: (1) a parte, ciente da recusa antecipada do cumprimento do contrato, pode imediatamente tomar medidas contra o devedor; e (2) a parte inocente não é obrigada a continuar cumprindo o contrato, mas pode suspender suas obrigações imediatamente, sem prejuízo do exercício de seus direitos contra o devedor[70].

Nos termos da Convenção, o direito de resolver antecipadamente o contrato só pode ser exercido quando se verificar que a outra parte incorrerá em *violação essencial (fundamental breach)* do contrato. O *inadimplemento futuro* deve ser *certo,* como também *fundamental.* Como meio de preservar o contrato, o art. 72(2) CISG impõe à parte inocente, caso disponha do tempo necessário, o dever de notificar a outra de sua intenção de resolver o contrato, com antecedência razoável, a fim de permitir a esta última oferecer garantias suficientes do cumprimento de suas obrigações[71].

[70] Robertson, D. W. *The Doctrine of Anticipatory Breach of Contract.* Lousiana Law Review, volume 20, number 1 (1959), p. 119-122, disponível em https://digitalcommons.law.lsu.edu/cgi/viewcontent.cgi?article=2768&context=lalrev, acesso em 04/09/2020.

[71] Veja-se a título geral: Fountoulakis, Christiana. *in*In Schwenzer, Ingeborg (ed), *Schlechtriem and Schwenzer: Commentary on the UN Convention on the International Sale of Goods,* art.

Inadimplemento antecipado no Código Civil brasileiro

O CCB não contempla o inadimplemento antecipado da mesma forma nem na mesma medida que a Convenção de Viena.

Por exemplo, o art. 333 CCB permite a cobrança antecipada da dívida nos casos em que a situação econômico-financeira do devedor traga risco para o cumprimento da obrigação acordada.

> Art. 333. Ao credor assistirá o direito de cobrar a dívida antes de vencido o prazo estipulado no contrato ou marcado neste Código:
>
> I – no caso de falência do devedor, ou de concurso de credores;
>
> II – se os bens, hipotecados ou empenhados, forem penhorados em execução por outro credor;
>
> III – se cessarem, ou se se tornarem insuficientes, as garantias do débito, fidejussórias, ou reais, e o devedor, intimado, se negar a reforçá-las.
>
> Parágrafo único. Nos casos deste artigo, se houver, no débito, solidariedade passiva, não se reputará vencido quanto aos outros devedores solventes.

Quando a hipótese não se enquadrar nos estreitos limites do art. 333 do CCB e as partes não tenham estipulado uma *cláusula de aceleração*[72] da dívida, restará ao credor a opção de invocar a *exceptio non adimpleti contractus* ou a exceção de inseguridade (arts. 476[73] e 477[74] CCB, respec-

72. 3ª ed. Oxford University Press, 2010. pp. 974-979. Veja-se também: Saidov, Djakhongir. In Kröll, Stefan; Mistelis, Loukas; Viscasillas, Pilar. *UN Convention on Contracts for the International Sale of Goods (CISG): Commentary*. pp. 958-961.

[72] A cláusula de aceleração é um ajuste que torna vencidas todas as obrigações devidas por uma parte em caso de inadimplemento do contrato. Veja-se um exemplo norte-americano de *acceleration clause: "In the event Purchaser defaults on any payment or fails to comply with any condition of this contract [...] the full amount shall be immediately due and payable [...]"*. O Código Civil português contém uma cláusula de aceleração no art. 781º, e permite considerar vencidas as prestações se uma delas não foi paga no prazo.

[73] Art. 476 CCB: "*Nos contratos bilaterais, nenhum dos contratantes, antes de cumprida a sua obrigação, pode exigir o implemento da do outro.*"

[74] Art. 477 CCB: "*Se, depois de concluído o contrato, sobrevier a uma das partes contratantes diminuição em seu patrimônio capaz de comprometer ou tornar duvidosa a prestação pela qual se obrigou, pode a outra recusar-se à prestação que lhe incumbe, até que aquela satisfaça a que lhe compete ou dê garantia bastante de satisfazê-la.*"

tivamente), a fim de suspender a prestação que lhe incumbe até que o devedor recupere sua capacidade de cumprir o contrato.

Consolidação pretoriana do inadimplemento antecipado

Por influência da CISG, entre outras, a teoria do *inadimplemento antecipado* acha-se firmemente enraizada no direito contratual brasileiro[75].

Elastecido o alcance do art. 475 do CCB, admite-se o *inadimplemento antecipado* do contrato com base no *princípio da boa-fé* e do *dever de mitigar os próprios prejuízos*[76]. Quando evidente o inadimplemento futuro, a parte inocente pode antecipadamente pôr término ao contrato, cobrando perdas e danos e reduzindo, assim, seus próprios prejuízos.

O STJ aplica com frequência a teoria do *inadimplemento antecipado*, em particular a litígios envolvendo a promessa de compra e venda de imóveis[77], como estampa o seguinte trecho de julgado:

> Incide ao caso concreto, portanto, a QUEBRA ANTECIPADA DO CONTRATO, causa de pedir que orienta esta ação, na qual antes mesmo de

[75] Veja-se, por exemplo: ZANETTI, C. S. *O Inadimplemento Antecipado da Obrigação Contratual. in*: CELLI JR., Umberto; BASSO, Maristela, AMARAL JUNIOR, Alberto (org.) *Arbitragem e Comércio Internacional – Estudos em Homenagem a Luiz Olavo Baptista.* São Paulo: Quartier Latin, 2013, pp. 312-333 e MARTINS-COSTA, Judith. A recepção do incumprimento antecipado no direito brasileiro: configuração e limites. *Revista dos Tribunais,* nº 885, 2009. pp. 30-48. Ver tb. CARDOSO, L. P. Tavares de Azevedo. *O Inadimplemento Antecipado do Contrato no Direito Civil Brasileiro.* Tese de Doutorado, Faculdade de Direito da Universidade de São Paulo, 2014, disponível em: https://teses.usp.br/teses/disponiveis/2/2131/tde-11022015-114044/publico/Tese_doutorado_LuizPhilipeTavares_de_Azevedo_Cardoso.pdf (acesso em 05/09/2020).

[76] AZULAY, Fortunato. *Do Inadimplemento antecipado do contrato.* Rio de Janeiro: Editora Brasília/Rio, 1977, p. 53; CUNHA, Raphael Augusto. *O Inadimplemento na Nova Teoria Contratual: O Inadimplemento Antecipado do Contrato.* Dissertação de Mestrado, Faculdade de Direito da Universidade de São Paulo, 2015, p. 223; BECKER, Anelise. Inadimplemento Antecipado do Contrato. *Revista de Direito do Consumidor,* São Paulo: Revista dos Tribunais, nº 12, 1994, p. 74.

[77] Veja-se, por exemplo: STJ – 4ª T, REsp nº 309626-RJ, Min. Ruy Rosado de Aguiar, j. 07.06.2001; 3ª T, AREsp nº 730568. j. 11.05.2016. Mais recentemente, as decisões monocráticas: STJ – AREsp nº 1284598-SP, Min. Marco A. Bellize, j. 21.02.2020 – em caso de compra e venda de ações; AREsp nº 1638869-RJ, Min. Raul Araújo, j. 18.03.2020; REsp nº 1882597-RJ, Min. Antônio Carlos Ferreira, j. 31.08.2020; AREsp nº 1699501-SP, Min. Maria Isabel Gallotti, j. 24.08.2020.

esvaído o prazo convencional para a prestação, já se possa antever com segurança o futuro o inadimplemento absoluto da obrigação, o que se poderia chamar, mutatis mutandis, de perda do interesse substancial ou inadimplemento substancial. O inadimplemento antecipado do contrato se apresenta como outra modalidade de inadimplemento, baseada em uma interpretação da lei (CC, art. 475) e sistemática do contrato. Por isso, consiste em uma violação positiva do contrato na qual, apesar das partes terem pactuado o momento correto para cumprimento da obrigação (termo), uma delas, em momento anterior ao termo, manifesta expressamente a intenção de não adimplir a obrigação ou pratica (ou deixa de praticar) atos que tornam impossível o adimplemento da obrigação (fl. 436).[78]

Nessa linha, em 2011 o CJF aprovou o seguinte enunciado: "*Enunciado 437 – A resolução da relação jurídica contratual também pode decorrer do inadimplemento antecipado*"[79].

Vejamos agora a influência da CISG na interpretação dos contratos.

IV. Uma regra ampliada de interpretação contratual

Finalmente, a CISG contribuiu positivamente com a ampliação do campo de aplicação do art. 113 do CCB, que dispõe sobre a interpretação *objetiva* dos contratos.

No direito brasileiro, os critérios subjetivo e objetivo de interpretação dos negócios jurídicos acham-se contemplados, respectivamente, nos arts. 112 e 113 do Código Civil. Segundo tais normas, deve-se considerar na interpretação do contrato tanto a intenção consubstanciada na declaração (art. 112)[80], como o sentido que lhe seria atribuído por uma pessoa razoável que se encontrasse nas mesmas circunstâncias (art. 113)[81]. Utilizadas em conjunto, as duas disposições permitem um enfoque *objetivo* da interpretação contratual no direito brasileiro, com certa *segurança jurídica*[82].

[78] STJ, AREsp nº 1623817-GO, Min. João Otávio de Noronha, j. 16.12.2019.

[79] Aprovado na V Jornada de Direito Civil em novembro de 2011.

[80] Art. 112 CCB: "*Nas declarações de vontade se atenderá mais à intenção nelas consubstanciada do que ao sentido literal da linguagem*".

[81] Art. 113 CCB: "*Os negócios jurídicos devem ser interpretados conforme a boa-fé e os usos do lugar de sua celebração*".

[82] Tepedino, Gustavo; Barboza, Heloísa Helena, Bodin De Moraes, Maria Celina. *Código Civil interpretado conforme a Constituição da República*. Rio de Janeiro: Renovar, 2004. p. 226.

Na sua redação original, o art. 113 CCB dispunha, simplesmente, que: "*[o]s negócios jurídicos devem ser interpretados conforme a boa-fé e os usos do lugar de sua celebração.*" Segundo a doutrina, interpretar o negócio jurídico de acordo com a boa-fé objetiva é, em última análise, substituir o ponto de vista relevante, posicionando, no ambiente previamente delimitado (contexto situacional), não a parte ou as partes do negócio jurídico, não o declarante ou o destinatário da declaração negocial, mas sim um modelo de pessoa imaginária, normal, razoável, com o fito de averiguar o sentido que essa pessoa abstrata atribuiria à declaração negocial, nas mesmas circunstâncias em que se encontravam declarante e declaratário verdadeiros[83].

Em 2011, o CJF aprovou o seguinte enunciado, baseado no art. 9 da CISG[84]: "*Enunciado 409: Os negócios jurídicos devem ser interpretados não só conforme a boa-fé e os usos do lugar de sua celebração, mas também de acordo com as práticas habitualmente adotadas entre as partes*"[85].

Ao expandir o escopo do art. 113 CCB, o enunciado diz que as obrigações das partes devem ser, igualmente, determinadas à luz das *práticas estabelecidas entre elas* (art. 9 da CISG), conformando a regra a padrões internacionais de interpretação dos contratos.

Antes mesmo da formulação do enunciado, o TJRS reconheceu a pertinência das práticas estabelecidas entre as partes ao julgar disputa versando a cessão de direitos de comercialização de jazigos. Após notar a ausência de ajuste contratual para reger determinada situação entre as partes, a Corte resolveu que:

> Não tendo as partes cuidado de regrar situação transitória, relativamente ao interregno situado entre contrato e implemento de condição suspensiva, cumpre observar o comportamento delas, como fator revelador da compo-

[83] Marino, Francisco Paulo De Crescenzo. *Interpretação do negócio jurídico.* São Paulo: Saraiva, 2011, p. 185, a propósito do art. 113 do Código Civil.

[84] Art. 9 CISG: "*(1) As partes se vincularão pelos usos e costumes em que tiverem consentido e pelas práticas que tiverem estabelecido entre si. (2) Salvo acordo em contrário, presume-se que as partes consideraram tacitamente aplicáveis ao contrato, ou à sua formação, todo e qualquer uso ou costume geralmente reconhecido e regularmente observado no comércio internacional, em contratos de mesmo tipo no mesmo ramo de comércio, de que tinham ou devessem ter conhecimento.*".

[85] Aprovado na V Jornada de Direito Civil (Brasília, 2011).

sição de interesses e respectiva normatização que terminou por se estabelecer, dando a melhor interpretação possível ao que fora pactuado. (...)

A interpretação conferida pelo autor ao trato conspira contra a natureza das coisas. Mas, mais que isso, desassocia-se daquilo que ele mesmo veio a observar durante esta década, no cumprimento do contrato. (...)

Esta série de circunstâncias leva a que se estabeleça convicta definição quanto ao exato teor do contrato das fls. 22 a 23, traçada pelo que há de mais representativo: a conduta das partes ao longo de uma década.

Tenho, assim, que a ré bem poderia locar, por triênio, os jazigos, até o implemento da condição suspensiva.[86]

Em 2019, a regra do art. 113 CCB foi ampliada pelo legislador, passando a ostentar a seguinte redação:

Art. 113. Os negócios jurídicos devem ser interpretados conforme a boa-fé e os usos do lugar de sua celebração.

§ 1º A interpretação do negócio jurídico deve lhe atribuir o sentido que:

I – for confirmado pelo comportamento das partes posterior à celebração do negócio;

II – corresponder aos usos, costumes e práticas do mercado relativas ao tipo de negócio;

III – corresponder à boa-fé;

IV – for mais benéfico à parte que não redigiu o dispositivo, se identificável; e

V – corresponder a qual seria a razoável negociação das partes sobre a questão discutida, inferida das demais disposições do negócio e da racionalidade econômica das partes, consideradas as informações disponíveis no momento de sua celebração.

§ 2º As partes poderão livremente pactuar regras de interpretação, de preenchimento de lacunas e de integração dos negócios jurídicos diversas daquelas previstas em lei.

[86] *Apud* Fradera, Véra Jacob de. A interpretação dos negócios jurídicos empreendidos no Brasil: o alargamento das hipóteses previstas no artigo 113 do Código Civil brasileiro mediante inspiração do artigo 9º da CISG. In *A CISG e o Brasil*, Marcial Pons: São Paulo, pp. 569-573. Tribunal de Justiça do Rio Grande do Sul. 20ª Câmara Cível. Apelação Cível nº 70008000275. Rel. Des. Armínio José Abreu Lima da Rosa, j. 03.03.2004.

V. O impacto da CISG (como *soft law*) no Brasil

Como se viu acima, as normas e institutos da CISG penetraram na ordem jurídica brasileira bem antes de sua adoção formal pelo Brasil, em 2014. Esta influência, que foi bem além dos contratos internacionais de compra e venda, a Convenção de Viena exerceu-a como *soft law*, direito não obrigatório.

O fenômeno da globalização trouxe consigo a criação de direitos – ou normatividades – desterritorializados e flexíveis *(soft law)*, para os quais também se estabeleceu uma correspondente demanda. Tome-se como exemplos: a expansão da prática arbitral internacional e sua respectiva regulação; o crescimento do comércio internacional e a multiplicação de fontes normativas não-estatais; a criação e expansão de padrões de qualidade (ISO) e fitossanitários; normas de combate à lavagem de dinheiro.

Assim, a globalização abriu caminho a certos experimentos jurídicos transculturais, regionais como globais, que geraram identidades comuns entre sociedades, agentes econômicos, advogados, juízes e árbitros até então divididos conforme suas respectivas nacionalidades[87]. Esse direito *não obrigatório* pôde penetrar nos sistemas nacionais através dos interstícios existentes nos direitos internos e nos instrumentos tradicionais de direito internacional (tratados e convenções). De outro lado, o espaço tradicional de atuação do legislador nacional foi ampliado ante a presença do direito internacional (entendido no sentido mais amplo do termo). Mais do que provocar a fragmentação ou o enfraquecimento da ideia de Estado-nação, a mundialização econômica criou incentivos para a reforma legislativa dentro do Estado ou com a participação do Estado a partir de modelos transnacionais. Hoje, é incontornável que processos de renovação legislativa considerem a realidade internacional, suas fontes e novos atores.

Graças a seu prestígio internacional e sua índole relativamente flexível (*soft law* e *hard law*), a CISG se acha em excelente posição para seguir influenciando a renovação de direitos nacionais nos quatro cantos do globo.

[87] Otero, Paulo. *Manual de direito administrativo (Volume I)*. Almedina, 2013. p. 509.

VI. Perspectivas para a CISG no Brasil

É provável que a influência da CISG no direito brasileiro, já como instrumento de *hard law*, seja ainda maior no futuro próximo. É o que indicam as poucas decisões publicadas até o momento. Ademais, o nosso direito contratual poderia se beneficiar de dois aspectos relevantes da Convenção, a saber: (i) *o princípio da razoabilidade (reasonableness)* e *(ii) o direito das partes de remediar a inexecução de suas obrigações (right to cure).*

VI.1. Jurisprudência recente

Como se indicou acima[88], em 2017 a CISG foi aplicada pelo TJRS em dois casos versando sobre a compra e venda internacional de mercadorias.

Num dos casos[89], tratava-se de contrato em que o vendedor brasileiro se obrigara a entregar ao comprador dinamarquês certa quantidade de pés de galinha congeladas no porto de Hong Kong. Embora o comprador tivesse pago o preço acordado, o vendedor deixou de entregar as mercadorias conforme o contrato. Nada obstante isso, o comprador fixou prazo adicional para a entrega das mercadorias pelo vendedor. Vencido o prazo adicional e permanecendo o vendedor inadimplente, o comprador resolveu o contrato, exigindo indenização.

A CISG não pôde ser aplicada, como *hard law,* ao litígio, eis que incorporada ao ordenamento brasileiro posteriormente à celebração do contrato (art. 100(2) CISG).[90]

Por consequência, o Tribunal se referiu às normas brasileiras de direito internacional privado, em particular, o art. 9º, §2º da Lei de Introdução às Normas do Direito Brasileiro[91], segundo a qual o direito dinamarquês deveria reger o contrato. Considerando a vetustez da

[88] *Vide supra,* nota 5.

[89] *Vide supra,* nota 5. Trata-se, aqui, da Apelação Cível nº 70072362940, julgada em 14 de fevereiro de 2017.

[90] Art. 100 CISG: "*(1) ... (2) Esta Convenção somente se aplicará aos contratos concluídos a partir da data de entrada em vigor da Convenção com relação aos Estados Contratantes a que se refere a alínea (a) do parágrafo (1) do artigo 1, ou com relação ao Estado Contratante a que se refere a alínea (b) do parágrafo (1) do artigo 1.*"

[91] Art. 9º LINDB: "*Para qualificar e reger as obrigações, aplicar-se-á a lei do país em que se constituírem. (...) § 2º A obrigação resultante do contrato reputa-se constituída no lugar em que residir o proponente.*".

norma conflitual e a dinâmica do comércio internacional, o Tribunal entendeu mais adequado afastar-se da tradicional regra *lex loci celebrationis* em favor de um *enfoque mais flexível*, baseado no *princípio da proximidade*, o que o levou à aplicação da CISG – como *soft law* – e dos Princípios do UNIDROIT como expressão da "*nova lex mercatoria*".

Observou que, longe de serem antagonistas ou terem natureza mutuamente excludente, a CISG e os Princípios do UNIDROIT se complementam, e sua aplicação reflete uma perspectiva flexível e não-positivista da resolução de litígios, tal como requer o direito do comércio internacional.

Quanto ao mérito, o Tribunal rejeitou a defesa do vendedor, segundo a qual não havia contrato válido entre as partes devido à falta de documento escrito. Disse que havia nos autos demonstração suficiente do vínculo contratual entre as partes, e para tal fim invocou o art. 11 da CISG[92] e o art. 1.2 dos Princípios do UNIDROIT[93], que expressam o princípio da consensualidade, dispensando o contrato de requisitos formais. Em seguida, concluiu que a resolução do contrato pelo comprador se justificava não somente pelo art. 49 da CISG, como também pela grave violação, pelo vendedor, da obrigação de cumprir o contrato de boa-fé, que constitui um dos pilares da "*nova lex mercatoria*" e pode se depreender do art. 1.7 dos Princípios do UNIDROIT[94] e do art. 7(1) da CISG[95]. Pouco tempo depois, o Tribunal de Justiça do Estado de Santa Catarina aplicou a CISG, mais particularmente seu art.11. Sendo assim, rejeitou o argumento da sentença de primeiro grau, segundo a qual o vendedor alemão de mercadorias importadas pelo comprador brasileiro estaria impedido de cobrar o pagamento do preço do negócio – que res-

[92] Art. 11 CISG: "*O contrato de compra e venda não requer instrumento escrito nem está sujeito a qualquer requisito de forma. Poderá ele ser provado por qualquer meio, inclusive por testemunhas.*".

[93] Art. 1.2 dos Princípios da UNIDROIT: "*Nenhuma disposição contida nos presentes Princípios exige que um contrato, uma declaração ou qualquer outro ato seja concluído ou mesmo provado mediante forma especial. Ele poderá, ao contrário, ser provado por qualquer meio, inclusive por testemunhas.*".

[94] Art. 1.7 dos Princípios da UNIDROIT dispõe: "*(1) Cada uma das partes deve comportar-se segundo os ditames da boa-fé no comércio internacional. (2) As partes não podem excluir essa obrigação, ou limitar-lhe o alcance.*".

[95] Fonte: http://www.unilex.info/case.cfm?pid=1&do=case&id=2036&step=Abstract (acesso em 05.11.2019).

tou inadimplido – em virtude da ausência de instrumento contratual a demonstrar o vínculo[96].

Tais decisões evidenciam que os tribunais brasileiros estão familiarizados com os mais relevantes instrumentos internacionais de direito uniforme e dispostos a aplicá-los em litígios envolvendo contratos transnacionais.

VI.2. Princípio da razoabilidade *(reasonableness)*

A CISG não define o *princípio da razoabilidade*, embora a palavra "*razoável*" figure em trinta e sete disposições da Convenção[97]. Para a doutrina como para a jurisprudência, a *razoabilidade* constitui um princípio geral da CISG[98].

No Brasil, o *princípio da razoabilidade* se aplica com mais frequência em relações atinentes ao direito do consumidor[99], direito administrativo[100] e direito penal. Igualmente se aplica no âmbito do contencioso judicial para a alocação de custos processuais entre as partes[101].

A palavra "razoável" se acha em algumas normas do direito contratual brasileiro[102], mas não se pode dizer que se erija em princípio geral da matéria. Contudo, a adoção do *princípio da razoabilidade* poderia desempenhar papel importante na aplicação do direito às várias fases do contrato, inclusive para aferir a licitude do comportamento das partes durante as negociações pré-contratuais e a execução de obrigações pós-contratuais, como a confidencialidade e a não concorrência.

[96] TJSC, 1ª Câm. Dir. Comercial, Apelação Cível nº 0305428-39.2014.8.24.0038, de Joinville Relator: Desembargador Luiz Zanelato, j. 09.05.2019.

[97] Por exemplo: arts.16(2)(b); 18(2); 25; 33; 35(2)(b); 38(3); 39(1); 43(1); 44; 63(1); 64(2)(b).

[98] Para uma visão do princípio de razoabilidade na CISG, veja-se: Kritzner, A. *Reasonableness*. Fonte: <https://www.cisg.law.pace.edu/cisg/text/reason.html>, acesso em 05/11/2019. Veja-se também: Schlechtriem, Peter. *Uniform Sales Law: The UN Convention on Contracts for the International Sale of Goods*, Vienna: Manz, 1986, p. 38.

[99] Por exemplo: STJ, 3ª T, REsp nº 1274629/AP, j. 06.05.2013; 4ª T, REsp nº 1060882/SP. J. 25.06.2013.

[100] Por exemplo: STJ, 1ª T, Recurso em Mandado de Segurança nº 35, j. 05.04.2016; 2ª T, REsp nº 1351701/SP. j. 17.03.2015.

[101] Por exemplo, veja-se: STJ, 3ª T, REsp nº 678.100-SP, j. 05.09.2005; 1ª T, REsp nº 526.767-PR, j. 19.09.2005; 2a T, REsp nº 908.890-SP, j. 23.04.2007; 3ª T., REsp nº 1.135.824-MG, j. 14.03.2011.

[102] Por exemplo: arts.113, §1º, V; 402; 466; 562; 572; 606; 621; 623; 633; 696; 720.

VI.3. O direito das partes de sanar o inadimplemento de suas obrigações *(right to cure)*

Como se viu, a *conservação dos contratos* é um dos princípios fundamentais da CISG, expresso em várias de suas disposições[103], como o direito do vendedor de corrigir o incumprimento (art. 37)[104] e o direito do comprador de fixar prazo adicional para o cumprimento das obrigações pelo vendedor (art. 47)[105].

Conforme o *"right to cure"* previsto no art. 37 CISG, se as mercadorias foram entregues antes do previsto, o vendedor pode, até o prazo contratualmente ajustado, (i) entregar qualquer parte faltante da mercadoria vendida, (ii) sanar deficiência na quantidade das mercadorias entregues, (iii) entregar bens em substituição a mercadorias não conformes, ou (iv) remediar qualquer desconformidade das mercadorias entregues. Dito de outro modo, a entrega das mercadorias antes do prazo ajustado não é incompatível com o exercício, pelo vendedor, de curar a sua própria prestação.

Por outro lado, o art. 48 CISG dispõe que o vendedor, mesmo após a data de entrega das mercadorias, pode remediar, por sua própria conta, qualquer falha sua no cumprimento da prestação, desde que o faça em prazo razoável e sem causar irrazoável inconveniente para o comprador ou incerteza acerca do reembolso, pelo vendedor, das despesas adiantadas pelo comprador[106]. Já o art. 47 da CISG faculta ao comprador, ante o

[103] Janssen, André; Meyer, Olaf (eds.). *CISG Methodology*. Sellier: European Law Publishers, 2009, p. 274.

[104] Art. 37 CISG: "*Em caso de entrega das mercadorias antes da data prevista para a entrega, o vendedor poderá, até tal data, entregar a parte faltante ou completar a quantidade das mercadorias entregues, ou entregar outras mercadorias em substituição àquelas desconformes ao contrato ou, ainda, sanar qualquer desconformidade das mercadorias entregues, desde que não ocasione ao comprador inconvenientes nem despesas excessivas. Contudo, o comprador mantém o direito de exigir indenização por perdas e danos, de conformidade com a presente Convenção.*".

[105] Art. 47 CISG: "*(1) O comprador poderá conceder ao vendedor prazo suplementar razoável para o cumprimento de suas obrigações. (2) Salvo se tiver recebido a comunicação do vendedor de que não cumprirá suas obrigações no prazo fixado conforme o parágrafo anterior, o comprador não poderá exercer qualquer ação por descumprimento do contrato, durante o prazo suplementar. Todavia, o comprador não perderá, por este fato, o direito de exigir indenização das perdas e danos decorrentes do atraso no cumprimento do contrato.*".

[106] Art. 48 CISG: "*(1) Sem prejuízo do disposto no artigo 49, o vendedor poderá, mesmo após a data da entrega, sanar por conta própria qualquer descumprimento de suas obrigações, desde que isto não*

incumprimento do vendedor, fixar-lhe prazo adicional para o adimplemento de suas obrigações. Tal medida equivale ao *Nachfrist* do direito alemão[107]. Durante o prazo adicional, não poderá o comprador valer-se

implique demora não razoável nem cause ao comprador inconveniente ou incerteza não razoáveis quanto ao reembolso, pelo vendedor, das despesas feitas pelo comprador. Contudo, o comprador manterá o direito de exigir indenização das perdas e danos, nos termos da presente Convenção. (2) Se o vendedor pedir ao comprador que lhe faça saber se aceita o cumprimento, e o comprador não lhe responder em prazo razoável, o vendedor poderá executar suas obrigações no prazo indicado em seu pedido. O comprador não poderá, antes do vencimento desse prazo, exercer qualquer direito ou ação incompatível com o cumprimento, pelo vendedor, das obrigações que a ele incumbem. (3) Quando o vendedor comunicar ao comprador a intenção de cumprir suas obrigações em prazo determinado, será considerado incluído o pedido, nos termos do parágrafo anterior, para que o comprador lhe faça saber sua decisão. (4) O pedido ou a comunicação feita pelo vendedor, nos termos dos parágrafos (1) e (2) do presente artigo, não terá efeito se não for recebido pelo comprador.".

[107] Enderlein, Fritz; Maskow, Dietrich. *International Sales Law, United Nations Convention on Contracts for the International Sale of Goods.* Oceana Publications, 1992. p. 238. Anteriormente, o §326 BGB disciplinava o *Nachfrist.* Após a reforma, em 2002, do direito das obrigações contido no BGB, o seu §323 passou a regular o *Nachfrist*, como se segue: *"Revocation for nonperformance or for performance not in conformity with the contract"*

(1) If, in the case of a reciprocal contract, the obligor does not render an act of performance which is due, or does not render it in conformity with the contract, then the obligee may revoke the contract, if he has specified, without result, an additional period for performance or cure.

(2) The specification of a period of time can be dispensed with if

1. the obligor seriously and definitively refuses performance,

2. the obligor does not render performance by a date specified in the contract or within a period specified in the contract, in spite of the fact that, according to a notice given by the obligee to the obligor prior to conclusion of the contract or based on other circumstances attending at the time of its conclusion, the performance as per the date specified or within the period specified is of essential importance to the obligee, or

3. in the case of work not having been carried out in accordance with the contract, special circumstances exist which, when the interests of both parties are weighed, justify immediate revocation.

(3) If the nature of the breach of duty is such that setting a period of time is out of the question, a warning notice is given instead.

(4) The obligee may revoke the contract before performance is due if it is obvious that the requirements for revocation will be met.

(5) If the obligor has performed in part, the obligee may revoke the whole contract only if he has no interest in part performance. If the obligor has not performed in conformity with the contract, the obligee may not revoke the contract if the breach of duty is trivial.

(6) Revocation is excluded if the obligee is solely or very predominantly responsible for the circumstance that would entitle him to revoke the contract or if the circumstance for which the obligor is not responsible occurs at a time when the obligee is in default of acceptance.".

de qualquer outro remédio contra o vendedor, eis que resta vinculado pela sua oferta de modificação do contrato[108]. Caso o vendedor não cumpra o avençado no prazo adicional ou declare que não o fará, o comprador poderá então resolver o contrato (art. 49(1)(b) CISG).

Diversamente da Convenção de Viena, o CCB oferece poucas alternativas ante a quebra do contrato por uma das partes. Com base no art. 475 CCB[109], a parte lesada pelo inadimplemento pode pedir a resolução do contrato, caso decida não exigir da parte faltosa o cumprimento da obrigação.

Talvez pudesse o direito contratual brasileiro criar mais opções para a *conservação do contrato*, com base no *right to cure* da CISG.

Conclusões

O papel da Convenção de Viena no desenvolvimento do direito vai além dos estreitos limites do direito uniforme da compra e venda internacional de mercadorias.

Embora seja uma convenção clássica de direito uniforme – e, portanto, *hard law* – a CISG ecleticamente exerce, como *soft law*, notável influência sobre legisladores, juízes, árbitros e advogados em todo o mundo.

Apesar de sua estrutura *rígida*, o direito posto pela Convenção pode evoluir no tempo graças à contribuição da jurisprudência estatal e arbitral, de um lado e da doutrina, de outro. Lembre-se, por exemplo, das opiniões emitidas pelo *CISG Advisory Council*[110].

Em suma, a CISG constitui um *work in progress* cujo propósito é promover e facilitar as relações de compra e venda internacional de mercadorias.

Contrariamente ao BGB, a CISG não exige que o comprador proponha um período adicional, mas autoriza-o simplesmente a propor esse prazo.

[108] Müller-Chen, Markus. In Schwenzer, Ingeborg (ed), *Schlechtriem and Schwenzer: Commentary on the UN Convention on the International Sale of Goods*. 3ª ed. Oxford University Press, 2010. pp. 724-725.

[109] Veja-se nota 59 *supra*.

[110] Para maiores informações sobre o *CISG Advisory Council* e suas Opiniões sobre temas relevantes da CISG. Fonte: https://www.cisgac.com/, acesso em 06/11/2019.

Referências

AZULAY, Fortunato. *Do Inadimplemento antecipado do contrato*. Rio de Janeiro: Editora Brasília/Rio, 1977.

BECKER, Anelise. Inadimplemento Antecipado do Contrato. *Revista de Direito do Consumidor*, São Paulo: Revista dos Tribunais, nº 12, 1994.

BONELL, M. J. The UNIDROIT Principles of International Commercial Contracts and the Vienna Sales Convention (CISG) – Alternatives of Complementary Instruments? *International Law Review of Wuhan University*, nº 10, 1996.

CUNHA, Raphael Augusto. *O Inadimplemento na Nova Teoria Contratual: O Inadimplemento Antecipado do Contrato*. Dissertação apresentada à Banca Examinadora do Programa de Pós-Graduação em Direito, da Faculdade de Direito da Universidade de São Paulo, como exigência parcial para obtenção do título de Mestre em Direito, 2015.

DE LY. Filip Sources of International Sales Law: an Eclectic Model. *The Journal of Law and Commerce*, v. 25, nº 1, 2005-2006.

DYSON, Andrew. *Mitigation in the Law of Damages*. Tese de Doutorado – Corpus Christi College, Universidade de Oxford, 2016.

ENDERLEIN, Fritz; MASKOW, Dietrich. *International Sales Law, United Nations Convention on Contracts for the International Sale of Goods*. Oceana Publications, 1992.

FOUNTOULAKIS, Christiana. In SCHWENZER, Ingeborg (ed), *Schlechtriem and Schwenzer: Commentary on the UN Convención on the International Sale of Goods*, art. 72, 3ª ed., Oxford University Press, 2010.

FRADERA, Véra Jacob de. A interpretação dos negócios jurídicos empreendidos no Brasil: o alargamento das hipóteses previstas no artigo 113 do Código Civil brasileiro mediante inspiração do artigo 9º da CISG. In: *A CISG e o Brasil*, Marcial Pons: São Paulo.

GOTANDA, John. In: KRÖLL, Stefan. MISTELIS, Loukas, VISCASILLAS, Maria del Pilar. *UN Convention on Contracts for the International Sale of Goods (CISG): A Commentary*, 2011.

GRAFFI, Leonardo. Case Law on the Concept of "Fundamental Breach" in the Vienna Sales Convention. *Revue de Droit des Affaires Internationales/International Business Law Journal*, Paris, nº 3, 338-349. Disponível em: <http://cisgw3.law.pace.edu/cisg/biblio/graffi.html>. Acesso em: 04/11/2019.

HEUZÉ, V., *La vente internationale des marchandises. Droit uniforme*. Paris: GNL Joly, 1992.

JANSSEN, André; MEYER, Olaf (eds.). *CISG Methodology*. Sellier: European Law Publishers, 2009.

KELLER, Bertram. *Favor Contractus – Reading the CISG in Favor of the Contract*. in ANDERSEN, C. and SCHROETER, U. (eds.) Sharing International Commercial

Law across National Boundaries: Festschrift for Albert H. Kritzer on the Occasion of his Eightieth Birthday, Wildy, Simmons & Hill Publishing, 2008.

KRITZNER, A. *Reasonableness.* Disponível em: <https://www.cisg.law.pace.edu/cisg/text/reason.html>. Acesso em: 05/11/2019.

MARINO, Francisco Paulo De Crescenzo. *Interpretação do negócio jurídico.* São Paulo: Saraiva, 2011.

MARTINS-COSTA, Judith. A recepção do incumprimento antecipado no direito brasileiro: configuração e limites. *Revista dos Tribunais,* nº 885, 2009.

MÜLLER-CHEN, Markus. In SCHWENZER, Ingeborg (ed), *Schlechtriem and Schwenzer: Commentary on the UN Convention on the International Sale of Goods.* 3ª ed. Oxford University Press, 2010.

MUNIZ, Joaquim de Paiva; PERETTI, Luis Alberto Salton; MARÇAL RM DA SILVA, João. O Dever de Mitigação de Danos na CISG e a Aplicação do Instituto no Brasil. In: SCHWENZER, Ingeborg; PEREIRA, César A. Guimarães; TRIPODI, Leandro (coord.). *A CISG e o Brasil.* São Paulo: Marcial Pons, 2015.

MUSTILL, Michael. The New Lex Mercatoria: The First Twenty-Five Years. *Journal of International Arbitration,* v. 4, nº 2, abril, 1988, pp. 86-119. Disponível em: <https://www.trans-lex.org/126900/_/mustill-michael-the-new-lex-mercatoria:-the-first-twenty-five-years-arbintl-1988-at-86-et-seq/>. Acesso em 25/10/2019.

OTERO, Paulo. *Manual de direito administrativo (Volume I).* Almedina, 2013.

ROBERTSON, D. W. *The Doctrine of Anticipatory Breach of Contract.* Lousiana Law Review, v. 20, nº 1, 1959, p. 119-122, disponível em https://digitalcommons.law.lsu.edu/cgi/viewcontent.cgi?article=2768&context=lalrev. Acesso em 04/09/2020.

SAIDOV, Djakhongir. In: KRÖLL, Stefan; MISTELIS, Loukas; VISCASILLAS, Pilar. *UN Convention on Contracts for the International Sale of Goods (CISG): Commentary.*

SCHLECHTRIEM, Peter. Basic Structures and General Concepts of the CISG as Models for a Harmonization of the Law of Obligations. *Juridica International,* nº 10, 2005, pp. 27-34. Disponível em: <http://www.cisg.law.pace.edu/cisg/biblio/schlechtriem12.html.>. Acesso em 25/10/2019.

SCHROETER, Ulrich G. In SCHWENZER, Ingeborg (ed), *Schlechtriem and Schwenzer: Commentary on the UN Convention on the International Sale of Goods,* 3ª ed., Oxford University Press, 2010.

TEPEDINO, Gustavo; BARBOZA, Heloísa Helena, BODIN DE MORAES, Maria Celina. *Código Civil interpretado conforme a Constituição da República.* Rio de Janeiro: Renovar, 2004.

VALVERDE TERRA, Aline de Miranda. Adimplemento substancial e tutela do interesse do credor: análise da decisão proferida no Recurso Especial nº 1.581.505. *Revista Brasileira de Direito Civil – RBDCivil,* Belo Horizonte, vol. 11, jan.-mar. 2017.

ZANETTI, C.S. *in* NANNI, G. E. (coord.) *Comentários ao Código Civil,* São Paulo: Saraiva, 2019.

ZANETTI, Cristiano de Sousa. O Inadimplemento Antecipado da Obrigação Contratual. In: CELLI JR., Umberto; BASSO, Maristela, AMARAL JUNIOR, Alberto (org.) *Arbitragem e Comércio Internacional – Estudos em Homenagem a Luiz Olavo Baptista*. São Paulo: Quartier Latin, 2013.

2. A Contribuição da CISG para o Direito Contratual Brasileiro: Uma Análise Jurisprudencial

Lígia Espolaor Veronese

Introdução

A Convenção das Nações Unidas sobre Contratos de Compra e Venda Internacional de Mercadorias, aqui referida apenas como "CISG" ou "Convenção", entrou em vigor no Brasil com a promulgação do Decreto nº 8.327 de 16 de outubro de 2014. Havia grande expectativa a respeito da ratificação da CISG pelo Brasil, considerada tardia[1], em vista da importância do país no comércio internacional e do fato de este ter sido representado no grupo de trabalho para elaboração do texto da Convenção, aprovado em 11 de abril de 1980[2].

Muitos trabalhos foram elaborados e publicados a respeito da aplicação da CISG ao direito brasileiro mesmo antes de sua entrada em vigor[3], os quais se multiplicaram após este marco, gerando bastante

[1] *Vide*, dentre outros, Vieira, Iacyr Aguilar, in Ferrari, Franco (org), *The CISG and its Impact on National Legal Systems*, Munich, Sellier, 2008, pp. 9-10.

[2] *Explanatory Note by the UNCITRAL Secretariat on the United Nations Convention on Contracts for the International Sale of Goods*, UNCITRAL Document V.89-53886, 1989, disponível em https://www.cisg.law.pace.edu/cisg/text/p23.html; Honnold, John O., *Uniform Law for International Sales under the 1980 United Nations Convention*, 3ª ed., The Hague, Kluwer Law International, 1999, pp. 9-11.

[3] Por exemplo, a Revista de Arbitragem e Mediação dedicou um volume inteiro à Convenção em 2013 (Revista de Arbitragem e Mediação, ano 10, vol. 37, abr-jun, 2013). Digna de nota também é a plataforma CISG-Brasil.net (https://www.cisg-brasil.net/), que desde

euforia no mundo dos negócios e acadêmico. Foram realizados debates e análises a respeito dos dispositivos da Convenção, bem como de seus possíveis impactos e contribuições ao direito contratual brasileiro[4].

Passados os primeiros seis anos de vigência da CISG no Brasil[5], colocam-se as questões: já é possível verificar impactos e contribuições da CISG na prática? As expectativas e previsões feitas pela doutrina e nos debates têm se confirmado na jurisprudência? A elaboração do presente artigo buscou responder a estas perguntas a partir de uma ampla pesquisa de jurisprudência judicial, cujos resultados são apresentados no Item 1.

Foi realizada também uma pesquisa de jurisprudência arbitral em plataformas digitais nacionais e internacionais. No entanto, dada a confidencialidade do procedimento arbitral, a pesquisa retornou poucas referências envolvendo a CISG e o Brasil, sendo que *nenhuma* possuía sede no país ou a lei aplicável brasileira, de modo que seu tratamento foi descartado para fins do presente artigo.

A pesquisa, como se verá, demonstra a aplicação da CISG ainda de forma incipiente em muitos tribunais brasileiros, sendo que sua principal contribuição, verificada na maioria esmagadora dos casos, refere-se à mitigação de danos prevista no artigo 77 da Convenção. Dada a relevância desta contribuição ao direito contratual brasileiro, este estudo dedica um item a este tema específico (Item 2), antes de passar às suas considerações finais.

1. Decisões judiciais de tribunais brasileiros

Como indicado acima, este artigo propõe-se a apontar as contribuições da CISG ao direito brasileiro na prática – a partir de análise jurispruden-

2010 reúne materiais acadêmicos a respeito da Convenção, incluindo traduções de textos relevantes para o português.

[4] Destacam-se as conferências sobre a CISG (iniciadas desde 2011) e grupos de estudos organizados (como o Grupo de Estudos do CBAR – http://cbar.org.br/site/grupo-de--estudos-convencao-sobre-compra-e-venda-internacional-de-mercadorias-cisg-e-arbitragem/), bem como de livros dedicados ao tema (*Vide*, por exemplo: Schwenzer, Ingeborg, Pereira, Cesar A. G., Tripodi, Leandro (coord.), *A CISG e o Brasil*, Curitiba, Marcial Pons, 2014; Veronese, Lígia Espolaor, *A Convenção de Viena e seus Reflexos no Direito Contratual Brasileiro*, São Paulo, Almedina, 2019).

[5] O presente artigo foi elaborado no ano de 2020.

cial –, de forma a complementar, confirmar e/ou corrigir as expectativas traçadas pela doutrina e entusiastas da Convenção.

Antes de mais nada, é importante referenciar o detalhado e amplo estudo realizado pelo "Grupo de Estudos do Comitê Brasileiro de Arbitragem sobre a CISG e Arbitragem" na 1ª Edição da Pesquisa e Jurisprudência "*A CISG e o Judiciário Brasileiro*", publicada em 2016 ("Relatório CBAr")[6]. Excelentemente desenvolvida e organizada, referida pesquisa identificou 81 decisões de tribunais nacionais que diziam respeito à CISG, coletadas até a data de corte de outubro de 2015[7].

Logo, cumpre a este item trazer um complemento ao Relatório CBAr publicado em 2016, com julgados pesquisados até o mês de julho de 2020, a fim de verificar a evolução do tema no âmbito do Poder Judiciário[8]. A pesquisa atualizada adotou metodologia semelhante à anterior, utilizando como termo de busca, além daqueles oito já referenciados no Relatório CBAr[9], a referência ao Decreto nº 8.327/2014.

Compreendendo os tribunais superiores (STF e STJ) e todos os tribunais de justiça estaduais, a pesquisa resultou em um total de 49 decisões[10], das quais apenas três são de período anterior ao Relatório CBAr (mas não foram referenciados naquele relatório), sendo todas as demais posteriores à data de corte de outubro de 2015. De saída, os seguintes tribunais se mantiveram *sem* qualquer decisão envolvendo a CISG: STF, TJAP, TJES, TJGO, TJMA, TJMS, TJPB, TJPE, TJPI, TJRR, TJSE, TJTO e TJCE, sendo que, neste último tribunal, foram identificados apenas

[6] Coordenado por Gustavo Kulesza, Rafael Bittencourt e Rodrigo Moreira, o Relatório CBAr, encontra-se disponível em: http://cbar.org.br/site/wp-content/uploads/2017/03/Relatorio-Pesquisa-Juris-CISG-2016 versao-consolidada-e-revisada_FINAL.pdf

[7] Relatório CBAr, pp. 12 e 14.

[8] Desde já, penitencia-se por eventual incompletude nas pesquisas realizadas, as quais, a despeito da dedicação da autora, não contaram com a mesma estrutura, organização e profundidade demonstradas no Relatório CBAr.

[9] Conforme item 2.1.2 do Relatório CBAr, os termos de busca utilizados foram: 1. "Convenção das Nações Unidas sobre Contratos de Compra e Venda Internacional de Mercadorias"; 2. "Convenção de Viena sobre Compra e Venda Internacional de Mercadorias"; 3. "Compra e venda internacional"; 4. "Convenção da ONU sobre os Contratos de Compra e Venda"; 5. "Convenção das Nações Unidas sobre os Contratos de Compra e Venda"; 6. "Convenção de Viena"; 7. "CISG" e 8. "CVIM".

[10] Referido cálculo não contempla as mais de cem de decisões repetitivas resultantes da busca no TJRS, conforme será esclarecido no item 1.8 a seguir.

casos em que a Convenção se encontra em *título* de obra doutrinária citada na decisão, mas cujo trecho transcrito não trata da sua aplicação ao caso concreto[11].

A despeito de terem apresentado decisões envolvendo a CISG até o final de 2015, após esta data, a pesquisa atual não retornou nenhum novo julgado envolvendo a CISG nos seguintes tribunais: STJ, TJAL, TJPA, TJRJ, TJRN e TJRO.

No tocante ao STJ, cabe citar decisão proferida em 2009 que, embora não conste no Relatório CBAr, fez referência, ainda que de forma indireta, à aplicação da CISG. Trata-se de Sentença Estrangeira Contestada[12] no âmbito da qual era questionada a aplicação da CISG a uma disputa, na medida em que o Brasil ainda não havia ratificado a Convenção e a Alemanha havia ratificado com restrições. Como as partes haviam elegido a lei suíça, a decisão do STJ foi no sentido de referendar a sentença arbitral estrangeira sobre a aplicação da CISG, alinhada ao entendimento pacificado na doutrina e jurisprudência internacional[13] sobre as hipóteses de sua exclusão:

> O mero juízo de delibação que é possível fazer, em sede de homologação de sentença estrangeira, não permite que o julgador brasileiro decida, em lugar do árbitro estrangeiro, como deve ser interpretado termo direito material suíço. (...) O mesmo vale para o argumento de que a Convenção de Viena foi recepcionada com restrições pela Alemanha (Estado de residência de um dos contratantes) e não foi sequer recepcionada pelo Brasil (Estado de residência do outro contratante). Ao eleger o direito material suíço para

[11] TJCE, Agravo de Instrumento nº 0621637-23.2017.8.06.0000, Rel. Des. Teodoro Silva Santos, j. 28/03/2020; TJCE, Apelação Cível nº 0459663-81.2011.8.06.0001, Rel. Des. Teodoro Silva Santos, j. 04/10/2017; TJCE, Apelação nº 0214876-09.2015.8.06.0001, Rel. Des. Teodoro Silva Santos, j. 05/07/2017.

[12] STJ, Sentença Estrangeira Contestada Nº 3.035 – EX (2008/0044435-0), Rel. Min. Fernando Gonçalves, j. 19/08/2009.

[13] Bonell, Michael Joachim, Liguori, Fabio, *The U.N. Convention on the International Sale of Goods: A Critical Analysis of Current International Case Law* – 1997 (Part 1), Revue de droit uniforme/Uniform Law Review, 1997, p. 391; Schlechtriem, Peter, Butler, Petra, *UN law on international sales, the UN Convention on the International Sale of Goods*, Berlin, Springer, 2009, pp. 16-17; Lookofsky, Joseph, *Understanding the CISG*, 3ª ed., The Hague, Kluwer Law International, 2008, p. 27. *Vide* ICC Court of Arbitration, nº 7656/1994 in ICC International Court of Arbitration Bulletin, 1995.

a solução da controvérsia, as partes renunciaram à aplicação da lei interna de seu respectivo país, em prol da regulação da matéria por um sistema normativo estrangeiro. Não há, na arbitragem internacional, qualquer restrição a que se faça isso (art. 2º, §1º, da Lei 9.307/99).

Dentre os demais tribunais estaduais que retornaram acórdãos envolvendo a CISG na pesquisa atualizada, verifica-se, em sua maioria, a referência à CISG de forma indireta, seja por meio de citações doutrinárias, seja por citações de outros julgados. Como se verá a seguir, o dispositivo mais mencionado é o artigo 77 da CISG, que positiva o *duty to mitigate the loss* ou *dever de mitigação de danos* pela vítima do inadimplemento e possui a seguinte redação:

> A parte que invocar o inadimplemento do contrato deverá tomar as medidas que forem razoáveis, de acordo com as circunstâncias, para diminuir os prejuízos resultantes do descumprimento, incluídos os lucros cessantes. Caso não adote estas medidas, a outra parte poderá pedir redução na indenização das perdas e danos, no montante da perda que deveria ter sido mitigada.

A despeito de o artigo se aplicar diretamente apenas aos contratos de compra e venda internacional de mercadorias[14], nota-se sua crescente invocação, de forma direta e indireta, para as mais variadas relações jurídicas com demandas indenizatórias, demonstrando o caráter contributivo da Convenção ao direito brasileiro, como se passa a expor[15].

1.1. TJAC

Ausente no Relatório CBAr, a pesquisa atualizada no Tribunal de Justiça do Estado do Acre resultou em *um* único acórdão de 2019, relativo a uma disputa que, como a maioria dos julgados brasileiros, não compreende a compra e venda internacional de mercadorias. Na "Apela-

[14] Conforme escopo de aplicação da CISG definido em seu artigo 1: "*Esta Convenção aplica-se aos contratos de compra e venda de mercadorias entre partes que tenham seus estabelecimentos em Estados distintos: (a) quando tais Estados forem Estados Contratantes; ou (b) quando as regras de direito internacional privado levarem à aplicação da lei de um Estado Contratante.*"

[15] A apresentação dos resultados das pesquisas segue a ordem alfabética dos tribunais de justiça.

ção Cível n.º 0708781-41.2015.8.01.0001. Rel. Des. Laudivon Nogueira, j. 11/10/2019", envolvendo pedido de indenização por danos morais, o artigo 77 da CISG é mencionado indiretamente em citação doutrinária a respeito da aplicação e recepção do *duty to mitigate the loss* pelo direito brasileiro. No caso concreto, o tribunal colegiado entendeu que a vítima não tinha condições de mitigar seu prejuízo.

1.2. TJAM

A pesquisa no Tribunal de Justiça do Estado do Amazonas também retornou apenas *um* único julgado mais recente[16]. Apesar da expectativa criada em virtude do caso envolver, de fato, um contrato internacional de compra e venda de mercadorias, a CISG é mencionada apenas em cláusula de escolha de lei aplicável que, conforme redação a seguir, *excluiu* expressamente a aplicação da Convenção, de modo que esta não foi julgada: "*O presente contrato está sujeito à lei austríaca com **exclusão** da Convenção da ONU sobre a venda Internacional de Produtos (CISG, 1980)*" (grifo não original).

1.3. TJBA

O Tribunal de Justiça do Estado da Bahia, diferentemente da pesquisa publicada em 2016, apresentou *quatro* novos acórdãos envolvendo a CISG. Em três deles[17], relativos à compra e venda de bem imóvel e da mesma relatoria, a CISG é mencionada de forma indireta em citação doutrinária a respeito da recepção, pelo direito brasileiro, da exceção de inseguridade e do inadimplemento antecipado. Nestes casos, as citações doutrinárias mencionaram o artigo 71 da CISG[18] em conjunto com

[16] TJAM, Apelação Cível nº 0607502-96.2013.8.04.0001, Rel. Des. Aristóteles Lima Thury, j. 03/12/2018.

[17] TJBA, Embargos de Declaração na Apelação Cível nº 0092731-17.2011.8.05.0001, Rel. Des. Marcia Borges Faria, j. 17/06/2015; TJBA, Apelação Cível nº 0536374-52.2014.8.05.0001, Rel. Des. Marcia Borges Faria, j. 09/09/2016; TJBA, Apelação Cível nº 0409943-41.2012.8.05.0001, Rel. Des. Marcia Borges Faria, j. 03/03/2016.

[18] *"(1) Uma parte poderá suspender o cumprimento de suas obrigações se, após a conclusão do contrato, tornar-se evidente que a outra parte não cumprirá parcela substancial de suas obrigações, devido: (a) a grave insuficiência em sua capacidade de cumpri-las, ou em sua solvência; ou (b) à maneira como se dispõe a cumprir ou como cumpre o contrato."*

o artigo 477 do Código Civil[19] para respaldar o direito de uma parte em suspender sua obrigação diante do inadimplemento ou evidência de inadimplemento contratual da outra parte.

No quarto julgado[20], envolvendo cobrança de serviços de telefonia e condenação a danos morais, o artigo 77 da CISG é mencionado indiretamente em citação doutrinária a respeito da aplicação e recepção do *duty to mitigate the loss*, com referência ao enunciado 169 da III Jornada de Direito Civil[21]. No caso concreto, o recurso para maior indenização foi negado com base no dever de mitigar o prejuízo, o que não foi observado pela recorrente.

1.4. TJDFT

Outro tribunal que não havia retornado decisões no Relatório CBAr foi o Tribunal de Justiça do Distrito Federal e dos Territórios. Na pesquisa atualizada, três acórdãos mencionam a CISG, sendo dois deles muito semelhantes (e não relativos à compra e venda) a citar o artigo 77 da CISG[22] também de forma indireta, em referência jurisprudencial, para respaldar a aplicação do dever de mitigação de danos. Nestes dois casos, não houve reconhecimento deste dever, de modo que a indenização não foi reduzida como se pleiteava em sede recursal.

O terceiro acórdão[23] compreende disputa envolvendo um contrato de compra e venda de bem imóvel, no qual, ao tratar do dever da autora de mitigar o próprio prejuízo, o artigo 77 da CISG é citado diretamente após referência ao enunciado 169 da III Jornada de Direito Civil, confirmando que a CISG foi recepcionada pelo direito brasileiro:

[19] *"Se, depois de concluído o contrato, sobrevier a uma das partes contratantes diminuição em seu patrimônio capaz de comprometer ou tornar duvidosa a prestação pela qual se obrigou, pode a outra recusar-se à prestação que lhe incumbe, até que aquela satisfaça a que lhe compete ou dê garantia bastante de satisfazê-la."*

[20] TJBA, Recurso Inominado Nº.: 0097747-73.2016.8.05.0001, Segunda Turma Recursal, Rel. J. Célia Maria Cardozo dos Reis Queiroz, j. 23/10/2017.

[21] *"O princípio da boa-fé objetiva deve levar o credor a evitar o agravamento do próprio prejuízo"*.

[22] TJDFT, Apelação Cível nº 20080710198772APC (0008900-04.2008.8.07.0007), Rel. Des. Angelo Passareli, j. 09/11/2016 (relativo a cobrança de taxas condominiais com juros); TJDFT; Apelação Cível nº 20120410014940APC (0001454-17.2012.8.07.0004), Rel. Des. Angelo Passareli, j. 05/10/2016 (relativo a ação de despejo com cobrança de aluguel).

[23] TJDFT, Apelação Cível nº 20160410054833APC (0005397-03.2016.8.07.0004), Rel. Des. Roberto Freitas, j. 23/01/2019.

> Segundo Vera Maria Jacob Fradera (Fradera apud Tartuce, Flávio. *op. cit.* p. 114), o dever de mitigação do próprio prejuízo está positivado no art. 77 da Convenção de Viena de 1980, o qual assevera que: 'A parte que invocar o inadimplemento do contrato deverá tomar as medidas que forem razoáveis, de acordo com as circunstâncias, para diminuir os prejuízos resultantes do descumprimento, incluídos os lucros cessantes. Caso não adote estas medidas, a outra parte poderá pedir redução na indenização das perdas e danos, no montante da perda que deveria ter sido mitigada.'[1] **A Convenção de Viena foi recepcionada pelo nosso ordenamento e promulgada pelo Decreto nº 8.327/14.** (grifos do original)

Neste caso concreto, o tribunal colegiado entendeu que a autora demorou dois anos entre a mora e o ajuizamento da ação, aumentando seu prejuízo. Desse modo, houve condenação a pagamentos desde a primeira notificação extrajudicial e *não* da data do inadimplemento.

1.5. TJMG

A pesquisa no Tribunal de Justiça do Estado de Minas Gerais retornou uma quantidade de acórdãos consideravelmente maior se comparada àquela de 2016. No total, foram *nove* julgados mencionando a CISG de diferentes formas.

De saída, interessante notar que a CISG foi utilizada para firmar *tese* de demandas repetitivas no âmbito deste tribunal. No referido Incidente de Resolução de Demandas Repetitivas ("IRDR")[24] foi firmada a seguinte tese: "*A teoria do adimplemento substancial é inaplicável em sede de contrato de mútuo bancário garantido por alienação fiduciária para aquisição de bem móvel fungível.*".

A despeito de tratar de demanda bancária doméstica, no julgamento da tese acima, a CISG foi mencionada em *dois* momentos ao tratar do tema do inadimplemento e adimplemento substancial. O primeiro, para referendar a aplicação do artigo 25 da CISG no sentido de que o inadimplemento ensejador da resolução deve ser *essencial*:

> **A violação contratual que autoriza a resolução do ajuste (e, portanto, derrui a aplicabilidade da teoria do adimplemento substancial)**

[24] TJMG, Incidente de Resolução De Demandas Repetitivas, nº 1.0000.16.032795-3/000, Rel. Des. Claudia Maia, j. 26/02/2018.

é aquela essencial ao desiderato negocial. A Convenção de Viena sobre Compra e Venda Internacional de Mercadorias, a propósito, contém a seguinte disposição:

> Art. 25. Uma violação do contrato cometida por uma das partes é fundamental quando causa à outra parte um prejuízo tal que a prive substancialmente naquilo que lhe era legítimo esperar do contrato, salvo se a parte faltosa não previu esse resultado e se uma pessoa razoável, com idêntica qualificação e colocada na mesma situação, não tivesse igualmente previsto (destaquei). (grifos não originais)

O segundo momento, para trazer a doutrina do saudoso Ruy Rosado Aguiar Jr. a respeito das teorias do adimplemento substancial e inadimplemento essencial pela CISG:

> De outra senda, Ruy Rosado de Aguiar Jr. (conforme anteriormente mencionado, o grande responsável pela adoção da teoria do adimplemento substancial em terras brasileiras), ao analisar a Convenção de Viena (1980) sob o viés do inadimplemento, foi taxativo em expressar que "a desatenção ao prazo suplementar para cumprimento da obrigação principal caracteriza presumidamente violação fundamental" (*op. cit.*, p. 215).

Como consequência da tese firmada, as mesmas citações à CISG se repetiram, de forma idêntica, em dois outros julgados relativos à busca e apreensão de bens garantidos por alienação fiduciária, nos quais a ocorrência de adimplemento substancial foi negada[25].

Em outro julgado deste Tribunal[26], o artigo 71 da CISG foi mencionado indiretamente em citação doutrinária a respeito da recepção, pelo direito brasileiro, de uma interpretação mais ampla da exceção de inseguridade prevista no artigo 477 do Código Civil, abrangendo outros riscos à execução contratual. No caso concreto, foi provido o recurso para suspender pagamentos com base na referida exceção, dada a instabilidade na execução dos contratos.

[25] TJMG, Apelação Cível nº 1.0439.16.008721-9/001, Rel. Des. Luciano Pinto, j. 21/06/2018; TJMG, Agravo de Instrumento nº 1.0000.17.069375-8/001, Rel. Des. Valdez Leite Machado, j. 24/05/2018.

[26] TJMG, Agravo de Instrumento nº 1.0000.16.050939-4/001, Rel. Des. Rogério Medeiros, j. 27/10/2016.

Os demais cinco acórdãos encontrados na pesquisa do TJMG se referem à citação do artigo 77 da CISG. Em dois deles, o dispositivo encontra-se em citação doutrinária constante nas decisões que negaram a redução da indenização, por entender o tribunal colegiado que a vítima tomou todas as medidas para mitigar o seu prejuízo[27].

Outros três acórdãos aplicaram o artigo 77 da CISG de forma direta, em conjunto com o artigo 422 do Código Civil[28] e o enunciado 169 da III Jornada de Direito Civil (acima transcrito), para reduzir o valor da indenização pleiteada na medida em que o autor não procurou mitigar seu próprio prejuízo[29]. A citação de um dos acórdãos, e repetida nos demais, encontra-se transcrita abaixo:

> E é neste contexto que surge e ganha força o duty to mitigate the own loss, conceito que representa muito bem o dever de colaboração, **e que, embora timidamente, vem sendo aplicado em casos concretos submetidos ao judiciário. Tal conceito tem raízes no artigo 77 da Convenção de Viena de 1.980, situado no capítulo intitulado "Disposições relativas às obrigações do vendedor e do comprador",** assim redigido: (...) Por ocasião da III Jornada de Direito Civil do Conselho de Justiça, realizada nos idos de 2003, o Conselho da Justiça Federal já vislumbrando o acolhimento desta teoria, reconheceu o dever do credor evitar o agravamento do próprio prejuízo, conforme enunciado 169, do seguinte teor: (...) (grifos não originais) (TJMG, Apelação Cível nº 1.0701.12.003937-8/001, Rel. Des. Estevão Lucchesi, j. 02/08/2018)

1.6. TJMT

O portal do Tribunal de Justiça do Estado do Mato Grosso apresentou problemas para realizar buscas e *downloads* do inteiro teor dos jul-

[27] TJMG, Apelação Cível nº 1.0145.11.038639-1/005, Rel. Des. Juliana Campos Horta, j. 07/11/2018; TJMG, Embargos de Declaração nº 1.0145.11.038639-1/006, Rel. Des. Juliana Campos Horta, j. 24/04/2019.

[28] *"Os contratantes são obrigados a guardar, assim na conclusão do contrato, como em sua execução, os princípios de probidade e boa-fé."*

[29] TJMG, Apelação Cível nº 1.0701.12.003937-8/001, Rel. Des. Estevão Lucchesi, j. 02/08/2018; TJMG, Apelação Cível nº 1.0701.12.042419-0/001, Rel. Des. Estevão Lucchesi, j. 22/08/2019; TJMG, Apelação Cível nº 1.0024.08.174673-7/002, Rel. Des. Luiz Artur Hilário, j. 18/06/2019.

gados[30]. No único acórdão encontrado[31], o tribunal colegiado aplicou diretamente o artigo 77 da CISG para respaldar o *duty to mitigate the loss* que, no caso, não foi observado pelo consumidor que pleiteava danos em disputa envolvendo contrato de telefonia.

1.7. TJPR

No Tribunal de Justiça do Estado do Paraná, no qual foi proferido um dos primeiros julgados a aplicar diretamente a CISG[32], a pesquisa retornou um total de *cinco* decisões adicionais ao Relatório CBAr. Todos estes acórdãos fazem referência ao artigo 77 da CISG, mencionado de forma indireta em citação doutrinária em quatro casos[33] e diretamente em apenas um caso, conforme abaixo:

> Com efeito, à luz do princípio da boa-fé (CC, art. 422) e dos seus deveres anexos, constitui dever da parte que invoca o inadimplemento contratual mitigar os próprios prejuízos, sob pena de, não o fazendo, não ter legitimidade para imputar os danos decorrentes de sua inércia à parte contrária. O Enunciado nº 169 da III Jornada de Direito Civil do Conselho da Justiça Federal/Superior Tribunal de Justiça, dispõe que "o princípio da boa-fé objetiva deve levar o credor a evitar o agravamento do próprio prejuízo". Tal entendimento tem inspiração no art. 77 da Convenção de Viena de 1980. (TJPR, Apelação Cível nº 1.351.384-7, Rel. Des. Francisco Cardozo Oliveira Juiz Relator, j. 15/03/2016)

30 https://jurisprudencia.tjmt.jus.br/consulta acessado em julho de 2020.

31 TJMT, Recurso Inominado nº 0016339-87.2019.811.0001, Rel. Des. Antônio Veloso Peleja Junior, j. 15/05/2020.

32 Trata-se de acórdão mencionado no Relatório CBAr (p. 88) a aplicar o artigo 11 da CISG para comprovar a existência de contrato internacional de compra e venda de mercadorias (TJPR, Apelação Cível nº 1 (0002733-73.2011.8.16.0052), Rel. Des. Francisco Cardozo Oliveira Juiz Relator, j. 17/06/2015).

33 TJPR, Apelação Cível nº 1.562.217-2, Rel. Des. Clayton Maranhão, j. 27/10/2016; TJPR, Apelação Cível nº 1.483.067-0, Rel. Des. Clayton Maranhão, j. 28/04/2016; TJPR, Apelação Cível nº 0010497-98.2013.8.16.0001, Rel. Des. Clayton Maranhão, j. 08/08/2018; e TJPR, Agravo de Instrumento nº 0048862-54.2018.8.16.0000, Rel. Des. Rosana Amara Girardi Fachin, j. 20/03/2019.

Em todos os casos, foi reconhecido o dever da vítima de mitigar o próprio prejuízo, resultando na redução ou até mesmo o afastamento[34] das condenações pleiteadas.

1.8. TJRS

O Tribunal de Justiça do Estado do Rio Grande do Sul tem se destacado desde 2017 por aplicar a CISG de forma direta em casos de contratos internacionais, assim como de forma indireta a partir dos conceitos gerais previstos na Convenção. Um exemplo disso é o fato de a pesquisa retornar mais de *cem julgados* recentes que mencionam indiretamente o 77 da CISG em citação doutrinária repetida[35], a fim de invocar o *duty to mitigate the loss* em ações indenizatórias decorrentes de falta de energia elétrica.

A título de exemplo destas ações, menciona-se a "Apelação Cível nº 70076650894 (Nº CNJ: 0030301-90.2018.8.21.7000), Rel. Des. Paulo

[34] *Vide* TJPR, Apelação Cível nº 0010497-98.2013.8.16.0001, Rel. Des. Clayton Maranhão, j. 08/08/2018.

[35] Em todos os casos, tem-se a seguinte citação da Professora Vera Maria Jacob de Fradera: "*No sistema do Código Civil brasileiro de 2002, o duty to mitigate the loss poderia ser considerado um dever acessório, derivado do princípio da boa fé objetiva, pois nosso legislador, com apoio na doutrina anterior ao atual Código, adota uma concepção cooperativa de contrato. Aliás, no dizer de Clóvis do Couto e Silva, todos os deveres anexos podem ser considerados como deveres de cooperação. No referente à incumbência a que está sujeito o credor, de mitigar o seu próprio prejuízo, já vimos ser sua natureza jurídica de difícil definição, podendo estar tanto na categoria dos deveres (se existe regra positiva a respeito, como na CISG), como incumbência, como querem os suíços, ou ainda, como uma obrigação de pequeno porte, de acordo com a doutrina alemã. De vez que o direito brasileiro vem sendo, há longos anos, bastante influenciado pela doutrina e jurisprudência alemãs, a conseqüência lógica, ainda mais em sendo o Código Civil muito recente, seria a de ter incorporado o comportamento em análise. Outro aspecto a ser destacado é o da positivação do princípio da boa fé objetiva, no novo diploma civil, abrindo, então, inúmeras possibilidades ao alargamento das obrigações e ou incumbências das partes, no caso, as do credor. Como se isso não fora suficiente fundamento para adoção desse dever, restam ainda, sob o influxo da jurisprudência francesa, duas possibilidades de justificar a recepção: o conceito de venire contra factum proprium e o de abuso de direito, cuja previsão representa, segundo uma doutrina minoritária, um avanço do novo Código Civil, em relação ao anterior, omisso nesta parte. Deve ainda ser salientado o fato de direito brasileiro, neste ponto relativo à concepção do abuso de direito qualificado como espécie de ato ilícito, previsto no artigo 187 do CC 2002, afastou-se da sistemática alemã, onde o abuso de direito é reputado como uma violação ao princípio da boa fé objetiva (Pode o credor ser instado a diminuir o próprio prejuízo? In: Revista Trimestral de Direito Civil – RTDC, Ano 5, Vol. 19, julho a setembro de 2004, pp. 109-119)*".

Roberto Lessa Franz, j. 12/07/2018". Neste e nos demais casos semelhantes, o tribunal colegiado reconhece a aplicação do *duty to mitigate* ao dispor que os autores das demandas contra a COMPANHIA ESTADUAL DE DISTRIBUIÇÃO DE ENERGIA ELÉTRICA – CEEE-D deveriam ter tomado medidas para mitigar seus próprios prejuízos, não fazendo jus à indenização integral:

> Dessa forma, o autor tinha o dever de mitigar o próprio prejuízo, o que seria facilmente realizado com a aquisição de gerador – podendo ser adquirido por meio de financiamento em até dez anos –, devendo ser esta sua primeira preocupação, a fim de evitar os problemas oriundos da interrupção da secagem do fumo.

Este entendimento sobre o artigo 77 da CISG se tornou parâmetro para julgamento de demandas indenizatórias (ainda que de forma indireta) neste tribunal e se repetiu em mais dois julgados recentes para afastar ou reduzir indenizações pleiteadas[36]. Antes destas decisões, porém, a CISG já havia sido mencionada e defendida pelo TJRS, inclusive em julgado anterior a 2016 e que não entrou no Relatório CBAr. Trata-se do "Agravo de Instrumento nº 70065345423 (Nº CNJ: 0219920-44.2015.8.21.7000), Rel. Des. Umberto Guaspari Sudbrack, j. 10/09/2015", envolvendo uma disputa relativa a um contrato de *compra e venda internacional* e no qual se entendeu que, caso se confirmasse a aplicação da lei brasileira, a CISG deveria ser diretamente aplicável, conforme trechos transcritos abaixo:

> AGRAVO DE INSTRUMENTO. DIREITO PRIVADO NÃO ESPECIFICADO. AÇÃO DE COBRANÇA. CONTRATO DE COMPRA E VENDA DE MERCADORIAS CELEBRADO ENTRE EMPRESA BRASILEIRA E EMPRESA VENEZUELANA. DIREITO INTERNACIONAL PRIVADO. JURISDIÇÃO INTERNACIONAL BRASILEIRA PARA O CASO. REGRA DE DOMICÍLIO DO RÉU. "ACTIO SEQUITOR FORUM REI". TRADUÇÃO JURAMENTADA DE DOCUMENTOS EM LÍNGUA ESTRANGEIRA. **LEI APLICÁVEL AO CONTRATO INTERNACIONAL DE COMPRA E VENDA. CONVENÇÃO**

[36] *Vide* TJRS, Apelação Cível nº 70078858909 (Nº CNJ: 0251102-43.2018.8.21.7000), Rel. Paulo Roberto Lessa Franz, j. 29/11/2018 e TJRS, Agravo de Instrumento nº 70082279902 (Nº CNJ: 0199899-08.2019.8.21.7000), Rel. Des. Leoberto Narciso Brancher, j. 18/12/2019.

DE VIENA SOBRE COMPRA E VENDA INTERNACIONAL DE MERCADORIAS ("Convenção de Viena de 1980").

(...)

3 – Direito aplicável ao deslinde do mérito do litígio decorrente de contrato celebrado entre empresa venezuelana e empresa brasileira. Questão que deverá ser apurada pelo Juízo de primeira instância, a partir da devida instrução do feito, quanto ao local de celebração do contrato entre as partes, e, ainda, tendo em conta o local de irradiação de efeitos (jurídicos e econômicos) da relação entabulada entre as partes, nos termos do "caput" do art. 9º da LINDB (contrato entre presentes) ou do seu §2º (contrato entre ausentes). Eventual deslinde do mérito que, a depender do que se apurar na instrução, deverá dar-se com base no Direito venezuelano, ou, então, com fundamento no Direito brasileiro – **neste caso, à luz dos das normas jurídicas brasileiras de produção interna e, de não menos, da Convenção das Nações Unidas sobre Contratos de Compra e Venda Internacional de Mercadorias ("Convenção de Viena de 1980"), que igualmente integra o Direito pátrio.**

(...)

Por fim, convém ressaltar que, caso conclua pelo deslinde do mérito à luz do Direito brasileiro, por qualquer uma das razões acima expostas, o Juízo de origem não deverá limitar-se às normas de produção interna que compõem o ordenamento jurídico pátrio. Deverá atentar, ainda, para a eventual aplicação da Convenção de Viena sobre Contratos de Compra e Venda Internacional de Mercadorias (CISG), a qual, celebrada sob os auspícios da Organização das Nações Unidas, em 1980, igualmente integra o Direito brasileiro, desde a conclusão do seu rito de incorporação – razão por que a sua incidência independe de argüição ou requerimento das partes, devendo ser aplicada "ex officio", como a Constituição e as leis.

Note-se que o eventual recurso às normas da Convenção de Viena de 1980, no caso presente, pode ter lugar ainda que a Venezuela não a tenha ratificado. Como dito, dar-se-á na qualidade de norma componente do Direito brasileiro, com fundamento no art. 1º, alínea "b", da Convenção, segundo o qual as suas regras aplicam-se aos contratos e compra e venda de mercadorias entre partes que tenham seus estabelecimentos em Estados distintos "quando as regras de direito internacional privado levarem à aplicação da lei de um Estado contratante". (grifos não originais)

O relator do acórdão acima ainda julgou outros *três* casos recentes envolvendo contratos internacionais. O primeiro deles se refere a uma ação de cobrança[37], no qual o tribunal aplicou diretamente a CISG e os Princípios UNIDROIT Relativos aos Contratos Comerciais Internacionais ("Princípios UNIDROIT"), ao entender que as alegações trazidas não se enquadravam às hipóteses de nulidade do Capítulo III dos Princípios UNIDROIT, faltando a parte com a boa-fé nos termos do artigo 7(1) da CISG:

> "3 – Não merece prosperar a tese defensiva de nulidade do contrato entabulado entre as partes, porque não verificada qualquer uma das situações previstas no Capítulo III dos Princípios Unidroit Relativos aos Contratos Comerciais Internacionais, tratando-se a arguição da ré, na verdade, de afronta manifesta à máxima de boa-fé nas relações comerciais internacionais, conforme se extrai do art. 7(1) da Convenção das Nações Unidas sobre Contratos de Compra e Venda Internacional de Mercadorias ("Convenção de Viena de 1980"). Sentença de procedência mantida.
>
> (...)
>
> Se o **regramento específico** em matéria de ilegalidade contratual dado pelo Capítulo III dos Princípios Unidroit não respalda a tese da ré, tampouco o fazem, em última análise, as **cláusulas gerais** dadas pela Convenção de Viena de 1980.
>
> **Ainda que a CISG não discipline o tema da nulidade contratual, como dito, à maneira dos Princípios Unidroit, é certo que estipula o dever de boa-fé como cânone estruturante fundamental do regramento do fluxo transfronteiriço de mercadorias, fazendo-o conjuntamente às referências ao seu caráter internacional e à necessidade de promover a sua aplicação uniforme, na forma do seu art. 7(1).** (grifos não originais)

O julgado ainda fez referência à CISG como *costume internacional*, podendo ser aplicada ainda que o contrato celebrado não estivesse diretamente sujeito à CISG:

> Portanto, também por esse prisma há óbice ao acolhimento da tese defensiva de nulidade contratual. Como consignei no voto de Relator pro-

[37] TJRS, Apelação Cível nº 70072090608 (Nº CNJ: 0419254-25.2016.8.21.7000), Rel. Des. Umberto Guaspari Sudbrack, j. 30/03/2017.

ferido na já mencionada Apelação Cível n.º 70072362940, julgada em 14/02/2017, "a Convenção de Viena de 1980 constitui expressão da praxe mais difundida no comércio internacional de mercadorias", podendo ser qualificada como costume, tanto à luz do Direito Internacional Público, quanto à luz do Direito Civil brasileiro, razão pela qual está ao alcance dos Juízes nacionais, na forma do art. 113 do Código Civil de 2002. **Ora, se a Convenção de Viena de 1980 define-se como expressão máxima da praxe do comércio internacional e, dito isso, se tal praxe tem por cânone maior a necessidade de respeito à boa-fé, então é certo que não assiste razão à ré, sob a Convenção, ao sustentar a nulidade do contrato. A arguição de nulidade da avença firmada entre as partes está em absoluta desconformidade com o dever máximo de boa-fé nas relações negociais no comércio internacional, que o art. 7 (1) CISG espelha.** (grifos do original).

O segundo acórdão de relatoria do Desembargador Umberto Guaspari Sudbrack[38] refere-se a disputa relativa à rescisão contratual e condenação por danos materiais, no qual houve *aplicação direta* dos dispositivos da CISG a respeito da possibilidade de rescisão dos contratos e das consequências desta rescisão:

> 3 – Contato de compra e venda internacional de mercadorias cuja rescisão vai declarada, **por força da aplicação conjunta das normas do art. 47(1), do art. 49(1)(b) e do art. 81(2), todos da Convenção das Nações Unidas sobre Contratos de Compra e Venda Internacional de Mercadorias ("Convenção de Viena de 1980"),** a cujo marco normativo se recorre simultaneamente ao teor dos Princípios Unidroit relativos aos Contratos Comerciais Internacionais.
>
> (...)
>
> **Afinal, a autora / compradora tem domicílio na Dinamarca; a ré / vendedora tem domicílio no Brasil; e as obrigações relativas à execução do contrato, no tocante à transferência da propriedade das mercadorias negociadas e a sua entrega, pela vendedora, dividem-se entre Brasil e Hong Kong, China; assim caracterizando o elemento transnacional ínsito ao contrato qualificado como internacional.** Ressalto

[38] TJRS, Apelação Cível nº 70072362940 (Nº CNJ: 0000409-73.2017.8.21.7000), Rel. Des. Umberto Guaspari Sudbrack, j. 14/02/2017.

> que a conceituação do vínculo contratual havido entre as partes como contrato internacional de compra e venda de mercadorias aqui não se dá à toa. **Justifica-se porque remete ao marco jurídico aplicável ao deslinde do mérito, o qual se compõe, no caso, pela Convenção das Nações Unidas sobre Contratos de Compra e Venda Internacional de Mercadorias (a assim chamada "Convenção de Viena de 1980")** e, ao mesmo tempo, pelos Princípios Unidroit Relativos aos Contratos Comerciais Internacionais. (grifos não originais)

A despeito do contrato em questão ser *anterior* à promulgação do Decreto nº 8.327/2014, o tribunal decidiu pela aplicação as CISG como "*expressão da praxe mais difundida no comércio internacional de mercadorias, estando por isso ao alcance dos Juízes nacionais, até mesmo em função da norma do art. 113 do Código Civil, que determina a interpretação dos negócios jurídicos de acordo com os usos e costumes*". Decidiu-se pela aplicação da CISG como *costume*, afastando a problemática do aspecto temporal:

> Logo, **sendo a Convenção aqui aplicada como costume, não como norma de direito positivo, descabe a arguição de que o seu teor não poderia ser utilizado por esta Corte com base na regra de aplicação temporal do tratado dada pelo seu art. 100**. (grifos não originais)

A partir desta conclusão, foram aplicados os seguintes dispositivos da CISG: **(i)** artigo 11[39], para fins de comprovar a existência do contrato; **(ii)** artigo 30[40] sobre a obrigação do devedor de entrega das mercadorias; **(iii)** artigo 53[41] sobre a obrigação de pagamento mediante entrega das mercadoria; **(iv)** artigo 47(1)[42] para demonstrar que o comprador concedeu prazo suplementar para a entrega das mercadorias; **(v)** artigo 49(1)

[39] *"O contrato de compra e venda não requer instrumento escrito nem está sujeito a qualquer requisito de forma. Poderá ele ser provado por qualquer meio, inclusive por testemunhas."*

[40] *"O vendedor estará obrigado, nas condições previstas no contrato e na presente Convenção, a entregar as mercadorias, a transmitir a propriedade sobre elas e, sendo o caso, a remeter os respectivos documentos."*

[41] *"O comprador deverá pagar o preço das mercadorias e recebê-las nas condições estabelecidas no contrato e na presente Convenção."*

[42] *"O comprador poderá conceder ao vendedor prazo suplementar razoável para o cumprimento de suas obrigações."*

(b)[43], tendo em vista que, não cumprida a entrega no prazo suplementar, o comprador tem direito de rescindir o contrato; **(vi)** artigo 7(1)[44] na medida em que o vendedor violou a boa-fé ao não entregar as mercadorias e **(vii)** artigo 81(2)[45] sobre o dever de restituição ao comprador do valor pago pelas mercadorias não entregues.

O terceiro acórdão[46] referiu-se a um contrato de prestação de serviços com eleição de lei estrangeira, no qual se discutia sua resolução com consequente condenação por danos morais e materiais. No caso concreto, apesar de não aplicar a CISG, o relator mencionou a Convenção para fazer a referência ao seu pioneirismo em aplicá-la diretamente após sua entrada em vigor (mencionando, inclusive, os dois julgados anteriormente referidos).

Por fim, digno de nota também foi o julgado de admissibilidade de Recurso Especial pelo TJRS[47], no qual foi feita referência ao artigo 7(1) da CISG sobre o princípio da boa-fé e aos Princípios Unidroit sobre questões de validade. A decisão foi pela negativa do recurso especial, por exigir a análise de disposições contratuais e premissas fáticas.

1.9. TJSC

O Tribunal de Justiça de Santa Catarina também se enquadra dentre aqueles que mais mencionaram a CISG, ainda que de forma indireta. Dos *nove* julgados encontrados na pesquisa após a data de corte do Relatório CBAr, oito apresentam menção *indireta* ao artigo 77 da CISG constante em citação doutrinária para respaldar a aplicação do *duty to mitigate the loss*, conforme resumido na tabela abaixo:

43 *"O comprador poderá declarar o contrato rescindido: (...) (b) no caso de falta de entrega, se o vendedor não entregar as mercadorias dentro do prazo suplementar concedido pelo comprador, conforme o parágrafo (1) do artigo 47, ou se declarar que não efetuará a entrega dentro do prazo assim concedido."*

44 *"Na interpretação desta Convenção ter-se-ão em conta seu caráter internacional e a necessidade de promover a uniformidade de sua aplicação, bem como de assegurar o respeito à boa fé no comércio internacional."*

45 *"A parte que tiver cumprido total ou parcialmente o contrato poderá reclamar da outra parte a restituição daquilo que houver fornecido ou pago nos termos do contrato. Se ambas as partes estiverem obrigadas a restituir, deverão fazê-lo simultaneamente."*

46 TJRS, Apelação Cível nº 70073732927 (Nº CNJ: 0137407-48.2017.8.21.7000), Rel. Des. Umberto Guaspari Sudbrack, j. 12/12/2017.

47 TJRS, Recurso Especial em Apelação Cível nº 70074353863 (nº CNJ: 0199501-32.2017.8.21.7000), 3º Vice-Presidente Paulo Roberto Lessa Franz.

Acórdão TJSC	Decisão a respeito da mitigação de danos
Apelação Cível nº 0002551-38.2012.8.24.0082, Rel. Des. Luiz Cézar Medeiros, j. 18/12/2018	Decidiu-se pela inexistência do dever de mitigar o dano pelo credor, não tendo este se omitido em seus deveres
Apelação Cível nº 0015967-26.2012.8.24.0033, Rel. Des. André Luiz Dacol, j. 18/12/2018	O dever de mitigar danos foi aplicado para reduzir o montante a ser indenizado
Apelação Cível nº 0003784-91.2014.8.24.0020, Rel. Des. Luiz Cézar Medeiros, j. 05/12/2018	Nos dois casos, o dever de mitigação foi afastado, na medida em que se reconheceu que o credor tomou das medidas devidas. Decidiu-se, ainda, que o dever de mitigação se aplica a ambos credor e devedor.
Apelação Cível nº 0021260-79.2013.8.24.0020, Rel. Des. Luiz Cézar Medeiros, j. 26/09/2018	
Apelação Cível nº 0301101-66.2018.8.24.0020, Rel. Des. Luiz Cézar Medeiros, j. 10/07/2018	A alegação quanto à violação do dever de mitigação foi afastada, decidindo-se que o credor não se omitiu e agiu de forma diligente ao ingressar com ação posteriormente ao agravamento da dívida. Reiterou-se a aplicação da teoria a ambos credor e devedor
Apelação Cível nº 0023286-84.2012.8.24.0020, Rel. Des. Luiz Cézar Medeiros, j. 18/04/2018	Foi afastado o dever de mitigação, na medida em que se reconheceu que o credor tomou das medidas devidas e o devedor, a despeito de ter seu débito aumentado pela demora da empresa de energia, usufruiu do serviço. No mais, decidiu-se que o dever de mitigação se aplica a ambos credor e devedor.
Apelação Cível nº 0504167-46.2013.8.24.0020, Rel. Des. Jairo Fernandes Gonçalves, j. 12/06/2019	Entendeu-se pela não omissão da credora em mitigar seu prejuízo.
Apelação Cível nº 0014835-36.2013.8.24.0020, Rel. Des. Pedro Manoel Abreu, j. 09/06/2020	Fez referência a outros casos para afastar a verificação do dever de mitigar, na medida em que se reconheceu que o credor tomou das medidas devidas e o devedor, a despeito de ter seu débito aumentado pela demora da ação pela empresa de energia, usufruiu do serviço.

O nono caso, julgado em 2019, envolveu disputa relacionada a contrato de compra e venda internacional de mercadorias, na qual o autor buscou o pagamento pelas mercadorias entregues[48]. O tribunal colegiado aplicou diretamente o artigo 11 da CISG para decidir que o contrato se comprova por qualquer meio, prescindindo de instrumento formal. Para referendar tal decisão, o julgado cita a promulgação do Decreto 8.327/2014:

> Ora, se a autora diz que não foi remunerada pelos produtos, se a cláusula nº 3.1 do contrato de fls. 1.051-1.057 afirma que é da importadora o ônus de concretizar a compra, se a ré informou que comprou os produtos com recursos próprios, **é evidente que houve um negócio jurídico de compra e venda internacional entre os litigantes, cuja comprovação prescinde de instrumento formal, conforme determina o art. 11 da Convenção das Nações Unidas sobre Contrato de Compra e Venda Internacional de Mercadorias, da qual o Brasil é signatário, promulgada por meio do Decreto nº 8.327/2014**, que assim dispõe:
>
> Art. 11. O contrato de compra e venda não requer instrumento escrito nem está sujeito a qualquer requisito de forma. Poderá ele ser provado por qualquer meio, inclusive por testemunhas. (grifos não originais)

A referência ao dispositivo da Convenção é ainda corroborada por citações doutrinárias constantes na decisão. Decidiu-se, no caso concreto, pela existência do vínculo contratual com base nos documentos apresentados e a aplicação direta do artigo 11 da CISG.

1.10. TJSP

O último tribunal estadual a trazer resultados na pesquisa envolvendo a CISG foi o Tribunal de Justiça do Estado de São Paulo. Apesar de ser o maior do país em volume de casos, no que tange à CISG, a busca resultou em apenas três decisões após a data de corte do Relatório CBAr, todas com menção indireta à CISG. No primeiro caso[49], referente a contrato de compra e venda internacional, a ação foi extinta em virtude de

[48] TJSC, Apelação Cível nº 0305428-39.2014.8.24.0038, Rel. Des. Luiz Zanelato, j. 09/05/2019.

[49] TJSP, Apelação Cível nº 1043982-53.2014.8.26.0100, Rel. Des. Ana Catarina Strauch, j. 21/02/2017.

cláusula arbitral e a CISG foi mencionada indiretamente, a partir de citação da cláusula contratual sobre lei aplicável:

> Ainda consoante consta na "cláusula 13.1 – Quaisquer questões relativas ao contrato que não puderem ser resolvidas expressamente ou implicitamente pelas disposições contidas no Contrato em si **serão regidas: a.) pela Convenção das Nações Unidas sobre Contratos para a Venda Internacional de Mercadorias (CISG) e, b.)** Se essas questões não foram abrangidas na CISG, por referência a lei do país onde a vendedora possui sua sede". (grifos não originais)

O segundo caso contempla ação de busca e apreensão de bem adquirido em alienação fiduciária[50], no qual a CISG é mencionada de forma indireta e genérica (sem indicação de artigo) em citação doutrinária sobre o tema do "adimplemento substancial". No caso concreto, não foi admitida a tese de adimplemento substancial, semelhante ao decidido em sede de recurso repetitivo no TJMG.

No terceiro julgado[51], há a menção indireta ao artigo 77 da CISG constante em citação doutrinária sobre o *duty to mitigate the loss*, a qual, por sua vez, estava referida na decisão de primeira instância, reiterada no acórdão. O acórdão confirmou a sentença de primeiro grau, no sentido de que a autora não tomou medidas para mitigar seu prejuízo, afastando a condenação indenizatória. Decisão semelhante já havia sido proferida em acórdão deste tribunal em 2013, mas que não constou no Relatório CBAr[52].

2. Contribuição da CISG: mitigação de danos

Semelhante ao que já havia sido apurado no Relatório CBAr, a análise jurisprudencial da aplicação da CISG pelo Poder Judiciário brasileiro

[50] TJSP, Apelação Cível nº 0000979-49.2015.8.26.0094, Rel. Des. Walter Cesar Exner, j. 23/07/2018.

[51] TJSP, Apelação Cível nº 1008206-35.2019.8.26.0320, Rel. Des. Thiago de Siqueira, j. 07/05/2020.

[52] TJSP, Apelação Cível nº 0007265-64.2011.8.26.0003, Rel. Des. Cauduro Padin, j. 05/06/2013. O artigo 77 da CISG é mencionado ainda como "não aplicável no Brasil" em conjunto com o enunciado 169 da III Jornada de Direito Civil para respaldar o *duty to mitigate the loss*. No caso concreto, a teoria foi aplicada para reduzir o valor da condenação, pois o banco-réu não tomou medidas para diminuir os prejuízos.

demonstra sua grande utilização como respaldo do *duty to mitigate the loss*, com fundamento no artigo 77, em conjunto com o artigo 422 do Código Civil, isto é, como decorrência da boa-fé[53].

Essa aproximação da mitigação de danos à observância da boa-fé contratual já era bastante difundida na doutrina brasileira[54] e aplicada pela jurisprudência antes mesmo da entrada em vigor da CISG[55]. Foi neste contexto, inclusive, que houve a sugestão e aprovação do enunciado 169 da III Jornada de Direito Civil – já transcrito acima por ser amplamente invocado na jurisprudência, – tratando expressamente do dever de o credor evitar o próprio prejuízo como decorrência do princípio da boa-fé[56].

Assim, a CISG, por meio de seu artigo 77, positivou esse imperativo de conduta à parte credora em situações de inadimplemento, imperativo este que só existia antes de maneira expressa no âmbito dos contratos de seguro, conforme artigo 771 do Código Civil[57].

Chamada de "dever", "obrigação", "princípio" ou "teoria", a mitigação de danos já havia sido devidamente qualificada pela doutrina como *ônus jurídico*, por implicar em medidas tomadas no próprio interesse da vítima do inadimplemento[58], e não no interesse da outra parte (o impe-

[53] *"Nesses casos, são encontradas referências ao art. 77 da CISG, por vezes associadas a referências ao art. 422 do Código Civil sobre a boa-fé e à noção de que dela decorrem deveres anexos às partes contratantes. A alusão ao art. 77 da CISG é, portanto, mais um argumento teórico, dentre outros existentes, para se demonstrar o embasamento da mitigação do prejuízo"* (Relatório CBAr, p.40).

[54] Zanetti, Cristiano de Sousa, *A Mitigação do Dano e Alocação de Responsabilidade, in* Revista Brasileira de Arbitragem, vol. 35, jul/ago/set 2012, p. 29; Kulesza, Gustavo dos Santos, *Princípio da Mitigação de Danos – Evolução no Direito Contratual*, Curitiba, Juruá, 2015, pp. 198 e 208; Nalin, Paulo, Sirena, Hugo, *A Convenção de Viena de 1980 e a sistemática contratual brasileira: a recepção principiológica do duty to mitigate the loss*, in Revista Trimestral de Direito Civil, vol. 49, 2002, p. 147; Fradera, Vera Maria Jacob de, *Pode o credor ser instado a diminuir o próprio prejuízo?, in* Revista Trimestral de Direito Civil, vol. 19, jul.-set. 2004 (109-119).

[55] *Vide*, por exemplo, STJ, REsp. nº 758.518, Rel. Des. (convocado do TJRS) Vasco Della Giustina, j. 17/06/2010.

[56] Enunciado elaborado pela Professora Vera Maria Jacob de Fradera, acessível em https://www.cjf.jus.br/enunciados/enunciado/300.

[57] *"Sob pena de perder o direito à indenização, o segurado participará o sinistro ao segurador, logo que o saiba, e tomará as providências imediatas para minorar-lhe as conseqüências."*

[58] Martín Neira, Lilian San, *Del "deber" del acreedor de evitar o mitigar el daño*, Roma, Università Degli Studi di Roma "Tor Vergata", 2010, p. 48; Saidov, Djakhongir, *The law of damages in international sales, the CISG and other international instruments*, Oxford, Hart, 2008, pp. 130-131; Kulesza, Gustavo dos Santos, *Mitigação de Danos e Execução Específica: até onde*

rativo do próprio interesse[59]), qualificação esta que não comporta retoques.

A despeito deste amplo reconhecimento sobre a recepção do ônus de mitigar danos como decorrência do princípio da boa-fé, também foi defendida a compatibilização do artigo 77 da CISG com a regulamentação existente a respeito da indenização por perdas e danos, notadamente no que tange à *concorrência da vítima para o dano* com o efeito de reduzir o montante indenizatório[60]. Neste sentido, além do artigo 422, o artigo 945 do Código Civil[61] também seria um dispositivo para referendar o ônus de mitigação de danos pela vítima.

Não se nega que os dispositivos dispõem sobre comportamentos distintos da vítima, *i.e.* no caso da mitigação de danos, impõe-se uma conduta *ativa* à vítima de adotar medidas para reduzir ser prejuízo, ao passo que, no âmbito da concorrência da vítima, esta deve se *abster*, não contribuir para o dano e/ou seu agravamento. Em ambos os casos, todavia, a conduta da vítima (comissiva ou omissiva) *afeta o nexo causal* entre o inadimplemento e os danos a serem indenizados, o que enseja a semelhança entre os institutos[62].

vai o Direito do Vendedor de Exigir o Pagamento do Preço? Análise à Luz do Direito Brasileiro, in Schwenzer, Ingeborg, Pereira, Cesar A. G., Tripodi, Leandro (coord.), *A CISG e o Brasil*, Curitiba, Marcial Pons, 2014, p. 409.

59 Recorda-se a explicação inequívoca trazida por Orlando Gomes para a diferenciação entre "ônus" e "obrigação": "*Convém insistir na distinção entre obrigação e ônus jurídico. Não devem ser confundidos porque a obrigação consiste na imposição do sacrifício de um interesse próprio em proveito de um interesse alheio, enquanto, no ônus, o sacrifício do interesse próprio é imposto em relação a outro interesse próprio.*" (Gomes, Orlando, *Obrigações*, 17ª ed. atualizada por Brito, Edvaldo, Rio de Janeiro, Forense, 2009, p. 29).

60 *Vide* Veronese, Lígia Espolaor, *A Convenção de Viena e seus Reflexos no Direito Contratual Brasileiro*, São Paulo, Almedina, 2019, pp. 156-164.

61 "*Se a vítima tiver concorrido culposamente para o evento danoso, a sua indenização será fixada tendo-se em conta a gravidade de sua culpa em confronto com a do autor do dano.*" A despeito de este artigo estar compreendido no capítulo do Código Civil sobre responsabilidade civil extracontratual, é pacífico o entendimento de que a concorrência da vítima para o dano também se aplica a inadimplementos contratuais (Ferreira Da Silva, Jorge Cesa, *Inadimplemento das Obrigações*, in Reale, Miguel, Martins Costa, Judith (coord.), *Estudos em Homenagem ao Professor Miguel Reale*, vol. 7, São Paulo, Revista dos Tribunais, 2007, p. 206).

62 "*Tomando-se como ponto de referência a intenção e os efeitos das duas regras, entende-se que o conceito de "agir" para mitigar danos é, sem dúvidas, equivalente à "vedação de contribuir" para estes danos. Ambas, convencional e doméstica, possuem o mesmo efeito, qual seja: a redução da indenização*

A partir da pesquisa realizada com os recentes julgados nacionais, foi possível verificar que referido entendimento de aproximar a mitigação de danos à concorrência da vítima vem sendo aplicado pela jurisprudência brasileira[63]. É o que se vê, por exemplo, nas centenas de acórdãos repetitivos no TJRS sobre disputas envolvendo indenização por fornecimento de energia elétrica. Como visto no item 1.8 acima, ao trazer citações doutrinárias sobre o artigo 77 da CISG e fazer referência ao *duty to mitigate the loss* no Brasil, o tribunal colegiado decidiu que houve "*culpa concorrente da vítima*", corroborando a proximidade e compatibilidade entre os dois institutos, conforme trecho transcrito abaixo:

> Dessa forma, o **autor tinha o dever de mitigar o próprio prejuízo,** o que seria facilmente realizado com a aquisição de gerador – podendo ser adquirido por meio de financiamento em até dez anos –, devendo ser esta sua primeira preocupação, a fim de evitar os problemas oriundos da interrupção da secagem do fumo. **Por conta disso, tenho que deve ser reconhecida a ocorrência de culpa concorrente, como requerido pela ré em seu arrazoado, o que irá influenciar apenas na aferição do montante indenizatório. Restou estabelecido que a aplicação da culpa concorrente se daria apenas nos casos em que os danos sofridos pelo fumicultor derivassem da suspensão do fornecimento de energia elétrica por curto período de tempo, entendendo como razoável o lapso de 24 horas.** (grifos não originais) (TJRS, Apelação Cível nº 70076650894 (Nº CNJ: 0030301-90.2018.8.21.7000), Rel. Des. Paulo Roberto Lessa Franz, j. 12/07/2018)

Semelhante aproximação foi feita pelo TJSP em recente julgado analisado acima (vide item 1.10.), no qual a omissão da autora, após referência ao dever de mitigação de danos, foi entendida como *culpa da vítima* a *romper* o nexo de causalidade para afastar a indenização pleiteada:

devida ao ofendido por ato ou omissão deste. Desse modo, pode-se dizer que a razão por detrás da regra de mitigação de danos da CISG é a mesma que norteia a regra de contribuição para o agravamento dano existente e desenvolvida no direito brasileiro." (Veronese, Lígia Espolaor, *Op. Cit.*, p.159).

[63] Sem prejuízo de já ter sido considerada em julgados anteriores à entrada em vigor da CISG, como neste acórdão do TJSP analisado no item 1.10 acima: "*Havendo culpa concorrente das partes, não há falar-se em exclusão da indenização, mas em sua mitigação.*" (TJSP, Apelação Cível nº 0007265-64.2011.8.26.0003, Rel. Des. Cauduro Padin, j. 05/06/2013).

> Nesse sentido, nos termos do artigo 14, §3º, do Código de Defesa do Consumidor, **não há que se falar em ressarcimento de danos quando rompido o nexo de causalidade pela eventual omissão das rés** ao não procederem à emissão das passagens aéreas tendo como local de destino a cidade de Vitória da Conquista/BA, já que não há comprovação de que referido destino foi efetivamente comunicado antes da emissão das respectivas passagens.
>
> (...)
>
> A propósito, Flávio Tartuce assim comenta o dispositivo legal retro: "**A culpa exclusiva do próprio consumidor representa a culpa exclusiva da vítima, outro fator obstativo do nexo causal, a excluir a responsabilidade civil, seja ela objetiva ou subjetiva**. (TJSP, Apelação Cível nº 1008206-35.2019.8.26.0320, Rel. Des. Thiago de Siqueira, j. 07/05/2020)

Portanto, também pela jurisprudência, é possível afirmar que a CISG veio a *contribuir* e *complementar* o direito brasileiro, principalmente, ao trazer novas regras de conduta para interpretação não apenas dos contratos internacionais de compra e venda de mercadorias – escopo específico da CISG –, mas de relações jurídicas de forma geral. Basta verificar que a maior parte dos julgados encontrados que fazem alusão ao artigo 77 *não* compreende disputas relativas a contratos internacionais[64], mas se relacionam a contratos dos mais diversos tipos, como de aluguéis de imóveis, de prestação de serviços e até fornecimento de eletricidade, tema expressamente excluído do escopo de aplicação da CISG[65].

Essa aplicação *ampliada* da CISG também é vislumbrada em alguns julgados do TJSC, que decidiram pela imposição do ônus de mitigar danos a ambas as partes (credor e devedor) e não apenas à parte ofendida pelo inadimplemento (vide item 1.9).

Conclusões

Se a expectativa dos juristas e agentes do comércio internacional era uma aplicação ampla e direta da CISG de forma imediata pelo Poder Judiciário brasileiro após sua entrada em vigor, esta parece não ter se

[64] Até a data de corte do Relatório CBAr, inclusive, nenhuma decisão envolvia a compra e venda internacional de mercadorias (vide p. 40 do Relatório CBAr).

[65] Conforme artigo 2(f): "*Esta Convenção não se aplicará às vendas: (...) (f) de eletricidade.*"

concretizado. Esse fato, todavia, não afasta a grande contribuição da CISG ao direito brasileiro nos últimos anos.

Como se pôde verificar ao longo deste artigo, a referência à Convenção pelos tribunais nacionais ainda é realizada de forma limitada e, em sua maior parte, de forma indireta, por meio de citações doutrinárias e jurisprudenciais de seus dispositivos. Isso se deve, dentre outros motivos, pelo lapso temporal necessário para que os contratos sujeitos à CISG (posteriores a outubro de 2014) se tornem litigiosos. Nesse sentido, foram poucos os casos em que a CISG foi aplicada de forma direta – apenas nove[66] – o que, por outro lado, já representa um *avanço* em relação à pesquisa jurisprudencial anterior que não havia retornado qualquer referência à CISG como *hard law*[67].

Afora o avanço nos números, é notável a contribuição trazida pela CISG no que tange a positivação e aplicação ampla do *duty to mitigate the loss* nos contratos sujeitos à lei brasileira, sendo esta certamente sua principal contribuição ao sistema pátrio verificada até o momento. Ainda que o conceito já fosse aplicado como decorrência da boa-fé contratual, a chegada da CISG, e de seu artigo 77, ampliou claramente a abrangência deste imperativo de conduta para as mais variadas relações jurídicas.

Digna de nota, ainda, a importância dos dispositivos da Convenção sobre a liberdade de forma dos contratos, definidor para a reforma de julgado analisado no TJRS, bem como sobre o inadimplemento anteci-

[66] TJDFT, Apelação Cível nº 20160410054833APC (0005397-03.2016.8.07.0004), Rel. Des. Roberto Freitas, j. 23/01/2019; TJMG, Apelação Cível nº 1.0701.12.003937-8/001, Rel. Des. Estevão Lucchesi, j. 02/08/2018; TJMG, Apelação Cível nº 1.0701.12.042419-0/001, Rel. Des. Estevão Lucchesi, j. 22/08/2019; TJMG, Apelação Cível nº 1.0024.08.174673-7/002, Rel. Des. Luiz Artur Hilário, j. 18/06/2019; TJMT, Recurso Inominado nº 0016339-87.2019.811.0001, Rel. Des. Antônio Veloso Peleja Junior, j. 15/05/2020; TJPR, Apelação Cível nº 1.351.384-7, Rel. Des. Francisco Cardozo Oliveira Juiz Relator, j. 15/03/2016; TJRS, Apelação Cível nº 70072090608 (Nº CNJ: 0419254-25.2016.8.21.7000), Rel. Des. Umberto Guaspari Sudbrack, j. 30/03/2017; TJRS, Apelação Cível nº 70072362940 (Nº CNJ: 0000409-73.2017.8.21.7000), Rel. Des. Umberto Guaspari Sudbrack, j. 14/02/2017; TJSC, Apelação Cível nº 0305428-39.2014.8.24.0038, Rel. Des. Luiz Zanelato, j. 09/05/2019.

[67] Conforme Relatório CBAr, p. 24: "*Nos 81 julgados que responderam aos filtros desta PESQUISA, a CISG não foi aplicada como hard law, mas sim como fonte narrativa, a inspirar o julgador no caso concreto.*"

pado e adimplemento substancial, utilizados inclusive na construção de tese em sede de recursos repetitivos no TJMG.

Espera-se que nos próximos anos seja possível verificar esse desenvolvimento da aplicação da CISG no Brasil, aumentando ainda mais o leque de contribuições desta que é uma das principais iniciativas de harmonização no âmbito do direito dos contratos.

Referências

Bonell, Michael Joachim, Liguori, Fabio, *The U.N. Convention on the International Sale of Goods: A Critical Analysis of Current International Case Law* – 1997 (Part 1), Revue de droit uniforme/Uniform Law Review, 1997 (385-395).

Explanatory Note by the UNCITRAL Secretariat on the United Nations Convention on Contracts for the International Sale of Goods, UNCITRAL Document V.89-53886, 1989.

Ferreira da Silva, Jorge Cesa, *Inadimplemento das Obrigações*, in Reale, Miguel, Martins Costa, Judith (coord.), *Estudos em Homenagem ao Professor Miguel Reale*, vol. 7, São Paulo, Revista dos Tribunais, 2007.

Fradera, Vera Maria Jacob de, *Pode o credor ser instado a diminuir o próprio prejuízo?*, *in* Revista Trimestral de Direito Civil, vol. 19, jul.-set. 2004 (109-119).

Gomes, Orlando, *Obrigações*, 17ª ed. atualizada por Brito, Edvaldo, Rio de Janeiro, Forense, 2009.

Honnold, John O., *Uniform Law for International Sales under the 1980 United Nations Convention*, 3ª ed., The Hague, Kluwer Law International, 1999.

Kulesza, Gustavo, Bittencourt, Rafael e Moreira, Rodrigo, *A CISG e o Judiciário Brasileiro, 1ª Edição da Pesquisa de Jurisprudência*, Grupo de Estudos sobre a Convenção sobre Compra e Venda Internacional de Mercadorias e Arbitragem do Comitê Brasileiro De Arbitragem (CBAr) & Cisg-Brasil.Net, 2016.

Kulesza, Gustavo dos Santos, *Mitigação de Danos e Execução Específica: até onde vai o Direito do Vendedor de Exigir o Pagamento do Preço? Análise à Luz do Direito Brasileiro*, *in* Schwenzer, Ingeborg, Pereira, Cesar A. G., Tripodi, Leandro (coord.), *A CISG e o Brasil*, Curitiba, Marcial Pons, 2014.

–, *Princípio da Mitigação de Danos – Evolução no Direito Contratual*, Curitiba, Juruá, 2015.

Lookofsky, Joseph, *Understanding the CISG*, 3ª ed., The Hague, Kluwer Law International, 2008.

Martín Neira, Lilian San, *Del "deber" del acreedor de evitar o mitigar el daño*, Roma, Università Degli Studi di Roma "Tor Vergata", 2010.

NALIN, Paulo, SIRENA, Hugo, *A Convenção de Viena de 1980 e a sistemática contratual brasileira: a recepção principiológica do duty to mitigate the loss*, in Revista Trimestral de Direito Civil, vol. 49, 2002.

SAIDOV, Djakhongir, *The law of damages in international sales, the CISG and other international instruments*, Oxford, Hart, 2008.

SCHLECHTRIEM, Peter, BUTLER, Petra, *UN law on international sales, the UN Convention on the International Sale of Goods*, Berlin, Springer, 2009.

VERONESE, Lígia Espolaor, *A Convenção de Viena e seus Reflexos no Direito Contratual Brasileiro*, São Paulo, Almedina, 2019.

VIEIRA, Iacyr Aguilar, in FERRARI, Franco (org), *The CISG and its Impact on National Legal Systems*, Munich, Sellier, 2008.

ZANETTI, Cristiano de Sousa, *A Mitigação do Dano e Alocação de Responsabilidade, in* Revista Brasileira de Arbitragem, vol. 35, jul/ago/set 2012.

3. Restrições à Incidência do Princípio da Função Social do Contrato nos Contratos Regidos pela CISG

Ana Carolina Aguiar Beneti

Introdução

Quando da análise do texto da Convenção de Viena de 1980 para a Compra e Venda Internacional de Mercadorias - CISG ("CISG", "Convenção" ou "Convenção de Viena")[1-2] pela Comissão de Relações Exteriores e de Defesa Nacional do Congresso Nacional Brasileiro, para a definição sobre a adesão à Convenção pelo Brasil, aquela Comissão foi enfática no sentido de afirmar que a CISG acarretaria algumas alterações na regência das obrigações contratuais, mas não tinha incompatibilidades com a ordem jurídica nacional, não ofendendo dispositivos constitucionais ou de ordem pública brasileira.[3]

Ainda, a Comissão realizou análise, registrada em posterior Parecer, do texto da CISG afirmando que a "matéria nele vertida é cercada de inovação ou originalidade, em face do direito positivo interno em vigor", mas a nova legislação "se revela compatível com os princípios diretores

[1] CISG - Convenção das Nações Unidas sobre Contratos de Compra e Venda Internacional de Mercadorias - Decreto nº 8.327, 16 de outubro de 2014 (http://www.planalto.gov.br/ccivil_03/_ato2011-2014/2014/decreto/d8327.htm).

[2] Existem algumas versões da CISG em português, mas utiliza-se aqui o texto do Decreto nº 8.327/2014.

[3] Parecer da Comissão de Relações Exteriores e de Defesa Nacional - Mensagem 636/ /2010, Projeto de Decreto Legislativo 222-A, de 2011, *in* Revista de Arbitragem e Mediação, RArb 37, p. 269.

do sistema de direito pátrio ou com os princípios especiais de cada ramo particular da ciência jurídica".[4]

Essa análise, entretanto, não discutiu a questão do princípio da função social do contrato, prevista no artigo 421 do Código Civil Brasileiro de 2002 (Lei nº 10.406, de 10 de janeiro de 2002 – "CCB") e vista como norma cogente no ordenamento jurídico brasileiro.

O presente trabalho pretende analisar a CISG, na sua estrutura normativa e princípios, bem como a sua interiorização no ordenamento jurídico brasileiro, verificando, diante dessa estrutura e princípios, se haveria lugar para a aplicação do princípio da função social do contrato nas contratações regidas pela CISG no Brasil.

1. A CISG – Criação, histórico e aspectos gerais

1.1. O processo de criação da CISG

Os conflitos entre os sistemas jurídicos díspares podem ser resolvidos pelos processos de conflitos de leis, mas também, em determinados casos, busca-se a eliminação do conflito por meio da criação de legislação uniforme a ser aplicada pelos diferentes Estados.[5]

De forma geral, a uniformização pode ser espontânea ou provocada, sendo, este último o caso da CISG.[6]

A CISG foi criada com o objetivo de estabelecer regras uniformes para a compra e venda internacional de mercadorias, facilitando, dessa

[4] Cf. Nota 2.

[5] *"The international unification of law is conceived of as the process of providing identical rules for different countries so that the same solution applies everywhere, in Argentina and Germany, in the United Kingdom and Russia, if a difficulty concerning a given relationship happens to arise (...)."* Boele-Woelki, K. Unifying and Harmonizing Substantive Law and the Role of Conflict of Laws, *Recueil des Cours. Académie de Droit International*, vol. 340 (2009), p. 229.

[6] "O direito uniforme ou direito uniformizado é ferramenta importante do direito internacional para resolver as relações jurídicas internacionais, com vistas a minimizar o recurso às regras de conflito de leis. Por meio da uniformização, há a eliminação dos conflitos entre sistemas jurídicos diversos, em evidente caso de coincidência de disposições legais (...) Enquanto o Direito Uniforme espontâneo é resultante da natural coincidência de legislações influenciadas pelos mesmos fatores, ou decorrente da iniciativa unilateral de um Estado de seguir as normas do direito positivo de outro, o Direito Uniforme dirigido resulta de esforço comum de dois ou mais Estados no sentido de uniformizar certas instituições jurídicas, geralmente por causa de sua natureza internacional", Dolinger, Jacob. Direito Internacional Privado. Parte Geral. 6ª ed., Rio de Janeiro: Ed. Renovar, 2001, p. 165.

forma, o comércio mundial, e elaborada como mecanismo de direito uniforme material. Sua criação teve como objetivo primordial, portanto, a tentativa de eliminar a imprevisibilidade relacionada à lei de regência do contrato, decorrente da possibilidade de aplicação de legislações distintas ao mesmo negócio.

A ideia de uniformização da legislação internacional de compra e venda de mercadorias teve origem próxima ao ano de 1929, quando o *International Institute for the Unification of Private Law* (UNIDROIT) iniciou estudos preparatórios e formou um comitê com vistas a estudar uma legislação a ser aplicada de forma uniforme por todos os Estados.[7]

Após vários anos, com algumas paralisações, os trabalhos culminaram nas duas Convenções de Haia de 1964 (*Uniform Law on the Formation of Contracts for the International Sale of Goods – ULF* e *Convention Relating to a Uniform Law for the International Sale of Goods – ULIS*).[8]

Em seguida, a UNCITRAL instalou um grupo de estudos[9] com o objetivo de avaliar a aplicação de ambas as Convenções pelos Estados-membros e promover alterações e implementações na legislação. Desse trabalho e dos comentários apresentados, teve início o processo de criação do texto de legislação unificada que acarretaria a CISG.

Na criação da Convenção houve, portanto, a ampla contribuição de juristas de países de diferentes culturas jurídicas (*Common Law/Civil Law*) – com forte inspiração do Código Civil Alemão (BGB)[10] e do Código Comercial Americano (*UCC – Uniform Commercial Code*)[11] –, mas que buscaram modelos e conceitos únicos para o tipo de contratação objeto da lei. O trabalho acabou produzindo conceitos, expressões

[7] BIANCA, C.M., BONELL, M.J., *Bianca & Bonell Commentary on the International Sales Law – The 1980 Vienna Sales Convention*, Ed. Giuffré, Milan, 1987, p. 3.

[8] As Convenções entraram em vigor em 1972 e contaram com a adesão de nove países, com aplicação mais efetiva na Alemanha, Bélgica, Holanda, Luxemburgo e Itália.

[9] BIANCA, C.M., BONELL, M.J., *Commentary...*, *Op. cit.*, p. 5.

[10] Em razão das Convenções de Haia, as Cortes Alemãs foram responsáveis pelas primeiras decisões interpretativas da CISG, guiando as decisões proferidas por outras Cortes de Estados-membros. V. MAGNUS, U., CISG in the German Federal Civil Court, *in Quo Vadis CISG?*, coordenação FERRARI, F., Ed. Sellier, European Law Publishers, p. 211.

[11] FRADERA, V.J., A Saga da Uniformização da Compra e Venda Internacional: da lex mercatoria à Convenção de Viena de 1980, in A Compra e Venda Internacional de Mercadorias, FRADERA, MOSER, Ed. Atlas, 2001, p. 1.

e estruturas jurídicas originais e de certa forma dissociadas dos sistemas que ajudaram a embasá-los.[12]

A uniformização traz, com isso, uma maior agilidade ao essencialmente ágil comércio internacional de mercadorias, com a eliminação de barreiras entre os povos e a diminuição de custos comerciais. Essas diretrizes e o processo de criação da CISG devem, portanto, servir (e servem) de guia para a própria interpretação da Convenção.

1.2. Características Fundamentais da CISG

1.2.1. Fundamentos de Criação da CISG e sua base interpretativa

Em decorrência da diversidade de representantes de diferentes sistemas legislativos que trabalharam no texto da Convenção[13] e da intenção de simplesmente não transportar de conceitos de um único sistema para dentro da CISG, ela contém conceitos abertos ou muitas vezes não definidos e que, também, não possuem correlação direta com conceitos eventualmente existentes nas legislações dos Estados-membros.

Diante desses objetivos e da estrutura de preparação da CISG, sua interpretação deve ser feita levando-se em conta seu caráter internacional e a uniformidade de sua aplicação e de seus conceitos.

Ambos os princípios interpretativos, de tão importantes para a própria vida da CISG, foram reproduzidos expressamente no seu art. 7.1, que prevê: "na interpretação desta Convenção ter-se-ão e, conta seu *caráter internacional* e a necessidade de promover a *uniformidade de sua*

[12] "não obstante ter havido essa inspiração, a CISG construiu um modelo de contrato próprio, suscitando dúvidas e distintas interpretações, devendo o jurista/intérprete abstrair qualquer noção nacional de contrato ao tratar de compreender o espírito e o escopo da CISG, ou seja, a uniformização das regras contratuais num meio ambiente multinacional". Fradera, Vera Jacob de. "A Contribuição da CISG (Convenção de Viena sobre os Contratos de Compra e Venda Internacional) para a Atualização e Flexibilização da Noção de Contrato no Direito Brasileiro, *in Revista de Arbitragem e Mediação – RArb*, nº 34, pág. 45.

[13] Cf. Preâmbulo da Convenção: "Considerando que o desenvolvimento do comércio internacional com base na igualdade e em vantagens mútuas constitui elemento importante na promoção de relações de amizade entre os Estados; Estimando que a adoção de regras uniformes para reger os contratos de compra e venda internacional de mercadorias, que contemplem os diferentes sistemas sociais, econômicos e jurídicos, contribuirá para a eliminação de obstáculos jurídicos às trocas internacionais e promoverá o desenvolvimento do comércio internacional."

aplicação, bem como de assegurar o respeito à *boa-fé no comércio internacional*. (...)" (sem ênfase no original).

Aos dois princípios iniciais de interpretação, é adicionada a necessidade de "assegurar o respeito à boa-fé no comércio internacional".

Tal previsão foi inserida após intensa discussão entre os representantes de países da *Civil Law* e da *Common Law* sobre a necessidade de se prever o impacto da boa-fé (ou da falta dela) nas obrigações das partes contratantes. A questão acabou sendo definida com a inserção da previsão geral de respeito à boa-fé, como forma interpretativa da relação entre as partes.[14-15-16]

Em resumo, a CISG propositadamente possui conceitos genéricos e abertos, necessitando de intepretação. Essa intepretação deve ser feita de forma uniforme e atenta ao caráter internacional da Convenção. Nesse sentido é importantíssima a aplicação e a verificação dos princípios e fontes internacionais, incluindo a já extensa jurisprudência judicial e arbitral[17] e não com base no direito local das partes contratantes ou mesmo do judiciário instado a decidir eventual disputa.[18]

1.2.2. Âmbito de aplicação da Convenção

A essencial internacionalidade da CISG é prevista, como requisito, de forma clara já no art. 1 da CISG, que determina ser seu âmbito de aplicação limitado à compra e venda de mercadorias e que o contrato deve ser

[14] *"(...) The legislative history of Article 7 demonstrates that the inclusion of a duty of good faith was the subject of contentious debate. The result was the muted compromise of including a good faith principle in the interpretative methodology of the CISG."* DIMATTEO, Larry A., DHOOGE, Lucien J., GREENE, Stephanie, MAURER, Virginia G., PAGNATTARO, Marisa Anne. *International Sales Law: A Critical Analysis of CISG Jurisprudence*, Cambridge Press, 2005, p. 27.

[15] BIANCA, C.M., BONELL, M.J., Interpretation of the Convention, In *Commentary... Op. cit.*, p. 71.

[16] Ainda no campo da interpretação da CISG, são importantes a intenção das partes, suas condutas e declarações anteriores e os usos e costumes do mercado (arts. 8 e 9, da CISG).

[17] A jurisprudência mundial relacionada à aplicação da CISG encontra-se reunida em importantes bases de dados, que facilita a interpretação uniforme: (i) Sistema CLOUT da UNCITRAL – United Nations Commission on International Trade Law: (http://www.uncitral.org/uncitral/en/case_law.html); (ii) no *site* Pace University – New York (www.cisg.law.pace.edu); e (iii) no UNILEX *database* do Centro de Estudo do Direito Comparado e Estrangeiro da UNIDROIT (www.unilex.info).

[18] V. FRADERA, Vera Jacob de, Nota 12.

internacional na acepção da própria CISG, ou seja, celebrado entre partes que tenham estabelecimentos em Estados diferentes (Estados-membro da Convenção, cf. art. 1.1., da CISG). Já o art. 1.1.b determina que, não sendo as partes de Estados-membros diferentes da CISG, a Convenção pode ser aplicada caso as regras de Direito Internacional Privado aplicáveis ao contrato levem ao emprego da lei de um Estado-membro da Convenção.[19]

No que tange aos tipos de mercadorias objeto de compra e venda internacional, a CISG não conceitua mercadorias, mas é expressa em determinar que ela não se aplica a: (i) venda de mercadorias adquiridas para o uso pessoal, familiar ou doméstico (salvo se o vendedor, antes ou no momento de conclusão do contrato, não souber, nem devesse saber, que as mercadorias são adquiridas para tal uso (art. 2.a); (ii) venda em hasta pública (art. 2.b); (iii) venda em execução judicial (art. 2.c); (iv) vendas de valores mobiliários, títulos de crédito e moeda (art. 2.d); (v) venda de navios, embarcações, aerobarcos e aeronaves (art. 2.e); (vi) venda de eletricidade (art. 2.f) e (vii) fornecimento de serviços (art. 3.2).[20]

A Convenção também prevê que ela rege a formação do contrato e os direitos e obrigações do vendedor e do comprador (art. 4), *não tratando* **(i)** da *validade do contrato* ou de qualquer das suas cláusulas, bem como da validade de qualquer uso ou costume (art. 4.a); **(ii)** dos *efeitos sobre a propriedade* das mercadorias vendidas (art. 4.b); **(iii)** da *responsabilidade do vendedor por morte ou lesões corporais* causadas pelas mercadorias a qualquer pessoa (art. 5).[21]

[19] V. art. 1.2 e 1.3, da CISG.

[20] São contratos com objeto normalmente altamente regulados de forma especial pelas legislações nacionais, esbarrando, inclusive em normas de caráter imperativo (i.e. Direito do consumidor, eletricidade etc.) ou questões que não fazem parte do conceito de "mercadorias". As discussões travadas na elaboração da CISG procuraram eliminar essas questões que, muito provavelmente, se disciplinadas pela CISG, seriam objeto de objeções pelos Estados-membros da Convenção.

[21] Vontade das Partes: As partes podem ainda excluir a aplicação da Convenção, derrogar disposições ou modificar-lhes efeitos, na forma do art. 6 (observando-se o disposto nos artigos 12 e 96, da CISG).

2. A CISG e o direito brasileiro

2.1. A CISG no Brasil

A Convenção é considerada um dos instrumentos internacionais de maior sucesso até o momento,[22-23] tendo em vista não só quantidade de países que aderiram à Convenção, que é significativa,[24] mas, também, o volume do comércio internacional regulado por seus princípios e dispositivos.[25] Para o Brasil, a adesão também é importante: em média, 75% do comércio internacional brasileiro é feito com países signatários da CISG e os demais membros do Mercosul também já fazem parte da CISG.[26-27]

Em março de 2013, o Brasil finalmente depositou a Carta de Adesão nas Nações Unidas,[28] tornando-se o 79º Estado-Membro da CISG.

Apesar de o Brasil ter participado ativamente das discussões de elaboração do texto da CISG e, inclusive, ter sido representado na Conferência de Viena de aprovação da Convenção em abril de 1980, a adesão do país ocorreu somente em 2013. A CISG entrou em vigor, no país, após o período de *vacatio* de um ano, além do Decreto Presidencial, em outubro de 2014.[29-30]

[22] A exceção de alguns países como o Portugal, Reino Unido, África do Sul e Índia, por exemplo, mas cujas ausências não retiram a importância e o sucesso da CISG como instrumento uniformizador.

[23] *"The best measure of the success of the CISG is the number of court decisions and arbitral awards that have used it. Its practical significance is represented in more than 2,800 published judicial and arbitral decisions, which are listed on the Pace Law School Database. The CISG now enjoys a solid footing in practice (...)."* Meyer, Olaf. The CISG: Divergences between Success-Scarcity and Theory-Practice. In Dimatteo, Larry A. (coord.). *International... Op. cit.*, p. 23.

[24] Atualmente 94 países aderiram à CISG, sendo que Portugal foi o último a aderir, em 23.09.2020. (disponível em: http://www.uncitral.org/uncitral/en/uncitral_texts/sale_goods/1980CISG_status.html).
(http://www.uncitral.org/uncitral/en/uncitral_texts/sale_goods/1980CISG_status.html).

[25] Os países participantes da CISG respondem por mais de 90% do comércio mundial.

[26] Dados constantes do Parecer da Comissão de Relações Exteriores e de Defesa Nacional por ocasião da discussão do Projeto de Decreto Legislativo 222-A/ 2011. V. Nota 2 acima.

[27] Schwenzer, Ingeborg, Uniform Sales Law – Brazil joining the CISG family, *in A CISG e o Brasil*, Ed. Marcial Ponds, São Paulo, 2015, p. 35.p. 21.

[28] Instrumento de adesão Reference: C.N.177.2013.TREATIES-X.10 – Depositary Notification: "The Convention will enter into force for Brazil on 1 April 2014 in accordance with its article 99 (2) (...). "

[29] Decreto Legislativo no 538, de 18 de outubro de 2012 e Decreto no 8.327, de 16 de outubro de 2014.

Mesmo diante do tempo transcorrido para a adesão, o Brasil demonstrou uma postura aberta à implementação do texto da Convenção, sendo que concluiu a aprovação, no Poder Legislativo, em um período relativamente curto, comparando-se ao processamento de tantos outros instrumentos legais.[31] Além disso, não realizou qualquer das ressalvas ou declarações autorizadas e previstas pela própria Convenção e que poderiam vir a limitar sua aplicação.[32-33]

Importante sempre ressaltar que a consequência mais evidente da participação brasileira como signatário da Convenção é a aplicação direta dos dispositivos da CISG, como parte integrante da legislação nacional, nos casos previstos na Convenção e, não mais por mera escolha das partes ou escolha de lei de outro país signatário da CISG.[34] Além disso, com a maior utilização da Convenção por partes brasileiras, o Brasil passa para o grupo de países que, com decisões arbitrais e judiciais, participa mais ativamente da interpretação e aplicação estruturada dos termos e dispositivos da Convenção.[35-36-37]

[30] Beneti, Ana Carolina, Brazil and the CISG: A Question of Legal Certainty, *in IHR – Internationales Handelsrecht*, 3/2015, June 2015, pp. 98-101.

[31] Aproximadamente dois anos.

[32] i.e. Art. 95, da CISG, que estabelece a exclusão da aplicação da CISG com base no Art. 1(b).

[33] A postura positiva também pode ser observada no Parecer da Comissão de Relações Exteriores e de Defesa Nacional, discussão do Projeto de Decreto Legislativo 222-A, de 2011. Cf. Nota 2.

[34] Art. 1.1.b, CISG.

[35] Em 2016, Grupo CISG e Arbitragem do CBAr – Comitê de Arbitragem Brasileiro realizou pesquisa e análise das decisões judiciais brasileiras envolvendo a CISG desde 2014. Dos 81 casos selecionados que mencionaram a Convenção, nenhum deles aplicou diretamente a CISG a um contrato de compra e venda de mercadorias. No entanto, algumas disposições da CISG foram utilizadas como argumento de apoio para casos não abrangidos pela Convenção, o que demonstra que o instrumento influencia no Direito brasileiro. http://cbar.org.br/site/wp-content/uploads/2017/03/Relatorio-Pesquisa-Juris-CISG-2016_versao-consolidada-e-revisada_FINAL.pdf

[36] Em 14 de fevereiro deste ano, uma *primeira decisão* judicial impôs efeitos a obrigações contratuais das partes com base na CISG, em inequívoco contrato de compra e venda internacional de mercadorias: Tribunal de Justiça do Rio Grande do Sul –TJ-RS nº 70072362940, j. 14 de fevereiro de 2017, 2ª Câmara de Direito Privado, Relator Des. Umberto Guaspari Sudbrack. *Segunda decisão:* Tribunal de Justiça do Rio Grande do Sul – TJ-RS nº 70072090608, julgamento: 30 de março de 2017, 2ª Câmara de Direito Privado, Relator Des. Umberto Guaspari Sudbrack.

Por fim, a Convenção é integrada ao ordenamento jurídico brasileiro por meio de Decreto que, após promulgado, eleva a Convenção a um nível hierárquico de lei ordinária, no mesmo nível de outras leis ordinárias brasileiras.

2.2. A Função social do contrato

2.2.1. Função social do contrato e o Código Civil de 2002

A função social do contrato, como princípio contratual norteador, ganhou maior visibilidade no Direito Brasileiro com a promulgação do CCB em 2002[38] e foi inserido no início do Capítulo dos Contratos em Geral dos Contratos, no art. 421, estabelecendo que "a liberdade de contratar será exercida em razão e nos limites da função social do contrato."[39]

[37] Apesar de ambas as decisões (v. Nota 35) serem festejadas, algumas críticas podem ser feitas sobre a forma de aplicação por elas dos dispositivos da CISG. Os julgados acabaram utilizando conceitos e teorias do direito contratual brasileiro para a interpretação da CISG. Sobre a primeira decisão: Beneti, Ana Carolina. First CISG decision in Brazil: Brazilian courts take the first steps towards application of the CISG, *in IHR – Internationales Handelsrecht* First CISG decision in Brazil: Brazilian courts take the first steps towards application of the CISG, *in IHR – Internationales Handelsrecht*, 1/2018, jan. 2018, p. 8-11.

[38] Vigência: 11 de janeiro de 2003.

[39] Sem entrarmos, aqui, na relativização do dispositivo, inserido por meio da MP nº 881, hoje Lei nº 13.874, de 20 de setembro de 2019 (Lei sobre a Declaração de Direitos de Liberdade Econômica), que estabeleceu a seguinte redação para o art. 421 do CCB e a inclusão do art. 421-A:
"Art. 421. A liberdade de contratar será exercida em razão e nos limites da função social do contrato.
Parágrafo único. Nas relações contratuais privadas, prevalecerão o princípio da intervenção mínima e a excepcionalidade da revisão contratual."
"Art. 421-A. Os contratos civis e empresariais presumem-se paritários e simétricos até a presença de elementos concretos que justifiquem o afastamento dessa presunção, ressalvados os regimes jurídicos previstos em leis especiais, garantido também que:
I – as partes negociantes poderão estabelecer parâmetros objetivos para a interpretação das cláusulas negociais e de seus pressupostos de revisão ou de resolução;
II – a alocação de riscos definida pelas partes deve ser respeitada e observada; e
III – a revisão contratual somente ocorrerá de maneira excepcional e limitada."
Parágrafo único. Nas relações contratuais privadas, prevalecerá o princípio da intervenção mínima do Estado, por qualquer dos seus poderes, e a revisão contratual determinada de forma externa às partes será excepcional."

Apesar da orientação de aplicação da lei ao caso concreto, atendo-se "aos fins sociais a que a mesma se dirige", com base no art. 5º da Lei de Introdução às Normas do Direito Brasileiro (Decreto-Lei nº 4.657, de 4 de setembro de 1942 – "LINDB"), o Código Civil de 1916, na questão contratual, ainda tinha como força condutora o princípio da autonomia da vontade das partes, nos moldes liberais.[40-41]

Foi na Constituição da República Brasileira de 1946 que a noção de uma função social da propriedade, que futuramente daria base para a ideia de função social do contrato, foi introduzida no ordenamento jurídico brasileiro.[42] A despeito dessa introdução constitucional, o tema da função social do contrato limitou-se a ser objeto de estudos, com aplicação limitada diante das características anteriores da legislação privada.[43]

Na Constituição de 1988, a previsão da defesa da Função Social da Propriedade foi sedimentada novamente, por meio do art. 5º, XXII: "A propriedade atenderá a sua função social".

Na mesma toada e certamente influenciado pelos princípios norteadores da nova Constituição Federal e demais leis promulgadas no final da década de 1980 e durante a década de 1990 para a tutela de direitos coletivos e daqueles contratantes que se encontram em posição de des-

[40] Art. 5º, da LINDB. "Na aplicação da lei, o juiz atenderá aos fins sociais a que ela se dirige e às exigências do bem comum."

[41] Azevedo, Álvaro Villaça. O Novo Código Civil Brasileiro: tramitação; função social do contrato; boa-fé objetiva; teoria da imprevisão e, em especial, onerosidade excessiva (*laesio enormis*), *in O Direito e o Tempo: Embates Jurídicos e Utopias Contemporâneas – Estudos em homenagem ao Professor Ricardo Pereira Lira*. Tepedino, Gustavo; Fachin, Luiz Edson (coord.), Rio de Janeiro: Renovar, 2008, p. 16.

[42] Art 147, CF 1946 "O uso da propriedade será condicionado ao bem-estar social. A lei poderá, com observância do disposto no art. 141, § 16, promover a justa distribuição da propriedade, com igual oportunidade para todos."

[43] "(...) e há mais de cinquenta anos fosse objeto de estudo por parte da doutrina italiana, por muito tempo, na experiência brasileira, o princípio permaneceu associado à ciência política ou ao plano metajurídico. Com efeito, a função social, sob a ótica individualista que caracterizou as codificações oitocentistas, não se configurava em princípio jurídico, mas traduzia-se em postulado metajurídico, o qual correspondia, em matéria contratual, ao papel que o contrato deveria desempenhar no fomento às trocas e à prática comercial como um todo." Tepedino, Gustavo. Notas sobre a Função Social dos Contratos. *in Temas de Direito Civil*, Tomo III, Rio de Janeiro: Renovar, 2010, pp. 145-146

vantagem na relação contratual,[44] foi promulgado o Código de Defesa do Consumidor, em 1992 ("CDC"),[45] que estabeleceu de forma mais clara o plano de tutela do consumidor, diante da posição de vantagem do fornecedor, impondo limites ao direito à livre contratação, nos casos relativos à relação de consumo.[46] A proteção contratual do consumidor é clara na legislação, diante e em consequência da sua posição de desigualdade em relação ao fornecedor que, em tese, tem vantagem econômica e detém o conhecimento do produto colocado à venda. Daí a razão da necessidade de tratamento especial.

Nessa onda e tendo em vista a mudança do enfoque com a relativização do princípio da autonomia da vontade, tão arraigado ao longo do século XIX, e um desenvolvimento de correntes socializantes, foi retomada e inserida no CCB, em 2002, a noção principiológica da função social do contrato.[47]

Dessa forma, ao rol dos princípios contratuais tradicionais (autonomia da vontade, obrigatoriedade dos contratos, supremacia da ordem pública e probidade e a boa-fé contratual, este último também parte da tendência), foi adicionado o princípio da função social dos contratos.

Importante notar, por fim, que o novo CCB mudou o posicionamento do direito civil brasileiro para um direito influenciado e inserido na sociedade que o rodeia, com uma limitação da autonomia das partes contratantes. A função social do contrato nada mais é do que um reflexo

[44] Exemplos: (i) a Lei nº 7.853/89 - Lei De Pessoas portadoras de deficiências; (ii) a Lei nº 8.069/90 - ECA Estatuto da Criança e do Adolescente; (iii) Lei nº 8.78/90 - CDC; (iv) Lei nº 8.429/92 - Lei de Probidade na Administração Pública; (v) Lei nº 8.884/94 - Da Ordem Econômica; e (vi) Lei nº 10.741/03 - Dos Interesses das Pessoas Idosas, entre outros.

[45] Lei nº 8.078, de 11 de setembro de 1990.

[46] Vide, como exemplo, o art. 46, CDC, sobre o conhecimento prévio do conteúdo do produto; o art. 47 que protege o consumidor nos contratos de interpretação ambígua ou contraditória; o art. 51 que protege o consumidor nos contratos de adesão, etc.

[47] (...) o reconhecimento de que a normatização da propriedade privada não se limitava à atribuição de um direito subjetivo individual, mas envolvia também o atendimento de uma função social, consolidou-se no meio jurídico. Posições mais reticentes buscaram mitigar o impacto dessa perspectiva, mas o seu efeito transformador foi, afinal, amplamente reconhecido: tratava-se, não apenas, de uma releitura das tradicionais limitações ao exercício do direito de propriedade, mas do próprio conceito e da legitimação do direito de propriedade. Konder, Carlos Nelson. Para Além da "Principialização" da Função Social do Contrato, *in Revista Brasileira de Direito Civil RBDCivil*, vol. 13, jul./set. 2017, pp. 39-59.

dessa mudança e que, por meio de um princípio, estabelece uma diretriz para todos os contratos regulados pelo CCB.

2.2.2. Conceitos e Aplicação

Uma das maiores dificuldades da aplicação da função social dos contratos no Brasil é a sua definição e conceituação. A dificuldade deriva de sua generalidade principiológica, além da pouca evolução histórica legislativa. A dificuldade de conceituação avança, como não poderia deixar de ser, para o seu campo de aplicação. Autores brasileiros se dividem na tentativa de definição e definição de seu conteúdo, mas há a prevalência de três correntes que merecem ser aqui mencionadas.

A *primeira corrente*, tem como foco a tese de que a função social do contrato não seria dotada de eficácia jurídica autônoma, necessitando de outros institutos que a implementariam, de forma específica e positivada (i.e. resolução do contrato por onerosidade excessiva, a lesão, a conversão do negócio jurídico do art. 170; a simulação como causa de nulidade, etc.). Como explica Gustavo Tepedino, a função social do contrato seria, nesse caso, como: "uma espécie de orientação de política legislativa constitucional, que revela sua importância e eficácia não em si mesma mas em diversos institutos que, como expressão da função social, autorizam ou justificam soluções normativas específicas, tais como a resolução por excessiva onerosidade(...)".[48] E completa, com transcrição da lição de Humberto Theodoro Júnior: "a lei prevê a função social do contrato mas não a disciplina sistemática ou especificamente. Cabe à doutrina e à jurisprudência pesquisar sua presença difusa dentro do ordenamento jurídico e, sobretudo, dentro dos princípios informativos da ordem econômica e social traçada pela Constituição."[49]

Para a *segunda corrente*, função social seria um reforço da proteção do contratante, mesmo em face de terceiros, sendo que a função social "imporia aos terceiros o dever de colaborar com os contratantes, de modo a respeitar a situação jurídica creditória anteriormente constituída da quem têm conhecimento". Nesse caso, o princípio da relatividade dos contratos deve ser interpretado com base no princípio da função social com o fim de mensurar a responsabilidade de o terceiro contri-

[48] Tepedino, Gustavo. Notas sobre a Função Social dos Contratos, *Op. cit.*, pp. 146-147.

[49] Tepedino, Gustavo. Notas sobre a Função Social dos Contratos..., *Op. cit.*, p. 147.

buir para o descumprimento de um contrato do qual não é parte. No final, a segunda corrente acabaria por expressar "o valor social das relações contratuais, enaltecendo a importância destas relações na ordem jurídica".[50]

Já a *terceira corrente* entende que a função social do contrato deve ser vista como princípio que "impõe às partes o dever de perseguir, ao lado de seus interesses individuais, a interesses extracontratuais socialmente relevantes, dignos de tutela jurídica, que se relacionam com o contrato ou são por ele atingidos".[51] Novamente na lição de TEPEDINO, a função social é "entendida como dever imposto aos contratantes de atender – ao lado dos próprios interesses individuais perseguidos pelo regulamento contratual – a interesses extracontratuais socialmente relevantes, dignos de tutela jurídica, que se relacionam com o contrato ou são por ele atingidos."[52]

Assim e qualquer que seja a interpretação do princípio, resta claro que a liberdade contratual, sedimentada no princípio da autonomia da vontade, encontra-se relativizada em razão da introdução e do desenvolvimento da ideia de respeito à função social dos contratos, prevista de forma expressa no CCB, trazendo o contrato para o meio social nele inserido. Como conceitua MARIA HELENA DINIZ:

> O princípio da autonomia da vontade está atrelado ao da socialidade, pois, pelo art. 421 do Código Civil, declarada está a limitação da liberdade de contratar pela função social do contrato. Esse dispositivo é mero corolário do princípio constitucional da função social da propriedade e da justiça (LINDB, art. 5°), norteador da ordem econômica. O art. 421 é, como já dissemos, uma forma principiológica que contém uma cláusula geral: a função social do contrato. O art. 421 institui, expressamente, a função social do contrato, revitalizando-o para atender aos interesses sociais, limitando o arbítrio dos contratantes, para tutelá-los no seio da coletividade, criando condições para o equilíbrio econômico-contratual, facilitando o reajuste das prestações e até mesmo sua resolução. Mas é preciso ressaltar

[50] TEPEDINO, Gustavo. Notas sobre a Função Social dos Contratos..., *Op. cit.*, pp. 147-148.

[51] TEPEDINO, Gustavo. Notas sobre a Função Social dos Contratos..., *Op. cit.*, pp. 147-148.

[52] TEPEDINO, Gustavo. Crise de fontes normativas e técnica legislativa na parte geral do Código Civil de 2002, in Temas de Direito civil, t.2, Rio de Janeiro: Renovar, 2009, p. 20.

que o "princípio da função social dos contratos também pode ter eficácia interna entre os contratantes"[53-54]

O princípio da Função Social do Contrato consta do art. 421 do CCB que estabelece que "a liberdade de contratar será exercida em razão e nos limites da função social do contrato". Ao artigo soma-se o parágrafo único do art. 2.035, do CCB, que prevê: "nenhuma convenção prevalecerá se contrariar preceitos de ordem pública, tais como os estabelecidos por este Código para assegurar a função social da propriedade e dos contratos".

2.3. A (in)aplicabilidade da função social do contrato nos contratos regulados pela CISG

2.3.1. Visão geral

De início, importante relembrar que a CISG regulamenta um grupo específico e determinado de contratos, sendo eles contratos internacionais – celebrados por partes em Estados-membro diferentes – e de compra e venda de mercadorias (art. 1, CISG).

Novamente, a internacionalidade da contratação e a interpretação uniforme são essenciais para a aplicação dos preceitos da Convenção. Também, a própria Convenção traz, no seu bojo, as regras de aplicação e os princípios norteadores de seu emprego, bem como de interpretação de seus dispositivos (art. 7, CISG).

A CISG constitui, portanto, verdadeiro microssistema com regras próprias para situações delimitadas e específicas de comércio internacional.

Dessa forma e tendo em vista suas características e a necessidade de interpretação e aplicação uniforme, essenciais, inclusive, para a garantia da sua uniformidade e internacionalidade, previstas nos arts. 1 e 7 da CISG, as regras do CCB não são diretamente empregadas nos contratos regidos pela Convenção.

[53] Diniz, Maria Helena. *Curso de Direito Civil Brasileiro,* vol. 3, 30ª ed., São Paulo: Saraiva, 2014, p. 46.

[54] Sobre o princípio, v. também: Martins-Costa, Judith. Reflexões sobre o Princípio da Função Social dos Contratos, *in Revista Direito FGV*, v. 1, n.1, maio 2005, p. 41-66.

Assim, a relativização da autonomia da vontade – difundida pelo princípio da função social do contrato estabelecida no art. 421 do CCB –, de forma geral, não deve ocorrer na interpretação dos contratos objeto da CISG.

Trata-se, diante da especialidade dos contratos regidos pela Convenção, de verdadeiro microssistema, parte de um já comum processo de descodificação do Direito brasileiro, e que atribui regras e princípios próprios para situações distintas. A CISG, internalizada no sistema brasileiro como lei ordinária (mesma posição hierárquica que o CCB), é lei especial e foi introduzida no ordenamento jurídico brasileiro após a promulgação do CCB, lei geral e anterior que regulamenta os contratos em geral.[55] Como explicam Arnoldo Wald, José Augusto Fontoura Costa e Maíra de Melo Vieira:

> Poucos são os pontos de verdadeiro conflito, e, ainda assim, não absolutamente intransponíveis, tendo em vista o especial escopo de aplicação da Convenção (*lex specialis*), de forma que não ensejam qualquer incompatibilidade sistêmica ou contrariedade à ordem pública. É o caso, por exemplo, das regras relativas à revogabilidade, em regra, da proposta e da menor flexibilidade da fixação do preço, ambas previstas na Convenção (respectivamente, arts 14(2) e 55), em relação àquelas previstas no ordenamento interno (respectivamente, nos arts. 427 a 428, e 485 a 488 do CC/2002).[56]

Nesse sentido, é também o comentário de Ingeborg Schwenzer, tratando de questão semelhante relacionada ao direito do consumidor:

> *When such conflicts arise, the CISG must prevail. Consumer law enacted before the implementation of the Convention has to accede as lex posterior. A State signing*

[55] "A rigor, ao ser promulgada através de decreto legislativo (...) a Convenção ingressou no Ordenamento Jurídico brasileiro com nível hierárquico equivalente ao de uma lei ordinária, sem ter apenas o poder de suprimir ou revogar disposições e emendas constitucionais ou leis complementares sobre o tema, mas com primazia e eficácia sobre leis ordinárias anteriores que, eventualmente, conflitam com seu texto". Finkelstein, Claudio. *Entrada em Vigor da CISG no Brasil*, Publicado em: 30/04/2014 (http://www.jmgarcezadv.com.br/home_artigo.asp?id=91).

[56] Wald, Arnoldo; Costa, José Augusto Fontoura e Vieira, Maíra de Melo. O impacto da Convenção de Viena sobre a Compra e Venda Internacional de Mercadorias no Direito Brasileiro: visão geral, in ReArb. 37, 2013, p. 27.

the Convention and implementing it by ratification, acceptance or approval, or by accession to it under Article 91 is bound by public international law and would violate the Convention if it enacted domestic law dealing with matters governed by the Convention and conflicting with its provisions. If, and insofar as, domestic consumer protection law deviates from the Convention it will be overridden if the Convention is applicable; it must be presumed that a State enacting such consumer legislation after having enacted the Convention does so with an implied proviso of restrictive interpretation of this consumer law. i.e. its non-applicability in cases where the CISG applies and the domestic consumer law provisions would otherwise alter the rights and remedies of the parties under the Convention.[57]

A autonomia da vontade[58-59] das partes é regra da CISG e sua limitação somente ocorre, eventualmente, com base em seus próprios princípios e diretrizes, razão pela qual uma limitação externa ao sistema poderia causar imprevisibilidade e levar à quebra da uniformidade idealizada.

Dessa forma e diante do caráter de lei especial posterior da CISG no universo contratual brasileiro regulado e tendo em vista o fato de a CISG trazer princípios contratuais próprios e distintos essenciais para a sua correta e uniforme aplicação – sem os quais os próprios objetivos maiores da CISG de uniformização das regras contratuais seriam inúteis –, o princípio da função social do contrato não é aplicado no âmbito dos contratos regidos pela CISG.[60]

[57] SCHWENZER, Ingeborg. *Schlechtriem & Schwenzer Commentary...*, *Op. cit.*, p. 54.

[58] Apesar da dificuldade de conceituação da autonomia privada nos diferentes sistemas jurídicos. V. VICENTE, Dário Moura. A autonomia privada e os seus diferentes significados à luz do Direito comparado. *Revista de Direito Civil – RDC I* (2016), 2, pp. 277-305.

[59] V. art. 6, CISG.

[60] Apesar de posicionamento no sentido de necessária relativização da uniformização nos casos de contratos com elemento brasileiro. V., nesse sentido, FACHIN, Luiz Edson. CISG, Código Civil e Constituição brasileira: paralelos congruentes sobre os deveres de conformidade das mercadorias. SCHWENZER, Ingeborg, PEREIRA, Cesar A. Guimarães, TRIPODI, Leandro (coord.), *In A CISG e o Brasil*, *Op. cit.*, p. 541: "(...) em que pese boa parte da doutrina considerar a constitucionalização do direito privado um fenômeno temerário à uniformização da aplicação da CISG no mundo, as normas constitucionais brasileiras gozam de hierarquia superior ao referido tratado. Por óbvio que a Convenção de Viena deve preservar seus princípios e sua interpretação autônoma, mas não há como fazê-lo sem o devido respeito às garantias fundamentais elencadas na Constituição de 1988."

2.3.2. O tipo de contrato regido pela CISG não é o objeto da aplicação da função social do contrato.

Diante da norma geral e da tentativa, pela doutrina, de definição da função social do contrato, a jurisprudência acabou procurando, de uma forma mais concreta, aplicar o princípio, com vistas a determinar de forma prática, uma conceituação mais sólida.

É de se notar, ainda, que, com base nos exemplos de aplicação do princípio da função social do contrato pela jurisprudência brasileira, esse corolário, ao final, não teria lugar nos contratos regulados pela CISG.[61]

Primeiramente, poucos são os exemplos de casos de compra e venda de bens, sendo que o foco dos julgados ainda está em contratos relacionais ou de longa duração (i.e. seguro, plano de saúde, financiamentos etc.).

Ainda, é importante notar que vários dos julgados dos tribunais brasileiros que aplicam o princípio da função social do contrato têm como preocupação a desigualdade entre os contratantes, principalmente nos contratos de relação de consumo, em que uma das partes encontra-se em situação de desigualdade perante a outra e têm como fundo a proteção do direito à dignidade (Constituição Federal, art. 5º, inciso III).[62-63-64-65-66]

[61] Tendo em vista a necessidade de brevidade no presente trabalho, não apresentaremos lista exaustiva, mas, sim, ilustrativa da questão, com alguns comentários.

[62] Casos de cancelamento de plano de saúde, Limitações em seguro de Vida, Contrato de financiamento garantido com cláusula de alienação fiduciária, caderneta de poupança diante de planos econômicos, entre outros. **e.g.** STJ: REsp. nº 468.062/CE (2002/0121761-0), Rel. Min. Humberto Martins; REsp. nº 1.192.609/SP (2010/0027137-2) Rel. Min. Massami Uyeda; REsp nº 1.161.522/AL, 2ª Seção, Rel. Min. Maria Isabel Gallotti (j. 12.12.2012); REsp nº 1.2.72.995/RS, 1ª Seção, Rel. Min. Mauro Campbell Marques; REsp nº 1.033.092/RS, 2ª Seção, Rel. Min. Sidnei Beneti (j. 14.12.2011); REsp nº 1.269.691/PB, 4ª Turma, Rel. Maria Isabel Gallotti (j. 21.11.2013), REsp nº 1.379.870/PR, 2ª Turma, Rel. Min. Mauro Campbell Marques (j. 3.10.2013); REsp 1.277.762/SP, 3ª Turma, Rel. Min. Sidnei Beneti (j. 4.6.2013); REsp 1.073.595/MG, 2ª Seção, Rel. Min. Nancy Andrighi (j. 23.03.2011); Tribunal do Rio Grande do Sul: Agravo de Instrumento nº 70039361555, 5ª Câmara Cível, Rel. Des. Jorge Luiz Lopes do Canto (j. 31.10.2010), Agravo de Instrumento nº 70039186929, 5ª Câmara Cível, Rel. Des. Jorge Luiz Lopes do Canto (j. 29.10.2010); Apelação nº 70039017355, 13ª Câmara Cível, Rel. Des. Vanderlei Teresinha Tremeia Jubiak (j. 28.10.2010)

[63] Apesar de a doutrina sustentar que a interpretação da função social como sinônimo de proteção ao contratante hipossuficiente não ser a forma correta (ou única) de aplicação do princípio. V. nesse sentido, Wald, Arnoldo. *A dupla função Econômica e Social do Contrato*, Revista Trimestral de Direito Civil, v. 17, p. 6, jan./mar. 2004, *in* Modenesi, Pedro, *Função*

Os contratos regidos pela CISG, por outro lado, têm como ponto de partida o pressuposto de que são celebrados por comerciantes internacionais, em pé de igualdade negocial e conhecedores de suas responsabilidades e obrigações (a CISG trata da "pessoa razoável"), longe da ideia de aplicação de seus preceitos a partes hipossuficientes ou que necessitam de amparo.[67] Ressalte-se, nesse sentido, e com a preocupação de não violar qualquer tipo de legislação protecionista ou contrato altamente regulado nos Estado-membros, que a CISG é expressa em eliminar do rol de matérias por ela regulada os contratos como de consumo, para compra e venda de mercadorias para uso pessoal (art. 2.a, CISG).

2.3.3. Há casos em que a função social do contrato pode vir a ser aplicada em um contrato regulado pela CISG

Resta claro que é característica essencial da CISG a sua internacionalidade, devendo ser aplicada aos "contratos de compra e venda de mercadorias, celebrados entre partes que tenham o seu estabelecimento em

Social dos Contratos: Questões polêmicas na doutrina e na jurisprudência do STJ. in RTDC – Revista Trimestral de Direito Civil, Ano 10, vol. 39, Jul./set., 2009, p. 196.

[64] Súmula 308, STJ: Restrição dos Efeitos da Hipoteca; Súmula 302, STJ: Abusividade da cláusula restritiva de internação em contratos de plano de saúde; Súmulas 297 e 285, STJ: aplicação do CDC às instituições bancárias e financeiras.

[65] Exemplos de Enunciados do Conselho da Justiça Federal (Jornadas de Direito Civil): 21, 22, 23, 166, 167, 360, 361, 430 e 431.

[66] v. Tartuce, Flávio. A função social dos contratos, a boa-fé objetiva e as recentes Súmulas do Superior Tribunal de Justiça. *in Arte Jurídica Biblioteca Científica de Direito Civil e Processo Civil* – vol. III, Curitiba: Juruá Editora, 2006, pp. 196-206; Modenesi, Pedro, Função Social dos Contratos: Questões polêmicas na doutrina e na jurisprudência do STJ. *In RTDC – Revista Trimestral de Direito Civil,* Ano 10, vol. 39, Jul./set., 2009, p. 196; Marighetto, Andrea. *O Acesso ao Contrato: Sentido e Extensão da Função Social do Contrato.* São Paulo: Quartier Latin, 2012. pp. 137-167.

[67] "Paralelamente a todo esse movimento (mesmo que, por ele impactado), seguem os contratos entre empresas, ou seja, entre agentes econômicos que hão de ser presumidos diligentes e probos e que têm toda sua existência plasmada pelo escopo do lucro. Note-se bem: os autores que trataram da então nova visão do contrato não tinham em mente os negócios interempresariais, mas questões hoje relacionadas ao Direito Econômico (intervenção do Estado na economia), ao consumerismo e, principalmente, ao Direito do Trabalho." Forgini, Paula A. Princípios constitucionais econômicos e princípios constitucionais sociais, *Revista do Advogado*, Ano XXXII, nº 117, outubro de 2012, p. 170.

Estados diferentes" (art. 1, da CISG) e interpretada na forma prevista no art. 7.

A Convenção possui limites, sendo que alguns deles são expressamente estabelecidos na própria CISG como, por exemplo, o não tratamento, pela CISG, **(i)** da *validade do contrato* ou de qualquer das suas cláusulas, bem como da validade de qualquer uso ou costume, salvo disposição expressa em contrário (art. 4.a); **(ii)** dos *efeitos sobre a propriedade* das mercadorias vendidas, salvo disposição expressa em contrário (art. 4.b); **(iii)** da *responsabilidade do vendedor por morte ou lesões corporais* causadas pelas mercadorias a qualquer pessoa (art. 5).[68]

A CISG é, também, incapaz de ordenar de forma definitiva e exaustiva todas as hipóteses em que seu texto não é aplicado. Para resolver os problemas de eventuais lacunas, a própria Convenção prevê, no seu art. 7, o caminho que o intérprete deve percorrer.[69]

De acordo com o art. 7.1, o intérprete deve se utilizar dos princípios que fundamentam a CISG para a interpretação do contrato. Ainda, já passando para o art. 7.2., em estando diante de (i) "matérias reguladas pela Convenção", mas que (ii) "não forem por ela expressamente resolvidas", serão dirimidas, *primeiro*, segundo os princípios gerais que inspiram, e, *em seguida*, no caso de falha da primeira forma, passa-se ao uso da lei aplicável ao contrato, de acordo com as regras de direito internacional privado.[70-71]

[68] Ou mesmo em disposições derrogadas pelas partes.

[69] Art. 7.1. "Na interpretação desta Convenção ter-se-ão e, conta seu caráter internacional e a necessidade de promover a uniformidade de sua aplicação, bem como de assegurar o respeito à boa-fé no comércio internacional.
2. As questões referentes às matérias reguladas por esta Convenção que não forem por ela expressamente resolvidas serão dirimidas segundo os princípios gerais que a inspiram ou, à falta destes, de acordo com a lei aplicável segundo as regras de direito internacional privado."

[70] Doutrinadores como M.J. Bonell ainda entendem haver a (não expressa) possibilidade da utilização de regras de analogia, antes da utilização das regras expressas no art. 7.2 da CISG. A clássica lição traz ainda a ressalva do cuidado com a utilização indiscriminada da analogia e que poderia causar distorções na aplicação da Convenção. Bianca, C.M., Bonell, M.J., Interpretation of the Convention, In *Commentary... Op. cit.*, p. 78.

[71] *"Whereas Art. 7(1) CISG sets the scene for interpreting the Convention, Art. 7(2) CISG relates to gap-filling. Although it may be easy to distinguish between interpretation and gap-filling on a theoretical basis, in practice the borderline between the two is often blurred. (...)*

Assim e tendo em vista o caráter limitado do direito uniforme, regras de conflito de leis das legislações domésticas relacionadas ao caso podem ser necessárias. Isto porque, após o insucesso do emprego dos mecanismos interpretativos previstos na própria Convenção,[72] necessidade de aplicação de uma ou outra lei, mesmo diante do caso de legislação unificada, para solucionar os conflitos ainda existentes persistirá. Nesse ponto, é a previsão do art. 7.2, da CISG.

Cumpre mencionar que não só o art. 7 da CISG faz menção à utilização da lei nacional, por meio de regras de conflito de leis. Outros artigos remetem a regras de Direito Internacional Privado, estabelecendo, em alguns pontos, os casos que a legislação local deve servir de auxílio. Nesse sentido, são os artigos 1(1)(b), 7, 11, 12, 28, 95, 96 da CISG.[73]

Nesses casos e nas questões não reguladas pela Convenção, a lei nacional será utilizada, após a definição de qual direito, por meio das Regras de Direito Internacional Privado aplicáveis ao caso.

Ainda, nos casos não tratados pela CISG – como, por exemplo, os casos de discussão da validade do contrato ou de qualquer de suas cláusulas (art. 4.1.) ou mesmo dos efeitos sobre a propriedade das mercadorias – e em ficando definido que o direito brasileiro deva ser aplicado, o CCB deverá entrar em cena e o princípio da função social do contrato,

Art. 7(2) CISG provides for a two-step procedure. In the first place it must be determined whether there is a question 'concerning matters governed by this Convention'. These gaps are usually referred to as 'internal gaps 'whereas matters that are outside the Convention are so – called 'external gaps'. According to Art. 7(2) CISG internal gaps 'are to be settled in conformity with the general principles on which' the Convention is based. Only if such general principles cannot be discerned recourse may be had to domestic law determined by the applicable conflict of law rules." Schwenzer, Ingeborg, Uniform Sales Law – Brazil joining the CISG family... *Op. cit.*, p. 35.

[72] "*2.2.2. – One can certainly not deny that the Convention is silent on a number of important issues which may arise in connection with the conclusion or the performance of an international sales contract, and that also with respect to questions which fall within its scope it does not always provide for direct and clear-cut solutions (...)*". Bianca, C.M., Bonell, M.J., Interpretation of the Convention, In *Commentary... Op. cit.*, pp. 11/12.

[73] O art. 1.1(b) da CISG que indica que a Convenção deva ser aplicada nos casos em que as regras de Direito Internacional Privado assim determinem; o art. 28 que trata da questão do pedido de execução específica no caso de desconformidade, remetendo ao direito nacional do juiz que decidirá a demanda; e o art. 96, nos casos de declaração do Estado Membro para a utilização da lei local no tocante à celebração por escrito dos contratos.

disciplinado de forma específica nos dispositivos específicos que regem essas questões, poderá vir a ser aplicado ao caso concreto.

Nesses casos, poder-se-ia pensar na anulação de um contrato, regulado pelo direito brasileiro, com base na nova figura da lesão (art. 157, CCB), por exemplo.[74]

Tendo em vista que a conservação do contrato e o seu cumprimento também são buscados pela CISG, a aplicação da função social do contrato, nos contratos regidos pela CISG, estaria em consonância com a Convenção.

Conclusões

A CISG, como legislação uniforme, traz a necessária previsibilidade, imprescindível ao comércio internacional de mercadorias, acarretando a redução de custos e de tempo das negociações e transações entre as partes e favorecendo o comércio.

A interiorização da CISG no sistema legislativo brasileiro provoca enormes vantagens, inserindo o Brasil e seus comerciantes em um sistema legislativo já desenvolvido e de grande sucesso mundial.

A interpretação uniforme e o caráter internacional da CISG, sem surpresas de imprevisibilidade para as partes, mormente contratantes não brasileiros, são essenciais para o seu bom funcionamento e para a segurança jurídica que a CISG visa a proporcionar.

O princípio da função social do contrato, de grande relevância para os contratos em geral, não pode, necessariamente, incidir de forma imediata, direta e absoluta, nos contratos regulados pela CISG, os quais submetem à regência de um rigoroso microssistema específico, inserido na

[74] Sobre a lesão, explica Flávio Tartuce: "Aqui já foi dito que mantém relação direta com a função social do contrato o art. 157 do Código Civil, que prevê a possibilidade de anulabilidade dos contratos quando estiver presente a lesão, novo vício do negócio jurídico, mas que tem repercussões sociais, diante da flagrante relativização da força obrigatória. A lesão subjetiva está presente toda vez que o contrato trouxer onerosidade excessiva (elemento objetivo) somada a uma premente necessidade ou inexperiência de quem celebrou o pacto (elemento subjetivo). O contrato é anulável (art. 171, II, do CC) ou passível de revisão judicial (art. 157, §2º, do CC). A revisão judicial deve sempre ser incentivada, diante do princípio da conservação dos contratos, que é anexo à função social." Tartuce, Flávio. Direito Civil: Teoria Geral dos Contratos e Contratos em espécie, *Op. cit.*, p. 76.

legislação brasileira como adequado à própria finalidade de facilitar as relações contratuais relativas ao comércio internacional de mercadorias.

O objetivo desse trabalho, portanto, constituiu em analisar a relação entre o princípio da função social do contrato e a preservação do microssistema instituído pela CISG, concluindo pela não incidência absoluta, irrestrita e automática do princípio da função social do contrato sobre os aludidos contratos sujeitos à regência da CISG.

Referências

AZEVEDO, Álvaro Villaça. O novo Código Civil Brasileiro: tramitação; função social do contrato; boa-fé objetiva; teoria da imprevisão e, em especial, onerosidade excessiva (*laesio enormis*), *in O Direito e o Tempo: Embates Jurídicos e Utopias Contemporâneas – Estudos em homenagem ao Professor Ricardo Pereira Lira*. TEPEDINO, Gustavo. FACHIN, Luiz Edson (coord.), Rio de Janeiro: Renovar, 2008.

BENETI, Ana Carolina. Brazil and the CISG: A Question of Legal Certainty, *in IHR – Internationales Handelsrecht*, 3/2015, June 2015, pp. 98/101.

–. First CISG decision in Brazil: Brazilian courts take the first steps towards application of the CISG, *in IHR – Internationales Handelsrecht*, 1/2018, p. 8-11, jan. 2018.

BIANCA, C.M., BONELL, M.J., *Bianca & Bonell Commentary on the International Sales Law – The 1980 Vienna Sales Convention*, Ed. Giuffré, Milan, 1987.

BOELE-WOELKI, K. Unifying and Harmonizing Substantive Law and the Role of Conflict of Laws, *Recueil des Cours Académie de Droit International*, vol. 340 (2009), p. 229.

DE LUCCA, Newton. A principiologia inerente aos contratos comerciais. *Revista dos Tribunais*, Ano 101, vol. 923, setembro/2012, pp. 187-217.

DIMATTEO, Larry A., DHOOGE, Lucien J., GREENE, Stephanie, MAURER, Virginia G., PAGNATTARO, Marisa Anne. *International Sales Law: a Critical Analysis of CISG Jurisprudence*, Cambridge Press, 2005.

DINIZ, Maria Helena. *Curso de Direito Civil Brasileiro*, vol. 3, 30ª ed., São Paulo: Saraiva, 2014.

DOLINGER, Jacob. *Direito Internacional Privado*. Parte Geral. 6ª ed., Rio de Janeiro: Ed. Renovar, 2001.

FACHIN, Luiz Edson. CISG, Código Civil e Constituição brasileira: paralelos congruentes sobre os deveres de conformidade das mercadorias. *In A CISG e o Brasil – Convenção das Nações Unidas para os Contratos de Compra e Venda Internacional de Mercadorias*, SCHWENZER, Ingeborg, PEREIRA, Cesar A. Guimarães, TRIPODI, Leandro (coord.), São Paulo: Marcial Pons, 2015, p. 532-545.

FINKELSTEIN, Cláudio. *Entrada em Vigor da CISG no Brasil*, Publicado em 30.04.2014 (http://www.jmgarcezadv.com.br/home_artigo.asp?id=91).

FLECHTNER, H. M. Uniformity and Politics: Interpreting and Filling Gaps in the CISG, *in Festschrift für Ulrich Magnus*, Munich, Sellier, 2014, pp. 193-207.

FORGINONI, Paula A. Princípios constitucionais econômicos e princípios constitucionais sociais, *Revista do Advogado*, Ano XXXII, nº 117, outubro de 2012, p. 170.

FRADERA, Vera Jacob de. A Saga da Uniformização da compra e Venda internacional: da Lex Mercatoria à Convenção de Viena de 1980, *in A Compra e Venda internacional de Mercadorias*, FRADERA, V. J., MOSER, L.G.M., Ed. Atlas, (2011) p. 1.

–. "A Contribuição da CISG (Convenção de Viena sobre os Contratos de Compra e Venda Internacional) para a Atualização e Flexibilização da Noção de Contrato no Direito Brasileiro, *in Revista de Arbitragem e Mediação – RArb*, nº 34, p. 45.

HELLER, Jan. Art. 7 of the U.N. Sales Convention in its Historical Context, *in Studies in International Law: Festskrift til Lars Hjerner* (Stockholm 1990), pp. 219-233.

LOOKOFSKY, Joseph. *Understanding the CISG*, Wolters Kluwer, Third Edition.

KONDER, Carlos Nelson. Para Além da "Principialização" da Função Social do Contrato, *in Revista Brasileira de Direito Civil – RBDCivil*, vol. 13, jul./set. 2017, pp. 39-59.

KUYVEN, Fernando, PIGNATTA. Francisco Augusto. *Comentários à Convenção de Viena – Compra e Venda Internacional de Mercadorias*. São Paulo: Saraiva, 2015.

MAGNUS, Ulrich. Interpretation and gap-filling in the CISG and in the CESL. *in Journal of International Trade Law and Policy*, vol. 11, nº 3, 2012, pp. 266-288;

–. CISG in the German Federal Civil Court, *in Quo Vadis CISG?*, FERRARI, F. (coord.), Ed. Sellier, European Law Publishers, p. 211.

MARIGHETTO, Andrea. O Acesso ao Contrato: Sentido e Extensão da Função Social do Contrato. São Paulo: Quartier Latin, 2012.

MARTINS-COSTA, Judith. Reflexões sobre o Princípio da Função Social dos Contratos, *Revista Direito FGV*, v. 1, nº 1, maio 2005, p. 41-66.

MEYER, Olaf. The CISG: Divergences between Success-Scarcity and Theory-Practice. In DIMATTEO, Larry A. (coord.). *International Sales Law: A Global Challenge*, Cambridge University Press, 2014, p. 23.

MODENESI, Pedro, Função Social dos Contratos: Questões polêmicas na doutrina e na jurisprudência do STJ. *In RTDC – Revista Trimestral de Direito Civil*, Ano 10, vol. 39, Jul./set., 2009, p. 196.

PIGNATTA, F. A., A Unificação das Regras do Contrato de Compra e Venda Internacional de Mercadorias e suas vantagens, seus desafios, *in A CISG e o Brasil*, p. 55.

SCHLECHTRIEM, Peter, SCHWENZER, Ingeborg. *Schlechtriem & Schwenzer, Commentary on the UN Convention on International Sale of Goods*, 3rd Edition, Oxford University Press, 2010.

SCHWENZER, Ingeborg, Uniform Sales Law – Brazil joining the CISG family, *in A CISG e o Brasil*, Ed. Marcial Ponds, São Paulo, 2015, p. 35.

TARTUCE, Flávio. *Direito Civil 3, Teoria Geral dos Contratos e Contratos em Espécie*, São Paulo: Método, 8ª ed., 2013.

–. A função social dos contratos, a boa-fé objetiva e as recentes Súmulas do Superior Tribunal de Justiça. *in Arte Jurídica Biblioteca Científica de Direito Civil e Processo Civil* – vol. III, Curitiba: Juruá Editora, 2006, pp. 196-206.

TEPEDINO, Gustavo. Notas sobre a Função Social dos Contratos. *in Temas de Direito Civil*, Tomo III, Rio de Janeiro: Renovar, 2010, pp. 145-155.

THEODORO JÚNIOR, Humberto. *O Contrato e sua função social*, 3ª edição, Rio de Janeiro: Ed. Forense, 3ª edição. 2008.

VICENTE, Dário Moura. A autonomia privada e os seus diferentes significados à luz do Direito comparado. *Revista de Direito Civil – RDC I* (2016), 2, pp. 277-305.

WALD, Arnoldo; COSTA, José Augusto Fontoura e VIEIRA, Maíra de Melo. O impacto da Convenção de Viena sobre a Compra e Venda Internacional de Mercadorias no Direito Brasileiro: visão geral, in *ReArb – Revista de Arbitragem e Mediação*, 37, 2013, p. 27.

4. Requisito de Forma nas Contratações Eletrônicas segundo a CISG

Pedro Silveira Campos Soares[1]

"Se é fácil de imaginar que a comparação pode gerar decepção ou angústia naquele que com ela se envolve, e que a concorrência que ela suscita pode, assim, interromper o estado de satisfação tranquila do qual o comparatista poderia desfrutar [...] resta inegável que a economia comparativa favorece o aprofundamento da mente humana e a promoção daquilo que poderia ser denominado de um Direito melhor, no sentido de um Direito nacional que evolui escutando o Direito estrangeiro em vez de se desenvolver isoladamente (um Direito atento e "todo-ouvidos"), tornando-se mais suscetível de possuir maior sofisticação, isto é, um nível mais alto de elaboração teórica ou um grau de competência técnica mais elevado"[2].

Introdução

Analisa-se neste texto as interações entre o direito contratual brasileiro e a Convenção das Nações Unidas sobre Contratos de Compra e Venda Internacional de Mercadorias, incorporada ao ordenamento jurídico

[1] O autor gostaria de manifestar seu agradecimento à Dra. Victória Feres De Marco na pesquisa que serviu de base para este trabalho.

[2] LEGRAND, Pierre. *Como Ler o Direito Estrangeiro*. São Paulo: Editora Contracorrente, 2018. Edição do Kindle, pos. 162.

brasileiro pelo Decreto nº 8.327, de 16/10/2014[3]. Especial ênfase será dada aos contratos eletrônicos, o que exige rigor, por quatro razões:

A primeira, que se lê na epígrafe deste trabalho, decorre de que seu desenrolar envolverá a comparação de sistemas jurídicos e atrairá, com isso, a problemática inerente ao direito comparado, em busca daquilo que o comparatista Pierre Legrand chama de direito melhor, isto é, um direito "*todo ouvidos*"[4], atento às evoluções do direito estrangeiro.

A segunda diz respeito à própria natureza díspar dos elementos que serão comparados. De um lado, um corpo jurídico consolidado, criado no seio do estado brasileiro, por intermédio de juristas atentos às peculiaridades locais. De outro lado, um compilado de regras e princípios de direito dos contratos elaborados no bojo da Comissão das Nações Unidas para o Direito do Comércio Internacional.[5] A CISG, especificamente, visa a uniformizar o regramento dos contratos internacionais. Suas bases começaram a ser construídas na década de sessenta do século passado, quando foram dados os primeiros passos para elaboração de uma lei uniforme de abrangência transnacional, a partir de duas convenções, celebradas na Haia: a Lei Uniforme sobre Formação de Contratos para a Compra e Venda Internacional de Mercadorias e a Convenção relativa à Lei Uniforme sobre Contratos de Compra e Venda Internacional de Mercadorias.

Emerge daí a terceira dificuldade. Desde 16 de outubro de 2014, a CISG passou a integrar o ordenamento jurídico brasileiro. Diante disto, a análise a ser empreendida nas próximas linhas não partirá da perspectiva de um regramento de direito estrangeiro ou "não brasileiro", sob pena de se afastar da vontade manifestada pelo Estado brasileiro ao aderir à Convenção. Isto não implica que a CISG deva ser interpretada à luz das normas do direito brasileiro, tampouco o oposto, que as mencionadas normas brasileiras devam ser interpretadas sob a ótica da CISG. Na realidade, a CISG deve ser interpretada respeitando sua internacionalidade, assim cumprindo sua *ratio legis*: aplicar-se, única e exclusivamente, aos contratos internacionais, como se lê de seu artigo primeiro e de seu

[3] Doravante referida como "CISG" ou "Convenção".

[4] LEGRAND, Pierre. *Op. cit.*, pos. 162.

[5] Doravante referida como "CNUDCI".

preâmbulo. Tratar a questão de forma diversa seria equivocado e contrário aos ditames da própria Convenção.

A última razão refere-se à exata extensão do objeto da discussão a ser aqui travada, isto é, os contratos eletrônicos. Se, perante a doutrina especializada brasileira, há intensa discussão sobre a adequação e abrangência deste termo, dentre os especialistas no direito do comércio internacional há equivalente embate. Será necessário, portanto, compreender o cenário sócio-político-econômico que inspirou a CISG, para, assim, compreender as razões em adotar este ou aquele conceito.

Com base nestas premissas, o texto proporcionará um voo panorâmico sobre as fontes históricas da CISG, buscando traçar as razões fundamentais para que os integrantes das Conferências Diplomáticas nas quais a Convenção foi gestada optassem por definir o conceito de contrato escrito.

Ademais, será necessário correlacionar este dispositivo com outros da Convenção, que preveem regra de liberdade de forma. Pretende-se, com isso, colmatar as lacunas verificadas e propor uma interpretação coerente com os registros históricos da Convenção e, sobretudo, compatível com suas demais previsões e com as de regras emergentes de outros instrumentos do direito transnacional dos contratos.

Não se deixará, por fim, de estabelecer comparação entre as diretrizes da Convenção e as regras do ordenamento jurídico brasileiro que, embora parcas, parecem suficientes para o tratamento de comunicações "não escritas".

1. Comunicação não escrita e liberdade de forma

"*O contrato de compra e venda não requer instrumento escrito nem está sujeito a qualquer requisito de forma. Poderá ele ser provado por qualquer meio, inclusive por testemunhas*". Com estas palavras, a CISG estabelece, em seu artigo 11, a regra de que a vontade manifestada para a formação de um contrato internacional prescinde de artefatos que reproduzam e armazenem fisicamente o conjunto de promessas criadoras do negócio. A inclusão do dispositivo em questão visou a dar efetividade às contratações desprovidas de manifestações escritas. Em contrapartida, permitiu-se a qualquer Estado-Parte a formulação de reserva com efeito de estipular requisito de forma para contratações envolvendo pessoas naturais ou jurídicas estabelecidas no mencionado Estado-Parte, em linha com o disposto nos artigos 12 e 96 da Convenção[6].

Quando o artigo 11 da CISG foi redigido, na década de 1970, não se via, sequer se imaginava, a profundidade da evolução tecnológica vivenciada na contemporaneidade[7], bem retratada por Sygmund Bauman como a "*modernidade fluída*"[8]. Àquela altura já existiam rudimentos do que se tornou a "Internet", como se extrai do artigo seminal de Vinton Cerf e Robert Kahn, propondo, em 1974, um protocolo de troca de pacotes de dados em rede[9]. Todavia, foi nos idos de 1980, que tais protocolos foram efetivamente implementados no bojo da Agência de Pesquisa e Defesa Norte-Americana[10], criando-se o Protocolo TCP/IP[11], engrenagem sobre a qual a Internet está amparada.

Nesta época, para além da troca de cartas, dois outros instrumentos eram utilizados para comunicação não presencial, o telex e o telegrama[12]. Em ambos os casos as promessas eram transmitidas e reproduzidas em papel, tornando-se, assim, manifestações escritas. Nesse sentido, a liberdade de forma de que tratou a Convenção teve por finalidade atacar o problema da troca de promessas *não presencial*, por meio dos mencionados instrumentos, regulando seus efeitos jurídicos seja na

[6] Schlechtriem, Peter. *Uniform Sales Law: The UN-Convention on Contracts for the International Sale of Goods*, Viena: Manz, 1986, p. 43.

[7] Schwenzer, Ingeborg; Hachem, Pascal; Kee, Christopher. *Global Sales and Contract Law*. Oxford: Oxford University Press, 2012, p. 157.

[8] Bauman, Zygmunt. *Modernidade Líquida*. Zahar, 2001. Edição do Kindle, pos. 443.

[9] Cerf, Vinton G.; Icahn, Robert E. A Protocol for Packet Network Intercommunication. *IEEE Transactions on Communications*, volume 22, nº 5, 1974.

[10] Trata-se da DARPA – Defense Advanced Research Projects Agency. Embora agência de defesa, a DARPA realizava pesquisas intensas no ramo das comunicações. Valer dizer que o surgimento da Internet decorre da necessidade de comunicação instantânea entre terminais computadorizados localizados em universidades norte-americanas, localizadas na Califórnia, notadamente Stanford, UCLA e UCSB.

[11] Clark, David D. The Design Philosophy of the DARPA Internet Protocols. *Computer Communication Review*, vol. 18, nº 4, 1988.

[12] Hill, Jennifer. The Future of Electronic Contracts in International Sales: Gaps and Natural Remedies under the United Nations Convention on Contracts for the International Sale of Goods. *Northwestern Journal of Technology and Intellectual Property*, vol. 2, nº 1, 2003, p. 3.

formação do contrato internacional, seja nas comunicações trocadas ao longo de sua execução até seu término[13].

Nesse contexto, é necessário bem compreender a ressalva constante do artigo 13 da Convenção, que não contém precursor nas convenções antecedentes de compra e venda internacional de mercadorias[14]. Segundo o referido artigo, "*o termo 'escrito' abrange o telegrama e o telex*". Além de útil na interpretação dos dispositivos da Convenção que tratam de manifestações escritas[15], ele serve para eliminar dúvida no contexto de transações internacionais envolvendo partes estabelecidas em Estados que tenham feito a reserva do artigo 96 da Convenção. Por força dessa reserva, o Estado-Parte pode derrogar os artigos da Convenção que admitissem contratos celebrados sem forma escrita, notadamente o artigo 11, que passa a não se aplicar ao Estado-Parte que tenha feito a reserva, conforme o artigo 12 da Convenção. A definição de manifestação escrita no subsequente artigo 13 serviu, pois, para admitir como "escrito" contratos celebrados por intermédio das tecnologias nele indicadas para, assim, cumprir o requisito de forma previsto em lei doméstica[16].

Ao examinar a abrangência do artigo 13 em uma chave puramente literal, um intérprete com orientação restritiva poderia considerar que, além do papel, seriam admitidos como manifestação escrita exclusivamente o telex e o telegrama.

Não obstante, ao analisar a questão tendo em conta o contexto de elaboração do dispositivo da Convenção, nota-se que o artigo 13, tal como redigido, não cumpriu as "*necessidades práticas*" do mercado[17], por

[13] Zuppi, Alberto. The Parol Evidence Rule, International Electronic Documents and the United Nations Convention on Contracts for the International Sale of Goods (CISG). Andersen, Camilla B. & Schroeter, Ulrich G. (eds.). *Sharing International Commercial Law across National Boundaries: Festschrift for Albert H. Kritzer*. Londres: Wildy, Simmonds & Hill Publishing, 2008, p. 642.

[14] Rajski, Jerzi. Article 13. Bianca, Cesare M.; Bonell, Michael J. *Commentary on the International Sales Law: The 1980 Vienna Sales Convention*. Milão: Giuffrè, 1987, p. 127.

[15] *Idem*, p. 129.

[16] Schlechtriem, Peter. *Op. cit.*, p. 45.

[17] Charters, Andrea L. Growth of the CISG with Changing Contract Technology: "Writing" in Light of the UNIDROIT Principles and CISG-Advisory Council Opinion nº 1, p. 2, fonte: https://www.cisg.law.pace.edu/cisg/biblio/charters.html, acessado em 16/4/2020.

faltar-lhe a necessária neutralidade, alcançável pelo reconhecimento de outros meios de comunicação[18], mediante utilização de redação aberta, a permitir a incorporação de novas tecnologias de transmissão de mensagens[19]. Seria, de fato, mais adequado que se propusesse cláusula aberta permissiva de qualquer meio de comunicação que suficientemente demonstrasse a intenção das partes em se vincular por um contrato internacional de compra e venda. Portanto, a técnica exemplificativa adotada pela Convenção nasceu fadada a se tornar ultrapassada.

Porém, sem prejuízo dessa intenção original, o artigo 13 passou a exercer outra relevante função com o passar do tempo. Tornou-se ele uma das fontes interpretativas para compatibilizar o uso de novas tecnologias com a CISG, já que as tecnologias mencionadas no artigo evanesceram[20]. Em especial, com base no artigo 13, tem se buscado aferir se *comunicações instantâneas*, cujo conteúdo não seja passível de impressão ou de reprodução por outro artefato físico, podem ser consideradas escritas. Como se verá adiante, a resposta há de ser positiva.

1.1. Coerência Interna da Convenção: exame a partir do artigo 7º

A constante evolução tecnológica fez com que a Convenção já entrasse em vigor desatualizada, em razão, especialmente, da redação dada ao artigo 13. Como esclarece Alberto Zuppi, naquele momento, em janeiro de 1988, "*o fax, que estava começando a ser utilizado, era facilmente aceito com equivalente a um documento escrito*"[21]. Nessa perspectiva, faz-se necessário verificar se o termo "escrito" constante do artigo 13 admitiria interpretação flexível para incorporar ao seu texto as novas tecnologias de comu-

[18] Schmidt-Kessel, Martin. Artigo 13. Schwenzer, Ingeborg, *et. al. Schlectriem & Schwenzer: Comentários à Convenção das Nações Unidas sobre Contratos de Compra e Venda Internacional de Mercadorias.* Tradução de Ivo de Paula Medaglia, São Paulo: Editora Revista dos Tribunais, 2014, p. 345.

[19] Polido, Fabricio P. B.; Silva, Lucas Sávio Oliveira da. Contratos Internacionais Eletrônicos e o Direito Brasileiro: entre a insuficiência normativa doméstica e as soluções globais. *Revista Sequência (Florianópolis)*, nº 75, 2017, p. 169.

[20] Wolff, Reinmar. The UN Convention on the Use of Electronic Communications in International Contracts: An Overlooked Remedy for Outdated Form Provisions under the New York Convention? Fach, Katia *et. al.* (eds.) *60 Years of the New York Convention: Key Issues and Future Challenges.* Haia: Kluwer Law International, 2019, p. 102.

[21] Zuppi, Alberto. *Op. cit.*, p. 643-44.

nicação que surgiram após a entrada em vigor da Convenção. A análise, portanto, deve ser feita na perspectiva de uma lacuna convencional, a ser preenchida à luz das regras de interpretação dos contratos internacionais previstas no artigo 7º da Convenção[22].

O comando do artigo 7º (1) da Convenção, de "*promover a uniformidade de sua aplicação*", resultaria prejudicado em uma interpretação restritiva do artigo 13. Valer dizer: a CISG admite o uso de "*meio de comunicação instantâneo*" ao tratar do termo inicial do prazo de aceitação fixado pelo proponente, em seu artigo 20 (1). Sendo assim, a leitura restritiva do artigo 13 geraria uma inconsistência interna da própria Convenção, permitindo que comunicações instantâneas fossem válidas para determinadas condutas contratuais, mas não para outras, em especial as destinadas à formação do contrato. Restaria violado o princípio segundo o qual a interpretação de dispositivo de qualquer norma jurídica deve guardar compatibilidade com os demais dispositivos desta, pois os artigos de lei "*explicam-se uns pelos outros*", nas palavras de Miguel Reale, invocando Jean Portalis[23].

Resultaria igualmente prejudicado outro objetivo fundante da Convenção, sua internacionalidade, também prevista no artigo 7º (1). Basta notar que a interpretação restritiva poderia retirar de sua regência os contratos internacionais de compra e venda celebrados por partes estabelecidas em Estados que tenham feito a reserva do artigo 96 da Convenção. Neste caso, o mencionado contrato poderia não ser alcançado pelas normas da CISG, se qualquer das partes envolvidas tivesse domicílio em Estado que não compactuasse com a liberdade de forma estabe-

[22] Eiselen, Siegfried. Electronic Commerce and the UN Convention on Contracts for the International Sale of Goods (CISG) 1980. *EDI Law Review*, vol. 6, 1999, p. 28 (o autor confirma que "*no caso de comunicações eletrônicas há referência somente ao telex e a nenhuma outra forma de comunicação, resultando que a existência de uma lacuna pode ser verificada*". Tradução livre de: "*in the case of electronic communications there is only reference to telex and none of the other forms of communication with the result that the existence of a gap can be assumed*". Ver, ainda, Charters, Andrea L. *Op. cit.*, p. 3.

[23] Reale, Miguel. *Questões de Direito Privado.* São Paulo: Saraiva, 1997, edição do Kindle, pos. 189.

lecida no artigo 11 da Convenção e, pelas regras de conflito de leis, a lei doméstica deste Estado viesse a ser aplicada[24].

A mesma conclusão se alcança ao perquirir o alcance do artigo 13 da Convenção sob as lentes dos "*princípios gerais que a inspiram*" indicados em seu artigo 7 (2). O que importa indagar, neste particular, é se a neutralidade tecnológica seria um princípio geral consentâneo com premissas fundamentais da Convenção.

A resposta parece ser positiva, como se lê do Parecer nº 1 do Conselho Consultivo da CISG, que reconhece uma verdadeira presunção em favor das comunicações eletrônicas[25]. Segundo o parecer, "*o pré-requisito 'escrito' é cumprido desde que a comunicação eletrônica seja passível de cumprir a mesma função da mensagem em papel*". De acordo com este grupo de especialistas em contratos internacionais, a interpretação da Convenção deve sempre levar em conta a equivalência funcional entre as variadas formas e meios de transmissão de informações no âmbito de relações contratuais. Portanto, parece recomendável adotar uma interpretação flexível do que seja comunicação escrita para os fins da Convenção.

Este trabalho interpretativo pode ser facilitado pelo uso de analogias, mecanismo reconhecidamente aplicável ao preenchimento de lacunas internas da Convenção[26]. Tomando, como exemplo, o fax, a analogia é facilmente perceptível. Assim como a carta, o telex e o telegrama, o fax gera um produto físico e tangível, assimilável ao papel. Ao fim e ao cabo, a natureza escrita é facilmente extraída de uma comunicação eletronicamente transmitida por fax.

Todavia, essa técnica interpretativa pode se mostrar dificultada frente aos meios de comunicação instantâneos ou automatizados, que não geram produtos assimiláveis ao papel. Nesses casos, entra em cena

[24] Xavier, Rafael B. Written Requirements in Brazil and Argentina: A Comparison under the Applicability of the CISG. *In*. Schwenzer, Ingeborg; Pereira, Cesar; Tripodi, Leandro. *CISG and Latin America: Regional and Global Perspectives*. Haia: Eleven Publishers, 2016, p. 462 (explicando que "*sempre que houver um estado que adote a reserva e os requerimentos de forma venham à baila, cortes devem determinar, por força das regras de direito internacional privado, qual é a lei nacional aplicável*". Tradução livre de: "*whenever there is a reserving country and the formal requirements come at bar, courts shall determine, by virtue of the PIL, what is the national law applicable*").

[25] Ramberg, Christina (rel.). Parecer nº 1 do CISG-AC. Electronic Communications under CISG, 2003. Tradução de André Henrique Guerra, para. 13.2.

[26] Eiselen, Siegfried. *Op. cit.*, p. 28.

a equivalência funcional, regra recorrentemente aplicável no contexto do direito e tecnologia, reconhecida como verdadeiro princípio no preâmbulo da Convenção das Nações Unidas sobre o Uso de Comunicações Eletrônicas em Contratos Internacionais[27].

Segundo esse princípio, deve-se, sempre, buscar a neutralidade tecnológica entre os diversos meios de comunicação, atribuindo-lhes igual força probatória. Nota-se, assim, ser o princípio consistente com a liberdade de forma prevista na CISG e, por conseguinte, inspirador da Convenção. A equivalência funcional, contudo, não é um cheque em branco para a admissão imponderada de novas formas de comunicação eletrônica. Como seu próprio nome diz, é necessário que o meio de comunicação em comento cumpra as *mesmas finalidades* do papel ou, em outras palavras, tenha função equivalente à mensagem escrita e armazenada em forma física e tangível.

O mencionado princípio acha-se detalhado na Lei Modelo da Comissão das Nações Unidas sobre Direito do Comércio Internacional sobre Comércio Eletrônico[28]. Em seu Guia de Implementação, a mencionada Lei Modelo considera que este princípio deve ser aplicado mediante "*análise dos propósitos e funções do requerimento de forma escrita visando a determinar de que forma tais propósitos e funções poderiam ser cumpridos a partir de técnicas de comércio eletrônico*"[29].

Essa análise, por sua vez, busca verificar se determinada mensagem eletrônica atende a três características – acessibilidade, armazenabilidade e autenticidade – em três graus de formalidade – escrita, original e autêntica. Segundo a Lei Modelo, a comunicação eletrônica será escrita se a informação nela contida for acessível, a permitir referências subsequentes (artigo 6). Será original se puder ser apresentada com suficiente garantia de que seu conteúdo permanece íntegro e em sua forma final desde o momento em que tiver sido originada (artigo 8). Será autêntica

[27] Doravante referida como Convenção de Comunicações Eletrônicas. Segundo seu preâmbulo, "as regras uniformes devam respeitar a liberdade das partes na escolha de tecnologia e mídia apropriadas, observados os princípios da neutralidade tecnológica e da equivalência funcional, desde que os meios escolhidos pelas partes cumpram os propósitos das normas jurídicas relevantes". Tradução de Santos, Bernardo et. al. Fonte: http://www.cisg-brasil.net/doc/Traducao_convencao_comunicacoes_eletronicas.pdf, acessado em 17/4/2020.

[28] Doravante referida como Lei Modelo de Comércio Eletrônico.

[29] Guia de Implementação da Lei Modelo de Comércio Eletrônico, p. 20.

se contiver método confiável e apropriado que permita identificar a pessoa e sua respectiva aceitação de seu conteúdo (artigo 7).

Bebendo na fonte da Lei Modelo e da Convenção de Comunicações Eletrônicas, o Conselho Consultivo da CISG adotou o princípio da equivalência funcional, em seu Parecer nº 1, ao afirmar que a forma escrita será alcançada quando *"a comunicação eletrônica for capaz de cumprir as mesmas funções de uma mensagem escrita em papel. Estas funções se referem à possibilidade de guardar (recuperar) a mensagem e de entendê-la (compreendê-la)"*[30] para concluir que *"o termo "escrito" na CISG também abrange qualquer comunicação eletrônica suscetível de ser recuperada em forma tangível"*[31].

É, portanto, a partir do binômio recuperabilidade-tangibilidade que se deve examinar determinada comunicação eletrônica que, diferentemente do fax, telex e telegrama, não produza, por natureza, elementos físicos e tangíveis.

Tome-se como exemplo a mensagem eletrônica transmitida por *e-mail*. Neste caso, é possível recuperar, de maneira compreensível ao leitor, a mensagem trocada, com razoável certeza quanto à hora de envio e de recepção, a confirmar ser uma tecnologia passível de recuperação. É igualmente possível dar-lhe tangibilidade, seja mediante impressão, seja mediante reprodução de seu conteúdo em dispositivos eletrônicos[32].

Em conclusão, a partir dos critérios delineados no artigo 7º da Convenção, a interpretação do artigo 13 deve ser flexível, de sorte a admitir em seu bojo as comunicações eletrônicas análogas ou equivalentes funcionais ao papel escrito[33].

1.2. Coerência externa da convenção: leitura transnacional de seus dispositivos

Sabe-se que o olhar do intérprete não deve permanecer exclusivamente voltado à norma objeto de pesquisa. É necessário oxigenar o exame, buscando compatibilizar seus termos com outros instrumentos de direito

[30] Ramberg, Christina (rel.). *Op. cit.*, para 13.1.

[31] *Idem*, p. 2.

[32] Eiselen, Siegfried. *Op. cit.*, p. 35.

[33] Suprema Corte da República Checa. Caso nº 23 1308/2011. *Ideal Bike Corporation v. Impexo*. J. 17/12/2013. Fonte: http://www.unilex.info/cisg/case/1939, acessado em 23/4/2020. Suprema Corte do Egito. *Caso nº 979*. J. 11/4/2006. Fonte: http://cisgw3.law.pace.edu/cases/060411e1.html, acessado em 23/4/2020.

transnacional que, assim como a CISG, propugnam a uniformização do regramento jurídico aplicável aos contratos internacionais. Dois desses instrumentos já estão citados no presente estudo, a Convenção de Comunicações Eletrônicas e a Lei Modelo de Comércio Eletrônico. A eles devem se juntar os Princípios do UNIDROIT sobre Contratos Comerciais Internacionais[34], bem como os Princípios de Direito Europeu dos Contratos[35]. O primeiro, criado no bojo de uma associação acadêmica focada no aperfeiçoamento do direito privado, é leitura obrigatória para o estudioso que pretenda conhecer o direito dos contratos internacionais. O segundo, aplicável aos países integrantes da União Europeia, é de preciosa valia na análise comparativa da questão. Todos esses esforços, na correta síntese de Ingeborg Schwenzer, intencionam "*equivaler comunicações eletrônicas a formas tradicionais de comunicação* [...] *colocando comunicações eletrônicas dentro do sistema do direito contratual geral*"[36].

Portanto, na perspectiva da coerência externa da Convenção, os princípios da neutralidade tecnológica e da equivalência funcional acham-se amplamente aceitos, servindo de base para a análise proposta neste trabalho, como se verá nas próximas linhas.

1.2.1. Comandos da Convenção de Comunicações Eletrônicas e da Lei Modelo de Comércio Eletrônico

Com intuito de atualizar o regramento transnacional aplicável ao comércio eletrônico, a Convenção de Comunicações Eletrônicas estabelece regra de notável abrangência, visando alcançar convenções antes elaboradas no bojo da CNUDCI. No comando do artigo 20 (1) da Convenção de Comunicações Eletrônicas, seus dispositivos devem se aplicar "*ao uso de comunicações eletrônicas relacionadas à formação ou execução de um contrato a que qualquer uma das convenções internacionais a seguir, à qual um Estado signatário desta Convenção é ou poderá se tornar Estado signatário, se aplique*". Dentre tais convenções está a CISG.

É bem verdade que a Convenção de Comunicações Eletrônicas não entrou em vigor, a despeito de ter sido acedida por diversos Estados. Ela é, no entanto, um esforço notável de uniformização e síntese das regras

[34] Doravante referidos como "Princípios UNIDROIT".

[35] Doravante referidos como "Princípios Europeus".

[36] SCHWENZER, Ingeborg; HACHEM, Pascal; KEE, Christopher. *Op. cit.*, para. 11.03.

transnacionais aplicáveis ao comércio eletrônico. Por isto, deve ser considerada no exame dos dispositivos da CISG, não na perspectiva de uma lei de regência obrigatória, mas na condição de uma coletânea de princípios aplicáveis ao direito transnacional voltados para o ambiente digital.

Reinmar Wolff faz esclarecedora análise da questão na perspectiva da Convenção de Nova Iorque sobre Reconhecimento e Execução de Sentenças Arbitrais Estrangeiras[37], elaborada no âmbito da CNUDCI, aprovada em 1958 e ratificada, em 2002, pelo Brasil[38]. Sabe-se se que, para além de sentenças arbitrais estrangeiras, a Convenção de Nova Iorque igualmente trata do reconhecimento de convenções de arbitragem[39], adotando uma redação bastante próxima à da CISG. Segundo o artigo II (2) da Convenção de Nova Iorque, "*entender-se-á por "acordo escrito" uma cláusula arbitral inserida em contrato ou acordo de arbitragem, firmado pelas partes ou contido em troca de cartas ou telegramas*". A falta de referência ao telex se deve ao fato de que a Convenção de Nova Iorque foi redigida nos anos 1950, mais de vinte anos antes da CISG.

Para Reinmar Wolff, a Convenção de Comunicações Eletrônicas pode servir para atualizar o referido dispositivo da Convenção de Nova Iorque, mas com ressalvas. Discorre o autor que o artigo 20 (1) da Convenção de Comunicações Eletrônicas não atinge concretamente a pretensão deste tratado de atualizar outros tratados internacionais para neles fazer constar a admissão expressa, como instrumento escrito, de novas tecnologias. Seria necessária prova da intenção do Estado-Parte da CISG em ver seu texto modificado para abranger os ditames da Convenção de Comunicações Eletrônicas. A despeito de não ser necessária formalização escrita da modificação de um tratado, explica Reinmar Wolff que, no mínimo, um compromisso tácito em prol da atualização da CISG seria necessário[40].

Essa manifestação, demonstrada no caso dos 13 Estados-Parte da Convenção de Comunicações Eletrônicas, que são igualmente signa-

[37] Doravante referida como "Convenção de Nova Iorque".

[38] Decreto nº 4.311, de 23/7/2002.

[39] Vale remeter ao texto do autor a respeito do tema, em Soares, Pedro Silveira C. & Neto, Antônio Patrus de S. Artigo 2º da Convenção de Nova Iorque. *In* Revista de Arbitragem. Edição Especial – Convenção de Nova Iorque. (Jan./Jun. 2013). Belo Horizonte: Editora Del Rey, 2013.

[40] Wolff, Reinmar. *Op. cit.*, pp. 109-110.

tários da CISG, adquire para os demais Estados importância exclusivamente no plano do direito internacional público, como um compromisso internacional. Contudo, esse compromisso não se reflete no âmbito do direito internacional privado, com a efetiva incorporação dos ditames da Convenção de Comunicações Eletrônicas às legislações domésticas, porquanto tal convenção não entrou em vigor[41].

Por isto, conclui o mencionado autor que, independentemente de ratificação ou vigência, a Convenção de Comunicações Eletrônicas revela um "*consenso internacional*" para acomodar os interesses da comunidade internacional de reconhecer meios eletrônicos equivalentes ao papel, desde que estes "*igualmente cumpram o objeto e propósito do requerimento de forma escrita*"[42]. É com foco neste consenso que a CISG deve ser interpretada, caso se pretenda dar a seu texto a internacionalidade buscada por seus redatores.

É neste mesmo sentido que deve ser utilizada a Lei Modelo sobre Comércio Eletrônico, como fonte interpretativa externa à Convenção. A Lei Modelo estabelece diretrizes para servir de inspiração à atualização de legislações domésticas voltadas para o comércio eletrônico, que contenham dispositivos "*inadequados ou ultrapassados*"[43]. A Lei Modelo é contundente: estabelece regra clara e objetiva vedando que uma informação seja desprovida de efeito jurídico somente em razão de sua forma eletrônica (artigo 5º). Igualmente dispõe, de maneira objetiva, um método para aplicação do princípio da equivalência funcional no tocante às comunicações eletrônicas (artigos 6º, 7º e 8º). Como disse o Secretariado da CNUDCI, ao comentar referida Lei Modelo, seu artigo 5º incorpora o princípio da não discriminação, a ser aplicado independentemente de qualquer requisito de forma escrita ou original prevista em legislação doméstica[44].

Diante disto, também com vistas a proporcionar ao texto da CISG a oxigenação necessária para que sirva de instrumento uniforme de regência dos contratos internacionais, a Lei Modelo de Comércio Eletrônico deve lhe servir de inspiração, denotando o interesse da comunidade

[41] *Id.*, 111.

[42] *Id.*, p. 115.

[43] Guia de Implementação da Lei Modelo de Comércio Eletrônico, p. 16.

[44] Guia de Implementação da Lei Modelo de Comércio Eletrônico, p. 31.

internacional em admitir o uso de novas tecnologias na formação de contratos.

1.2.2. Orientação dos Princípios UNIDROIT e dos Princípios Europeus

Frente a redação bastante similar, os Princípios UNIDROIT e os Princípios Europeus podem ser conjuntamente analisados, com especial ênfase no artigo 1.11 dos primeiros e no artigo 1:301 (6) dos últimos. Ambos os dispositivos legais preceituam que o desenvolvimento tecnológico deve ser levando em conta na interpretação do conceito de "forma escrita"[45].

Enquanto os Princípios UNIDROIT estabelecem que a forma escrita "*engloba todos os meios de comunicação capazes de preservar a informação neles contida e de serem reproduzidos de forma tangível*", os Princípios Europeus consideram este requisito atendido no caso de "*qualquer comunicação feita por telegrama, telex, telefax, e-mail e qualquer outro meio de comunicação capaz de proporcionar uma reprodução legível da declaração*".

Como esclarece a doutrina especializada, ambos os conjuntos de princípios servem de apoio interpretativo no exame dos limites do artigo 13 da CISG. No tocante aos Princípios Europeus, Ulrich Schroeter considera que o dispositivo acima mencionado "*tem propósito idêntico e está baseado na mesma filosofia*"[46] do artigo 13. Nesse sentido, a interpretação da CISG na perspectiva dos Princípios Europeus, documento quinze anos mais jovem, permite evitar que "*a CISG se torne uma "norma petrificada*"[47].

Compartilhando da flexibilidade oportunizada pelos Princípios Europeus, os Princípios UNIDROIT, revisados em 2010, definem a "*forma escrita*" de maneira funcional – isto é, buscando o equivalente à mensa-

[45] BRUNNER, Christoph & BALOGH, Krisztina. Article 13 [Telegram and Telex as "Writing"]. BRUNNER, Christoph & GOTTLIEB, Benjamin (eds.). *Commentary on the UN Sales Law (CISG)*. Haia: Kluwer Law International, 2019, pp. 109-110.

[46] SCHROETER, Ulrich. Interpretation of Writing: Comparison between Provisions of CISG (Article 13) and Counterpart Provisions of the Principles of European Contract Law. *Vindobona Journal of International Commercial Law and Arbitration*, vol. 6, 2002, p. 273.

[47] *Id.*, p. 273.

gem escrita. Sendo assim, será considerada escrita toda comunicação suscetível de armazenamento e de reprodução de forma tangível[48].

As coincidentes formulações dos artigos objeto de comparação apontam no sentido de valorizar a flexibilidade em detrimento do formalismo. Para Chengwei Liu, os textos aderem ao princípio da informalidade[49], levando a que uma interpretação flexível, tal como a proposta neste texto, seja mais apropriada e condizente com o direito transnacional dos contratos.

2. Aproximação com o direito brasileiro

A aplicação concatenada das diretrizes estabelecidas nos artigos 7º, incisos 1 e 2, da CISG permite extrair as balizas para compreender seu artigo 13, originalmente lacunoso. Para preencher esse vazio normativo, uma leitura dinâmica deve ser empreendida, considerando não só as ambições que inspiraram a CISG, notadamente sua uniformidade e sua internacionalidade, como também outros aspectos de cunho transnacional.

Dentre esses aspectos, sobressai o desenvolvimento normativo proveniente de instrumentos de direito internacional uniforme celebrados após a CISG, os quais revelam uma evolução no pensamento jurídico, que merece ser considerada pelo intérprete da Convenção. A Convenção de Comunicações Eletrônicas, a Lei Modelo de Comércio Eletrônico, os Princípios UNIDROIT e os Princípios Europeus são exemplos de instrumentos que viabilizam uma interpretação consentânea com as peculiaridades modernas, sem descurar dos objetivos centrais da Convenção, manifestados em 1980.

Dois princípios sintetizam o resultado desse esforço interpretativo: a equivalência funcional e a neutralidade tecnológica. Sua aplicação conjunta evita que, cumpridos seus critérios, uma mensagem tenha seus efeitos negados somente em razão de sua forma eletrônica. Independentemente do suporte onde a mensagem esteja instalada, o que realmente

[48] Comentários Oficiais ao artigo 1.11 dos Princípios UNIDROIT. Fonte: https://www.unidroit.org/english/principles/contracts/principles2010/integralversionprinciples2010-e.pdf, acessado em 20/4/2020.

[49] Liu, Chengwei. Comparison of CISG Article 27 and Counter Part Notice Provisions of the UNIDROIT Principles and PECL, p. 2. Fonte: https://www.cisg.law.pace.edu/cisg/text/peclcomp27.html#mu, acessado em 20/4/2020.

importa para quem privilegia a liberdade de forma é que esta mensagem esteja acessível, possa ser armazenada e permita sua autenticação.

Na prática, portanto, qualquer mensagem que seja compreensível para o destinatário e que possa ser armazenada e recuperada para futuras referências equivale a uma mensagem escrita no papel. Sendo requisitada uma assinatura, esta pode ser substituída por qualquer mecanismo atribuído à mensagem que permita sua vinculação, em seu estado original, ao remetente da mensagem.

Cabe perquirir, como ponto final deste capítulo, como o direito brasileiro aborda a questão.

Um primeiro ponto a se considerar é se o ordenamento jurídico brasileiro está suficientemente desenvolvido para admitir negócios jurídicos celebrados pela via eletrônica. A despeito de redigido na primeira metade da década de 1970, pela então Comissão Revisora e Elaboradora do Código Civil, capitaneada por Miguel Reale[50], o Código Civil de 2002, em vigor desde 2003, não prevê forma rígida aos contratos comerciais, salvo aqueles que, por sua natureza, demandem solenidade determinada por lei específica. Assim está redigido seu artigo 107, segundo o qual "*a manifestação de vontade não dependerá de forma especial, senão quando a lei expressamente a exigir*".

A liberdade de forma é, portanto, regra geral nos contratos comerciais regidos pelo direito brasileiro, não existindo razão para retirar dos negócios firmados em ambiente eletrônico a validade e eficácia que deles se esperam. É com esse pano de fundo que Rodrigo Rebouças reconhece ser desnecessário "*novo arsenal legislativo para garantirmos a validade dos contratos eletrônicos, uma vez que a aplicação do ordenamento vigente é plenamente capaz de cumprir tal tarefa*"[51], concluindo o autor que essa interpretação há de estar voltada "*não para o passado, mas para o presente e o futuro*"[52], valendo-se da lição de Karl Engisch.

O Superior Tribunal de Justiça[53] reconhece, por igual, os contratos eletrônicos como títulos executivos e, portanto, como instrumen-

[50] Passos, Edilenice. Memória Legislativa do Código Civil. Brasília: Senado Federal, 2012, p. 21.

[51] Rebouças, Rodrigo F. *Contratos Eletrônicos: Formação e Validade – Aplicações Práticas*. São Paulo: Almedina, 2018, p. 40.

[52] *Idem*.

[53] Doravante referido como "STJ".

tos equivalentes aos títulos em papel. Foi com atenção à "*nova realidade comercial, com intenso intercâmbio de bens e serviços em sede virtual*"[54] que o STJ atribuiu a um instrumento assinado eletronicamente a mesma validade jurídica de um instrumento assinado fisicamente. Nesta perspectiva, aplicando o princípio da equivalência funcional, disse o STJ que essa assinatura digital "*tem a vocação de certificar, através de terceiro desinteressado (autoridade certificadora), que determinado usuário de certa assinatura a utilizara e, assim, está efetivamente a firmar o documento eletrônico* [...]"[55].

Na mesma linha, disse o Tribunal de Justiça de Minas Gerais, que "*em razão da existência de novos instrumentos de verificação de autenticidade e presencialidade do contratante, é possível o reconhecimento da executividade dos contratos eletrônicos*"[56] e que "*pelo princípio da equivalência funcional, o registro eletrônico da contratação não lhe compromete a validade nem a eficácia. Contudo, remanescem os cuidados com a inalterabilidade e o registro da declaração de vontade*"[57].

O arcabouço legislativo brasileiro igualmente reconhece a equivalência funcional. É o caso do artigo 4º, IV do Decreto nº 7.962, de 15/3/2013, que regulamenta o Código de Defesa do Consumidor. Referido dispositivo legal prevê que cópia do contrato deve ser disponibilizada ao consumidor "*em meio que permita sua conservação e reprodução*", não estabelecendo requisitos de forma, tampouco a necessidade de aparato físico e tangível, como o papel. De resto, a validade de negócios jurídicos firmados pela via eletrônica, mediante uso de chaves de autenticação, está prevista na Medida Provisória 2.200-2, de 24/8/2001 como motivação para constituição da Infraestrutura de Chaves Públicas Brasileira, a ICP-Brasil.

Em resumo, com sua incorporação ao ordenamento jurídico brasileiro, a CISG passa a ser o instrumento fundamental para regulação das transações internacionais de compra e venda, sucedendo aos ditames do Código Civil. A leitura de seu artigo 13, observados os princípios salva-

[54] Superior Tribunal de Justiça. Terceira Turma. Recurso Especial nº 1495920/DF. J. 15/5/2018.

[55] *Idem*.

[56] Tribunal de Justiça do Estado de Minas Gerais. 15ª Câmara Cível. Apelação Cível nº 6041838-81.2015.8.13.0024. J. 3/10/2019.

[57] Tribunal de Justiça do Estado de Minas Gerais. 16ª Câmara Cível. Apelação Cível nº 0034735-68.2011.8.13.0056. J. 3/7/2013.

guardados pela Convenção e a necessária compatibilidade deste tratado com outros que lhe sucederam, serve de importante fundamento para a admissão, no Brasil, dos contratos firmados em ambiente eletrônico.

Por conseguinte, a despeito de carecer de legislação específica a tratar dos contratos eletrônicos domésticos não consumeristas,[58] o direito brasileiro pode se valer da Convenção como elemento interpretativo em prol da flexibilidade, da neutralidade tecnológica e da equivalência entre os diversos suportes sobre os quais a vontade de contratar é manifestada.

Conclusões: futuros desafios normativos

Nas primeiras linhas de sua clássica obra, O Contrato, Enzo Roppo caracteriza o instrumento contratual como um "*conceito jurídico*" revelador da captura, pelo Direito, das operações econômicas decorrentes de "*comportamentos e relações humanas*"[59]. Diz-se, portanto, que o contrato é negócio jurídico emergente de manifestações de vontade dos sujeitos de direito, sejam eles pessoas naturais, pessoas jurídicas ou entes despersonalizados. A acepção está ancorada na autonomia privada do indivíduo que, por si, por intermédio de interposta pessoa jurídica ou via mandatários manifesta sua intenção de contrair obrigações.

É sob esta ótica que a CISG e as demais convenções referidas neste trabalho estão fundadas. Questiona-se a forma segundo a qual a vontade é manifestada, abrangendo o aparato físico ou virtual na qual ela é veiculada e eventual mecanismo garantidor de credibilidade da informação. Em nenhum momento, contudo, coloca-se em dúvida a fonte originária desta vontade: o ser humano, por si ou por intermédio de abstrações por ele constituídas e reconhecidas como sujeitos de direitos.

É hora de se pensar mais adiante, de vislumbrar possibilidades não imaginadas no momento de elaboração da Convenção (e da legislação civil brasileira), mas que, com o passar do tempo, tornam-se mais e mais reais.

[58] Polido, Fabricio P. B.; Silva, Lucas Sávio Oliveira da. Contratos Internacionais Eletrônicos e o Direito Brasileiro: entre a insuficiência normativa doméstica e as soluções globais. *In*. Revista Sequência (Florianópolis), nº 75, 2017, p. 180-181.

[59] Roppo, Enzo. O Contrato. Coimbra: Almedina, 2009, p. 16.

A robótica está cada vez mais avançada e os mecanismos de captura de dados em larga escala cada vez mais presentes no cotidiano. Essas ferramentas, se aliadas, permitem incutir em seres inanimados redes neurais complexas controladas por algoritmos que podem efetivamente aprender e, com isso, desenvolver uma vontade, por assim dizer, própria[60]. Ao assim fazer, a máquina robotizada, de maneira desvinculada de seu desenvolvedor, passará a se exprimir por si só, agindo como verdadeiro sujeito de direitos.

Essa circunstância naturalmente afetará a forma como o direito está estabelecido. Aspectos relacionados a direitos de personalidade, responsabilidade civil e proteção ao consumidor deverão ser relidos à luz das evoluções tecnológicas.

A caracterização de uma mensagem escrita, cujas balizas foram aqui elaboradas, deve caminhar lado a lado com a definição dos sujeitos de direito legitimados a firmar contratos internacionais sujeitos à CISG, bem como do regime jurídico aplicável aos entes inanimados ("não humanos") que celebrem negócios jurídicos ou que participem do *iter* contratual.

São questões que ficam à reflexão, a ser feita, sempre, com vistas a preservar os objetivos fundantes da Convenção, procurando mitigar os efeitos negativos que uma interpretação restritiva possa causar às contratações internacionais.

Referências

Brunner, Christoph & Balogh, Krisztina. Article 13 [Telegram and Telex as "Writing"]; *In*. Brunner, Christoph & Gottlieb, Benjamin (eds.). Commentary on the UN Sales Law (CISG). Haia: Kluwer Law International, 2019.

Cerf, Vinton G.; Icahn, Robert E. A Protocol for Packet Network Intercommunication. IEEE Transactions on Communications, vol. 22, nº 5, 1974.

[60] Fu, Yiwei, *et. al.* Neural Network-Based Learning from Demonstration of an Autonomous Ground Robot. *In*. Machines, vol 7, nº 24, disponível em https://www.mdpi.com/2075-1702/7/2/24/pdf. Acesso em 22/4/2020 (tratando de recente estudo conduzido pela Universidade Estadual da Pensilvânia, em conjunto com a Mitsubishi Motors, a respeito de redes neurais desenvolvidas para aprendizado robótico).

CHARTERS, Andrea L. Growth of the CISG with Changing Contract Technology: "Writing" in Light of the UNIDROIT Principles and CISG-Advisory Council Opinion nº 1, disponível em <https://www.cisg.law.pace.edu/cisg/biblio/charters.html>.

CLARK, David D. The Design Philosophy of the DARPA Internet Protocols. *In*. Computer Communication Review, vol. 18, nº 4, 1988.

EGITO. Supreme Court. Case nº 979. Marble Case. 11/4/2006. Disponível em: <http://cisgw3.law.pace.edu/cases/060411e1.html>.

EISELEN, Siegfried. Electronic Commerce and the UN Convention on Contracts for the International Sale of Goods (CISG) 1980. *In*. EDI Law Review, vol. 6, 1999.

FU, Yiwei, *et. al.* Neural Network-Based Learning from Demonstration of an Autonomous Ground Robot. *In*. Machines, vol. 7, nº 24, disponível em https://www.mdpi.com/2075-1702/7/2/24/pdf.

HILL, Jennifer. The Future of Electronic Contracts in International Sales: Gaps and Natural Remedies under the United Nations Convention on Contracts for the International Sale of Goods. *In*. Northwestern Journal of Technology and Intellectual Property, vol. 2, nº 1, 2003.

LEGRAND, Pierre. Como Ler o Direito Estrangeiro. Editora Contracorrente, 2018. Edição do Kindle.

LIU, Chengwei. Comparison of CISG Article 27 and Counter Part Notice Provisions of the UNIDROIT Principles and PECL. Disponível em https://www.cisg.law.pace.edu/cisg/text/peclcomp27.html#mu.

PASSOS, Edilenice. Memória Legislativa do Código Civil. Brasília: Senado Federal, 2012.

POLIDO, Fabricio P. B.; SILVA, Lucas Sávio Oliveira da. Contratos Internacionais Eletrônicos e o Direito Brasileiro: entre a insuficiência normativa doméstica e as soluções globais. *In*. Revista Sequência (Florianópolis), nº 75, 2017.

RAJSKI, Jerzi. Article 13. *In*. BIANCA, Cesare M. & BONELL, Michael J. Commentary on the International Sales Law: The 1980 Vienna Sales Convention. Milão: Giuffrè, 1987.

RAMBERG, Christina (rel.). Parecer nº 1 do CISG-AC. Electronic Communications under CISG, 2003.

REALE, Miguel. *Questões de Direito Privado*. São Paulo: Saraiva, 1997, edição do Kindle.

REBOUÇAS, Rodrigo F. Contratos Eletrônicos: Formação e Validade – Aplicações Práticas. São Paulo: Almedina, 2018.

REPÚBLICA CHECA. Supreme Court of the Czech Republic. Case nº 23 Cdo 1308/2011. *Ideal Bike Corporation v. IMPEXO spol. s r.o.* 17/12/2013. Disponível em: <http://www.unilex.info/cisg/case/1939>.

ROPPO, Enzo. O Contrato. Coimbra: Almedina, 2009.

SCHLECHTRIEM, Peter. Uniform Sales Law – The UN-Convention on Contracts for the International Sale of Goods. Viena: Manz, 1986.

SCHMIDT-KESSEL, Martin. *In*. SCHLECTRIEM & SCHWENZER: Comentários à Convenção das Nações Unidas sobre Contratos de Compra e Venda Internacional de Mercadorias, tradução de Ivo de Paula Medaglia, São Paulo: Editora Revista dos Tribunais, 2014.

SCHROETER, Ulrich. Interpretation of Writing: Comparison between Provisions of CISG (Article 13) and Counterpart Provisions of the Principles of European Contract Law. Vindobona Journal of International Commercial Law and Arbitration, vol 6, 2002.

SCHWENZER, Ingeborg; HACHEM, Pascal; KEE, Christopher. Global Sales and Contract Law. Oxford: Oxford University Press, 2012.

SOARES, Pedro Silveira C. & NETO, Antônio Patrus de S. Artigo 2º da Convenção de Nova Iorque. *In*. Revista de Arbitragem. Edição Especial – Convenção de Nova Iorque. (Jan./Jun. 2013). Belo Horizonte: Editora Del Rey, 2013.

STJ. REsp 1495920, Rel. Min. Paulo de Tarso Sanseverino. Terceira Turma, j. 15/5/2018.

TJMG. Ap. Cível nº 6041838-81.2015.8.13.0024. Rel. Des. Martins da Costa, j. 3/10/2019.

TJMG. Ap. Cível nº 1.0056.11.003473-5/002. Rel. Des. José Marcos Vieira, j. 3/7/2013;

WOLFF, Reinmar. The UN Convention on the Use of Electronic Communications in International Contracts: An Overlooked Remedy for Outdated Form Provisions under the New York Convention? *In*. FACH, Katia *et. al.* (eds.). 60 Years of the New York Convention: Key Issues and Future Challenges. Haia: Kluwer Law International, 2019;

XAVIER, Rafael B. Written Requirements in Brazil and Argentina: A Comparison under the Applicability of the CISG. *In*. SCHWENZER, Ingeborg; PEREIRA, Cesar; TRIPODI, Leandro. CISG and Latin America: Regional and Global Perspectives. Haia: Eleven Publishers, 2016.

ZUPPI, Alberto. The Parol Evidence Rule, International Electronic Documents and the United Nations Convention on Contracts for the International Sale of Goods (CISG). *In*. ANDERSEN, Camilla B. & SCHROETER, Ulrich G. (eds.). Sharing International Commercial Law across National Boundaries: Festschrift for Albert H. Kritzer. Londres: Wildy, Simmonds & Hill Publishing, 2008.

5. Conservação dos Contratos: Contribuição da CISG para o Direito Brasileiro

Ana Teresa de Abreu Coutinho Boscolo

Introdução

O ponto de partida da análise proposta está na busca de decisões recentes do judiciário brasileiro que referiram a Convenção de Viena sobre Compra e Venda Internacional de Mercadorias (CISG ou Convenção ou Convenção de Viena)[1]. Partiu-se do ponto em que a pesquisa anterior havia parado,[2] e foram avaliadas decisões do judiciário paulista e do Superior Tribunal de Justiça (STJ).

Finalizadas as buscas,[3] passou-se, então, à análise das decisões, diante da qual se observou que, dentre as referências à Convenção que foram

[1] Brasil, Decreto nº 8.327, de 16 de outubro de 2014. Disponível em: <http://www.planalto.gov.br/ccivil_03/_ato2011-2014/2014/decreto/d8327.htm> Acesso em: 06.mar. 2020.

[2] Kulesza, Gustavo; Bittencourt, Rafael; Moreira, Rodrigo. *1ª Edição da Pesquisa de Jurisprudência – A CISG e o judiciário brasileiro.* Conforme explicado no item "Apresentação e Justificativa da Pesquisa de Jurisprudência sobre a CISG" (p. 8 e 10) do Relatório final da Pesquisa, trata-se de estudo para : "[...] examinar como o Poder Judiciário brasileiro tem aplicado a convenção. [...] Esta investigação, até então inédita, é fundamental para se avaliar adequadamente qual a posição do Judiciário nacional sobre a CISG. O diagnóstico obtido por esta pesquisa sobre a relação entre o Poder Judiciário e a convenção constitui um instrumento relevantíssimo para se aferir o grau de conscientização e aceitação da CISG no país. Dito de outro modo, o nível de receptividade da CISG pelo Judiciário reflete, em boa medida, o nível de aceitação do próprio Brasil à CISG."

[3] Os termos de pesquisa utilizados para as buscas foram os mesmos da pesquisa do CBAr referida na nota de rodapé nº 2, p. 13, quais sejam:

identificadas, apenas uma[4] correspondia à menção da Convenção como lei aplicável, por meio de cláusula que escolhia explicitamente a aplicação da Convenção; porém, como a controvérsia não dizia respeito a tal questão, não se desenvolveu o tema. Em todos os outros casos, a referência foi feita de modo a utilizar conceitos e institutos da Convenção para auxiliar a interpretação e a aplicação do direito brasileiro, na forma de *soft law*.

As buscas realizadas encontraram um total de 56 decisões.[5] Os temas mais mencionados foram o dever de mitigação (28 decisões) e o adimplemento substancial (26 decisões).

Em relação aos critérios para referência e à forma pela qual a menção é feita, ressalte-se que, na maior parte dos casos, utilizou-se citação de julgado anterior que fez referência à Convenção ou doutrina que incluía referência a ela.

Se por um lado as decisões que versam sobre o tema da mitigação das perdas fizeram, em sua maioria, referência ao enunciado 169 da III Jornada de Direito Civil ("O princípio da boa-fé objetiva deve levar o credor a evitar o agravamento do próprio prejuízo")[6] e ao artigo 77 da CISG;[7] por

1. "Convenção das Nações Unidas sobre Contratos de Compra e Venda Internacional de Mercadorias"
2. "Convenção de Viena sobre Compra e Venda Internacional de Mercadorias"
3. "Compra e venda internacional"
4. "Convenção da ONU sobre os Contratos de Compra e Venda"
5. "Convenção das Nações Unidas sobre os Contratos de Compra e Venda"
6. "Convenção de Viena"
7. CISG
8. CVIM

As datas de corte da pesquisa foram 06.out.2015 e 03.fev.2020.

Decisões encontradas no TJSP estão listadas na Bibliografia. Não foi encontrada nenhuma decisão nova no STJ por meio da busca realizada no seu website utilizando os critérios acima.

[4] Tribunal de Justiça do Estado de São Paulo. 27ª Câmara de Direito Privado. Apelação nº: 1043982-53.2014.8.26.0100 (2017.0000106064) J. 21/02/2017.

[5] Conforme detalhado na Bibliografia.

[6] Disponível em: <https://www.cjf.jus.br/enunciados/enunciado/300> Acesso em: 05.mar.2020.

[7] Artigo 77 A parte que invocar o inadimplemento do contrato deverá tomar as medidas que forem razoáveis, de acordo com as circunstâncias, para diminuir os prejuízos resultantes do descumprimento, incluídos os lucros cessantes. Caso não adote estas medidas, a

outro, as decisões que abordaram o adimplemento substancial são menos detalhadas, reproduzindo trecho de julgado do STJ que não discute a contribuição da Convenção para o tema de forma abrangente.[8]

Assim, apesar de a menção ao dever de mitigação ter sido um pouco mais frequente, o enfoque da análise se voltará para questões relativas ao adimplemento substancial, também chamado por alguns de *substantial performance*, dada sua origem da *common law*, por se tratar de tema menos explorado na doutrina brasileira no que diz respeito à sua relação com a CISG.

Ainda, destaque-se que as menções foram feitas independentemente dos critérios originais previstos na Convenção para sua aplicação, ou seja, independentemente de se tratar de uma relação comercial internacional à qual a Convenção seria aplicável, o que leva à sua referência para casos civis e de relação de consumo.

Não se trata de algo negativo, mas é preciso, quando da referência, que o aplicador sempre verifique as circunstâncias do caso concreto e avalie as diferenças presentes em cada um deles, para que possa usar a Convenção como fonte de inspiração sem causar mal-entendidos. A precisão terminológica também deve ser objeto de atenção, para evitar confusões que podem prejudicar a harmonização dos conceitos e entendimentos.

Assim, avaliaremos a seguir, ainda que de forma sucinta, (i) a decisão mencionada reiteradamente nas decisões do judiciário paulista; (ii) uma decisão recente do STJ sobre o tema que deixa de mencionar a decisão referida anteriormente; e, por fim, (iii) aspectos do adimplemento substancial no direito brasileiro, conectando o tema com as previsões da CISG e o princípio da conservação dos contratos.

1. O Recurso Especial 272.739/MG

Como já referido acima, a maioria das decisões (22 das 26[9]) que fazem referência à Convenção tratando de casos em que se avalia a ocorrência

outra parte poderá pedir redução na indenização das perdas e danos, no montante da perda que deveria ter sido mitigada.

[8] Trata-se do RESP 272.739/MG [Superior Tribunal de Justiça. 4ª Turma, Recurso Especial nº 272.739 – Minas Gerais (2000/0082405-4) J. 01/03/2001].

[9] Dentre as decisões sobre o tema do adimplemento substancial, são decisões que referem o RESP 272.739/MG as seguintes (para as informações completas de cada decisão, remete-

de adimplemento substancial ocorre por meio de citação direta ao RESP 272.739/MG.[10]

Trata-se de ação de busca e apreensão de bem objeto de alienação fiduciária em garantia em que se alega falta de pagamento da prestação vencida.

A referência à Convenção de Viena vem no seguinte trecho do voto do relator[11]:

> Usar do inadimplemento parcial e de importância reduzida na economia do contrato para resolver o negócio significa ofensa ao princípio do adimplemento substancial, admitido no Direito e consagrado pela Convenção de Viena de 1980, que regula o comércio internacional.

Tal referência é sucinta e deixa de esmiuçar a forma como a CISG trata do assunto, referindo-se apenas ao adimplemento substancial como princípio, como se verá adiante.

As decisões que mencionam tal julgado, da mesma forma, deixam de adentrar maiores discussões sobre o adimplemento substancial da perspectiva teórica, bem como deixam de fazer qualquer outra referência à CISG.

2. O Recurso Especial 1.581.505/SC

Também sobre o tema do adimplemento substancial, decisão mais recente, que abordou o tema de forma mais abrangente, é a do RESP 1.581.505/SC.[12]

mos o leitor à lista ao final do texto.): 2016.0000089812; 2016.0000151572; 2016.000018081; 2016.0000180844; 2016.0000388793; 2016.0000461035; 2016.0000575277; 2016.0000870803; 2016.0000930614; 2017.0000111429; 2017.0000245335; 2017.0000304116; 2017.0000397048; 2017.0000444108; 2017.0000681751; 2017.0000716702; 2017.0000739015; 2018.0000301176; 2018.0000358248; 2018.0000534724; 2018.0000554051; 2019.0000717337. Também sobre o tema do adimplemento substancial, mas sem o referir (para as informações completas de cada decisão, remetemos o leitor à lista ao final do texto.): 2016.0000882504; 2016.0000882508; 2016.0000882511; 2018.0000375094.

[10] Superior Tribunal de Justiça. 4ª Turma, Recurso Especial nº 272.739 – Minas Gerais (2000/0082405-4) J. 01/03/2001.

[11] A referência à Convenção de Viena está na página 5.

[12] Superior Tribunal de Justiça. 4ª Turma, Recurso Especial nº 1.581.505 – SC (2015/0288713-7) J. 18/08/2016. Mencione-se que tal decisão não apareceu nas buscas realizadas no site do STJ por meio dos critérios de busca referidos na nota de rodapé 4.

Trata-se de promessa de compra e venda, por meio da qual uma parte se obrigou a adquirir imóvel cujo preço seria dividido em parcelas. O litígio ocorreu porque, em certo momento, a parte que deveria fazer o pagamento parou de pagar as parcelas devidas, deixando parte do preço acordado em aberto.

O voto do relator referiu alguns precedentes sobre o tema do adimplemento substancial, mas não incluiu o RESP 272.739/MG. Fez, porém, referência à CISG no seguinte trecho: "'Convenção das Nações Unidas sobre os Contratos de Compra e Venda Internacional de Mercadorias' (Viena, 1980) autoriza que o comprador declare resolvido o contrato, mas apenas se 'a inexecução pelo vendedor (...) constituir uma infração essencial (...)' (art. 49, 1, "a")".

Note-se que, diferentemente da referência anterior, não se fala em adimplemento substancial e se faz menção a um dispositivo específico.[13]

3. Adimplemento substancial

Diante da referência à expressão adimplemento substancial nas decisões referidas acima, cabe esmiuçar o tema.

Sobre a origem da teoria do adimplemento substancial, explica Vera Fradera:

> Outra questão relativa ao tema adimplemento, é a do denominado "adimplemento próximo ao resultado final pretendido pelo credor", ou "substancial performance" da Common Law. Esta doutrina do adimplemento substancial foi estabelecida por Lord Mansfield, em 1779, no caso Boone v. Eyre, em que o contrato já havia sido adimplido substancialmente, razão pela qual não se admitiu o direito de resolução, com a perda do que havia realizado o devedor, apenas coube direito de indenização ao credor, por ter sido considerado, no caso, o direito de resolução como abusivo. Em caso mais recente, 1952, em que litigavam Hoenig e Isaacs, Lord Denning sustentou que a questão está em saber se o adimplemento total é condição prévia para o pagamento, concluiu que nem sempre assim sucede, dependendo da extensão de inadimplemento. A doutrina do subs-

[13] Trata-se do Artigo 49, que prevê que: Artigo 49 (1) O comprador poderá declarar o contrato rescindido: (a) se o descumprimento, pelo vendedor, de qualquer das obrigações que lhe atribui o contrato ou a presente Convenção constituir violação essencial do contrato; [...]

> tancial performance pode ser explicada como resultante da aplicação do princípio da boa-fé em sua atuação mais moderna, isto é, criando deveres, possibilitando restringir a regra de o cumprimento ser completo ou integral, admitindo solução diversa. Ensina Karl Larenz que não se deve recusar uma prestação oferecida de modo incompleto, mas na qual falta somente uma pequena parte em relação ao todo, e sem que exista interesse, objetivamente fundado, que se oponha à aceitação da parte oferecida. Observa-se, portanto, que o princípio de que o pagamento deve ser completo sofre exceção, adotando-se a teoria do adimplemento substancial, o direito de resolução toma feição abusiva, pois seu exercício viria a ferir o princípio da boa-fé, quando ele atua como regra limitadora do direito estrito.[14]

O adimplemento substancial consiste então, de forma sucinta, em preservar o vínculo contratual das partes quando se entender que o inadimplemento ocorrido foi considerado reduzido o suficiente para que a obrigação tenha sido substancialmente adimplida.

Conforme explica Glitz:

> Constatada a relevância social da relação contratual, passa a interessar a sociedade que, em alguns casos, apesar do vício, defeito, ineficácia, descumprimento ou alteração econômica que o prejudique, seja o contrato conservado por meio da respectiva adequação. Tal operação obedece à diretriz do "favor contractus", ou seja, a conservação do contrato.[15]

Especificamente em relação ao direito brasileiro, mencione-se que o legislador não tratou do adimplemento substancial de forma explícita.[16] Todavia, foram aprovados dois enunciados durante as Jornadas de Direito Civil tratando do tema, quais sejam, os enunciados 361 e 586.

[14] FRADERA, Vera Maria Jacob de. O conceito de inadimplemento fundamental do contrato no artigo 25 da lei internacional sobre vendas, da Convenção de Viena de 1980. *Revista da Faculdade de Direito da UFRGS*, n.11, pp. 55-66, 1996, p. 59.

[15] GLITZ, Frederico Eduardo Zenedin . *Favor contractus*: alguns apontamentos sobre o princípio da conservação do contrato no Direito positivo brasileiro e no Direito comparado. *Revista do Instituto do Direito Brasileiro da Faculdade de Direito da Universidade de Lisboa*, v. 1/2013, p. 485.

[16] NOBRE, Gustavo Henrique Gonçalves. *Teoria do adimplemento substancial enquanto exceção de direito material na relação obrigacional vista como um processo*. 2018. Dissertação (Mestrado) – Faculdade de Direito, Universidade Federal de Alagoas, Maceió, 2018, p. 94.

O enunciado 361 está relacionado aos artigos 421, 422 e 475 do Código Civil e prevê que "[o] adimplemento substancial decorre dos princípios gerais contratuais, de modo a fazer preponderar a função social do contrato e o princípio da boa-fé objetiva, balizando a aplicação do art. 475".[17] Já o enunciado 586, relacionado ao artigo 475 do Código Civil, prevê que "[p]ara a caracterização do adimplemento substancial (tal qual reconhecido pelo Enunciado 361 da IV Jornada de Direito Civil - CJF), levam-se em conta tanto aspectos quantitativos quanto qualitativos". A justificativa apresentada é importante, pois ressalta a importância da consideração de elementos qualitativos quando da avaliação da sua ocorrência no caso concreto:

> Superada a fase de acolhimento do adimplemento substancial como fator limitador de eficácias jurídicas, cabe ainda a tarefa de delimitá-lo conceitualmente. Nesse sentido, entende-se que ele não abrange somente "a quantidade de prestação cumprida", mas também os aspectos qualitativos da prestação. Importa verificar se a parte adimplida da obrigação, ainda que incompleta ou imperfeita, mostrou-se capaz de satisfazer essencialmente o interesse do credor, ao ponto de deixar incólume o sinalagma contratual. Para isso, o intérprete deve levar em conta também aspectos qualitativos que compõem o vínculo.[18]

Sobre a importância da avaliação qualitativa, explicam Aline Terra e Gisela Guedes:

> O exame há de ser, sobretudo, qualitativo, [...] e não apenas quantitativo, baseado na porcentagem da prestação cumprida pelo devedor. Em exemplo didático, pense-se na venda de uma bicicleta que é entregue sem o pedal. Evidentemente, em termos percentuais, o pedal não deve representar sequer 5% das peças da bicicleta. No entanto, em termos qualitativos, o pedal revela-se fundamental para que a bicicleta desempenhe a função a que se destina, razão pela qual a sua não entrega configura inadimplemento absoluto, não já adimplemento substancial.[19]

[17] VII Jornada de Direito Civil [28-29 de setembro de 2015, Brasília]. Brasília: Conselho da Justiça Federal, Centro de Estudos Judiciários, 2015, p. 89.

[18] VII Jornada de Direito Civil [28-29 de setembro de 2015, Brasília], *Op. cit.*, pp. 23 e 24.

[19] Terra, Aline de Miranda Valverde; Guedes, Gisela Sampaio da Cruz. Adimplemento Substancial e Tutela do Interesse do Credor: Análise da Decisão Proferida no Resp

Sobre o conceito do adimplemento substancial no direito brasileiro, acrescenta Araken de Assis:

> [e]ntão, a hipótese estrita de adimplemento substancial – descumprimento de parte mínima – equivale, no direito brasileiro, *grosso modo*, ao adimplemento chamado de insatisfatório: ao invés de infração a deveres secundários, existe discrepância qualitativa e irrelevante na conduta do obrigado.[20]

Ainda, sobre a importância da busca pela manutenção do vínculo contratual sempre que possível, explica Anderson Schreiber:

> Com efeito, a importância do adimplemento substancial não está hoje tanto em impedir o exercício do direito extintivo do credor com base em um cumprimento que apenas formalmente pode ser tido como imperfeito – como revelam os casos mais pitorescos de não-pagamento da última prestação que povoam a jurisprudência do nosso Superior Tribunal de Justiça –, mas em permitir o controle judicial de legitimidade no remédio invocado para o inadimplemento, especialmente por meio do balanceamento entre, de um lado, os efeitos do exercício da resolução (e outras medidas semelhantes) para o devedor e eventuais terceiros, e, de outro, os efeitos do seu não-exercício para o credor, que pode dispor de outros remédios muitas vezes menos gravosos para obter a adequada tutela do seu interesse.[21]

Nesse sentido, no que diz respeito ao término da relação contratual por inadimplemento, dispositivo muito relevante no direito pátrio é o artigo 475 do Código Civil, sobre o qual explica Araken de Assis:

> Mesmo exame descomprometido e ligeiro do art. 475 do CC noticia um dado irretorquível, embora não assinalado enfaticamente na maioria das vezes: a regra instituidora do direito legal à resolução, cumulada com perdas e danos, trata apenas dos *efeitos* do inadimplemento em contratos bilaterais. A teor do dispositivo, esses efeitos consistem no desfazimento da relação

1.581.505. *Revista Brasileira de Direito Civil*, Belo Horizonte, vol. 11, jan./mar. 2017, pp. 102 e 103. Anderson Schreiber também enfatiza a importância da análise qualitativa. [SCHREIBER, Anderson. *A Tríplice Transformação do Adimplemento*. GENJURÍDICO.com.br 18 jul. 2016, item 5].

[20] ASSIS, Araken de. *Resolução do contrato por inadimplemento*. 6ª ed. São Paulo: Revista dos Tribunais, 2019, p. 108

[21] SCHREIBER, Anderson. *Op. cit.*, item 5.

> contratual e na sujeição do *inadimplente* ao dever de indenizar. Mas, dos fatos que constituiriam o *inadimplemento* capaz de ensejar a desconstituição do contrato, e definindo, assim, os lindes operacionais do mecanismo, omitiu-se o legislador de expor as bases resolutórias e outras precisões adicionais.[22]

No entendimento de Aline Terra e Gisela Guedes e Araken de Assis,[23] apenas em casos de inadimplemento absoluto se autoriza a resolução contratual. Isso porque, no caso de inadimplemento absoluto há irreversibilidade da situação.[24] Ou seja, trata-se o adimplemento substancial de situação em que o vínculo contratual é preservado por se tratar de prestação útil ao credor.

A vantagem da aplicação da teoria, conforme explicam Aline Terra e Gisela Guedes, é evitar a desproporção entre o descumprimento e os remédios aplicáveis:

> Em definitivo, a Teoria do Adimplemento Substancial protege o devedor, ao impedir que o credor lhe imponha remédios que lhe causarão sacrifícios desproporcionais à lesão que o descumprimento causou ao seu interesse na prestação. No entanto, não encerra salvo-conduto para que o devedor se exima das obrigações contratualmente assumidas, afinal, *pacta sunt servanda*. O credor sempre poderá exigir o cumprimento da prestação devida; os demais efeitos da mora, no entanto, só serão aplicáveis se proporcionais àquele desacordo. [...] a função da Teoria do Adimplemento Substancial é avaliar a legitimidade dos instrumentos de tutela pleiteados pelo credor diante do descumprimento incapaz de comprometer o interesse do credor na prestação, a fim de evitar a imputação, ao devedor, de consequências desproporcionais à intensidade da lesão à prestação devida.[25]

[22] Assis, Araken de. *Op. cit.*, p. 79.

[23] Terra, Aline de Miranda Valverde; Guedes, Gisela Sampaio da Cruz. *Op. cit.*, p. 103 e Assis, Araken de. *Op. cit.*, p. 85.

[24] Assis, Araken de. *Op. cit.*, p. 85. Sobre a necessidade de restringir as hipóteses de resolução do contrato, Anderson Schreiber enfatiza que "O poder de extinguir a relação obrigacional deve mesmo ser reservado ao inadimplemento que afete a função concreta do negócio celebrado, não bastando a simples irrealização da prestação principal, tomada em abstrato e sob o aspecto puramente estrutural." [Schreiber, Anderson. *Op. cit.*, item 6].

[25] Terra, Aline de Miranda Valverde; Guedes, Gisela Sampaio da Cruz. *Op. cit.*, p. 105 e 108.

Isso também é observado na CISG, que vincula a possibilidade de utilização de alguns dos remédios nela previstos à ocorrencia da violação essencial, conforme explica Schroeter: "Article 25 does not in itself grant a remedy to the parties; rather, the definition of 'fundamental breach of contract' contained therein constitutes a precondition for a number of remedies defined elsewhere in the Convention."[26]

No RESP 272.739/MG, a controvérsia estava relacionada à última prestação devida, paga mediante depósito em juízo em ação de consignação que estava em andamento.

Nesse sentido, entendeu-se que:

> A extinção do contrato por inadimplemento do devedor somente se justifica quando a mora causa ao credor dano de tal envergadura que não lhe interessa mais o recebimento da prestação devida, pois a economia do contrato está afetada. Se o que falta é apenas a última prestação de um contrato de financiamento com alienação fiduciária, verifica-se que o contrato foi substancialmente cumprido e deve ser mantido, cabendo ao credor executar o débito.[27]

Ou seja, foi reconhecido o adimplemento substancial.

Na decisão do RESP 1.581.505/SC, por sua vez, o relator destacou a importância do critério qualitativo, além do quantitativo, para a avaliação dos casos em que se configura o adimplemento substancial. No caso específico, porém, entendeu não ter ocorrido o adimplemento substancial pelo fato de a própria parte devedora afirmar ter cumprido aproximadamente 70% das obrigações de pagamento. E ponderou:

> Em tais circunstâncias, penso que não estão presentes os requisitos para a aplicação da Teoria do Adimplemento Substancial, conclusão a que se chega tão só pelo exame do critério quantitativo, cujo relevo dispensa perquirir os demais elementos do negócio jurídico e de sua execução. Neste caso, o que se pode adjetivar de substancial é a inadimplência da recorrente,

[26] SCHROETER, Ulrich. *Schlechtriem and Schwenzer Commentary on the UN Convention on the International Sale of Goods (CISG)*. 3ª ed. SCHWENZER, Ingeborg (ed.). Oxford: Oxford University Press, 2010, p. 402

[27] SUPERIOR TRIBUNAL DE JUSTIÇA. 4ª Turma, RECURSO ESPECIAL Nº 272.739 – MINAS GERAIS (2000/0082405-4) J. 01/03/2001.

> e não a parcela que cumpriu da avença. O débito superior a um terço do contrato de mútuo, incontroverso, jamais poderá ser considerado irrelevante ou ínfimo.[28]

Isto é, apesar da explicação a respeito da importância da avaliação tanto quantitativa quanto qualitativa, neste caso priorizou-se a avaliação quantitativa, pois era evidente e incontroversa a sua ocorrência. Observe-se, também, que, no caso de pagamento de quantia certa, não se descarta a possibilidade de que a avaliação qualitativa possa coincidir com a quantitativa.[29]

4. Contribuição da CISG para o direito brasileiro: a conservação dos contratos

A referência feita à CISG no RESP 272.739/MG leva ao questionamento de como e em quais dispositivos se encontra consagrado o dito "princípio do adimplemento substancial" na CISG.

Trata-se, na verdade, do princípio da conservação dos contratos, correspondente ao entendimento que tem no término da relação contratual o último recurso a ser utilizado, priorizando, sempre que possível, a manutenção do vínculo.[30] Não se encontra o termo *substantial performance* ou adimplemento substancial na Convenção; no entanto, o racional que o sustenta, está presente por meio do princípio da conservação dos contratos.

[28] Superior Tribunal de Justiça. 4ª Turma, Recurso Especial nº 1.581.505 - SC (2015/0288713-7) J. 18/08/2016.

[29] Destaque-se a importância, porém, durante a análise, de observar todas as obrigações envolvidas e não só a principal, conforme explicam Aline Terra e Gisela Guedes: "[...] deve reputar-se inadimplente não apenas o devedor que não cumpriu o dever principal de prestação, mas também aquele que não cumpriu os deveres de conduta impostos pela sistemática obrigacional, notadamente pelo princípio da boa-fé objetiva. Assim, em sentido amplo, inadimplemento nada mais é do que a inexecução da *prestação satisfativa* (e não o mero descumprimento da prestação principal)." [Terra, Aline de Miranda Valverde; Guedes, Gisela Sampaio da Cruz. *Op. cit.*, p. 112]

[30] Schwenzer, Ingeborg; Hachem, Pascal; Kee, Christopher. *Global Sales and Contract Law.* Oxford: Oxford University Press, 2012, p. 709; Huber, Peter. *UN Convention on Contracts for the International Sale of Goods (CISG).* Kröll, Stefan; Mistelis, Loukas; Viscasillas, Pilar Perales (eds.) Munique: C.H.Beck-Hart-Nomos, 2011, p. 723.

Magnus, ao referir os princípios gerais da CISG, indica o princípio da conservação dos contratos, chamado também *favor contractus*:

> *(9) Favor contractus. Several provisions show that the CISG will allow contract avoidance only under narrow conditions and as a last resort (see Arts. 25, 34, 37, 47, 48, 49, 63, 64). If possible, an economically not feasible winding up of the sale should be avoided. Only if the gravity of the breach of contract is unacceptable, the aggrieved party has to be able to get out of the contract. This principle also applies in situations of a breach of obligations which are either not expressly regulated by the CISG or to which the parties have made the CISG applicable.*[31]

O artigo 49 (1) (a), referido na decisão do RESP 1.581.505/SC, por sua vez, prevê que o comprador poderá declarar o contrato rescindido se o descumprimento, pelo vendedor, de qualquer das obrigações que lhe atribui o contrato ou a presente Convenção constituir violação essencial do contrato. Ou seja, trata-se de manifestação do princípio da conservação dos contratos, ao restringir as hipóteses de término da relação apenas se a violação for considerada essencial.[32]

É esse o principal ensinamento da CISG sobre o tema, reforçando a sua relevância: buscar a preservação da relação contratual sempre que a violação ocorrida não seja considerada suficientemente grave para resultar na consequência mais drástica para a relação contratual: seu término. A sua aplicação resulta na preservação do vínculo contratual.

Também sobre o *favor contractus*, explica Bonell a razão da sua importância, referindo que tal racional é um daqueles utilizados de base para os Princípios Unidroit relativos aos Contratos Comerciais Internacionais:

> *Another of the basic ideas underlying the UNIDROIT Principles is the so-called favor contractus, i.e. the aim of preserving the contract whenever possible, thus limiting the number of cases in which its existence or validity may be questioned or in which it may be terminated before time. The reason behind this is the acknowled-*

[31] Magnus, Ulrich. General Principles of UN-Sales Law. *Rabels Zeitschrift*, vol. 59, nº 3/4, out. 1995, item 5. Ainda, Frederico Glitz menciona Rogério Zuel, Cláudio Luiz Bueno de Godoy, Anderson Schreiber e Froehlich também identificam a teoria do adimplemento substancial como exemplo do princípio da conservação do contrato. [Glitz, Frederico Eduardo Zenedin. *Op. cit.*, p. 521.]

[32] Magnus, Ulrich. *Op. cit.* Item 5.

gement that despite shortcomings which might arise in the course of the formation or performance of the contract it is normally on the interest of both parties to do all possible to keep their original bargain alive than renounce it and to look for alternative goods or services elsewhere in the market.[33]

Inclusive, muitos autores e julgadores, nos casos em que a CISG é aplicável, têm usado como critério para a afirmação de que houve uma violação essencial (nos termos da CISG)[34] a possibilidade ou não de o descumprimento da obrigação ser sanado,[35] o que se assemelha ao critério de que apenas o inadimplemento absoluto pode levar à resolução, conforme defendido na doutrina brasileira mencionada anteriormente.

Sobre o tema, em relação ao direito brasileiro, destaca Anderson Schreiber:

> [...] o *princípio da conservação dos contratos,* que vem sendo invocado no Brasil de modo algo aleatório e meramente pontual, poderia adquirir um papel efetivo e abrangente no ordenamento pátrio, a revelar uma atuação global e sistemática em prol da manutenção dos negócios jurídicos.[36]

Pode-se dizer, então, que, apesar de se verificar a utilização da lógica que favorece a manutenção das relações contratuais no direito brasileiro há algum tempo, a referência à CISG, reconhecendo a existência de tal lógica, reforça a aplicação do *favor contractus* no direito brasileiro.

[33] Bonell, Michael Joachim. *An International Restatement of Contract Law: The UNIDROIT Principles of International Commercial Contracts.* 3ª ed. Nova Iorque: Transnational Publishers, 2005, p. 102.

[34] O dispositivo que trata da definição de violação essencial é o Artigo 25 da Convenção, que prevê: Artigo 25 A violação ao contrato por uma das partes é considerada como essencial se causar à outra parte prejuízo de tal monta que substancialmente a prive do resultado que poderia esperar do contrato, salvo se a parte infratora não tiver previsto e uma pessoa razoável da mesma condição e nas mesmas circunstâncias não pudesse prever tal resultado. Nesse sentido, Schroeter destaca a importância de atentar para a definição da expressão violação essencial (*fundamental breach*), vez que se trata de expressão específica da Convenção e, portanto, não está atrelada a nenhum direito nacional específico. [Schroeter, Ulrich. *Op. cit.*, p. 405]

[35] Huber, Peter. *Op. cit.*, p. 726; Schwenzer, Ingeborg; Hachem, Pascal; Kee, Christopher. *Op. cit.*, p. 743.

[36] Schreiber, Anderson. *Op. cit.*, item 6.

Cabe ao aplicador realizar a avaliação necessária quando da sua aplicação, aprofundando o tema quando preciso, e favorecendo, assim, a harmonização do direito relativo ao término das relações contratuais.

Conclusão

Verificou-se, ao longo do texto, que a aplicação do princípio da conservação dos contratos pelo direito brasileiro, incluindo a aplicação da teoria do adimplemento substancial e a restrição da possibilidade de resolução contratual apenas para casos de inadimplemento absoluto (irreversibilidade da situação), está de acordo com o racional presente na Convenção: utilizar o término da relação contratual como último recurso.

Tal racional contribui para a harmonização do direito a respeito do tema, visto que há divergência em relação às hipóteses em que cada direito nacional autoriza o rompimento do vínculo contratual diante da ocorrência de inadimplemento.[37] Observa-se, desse modo, no Brasil e também em diversos direitos nacionais, uma tendência a utilizar o término da relação contratual apenas como último recurso.[38]

Frise-se, no entanto, que, quando se trata de esforços de harmonização do direito, é preciso atentar para a precisão conceitual, de modo a evitar distorções. Assim, é importante sempre verificar o contexto da utilização dos conceitos e requisitos a eles relacionados, para que os esforços de harmonização não produzam resultados prejudiciais ao invés de benéficos. No caso da CISG, isso é ainda mais importante, pois se trata de instrumento com linguagem específica, utilizada para desvincular os conceitos da Convenção de conceitos nacionais diversos.

Referências

Assis, Araken de. *Resolução do contrato por inadimplemento*. 6ª ed. São Paulo: Revista dos Tribunais, 2019.

Bonell, Michael Joachim. *An International Restatement of Contract Law: The UNIDROIT Principles of International Commercial Contracts*. 3ª ed. Nova Iorque: Transnational Publishers, 2005.

[37] Schroeter, Ulrich. *Op. cit.*, p. 399.

[38] Schwenzer, Ingeborg; Hachem, Pascal; Kee, Christopher. *Op. cit.*, p. 709.

FRADERA, Vera Maria Jacob de. O conceito de inadimplemento fundamental do contrato no artigo 25 da lei internacional sobre vendas, da Convenção de Viena de 1980. *Revista da Faculdade de Direito da UFRGS*, n.11, pp. 55-66, 1996. Disponível em: <https://seer.ufrgs.br/revfacdir/article/view/69735/39282> Acesso em: 17.fev.2020.

GLITZ, Frederico Eduardo Zenedin . *Favor contractus*: alguns apontamentos sobre o princípio da conservação do contrato no Direito positivo brasileiro e no Direito comparado. *Revista do Instituto do Direito Brasileiro da Faculdade de Direito da Universidade de Lisboa*, v. 1/2013, p. 475-542, 2013. Disponível em: <http://www.cidp.pt/revistas/ridb/2013/01/2013_01_00475_00542.pdf> Acesso em: 04.mar.2020.

KRÖLL, Stefan; MISTELIS, Loukas; VISCASILLAS, Pilar Perales (eds.). *UN Convention on Contracts for the International Sale of Goods (CISG)*. Munique: C.H.Beck-Hart-Nomos, 2011.

KULESZA, Gustavo; BITTENCOURT, Rafael; MOREIRA, Rodrigo. *1ª Edição da Pesquisa de Jurisprudência – A CISG e o judiciário brasileiro*. Disponível em: <http://cbar.org.br/site/wp-content/uploads/2017/03/Relatorio-Pesquisa-Juris-CISG-2016_versao-consolidada-e-revisada_FINAL.pdf> Acesso em 03.fev.2020.

MAGNUS, Ulrich. General Principles of UN-Sales Law. *Rabels Zeitschrift*, vol. 59, nº 3/4, out. 1995. Disponível em: <https://www.cisg.law.pace.edu/cisg/biblio/magnus.html> Acesso em: 04.mar.2020.

NOBRE, Gustavo Henrique Gonçalves. *Teoria do adimplemento substancial enquanto exceção de direito material na relação obrigacional vista como um processo*. 2018. Dissertação (Mestrado) – Faculdade de Direito, Universidade Federal de Alagoas, Maceió, 2018. Disponível em: <http://www.repositorio.ufal.br/bitstream/riufal/3424/1/Teoria%20do%20adimplemento%20substancial%20enquanto%20exce%C3%A7%C3%A3o%20de%20direito%20material%20na%20rela%C3%A7%C3%A3o%20obrigacional%20vista%20como%20um%20processo.pdf> Acesso em: 17.fev.2020.

SCHREIBER, Anderson. *A Tríplice Transformação do Adimplemento*. GENJURÍDICO.com.br 18 jul. 2016. Disponível em: <http://genjuridico.com.br/2016/07/18/a-triplice-transformacao-do-adimplemento/> Acesso em: 20.fev.2020.

SCHWENZER, Ingeborg (ed.). *Schlechtriem and Schwenzer Commentary on the UN Convention on the International Sale of Goods (CISG)*. 3ª ed. Oxford: Oxford University Press, 2010.

–; HACHEM, Pascal; KEE, Christopher. *Global Sales and Contract Law*. Oxford: Oxford University Press, 2012.

TERRA, Aline de Miranda Valverde; GUEDES, Gisela Sampaio da Cruz. Adimplemento Substancial e Tutela do Interesse do Credor: Análise da Decisão Proferida no Resp 1.581.505. *Revista Brasileira de Direito Civil*, Belo Horizonte, vol.

11, p. 95-113, jan./mar. 2017. Disponível em: <https://rbdcivil.ibdcivil.org.br/rbdc/article/view/10/9> Acesso em: 17.fev.2020.

VII Jornada de Direito Civil [28-29 de setembro de 2015, Brasília]. Brasília: Conselho da Justiça Federal, Centro de Estudos Judiciários, 2015. Disponível em: <https://www.cjf.jus.br/cjf/corregedoria-da-justica-federal/centro-de-estudos-judiciarios-1/publicacoes-1/jornadas-cej/vii-jornada-direito-civil-2015.pdf> Acesso em 02.mar.2020.

Decisões

Superior Tribunal de Justiça. 4ª Turma, Recurso Especial nº 272.739 – Minas Gerais (2000/0082405-4) J. 01/03/2001

Superior Tribunal de Justiça. 4ª Turma, Recurso Especial nº 1.581.505 – SC (2015/0288713-7) J. 18/08/2016

Tribunal de Justiça do Estado de São Paulo. 19ª Câmara de Direito Privado. Apelação com revisão nº 0152547-78.2007.8.26.0002. (2015.0000963007). J. 14/12/2015

Tribunal de Justiça do Estado de São Paulo. 36ª Câmara de Direito Privado. Embargos de Declaração nº 1001266-34.2015.8.26.0566/50000 (2016.0000089812). J. 22/02/2016

Tribunal de Justiça do Estado de São Paulo. 36ª Câmara de Direito Privado. Apelação com Revisão nº 0001865-92.2014.8.26.0414. (2016.0000151572) J. 10/03/2016

Tribunal de Justiça do Estado de São Paulo. 36ª Câmara de Direito Privado. Agravo de Instrumento nº 2021256-09.2016.8.26.0000 (2016.0000180810) J. 17/03/2016

Tribunal de Justiça do Estado de São Paulo. 36ª Câmara de Direito Privado. Agravo de Instrumento nº 2015668-21.2016.8.26.0000 (2016.0000180844) J. 17/03/2016

Tribunal de Justiça do Estado de São Paulo. 18ª Câmara de Direito Privado. Apelação nº 1013416-90.2015.8.26.0196 (2016.0000262962) J. 13/04/2016

Tribunal de Justiça do Estado de São Paulo. 18ª Câmara de Direito Privado. Apelação nº 1006913-95.2014.8.26.0161. (2016.0000388793) J. 01/06/2016

Tribunal de Justiça do Estado de São Paulo. 36ª Câmara de Direito Privado. Agravo de Instrumento nº 2097024-38.2016.8.26.0000. (2016.0000461035) J. 01/07/2016

Tribunal de Justiça do Estado de São Paulo. 19ª Câmara de Direito Privado. Apelação nº 1007731-76.2014.8.26.0604. (2016.0000568443) J. 08/08/2017

Tribunal de Justiça do Estado de São Paulo. 36ª Câmara de Direito Privado. Agravo de Instrumento nº 2008023-42.2016.8.26.0000. (2016.0000575277) J. 15/08/2016

Tribunal de Justiça do Estado de São Paulo. 2ª Câmara de Direito Privado. Apelação nº 1039988-33.2014.8.26.0224 (2016.0000605996) J. 24/08/2016

Tribunal de Justiça do Estado de São Paulo. 19ª Câmara de Direito Privado. Apelação nº 1004989-31.2014.8.26.0361 (2016.0000662785) J. 12/09/2016

Tribunal de Justiça do Estado de São Paulo. 19ª Câmara de Direito Privado. Apelação nº 1015453-27.2014.8.26.0196. (2016.0000712477) J. 26/09/2016

Tribunal de Justiça do Estado de São Paulo. 2ª Câmara de Direito Privado. Apelação nº 0076329-67.2011.8.26.0002 (2016.0000759804) J. 18/10/2016

Tribunal de Justiça do Estado de São Paulo. 11ª Câmara de Direito Privado. Agravo de Instrumento nº 2100468-79.2016.8.26.0000 (2016.0000772481) J. 20/10/2016

Tribunal de Justiça do Estado de São Paulo. 11ª Câmara de Direito Privado. Apelação nº 1014974-86.2014.8.26.0114. (2016.0000772732) J. 20/10/2016

Tribunal de Justiça do Estado de São Paulo. 19ª Câmara de Direito Privado. Apelação nº 0031096-19.2013.8.26.0506 (2016.0000829918) J. 10/11/2016

Tribunal de Justiça do Estado de São Paulo. 36ª Câmara de Direito Privado. Apelação nº 0006246-47.2015.8.26.0176 (2016.0000870803) J. 28/11/2016

Tribunal de Justiça do Estado de São Paulo. 1ª Câmara de Direito Privado. Agravo de Instrumento nº 2156845-70.2016.8.26.0000 (2016.0000882504) J. 30/11/2016

Tribunal de Justiça do Estado de São Paulo. 1ª Câmara de Direito Privado. Agravo de Instrumento nº 2154738-53.2016.8.26.0000 (2016.0000882508) J. 30/11/2016

Tribunal de Justiça do Estado de São Paulo. 1ª Câmara de Direito Privado. Agravo de Instrumento nº 2152377-63.2016.8.26.0000 (2016.0000882511) J. 30/11/2016

Tribunal de Justiça do Estado de São Paulo. 28ª Câmara de Direito Privado. Apelação nº 1004468-55.2013.8.26.0609 (2016.0000907551) J. 06/12/2016

Tribunal de Justiça do Estado de São Paulo. 36ª Câmara de Direito Privado. Agravo de Instrumento nº 2117119-89.2016.8.26.0000. (2016.0000930614) J. 15/12/2016

Tribunal de Justiça do Estado de São Paulo. 28ª Câmara de Direito Privado. Embargos de Declaração nº 1004468-55.2013.8.26.0609/50000 (2017.0000056418) J. 07/02/2017

Tribunal de Justiça do Estado de São Paulo. 27ª Câmara de Direito Privado. Apelação nº 1043982-53.2014.8.26.0100 (2017.0000106064) J. 21/02/2017

Tribunal de Justiça do Estado de São Paulo. 2ª Câmara de Direito Privado. Agravo de Instrumento nº 2139570-11.2016.8.26.0000 (2017.0000106446) J. 22/02/2017

Tribunal de Justiça do Estado de São Paulo. 36ª Câmara de Direito Privado. Apelação nº 1011627-36.2014.8.26.0020 (2017.0000111429) J. 23/02/2017

Tribunal de Justiça do Estado de São Paulo. 36ª Câmara de Direito Privado. Apelação nº 1001150-44.2015.8.26.0205. (2017.0000245335) J. 10/04/2017

Tribunal de Justiça do Estado de São Paulo. 36ª Câmara de Direito Privado. Agravo de Instrumento nº 2056930-14.2017.8.26.0000. (2017.0000304116) J. 04/05/2017

Tribunal de Justiça do Estado de São Paulo. 33ª Câmara de Direito Privado. Apelação Cível nº 1008890-46.2016.8.26.0196 (2017.0000356334) J. 22/05/2017

Tribunal de Justiça do Estado de São Paulo. 36ª Câmara de Direito Privado. Agravo de Instrumento nº 2067924-04.2017.8.26.0000. (2017.0000397048) J. 05/06/2017

Tribunal de Justiça do Estado de São Paulo. 19ª Câmara de Direito Privado. Apelação nº 1001461-60.2015.8.26.0132 (2017.0000407126) J. 05/06/2017

Tribunal de Justiça do Estado de São Paulo. 36ª Câmara de Direito Privado. Agravo de Instrumento nº 2056932-81.2017.8.26.0000. (2017.0000444108) J. 22/06/2017

Tribunal de Justiça do Estado de São Paulo. 35ª Câmara de Direito Privado. Apelação nº 0069787-62.2013.8.26.0002 (2017.0000457603) J. 26/06/2017

Tribunal de Justiça do Estado de São Paulo. 36ª Câmara de Direito Privado. Agravo de Instrumento nº 2144508-15.2017.8.26.0000. (2017.0000681751) J. 11/09/2017

Tribunal de Justiça do Estado de São Paulo. 2ª Câmara de Direito Privado. Apelação nº 1005272-11.2016.8.26.0482 (2017.0000702179) J. 18/09/2017

Tribunal de Justiça do Estado de São Paulo. 36ª Câmara de Direito Privado. Agravo de Instrumento nº 2144717-81.2017.8.26.0000. (2017.0000716702) J. 21/09/2017

Tribunal de Justiça do Estado de São Paulo. 36ª Câmara de Direito Privado. Apelação nº 1003222-54.2016.8.26.0274. (2017.0000739015) J. 28/09/2017

Tribunal de Justiça do Estado de São Paulo. 30ª Câmara Extraordinária de Direito Privado. Apelação Cível nº 0.127.338-64.2008.8.26.0005 (2017.0000831579) J. 24/10/2017

Tribunal de Justiça do Estado de São Paulo. 2ª Câmara de Direito Privado. Embargos de Declaração nº 1005272-11.2016.8.26.0482/50000 (2018.0000021910) J. 29/01/2018

Tribunal de Justiça do Estado de São Paulo. 2ª Câmara de Direito Privado. Apelação nº 0000572-46.2014.8.26.0654 (2018.0000143489) J. 06/03/2018

Tribunal de Justiça do Estado de São Paulo. 9ª Câmara de Direito Privado. Apelação nº 1017139-38.2016.8.26.0114 (2018.0000232324) J. 04/04/2018

Tribunal de Justiça do Estado de São Paulo. 36ª Câmara de Direito Privado. Agravo de Instrumento nº 2250241-67.2017.8.26.0000. (2018.0000301176) J. 25/04/2018

Tribunal de Justiça do Estado de São Paulo. 1ª Câmara Reservada de Direito Empresarial. Apelação nº 1004438-62.2015.8.26.0637 (2018.0000350886) J. 09/05/2018

Tribunal de Justiça do Estado de São Paulo. 36ª Câmara de Direito Privado. Agravo de Instrumento nº 2063868-88.2018.8.26.0000. (2018.0000358248) J. 16/05/2018

Tribunal de Justiça do Estado de São Paulo. 21ª Câmara de Direito Privado. Agravo de Instrumento nº 2004953-46.2018.8.26.0000 (2018.0000375094) J. 21/05/2018

Tribunal de Justiça do Estado de São Paulo. 36ª Câmara de Direito Privado. Apelação nº 0000979-49.2015.8.26.0094. (2018.0000534724) J. 23/07/2018

Tribunal de Justiça do Estado de São Paulo. 36ª Câmara de Direito Privado. Apelação nº 1000889-28.2017.8.26.0070. (2018.0000554051) J. 30/07/2018

Tribunal de Justiça do Estado de São Paulo. 7ª Câmara de Direito Privado. Apelação nº 1008875-11.2014.8.26.0564 (2018.0000685427) J. 04/09/2018

Tribunal de Justiça do Estado de São Paulo. 11ª Câmara de Direito Privado. Apelação nº 1001401-70.2017.8.26.0309 (2018.0000764103) J. 27/09/2018

Tribunal de Justiça do Estado de São Paulo. 2ª Câmara de Direito Privado. Apelação nº 1014084-75.2017.8.26.0007 (2019.0000564532) J. 22/07/2019

Tribunal de Justiça do Estado de São Paulo. 36ª Câmara de Direito Privado. Apelação nº 1005800-62.2018.8.26.0292. (2019.0000717337) J. 03/09/2019

Tribunal de Justiça do Estado de São Paulo. 2ª Câmara de Direito Privado. Apelação nº 0029307-56.2011.8.26.0602 (2019.0000721481) J. 03/09/2019

Tribunal de Justiça do Estado de São Paulo. 6ª Câmara de Direito Privado. Apelação Cível nº 1007592-72.2018.8.26.0576 (2019.0000773100) J. 19/09/2019

Tribunal de Justiça do Estado de São Paulo. 6ª Câmara de Direito Privado. Apelação Cível nº 1050129-83.2018.8.26.0576 (2019.0000782568) J. Data do Julgamento por Extenso Não informada

Tribunal de Justiça do Estado de São Paulo. 6ª Câmara de Direito Privado. Agravo de Instrumento nº 2255250-39.2019 (2019.0001012744) J. 02/12/2019

6. Quem "Redigiu o Dispositivo"? Aplicação da Interpretatio Contra Proferentem a Contratos Negociados

Gustavo Santos Kulesza[1]

Introdução

A Lei nº 13.784/2019 ("Lei da Liberdade Econômica") promoveu várias alterações importantes no Código Civil, muitas delas nas regras atinentes à interpretação dos negócios jurídicos. Graças à dita lei, nosso regime deixou a "*sobriedade normativa*" que até então o caracterizava, e era digna de encômios, e se uniu aos sistemas "*em que o legislador se derramou por luxo de regras hermenêuticas*".[2] Essa quebra de paradigma é especialmente relevante em razão da natureza vinculativa das regras hermenêuticas: não se trata de meros conselhos a juízes e árbitros, mas

[1] O autor agradece a Eduardo Leardini Petter e Luiza Romanó Pedroso pela cuidadosa revisão do texto. Eventuais imprecisões e erros são de responsabilidade exclusiva do autor.

[2] Pereira, Caio Mario da Silva. *Instituições de Direito Civil.* 17ed., Rio de Janeiro: Forense, 1995, v. 1, p. 317 *Apud* Marino, Francisco Paulo De Crescenzo. *Interpretação do Negócio Jurídico.* São Paulo: Saraiva, 2011, p. 71. Especificamente sobre a inconveniência decorrente das regras interpretativas trazidas ao Código Civil pela Lei da Liberdade Econômica: "*Aliás, diga-se, todas essas regras introduzidas são de sobejo conhecidas na doutrina e utilizadas nos Tribunais. Ademais, não é conveniente que o texto legal esteja pleno de regras, a atulhar o raciocínio do julgador, pois esse trabalho é doutrinário e jurisprudencial*" (Venosa, Sílvio de Salvio. Ruas, Luiza Wander. Interpretação dos negócios jurídicos e a liberdade econômica. in *Revista Síntese: Direito Civil e Processual Civil*, ano XX, nº 122, nov/dez-19, p. 30).

de normas de aplicação obrigatória[3] (salvo quando excluídas pelas partes).[4] É preciso, portanto, compreendê-las.

Dentre as alterações promovidas pela Lei da Liberdade Econômica nas regras de interpretação, uma das mais criticadas – senão a mais –[5] diz respeito à extensão da regra *interpretatio contra proferentem* aos contratos negociados (CC, art. 113, §1º, inc. IV).[6] Longe de apenas "repisar o óbvio" para majorar a segurança jurídica das relações contratuais,[7-8]

[3] *"As normas de intepretação, legisladas, são, por isso, normas vinculantes, que podem ser retiradas da experiência jurídica, mas que vinculam o intérprete e os participantes do negócio jurídico"* (GEIDEL, José Antônio Peres *et al.* Interpretações – art. 113 do Código Civil. in *Comentários à Lei da Liberdade Econômica: Lei 13.874/2019.* MARQUES NETO, Floriano Peixoto *et al.* (org.). São Paulo: Thomson Reuters Brasil, 2019, p. 328); *"A utilização de regra de interpretação diversa daquela prevista em lei representa não só violação do artigo enunciativo da regra hermenêutica, mas também violação da própria norma jurídica que define o negócio jurídico e lhe atribui eficácia"* (MARINO, Francisco Paulo De Crescenzo. *Interpretação do Negócio Jurídico. op. cit.*, p. 73-4); PONTES DE MIRANDA, Francisco Cavalcanti. *Tratado de direito privado.* Parte Geral. Tomo XXXVIII: direito das obrigações – negócios jurídicos bilaterais. LIMA MARQUES, Claudia; MIRAGEM, Bruno (atual.). São Paulo: Revista dos Tribunais, 2012, p. 190.

[4] A Lei da Liberdade Econômica também previu a possibilidade de as partes pactuarem regras de interpretação nos artigos 113, §2º (*"As partes poderão livremente pactuar regras de interpretação, de preenchimento de lacunas e de integração dos negócios jurídicos diversas daquelas previstas em lei."*) e 421-A, inc. I (*"As partes negociantes poderão estabelecer parâmetros objetivos para a interpretação das cláusulas negociais e de seus pressupostos de revisão ou de resolução"*) do Código Civil.

[5] A título de exemplo, "[a] *formulação da nova regra parece indicar, no mínimo, o exercício do absurdo, pois deixa em xeque permanente o redator de qualquer cláusula contratual. Mantida a versão atual, todo ato de redação contratual será considerado um elemento decisivo de prova em uma possível disputa interpretativa. Há que se lembrar que a maioria das disputas contratuais decorre exatamente da interpretação de cláusulas. Quem, a partir da MP 881, se arriscará a redigir cláusulas contratuais?"* (CESA, Jorge. *Governo esqueceu que a liberdade econômica anda ao lado dos contratos.* Texto publicado no *website* CONJUR em 18.7.2019, disponível *online*: <https://www.conjur.com.br/2019-jul-18/jorge-cesa-liberdade-economica-anda-lado-contratual> [acesso em 20.6.2020]).

[6] CC, art. 113: *"Os negócios jurídicos devem ser interpretados conforme a boa-fé e os usos do lugar de sua celebração. § 1º A interpretação do negócio jurídico deve lhe atribuir o sentido que:* [...] *IV – for mais benéfico à parte que não redigiu o dispositivo, se identificável"*.

[7] FORGIONI rebate a crítica de que muitos dos artigos da Lei da Liberdade Econômica seriam desnecessários por conterem meras obviedades, ponderando que *"quando o óbvio é posto em lei, traz a vantagem de reverberar"*. E acrescenta: "[a] *mente da maioria dos juízes é treinada para outras espécies de desavenças e, no que diz respeito ao direito comercial, seu trabalho simplifica-se quando a regra é clara e está posta em um texto normativo. Queiramos ou não, princípios e regras escritos na lei espraiam-se com maior intensidade"* (A interpretação dos negócios jurídicos II – alteração do art. 113 do Código Civil: art. 7º. in *Comentários à Lei da Liberdade Econômica:*

essa mudança corre o risco de produzir o efeito oposto, já que suscita muito mais dúvidas do que soluções. Este artigo procura encontrar respostas a algumas dessas dúvidas com os olhos especialmente voltados ao direito contratual internacional, com base em dois instrumentos centrais, a Convenção das Nações Unidas sobre Contratos de Compra e Venda Internacional de Mercadorias ("CISG" ou "Convenção")[9] e os Princípios UNIDROIT sobre Contratos Comerciais Internacionais ("Princípios UNIDROIT")[10].

A *interpretatio contra proferentem* é regra de origem antiga, que remonta ao direito romano clássico, e que até hoje encontra guarida na maioria dos ordenamentos jurídicos, tanto de sistemas romano-germânicos quanto anglo-saxões. Segundo a formulação tradicional da regra, quando se está diante de uma cláusula cuja ambiguidade não pode ser superada com base em outros cânones interpretativos, e quando dita cláusula foi redigida por uma das partes, a ambiguidade deve ser resolvida em desfavor da parte redatora.[11]

A regra ganhou maior relevância em tempos recentes com o advento das condições gerais de contratação e a posterior difusão dessa prática a contratações em larga escala (contratos em massa), com maior intensidade nas relações de consumo. Na falta de instrumentos jurídicos

Lei 13.874/2019. Marques Neto, Floriano Peixoto *et al.* (org.). São Paulo: Thomson Reuters Brasil, 2019, p. 364).

[8] Em sentido oposto ao defendido neste artigo, Kroetz afirma que a inclusão do inc. IV no art. 113 do CC "*é expressão do objetivo maior da Lei da Liberdade Econômica de facilitar o ambiente de negócios, conferindo-lhe mais clareza e segurança* [...]" (in Interpretações – art. 113 do Código Civil. in *Comentários à Lei da Liberdade Econômica: Lei 13.874/2019.* Marques Neto, Floriano Peixoto; Rodrigues Jr., Otavio; Leonardo, Rodrigo Xavier (org.). São Paulo: Thomson Reuters Brasil, 2019, p. 362).

[9] A CISG foi celebrada em Viena em 1980, sob os auspícios da Comissão das Nações Unidas sobre o Direito do Comércio Internacional ("UNCITRAL") e entrou em vigor em 1988. Disponível *online* em: <https://uncitral.un.org/en/texts/salegoods/conventions/sale_of_goods/cisg> [acesso em 19.6.2020].

[10] Os Princípios UNIDROIT são elaborados sob os auspícios do Instituto Internacional para a Unificação do Direito Privado ("UNIDROIT"), e atualizados e revistos periodicamente. As referências feitas aos Princípios UNIDROIT deste artigo se referem à edição de 2016. Disponível *online*: <www.unidroit.org/english/principles/contracts/principles2016/principles2016-e.pdf> [acesso em 19.6.2020].

[11] Olmos, Javier M. Rodríguez. Contexto y construcción de la regla "interpretatio contra proferentem" en la tradición romanista. in *Revista de Derecho Privado*, nº 14, 2008, p. 70.

aptos a enfrentar os problemas decorrentes desses esquemas de contratação, em especial os abusos inevitáveis da determinação unilateral do conteúdo do contrato, a *contra proferentem* serviu de "*tábua de salvação*" a vários sistemas.[12] Não foi diferente no Brasil, por meio do art. 423[13] no Código Civil de 2002, voltado aos contratos de adesão,[14] e, posteriormente, via art. 47[15] do Código de Defesa do Consumidor.

Essa vertente protetiva da *contra proferentem* remonta a um dos dois pilares[16] que deram origem à regra em seu nascedouro no direito romano: o princípio *quod minus est*, expressão do *favor debitoris*, fundado na máxima romana de que "*quem se obriga, se obriga sempre pelo menos*".[17] O outro pilar da regra decorre de outra máxima romana: "*ambiguitas contra stipulatorem est*", que impõe a interpretação de ambiguidades em desfavor do estipulante, responsável pela formulação da pergunta que determinava o conteúdo da obrigação na *stipulatio* romana.[18] Essa dualidade (*favor debitoris* e *contra stipulatorem*) acompanhou a regra hermenêutica durante toda sua evolução e influenciou os sistemas jurídicos que a positivaram, inclusive o brasileiro.

[12] *Id.*, p. 71.

[13] CC, art. 423: "*Quando houver no contrato de adesão cláusulas ambíguas ou contraditórias, dever-se-á adotar a interpretação mais favorável ao aderente*".

[14] A regra do art. 423 do Código Civil representa expressão da "*política de defesa do aderente. Praticam-na por meio da interpretação*" (Gomes, Orlando. *Contratos.* 26ª ed., Rio de Janeiro: Forense, 2009, p. 138).

[15] CDC, art. 47: "*As cláusulas contratuais serão interpretadas de maneira mais favorável ao consumidor*".

[16] Vogenauer, Stefan. Interpretation of contracts: concluding comparative observations. in Burrows, Andrew; Peel, Edwin (eds.) *Contract Terms.* Oxford: Oxford University Press, 2007, p. 143.

[17] "*Das normas que, no direito das obrigações dos sistemas jurídicos que estudamos, se fundam no* favor debitoris, *verifica-se que este se apresenta como manifestação do* favor libertatis *em sentido amplo, [...] que se inspiram no princípio, que já deflui de vários textos romanos, de que, 'quem se obriga, se obriga sempre pelo menos'*" (Alves, José Carlos Moreira. As normas de proteção ao devedor e o favor debitoris – Do direito romano ao direito latino-americano. in *Debito Internazionale – Principi Generali del Dirito.* Schipani, S. (ed.) Roma: CEDAM, 1995 *Apud* Alves, José Carlos Moreira O favor debitoris como princípio geral de direito. in *Revista de Direito Comparado*, nº 26, 2004, p. 7).

[18] Vogenauer, Stefan. Interpretation of contracts: concluding comparative observations. *op. cit.*, p. 142.

A compreensão da origem histórica da regra e de seu desenvolvimento no período do Código Napoleônico mostra-se bastante útil para se entender como a "*contra proferentem*" foi concebida no direito brasileiro, bem como sua mais recente expressão introduzida no art. 113 do Código Civil. Assim, a primeira parte deste artigo se dedica a analisar brevemente a evolução histórica da *contra proferentem* (Parte I).

Após essa rápida retomada histórica, a segunda parte do artigo se concentra na evolução legislativa da regra no direito brasileiro, desde o Código Comercial de 1850 até a Lei da Liberdade Econômica (Parte II). As idas e vindas da regra na legislação brasileira e suas diferentes facetas no nosso direito são reflexo da já mencionada dualidade de fundamentos, e ajudam a melhor compreender sua aplicação no contexto atual.

Em seguida, investiga-se como a norma tem sido aplicada no direito contratual internacional, com enfoque na CISG e nos Princípios UNIDROIT. Embora haja dúvidas sobre a aplicação da *contra proferentem* na Convenção, os Princípios UNIDROIT a preveem expressamente e de forma muito similar à nova disciplina do Código Civil – *i.e.*, de forma geral a todos os contratos, sem limitação a contratos de adesão ou a termos padrão (*standard terms*). O estudo desses instrumentos joga luz em algumas das questões objeto deste texto (Parte III).

Ao final, examina-se a aplicação da *contra proferentem* nos contratos negociados no sistema jurídico brasileiro atual. Para tanto, procura-se entender, a partir das conclusões extraídas dos capítulos anteriores, o fundamento por trás da regra introduzida no art. 113 do Código Civil, e seu campo de incidência no processo interpretativo (Parte IV).

Ainda antes de dar início ao estudo aqui proposto, é preciso delimitar seu escopo de forma mais precisa. Este artigo está naturalmente restrito aos negócios jurídicos *inter vivos*, que é o campo de incidência próprio do art. 113 do Código Civil.[19] Ademais, a análise terá maior enfoque em contratos interempresariais ou empresariais *stricto sensu* – *i.e.*, aqueles celebrados *entre* empresas de forma paritária.[20] Embora a norma em exame

[19] Marino, Francisco Paulo De Crescenzo. *Interpretação do Negócio Jurídico. op. cit.*, p. 401; Geidel, José Antônio Peres *et al.* Interpretações – art. 113 do Código Civil. *op. cit.*, p. 327.

[20] Forgioni explica que a classificação comporta uma tripartição: contratos empresariais (entre empresas), contratos consumeristas (entre empresas e consumidores) e contratos civis (entre duas partes não empresarias) (in A interpretação dos negócios jurídicos II – alteração do art. 113 do Código Civil: art. 7º. *op. cit.*, p. 364, nota 3).

claramente não limite sua aplicação a esse tipo de contratação, decidiu-se dar maior destaque a essas avenças, porque são as que se distanciam de forma mais acentuada dos contratos de adesão ou de consumo,[21] que pressupõe a preponderância de uma das partes na redação do instrumento. Nos contratos interempresariais, ao contrário, a paridade entre as partes é hoje presumida por força de lei (CC, art. 421-A).[22]

Parte I. Breve análise da evolução histórica da *contra proferentem*

A análise, ainda que bastante breve,[23] da evolução histórica da regra, com foco no direito romano e no direito francês pré-Código Napoleônico, é relevante para o exame aqui proposto por duas razões. Primeiro, porque é clara a influência do Digesto e da sistematização de Pothier na evolução das regras interpretativas do direito brasileiro, em especial da *interpretatio contra proferentem*.[24] Segundo, porque ajuda a melhor compreender a já mencionada reunião entre as duas regras interpretativas (*contra stipulatorem* e *favor debitoris*) sob o manto da *contra proferentem*.

Direto romano. No direito romano, a primeira expressão da *interpretatio contra proferentem* se manifestou por meio da *contra stipulatorem*. O formalismo que caracterizava a *stipulatio* romana propiciou o surgi-

[21] "*Embora a absoluta simetria seja rara, nos contratos paritários a dinâmica do processo de negociação e de execução contratual desenvolve-se sem a marcada preponderância dos interesses de um dos polos*" (Forgini, Paula A. *Contratos empresariais: teoria geral e aplicação*. 5ª ed., São Paulo: Thomson Reuters Brasil, 2020, p. 67).

[22] Embora o artigo 421-A do Código Civil, também introduzido pela Lei da Liberdade Econômica, se refira a uma *presunção* de paridade nos contratos empresariais, não se ignora a existência de contratos interempresariais *não* paritários, marcados pela dependência econômica de uma parte em relação a outra, e pela preponderância unilateral de uma das partes na definição do arranjo contratual. A respeito, v. Forgioni, Paula. *Contratos empresariais: teoria geral e aplicação. op. cit.*, p. 67.

[23] O exame histórico aqui empreendido não tem nenhuma pretensão exaustiva, o que sequer seria possível dentro do escopo restrito deste artigo. Para uma análise histórica detalhada, v. Olmos, Javier M. Rodríguez. Contexto y construcción de la regla "interpretatio contra proferentem" en la tradición romanista. *op. cit., passim*.

[24] Forgini, Paula A. *Contratos empresariais: teoria geral e aplicação. op. cit.*, p. 243 e nota 6: "*No Brasil, a evolução das regras de interpretação contratual seguiu estrada que vai da sistematização de Pothier – editada em 1761 e traduzida para a língua portuguesa em 1835 por Corrêa Telles – passando por Cairu, pelo Código de Napoleão e desembocando no Código Comercial de 1850, especialmente em seus artigos 131 e 133* [Nota 6: *Há, aqui, evidente, recorte histórico, porque muito do art.* 131 [do Código Comercial] *está no Digesto e nas Ordenações, conforme o estudo do Conselheiro Orlando*]".

mento dessa regra interpretativa. Naquele sistema, o estipulante formulava sozinho a indagação que determinava o conteúdo integral do pacto. Em contraposição, o promitente se limitava a responder afirmativamente com o mesmo verbo utilizado pelo estipulante (ex., *dabis? dabo; promittis? promitto; facies? faciam*). A resposta afirmativa do promitente implicava aceitação das condições do negócio, estabelecidas unilateralmente pelo estipulante ao formular a pergunta, sem possibilidade de modificá-las ou propor outras condições.[25]

À luz dessa dinâmica, a jurisprudência romana passou a considerar que "*quando em uma estipulação há dúvida sobre qual seja o objeto do pactuado, a ambiguidade vai contra o estipulante*" (D. 34, 5, 26).[26] Daí surgiu a regra hermenêutica *contra stipulatorem*. Embora tenha inicialmente se desenvolvido no âmbito da *stipulatio*, sua aplicação depois se estendeu a contratos que também se aperfeiçoavam com o simples consentimento, em especial a compra e venda (*emptio venditio*) e o arrendamento (*locatio conductio*).[27] Essa extensão deu origem à máxima *ambiguitas contra venditorem contra locatorem* no direito romano, também encontrada em inúme-

[25] Vogenauer, Stefan. Interpretation of contracts: concluding comparative observations. *op. cit.*, p. 142; Zimmermann, Reinhard. *The Law of Obligations: Roman Foundations of the Civilian Tradition*. Oxford, 2001, p. 68: "*Thus a stipulation required question and answer: the future debtor (promisor) would make a certain promise after having been requested by the future creditor (stipulator) to do so. Question and answer had to correspond* [...] *and had to follow each other immediately (the requirement 'unitas actus'). Of course, the question had to precede the answer. With these essential characteristics, the stipulation was one of the most important and original creations of Roman law*"; Yildirim, Ahmet Cemil. Interpretation of contracts in comparative and uniform law. International Arbitration Law Library, vol. 47, Kluwer Law International, 2019, p. 13: "*The reason for a strict application of this principle is to be found in the formalism of the* stipulatio: *the* stipulatio *procedure was not a negotiation, the promisor could either accept or reject the stipulator's words but without having the opportunity to bargain*".

[26] Olmos, Javier M. Rodríguez. Contexto y construcción de la regla "interpretatio contra proferentem" en la tradición romanista. *op. cit.*, p. 74. Segundo Olmos, essa mesma regra se encontra claramente formulada nesses termos em vários outros fragmentos do Digesto: p., ex., D. 45, 1, 38 e D. 45, 1, 99 (p. 74, nota 10).

[27] Vogenauer, Stefan. Interpretation of contracts: concluding comparative observations. *op. cit.*, p. 142: "*In a similar fashion, the ancillary terms of contracts of sale and lease were drawn up by the vendor and the lessor respectively. Any ambiguities could thus be attributed to these persons who could have made it clear what they had wanted the other party to promise*".

ros fragmentos do Digesto.[28] Foi com base nessas regras que os glosadores medievais, séculos depois, cunharam o brocardo "*in dubio, contra proferentem*".[29]

Em todas as hipóteses (*stipulatio*, compra e venda ou arrendamento), a aplicação da regra no direito romano sempre exigiu a existência de uma ambiguidade no pactuado. A regra tinha, portanto, aplicação subsidiária em comparação a outros cânones de interpretação.[30] A compreensão desse caráter *subsidiário* da regra desde sua origem no direito romano nos auxilia a entender seu papel também no contexto atual.

Nota-se que, ao contrário da norma aplicável aos contratos de adesão (CC, art. 423), a regra prevista no art. 113, §1º, inc. IV, do Código Civil não condicionou sua aplicação à existência de "*cláusulas ambíguas ou contraditórias*". Do mesmo modo, o legislador não previu uma relação hierárquica entre as várias regras incluídas nos demais incisos do artigo 113, tampouco atribuiu caráter subsidiário à *contra proferentem*. Diante do silêncio do legislador, o recurso à origem histórica da regra auxilia a melhor delimitar seu campo de incidência.

Outro dado relevante é a autorresponsabilidade imposta ao estipulante na aplicação da *contra stipulatorem* no direito romano. Os fragmentos do Digesto que mencionam a regra revelam que seu fundamento estava centrado no *ônus de clareza* atribuído à parte que determinava o conteúdo da *stipulatio* (ou do pacto de compra e venda e arrendamento).

[28] "*Parece bem aos antigos que um pacto obscuro ou ambíguo prejudique ao vendedor e ao arrendante em cujo poder estava consignar mais claramente a lei* [do contrato]" (D. 2, 14, 39) (in Olmos, Javier M. Rodríguez. Contexto y construcción de la regla "interpretatio contra proferentem" en la tradición romanista. *op. cit.*, p. 74). Olmos também faz referência aos fragmentos D. 18, 1, 21 e D. 18, 1, 33, ressaltando que esse último seria a única referência de aplicação prática da regra no direito romano: "*Quando em um pacto de venda se tenha escrito assim: 'que as calhas e os estalicídios permaneçam como estão' e não se adicionar quais calhas ou estalicídios, deve-se atentar primeiramente ao que tenha sido acordado, e caso isso não apareça, deve-se entender então aquilo que prejudique o vendedor, porque a oração é ambígua*" (pp. 74-5, nota 13).

[29] Vogenauer, Stefan. Interpretation of contracts: concluding comparative observations. *op. cit.*, p. 142; Olmos, Javier M. Rodríguez. Contexto y construcción de la regla "interpretatio contra proferentem" en la tradición romanista. *op. cit.*, p. 79. Embora o brocardo tenha sido inicialmente cunhado com ênfase na *contra stipulatorem*, a expressão é usada na atualidade para se referir tanto à essa vertente da regra quanto àquela fundada no *favor debitoris*.

[30] Olmos, Javier M. Rodríguez. Contexto y construcción de la regla "interpretatio contra proferentem" en la tradición romanista. *op. cit.*, p. 75.

É o que se vê na referência ao "*poder* [do estipulante] *de consignar mais claramente a lei* [do contrato]" (D. 2, 14, 39) ou dever de "*expressá-lo* [o contrato] *com mais clareza*" (D. 18, 1, 21). Nesta vertente, a regra não parece expressar uma preocupação em tutelar a parte em situação de vulnerabilidade, mas sim em *sancionar* a parte que não teve a cautela de se expressar claramente quando da fixação do conteúdo do contrato.[31]

Essa constatação também nos parece relevante para a melhor compreensão do art. 113, §1º, inc. IV, do Código Civil. Como será visto (*infra*, Parte IV), o legislador justificou a introdução da regra na Lei da Liberdade Econômica justamente na "*ideia de que quem redige uma cláusula não deve auferir benefício de tê-la feito de maneira dúbia*".[32] Bem compreendido este fundamento, presente desde a origem romana do *contra stipulatorem*, soa-nos equivocada a noção de que a aplicação do dispositivo atual do Código Civil exigiria um "*flagrante domínio de uma das partes*", como já se sugeriu.[33]

A regra *contra stipulatorem* acabou perdendo força com a decadência do formalismo no direito romano e o advento da *id quod actum est* ("o que as partes haviam feito"), a qual se tornou a pedra angular da interpretação dos contratos. Em oposição às ferramentas até então vigentes, a *id quod actum est* representava um conceito flexível de interpretação, pautado tanto na intenção individual das partes contratantes quanto em dados objetivos do contrato.[34] Assim, conclui ZIMMERMANN, "[o]*bviou-*

[31] *Id.*, p. 75.

[32] DOS GUARANYS, Marcelo Pacheco. MORO, Sergio Fernando. FRANÇA, Renato de Lima. *Exposição de motivos*. Medida Provisória nº 881, de 30 de abril de 2019. disponível *online*: < https://www2.camara.leg.br/legin/fed/medpro/2019/medidaprovisoria-881-30-abril-2019-788037-exposicaodemotivos-157846-pe.html> [acesso em 14.6.2020].

[33] Na visão de KROETZ, "[p]*ara aplicação do princípio, ora explicitado no inciso IV do artigo 113 do Código Civil, são necessários três requisitos concomitantes: a) a existência de ambiguidade ou contradição no contrato que sugira no mínimo duas interpretações possíveis; b) o flagrante domínio de uma das partes na fase de redação do contrato; c) que o contrato não seja de adesão ou de consumo, cuja interpretação é regrada, respectivamente, pelos artigos 423 do Código Civil e 47 do Código de Defesa do Consumidor*" (in Interpretações – art. 113 do Código Civil. in *Comentários à Lei da Liberdade Econômica: Lei 13.874/2019. op. cit.*, p. 351).

[34] "Id quod actum est *referred to the common intentions of the individual parties to a contract, as they became apparent from the specific context within which the negotiations had taken place and the declarations had been made. This 'context' included the individual, personal circumstances of the contracting parties as well as those of their expectations that were based on other than purely internal*

sly, under these circumstances, little rooom was left for subsidiary rules such as ambiguitas contra stipulatorem (venditorem *or* locatorem). *For all practical purposes, they were on their way out"*.[35]

Se o *contra stipulatorem* perdeu relevância no período clássico do direito romano com o surgimento da *id quod actum est*, outro critério ganhou espaço: o *quod minus est* (o que seja menor), que mais tarde foi alçado a princípio geral nas compilações de Justiniano.[36] Essa regra surgiu no período em que o direito romano passou por uma fase de *humanização*, especialmente[37] por influência do cristianismo.[38]

A *quod minus est* tem origem na máxima do direito romano clássico *in maiore minus est* (entre o maior se deve o menor).[39] Assim como os conceitos *favor libertatis, benignitas, humanitas*, a *quod minus* se funda na proteção dos mais fracos. São manifestações que serviram de base à concepção de uma regra interpretativa em favor do devedor (*favor debitoris*).[40] A função exercida por essa regra têm relação estreita com o princípio do ônus da prova imposto ao credor: na dúvida sobre a extensão da obrigação, deve-se interpretá-la restritivamente, em favor de quem a refuta

motives" (Zimmermann, Reinhard. *The Law of Obligations: Roman Foundations of the Civilian Tradition. op. cit.*, p. 633).

[35] *Id.*, p. 640.

[36] Alves, José Carlos Moreira. As normas de proteção ao devedor e o favor debitoris – Do direito romano ao direito latino-americano. in *Debito Internazionale – Principi Generali del Dirito.* Schipani, S. (ed.) Roma: CEDAM, 1995, p. 86 *Apud* Olmos, Javier M. Rodríguez. Contexto y construcción de la regla "interpretatio contra proferentem" en la tradición romanista. *op. cit.*, p. 76, nota 21.

[37] Schulz defende que o conceito de *humanitas* surgiu originalmente no direito romano por influência da filosofia helenística e, posteriormente, se somou aos ideais cristãos que passaram a influenciar o império romano. Nessa linha, critica o apego excessivo à ética cristã como única justificativa para humanização do direito romano: "*The complex of legal rules developed under the influence of these two tendencies* [filosofia grega e cristianismo] *is extensive and important. But one cannot always with any certainty attribute them to the one or the other tendency*" (*History of Roman Legal Science.* Oxford: Oxford University Press, 1946, pp. 297-8).

[38] Olmos, Javier M. Rodríguez. Contexto y construcción de la regla "interpretatio contra proferentem" en la tradición romanista. *op. cit.*, pp. 76.

[39] *Id.*, pp. 77. Ao tratar da regra, Olmos remete ao seguinte fragmento D. 50, 17, 19: *semper in obscuris, quod minimum est, sequimur* (nas coisas obscuras sempre nos apegamos ao que for menor) (nota 23).

[40] Schulz, Fritz. *History of Roman Legal Science. op. cit.*, p. 210.

(*i.e.*, em favor do devedor).[41] É do *favor debitoris* que decorre a ideia de que a *contra proferentem* se prestaria a tutelar a parte contratante mais vulnerável.

Nota-se que nem sempre há coincidência de resultados na aplicação da *favor debitoris* e da *contra stipulatorem.* A primeira leva em conta a posição da parte na relação obrigacional sob um prisma material (credor--devedor), enquanto a última se concentra na posição da parte na definição do conteúdo da avença. Mais: a *favor debitoris* busca a interpretação mais benéfica (em favor do devedor), ao passo que a *contra stipulatorem* visa à interpretação mais severa (em detrimento do estipulante).[42]

No regime da *stipulatio* romano, havia uma clara coincidência entre a *favor debitoris* e a *contra stipulatorem*, já que o estipulante era sempre o credor da obrigação assumida pelo promitente-devedor. Mas essa equivalência nem sempre prevalece em contratos bilaterais.[43] Embora ainda hoje se presuma certa convergência de resultados entre a *favor debitoris* e *contra stipulatorem*,[44] basta que o devedor seja responsável pela redação do dispositivo ambíguo para que as regras interpretativas entrem em rota de colisão. A despeito disso, curiosamente, no direito francês pré--Código Napoleônico, vigorou justamente a noção de que a *contra stipulatorem* e a *favor debitoris* andariam de mãos dadas.

Direito francês. A análise histórica do tema sob a ótica do direito francês pré-codificação é relevante não só por conta da inegável influência que os juristas desse período tiveram no desenvolvimento da *contra pro-*

[41] GRASSETTI ressalta a relação estreita da regra interpretativa com o princípio do ônus da prova ao comentar o art. 1137 do Código Civil italiano de 1865: "*Certo anzitutto ci sembra che in esso si ravvisi il principio del favore debitoris, e certo altrettanto che esso si ricolleghi direttamente al principio dell'onere della prova. Onde, anche, nel dubbio sulla vera estensione dell'obbligazione bisogna interpretarla restrittivamente, cioè nel modo che meno aggrava l'obbligato*" (*L'interpretazione del negozio giuridico: con particolare riguardo ai contratti.* Padova: CEDAM, 1983, p. 220).

[42] OLMOS, Javier M. Rodríguez. Contexto y construcción de la regla "interpretatio contra proferentem" en la tradición romanista. *op. cit.*, p. 78.

[43] VOGENAUER, Stefan. Interpretation of contracts: concluding comparative observations. *op. cit.*, p. 142.

[44] "*Em muitas situações, a regra* contra stipulatorem *coincide com a tradicional diretriz de interpretação a favor do devedor, porquanto, na maioria das vezes, é o credor que cuida do recebimento da prestação que lhe é devida. Dizendo-o de outro modo, é comum que seja o credor a redigir o contrato e, nesse contexto, o comando* contra stipulatorem *implica privilégio do interesse do credor* [...]" (FORGIONI, Paula A. *Contratos empresariais: teoria geral e aplicação. op. cit.*, p. 268).

ferentem, mas também porque se entende que a própria norma introduzida no art. 113, §1º, inc. IV, do Código Civil seria a positivação de umas das regras hermenêuticas desenvolvidas pelo principal expoente do período: POTHIER.[45]

A concepção da *contra proferentem* no direito francês teve clara influência das fontes romanas. Em seus estudos sobre a *contra proferentem*, DOMAT extraiu ambas as regras interpretativas desenvolvidas no direito romano: *favor debitoris* e *contra stipulatorem*.[46] Embora também influenciado pelos romanos, POTHIER seguiu outro caminho. O jurista estabeleceu uma presunção de equivalência entre as duas máximas ao desenvolver a *sétima* de suas quatorze regras de interpretação: "*em duvida deve interpretar-se huma clausula de qualquer contracto, contra o estipulante, em descargo daquelle que se obrigou*".[47] Ao justificar a regra, o jurista defendia que "*o credor deve imputar a si a culpa de se não ter explicado melhor*".[48] Claramente, partia da presunção putativa de que o credor seria sempre o estipulante da obrigação.

Essa "cumulação pothiana" acabou reproduzida no artigo 1162 do Código Civil francês de 1804: "*dans le doute, la convention s'interprète contre celui qui a stipulé et en faveur de celui qui a contracté l'obligation*".[49] O dispositivo do Código sofreu duras críticas por ter conservado a referência à "estipulação", que há muito havia perdido seu sentido, mas também

[45] *Id.*, p. 248.

[46] DOMAT faz referência a duas regras interpretativas em suas obras. A primeira reflete a máxima *quod minus* e a tendência *favor debitoris* da fase clássica do direito romano, segundo a qual "*les obscurites et les incertitudes des clauses qui obligent, s'interpretent en faveur de celui que est oblige et il faut restreindre l'obligation au sens qui la diminue*". A segunda corresponde à *contra stipulatorem*: "[s]*i l'obscurité, l'ambiguïté, ou tout autre vice d'une expression, est un effet de la mauvaise foi, ou de la faute de celui qui doit expliquer son intention; l'interprétation s'en fait contre lui, parce qu'il a du faire entendre nettement ce qu'il entendit*" (DOMAT, Jean. *Les loix civils dans leur ordre naturel.* I, Paris, 1771, Section II, Tit. I, 13 *Apud* OLMOS, Javier M. Rodríguez. Contexto y construcción de la regla "interpretatio contra proferentem" en la tradición romanista. *op. cit.*, p. 82, nota 42).

[47] POTHIER, Robert-Joseph. Regras da interpretação dos contractos. in *Revista de Direito Civil, Imobiliário, Agrário e Empresarial*, vol. 35, ano 10, jan/mar 1986, p. 315.

[48] *Ibid.*

[49] Além do art. 1162, o artigo 1602 ("*Le vendeur est tenu d'expliquer clairement ce à quoi il s'oblige. Tout pacte obscur ou ambigu s'interprète contre le vendeur*") do Código Civil francês de 1804 é clara expressão da fórmula romana *ambiguitas contra venditorem.*

por ter partido dessa premissa anacrônica de que o credor seria sempre a parte a propor (ou impor) o conteúdo da obrigação.[50] Dada a influência do Código Napoleônico no processo de codificação dos países de *civil law*, a despeito das críticas, a regra acabou reproduzida em maior ou menor extensão em vários sistemas, como o italiano (CCit 1865, art. 1137[51]) e o brasileiro (Código Comercial de 1850, art. 131).

Parte II. Evolução legislativa da *contra proferentem* no direito brasileiro

A evolução legislativa brasileira da *contra proferentem*, desde o Código Comercial de 1850 até a Lei da Liberdade Econômica, reflete uma posição oscilante entre as duas regras interpretativas que estão à base do *contra proferentem* (*favor debitoris* e *contra stipulatorem*). Acompanhar essa evolução ajuda a compreender quais das regras exerceu maior ou menor influência no nosso sistema em determinado período, e dá maior clareza sobre a função que o legislador pareceu conferir ao art. 113, §1º, inc. IV, do Código Civil.

Código Comercial de 1850. O Código Comercial foi claramente influenciado por Pothier, sua "*declarada fonte de inspiração*".[52] Bulgarelli é categórico ao afirmar que "*obviamente, serviu-se o legislador de 1850 das 14 regras de Pothier, que ainda continuam bastante oportunas*".[53] Dentre as

[50] Olmos, Javier M. Rodríguez. Contexto y construcción de la regla "interpretatio contra proferentem" en la tradición romanista. *op. cit.*, p. 84, nota 46.

[51] CCit 1865, art. 1137: "*Nel dubbio il contratto si interpreta contro colui che ha stipulato, ed in favor di quello che ha contratto l'obbligazione*". Betti já identificava no art. 1137 o ônus de autorresponsabilidade no qual depois defendeu a extensão da aplicação do art. 1370 do Código Civil italiano de 1942. Segundo o autor: "*l'art. 1337 statuiva parimenti un'autoresponsabilità a carico della parte che, contro l'onere di parlar chiaro, avesse formulato in termini oscuri o ambigui I patti contrattuali cui aveva interesse, in quanto diretti a creare obblighi o limiti alla controparte, e così imponeva d'interpretare tali patti nel senso che risultasse meno oneroso per questa. La giustificazione pratica di questo criterio è chiara e plausibile: è interesse e onere del proponente formulare chiaramente le clausole inserite a suo favore; se non l'ha fatto, egli deve supportarne le conseguenze*" (in Betti, Emilio. *Interpretazione della legge e degli atti giuridici*. Milão: A. Giuffrè, 1949, p. 313).

[52] "*Essa necessidade* [de revisar as normas sobre interpretação] *faz-se sentir de forma mais aguda quando nos damos conta que a semelhança entre as disposições do Código Comercial brasileiro de 1850 e as regras vigentes no Codice Civile explica-se pela raiz comum encontrada na sistematização de Pothier.*" (Forgini, Paula A. *Contratos empresariais: teoria geral e aplicação. op. cit.*, p. 245, nota 9).

[53] Bulgarelli, Walridio. *Contratos Mercantis*. 4ª ed.., São Paulo: Atlas, 1987, p. 143.

quatorze regras, a sétima serviu de modelo para o art. 113, 5, do Código Comercial: "*nos casos duvidosos, que não possam resolver-se segundo as bases estabelecidas, decidir-se-á em favor do devedor*".

Dois aspectos do dispositivo são dignos de nota. Primeiro, o fato de que a aplicação da regra estava restrita aos "*casos duvidosos*" que não pudessem ser sanados com base nas regras estabelecidas, o que ressalta o caráter *subsidiário* da norma. Segundo, a previsão de que a dúvida seria solucionada "*em favor do devedor*", a demonstrar que a norma foi positivada em nosso sistema com fundamento na *favor debitoris.*

Código Civil de 1916. O Código Civil anterior positivou a interpretação restritiva dos contratos *gratuitos* por meio do art. 1090: "*os contratos benéficos interpretar-se-ão estritamente*". Entende-se que a interpretação estrita implicava aquela em *favor do devedor.*[54] Trata-se, assim, de regra interpretativa também fundada na *favor debitoris,*[55] aqui limitada aos contratos benéficos – embora, durante a vigência do Código Civil de 1916, tenha permanecido em vigor a regra do art. 131, 5, do Código Comercial, cuja aplicação também alcançava os contratos onerosos.

Código Civil de 2002. Quando de sua promulgação, o Código Civil atual trouxe regras importantes sobre a aplicação da *contra proferentem* no nosso sistema. Da perspectiva do *favor debitoris,* a norma acabou delimitando sua incidência apenas aos contratos gratuitos ao preservar a interpretação restritiva dos contratos benéficos já prevista no Código anterior (CC, art. 114),[56] mas *revogar* a primeira parte do Código Comercial,

[54] Ao opinar sobre a regra, não por acaso, PONTES DE MIRANDA faz referência à máxima romana *quod minus est*: "*Trata-se de regra jurídica interpretativa que se há de seguir quando, empregados os meios de interpretação, persista a dúvida. No fundo, é de intepretação a favor do devedor que se cogita, mas, nas espécie, o art. 1090 funciona como regra jurídica interpretativa, que adota a restrição, o que nem sempre se dá quando, fora dos negócios jurídicos bilaterais gratuitos, ditos benéficos, se invoca o brocardo* in obscuris, quod minimum est sequimur" (PONTES DE MIRANDA, Francisco Cavalcanti. *Tratado de direito privado.* Parte Geral. Tomo XXXVIII: direito das obrigações – negócios jurídicos bilaterais. LIMA MARQUES, Claudia; MIRAGEM, Bruno (atual.). São Paulo: Revista dos Tribunais, 2012, p. 189).

[55] MARINO, Francisco Paulo De Crescenzo. *Interpretação do Negócio Jurídico. op. cit.*, p. 360. Ao fazer um rol exemplificativo das regras decorrentes do favor debitoris, MOREIRA ALVES indica "*a que estabelece que, se apesar da aplicação das normas de intepretação, o contrato gratuito permanecer obscure, deve ele ser entendido no sentido menos gravoso para o obrigado*" (O favor debitoris como princípio geral de direito. in *Revista de Direito Comparado,* nº 26, 2004, p. 22).

[56] CC, art. 114: "*Os negócios jurídicos benéficos e a renúncia interpretam-se estritamente*".

o que incluía o art. 113, 5 (CC, art. 2045) – embora também se reconheça no art. 133 do Código[57] outra manifestação do *favor debitoris*, relativa à presunção de fixação do prazo em favor do devedor. A segunda mudança relevante, aí da perspectiva do *contra stipulatorem*, foi a previsão inserida no art. 423, que impõe a interpretação das "*cláusulas ambíguas ou contraditórias*" em favor do aderente nos contratos de adesão.

A partir dessas alterações, o Código Civil brasileiro passou a ter regime semelhante ao Código Civil italiano atual. Lá também se migrou de um regime "unitário" (CCit 1865, art. 1137), inspirado na concepção pothiana do *contra proferentem*, para um regime "dualista": limitou-se a *contra stipulatorem* aos contratos cujo conteúdo é definido unilateralmente por uma das partes via condições gerais de contratação, modelo ou formulário (CCit, art. 1370)[58], e se restringiu a *favor debitoris* aos contratos gratuitos (CC, art. 1371)[59].[60]

[57] CC, art. 133: "*Nos testamentos, presume-se o prazo em favor do herdeiro, e, nos contratos, em proveito do devedor, salvo, quanto a esses, se do teor do instrumento, ou das circunstâncias, resultar que se estabeleceu a benefício do credor, ou de ambos os contratantes*".

[58] CCit, art. 1370: "*Interpretazione contro l'autore della clausola. Le clausole inserite nelle condizioni generali di contratto o in moduli o formulari predisposti da uno dei contraenti s'interpretano, nel dubbio, a favore dell'altro*".

[59] CCit, art. 1371: "*Regole finali. Qualora, nonostante l'applicazione delle norme contenute in questo capo, il contratto rimanga oscuro, esso deve essere inteso nel senso meno gravoso per l'obbligato, se è a titolo gratuito, e nel senso che realizzi l'equo contemperamento degli interessi delle parti, se è a titolo oneroso*".

[60] Forgioni critica a revogação das regras de interpretação do Código Comercial pelo Código Civil ressaltando a distinção entre a *contra stipulatorem* e a *favor debitoris* com fundamento no Código Civil italiano. Na visão da autora, após a extinção do art. 113, 5, do Código Comercial, a *favor debitoris* teria sido equivocadamente limitada à presunção referente ao prazo "*em proveito do devedor*" no art. 133 do Código Civil. Na nossa visão, essa interpretação, contudo, ignora a regra prevista no art. 114 do Código Civil, que está em linha com art. 1371 do CCit citado na própria crítica. A respeito, v.: "*Não é demais lembrar que a interpretação contra aquele que estipula a cláusula* (interpretatio contra stipulatorem) *é um tanto diversa da menos gravosa para o obrigado. Essa distinção vem bem marcada nos arts. 1.370 e 1.371 do Codice Civile* [...] *Novamente, diante do texto Código Civil de 2002, entrevemos duas possibilidades (i) ou houve a supressão da regra geral de interpretação a favor do devedor, mantendo-a, o Novo Código Civil, apenas para questões relativas a prazo; ou (ii) torna-se a interpretatio contra stipulatorem por aquela menos gravosa para o onerado*" (in. Apontamentos sobre algumas regras de interpretação dos contratos comerciais: Pothier, Cairu e Código Comercial de 1850. in *Revista de Direito Mercantil, Industrial, Econômico e Financeiro*, vol. 141, ano XLV, jan/mar 2006, p. 33)

Houve defensores no direito italiano a favor da expansão da *contra stipulatorem* a todo tipo de contratação – em linha com a regra introduzida no nosso Código Civil pela Lei da Liberdade Econômica. Defendia-se que a norma era corolário da boa-fé, que impunha o ônus de clareza (*clare loqui*) a quem propõe o conteúdo do contrato.[61] Não se via razão para delimitar o âmbito de aplicação desse ônus apenas aos contratos de adesão.[62] A despeito desse posicionamento, os tribunais italianos acabaram restringindo a aplicação da regra apenas aos contratos expressamente abrangidos pelo art. 1370 do CCit (formados via condições gerais, modelos ou formulário).[63] Embora essa corrente doutrinária não tenha prevalecido na jurisprudência italiana, vale notar que seus fundamentos são justamente aqueles nos quais o legislador brasileiro pareceu basear a regra incluída no art. 113, §1º, inc. IV, do Código Civil (*infra*, Parte IV).

O movimento de delimitação da *contra stipulatorem* a contratos de adesão não se limitou ao direito italiano. Essa tendência foi bastante acentuada no direito europeu no início do séc. XX com a proliferação das condições gerais de contratação, especialmente nas relações de consumo. O direito francês é outro exemplo digno de nota e interesse – em especial porque, dada a relevância do Código Napoleônico para o movi-

[61] GRASSETTI, Cesare. *L'interpretazione del negozio giuridico: con particolare riguardo ai contratti. op. cit.*, p. 221.

[62] O principal expoente dessa corrente foi BETTI. Segundo o autor: "*Il criterio dell'autoresponsabilità correlativa all'onere di parlar chiaro, essendo coordinato alla tutela dell'affidamento fondato sul comune significato delle dichiarazioni contrattuali, ha logicamente una portata generale. E pertanto la norma dell'art. 1370 del nuovo codice, che lo enuncia esplicitamente per le sole clausole inserite nelle condizioni generali di contratto o in moduli o formulari predisposti da uno dei contraenti – ipotesi, nella quale esso si presenta più ovvio quanto al punto di rilevanza ermeneutica – comporta una applicazione estensiva a qualsiasi clausola inserita nell'interesse di una delle parti*" (in BETTI, Emilio. *Interpretazione della legge e degli atti giuridici. op. cit.*, p. 314; BETTI, Emilio. *Teoria generale del negozio giuridico*. Napoli: Edizioni Scentifiche Italiane, 2002, pp. 350-1).

[63] "*The application of this principle [contra proferentem] by the Corte di Cassazione has been very limited and exceptional in practice. It has been very limited because the Corte di Cassazione stated that this principle could apply only when the whole text of the contract is written by one of the parties for use in multiple transactions and has only been submitted to the other party for its approval.*" (YILDIRIM, Ahmet Cemil. *Interpretation of contracts in comparative and uniform law. op. cit.*, p. 56).

mento de codificações, a cumulação pothiana acabou se espraiando para vários outros códigos.[64]

No sistema francês, a aplicação literal do art. 1162 do Código Civil Napoleônico – cuja redação, seja lembrado, impunha a interpretação contra o estipulante e mais favorável ao devedor – poderia ser prejudicial ao aderente-consumidor, já que o prestador do serviço normalmente é o devedor da prestação. Assim, os tribunais franceses passaram a aplicar o dispositivo apenas com foco na interpretação em favor do aderente, ignorando a lógica *favor debitoris*.[65]

Essa foi uma relevante *quebra do paradigma* de equivalência entre as figuras do credor e estipulante, cuja origem, como visto, remonta à *stipulatio* romana, e foi perpetuada por POTHIER em sua sétima regra de interpretação. A partir do séc. XX, com o advento das técnicas de contratação em massa, percebeu-se que, na maioria dos arranjos em que uma das partes impõe unilateralmente o conteúdo do contrato, essa parte é o devedor da obrigação, e não o credor. Daí porque passou a ser uma contradição em termos perseguir uma interpretação "*contra o estipulante, em favor daquele que se obrigou*" (7ª regra de POTHIER).

Ainda que se reconheça no *ônus de clareza* o fundamento central da *contra stipulatorem*, nota-se que a delimitação da regra aos contratos de adesão também se funda (com maior intensidade) na tutela da parte mais vulnerável da relação contatual. Como explica ORLANDO GOMES, "*mesmo que possua natureza contratual, a singularidade da sua estruturação* [dos contratos de adesão] *não permite seja interpretado do mesmo modo que os contratos comuns, porque é relação jurídica em que há predomínio categórico da vontade de uma das partes. É de se aceitar, como diretriz hermenêutica, a regra*

[64] Com exceção do Código Civil chileno de 1855, que, embora tenha também se inspirado do Código Napoleônico, se distanciou significativamente da regra pothiana, ao incorporar a *interpretatio contra proferentem* com clara distinção entre a *favor debitoris* e *contra stipulatorem*. Nos termos do art. 1556 do Código Civil: "*no pudiendo aplicarse ninguna de las reglas precedentes de interpretación, se interpretarán las cláusulas ambiguas a favor del deudor. Pero las cláusulas ambiguas que hayan sido extendidas o dictadas por una de las partes, sea acreedora o deudora, se interpretarán contra ella, siempre que la ambigüedad provenga de la falta de una explicación que haya debido dares por ella*". O direito chileno saiu, assim, na vanguarda ao distinguir as duas regras interpretativas já nos meados do séc. XIX.

[65] VOGENAUER, Stefan. Interpretation of contracts: concluding comparative observations. *op. cit.*, p. 142.

segundo a qual, em caso de dúvida, as cláusulas do contrato de adesão devem ser interpretadas contra a parte que as ditou".[66]

A ideia de resguardar a parte mais fraca via *contra stipulatorem* ganhou mais força com a inclusão da regra nas normas de proteção aos consumidores, que passaram a surgir no fim do séc. XX. No âmbito da União Europeia, veio à tona a diretiva sobre cláusulas abusivas em contratos com consumidores, promulgada pelo Conselho das Comunidades Europeias em 5 de abril de 1993 (Diretiva 93/13/CEE).[67] O art. 5 da diretiva prevê *"em caso de dúvidas sobre o sentido de uma cláusula, prevalecerá a interpretação mais favorável ao consumidor"*. Essa lógica de interpretação mais favorável ao consumidor foi reproduzida em vários sistemas, inclusive no italiano (CDCit, art. 35, 2),[68] francês (CDCfr, L133-2)[69] e brasileiro (CDC, art. 47).[70]

O exame da evolução legislativa da *contra proferentem* até aqui confirma uma certa aproximação do direito brasileiro às tendências verificadas no direito italiano e francês. Percebe-se a oscilação entre os dois fundamentos distintos da regra: o ônus de clareza decorrente da autorresponsabilidade imposta à parte que define o conteúdo do contrato, e a proteção da parte mais vulnerável da relação contratual. A despeito do movimento pendular, a vertente protetiva da norma ganhou muito mais relevância nas últimas décadas no contexto de reação às condições gerais de contratação. De fato, embora possa se afirmar que ambos os fundamentos estão presentes nas regras relativas à interpretação dos contratos de adesão e de consumo, é clara a preponderância da função protetiva nessas normas.

[66] GOMES, Orlando. *Contratos. op. cit.*, p. 148. Nesse sentido, na exposição de motivos do Código Civil atual, REALE ressalta que as normas sobre contratos de adesão foram incluídas *"visando a garantir o aderente perante o ofertante, dotado de vantagens que sua posição superior lhe propicia"* (Mensagem nº 160 de 10 de junho de 1975. in *Novo Código Civil: exposição de motivos e texto sancionado*, 2ª ed., Brasília: Senado Federal, 2005, p. 42).

[67] A respeito das regras de intepretação da Diretiva 93/13/CE, v. MARINO, Francisco Paulo De Crescenzo. *Interpretação do Negócio Jurídico. op. cit.*, pp. 279-281.

[68] CDCit, art. 35, 2: *"In caso di dubbio sul senso di una clausola, prevale l'interpretazione piu' favorevole al consumatore"*.

[69] CDCfr, art. 133-2: *"In the event of doubt, they are interpreted in the sense which is most favorable to the consumer or the non-professional"*.

[70] No Brasil, o passo cronológico acabou se invertendo já que o Código de Defesa do Consumidor (lei nº 8.078/1990) antecedeu o Código Civil atual (lei nº 10.406/2002).

Há, inclusive, várias vozes a favor da expansão desse "tratamento mais favorável" a outras hipóteses em que se verifica o *domínio* de uma parte contratante sobre a outra.[71] O campo dos contratos empresariais *não paritários* parece ser bastante fértil nesse sentido[72] – embora, em nossa visão, não se trate de solução de *lege ferenda*, já que a maioria desses contratos é formado "por adesão",[73-74] estando, portanto, sujeitos ao regime do art. 423 do Código Civil.[75] Ao que interessa ao escopo desse

[71] "*Por outro lado, também não se duvida que foi essa 'cruzada' dos tempos modernos – a protecção do consumidor – o grande impulsionador dos vários diplomas legislativos sobre as condições gerais da empresa que pelo mundo fora têm vindo a ser aprovados. O que desejo realçar, contudo, é que o fenómeno é mais amplo, não deve confinar-se às relações da empresa com os consumidores, antes sendo de estender, em certos termos, também às próprias relações entre empresário ou entidades equiparadas.*" (Monteiro, António Pinto. Novo regime jurídico dos contratos de adesão e cláusulas contratuais gerais. in *Revista da Ordem dos Advogados*, v. 1, ano 62, jan., 2002); "*Essa regra* [7ª regra de Pothier] *permeia a intepretação dos contratos de adesão, mas pode ser trazida ao auxílio do estabelecimento da correta dimensão dos contratos comerciais, como um todo: aquele que está em situação de dependência econômica não pode restar obrigado além dos termos expressamente contratados. Desautoriza-se, portanto, interpretação extensiva que prejudique o agente em posição de sujeição*" (Forgioni, Paula. Apontamentos sobre algumas regras de interpretação dos contratos comerciais: Pothier, Cairu e Código Comercial de 1850. in *Revista de Direito Mercantil, Industrial, Econômico e Financeiro*, vol. 141, ano XLV, jan/mar 2006, pp. 33-4); V. também Lipari, Nicolò. Per una revisione della disciplina sull'interpretazione e sull'integrazione del contratto? in *Riv. trim. dir. proc. civ.*, fasc. 3, 2006, pag. 713.

[72] "*Em certas relações interempresariais, verifica-se a dependência econômica de uma parte em relação a outra. Essa supremacia implica a possibilidade/capacidade de um sujeito impor condições contratuais a outro, que deve aceitá-las.*" (Forgioni, Paula. *Contratos empresariais: teoria geral e aplicação. op. cit.*, p. 67).

[73] Forgioni cita o exemplo das redes contratuais, em que os contratos interempresariais de adesão "*demonstram-se comuns no dia a dia, aplicados para viabilizar a formação das redes contratuais. [...] O integrante da rede adere ao programa negocial da empresa líder, aceitando-o. Cada um dos contratos da rede será celebrado por adesão*" (*Id.*, p. 66).

[74] "*Adesão é técnica de formação, que pode ser aplicada a qualquer categoria ou tipo contratual*" (Nery Jr., Nelson *et al. Código Brasileiro de Defesa do Consumidor: comentado pelos autores do anteprojeto.* 12ª ed., Rio de Janeiro: Forense, 2018, p. 290).

[75] Aliás, a percepção de que o regime dos contratos de adesão seria apto a fazer incidir a *contra proferentem* aos contratos em que há influência dominante de uma das partes permeou a recente reforma do Código Civil francês de 2016. O artigo 1140-1 previsto no *Projeto Catala* previa a expansão da *contra proferentem* a todos os contratos em que houvesse "influência dominante" de uma das partes ("*Toutefois, lorsque la loi contractuelle a été établie sous l'influence dominante d'une partie, on doit l'interpréter em faveur de l'autre*"). Contudo, a redação prevalecente após a reforma do Código Civil manteve a incidência da *contra proferentem*

artigo, chama atenção o fato de que esses impulsos de expansão da *contra proferentem* estavam até então fundados sempre numa lógica de dominação ou superioridade de uma das partes sobre a outra.

Lei da Liberdade Econômica. A nova regra introduzida no art. 113, §1º, inc. IV, do Código Civil trouxe uma nova quebra *de paradigma* à evolução da *contra proferentem* no direito pátrio ao pretender expandir o campo de aplicação da regra a *todos* os negócios jurídicos *inter vivos*, deixando de lado o foco na tutela da parte mais frágil da relação, para se concentrar no ônus de clareza imposto à parte que redige o contrato.

Quando da promulgação da Código Civil atual, e consequente revogação do art. 131, 5, do Código Comercial, Forgioni fez uma ponderação que nos parece pertinente à análise aqui empreendida: "[c]*abe, aqui uma pergunta: a interpretação não mais deverá ser a favor do devedor em um contrato empresarial normalmente negociado pelas partes? De duas uma: ou (i)* a noção de contrato de adesão será ampliada – o que pode ser desastroso para o direito comercial, caso se arremesse contra os negócios mercantis uma interpretação concebida para contratos com consumidores – *ou (ii) não mais teremos a interpretação a favor do devedor*" (g. n.).[76] Ao que parece, a "desastrosa" ampliação temida quando da revogação do Código Comercial foi justamente aquela perseguida pelo legislador ao introduzir a nova regra no Código Civil.

O histórico legislativo do art. 113, §1º, inc. IV, do Código Civil confirma isso. A Lei da Liberdade Econômica foi fruto da Medida Proviso-

apenas aos contratos de adesão, e previu a incidência da *favor debitoris* aos contratos negociados ("*gré à gré*"), conforme texto do art. 1190 ("*Dans le doute, le contrat de gré à gré s'interprète contre le créancier et en faveur du débiteur, et le contrat d'adhésion contre celui qui l'a proposé*"). A respeito: "[d]*'une manière plus générale, le nouvel article 1190, prenant la suite du trop négligé ex-article 1162 (qui faisait peser le doute sur le créancier), pose un principe subsidiaire alternatif : dans les contrats d'adhésion, le doute pèse sur le rédacteur (pour l'inciter à être clair); dans les contrats de gré à gré, l'interprétation se fait en faveur du débiteur, ce qui signifie qu'en cas de doute, on doit préférer le sens qui exige le moins du débiteur, lequel ne peut être obligé au-delà de ce qu'il a certainement accepté»* (in Bénabent, Alain. *Droit des obligations.* 18ª ed., Issy-les-Moulineaux: LGDJ, 2019, p. 243).

[76] Apontamentos sobre algumas regras de interpretação dos contratos comerciais: Pothier, Cairu e Código Comercial de 1850. in *Revista de Direito Mercantil, Industrial, Econômico e Financeiro*, vol. 141, ano XLV, jan/mar 2006, p. 33. Já se viu que essa crítica ignora a preservação da interpretação *favor debitoris* para os contratos gratuitos (CC, art. 114), mas ainda assim é valiosa porque chama atenção para o risco da ampliação incauta da regra de interpretação prevista para os contratos de adesão.

ria nº 881/2019. O dispositivo hoje previsto no art. 113 havia sido inicialmente introduzido no Código por meio da adição de um parágrafo único ao art. 423 com os seguintes dizeres: "*nos contratos não atingidos pelo disposto no* caput, *exceto se houver disposição específica em lei, a dúvida na interpretação beneficia a parte que não redigiu a cláusula controvertida*". Vê-se, portanto, que a intenção era justamente ampliar a regra para os contratos *negociados*, não atingidos pelo *caput* do art. 423.

A regra acabou sendo retirada do art. 423 e incluída no inc. IV do art. 113 por força do acolhimento da proposta de Emenda Aglutinativa nº 1 à Medida Provisória nº 881/2019. Assim, retirou-se a regra do título do Código dedicado aos "*contratos em geral*" e a introduziram no título referente aos "*negócios jurídicos*". Essa mudança topográfica não nos pareceu a mais acertada: não bastasse caminhar para uma expansão considerável do campo de incidência da *contra proferentem* para além dos contratos de adesão, o legislador ainda resolveu ampliar o escopo da norma a todos os negócios jurídicos *inter vivos*.[77]

Não satisfeito em extrapolar inadvertidamente o âmbito de aplicação da *contra proferentem* a todos os negócios jurídicos *inter vivos*, o legislador ainda suprimiu a referência à necessária existência de "*dúvida*" para aplicação da regra – importante indicativo de seu caráter subsidiário –, antes prevista no parágrafo único do art. 423 introduzido na Medida Provisória nº 881/2019. Assim, além de mal posicionada, a norma ainda restou mal redigida. A despeito disso, a norma está em vigor e é de aplicação obrigatória. Logo, é preciso enfrentá-la. O direito contratual internacional parece dar boas pistas sobre como fazê-lo.

Parte III. A *contra proferentem* no direito contratual internacional

Os instrumentos internacionais de uniformização do direito contratual, em regra, têm disposições detalhadas sobre interpretação e seguem um método específico, que se reflete em boa parte deles. Dito método é

[77] Em sentido oposto: "*A modificação sugerida para o artigo em questão* [art. 423] *não atendia a melhor técnica legislativa. Se o objetivo era interpretar a cláusula obscura a favor de quem não a redigiu nos contratos em geral, a disposição deveria estar em artigo próprio e não como exceção da interpretação dos contratos de adesão.* [...] *A opção adotada pela Lei 13.874/19 configurou um melhor caminho para a introdução do princípio da interpretação contra o predisponente no direito privado nacional geral*" (Kroetz, Maria Cândida do Amaral. Interpretações – art. 113 do Código Civil. *op. cit.*, p. 348).

basicamente formado por duas etapas: (1ª) interpretação subjetiva, com base na *intenção comum* das partes em detrimento do texto da disposição interpretada; e, subsidiariamente, caso a intenção comum não possa ser determinada, (2ª) interpretação objetiva, que se baseia na *interpretação razoável de um terceiro* nas mesmas circunstâncias das partes.[78] A seguir, analisa-se a aplicação da *contra proferentem* na CISG e nos Princípios UNIDROIT.

CISG. A Convenção segue o método acima mencionado em seu art. 8º, que estabelece uma ordem hierárquica clara entre seus incisos. O art. 8(1)[79], que privilegia a interpretação subjetiva, tem prevalência sobre o art. 8(2)[80], que reflete a intepretação objetiva, e só tem incidência, "*não sendo caso de aplicação do parágrafo anterior*", nos expressos termos do tratado.

O art. 8(2) tem mais relevância para este texto porque parte da doutrina o vê como expressão da *contra proferentem.*[81] Dito artigo prevê que

[78] YILDIRIM, Ahmet Cemil. *Interpretation of contracts in comparative and uniform law. op. cit.*, p. 125. YILDIRIM menciona que as circunstâncias normalmente consideradas relevantes para a interpretação objetiva são: a natureza e o propósito do contrato, os usos e costumes do mercado específico, a negociação prévia ao contrato, a conduta das partes *etc.* (*Ibid.*).

[79] CISG, art. 8(1): "*Para os fins desta Convenção, as declarações e a conduta de uma parte devem ser interpretadas segundo a intenção desta, desde que a outra parte tenha tomado conhecimento dessa intenção, ou não pudesse ignorá-la*".

[80] CISG, art. 8(2): "*Não sendo caso de aplicação do parágrafo anterior, as declarações e a conduta de uma parte devem ser interpretadas segundo o sentido que lhes teria dado uma pessoa razoável, com a mesma qualificação e nas mesmas circunstâncias da outra parte*".

[81] O maior expoente dessa visão é HONNOLD, para quem: "[t]*his provision has roots in the classic rule that doubts are to be resolved against the drafter* (contra proferentem)" (in *Uniform Law for International Sales under the 1980 United Nations Convention.* 3ª ed., Haia: Kluwer Law International, 1999, § 107.1). No mesmo sentido, Alemanha, Oberlandesgericht Stuttgart, j. 31.3.2008: "*Furthermore, the principle of 'contra proferentem' applies to both the CISG and the BGB*" (disponível *online*: <https://cisgw3.law.pace.edu/cases/080331g1.html> [acesso em 20.6.2020]). Parte da doutrina entende que a *contra proferentem* não está previsto na CISG, mas pode ser integrado a ela por meio do art. 7(2) ("*As questões referentes às matérias reguladas por esta Convenção que não forem por ela expressamente resolvidas serão dirimidas segundo os princípios gerais que a inspiram ou, à falta destes, de acordo com a lei aplicável segundo as regras de direito internacional privado*"), já que representaria um princípio geral no qual a Convenção está fundada. A respeito v. LOOKOFSKY, Joseph. *Understanding the CISG.* 3ª ed., Haia: Kluwer Law International, 2008, pp. 47-48. *Apud* Smythe, Donald. J. Reasonable Standards for Contract Interpretations under the CISG. in *Cardozo Journal of International and Comparative Law*, vol. 25, 2016,

a interpretação deverá buscar o sentido que seria dado à conduta ou declaração por uma "*pessoa razoável com a mesma qualificação e nas mesmas circunstâncias da outra parte*". Entende-se que o artigo colocaria sobre os ombros do redator o ônus de se comunicar de forma clara do modo que qualquer terceiro razoável na mesma posição que sua contraparte daria o mesmo sentido à sua declaração. Esse ônus tem especial importância num contexto internacional, em que as partes normalmente falam línguas diferentes e tem formações jurídicas distintas.[82]

No âmbito da Convenção, a *contra proferentem* parece ter maior incidência quando as partes se valem de termos padrão (*standard terms*) fornecidos por apenas uma das partes – ex., termos extraídos das condições gerais normalmente utilizadas por dita parte em suas contratações com terceiros.[83]

Princípios UNIDROIT. Os Princípios UNIDROIT preveem expressamente, em seu art. 4.6, que "*if contract terms supplied by one party are*

disponível *online*: <https://papers.ssrn.com/sol3/papers.cfm?abstract_id=2843786> [acesso em 20.6.2020]. No sentido de que o contra proferentem é um princípio geral, v. Câmara de Comércio Internacional – CCI, Sentença nº 7110, 1999 ("*It is a general principle of interpretation widely accepted by national legal systems and by the practice of international arbitral tribunals, including ICC arbitral tribunals, that in case of doubt or ambiguity, contractual provisions, terms or clauses should be interpreted against the drafting party* (contra proferentem)"); disponível *online*: <https://www.trans-lex.org/207110> [acesso em 20.6.2020]; China International Economic & Trade Arbitration Commission – CIETAC, Sentença nº 2000/06, j. 7.1.2000 ("*Both parties' interpretations of Clause 5 of the Contract make sense to a certain extent. The Tribunal cannot locate a guide from the CISG – which both parties agreed to have as the governing law – to solve the problem. However, the Tribunal notes that Clause 5 is from the standard contract drafted by the* [Seller]. *According to the basic principle of contract interpretation – contra proferentem – if contract terms supplied by one party are unclear, an interpretation against that party shall be adopted.*"); disponível *online*: <https://cisgw3.law.pace.edu/cases/000107c1.html> [acesso em 20.6.2020].

[82] Yildirim, Ahmet Cemil. *Interpretation of contracts in comparative and uniform law. op. cit.*, p. 138. Honnold, John O. *Uniform Law for International Sales. op. cit.*, § 107.1. Honnold alerta para o perigo de se usar termos jurídicos ou comerciais que são específicos a uma jurisdição ou têm significados diferentes a depender de onde são empregados.

[83] V. CISG-AC Opinião nº 13, Regra 9: "*If the meaning of a standard term provided by one party remains ambiguous despite interpretation the meaning more favourable to the other party shall prevail*"; disponível *online*: <http://www.cisgac.com/cisgac-opinion-no13/> [acesso em 20.6.2020]. O *Advisory Council* é um grupo privado que promove iniciativas de interpretação uniforme da CISG, especialmente as Opinões. A respeito, v. <https://www.cisgac.com/> [acesso em 20.6.2020].

unclear, an interpretation against that party is preferred". Segundo os Comentários Oficiais, a parte responsável por formular um dispositivo contratual, seja porque o redigiu, seja porque o extraiu de termos padrão de terceiros[84], deve suportar os *riscos* de eventual falta de clareza da fórmula que escolheu.[85] O fundamento por trás da regra está pautado no *ônus de clareza* imposto à parte que tem a oportunidade de determinar o conteúdo do dispositivo.[86]

Uma distinção relevante dos Princípios UNIDROIT, em comparação às legislações europeias que preveem o *contra proferentem* – como visto acima –, é sua aplicação a dispositivos contratuais *individuais* que tenham sido redigidos unilateralmente, e não apenas a condições gerais de contratação ou termos padrão.[87] Na prática, em linha com a pretensão dos redatores dos Princípios,[88] é mesmo mais comum ver a aplicação do art. 4.6 a termos contratuais específicos, redigidos para disciplinar uma relação contratual em particular, do que a termos padrão.[89]

[84] Várias instituições disponibilizam cláusulas-padrão, a exemplo da maioria das câmaras arbitrais que fornecem cláusulas arbitrais modelo, ou mesmo contratos-tipo a seus membros e usuários. Os contratos-modelo elaborados pela Federação Internacional de Engenheiros Consultores – FIDIC são um exemplo de contratos-padrão utilizado pela indústria internacional de engenharia e construção. A respeito v., Kulesza, Gustavo Santos. Aun, Daniel. Os Contratos FIDIC. In Baptista, Luiz Olavo; Almeida Prado, Maurício de. *Construção Civil e Direito.* São Paulo: Lex Magister, 2011, p. 175.

[85] UNIDROIT Principles of International Commercial Contracts. Official Commentary. 2016; disponível *online*: <unidroit.org/instruments/commercial-contracts/unidroit-principles-2016> [acesso em 20.6.2020]

[86] Yildirim, Ahmet Cemil. *Interpretation of contracts in comparative and uniform law. op. cit.*, p. 156: "*The rationale of this rule is to place the risk of ambiguity in a contract upon the party who drafted the terms of the contract, or who provided the standard terms*".

[87] Brödermann, Eckart. *UNIDROIT Principles of International Commercial Contracts: An Article-by-Article Commentary.* Kluwer Law International, 2018, p. 116.

[88] Vogenauer, Stephan. Chapter 4: Interpretation. in Vogenauer, Stefan. Kleinheisterkamp, Jan (eds.), *Commentary on the UNIDROIT Principles of International Commercial Contracts (PICC).* 2ª ed., Oxford: Oxford University Press, 2015, Art. 4.6., nº 9. *Apud* Yildirim, Ahmet Cemil. *Interpretation of contracts in comparative and uniform law. op. cit.*, p. 156.

[89] Yildirim, Ahmet Cemil. *Interpretation of contracts in comparative and uniform law. op. cit.*, p. 157. De fato, em todas as sentenças arbitrais disponíveis no banco de dados da UNILEX (http://www.unilex.info), o art. 4.6 foi aplicado na interpretação de dispositivos individuais: (i) intepretação de cláusula referente à extensão da responsabilidade do vendedor por defeitos escondidos (Sentença Arbitral *Ad Hoc*, j. 10.12.1997; disponível *online*: <unilex.info/

A aplicação da *contra proferentem* no âmbito dos Princípios UNIDROIT tem caráter *subsidiário*. A rigor, apenas tem incidência se, após a aplicação dos demais artigos que regem a interpretação contratual no âmbito do instrumento (arts. 4.1. a 4.5), ainda restarem ao menos dois possíveis sentidos para o dispositivo contratual. Nessa hipótese, é de se preferir a interpretação em favor da parte que não redigiu o dispositivo.[90]

O art. 4.6 usa a expressão "*is preferred*", o que contrasta com a redação dos artigos antecedentes dos Princípios UNIDROIT que preveem que os contratos "*shall be interpreted*". Entende-se que essa linguagem menos rígida tem o objetivo de dar maior margem de manobra para que o intérprete considere outras circunstâncias no processo hermenêutico, em especial em que medida as negociações se concentraram (ainda que minimamente) no dispositivo em questão.[91]

É nítida a semelhança do art. 4.6. dos Princípios UNIDROIT e do art. 113, §1º, inc. IV, do Código Civil. Embora o instrumento internacional tenha linguagem mais branda que o texto da lei brasileira, ambos são voltados à intepretação de toda e qualquer disposição contratual ambígua que tenha sido unilateralmente redigida por uma das partes, na contramão dos sistemas que restringiram o escopo de aplicação das regras apenas a contratos de adesão ou a termos padrão de contratação.

principles/case/646> [acesso em 20.6.2020]; (ii) interpretação de cláusula arbitral (Sentença Arbitral CCI nº 11869; disponível *online*: <unilex.info/principles/case/1659> [acesso em 20.6.2020]); (iii) interpretação sobre dispositivo das regras da Associação Alemã de Esportes sobre a nomeação de atletas para as Olimpíadas (Sentença Arbitral *Deutsches Sportschiedsgericht*, j. 17.12.2009; disponível *online*: <unilex.info/principles/case/1676> [acesso em 20.6.2020].

[90] VOGENAUER, Stephan. *Chapter 4: Interpretation, op. cit.*; BRÖDERMANN, Eckart. *UNIDROIT Principles of International Commercial Contracts. op. cit.*, p. 117. Em sentido oposto, YILDIRIM defende que se houvesse dita hierarquia entre os artigos dos Princípios UNIDROIT referentes a interpretação, isso teria sido dito expressamente nos Comentários Oficiais, a exemplo do que se registrou nos comentários ao art. 4.5 (in *Interpretation of contracts in comparative and uniform law. op. cit.*, p. 157). Além de minoritária, essa posição contraria a natureza subsidiária que a regra do *contra proferentem* tem na maioria dos sistemas jurídicos, desde sua origem romana (cf. Parte I).

[91] BRÖDERMANN, Eckart. *UNIDROIT Principles of International Commercial Contracts. op. cit.*, p. 117.

Parte IV. Fundamento e campo de incidência da *contra proferentem* nos contratos negociados no direito brasileiro

São muitas as dúvidas que a nova regra do art. 113, §1º, inc. IV, do Código Civil trouxe consigo. Não se teria a pretensão de sanar todas elas neste artigo. Assim, optou-se por enfrentar as duas questões que nos parecem centrais. A primeira delas tem a ver com a própria razão de ser da norma. A segunda tem a ver com o campo de incidência da norma, especificamente, em que fase do processo interpretativo se aplica.

Fundamento da norma. Não se ignora as dificuldades de interpretar qualquer norma jurídica com base no elemento teleológico, "*aquele de manejo mais delicado*" no processo interpretativo.[92] Até porque, como ensina Ferrara, "*a lei não é o que o legislador quis, ou quis exprimir, mas tão somente aquilo que ele exprimiu em forma da lei*".[93] Dito isso, o recurso à exposição de motivos da Medida Provisória nº 881/2019, depois convertida na Lei da Liberdade Econômica, parece oferecer um bom ponto de partida para a investigação do fundamento por trás da decisão do legislador de expandir a *contra proferentem* para os negócios jurídicos em geral:

> Para a expansão da segurança jurídica das relações privadas, está presente a inserção explícita da regra do 'contra proferentem', sobre a interpretação de todos os contratos, antes limitados – explicitamente – aos de adesão. **Essa regra estipula que a dúvida sobre a interpretação de um contrato beneficia a parte que não redigiu a cláusula disputada,** derivando-se, conforme doutrina comparativa no direito continental (civil law), do princípio de que ninguém será beneficiado pela própria torpeza – regramento já parte do ordenamento jurídico brasileiro, conforme pesquisa presente nas Notas Técnicas. **Essa lógica dá amparo à ideia de que quem redige uma cláusula não deve auferir benefício de tê-la feito de maneira dúbia**, buscando a eliminação de incentivos perversos, conforme assegura a moderna doutrina da análise econômica do Direito. Essa previ-

[92] Marino, Francisco Paulo De Crescenzo. Meios e limites da interpretação da lei: reflexões a partir do conceito legal de bem de família. in *Revista Brasileira de Filosofia*, ano 60, nº 236, jan-jun/2011, p. 305.

[93] Ferrara, Francesco. *A interpretação e aplicação das leis.* 2ed., Andrade, Manuel A. D. (trad.). São Paulo: Saraiva, 1940, pp. 28-9. Prossegue o autor: "*O ponto directivo nesta indagação é, por consequência, que o intérprete deve buscar não aquilo que o legislador quis, mas aquilo que na lei aparece abjectivamente querido: a* mens legis *e não a* mens legislatoris" (p. 30).

são acaba também por valorizar o papel do advogado, na forma do art. 133 da Constituição, sobre os modernos e sofisticados processos de elaboração de contratos privados. Com essa medida, mais esforços serão destinados a evitar conflitos e, então, menos disputas serão instauradas, reduzindo significativamente os custos que tais conflitos impõem ao Judiciário e ao País em geral. (g.n.).[94]

Como se vê, o legislador se amparou expressamente no ônus de clareza (*clare loqui*) para justificar a expansão da *contra proferentem*. Essa noção de autorresponsabilidade está atrelada à regra desde seu nascedouro no direito romano, conforme exposto acima (Parte I), e fundamenta sua "aplicação estendida" no âmbito dos Princípios UNIDROIT (Parte III). Defende-se que a imposição desse ônus ao redator representaria um corolário da boa-fé,[95] que *"privilegia um ambiente de confiança"*,[96] e impede que o redator negligente se beneficie da própria torpeza.[97] O pressuposto é que só aquele que redige o dispositivo tem a *oportunidade* de ponderar e escolher entre a forma mais clara de expressar a vontade das partes.[98]

[94] Dos Guaranys, Marcelo Pacheco. Moro, Sergio Fernando. França, Renato de Lima. *Exposição de motivos.* Medida Provisória nº 881, de 30 de abril de 2019. disponível *online*: <https://www2.camara.leg.br/legin/fed/medpro/2019/medidaprovisoria-881--30-abril-2019-788037-exposicaodemotivos-157846-pe.html> [acesso em 14.6.2020].

[95] *"Il* favor debitoris *è un principio che vale sia o non sia il debitore l'autore del patto o della clausola oscura, resta però sempre che l'onere del* clare loqui *trova nell'art. 1137 cod. civ. una espressione che è il logico corollario del principio fermato nell'art. 1124 cod. civ. perché esso riafferma il canone interpretativo che nessuno può approfittare a danno della controparte dell'espressione di cui è assodata l'ambiguità"* (Grassetti, Cesare. *L'interpretazione del negozio giuridico: con particolare riguardo ai contratti.* Padova: CEDAM, 1983, p. 221). Yildirim, Ahmet Cemil. *Interpretation of contracts in comparative and uniform law. op. cit.*, p. 55; Marino, Francisco Paulo De Crescenzo. *Interpretação do Negócio Jurídico. op. cit.*, p. 277: *"Não há dificuldade em conciliá-la* [a *contra proferentem*] *com o princípio da boa-fé, uma vez que esse é precisamente um dos fundamentos da regra"*.

[96] Kroetz, Maria Cândida do Amaral. Interpretações – art. 113 do Código Civil. *op. cit.*, p. 350.

[97] Venosa, Sílvio de Salvio. Ruas, Luiza Wander. Interpretação dos negócios jurídicos e a liberdade econômica. *op. cit.*, p. 33

[98] Honnold, John O. *Uniform Law for International Sales. op. cit.*, § 107.1: ("[O]*nly the one who communicates has an opportunity to consider and choose among alternative modes of expression and also takes account of a drafter's opportunity to hide an unpleasant meaning through 'the intellectual superiority of the legal virtuoso'"*).

No campo específico dos contratos interempresariais, entende-se que a norma se funda numa lógica de alocação de risco. Assumindo que o agente econômico é ativo e probo, este deve assumir as consequências de não se expressar de forma precisa quando da redação do contrato. "*Parte-se do pressuposto que a dubiedade da declaração de vontade indica que o emitente – frisa-se agente econômico e racional – não se desincumbiu do seu ônus de se fazer entender de forma clara*".[99] O sistema jurídico assume, assim, que a existência de obscuridades ou dúvidas no conteúdo do contrato significa que o emitente não se desincumbiu do seu ônus de clareza, sancionando-o com a interpretação que lhe é mais desfavorável.[100] A regra geraria, portanto, incentivos à adoção de maior cautela pela parte que redige o contrato ou determinada cláusula, dado o risco de interpretação desfavorável em caso de ambiguidade.

Campo de incidência. O legislador foi silente quanto ao campo de incidência da *contra proferentem* ao introduzi-la no art. 113 do Código Civil. Não bastasse não ter previsto critério algum de hierarquia entre os demais incisos do dispositivo, não condicionou a aplicação da regra à existência de ambiguidade ou obscuridade. O silêncio do legislador pode conduzir o intérprete incauto a querer aplicar a regra no início do processo interpretativo, ignorando sua natureza *subsidiária*, que, como se viu, prevalece desde sua origem no direito romano (Parte I), e também a acompanha nos Princípios UNIDROIT (Parte III).

Marino explica que o processo de interpretação se divide em duas fases: *recognitiva* e *complementar*. A primeira se limita a reconhecer o conteúdo expresso ou declarado do negócio jurídico. A segunda visa a sanar a deficiência da declaração negocial identificada na primeira fase, por meio da correção da ambiguidade ou preenchimento da lacuna. "*Trata-se, assim, de corrigir ou precisar o conteúdo da declaração negocial, ou de determinar o conteúdo implícito ou não declarado do negócio jurídico*".[101]

[99] Forgioni, Paula. A interpretação dos negócios jurídicos II – alteração do art. 113 do Código Civil: art. 7º, *op. cit.*, p. 381. Essa lógica de alocação de riscos também é mencionada nos comentários ao art. 4.6 dos Princípios Unidroit: "*A party may be responsible for the formulation of a particular contract term, either because that party has drafted it or otherwise supplied it, for example, by using standard terms prepared by others. Such a party should bear the risk of possible lack of clarity of the formulation chosen*".

[100] Forgioni, Paula. *Contratos empresariais: teoria geral e aplicação*. 5ª ed., *op. cit.*, p. 268.

[101] Marino, Francisco Paulo de Crescenzo. *Interpretação do Negócio Jurídico*. *op. cit.*, p. 160.

Na interpretação de negócios jurídicos *inter vivos*, que é o campo de aplicação das regras de intepretação do art. 113 do Código Civil, a primeira fase tem natureza *subjetiva*, busca a vontade comum declarada dos contratantes; já a segunda tem natureza *objetiva*, visa a sanar a dúvida com base em critérios pré-definidos pelo legislador (comportamento, usos e costumes, boa-fé *etc.*) .[102] Diante da deficiência (ambiguidade, obscuridade ou lacuna) que justificou o acesso à fase complementar da interpretação, pouca utilidade teria perseguir a intenção comum das partes sobre o ponto deficiente, já que estão posições conflitantes.[103] Daí a necessidade de se recorrer a tais critérios objetivos, dentre eles, o *contra proferentem.*

Não há dúvida sobre a incidência da *contra proferentem* na fase secundária/complementar da interpretação. A incidência da norma exige um conflito de sentidos na declaração negocial (p. ex., entre o sentido literal de determinada cláusula em confronto com o sentido decorrente de outras circunstâncias negociais). Diante da impossibilidade de sanar esse conflito com base em outras regras, o intérprete deve optar então pelo sentido que seja menos favorável à parte que redigiu o dispositivo em conflito. "*Vê-se como a referida regra da intepretação atua na fase complementar do processo interpretativo, não obstante pressuponha uma ampla pesquisa (porém insuficiente) na fase recognitiva*".[104] Quando confrontada com outros critérios interpretativos objetivos, também aplicáveis na fase complementar da interpretação – *i.e.*, aqueles previstos no art. 113 do Código Civil –, a *contra proferentem* deve ceder lugar a eles. A regra sempre foi medida de *ultima ratio*,[105] e assim deve permanecer no âmbito do art. 113.[106]

102 *Id.*, pp. 179-180.

103 *"L'adozione di uma stregua oggettiva, che segna appunto il passagio dalla considerazione psicológica a quella técnica, è resa necessária dall'immanente conflitto d'interessi (attuale o virtuale) che nei contratti, e in genere nei negozi inter vivos del traffico, induce naturalmente le parti a sostenere interpretazioni difformi ed opposte"* (Betti, Emilio. *Teoria generale del negozio giuridico. op. cit.*, p. 351)

104 Marino, Francisco Paulo De Crescenzo. *Interpretação do Negócio Jurídico. op. cit.*, p. 276. A passagem se refere à *contra proferentem* no âmbito dos contratos de adesão e de consumo, mas nos parece igualmente aplicável à regra introduzida no inc. IV do art. 113 do Código Civil.

105 *"El recurso a la* interpretatio contra proferentem *es una medida extrema y como tal se encuentra condicionada a la imposibilidad de determinación precisa de la común intención"* (Olmos, Javier M. Rodríguez. Contexto y construcción de la regla "interpretatio contra proferentem" en la tradición romanista. *op. cit.*, p. 99).

106 Ao tratar do potencial conflito entre a *contra proferentem* no campo dos contratos de adesão e consumo, e o usos e costumes, Marino explica que *"afigura-se bastante razoável afir-*

Além do caráter subsidiário da norma, incidente na fase complementar e apenas quando os demais critérios interpretativos objetivos não forem capazes de sanar a deficiência identificada na fase recognitiva, sua aplicação ainda demanda que seja possível *identificar* a parte redatora do dispositivo controvertido. Nos expressos termos do art. 113, §1º, inc. IV, busca-se a interpretação mais favorável "*à parte que não redigiu o dispositivo, **se identificável***" (g. n.). A exigência parece razoável, já que o legislador pretendeu expandir a regra a contratos não firmados por adesão, *i.e.*, negociados.[107]

Neste ponto, discorda-se da opinião de que seria preciso que "*o contrato não tenha sido efetivamente negociado, quase pressupondo que uma das partes imponha à outra uma minuta previamente elaborada*".[108] Condicionar a incidência da regra à quase inexistência de negociação parece querer aproximar demasiadamente seu escopo de aplicação àquele reservado aos contratos de adesão e, assim, esvaziar o sentido da norma.

A chave aqui nos parece a compreensão de que mesmo nos contratos negociados, especialmente naqueles de menor complexidade, há cláusulas individuais que são redigidas por uma das partes unilateralmente e acabam não sendo negociadas. Dito de outro modo, assim como nos contratos de adesão é possível que as partes negociem certas cláusulas específicas sem retirar o caráter adesivo da avença,[109] nos contra-

*mar que deve prevalecer a regra da interpretação em favor do aderente e do consumidor, em virtude de sua **especialidade***" (g. n.) (in MARINO, Francisco Paulo De Crescenzo. *Interpretação do Negócio Jurídico. op. cit.*, p. 277). Entendemos que, quando transplantada ao campo dos negócios jurídicos em geral, a regra perde seu caráter de norma *especial* e, portanto, em razão de seu ínsito caráter subsidiário, não deveria prevalecer em eventual conflito com os demais critérios objetivos previstos no art. 113.

[107] "*O contrato por adesão contrapõe-se ao contrato negociado*" (ZANETTI, Cristiano de Sousa. *Direito contratual contemporâneo: a liberdade contratual e sua fragmentação.* São Paulo: Método, 2008, p. 228).

[108] KROETZ, Maria Cândida do Amaral. Interpretações – art. 113 do Código Civil. *op. cit.*, p. 351. Nesse sentido, a autora também exige que como critério de aplicação da norma "*o flagrante domínio de uma das partes na fase de redação do contrato*" (p. 351).

[109] "*Há, claro, espaço para figuras intermediárias, nas quais parte do negócio é composto por cláusulas predispostas, e parte por estipulações negociadas. Caso as estipulações negociadas não sejam importantes, prevalece disciplina do contrato por adesão. Se o forem, devem ser observadas as regras aplicáveis aos contratos em geral*" (ZANETTI, Cristiano de Sousa. *Direito contratual contemporâneo: a liberdade contratual e sua fragmentação. op. cit.*, p. 228-9).

tos negociados, é também possível que certas cláusulas sejam introduzidas unilateralmente por uma das partes sem que tenham sido objeto de negociação.[110] É precisamente aí que parece estar centrado o restrito escopo de incidência da regra: nos *dispositivos individuais não negociados*, inseridos em contratos negociados.

Não se ignora a dificuldade prática de se identificar o redator de uma cláusula específica nos contratos negociados. A tarefa pode ser mesmo insuperável, sobretudo nas negociações mais complexas, em que as partes trocam várias minutas entre si ou escrevem o contrato a "quatro mãos" nas chamadas *drafting sessions*.[111] Trata-se, porém, de condição *sine qua non*: na impossibilidade de se identificar o redator da cláusula ambígua, não há como a regra ser aplicada. O ônus dessa prova deve pesar sobre quem alega: tratando-se de contrato negociado, em que a adesão é excepcional, caberá à parte que busca a interpretação em seu favor provar que o dispositivo em questão foi redigido unilateralmente pela parte contrária.

Conclusões

Dentre as várias modificações promovidas pela Lei da Liberdade Econômica no Código Civil, a introdução da *contra proferentem* como nova regra interpretativa aplicável a todos os negócios jurídicos *inter vivos* é uma das mais criticáveis. No autodeclarado afã de "*expansão da segurança jurídica das relações privadas*",[112] a nova regra corre o risco de produzir justamente

[110] "*La seconde remarque est que l'on peut trouver dans un contrat d'adhésion des clauses ayant fait l'objet d'une discussion particulière, et inversement, dans un contrat de gré à gré, des stipulations n'ayant donné lieu à aucune discussion. Nombreux sont ainsi les contrats de gré à gré qui, en dépit de longues et âpres négociations, reproduisent certaines clauses à ce point usuelles (clauses de style) que les parties ne leur prêtent souvent aucune attention. Ainsi, parfois, la distinction pertinente est celle qui consiste à opposer, non pas les contrats, mais les stipulations elles-mêmes, selon qu'elles ont fait, ou non, l'objet d'une négociation individuelle.*" (Fages, Bertrand. *Droit des obligations*. 9ª ed., Issy-les--Moulineaux: LGDJ, 2019, p. 48).

[111] Venosa, Sílvio de Salvio. Ruas, Luiza Wander. Interpretação dos negócios jurídicos e a liberdade econômica. *op. cit.*, p. 33: "[P]*ara algumas negociações, pode ser difícil ou até impossível estabelecer quem inseriu o vocábulo ou estipulou a redação final que gerou a contradição*".

[112] Dos Guaranys, Marcelo Pacheco. Moro, Sergio Fernando. França, Renato de Lima. *Exposição de motivos*. Medida Provisória nº 881, de 30 de abril de 2019. disponível *online*: <https://www2.camara.leg.br/legin/fed/medpro/2019/medidaprovisoria-881-30-abril-2019-788037-exposicaodemotivos-157846-pe.html> [acesso em 14.6.2020].

o resultado oposto. Seria irônico, não fosse problemático, que a regra interpretativa concebida para sanar *obscuridades* tenha sido inserida no rol de critérios de interpretação do Código Civil por meio de um texto normativo tão *obscuro*.

A despeito disso, assim como as demais normas hermenêuticas, a regra é de incidência obrigatória. Cabe, portanto, à doutrina esforçar-se para melhor compreendê-la e auxiliar o intérprete (juiz, árbitro, advogado e parte) a aplicá-la. Este artigo é fruto desse esforço. De início, procurou-se retomar brevemente a evolução histórica da *contra proferentem* com foco nos direitos romano e francês pré-Código de Napoleão, dada a influência de ambos no desenvolvimento das normas de interpretação do nosso sistema. Esse breve recurso histórico permitiu identificar os dois pilares em que a *contra proferentem* se sustenta desde seu nascedouro (a *contra stipulatorem* e a *favor debitoris*): a primeira fundada no ônus de clareza (*clare loqui*) imposto ao estipulante, e a segunda, na tutela da parte mais vulnerável da relação contratual. A retomada histórica permitiu ainda compreender por que a regra foi inicialmente concebida no Brasil presumindo uma equivalência putativa entre essas duas máximas.

Em seguida, debruçou-se sobre a evolução legislativa da regra no direito brasileiro, desde o Código Comercial de 1950 até a Lei da Liberdade Econômica. Esse percurso normativo permitiu identificar uma oscilação entre as funções sancionadora (*contra stipulatorem*) e protetiva (*favor debitoris*) da regra interpretativa, com maior enfoque à segunda vertente, especialmente no campo dos contratos de adesão e de consumo. Viu-se que a Lei da Liberdade Econômica gerou, assim, uma *quebra de paradigma* ao propor a expansão da *contra proferentem* não com base na tutela da parte mais vulnerável, mas sim com foco na autorresponsabilidade do redator do contrato.

A terceira parte do artigo dedicou-se aos instrumentos internacionais, em especial a CISG e os Princípios UNIDROIT. Embora a Convenção não contenha a regra expressa, os Princípios têm provisão muito semelhante à nova norma brasileira. Assim como o art. 113, §1º, inc. IV, do Código Civil, o art. 4.6 também se aplica indistintamente a todos os contratos e dá preferência à intepretação mais favorável à parte que não redigiu o dispositivo ambíguo.

No último tópico do artigo, procurou-se enfrentar duas das principais questões por trás da aplicação da regra no sistema atual. Primeiro, procurou-se confirmar o fundamento por trás do ímpeto de expansão da *contra proferentem* a todos os negócios jurídicos *inter vivos*. A despeito da cautela necessária na interpretação teleológica de qualquer artigo de lei, a *ratio* declarada pelo legislador está mesmo centrada na imposição de um ônus de clareza: o redator negligente não pode se beneficiar da própria torpeza. No campo dos contratos empresariais, a regra serviria ainda como instrumento de alocação de riscos. Segundo, procurou-se identificar o campo de incidência da regra no processo interpretativo. Demonstrou-se que a norma incide apenas na fase *complementar* da interpretação, mantendo-se como medida de *ultima ratio* frente aos demais critérios interpretativos previstos no art. 113 do Código Civil.

Por fim, buscou-se delimitar o estreito escopo de aplicação da regra: os *dispositivos individuais não negociados*, inseridos em contratos negociados. Em conclusão, não nos parece razoável condicionar a aplicação da regra à presença de *flagrante domínio* de uma parte sobre a outra, sob risco de se aproximar demasiadamente do campo de incidência da norma aplicável aos contratos de adesão e, assim, esvaziar o sentido da norma. Por outro lado, parece-nos, sim, imprescindível identificar o redator do dispositivo ambíguo, para que a regra possa incidir, nos expressos termos da lei. Finalmente, se a parte redatora carrega o *ônus de ser clara*, parece-nos que caberá à parte que pretende ver o dispositivo interpretado em seu favor o *ônus de provar* que não foi ela quem redigiu o dispositivo.

Referências

ALVES, José Carlos Moreira. As normas de proteção ao devedor e o favor debitoris – Do direito romano ao direito latino-americano. in *Debito Internazionale – Principi Generali del Dirito*, CEDAM, Padova, 1995, p. 77.

–. O *favor debitoris* como princípio geral de direito. in *Revista de Direito Comparado*, nº 26, 2004, p. 3.

BÉNABENT, Alain. *Droit des obligations*. 18ª ed., Issy-les-Moulineaux: LGDJ, 2019.

BETTI, Emilio. *Interpretazione della legge e degli atti giuridici*. Milão: A. Giuffrè, 1949.

–. *Teoria generale del negozio giuridico*. Napoli: Edizioni Scentifiche Italiane, 2002.

BRÖDERMANN, Eckart. *UNIDROIT Principles of International Commercial Contracts: An Article-by-Article Commentary*. Kluwer Law International, 2018.

BULGARELLI, Walridio. *Contratos Mercantis*. 4ª ed.., São Paulo: Atlas, 1987.

CESA, Jorge. *Governo esqueceu que a liberdade econômica anda ao lado dos contratos.* CONJUR, publicado em 18.7.2019, disponível *online*: <https://www.conjur.com.br/2019-jul-18/jorge-cesa-liberdade-economica-anda-lado-contratual> [acesso em 20.6.2020].

DOS GUARANYS, Marcelo Pacheco. MORO, Sergio Fernando. FRANÇA, Renato de Lima. *Exposição de motivos.* Medida Provisória nº 881, de 30 de abril de 2019. disponível *online*: < https://www2.camara.leg.br/legin/fed/medpro/2019/medidaprovisoria-881-30-abril-2019-788037-exposicaodemotivos-157846-pe.html> [acesso em 14.6.2020].

FERRARA, Francesco. *A interpretação e aplicação das leis.* 2ed., ANDRADE, Manuel A. D. (trad.). São Paulo: Saraiva, 1940.

FORGIONI, Paula A. A interpretação dos negócios jurídicos empresariais no novo Código Civil brasileiro. in *Revista de Direito Mercantil, Industrial, Econômico e Financeiro,* vol. 130, ano XLII, abr/jun 2003, p. 7.

–. Apontamentos sobre algumas regras de interpretação dos contratos comerciais: Pothier, Cairu e Código Comercial de 1850. in *Revista de Direito Mercantil, Industrial, Econômico e Financeiro,* vol. 141, ano XLV, jan/mar 2006, p. 31.

–. A interpretação dos negócios jurídicos II – alteração do art. 113 do Código Civil: art. 7º. in *Comentários à Lei da Liberdade Econômica: Lei 13.874/2019.* MARQUES NETO, Floriano Peixoto; RODRIGUES JR., Otavio; LEONARDO, Rodrigo Xavier (org.). São Paulo: Thomson Reuters Brasil, 2019, p. 363.

–. *Contratos empresariais: teoria geral e aplicação.* 5ª ed., São Paulo: Thomson Reuters Brasil, 2020.

GEIDEL, José Antônio Peres; CORREÂ, Adriana Espíndola; KROETZ, Maria Cândida do Amaral. Interpretações – art. 113 do Código Civil. in *Comentários à Lei da Liberdade Econômica: Lei 13.874/2019.* MARQUES NETO, Floriano Peixoto; RODRIGUES JR., Otavio; LEONARDO, Rodrigo Xavier (org.). São Paulo: Thomson Reuters Brasil, 2019, p. 327.

GOMES, Orlando. *Contratos.* 26ª ed., Rio de Janeiro: Forense, 2009.

GRASSETTI, Cesare. *L'interpretazione del negozio giuridico: con particolare riguardo ai contratti.* Padova: CEDAM, 1983.

HONNOLD, John O. *Uniform Law for International Sales under the 1980 United Nations Convention.* 3ª ed., Haia: Kluwer Law International, 1999; disponível *online*: <www.cisg.law.pace.edu/cisg/biblio/honnold.html#f12> [acesso em 20.6.2020]

LIPARI, Nicolò. Per una revisione della disciplina sull'interpretazione e sull'integrazione del contratto? in *Riv. trim. dir. proc. civ.*, fasc. 3, 2006, pag. 711.

LOOKOFSKY, Joseph. *Understanding the CISG.* 3ª ed., Haia: Kluwer Law International, 2008.

MARINO, Francisco Paulo De Crescenzo. *Interpretação do Negócio Jurídico.* São Paulo: Saraiva, 2011.

–. Meios e limites da interpretação da lei: reflexões a partir do conceito legal de bem de família. in *Revista Brasileira de Filosofia*, ano 60, nº 236, jan-jun/2011, p. 281.

Monteiro, António Pinto. Novo regime jurídico dos contratos de adesão e cláusulas contratuais gerais. in *Revista da Ordem dos Advogados*, v. 1, ano 62, jan., 2002, disponível *online*: < https://portal.oa.pt/publicacoes/revista/ano-2002/ano-62-vol-i-jan-2002/artigos-doutrinais/antonio-pinto-monteiro-o-novo-regime-juridico-dos-contratos-de-adesao-clausulas-contratuais-gerais/> [acesso em 26.6.2020].

Nery Jr., Nelson *et al. Código Brasileiro de Defesa do Consumidor: comentado pelos autores do anteprojeto*. 12ª ed., Rio de Janeiro: Forense, 2018.

Olmos, Javier M. Rodríguez. Contexto y construcción de la regla "interpretatio contra proferentem" en la tradición romanista. in *Revista de Derecho Privado*, nº 14, 2008, pp. 69-111; disponível *online*: <http://ssrn.com/abstract=1877264> [acesso em 10.6.2020].

Pereira, Caio Mario da Silva. *Instituições de Direito Civil*. 17ed., Rio de Janeiro: Forense, 1995.

Pontes de Miranda, Francisco Cavalcanti. *Tratado de direito privado*. Parte Geral. Tomo XXXVIII: direito das obrigações – negócios jurídicos bilaterais. Lima Marques, Claudia; Miragem, Bruno (atual.). São Paulo: Revista dos Tribunais, 2012.

Pothier, Robert-Joseph. Regras da interpretação dos contractos. in *Revista de Direito Civil, Imobiliário, Agrário e Empresarial*, vol. 35, ano 10, jan/mar 1986, p. 314.

Renault-Brahinsky, Corinne. *Droit des obligations*. 16ª ed., Issy-les-Moulineaux: LGDJ, 2019.

Reale, Miguel. Mensagem nº 160 de 10 de junho de 1975. in *Novo Código Civil: exposição de motivos e texto sancionado*, 2ª ed., Brasília: Senado Federal, 2005, disponível *online*: <https://www2.senado.leg.br/bdsf/handle/id/70319> [acesso em 22.6.2020].

Schulz, Fritz. *History of Roman Legal Science*. Oxford: Oxford University Press, 1946.

Smythe, Donald. J. Reasonable Standards for Contract Interpretations under the CISG. in *Cardozo Journal of International and Comparative Law*, vol. 25, 2016, disponível *online*: <https://papers.ssrn.com/sol3/papers.cfm?abstract_id=2843786> [acesso em 20.6.2020].

UNIDROIT Principles of International Commercial Contracts. Official Commentary. 2016; disponível *online*: < unidroit.org/instruments/commercial-contracts/unidroit-principles-2016> [acesso em 20.6.2020]

Venosa, Sílvio de Salvio. Ruas, Luiza Wander. Interpretação dos negócios jurídicos e a liberdade econômica. in *Revista Síntese: Direito Civil e Processual Civil*, ano XX, nº 122, nov/dez-19, p. 29.

Vogenauer, Stefan. Interpretation of contracts: concluding comparative observations. in Burrows, Andrew; Peel, Edwin (eds.) *Contract Terms*. Oxford: Oxford University Press, 2007, p. 123; disponível *online*: <http://papers.ssrn.com/Abstract=984074> [acesso em 15.6.2020].

Yildirim, Ahmet Cemil. *Interpretation of contracts in comparative and uniform law*. International Arbitration Law Library, vol. 47, Kluwer Law International, 2019.

Zanetti, Cristiano de Sousa. *Direito contratual contemporâneo: a liberdade contratual e sua fragmentação*. São Paulo: Método, 2008.

Zimmermann, Reinhard. *The Law of Obligations: Roman Foundations of the Civilian Tradition*. Oxford, 2001.

7. Remédios contra o Inadimplemento

Bruno Barreto de Azevedo Teixeira

Introdução

O inadimplemento de obrigações contratuais é um momento marcante na trajetória do vínculo oriundo daquele instrumento jurídico. O ordenamento jurídico, ao dar valor obrigacional à prestação acordada, estabelece o inadimplemento como marco de transição, o momento no qual a prestação passa a ser devida e, portanto, sujeita à pretensão e ao regime jurídico do inadimplemento.[1]

Nos ordenamentos jurídicos de tradição romano-germânica, como o direito brasileiro, o tratamento do inadimplemento é, de forma geral, limitado.[2] Por um lado, o artigo 389 do Código Civil Brasileiro afirma que "[n]*ão cumprida a obrigação, responde o devedor por perdas e danos, mais juros e atualização monetária segundo índices oficiais regularmente estabelecidos,*

[1] Neste ponto, afirmava Francisco Cavalcanti Pontes de Miranda: "O crédito é como o arqueiro, o homem que peleja com o arco. Pode estar armado e pode não estar. A arma é a pretensão. Crédito sem pretensão é crédito mutilado, arqueiro sem arco." Pontes de Miranda, Francisco Cavalcanti. *Tratado de Direito Privado"*. Tomo XXVI. Rio de Janeiro: Revista dos Tribunais, 2012, p. 57.

[2] No direito alemão clássico, o credor tinha o direito de pleitear o cumprimento da obrigação (§241 do BGB), resolver o contrato (§314 do BGB) e pleitear indenização (§280 e seguintes do BGB). Mesma regra clássica continua sendo adotada no direito italiano (art. 1.453 do Código Civil Italiano) e no direito francês (art. 1.217 do Código Napoleão), com algumas poucas atualizações.

e honorários de advogado." Por outro, o artigo 475 do mesmo diploma estabelece que "[a] *parte lesada pelo inadimplemento pode pedir a resolução do contrato, se não preferir exigir-lhe o cumprimento, cabendo, em qualquer dos casos, indenização por perdas e danos.*" Extrai-se, daí, as regras gerais da teoria do inadimplemento: a parte inadimplida poderá requerer o cumprimento específico da obrigação ou recorrer à resolução do contrato – em ambos os casos, com pedido de indenização por perdas e danos (caso as tenha sofrido).

Tem-se, portanto, que a teoria do inadimplemento, como vigente no direito romano-germânico clássico, coloca a espada nas mãos do credor: poderá ele optar por utilizá-la para forçar o credor a cumprir com a prestação pactuada ou para cortar os laços contratuais pactuados. Nosso direito, portanto, não se preocupa em tentar salvar a utilidade da prestação em face do inadimplemento, mas sim regulamentar o poder dado à parte inadimplida de fazer valer a sua pretensão, seja por meio do cumprimento específico da obrigação, seja pelo poder de resolver o pacto acordado.

Por isso que, dentro do estudo da Convenção das Nações Unidas sobre os Contratos de Compra e Venda de Mercadorias ("CISG" ou "Convenção"), o tema dos remédios contra o inadimplemento talvez seja o mais difícil. Afinal, é neste campo que a Convenção mais se afasta do direito contratual brasileiro – ao estabelecer instrumentos para elidir o inadimplemento, a CISG introduz conceitos inteiramente desconhecidos no Brasil, gerando enorme "*estranheza*" aos juristas brasileiros.[3]

O primeiro fator de estranheza é justamente o nome do instituto. A terminologia "*farmacêutica*" vêm do léxico inglês. Historicamente, as consequências do inadimplemento contratual são tratadas, nos países cujo direito tem origem na *common law* inglesa, como "*remédios*" contra o inadimplemento.[4]

[3] Gama Jr., Lauro e Teixeira, Bruno Barreto de A. Remédios do Comprador (e outros remédios ligados ao inadimplemento do vendedor)(Arts. 45.52 da CISG). In.: Venosa, Sílvio de Salvo et al. (orgs). *A Convenção de Viena sobre Contratos de Compra e Venda Internacional de Mercadorias: desafios e perspectivas.* São Paulo: Atlas, 2015, p. 330.

[4] A origem do uso do termo vem da prática forense: as cortes inglesas utilizam o termo "*legal remedy*" para categorizar as possíveis soluções para uma demanda judicial. Para maiores informações sobre o tema, cf., Dobbs, Dan e Roberts, Caprice. *Law of Remedies: Damages – Equity – Restitution.* 3ª Ed. Saint Paul: West Publishing, 2018. Contudo, é possí-

Noves fora a sua origem vocabular, fato é que o termo remédio assume uma função distinta na CISG. A Convenção, fruto do consenso internacional, buscou, no seu bojo, adequar a teoria do inadimplemento às diversas tradições jurídicas, tanto do direito civil quanto da *common law*.[5] Nessa linha, os remédios previstos na CISG têm como função primordial a manutenção do pacto, evitando o rompimento do vínculo contratual.[6]

Essa função primordial dos remédios é, justamente, a segunda "*estranheza*" que o seu estudo nos causa. Em que pese a nova exegese contratual brasileira advinda das alterações trazidas com o Código Civil de 2002, que introduziu no nosso direito contratual conceitos como a função social do contrato e a boa-fé objetiva, o legislador não se preocupou em adequar o sistema de inadimplemento à nova realidade axiológica. Nossa teoria do inadimplemento é a mesma, em sua essência, daquela prevista no Código Civil de 1916. Os novos institutos do direito contratual em nada serviram para atualizar o direito brasileiro no que tange a função do inadimplemento.

Essa visão, contudo, não está em linha com a tendência mais moderna na legislação comparada. Hoje, a visão que prevalece em diversos ordenamentos jurídicos domésticos[7] e em instrumentos inter-

vel vislumbrar certo vínculo filosófico entre o conceito de "*remediar*" um inadimplemento contratual e a visão anglo-saxã sobre a natureza do contrato. Na tradição da *common law*, contratos são vistos como promessas vinculantes (cf. Fried, Charles. *Contract as a Promise: A Theory of Contractual Obligation*. Cambridge: Harvard University Press, 1982.) Seu descumprimento, portanto, seria equiparado, no plano moral, ao descumprimento de um compromisso assumido com outra parte. Daí que as normas contratuais que tratam do inadimplemento serviriam para "*remediar*" esse vício moral – seja com o pagamento de indenização, seja com o cumprimento específico da prestação pactuada – direito que, na *common law*, é bastante limitado (neste sentido, cf. Schwartz, Alan. The Case for Specific Performance. In.: *The Yale Law Journal*, Vol. 89. New Haven: The Yale Law Journal Company, 1979, p. 272; bem como a § 2-716 do Uniform Commercial Code dos Estados Unidos e o §357 do Restatement Second on the Law of Contracts).

[5] Katz, Avery W. Remedies for Breach of Contract under the CISG. In.: *International Review of Law & Economics*, Vol. 25. Amsterdã: Elsevier, 2005, p. 378.379.

[6] Huber, Peter e Mullis, Alastair. *The CISG: A new textbook for students and practitioners*. Mainz: Sellier, 2007, p. 181.

[7] E.g., o §323(1) do BGB, por exemplo, estabelece a possibilidade de cura do contrato pela parte inadimplente: "Erbringt bei einem gegenseitigen Vertrag der Schuldner eine

nacionais[8] privilegia a proteção e manutenção do contrato em caso de inadimplemento. Esta regra é conhecida como o princípio do *favor contractus*. Tal princípio é o que se chama de um *underlying principle* da CISG, estando presente em todos os seus dispositivos (ainda que não expressamente gravado nela). [9] Segundo esta regra, sempre que possível, deve o operador do direito adotar solução em favor da manutenção do contrato e contra sua resolução prematura por iniciativa de uma das partes.[10] Esse princípio guia a dogmática dos remédios contra o inadimplemento na CISG.

A terceira e última "*estranheza*" que o estudo dos remédios contra o inadimplemento nos causa é relacionado ao seu próprio conteúdo material. Essa "*estranheza*" tem duas faces: a primeira, relacionada ao escopo objetivo dos remédios; e a segunda, à sua natureza jurídica.

Os remédios contra o inadimplemento são aplicáveis ao que se chama na CISG de *breach of contract*.[11] Esse termo é contrastado com o que se chama de *fundamental breach of contract*, ou "*violação essencial*", na tradução oficial da CISG adotada pelo governo brasileiro no Decreto 8.327/14, que promulga a Convenção. O descumprimento (*breach of con-*

fällige Leistung nicht oder nicht vertragsgemäß, so kann der Gläubiger, wenn er dem Schuldner erfolglos eine angemessene Frist zur Leistung oder Nacherfüllung bestimmt hat, vom Vertrag zurücktreten." "If under a synallagmatic contract the obligor fails to effect performance when due or to perform in accordance with the contract, the obligee may terminate the contract, if he has fixed, to no avail, an additional period of time for performance." (Tradução para o inglês disponível em www.germanlawarchive.iuscomp.org. Acesso em 31.7.2020).

[8] O artigo 7.3.1. dos Princípios do UNIDROIT, por exemplo, estabelece que: "[a] *party may terminate the contract where the failure of the other party to perform an obligation under the contract amounts to a fundamental non-performance*", limitando, portanto, o direito de uma parte resolver um contrato por inadimplemento.

[9] Keller, Bertram. *Favor Contractus*: Reading the CISG in Favor of the Contract. In.: Andersen, Camilla B. e Schroeter, Ulrich G. (Eds.) *Sharing International Commercial Law across National Boundaries: Festschrift for Albert H. Kritzer on the Occasion of his Eightieth Birthday*. Londres: Wildy, Simmons & Hill Publishing, 2008, p. 247.

[10] Bonell, Michael Joachim. Article 7. In.: Bianca, Cesare Massimo e Bonell, Michael Joachim (orgs). *Commentary on the International Sales Law* Milão: Giuffrè, 1987, p. 80.

[11] A tradução adotada nesse artigo é "*descumprimento*" – em que pese a falta de tecnicidade do termo, evita-se, assim, o uso do termo "*inadimplemento relativo*", que possui valor conceitual próprio no direito brasileiro e cujo uso, portanto, quebraria a regra de internacionalidade na interpretação da Convenção.

tract) é qualquer inadimplemento de uma obrigação contratual;[12] já a violação essencial (*fundamental breach of contract*) é um descumprimento tão grave que causa à outra parte "*prejuízo de tal monta que substancialmente a prive do resultado que poderia esperar do contrato*", como diz o próprio artigo 25 da CISG.[13]

Em caso de descumprimento, a parte inadimplida poderá recorrer a um dos remédios previstos nos artigos 45(1)(a) e 61(1)(a) da CISG, sem, contudo, poder resolver o contrato. Apenas em caso de *fundamental breach* (ou em poucas hipóteses restritas previstas na CISG) poderá a parte inadimplida dissolver o vínculo – e, mesmo assim, se cumpridos os requisitos dos artigos 49 e 64 da CISG.[14] Esse regime é bastante distinto do direito positivo brasileiro, onde a parte inadimplida tem o direito de resolver o contrato independente da modalidade de inadimplemento incorrida.[15]

Ademais, na corrente tradicional adotada no direito positivo brasileiro, o cumprimento específico, a resolução do contratual e a indeniza-

[12] "The notion of breach of contract under the CISG comprises any non-fulfilment of contractual obligations." ENDERLEIN, Fritz e MASKOW, Dietrich. *International Sales Law*. Nova York: Oceana Publications, 1992, p. 173.

[13] Art. 25. A violação ao contrato por uma das partes é considerada como essencial se causar à outra parte prejuízo de tal monta que substancialmente a prive do resultado que poderia esperar do contrato, salvo se a parte infratora não tiver previsto e uma pessoa razoável da mesma condição e nas mesmas circunstâncias não pudesse prever tal resultado.

[14] SHEN, Jianming. Declaring the Contract Avoided: The U.N. Sales Convention in the Chinese Context. In.: *New York International Law Review*, Vol. 10, Nº 1, 7-57 Nova York: New York State Bar Association, 1997, p. 10.

[15] Nota-se, contudo, que a doutrina e a jurisprudência brasileira têm adotado, como regra, o regime do adimplemento substancial. Nas palavras de Aline de Miranda Valverde Terra e Gisela Sampaio da Cruz Guedes: "*Abandona-se, em definitivo, a concepção estrutural do adimplemento, segundo a qual bastava a simples execução da prestação principal para que se considerasse o devedor adimplente, em favor de perspectiva funcional, a exigir, para a configuração do adimplemento, o cumprimento da prestação devida em concreto, que pressupõe, além da execução do comportamento dirigido à execução da prestação principal, a observância de todos os deveres de conduta impostos pela sistemática obrigacional que se façam instrumentalmente necessários ao efetivo atendimento do escopo econômico da relação, satisfazendo, assim, o interesse objetivo do credor*" TERRA, Aline de Miranda Valverde e GUEDES, Gisela Sampaio da Cruz. Adimplemento Substancial e Tutela do Interesse do Credor: análise da decisão proferida no REsp 1.581.505. In.: *Revista Brasileira de Direito Civil – RDBCivil*, Vol. 11. Belo Horizonte: IBDCivil, 2017, p. 100.

ção por perdas e danos são *consequências* do inadimplemento:[16] uma vez ocorrido o inadimplemento, alguma (ou mais de uma, a depender das circunstâncias do caso concreto) das três consequências se materializarão, necessariamente, por força de lei. Os remédios contra o inadimplemento, contudo, são *instrumentos* disponíveis tanto para a parte inadimplida quanto para a parte inadimplente, que podem, inclusive, serem excluídos, por contrato, se as partes assim acordarem.[17]

Trata-se da dicotomia clássica entre direito *subjetivo* e *potestativo*: enquanto, no direito contratual brasileiro, o inadimplemento gera, por um lado, a *pretensão* da parte inadimplida de ser compensada pelo inadimplemento e, por outro, o dever da parte inadimplente de cumprir a obrigação ou indenizar, os remédios previstos na CISG têm natureza *potestativa*, uma vez que a Convenção assegura a uma das partes a prerrogativa de utilizar-se de um dos remédios frente ao inadimplemento, independente de contestação pela outra.

Essas "*estranhezas*", contudo, são mera aparência. O estudo detido dos remédios contra o inadimplemento afasta qualquer superficial incongruência entre o direito contratual brasileiro e a CISG. A proposta deste artigo é, justamente, nos permitir perceber que, na realidade, a dinâmica dos remédios está em linha não só com a ordem jurídica da Convenção, como também com o arcabouço teórico e normativo do direito civil brasileiro.

Nos próximos capítulos, nos dedicaremos ao exame das regras referentes aos remédios contra o inadimplemento na CISG, para comprovar a tese de que estes instrumentos servem para modernizar o direito contratual brasileiro. A metodologia adotada tem fundamento na leitura crítica do texto da Convenção, da doutrina especializada e, principalmente, dos precedentes das diversas cortes e tribunais arbitrais que se debruçaram sobre casos concretos envolvendo os remédios, observando, sempre, os dogmas interpretativos previstos no artigo 7 da CISG.

[16] Dazzi, Natascha Maculan Adum. *Consequências do Inadimplemento das Obrigações*. Disponível em https://www.emerj.tjrj.jus.br/serieaperfeicoamentodemagistrados/paginas/series/13/volumeII/10anoscodigocivil_volII_106.pdf. Acesso em 31.7.2020.

[17] Piliounis, Peter A. The Remedies of Specific Performance, Price Reduction and Additional Time (Nachfrist) Under the CISG: Are These Worthwhile Changes or Additions to English Sales Law? In.: *Pace International Law Review*, Vol. 12, nº. 1. White Plains: Pace University, 2000, p. 8.

Nossa jornada nos levará, em seguida, aos efeitos dos remédios. A interpretação sistemática e teleológica dos dispositivos da CISG impõe aos remédios efeitos próprios e impróprios. Essa dinâmica – às vezes expressa no próprio texto da Convenção, outras fruto do uso estratégico dos remédios – é essencial para a compreensão do instituto.

Ao fim e ao cabo, superadas essas barreiras culturais, perceber-se-á que a adoção, pelo Brasil, da CISG deu a nós, operadores do direito pátrio, a oportunidade de modernizar o direito contratual brasileiro, trazendo-o ao século XXI e colocando-o em linha com a nova exegese axiológica proposta pelo Código de 2002.

1. Remédios contra o inadimplemento na CISG

Como visto acima, este artigo focará na análise dos remédios contra o inadimplemento: (**1**) cumprimento específico; (**2**) período adicional para cumprimento; (**3**) cura; e (**4**) redução de preço. Os dois primeiros podem ser exercícios tanto pelo comprador quanto pelo vendedor. Os dois últimos, porém, têm sujeitos definidos: Enquanto a cura só pode ser exercida pelo vendedor, a redução de preço é prerrogativa do comprador. Os motivos pelos quais a CISG impõe essa dicotomia, bem como outras especificidades de cada remédio, serão abordadas nos respectivos capítulos.

1.1. Cumprimento específico do Contrato (artigos 28, 46, 62 e 65)

O tema do cumprimento específico como remédio contra o inadimplemento foi, talvez, dos temas mais controversos quando da formação da Convenção. Há, aqui, um relevante abismo cultural entre as jurisdições de origem na tradição do direito romano-germânico – onde o cumprimento específico é recorrentemente visto como o remédio natural contra o inadimplemento – e aquelas oriundas da *common law*, onde o cumprimento específico é medida de exceção, disponível apenas em hipóteses limitadas.[18]

A CISG, ao adotar o cumprimento específico das obrigações como remédio previsto nos artigos 46(1) (em caso de inadimplemento do vendedor) e 62 (em caso de inadimplemento do comprador), parece ter

[18] Nesse sentido, cf. Koskinen, Jussi. *CISG, Specific Performance and Finnish Law*. Disponível em https://www.cisg.law.pace.edu/cisg/biblio/koskinen1.html#ii. Acesso em 31.7.2020.

dado ganho de causa aos sistemas de tradição civil. Entretanto, o sucesso da CISG – adotada, hoje, por mais de 90 países das mais diferentes tradições jurídicas – requer compromissos e consensos.[19] Um desses compromissos foi permitir que as cortes dos países que refutam o cumprimento específico como remédio contra o inadimplemento contratual afastassem sua incidência.

Daí nasce o artigo 28 da CISG, que afirma que:

> Se, de conformidade com as disposições da presente Convenção, uma das partes tiver o direito de exigir da outra o cumprimento de certa obrigação, o juiz não estará obrigado a ordenar sua execução específica salvo se devesse fazê-lo segundo seu direito nacional, em relação a contratos de compra e venda semelhantes não regidos pela presente Convenção.

Este dispositivo permite afastar a possibilidade de cumprimento específico de uma determinada obrigação caso o direito doméstico do foro não reconheça tal disponibilidade para uma situação análoga.[20]

[19] WALT, Steven. For Specific Performance under the United Nations Sales Convention. In.: *Texas International Law Journal*, Vol. 26. Austin: UT Law Publications, 1991, p. 211.

[20] Trata-se, portanto, de regra que adota a abordagem da chamada *lex fori*. Nesse sentido, cf. LANDO, Ole. Article 28. In.: BIANCA, Cesare Massimo e BONELL, Michael Joachim (orgs). Commentary on the International Sales Law. Milão: Giuffrè, 1987, p. 236 e LIU, Chengwei. Specific Performance: Perspectives from the CISG, UNIDROIT Principles, PECL and Case Law. Disponível em http://www.cisg.law.pace.edu/cisg/biblio/chengwei3.html#spvi. Acesso em 31.7.2020. Coloca-se uma outra questão, entretanto: tal exceção poderia ser levantada em arbitragens internacionais? Deve o Tribunal aplicar, sempre, a *lex arbitri*, ou seja, a lei da sede da arbitragem, ou deveria o Tribunal determinar a lei aplicável aos remédios contratuais para averiguar se a exceção do artigo 28 da CISG se aplica? Há posicionamentos nos dois sentidos na jurisprudência: cf. *Soinco v. NKAP*. Sentença arbitral proferida por tribunal constituído sob a égide das regras da Zürich Arbitration Chamber em 31.05.1996, disponível em http://cisgw3.law.pace.edu/cases/960531s1.html, acesso em 31.7.2020, em que: "*The Arbitral Tribunal believes that this is primarily a question of the applicable law. It sees no basis for claims for specific performance under Russian law. The Vienna Convention does not provide for this. If the law applicable to the procedure (Swiss law? – again the Vienna Convention) applied, the Arbitral Tribunal sees no basis for specific performance either.*". Em sentido oposto, v. *Metal products case*. Sentença arbitral proferida por tribunal constituído sob a égide das regras do Tribunal of International Commercial Arbitration at the Russian Federation Chamber of Commerce and Industry em 30.1.2007, sumário disponível em http://www.unilex.info/cisg/case/1333, acesso em 31.7.2020, em que o Tribunal aplicou as regras de integração da Convenção previstas no artigo 7(2) para concluir que o pleito de cumpri-

Vale lembrar, contudo, que, caso haja regra prevendo a possibilidade de cumprimento específico para aquela situação similar no direito doméstico, a parte inadimplida poderá, sim, se utilizar dos remédios previstos nos artigos 46 e 62 da CISG.

Esse foi, inclusive, o entendimento da *U.S. District Court for the Northern District of Illinois*, no caso *Magellan International vs. Salzgitter Handel*. Neste precedente, a corte reconheceu o pleito de cumprimento específico, feito do comprador no âmbito da CISG, sob a fundamentação de que os bens objeto do pedido eram infungíveis e que, de acordo com o §2-716(1) do *Uniform Commercial Code*, um tribunal pode decretar a execução específica quando os bens forem únicos.[21]

A regra de cumprimento específico da CISG é separada em três categorias: (i) cumprimento específico de obrigações contratuais; (ii) entrega de mercadorias em substituição, em caso de desconformidade entre a mercadoria adquirida e a entregue; e (iii) reparo nas mercadorias entregues, caso as mesmas tenham sido entregues com qualquer vício ou defeito reparável.

A primeira categoria se aplica tanto para casos de inadimplemento do vendedor quanto do comprador, bem como em qualquer modalidade de inadimplemento. Interessante notar o diferente grau de especificidade adotado pelo legislador nestes dois dispositivos: o artigo 46, que trata do cumprimento específico das obrigações do vendedor, é genérico, enquanto o artigo 62, que regimenta a *specific performance* em caso de inadimplemento do comprador, é bastante específico.

O motivo é simples: as principais obrigações do comprador são bastante objetivas – pagar o preço e receber as mercadorias. Claro que o contrato pode vir a prever outras obrigações acessórias relacionadas as prestações principais (e tais obrigações certamente estão abarcadas na redação do artigo 62 da CISG), mas fato é que o interesse subjetivo do credor (nesse caso, o vendedor) é receber o preço e se desincumbir da obrigação de entregar os bens. Por outro lado, as obrigações do vendedor podem ser das mais diversas possíveis, envolvendo não só a entrega

mento específico estava disponível por aplicação dos Princípios do UNIDROIT, mas que a parte o havia feito de forma intempestiva.

[21] *Magellan International Corporation v. Salzgitter Handel GmbH*. 76 F. Supp. 2d 919. Disponível em http://cisgw3.law.pace.edu/cases/991207u1.html. Acesso em 31.7.2020.

de mercadorias forma tempestiva e em conformidade com o contrato, mas também o translado de documentos e outras obrigações acessórias relacionadas ao transporte e empacotamento dos bens. Por isso, faz sentido que a norma referente ao cumprimento específico das obrigações do vendedor seja mais genérica do que a regra aplicável à sua contraparte.

Importante notar também que, além da limitação prevista no artigo 28, os artigos 46(1) e 62 impõe um limite adicional ao exercício do pedido de cumprimento específico: não pode a parte inadimplida exercer qualquer remédio incompatível com esta demanda. O remédio mais obviamente incompatível com o cumprimento específico é a rescisão do contrato, apesar de a doutrina vislumbrar eventuais incompatibilidades com outros remédios, como redução de preço, por exemplo.[22]

Já a regra referente à entrega de mercadorias em substituição se aplica apenas em caso de inadimplemento do vendedor, por óbvio, e apenas caso o descumprimento constitua violação essencial do contrato. Além disso, o pedido de substituição deve ser feito dentro de um prazo razoável a partir da data em que o comprador sabia ou deveria saber da desconformidade – ou seja, no momento da entrega e/ou exame das mercadorias (o que ocorrer primeiro). Aqui, percebe-se outro efeito das diferentes culturas jurídicas que aplicam a CISG ao redor do globo: nos países de origem germânica (em especial, na Alemanha e na Áustria), as cortes tendem a entender como "prazo razoável" algo em torno de 14 dias; já nos países de origem latina (como França e Itália, por exemplo), o "prazo razoável" pode chegar a até alguns meses, dependendo do caso concreto.[23]

No que tange a regra referente ao reparo das mercadorias viciadas ou defeituosas, vale notar que esta norma se aplica apenas em caso de inadimplemento do vendedor, por óbvio. Nesse caso, contudo, não se exige que o comprador demonstre a ocorrência de violação essencial, mas apenas que o reparo era razoável em vista das circunstâncias. O con-

[22] Schlechtriem, Peter e Schwenzer, Ingeborg. *Commentary on the U.N. Convention on the International Sale of Goods (CISG)*. 3ª ed. Nova York: Oxford University Press, 2010, p. 707.

[23] Para maiores informações, cf. Flechtner, Harry M. *Buyer's Obligation to Give Notice of Lack of Conformity (Articles 38, 39, 40 and 44)*. In: Ferrari, Franco et al. *The Draft UNCITRAL Digest and Beyond: Cases, Analysis and Unresolved Issues in the U.N. Sales Convention.* Munique: Sellier European Law Publishers, 2004, p. 377.

ceito de razoabilidade, que permeia o texto da Convenção, se equipara, aqui, à conveniência do comprador.[24] Caso o vendedor não queira reparar, mas o comprador entenda conveniente para si, não poderá o vendedor recusar-se a fazê-lo.

Por fim, além da hipótese detalhada no artigo 62 da CISG, existe, ainda, outra modalidade de tutela específica de obrigações do comprador: a possibilidade de o vendedor especificar os bens, caso o comprador tenha a prerrogativa de fazê-lo pelo contrato, mas não o faça no prazo avençado.[25] Nesse caso, se o vendedor fizer a especificação ele mesmo, ele deve conceder um prazo para o comprador fazer uma especificação diferente, se assim quiser. Apenas após esse prazo é que a especificação do vendedor será vinculante.[26]

1.2. Período adicional para cumprimento de obrigações (artigos 47 e 63)

Um dos mais inventivos e poderosos remédios adotados pela CISG é a possibilidade de a parte inadimplida conceder à parte inadimplente um prazo adicional além daquele estipulado no contrato para adimplemento de suas obrigações contratuais. Também conhecido pelo seu nome germânico "*Nachfrist*", este remédio já estava presente na ULIS.[27] Todavia, a CISG não só trouxe o Nachfrist ao conhecimento do público em geral, como também deu a ele destaque tamanho que este se tornou um dos mais utilizados e debatidos remédios contra o inadimplemento.

[24] Schlechtriem, Peter e Schwenzer, Ingeborg. *Commentary on the U.N. Convention on the International Sale of Goods (CISG)*. 3ª ed. Nova York: Oxford University Press, 2010, p. 719.

[25] Art. 65 (1) Se o contrato dispuser que caberá ao comprador especificar a forma, as dimensões ou outras características das mercadorias e tal especificação não for efetuada na data ajustada, ou em prazo razoável após ter sido solicitada pelo vendedor, este poderá, sem prejuízo de quaisquer outros direitos que possa ter, efetuar ele próprio a especificação, de acordo com as necessidades do comprador das quais tiver conhecimento.

[26] Art. 65 (2) Se a especificação for efetuada pelo próprio vendedor, este deve dar conhecimento ao comprador dos detalhes, concedendo-lhe prazo razoável para que efetue especificação diferente. Se, após receber a comunicação do vendedor, o comprador não se utilizar desta faculdade no prazo fixado, a especificação efetuada pelo vendedor tornar-se-á vinculante.

[27] Honnold, John O. *The Uniform Law for the International Sales of Goods: the Hague Convention of 1964*. Disponível em: http://scholarship.law.duke.edu/lcp/vol30/iss2/6. Acesso em 31.7.2020.

No entendimento da doutrina, "*o prazo adicional regulado no art. 47 da CISG complementa o direito de o comprador reclamar a execução específica do contrato, previsto no art. 46(1)*",[28] na medida em que ambos têm o mesmo objetivo: atingir o adimplemento da obrigação. No caso do Nachfrist, isso se dá através da concessão de um período de graça – um prazo adicional além do tempo previsto no contrato para que a parte inadimplida possa cumprir com sua obrigação.

Trata-se aqui de uma *liberalidade* da parte inadimplida. Daí se distingue o período adicional de cura, que analisaremos a seguir. Enquanto o primeiro deriva da generosidade da parte inadimplida, o segundo é prerrogativa da parte inadimplente – no caso da cura, necessariamente do vendedor. Este mesmo elemento também permite diferenciar o período de graça de uma mera modificação contratual. As modificações contratuais, na forma prevista no artigo 29(1) da CISG, não atraem para si os efeitos dos remédios; são apenas reajustes feitos por acordo entre as Partes, que podem ser celebrados independente da ocorrência de inadimplemento.[29]

O Nachfrist, por outro lado, é uma liberalidade da parte inadimplida que, em face do descumprimento contratual, coloca na balança seu interesse em extrair a utilidade da transação em troca de um período adicional para que a parte inadimplida possa performar sua prestação.[30]

Note-se, ainda, que o Nachfrist pode ser utilizado para estender o prazo para cumprimento de quaisquer obrigações do comprador ou do vendedor. Muitos alegam que o Nachfrist poderia servir apenas para concessão de prazo adicional para que se purgue a mora – do vendedor, referente ao atraso na entrega da mercadora, ou do comprador, qual seja, o atraso no pagamento do preço. Contudo, o entendimento que

[28] GAMA JR., Lauro e TEIXEIRA, Bruno Barreto de A. Remédios do Comprador (e outros remédios ligados ao inadimplemento do vendedor)(Arts. 45.52 da CISG). In.: VENOSA, Sílvio de Salvo et al. (orgs). *A Convenção de Viena sobre Contratos de Compra e Venda Internacional de Mercadorias: desafios e perspectivas*. São Paulo: Atlas, 2015, p. 346.

[29] BERGSTEN, Eric E. Amending the Contract: Article 29 CISG. In.: ANDERSEN, Camilla B. e SCHROETER, Ulrich G. (Eds.) *Sharing International Commercial Law across National Boundaries: Festschrift for Albert H. Kritzer on the Occasion of his Eightieth Birthday*. Londres: Wildy, Simmons & Hill Publishing, 2008, p. 48.

[30] SCHWENZER, Ingeborg *et al. Global Sales and Contract* Law. Nova York: Oxford University Press, 2012, para. 41.53.

prevalece, hoje, é de que o Nachfrist pode ser utilizado também para remediar outras hipóteses de inadimplemento, como desconformidades e recusa no recebimento de mercadorias pelo comprador.[31]

Quanto aos seus requisitos formais, a CISG exige que o prazo adicional seja concedido mediante notificação, enviada pela parte inadimplida à parte inadimplente.[32] Já no plano material, a prerrogativa de determinação do prazo adicional é da parte inadimplida, cabendo a ela, apenas, cumprir com dois requisitos:

(i) O período de graça deve ser "*preciso*" (*e.g.*, "entrega em ou até o dia 31 de agosto", por exemplo). Também se permite a estipulação de um prazo determinável para a entrega (*e.g.*, "prazo adicional de três meses para entrega"), desde que esteja claro para a parte inadimplente qual será o termo inicial para a contagem do prazo. Todavia, não se permite que a parte inadimplida estabeleça prazo indeterminado para entrega das mercadorias (*e.g.*, "entrega assim que possível").[33]

(ii) O prazo adicional deve ser "*razoável*". A razoabilidade do prazo é, por certo, subjetiva, e deverá levar em conta as circunstâncias do caso concreto. Doutrina e jurisprudência tentam identificar certos parâmetros de razoabilidade, como a proporcionalidade com o prazo original de entrega; o escopo e a natureza da obrigação; a causa do inadimplemento e seus efeitos na performance da parte inadimplente.[34] Entretanto, tudo dependerá da análise dos fatos.

[31] Perales Viscasillas, María del Pilar. *El Contrato de Compraventa Internacional de Mercancias (Convencion de Viena de 1980)*. Disponível em http://www.cisg.law.pace.edu/cisg/biblio/perales1-47.html. Acesso em 31.7.2020.

[32] Souza, Amanda Guimarães Cordeiro de. *Período de Graça: o prazo adicional para adimplemento e o direito de resolução extrajudicial em caso de persistência do inadimplemento.* Rio de Janeiro: Lumen Juris, 2018, pp. 54-57.

[33] Enderlein, Fritz. Rights and Obligations of the Seller under the UN Convention on Contracts for the International Sale of Goods. In.: Sarcevic, Petar e Volken, Paul (eds). *International Sale of Goods: Dubrovnik Lectures.* Nova York: Oceana Publications, 1996, p. 193.

[34] Duncan Jr., John C. Nachfrist Was Ist? Thinking Globally and Acting Locally: Considering Time Extension Principles of the U.N. Convention on Contracts for the International Sale of Goods in Revising the Uniform Commercial Code. In.: *BYU Law Review*, Vol. 2000, nº. 4. Provo: BYU, 2000, p. 1.384; OLG Naumburg. *Automobiles Case.* Decisão de 27.4.1999. CLOUT Case nº 362.

Em contrapartida, o exercício, pela parte inadimplida, do Nachfrist serve também como proteção para a parte inadimplente, assegurando-a que sua contraparte não utilizará, durante este período adicional, qualquer remédio que possa vir a impedir o cumprimento da obrigação inadimplida.[35] Portanto, durante este período de graça, não pode a parte inadimplida recorrer à rescisão do contrato ou ao cumprimento específico da obrigação, por exemplo, exceto na hipótese de a própria parte inadimplente declarar que não executará sua obrigação dentro do prazo adicional fixado pela sua contraparte, como prevê o artigo 47(2) da CISG.[36] Nesse caso, o tratamento é semelhante ao inadimplemento antecipado, previsto nos artigos 71 e seguintes da CISG, hipótese na qual se permite que a parte inadimplida rescinda o contrato mesmo antes do vencimento do prazo para cumprimento da prestação avençada.[37]

1.3. O direito do vendedor à cura do inadimplemento (artigos 37 e 48)

Examinados os dois remédios disponíveis tanto para o comprador quanto para o vendedor, passa-se, agora, ao estudo de um remédio cujo exercício só pode ser feito pelo vendedor: o direito de curar o seu próprio inadimplemento. Esse direito pode ser exercido pelo vendedor antes da data prevista para a entrega das mercadorias – e, portanto, antes de consolidado o inadimplemento (artigo 37 da CISG) – ou até depois da entrega em si (artigo 48 da CISG).

Ao contrário dos instrumentos analisados acima – cujo exercício é prerrogativa da parte inadimplida (seja ela o comprador ou o vendedor), o direito potestativo de sanar o inadimplemento é exclusivo do vende-

[35] Lookofsky, Joseph. *The 1980 United Nations Convention on Contracts for the International Sale of Goods.* Disponível em http://www.cisg.law.pace.edu/cisg/biblio/loo47.html. Acesso em 31.7.2020.

[36] Art. 47(2) Salvo se tiver recebido a comunicação do vendedor de que não cumprirá suas obrigações no prazo fixado conforme o parágrafo anterior, o comprador não poderá exercer qualquer ação por descumprimento do contrato, durante o prazo suplementar. Todavia, o comprador não perderá, por este fato, o direito de exigir indenização das perdas e danos decorrentes do atraso no cumprimento do contrato.

[37] Yovel, Johan. *Seller's Right to Avoid the Contract in International Transactions: Comparative analysis of the respective provisions in the CISG (Article 64) and in the PECL*. Disponível em https://www.cisg.law.pace.edu/cisg/biblio/yovel64.html#jy*. Acesso em 31.7.2020.

dor. Portanto, sua utilização é dependente apenas do desígnio do vendedor, não podendo partir, por exemplo, de demanda ou pedido do comprador.[38] Nesse ponto, a CISG se separa até de outros instrumentos de direito do comércio internacional, como os Princípios do UNIDROIT, que prevê, em seu artigo 7.1.4(1), que o direito à cura se aplica a ambas as partes contratantes.[39]

A primeira modalidade de cura é menos um remédio contra o inadimplemento e mais um direito potestativo do vendedor de, antes de aperfeiçoada a venda, curar eventual vício na performance contratual. Trata-se de direito legítimo da parte que, antes de verificado o vencimento de sua obrigação, pode, por óbvio, sanar eventual descumprimento contratual.

Daí que o artigo 37 não permite, de modo geral, que o comprador impeça o vendedor de curar eventual vício na entrega antecipada. Há apenas uma hipótese em que o comprador poderá se insurgir contra a cura: caso o exercício, pelo vendedor, do seu direito de sanar a entrega defeituosa cause inconvenientes ou custos irrazoáveis ao comprador. Como visto acima, a análise do que seria um "*inconveniente*" ou no que se constituiriam "*custos irrazoáveis*" é subjetiva, mas seu exame deve partir de barreira alta, de modo a resguardar os direitos do vendedor.[40]

Já o direito de exercer a cura após o inadimplemento, conforme previsto no artigo 48 da CISG, constitui real remédio contra descumprimentos contratuais. Curioso que, neste caso, quem tem a prerrogativa de exercê-lo é justamente a parte inadimplente – o vendedor – que, diante da verificação do descumprimento de sua prestação, pode voluntariar-se para sanar o inadimplemento e, assim, evitar maiores prejuízos

[38] Note-se, contudo, que existe a hipótese de o comprador exigir a substituição ou reparo das mercadorias em caso de desconformidade ou vício, nos termos dos artigos 46(2) e (3) da CISG.

[39] Article 7.1.4 (1). The non-performing party may, at its own expense, cure any non-performance, provided that (a) without undue delay, it gives notice indicating the proposed manner and timing of the cure; (b) cure is appropriate in the circumstances; (c) the aggrieved party has no legitimate interest in refusing cure; and (d) cure is effected promptly.

[40] Schlechtriem, Peter e Schwenzer, Ingeborg. *Commentary on the U.N. Convention on the International Sale of Goods (CISG)*. 3ª ed. Nova York: Oxford University Press, 2010, p. 605.

ao comprador, o que torna este remédio um excelente instrumento de mitigação dos prejuízos do comprador.[41]

Como preconiza a regra prevista no artigo 48(1) da Convenção, o vendedor pode corrigir qualquer descumprimento de suas obrigações depois da entrega das mercadorias, desde que (i) às suas próprias custas; (ii) sem demora injustificada; e (iii) sem causar inconveniência ou incerteza ao comprador. Curioso notar que, ao contrário do direito de sanar eventual descumprimento antes da entrega, que independe de notificação do vendedor ao comprador, esta modalidade de cura só pode ser exercida caso o vendedor dê notificação prévia ao comprador, e caso o comprador aceite a cura. É isso o que está previsto nos artigos 48(2)[42] e (3)[43] da CISG.

Deve, portanto, o vendedor não só informar o seu desejo de curar a performance, mas indicar o prazo para que a cura seja aperfeiçoada e, igualmente, indicar, na notificação, prazo para o comprador dar seu aceite para o exercício da cura. Ultrapassado esse prazo, caso o comprador não responda o pedido,[44] poderá o vendedor curar a performance, ficando o comprador impedido de exercer qualquer direito ou remédio incompatível com a cura, como a rescisão do contrato, por exemplo.

Aliás, importante frisar que a cura conforme regulada pelo artigo 48(1) da CISG fica sempre sujeita ao direito do comprador de resolver o contrato. É o que se encontra expresso logo nas primeiras sílabas do artigo 48(1). Portanto, caso o comprador opte por resolver o contrato

[41] Em que pese o fato de o artigo 48(1) da CISG deixar claro que o comprador manterá o direito de exigir indenização das perdas e danos, é fato que a cura, pelo vendedor, de seu inadimplemento reduzirá em parte substancial eventual pleito indenizatório, sendo, portanto, medida compatível com o princípio da mitigação dos danos, gravado no artigo 77 da CISG.

[42] Art. 48(2). Se o vendedor pedir ao comprador que lhe faça saber se aceita o cumprimento, e o comprador não lhe responder em prazo razoável, o vendedor poderá executar suas obrigações no prazo indicado em seu pedido. O comprador não poderá, antes do vencimento desse prazo, exercer qualquer direito ou ação incompatível com o cumprimento, pelo vendedor, das obrigações que a ele incumbem.

[43] Art. 48(3). Quando o vendedor comunicar ao comprador a intenção de cumprir suas obrigações em prazo determinado, será considerado incluído o pedido, nos termos do parágrafo anterior, para que o comprador lhe faça saber sua decisão.

[44] A regra constante do artigo 48(2) é uma das exceções à regra geral da CISG de que o silencia não acarreta aceitação, prevista no artigo 18(1) da Convenção.

antes de o vendedor requisitar prazo para curá-lo, o direito do vendedor de sanar seu descumprimento será afastado.

1.4. O direito do comprador à redução do preço (artigo 50)

Um dos remédios mais interessantes da CISG é a possibilidade de o comprador pleitear a redução do preço das mercadorias em caso de descumprimento, do vendedor, quanto à conformidade dos bens. Isto significa dizer que, caso as mercadorias não estejam conformes às especificações de qualidade e quantidade constantes da avença, ou ainda caso estas não se adequem à sua finalidade – seja a finalidade própria, seja uma finalidade específica informada pelo comprador ao vendedor –, poderá o comprador pleitear a redução do preço das mercadorias, tendo pago o preço ou não.

A regra, constante do artigo 50 da CISG, está disponível apenas em caso de inadimplemento do vendedor (por motivos óbvios), e autoriza que a redução seja proporcional ao valor das mercadorias efetivamente entregues. Logo, a razão entre o preço reduzido e o preço do contrato deverá ser proporcional à razão entre o valor das mercadorias efetivamente entregues e o valor das mercadorias caso elas estivessem conformes ao contrato.

A possibilidade de redução de preço existe no direito brasileiro. O artigo 235 do Código Civil prevê que "[d]*eteriorada a coisa, não sendo o devedor culpado, poderá o credor resolver a obrigação, ou aceitar a coisa, abatido de seu preço o valor que perdeu.*" Pode também requerer abatimento do preço aquele que recebe coisa com vício redibitório, nos termos do artigo 442 do mesmo diploma. Porém, estes dois dispositivos dão cabo à possibilidade de abatimento do preço em caso de deterioração sem culpa do devedor e vícios ou defeitos ocultos que tornem a coisa imprópria para o uso que se destina, ou que lhe diminua o valor. Nesse ponto, o artigo 50 da CISG inova, ao permitir o abatimento do preço mesmo na hipótese de descumprimento aparente – caso em que não há dispositivo expresso no Código Civil autorizando tal remédio.

Há, contudo, limitações para o exercício do direito de requerer redução do preço das mercadorias desconformes. O primeiro, expressamente disposto no artigo 50 da Convenção: se o vendedor curar qualquer descumprimento, nos termos dos artigos 37 e 48 da CISG, ou se o comprador rejeitar a entrega, este não poderá reduzir o preço das mercadorias.

Já o segundo limite está relacionado ao disposto na segunda parte do artigo 50 da CISG, mas não se encontra expressamente gravado neste dispositivo. O comprador que decide pleitear a redução do preço não pode recorrer a nenhum outro remédio incompatível com este. Esta regra, ainda que não expressamente disposta no artigo 50, deriva da interpretação sistemática e teleológica da Convenção. Em diversos trechos, a CISG limita o uso dos remédios, impedindo que a parte inadimplida utilize estes instrumentos a seu bel prazer – e por vezes, até, de forma contraditória e, portanto, incompatível com a função primordial desses remédios, qual seja, incentivar o adimplemento.

A óbvia incompatibilidade entre a redução de preço, de um lado, e a cura e a rescisão do contrato, de outro, levou o legislador a gravar limite expresso a fim de evitar a utilização incongruente destes remédios. Não obstante, há outras incompatibilidades entre a redução de preço e outros remédios contra o inadimplemento. Uma delas é com as perdas e danos. Alguns autores argumentam que a redução de preço não exclui a possibilidade de indenização; [45] entretanto, nos parece que o abatimento nada mais é do que uma forma de indenização pelas perdas e danos incorridos pela parte inadimplente – e, por isso, não seria possível pleitear, além da redução de preço, indenização adicional, sob pena de incorrer-se em *overcompensation*, algo vedado pelo artigo 74 da CISG.[46]

Assumindo esse entendimento como regra, torna-se imperativo, portanto, verificar se existem hipóteses em que mais valerá ao comprador requerer indenização por perdas e danos do que a redução do preço das mercadorias[47]. Segundo a doutrina, o remédio da redução de preço só é mais favorável vis-à-vis as perdas e danos quando o preço de mercado estiver reduzido entre a celebração do contrato e a entrega. Caso con-

[45] Kritzer, Albert H. *Guide to Practical Applications of the United Nations Convention on Contracts for the International Sale of Goods* Nova York: Springer, 1989, p. 376.

[46] Saidov, Djakhongir. *Methods of Limiting Damages under the Vienna Convention on Contracts for the International Sale of Goods.* Disponível em http://cisgw3.law.pace.edu/cisg/biblio/saidov.html. Acesso em 31.7.2020.

[47] Gillette, Clayton e Walt, Steven. *Sales Law: Domestic and International.* 2ª Ed. Nova York: Foundation Press, 2009, p. 412.

trário, "*é mais vantajoso à parte ofendida pelo inadimplemento pleitear perdas e danos.*"[48]

2. Efeitos dos remédios contra o inadimplemento

Após este apanhado geral dos remédios disponíveis na CISG contra o inadimplemento, passaremos, agora, a analisar os efeitos destes instrumentos. Primeiro, (**1**) analisaremos o efeito próprio dos remédios, ou seja, aquele derivado da intenção do legislador: a proteção do contrato e de sua utilidade. Segundo, (**2**) examinaremos seus efeitos impróprios, quais sejam, aqueles que não derivam, propriamente, a intenção do legislador, mas sim do uso prático – e, por vezes, estratégico – dos remédios.

2.1. Efeito próprio: proteção da utilidade do contrato

Como vimos na introdução, a função primordial dos remédios é sanar o inadimplemento e, com isso, privilegiar a performance contratual. A CISG, portanto, privilegia a proteção e manutenção do contrato, em respeito ao princípio do *favor contratus*, ao permitir às partes e ao operador do direito adotar instrumentos cujo efeito é evitar a prematura resolução contratual.

Mas o que de fato significa manter o contrato? Logicamente que ninguém defenderá a manutenção do contrato a qualquer custo – de certo que há hipóteses em que o liame contratual resta tão desgastado que o melhor desenlace para as partes é o desfazimento do vínculo. Mas qual é a medida que deve ser utilizada para averiguar se vale ainda manter o contrato, ou se deve partir para o desfazimento do negócio jurídico, para o próprio bem das partes?

A medida que a CISG propõe é a proteção da *utilidade* do contrato. O conceito de utilidade tem viés econômico, originado em Adam Smith[49] e desenvolvido na filosofia utilitarista de Jeremy Bentham e John Stuart

[48] Gama Jr., Lauro e Teixeira, Bruno Barreto de A. *Remédios do Comprador (e outros remédios ligados ao inadimplemento do vendedor)(Arts. 45.52 da CISG).* In.: Venosa, Sílvio de Salvo et al. (orgs). *A Convenção de Viena sobre Contratos de Compra e Venda Internacional de Mercadorias: desafios e perspectivas.* São Paulo: Atlas, 2015, p. 345.

[49] Para um estudo mais detalhado do desenvolvimento do conceito de utilidade, cf. Stigler, George J. The Development of Utility Theory. I. In.: The Journal of Political Economy, Vol. 58, Nº 4. Chicago: The University of Chicago Press, 1950, pp. 307-327 e Stigler,

Mill, que viam a utilidade como um termo primitivo, associado a conceitos abstratos como "*prazer*", "*bem-estar*" ou "*felicidade*".[50]

Na teoria econômica moderna, contudo, o conceito de utilidade é intimamente ligado à escolha de preferências no comportamento humano. A escolha de preferências exercida por um ser humano tem relação intrínseca com o valor racional que este ser humano dá a sua escolha.[51] Por exemplo: um indivíduo deve escolher entre seguir um caminho A ou tomar a rota B para chegar a um destino. O caminho A é mais rápido; já o caminho B, apesar de mais longo, permitirá que ele visite amigos que não vê há muito tempo. Se o indivíduo vê mais utilidade em visitar os amigos do que atingir seu destino no menor tempo possível, escolherá, racionalmente, o caminho B, e vice-e-versa.

Trazendo esse conceito abstrato para o direito dos contratos, medir a utilidade de um negócio jurídico é compreender o que cada parte quis extrair de um contrato. A medida da utilidade, contudo, não se traduz em riqueza: afinal, a troca derivada de um contrato (de qualquer natureza) não gera, *per se*, riqueza. A utilidade deve se traduzir pelo proveito econômico que a parte retira daquela transação, e que a fez escolher celebrá-la *in the first place*. O exemplo posto por Richard Epstein exemplifica bem este raciocínio:

> *Before the Exchange, I own a horse and you have $100. After the exchange you own the horse and I have the $100. Where is the gain if the same resources just switch places? The first order answer to this question is that gains are measured by utility and not by wealth. If each of us is willing to incur the costs of trade, then it is an implicit recognition that each has moved to a higher state of utility. I prefer $100 to a horse, and you prefer the horse over the $100. So now the trick is to increase the number of contracting opportunities.*[52]

George J. *The Development of Utility Theory*. II. In.: The Journal of Political Economy, Vol. 58, Nº 5 Chicago: The University of Chicago Press, 1950, pp. 373-396.

[50] "By utility is meant that property in any object, whereby it tends to produce benefit, advantage, pleasure, good or happiness". Bentham, Jeremy. *An Introduction to the Principles of Morals and Legislation*. Nova York: A Book of Readings, 1823, p. 3.

[51] Kapteyn, Arie. *Utility and Economics*. In.: De Economist, Vol. 133, Nº 1 (1985), p. 2.

[52] Epstein, Richard. Reflections on the Historical Origins and Economic Structure of the Law Merchant. In.: *Chicago Journal of International Law*. Vol. 5, nº. 1: Chicago: The University of Chicago Press, 2005, p. 9.

É neste ponto que o negócio perde o sentido para ambas as partes: quando não é mais possível que elas extraiam dele o que queriam quando o celebraram. E aqui não se trata de extrair a riqueza do contrato – até porque ela não existe. O que se afirma neste ponto é que a medida da manutenção da avença se dá até o ponto que as partes possam se beneficiar da utilidade que queriam extrair daquele contrato.

Num exemplo prático: numa venda de máquinas para uma fábrica, o vendedor busca faturar com a venda do maquinário (ou seja, extrair recursos suficientes para cobrir as despesas com a fabricação do maquinário e, ainda, obter lucro), enquanto o comprador busca utilizar o maquinário para aumentar sua produtividade, e, com isso, reduzir custos e melhor escoar sua produção no mercado. Enquanto a utilidade estiver preservada, deve-se preservar o contrato. A partir do momento que uma das partes se ver prejudicada das expectativas que tinha da avença, cogita-se a resolução contratual.

No mundo do artigo 25 da CISG – aquele que regulamenta a violação essencial (o descumprimento tão violento e destrutivo do contrato que permite a sua resolução) –, este é o *standard* adotado. Este dispositivo afirma, expressamente, que "[a] *violação ao contrato por uma das partes é considerada como essencial se causar à outra parte prejuízo de tal monta que* ***substancialmente a prive do resultado que poderia esperar do contrato***" (grifo nosso).

Neste contexto, não é possível ter dúvidas em afirmar que a função primordial dos remédios contra o inadimplemento é, justamente, permitir que a utilidade seja mantida mesmo em face do descumprimento contratual. Todos os remédios acima analisados – cumprimento específico, Nachfrist, cura e redução de preço – tem como condão justamente permitir que ambas as partes extraiam do contrato a utilidade que esperavam obter quando da sua celebração, mesmo em face de um evento deveras disruptivo como o inadimplemento. Se, contudo, o inadimplemento for de tal monta que retire qualquer utilidade que as partes possam tirar do negócio, caberá, aí sim, a rescisão contratual.

2.2. Efeito impróprio: instrumento de comportamento estratégico não-cooperativo

Mas além do efeito próprio – a proteção da utilidade do contrato –, os remédios trazem consigo, ainda, um efeito impróprio: sua utilização como instrumento de comportamento estratégico não-cooperativo por uma das partes do contrato para atingir seu objetivo, mesmo quando ele vai de encontro aos ditames do contrato e da CISG.

Na teoria dos jogos, comportamento estratégico é definido como ações tomadas por uma parte para influenciar o ambiente de mercado em que ela compete.[53] Esse comportamento pode ser cooperativo, de modo a aumentar os lucros para todos os concorrentes de um mercado em particular, ou não-cooperativo, de forma a aumentar a lucratividade de um participante do mercado às custas dos demais.[54]

A CISG, em geral, busca evitar comportamento estratégico não-cooperativo.[55] Logo no preâmbulo, a Convenção afirma que "*o desenvolvimento do comércio internacional com base na igualdade e em vantagens mútuas constitui elemento importante na promoção de relações de amizade entre os Estados*". Além disso, em seu artigo 7, a CISG elenca como um dos elementos interpretativos das normas da Convenção "*o respeito à boa fé no comércio internacional*". Entretanto, o uso prático dos remédios – por vezes dentro dos limites estabelecidos na CISG – assegura que partes possam utilizá-los como instrumentos de manipulação de suas próprias normas, permitindo, assim, obter vantagens outrora indevidas, dentro do arcabouço normativo-axiológico da Convenção.

Há exemplos claros de uso estratégico não-cooperativo de remédios da CISG. O principal é a possibilidade de uso do Nachfrist e da redução de preço como estratégia de resolução do contrato sem a ocorrência de violação essencial.

O primeiro decorre de regra expressa da Convenção. Os artigos 49(1)(b) e 64(1)(b) da CISG autorizam a resolução quando a parte inadimplente não cumprir com sua obrigação dentro do período de graça concedido pela parte inadimplida. Logo, se o vendedor descumpre o prazo adicional concedido para cumprimento da obrigação inadimplida, poderá a contraparte resolver o contrato.

[53] OECD, *Glossary of Industrial Organization Economics and Competition Law*. Disponível em http://www.oecd.org/regreform/sectors/2376087.pdf. Acesso em 31.7.2020.

[54] Ritzberger, Klaus. *Foundations of Non-cooperative Game Theory*. Nova York: Oxford University Press, 2002, pp. 7-8.

[55] Gillette, Clayton e Walt, Steven. *Sales Law. Domestic and International*. 3ª Ed. Nova York: Foundation Press, 2015, p. 14.

O risco aqui é de mal-uso do remédio para burlar a regra geral da Convenção de que a resolução do contrato deve ser permitida apenas *in ultima ratio*. Uma parte que queria resolver uma avença contratual pode, por exemplo, utilizar-se de um inadimplemento de obrigações secundárias do contrato, como a de entrega de documentos, por exemplo, para conceder prazo adicional que sabe que a outra parte não conseguirá cumprir e, assim, resolver o contrato. Esse fator pode minar um dos mais basilares preceitos da CISG.[56]

Da mesma forma, o mecanismo de redução de preço previsto no artigo 50 da CISG também pode ser utilizado para permitir a rescisão do contrato pela parte inadimplida, mesmo quando já tenha perdido o direito de fazê-lo. No famoso *Coffee Machines Case*, a *Oberster Gerichtshof* austríaca permitiu a um comprador reduzir o preço das mercadorias a zero, sob o argumento de que os bens recebidos não tinham nenhum valor, mesmo após ter perdido o direito de resolver o contrato dentro de prazo razoável previsto no artigo 49 da CISG.[57]

Esses resultados, ainda que não esperados ou previstos pelo legislador, são possíveis consequências do uso dos remédios contra o inadimplemento. Daí que se diz que são seus efeitos impróprios, pois, ainda que não intencionais, são legítimos e recebidos pela doutrina e jurisprudência que interpretam a Convenção.

Conclusões

Os remédios contra o inadimplemento são parte importante do sistema criado pela CISG. A proteção que a Convenção dá ao contrato e às prestações nele avençadas depende, diretamente, do correto e bom uso destes remédios. E a partir do momento em que o Brasil resolveu aceder ao sistema da CISG, decidiu também incorporar tais remédios no seu ordenamento jurídico comercial.

A questão que fica, ao fim, é: estes remédios estão em linha com os valores axiológicos postos pelo Código Civil no que tange à interpretação dos contratos? Seria possível, a partir do regime da Convenção, pen-

[56] Flechtner, Harry. Remedies Under the New international Sales Convention: The Perspective from Article 2 of the U.C.C. In.: *Journal of Law and Commerce*. Vol. 8. Pittsburgh: University of Pittsburgh School of Law, 1988, p. 53.

[57] Oberster Gerichtshof. *Coffee Machines Case*. Decisão de 23.5.2005. CLOUT Case nº. 747.

sar na possibilidade de incorporar tais remédios no sistema jurídico aplicável aos contratos domésticos, de forma a modernizar o nosso direito contratual?

Nos parece que a resposta aos dois questionamentos é positiva. O regime de regulamentação contratual vigente desde 2002 trouxe à baila diversos valores de caráter principiológico importantes para o direito doméstico. A introdução da função social do contrato, vigente no artigo 421 do Código Civil, bem como a concepção da boa-fé objetiva e suas três faces, dispostas nos artigos 113, 187 e 422 do mesmo diploma, deram à Lei Civil o que a doutrina chama de "*diretriz de socialidade*", em linha com as bases normativas e fundamentais da Constituição Federal de 1988.[58] Mas, se, por um lado, o Código trouxe eloquentes normas de caráter principiológico, falhou em materializar esse conteúdo valorativo em regras objetivas que se coadunam com os princípios mais fundamentais da Lei.

O regime de inadimplemento é talvez o melhor exemplo desse fato. A função social do contrato e a boa-fé objetiva deveriam servir de norte para a revisão da teoria do inadimplemento vigente, ainda extremamente calcada nos ditames do Código Civil de 1916, deveras patrimonialista e individualista (e, portanto, muito diferente, em termos valorativos, do atual Código). Mas não foi isso que aconteceu – nosso regime ainda é essencialmente o mesmo, sem qualquer inovação que permita concretizar os avanços feitos pelo novo Código na seara principiológica.

Um meio de fazê-lo é, por exemplo, buscar internalizar os remédios contra o inadimplemento como instrumentos disponíveis para as partes não só no âmbito dos contratos internacionais, mas também no regime contratual doméstico. Não há dúvidas que permitir a concessão de períodos de graça, regulamentar a possibilidade de cura do inadimplemento e possibilitar a redução do preço em caso de descumprimento contratual (e não só para deterioração da coisa ou vícios redibitórios) cumpre com os mais fundamentais valores do direito civil brasileiro. Permitir a manutenção da avença de forma que as partes possam extrair a utilidade dela esperada nos parece ser exatamente o propósito dos princípios da função social do contrato e da boa-fé objetiva.

[58] Costa, Judith Martins. Novas Reflexões sobre o Princípio da Função Social dos Contratos. In.: Monteiro, António Pinto (dir). *Estudos de Direito do Consumidor.* Coimbra: Centro de Direito do Consumo, 2005, pp. 51-52

Se, por um lado, os efeitos próprios dos remédios estão em linha com a ordem axiológica vigente, é verdade que se deve promover um debate sobre a adequação de seus efeitos impróprios. A intenção da CISG de barrar o comportamento não-cooperativo não foi suficiente para suplantar o uso estratégico desses instrumentos. Ao incorporá-los no nosso sistema de direito contratual doméstico, deve-se debater se seria possível afastar o uso inadequado dos remédios a partir das demais normas do nosso sistema. Essa discussão não caberá nas páginas deste artigo. Mas, superadas quaisquer eventuais barreiras que ainda possam existir, não há dúvida que os remédios contra o inadimplemento são uma excelente oportunidade de modernizar o direito contratual brasileiro, colocando-o em linha com as melhores práticas do direito comparado e do direito do comércio internacional.

Referências

ANDERSEN, Camilla B. e SCHROETER, Ulrich G. (Eds.) *Sharing International Commercial Law across National Boundaries: Festschrift for Albert H. Kritzer on the Occasion of his Eightieth Birthday*. Londres: Wildy, Simmons & Hill Publishing, 2008, p. 48.

BENTHAM, Jeremy. *An Introduction to the Principles of Morals and Legislation*. Nova York: A Book of Readings, 1823, p. 3.

BIANCA, Cesare Massimo e BONELL, Michael Joachim (orgs). *Commentary on the International Sales Law* Milão: Giuffrè, 1987

COSTA, Judith Martins. Novas Reflexões sobre o Princípio da Função Social dos Contratos. In.: MONTEIRO, António Pinto (dir). *Estudos de Direito do Consumidor*. Coimbra: Centro de Direito do Consumo, 2005.

DAZZI, Natascha Maculan Adum. *Consequências do Inadimplemento das Obrigações*. Disponível em https://www.emerj.tjrj.jus.br/serieaperfeicoamentodemagistrados/paginas/series/13/volumeII/10anoscodigocivil_volII_106.pdf. Acesso em 31.7.2020.

DOBBS, Dan e ROBERTS, Caprice. *Law of Remedies: Damages – Equity – Restitution*. 3ª Ed. Saint Paul: West Publishing, 2018.

ENDERLEIN, Fritz e MASKOW, Dietrich. *International Sales Law*. Nova York: Oceana Publications, 1992.

EPSTEIN, Richard. Reflections on the Historical Origins and Economic Structure of the Law Merchant. In.: *Chicago Journal of International Law*, Vol. 5, Nº 1: Chicago: The University of Chicago Press, 2005.

FERRARI, Franco et al. *The Draft UNCITRAL Digest and Beyond: Cases, Analysis and Unresolved Issues in the U.N. Sales Convention*. Munique: Sellier European Law Publishers, 2004.

FLECHTNER, Harry. Remedies Under the New international Sales Convention: The Perspective from Article 2 of the U.C.C. In.: Journal of Law and Commerce, Vol. 8. Pittsburgh: University of Pittsburgh School of Law, 1988.

FRIED, Charles. *Contract as a Promise: A Theory of Contractual Obligation*. Cambridge: Harvard University Press, 1982.

GAMA Jr., Lauro e TEIXEIRA, Bruno Barreto de A. *Remédios do Comprador (e outros remédios ligados ao inadimplemento do vendedor) (Arts. 45.52 da CISG)*. In.: VENOSA, Sílvio de Salvo et al. (orgs.). *A Convenção de Viena sobre Contratos de Compra e Venda Internacional de Mercadorias: desafios e perspectivas*. São Paulo: Atlas, 2015.

GILLETTE, Clayton e WALT, Steven. Sales Law: Domestic and International, 2ª Ed. Nova York: Foundation Press, 2009.

–. *Sales Law. Domestic and International*. 3ª Ed. Nova York: Foundation Press, 2015.

HONNOLD, John O. *The Uniform Law for the International Sales of Goods: the Hague Convention of 1964*. Disponível em: http://scholarship.law.duke.edu/lcp/vol30/iss2/6. Acesso em 31.7.2020.

HUBER, Peter e MULLIS, Alastair. *The CISG: A new textbook for students and practitioners*. Mainz: Sellier, 2007.

KAPTEYN, Arie. *Utility and Economics*. In.: De Economist, Vol. 133, nº 1 (1985).

KATZ, Avery W. Remedies for Breach of Contract under the CISG. In.: *International Review of Law & Economics*, Vol. 25. Amsterdã: Elsevier, 2005.

KOSKINEN, Jussi. *CISG, Specific Performance and Finnish Law*. Disponível em https://www.cisg.law.pace.edu/cisg/biblio/koskinen1.html#ii. Acesso em 31.7.2020.

KRITZER, Albert H. *Guide to Practical Applications of the United Nations Convention on Contracts for the International Sale of Goods* Nova York: Springer, 1989.

LOOKOFSKY, Joseph. *The 1980 United Nations Convention on Contracts for the International Sale of Goods*. Disponível em http://www.cisg.law.pace.edu/cisg/biblio/loo47.html. Acesso em 31.7.2020.

OECD, *Glossary of Industrial Organisation Economics and Competition Law*. Disponível em http://www.oecd.org/regreform/sectors/2376087.pdf. Acesso em 31.7.2020.

PERALES VISCASILLAS, Maria del Pilar. *El Contrato de Compraventa Internacional de Mercancias (Convención de Viena de 1980)*. Disponível em http://www.cisg.law.pace.edu/cisg/biblio/perales1-47.html. Acesso em 31.7.2020.

PILIOUNIS, Peter A. The Remedies of Specific Performance, Price Reduction and Additional Time (Nachfrist) Under the CISG: Are These Worthwhile Changes or Additions to English Sales Law? In.: *Pace International Law Review*, Vol. 12, nº 1. White Plains: Pace University, 2000.

PONTES DE MIRANDA, Francisco Cavalcanti. *Tratado de Direito Privado*. Tomo XXVI. Rio de Janeiro: Revista dos Tribunais, 2012.

RITZBERGER, Klaus. *Foundations of Non-cooperative Game Theory*. Nova York: Oxford University Press, 2002.

SAIDOV, Djakhongir. *Methods of Limiting Damages under the Vienna Convention on Contracts for the International Sale of Goods*. Disponível em http://cisgw3.law.pace.edu/cisg/biblio/saidov.html. Acesso em 31.7.2020.

SARCEVIC, Petar e VOLKEN, Paul (eds). *International Sale of Goods: Dubrovnik Lectures*. Nova York: Oceana Publications, 1996. DUNCAN JR., John C. Nachfrist Was Ist? Thinking Globally and Acting Locally: Considering Time Extension Principles of the U.N. Convention on Contracts for the International Sale of Goods in Revising the Uniform Commercial Code. In.: BYU Law Review, Vol. 2000, nº 4, Provo: BYU, 2000.

SCHLECHTRIEM, Peter e SCHWENZER, Ingeborg. *Commentary on the U.N. Convention on the International Sale of Goods (CISG)*. 3ª ed. Nova York: Oxford University Press, 2010.

SCHWARTZ, Alan. The Case for Specific Performance. In.: *The Yale Law Journal*, Vol. 89. New Haven: The Yale Law Journal Company, 1979.

SCHWENZER, Ingeborg *et al. Global Sales and Contract* Law. Nova York: Oxford University Press, 2012.

SHEN, Jianming. Declaring the Contract Avoided: The U.N. Sales Convention in the Chinese Context. In.: New York International Law Review, Vol. 10, nº 1, 7-57 Nova York: New York State Bar Association, 1997.

STIGLER, George J. *The Development of Utility Theory*. I. In.: The Journal of Political Economy, Vol. 58, nº 4. Chicago: The University of Chicago Press.

–. *The Development of Utility Theory*. II. In.: The Journal of Political Economy, Vol. 58, nº 5 Chicago: The University of Chicago Press, 1950.

TERRA, Aline de Miranda Valverde e GUEDES, Gisela Sampaio da Cruz. Adimplemento Substancial e Tutela do Interesse do Credor: análise da decisão proferida no REsp 1.581.505. In.: *Revista Brasileira de Direito Civil – RDBCivil*, Vol. 11. Belo Horizonte: IBDCivil, 2017.

WALT, Steven. For Specific Performance under the United Nations Sales Convention. In.: *Texas International Law Journal*, Vol. 26. Austin: UT Law Publications, 1991.

YOVEL, Johan. Seller's Right to Avoid the Contract in International Transactions: Comparative analysis of the respective provisions in the CISG (Article 64) and in the PECL. Disponível em https://www.cisg.law.pace.edu/cisg/biblio/yovel64.html#jy*. Acesso em 31.7.2020.

8. Período de Graça na CISG e Normas Similares no Direito Brasileiro

Amanda Guimarães Cordeiro

1. O que se entende por período de graça

O conceito a que o período de graça remete, nas normas que o preveem, como a CISG, mas também nos Princípios do UNIDROIT e em alguns Códigos Civis, é de (i) um prazo adequado, adicional ao prazo originalmente contratado, (ii) concedido por notificação pelo credor ao devedor em mora, sem necessidade de anuência deste último, (iii) para que o moroso cumpra a obrigação. Tem como principais efeitos a vedação a que a parte lesada pelo inadimplemento recorra, durante o prazo fixado, a outros remédios visando ao adimplemento, assim como lhe permite resolver o contrato se o período adicional se esgotar sem o cumprimento.

O instituto tem grande importância e utilidade, por equacionar interesses divergentes que surgem com a mora. O direito contratual brasileiro certamente se ressente da falta de maior detalhamento dos efeitos do inadimplemento, uma vez que o respectivo Código Civil não se alonga na disciplina do tema, com a consequência de que importantes normas, como a vedação da resolução do contrato diante de mora ou de adimplemento substancial, foram construções da doutrina e da jurisprudência, resultantes de interpretação sistemática ou de notícias do direito comparado.

Não é assim em toda parte, havendo leis estrangeiras mais minuciosas quanto ao direito do devedor moroso à manutenção do contrato enquanto a prestação devida ainda for útil ao credor, assim como em relação aos remédios disponíveis para o credor, sem violar as expectativas do devedor, sair da situação de espera da prestação em atraso. Um desses remédios é o período de graça, que permite ao credor proceder à resolução do contrato se o período suplementar razoável concedido ao devedor em mora se esgotar sem o cumprimento.

Entretanto, se um inadimplemento se mostrar, desde logo, definitivo, o período de graça não se fará necessário, pois a resolução já poderá ser levada a cabo. Ao revés, diante do prolongamento da mora, a utilidade do instituto, sob as leis que o preveem, será evidente. Quanto ao direito brasileiro, nos casos em que a CISG não seja aplicável, o credor pode se deparar com a privação tanto de obter a prestação, quanto de se desvincular do contrato.

2. Primazia da manutenção do contrato

A respeito da distinção entre a situação de mora e de inadimplemento absoluto, hoje se tem como consenso que a simples mora não dá causa à resolução. Em observância ao princípio da boa-fé objetiva, assim como por motivos de ordem pragmática, entende-se que o credor só pode recusar a purgação da mora e, portanto, resolver o contrato, nos casos em que a prestação tiver se tornado efetivamente inútil, seja porque o termo lhe foi essencial, seja por qualquer outra circunstância que se extraia do título ou que venha a ser demonstrada pelo credor[1]. A doutrina ensina que "para o tráfego negocial, é mais útil o contrato ser cumprido, ainda que em retardo, do que definitivamente inadimplido"[2].

Esta norma é, ainda, o resultado da interpretação sistemática dos arts. 395 e 475 do Código Civil, concluindo-se que "a própria lei somente permite ao credor enjeitar a prestação ofertada após o vencimento e a constituição da mora, se essa prestação se tornar inútil"[3]. Assim, a resolução do contrato pelo credor só é admitida diante do inadimplemento absoluto, sendo necessário avaliar a gravidade do inadimplemento verificado para o interesse do credor.

[1] Alvim, Agostinho. *Da inexecução das obrigações e suas consequências.* São Paulo: Saraiva, 1980. p. 48.

[2] Martins-Costa, Judith. *Comentários ao novo Código civil.* Coord. Sálvio de Figueiredo Teixeira. Rio de Janeiro: FGV, 2009. v.5. T.2. p. 318.

[3] Aguiar Júnior, Ruy Rosado de. *Extinção dos contratos por incumprimento do devedor.* Rio de Janeiro: AIDE, 2003. p. 120.

Todavia, uma das tarefas mais árduas do direito das obrigações é a individuação da transformação, em incumprimento definitivo, de uma prestação que ainda seja possível, mas tenha perdido interesse para o credor[4]. Quando o incumprimento definitivo for causado por impossibilidade de o devedor prestar, sua aferição será geralmente simples. O mesmo raciocínio se aplica se fica evidente que o devedor não irá cumprir o contrato em razão, por exemplo, de não ter tomado nenhuma medida para tanto[5]. Sob o Código Civil brasileiro, igualmente tenderá a obter uma solução mais eficaz o credor vítima de um inadimplemento coberto por cláusula resolutiva expressa.

Quando, por outro lado, a prestação ainda for possível ou parcialmente possível, assim como não sujeita à cláusula resolutiva expressa, e a sua rejeição se der por outros motivos, serão necessários critérios para estabelecer se a rejeição é legítima, critérios esses que o Código Civil permanece sem oferecer.

Como se vê, nem sempre é clara a passagem do inadimplemento relativo para definitivo. Situações há em que a demora do devedor em prestar vai tornando o contrato desproporcional e desinteressante ao credor, embora ainda não se possa afirmar que a prestação tenha restado inútil (nos termos do art. 395, parágrafo único, do Código Civil).

Especialmente complicadas são as hipóteses de obrigações não pecuniárias, quando a indenização pela mora não necessariamente se mostra um remédio satisfatório. Pode ser dramática a vinculação do credor a um contrato que deixou de ser interessante por conta de uma mora extensa, quando aquele faz jus a uma obrigação de fazer ou de entrega de coisa, como em contratos de empreitada, distribuição ou prestação de serviços. Mais ainda, nos casos em que as prestações envolvidas forem complexas ou, por qualquer outro motivo, não fizer sentido a execução por terceiro às custas do devedor. A possibilidade de resolução extrajudicial, respeitados certos requisitos, como previstos na CISG[6] e não no Código Civil brasileiro, contribui para a solução justa do problema.

[4] AGUIAR JÚNIOR, Ruy Rosado de. *Op. cit.*, p. 95.

[5] STANNARD, John E. *Delay in the performance of contractual obligations*. Oxford: Oxford University, 2007. p. 198-199.

[6] A CISG, como se sabe, aplica-se apenas a contratos de compra e venda internacionais, na forma de seus arts. 2 e 3, entretanto vale o raciocínio quando se tem em vista sua contribuição para o direito contratual brasileiro.

No direito nacional, a dúvida do contratante inocente acerca da ocorrência de inadimplemento definitivo é amenizada pela possibilidade, oferecida pelo art. 326 do Código de Processo Civil, de formulação de pedido subsidiário de cumprimento em ação de resolução contratual: "assim, para as hipóteses de não se confirmar o direito a resolução, em face, por exemplo, da constatação de adimplemento substancial (*substancial performance*), ao autor revelar-se-á lícito pleitear a condenação do inadimplente no resíduo da sua prestação"[7].

A ação de cumprimento, por sua vez, não impede superveniente pedido de resolução, desde que aquela tenha perdido a razão de ser (art. 493 do Código de Processo Civil). De outro lado, nada obstante a utilidade destas duas normas, sua aplicação já pressupõe a necessidade de o credor recorrer ao Poder Judiciário para exercer seus direitos, o que não necessariamente configura a melhor solução[8].

[7] Assis, Araken de. *Resolução do contrato por inadimplemento*. 5.ed. São Paulo: Revista dos Tribunais, 2013. p.40.

[8] A respeito, poder-se-ia alegar que a possibilidade de o devedor recorrer ao Poder Judiciário a fim de contestar a efetivação de uma resolução extrajudicial, seja por cláusula resolutiva expressa, seja por período de graça ou outras hipóteses encontradas no direito comparado, praticamente retiraria a utilidade destes remédios, ao terminar por judicializar uma resolução pretendida como extrajudicial. Um caso julgado pela 2ª Câmara Reservada de Direito Empresarial do Tribunal de Justiça de São Paulo destaca a importância da agilidade da resolução extrajudicial para assegurar o direito do credor lesado pelo inadimplemento. Na hipótese, as partes haviam celebrado contrato de sublicenciamento de marca, pelo qual o autor deveria pagar royalties, bem como submeter à aprovação dos réus o uso que seria feito das marcas, que contavam com algumas restrições. Porém, o autor veio a inadimplir repetidas vezes algumas de suas obrigações, o que levou os réus a notificarem o inadimplente de que estavam declarando o contrato resolvido, por força de cláusula resolutiva expressa presente no contrato. Ato contínuo, os réus, detentores do direito de marca, empreenderam novo licenciamento da marca. Pretendeu o autor da ação, por isso, o recebimento de 25% da quantia recebida pelos réus pela celebração do novo contrato de licença, que não contou com sua anuência. Os julgadores entenderam pela improcedência do pedido, já que, "ausente a comprovação de inadimplemento pelos réus, legitimava-se o pedido de desfazimento do contrato através da notificação encaminhada pelos réus. Retomaram os réus, portanto, plenamente os direitos das marcas antes licenciadas ao autor. Para a rescisão do negócio não se exigia mais do que a notificação promovida" (Tribunal de Justiça de São Paulo. 2ª Câmara Reservada de Direito Empresarial. Apelação 1046485-13.2015.8.26.0100. J. 28/11/2016).

Em outros direitos, e também na CISG, a lei oferece parâmetros para a identificação do inadimplemento absoluto – ou "fundamental", "importante", entre outros termos encontrados – e expressa que só em casos tais a resolução do contrato será admitida[9]. Com isto, alinhou-se a construção doutrinária e jurisprudencial brasileira, embora, conforme comentado acima, diante de uma moldura legal que não detalha no que consistiria a prestação inútil, prevista no parágrafo único do art. 395 do Código Civil. Além disso, na CISG e nos demais modelos tratados, privilegia-se a resolução extrajudicial, atendidos certos requisitos, a fim de equilibrar a proteção das expectativas do devedor, que não deve ser surpreendido por uma resolução brusca e arbitrária, com a defesa do interesse do credor de obter a prestação contratada em prazo razoável. Este é um contraponto que, ao menos até o momento, não foi adotado pelo Código Civil.

No Código Civil italiano, por exemplo, se, por um lado, não se permite a resolução do contrato diante de adimplemento de pouca importância (art. 1455), quando comparado ao interesse do credor no contrato, em contrapartida, há duas hipóteses de resolução extrajudicial, além da decorrente de cláusula resolutiva expressa: a chamada "*diffida ad adempiere*" (art. 1454[10]), o que aqui se chama de período de graça, e a resolução de pleno direito, que ocorre após três dias da verificação do termo essencial da obrigação, que só pode ser obstada por uma declaração, dentro deste prazo, de que se deseja prosseguir com a execução do contrato (art. 1457).

Especificamente sobre a resolução por aviso, ensina Luigi Mosco que foi a maneira de o legislador conciliar os interesses contrapostos do credor e do devedor, negando-se ao primeiro o poder de resolver o contrato desde a primeira notificação ao credor, assim como negando-se

[9] Tiburcio, Carmen. Consequências do inadimplemento contratual na Convenção de Viena sobre Venda Internacional de Mercadorias (CISG). *Revista de Arbitragem e Mediação*, v.10, n.37, abr./jun. 2013. p.181.

[10] "*Art. 1454. Diffida ad adempiere. Alla parte inadempiente l'altra può intimare per iscritto di adempiere in un congruo termine, con dichiarazione che, decorso inutilmente detto termine, il contratto s'intenderà senz'altro risoluto. Il termine non può essere inferiore a quindici giorni, salvo diversa pattuizione delle parti o salvo che, per la natura del contratto o secondo gli usi, risulti congruo un termine minore. Decorso il termine senza che il contratto sia stato adempiuto, questo è risoluto di diritto*".

ao segundo a possibilidade de purga da mora após o decurso do termo fixado na referida notificação[11].

A doutrina portuguesa, comentando previsão similar do Código Civil português, ensina que, para se proteger o credor da situação de não saber até quando precisará aguardar o adimplemento, ao mesmo tempo em que este se torna cada vez menos interessante para si, cabe-lhe "a faculdade de estabelecer um prazo suplementar razoável, mas peremptório, para a realização da prestação (art. 808, n.º 1), pois não se compreenderia que a mora se mantivesse indefinidamente"[12]. E ainda: "De outra forma, o credor que não tivesse perdido o interesse na prestação ficaria indefinidamente adstrito à relação obrigacional que o ligava à contraparte"[13]. Concedido um prazo adequado para o devedor adimplir, geralmente será incompreensível a persistência da mora após o prazo, dando motivo ao credor para não confiar mais no futuro cumprimento.

Tratando da CISG, Stefan Kroll, Loukas Mistelis e Pilar Perales Viscasillas ensinam que a característica mais marcante dos remédios ali previstos é o intuito de conservação dos contratos, de maneira a evitar a retroatividade dos seus efeitos[14]. Para contratos regidos pela CISG, este problema é especialmente palpitante porque a eventual restituição dos bens entregues importa, muitas vezes, a travessia de longas distâncias. Assim, a conservação dos contratos vai ao encontro dos interesses das partes.

Tendo isto em vista, o sistema de remédios da CISG prevê três instrumentos visando a manter, em caso de inadimplemento, o equilíbrio entre os interesses de ambas as partes, todos com paralelos em modelos internacionais ou leis domésticas recentes. Primeiramente, utiliza-se o parâmetro do inadimplemento fundamental, tratado com a devida atenção em outro artigo desta obra "Fundamental breach e inadimplemento definitivo: um paralelo entre a CISG e o direito privado brasileiro sob a perspectiva do interesse do credor". Mas, se não for este o caso, o credor ainda poderá proceder à resolução, desde que institua, conforme o

[11] Mosco, Luigi. *La risoluzione del contratto per inadempimento*. Napoli: E. Jovene, 1950. p.146-148.

[12] Costa, Mário Júlio de Almeida. *Direito das obrigações*. Coimbra: Atlântida, 1975. p 740.

[13] Martinez, Pedro Romano. *Da cessação do contrato*. Coimbra: Almedina, 2015. p.137.

[14] Kröll, Stefan; Mistelis, Loukas; Viscasillas, Pilar Perales. *UN Convention on Contracts for the International Sale of Goods (CISG)*. Munchen: C. H. Beck, 2011. p.683-684.

art. 49(1)(b)[15], o chamado procedimento de "*Nachfrist*", similar ao instituto italiano da *diffida ad adempiere*, e objeto do presente trabalho. Em terceiro lugar, também pode o devedor tomar a iniciativa de remediar sua falta, nos termos do art. 48. Nas palavras de Paulo Nalin e Renata Steiner:

> Ao fazer a utilização do remédio resolutório depender da concessão de novo prazo para cumprimento da obrigação, a CISG deixa novamente clara a intenção de manutenção do contrato, sublinhando o caráter excepcional de sua desconstituição por resolução. Incentiva-se o cumprimento *in natura* do contratado[16].

Embora, como visto, a doutrina e a jurisprudência brasileiras tenham abraçado a excepcionalidade da resolução como remédio para o inadimplemento, a recíproca dessa maior atenção ao devedor, que seria a facilitação da satisfação do interesse do credor, caso haja exagerada demora do devedor em remediar seu inadimplemento, ainda é embrionária nestes mesmos contextos.

Além da nossa pesquisa, só se tem notícia de dois autores propondo a utilização, no direito doméstico, de instrumento de resolução extrajudicial adicional à cláusula resolutiva expressa: Raquel Bellini Salles[17] e Gabriel Rocha Furtado[18]. Mais recentemente, Aline de Miranda Valverde Terra e Leonardo Faria Schenk[19] também trataram do assunto, todavia se posicionando contra a sua aplicação no Brasil enquanto não houver previsão legal.

[15] "Artigo 49 (1) O comprador poderá declarar o contrato rescindido: (...) (b) no caso de falta de entrega, se o vendedor não entregar as mercadorias dentro do prazo suplementar concedido pelo comprador, conforme o parágrafo (1) do artigo 47, ou se declarar que não efetuará a entrega dentro do prazo assim concedido".

[16] Nalin, Paulo; Steiner, Renata C. *Compra e venda internacional de mercadorias:* a Convenção das Nações Unidas sobre compra e venda internacional de mercadorias (CISG). Belo Horizonte: Fórum, 2016. p.280-281.

[17] Em sua tese de doutorado publicada como: *Autotutela nas relações contratuais*. Rio de Janeiro: Processo, 2019.

[18] *Mora e inadimplemento substancial*. São Paulo: Atlas, 2014.

[19] Inafastabilidade da jurisdição e autotutela: o exemplo da cláusula resolutiva expressa. *Revista Eletrônica de Direito Processual*, Rio de Janeiro, v.20., a.13, n.3, set./dez. 2019.

Feito este bosquejo sobre o conceito de período de graça e o ambiente em que floresceu, passa-se a uma visão geral sobre seus requisitos e efeitos, comparando-o com ferramentas aproximadas do direito brasileiro e que visam (ou não) aos mesmos objetivos.

3. Duração do prazo suplementar

Um destes requisitos é a adequação do termo fixado pelo credor para que o devedor cumpra a obrigação. Nos termos do art. 47(1) da CISG[20], sua duração precisa ser razoável. A respeito, a doutrina e as decisões de casos julgados sob a CISG oferecem certos parâmetros para se aferir a adequação do termo. Primeiramente, não pode este ser tão curto, a ponto de o devedor não conseguir adimplir[21]. Ademais, o novo termo precisa ser adequado, em geral, a um devedor que já esteja bastante adiantado no cumprimento da prestação ou nos preparativos para tanto, conforme o caso[22]. O contratante em mora não poderia esperar que o período de graça lhe concedesse todo o tempo necessário para ainda iniciar e completar a realização da prestação.

Também se menciona como critério para a adequação do período de graça a proporcionalidade com o prazo original da prestação, o qual, sendo longo ou curto, é capaz de implicar, respectivamente, em um prazo adicional mais ou menos extenso[23]. Assim, se o produto cuja entrega é devida será feito sob medida para o comprador, tendo acarretado um prazo contratual prolongado, possivelmente o período de graça, correspondentemente, será mais longo do que fosse o caso de um artigo fabricado em massa. O tipo de entrega também importa, sendo exemplo o frete de um bem por navio, meio de transporte naturalmente mais lento que outros.

[20] "Artigo 47 (1) O comprador poderá conceder ao vendedor prazo suplementar razoável para o cumprimento de suas obrigações".

[21] MIRANDA, Pontes de. *Tratado de direito privado*. 2.ed. Rio de Janeiro: Borsoi, 1955. v.26. p.11: "O prazo de graça ou pós-prazo é intimamente ligado à purgabilidade. Daí ter de ser, em relação ao tempo necessário à purgação, prazo conveniente ou bastante (= que atenda à importância e às dificuldades da prestação, no que se refere ao devedor, e às necessidades do credor)".

[22] MOSCO, Luigi. *Op. cit.*, p. 153-154.

[23] KRÖLL, Stefan; MISTELIS, Loukas; VISCASILLAS, Pilar Perales. *Op. cit.*, p. 705.

Ainda outro fator relevante é a causa do inadimplemento, merecendo atenção a seriedade da conduta das partes: "se o vendedor for afetado por um incêndio ou uma greve, pode-se esperar que um comprador aguarde por determinado período se a entrega não for particularmente urgente"[24]. Pode ocorrer, ao contrário, de o contratado para realizar certa construção passar a atrasar a entrega de materiais ou reduzir o número de operários atuando na obra, por ter celebrado com terceiro um contrato que lhe seja de maior interesse[25]. Em casos tais, o oportunismo e a falta de seriedade certamente influenciarão na extensão do período de graça. Ainda sobre a adequação do prazo, se houver algum fato, cujo conhecimento pelo credor não seja esperável e que faça o devedor precisar de mais tempo para cumprimento, o contratante inocente precisa ser informado a respeito, de forma a fixar um termo adequado[26]. Por fim, pertence ao credor o ônus da prova da razoabilidade de sua extensão, considerados os fatos do caso[27].

Os ordenamentos divergem a respeito do efeito causado pela fixação de um prazo excessivamente curto. Os intérpretes da CISG posicionam-se no sentido de que esta ocorrência leva à extensão do período de graça até um prazo razoável[28]. Assim, se o comprador declarar o contrato resolvido logo após a expiração do prazo insuficiente, essa resolução restará sem efeito e poderá até constituir um inadimplemento fundamental, a conferir ao vendedor o direito de resolver o contrato. Por outro

[24] SCHLECHTRIEM, Peter; SCHWENZER, Ingeborg. *Comentários à Convenção das Nações Unidas sobre Contratos de Compra e Venda Internacional de Mercadorias.* Coord. e Trad. Eduardo Grebler, Vera Fradera e César Guimarães Pereira. São Paulo: Revista dos Tribunais, 2014. p. 847.

[25] CAVALLI, Cássio. *Mora e utilidade:* os standards da utilidade no modelo jurídico da mora do devedor. Rio de Janeiro: FGV, 2011. p. 116.

[26] STANNARD, John E. *Op. cit.*, p. 198. Os precedentes de casos julgados sob a CISG compilados pela Comissão das Nações Unidas sobre Direito do Comércio Internacional – UNCITRAL confirmam as afirmações acima: "With respect to the reasonable time, all relevant circumstances of the case have to be taken into account (including the conduct of the parties, negotiations and practices between them, and usages (article 8(3))" (2012 UNCITRAL Digest of case law on the United Nations Convention on the International Sale of Goods. Fonte: http://www.cisg.law.pace.edu/cisg/text/digest-2012-47.html, acessado em 20/01/2017).

[27] KRÖLL, Stefan; MISTELIS, Loukas; VISCASILLAS, Pilar Perales. *Op. cit.*, p. 709.

[28] KRÖLL, Stefan; MISTELIS, Loukas; VISCASILLAS, Pilar Perales. *Op. cit.*, p. 108.

lado, se o comprador, após o término do período de tempo excessivamente curto, aguardar mais um tempo, até atingir um prazo adequado, e apenas então declarar o contrato resolvido, a resolução será plenamente eficaz. Parece intuitivo, mas não custa sinalizar, ademais, que se o vendedor fixar um prazo muito longo, ele precisará esperar seu término, não podendo resolver o contrato antes dessa data[29].

O termo assinalado precisa, ainda, ser certo. Não surte o efeito desejado a declaração que imponha apenas o adimplemento em um "prazo adequado", em "tempo razoável", entre outras expressões afins[30]. Ao contrário, o tempo razoável para cumprimento deve ser algo localizável no calendário. Não obstante a ponderação de que poderia ser melhor uma declaração evasiva do que a fixação de um termo inadequado, que a sujeitaria à ineficácia, percebe-se que um termo indeterminado igualmente levaria à ineficácia da declaração. Isso porque o objetivo do instituto não é apenas beneficiar o devedor com um prazo adicional para cumprimento, mas também o de proporcionar segurança jurídica, ao tornar claras as posições de cada parte.

4. O momento para fixação do período de graça

Em relação à ocasião adequada para se declarar que será conferido o prazo suplementar, observa-se que as normas estrangeiras que dispõem sobre o período de graça fazem referência à prévia existência de inadimplemento relativo, sugerindo que o prazo deve ser fixado após a mora. Se o período de graça serve justamente à purgação da mora, deve, a princípio, ser estabelecido posteriormente à mesma[31].

Pode ser levado em conta, ainda, o provável efeito psicológico que a ausência de fixação de período de graça anteriormente ao vencimento produz sobre o devedor, que acredita que não lhe será concedido um prazo adicional, dentro do qual é vedado ao credor recorrer a quaisquer outros remédios. Talvez a fixação do período de graça anteriormente ao vencimento levasse a um desleixo do devedor em relação ao

[29] Schlechtriem, Peter; Schwenzer, Ingeborg. *Op. cit.*, p. 848.

[30] Miranda, Pontes de. *Op. cit.*, p. 11.

[31] Miranda, Pontes de. *Op. cit.*, p. 11. Diferente seria, caso se tratasse de uma alteração do prazo para cumprimento, que se distingue fundamentalmente do período de graça em razão de que o eventual alongamento do prazo para cumprimento exclui os efeitos da mora e, portanto, problema não há em ser fixado anteriormente ao vencimento da obrigação.

termo original da obrigação, não obstante o prazo adicional não obstar a imposição das sanções decorrentes da mora[32]. De fato, como se verá abaixo, esta tem sido uma crítica comumente feita ao art. 43-A da Lei nº 13.786/2018[33], de que a estipulação, desde a celebração do contrato, de um prazo de 180 dias adicional ao termo original da obrigação contribui para a ocorrência de atrasos, em detrimento do consumidor.

Todavia, em relação ao período de graça, como se entende neste trabalho, o perigo de desídia do devedor não parece ser um argumento determinante em favor de sujeitar a sua fixação à ocorrência da mora, pois que a dita coerção que a aproximação do prazo exerce sobre o devedor interessa justamente ao credor. Este, portanto, poderia dispensar a pressão sobre o devedor, fixando o período de graça anteriormente a eventual inadimplemento, sem que a dita liberalidade causasse prejuízo a mais ninguém além de si próprio.

Já caso o credor deseje tirar o maior proveito do instituto, o momento de fixação do período de graça é relevante. A adequação do prazo aos interesses de credor e devedor é um dos pontos cruciais do período de graça e, se o prazo original, contratualmente previsto para cumprimento, ainda estiver distante do final, dificilmente será possível prever qual período de tempo o devedor razoavelmente necessitará a fim de concluir a realização da prestação. Ademais, o desenrolar da obrigação é capaz de apontar a outra solução que não o período de graça[34].

[32] Mosco, Luigi. *Op. cit.*, p. 161-163.

[33] "Art. 43-A. A entrega do imóvel em até 180 (cento e oitenta) dias corridos da data estipulada contratualmente como data prevista para conclusão do empreendimento, desde que expressamente pactuado, de forma clara e destacada, não dará causa à resolução do contrato por parte do adquirente nem ensejará o pagamento de qualquer penalidade pelo incorporador".

[34] Pode ocorrer, por exemplo, de o ritmo da execução da prestação pelo devedor ser tão lento, que o remédio mais adequado deixe de ser a fixação de período de graça e passe a ser a resolução por inadimplemento anterior ao termo. Foi o que se verificou no caso em que certa usina deveria entregar, em até 10 anos, 3.330.000 toneladas de escória básica granulada de alto forno. Para tanto, o credor tinha adiantado o pagamento de R$ 20.000.000,00 em dinheiro e mais R$ 2.500.000,00 em volume de concreto. Porém, faltando poucos meses para o fim do prazo, apenas 288.434 toneladas tinham sido entregues. A falta de perspectiva de cumprimento da avença era agravada pelo fato de que o parque industrial do devedor aparentemente estava desativado. A perícia aferiu que a usina entregara uma média anual de 57.686 toneladas de escória básica e que, portanto, demoraria, nesse ritmo, 52,7

Outra questão a ser enfrentada, caso se permita a declaração de período de graça anteriormente à mora, é a incompatibilidade com as hipóteses de mora *ex persona*, pois não faz sentido fixar um termo suplementar para cumprimento antes da constituição em mora do devedor, isto é, de existir um prazo original para tanto. Este problema parece solucionável, desde que se vede a instauração do período de graça anteriormente à mora *ex persona*, o que não exclui, todavia, a inserção da declaração na própria interpelação de que depende, nesse caso, a constituição em mora[35].

5. Clareza sobre o efeito resolutivo

Mais um elemento essencial à declaração de período de graça é a informação de que, caso não cumprido o prazo, o contrato restará resolvido. Não é suficiente a fixação do prazo sem a menção de que a prestação posterior será rejeitada, assim como tampouco é suficiente rejeitar a prestação sem fixação de prazo, mesmo que o credor deixe transcorrer um período longo o suficiente para ser considerado um período de graça[36]. A declaração tem, portanto, de ser uma clara exigência de cumprimento da obrigação. Expressões sutis como "espero que você consiga entregar a mercadoria" podem permitir a interpretação de que o credor

anos para entregar a totalidade da obrigação devida. Diante desse cenário, a 25ª Câmara da Seção de Direito Privado do Tribunal de Justiça de São Paulo, decidiu pela desnecessidade de se aguardar, "por mera formalidade, o implemento do termo final, pois é evidente que a obrigação não será cumprida", autorizando a resolução do contrato. (Apelação 1051587-50.2014.8.26.0100. J. 15/12/2016). Além dessa decisão, também o Superior Tribunal de Justiça fixou precedente no mesmo sentido, diante do pleito de resolução do contrato de promessa de compra e venda de quatro salas comerciais, cujas obras apresentavam atraso de um ano em relação ao cronograma físico. Ali se considerou legítima a resolução da avença dois meses antes do prazo fixado contratualmente para entrega dos imóveis, eis que certamente o significativo atraso perduraria para depois dessa data (4ª Turma. Recurso Especial 1294101/RJ. J. 24/02/2015).

[35] Miranda, Pontes de. *Op. cit.*, p. 11. "El señalamiento del plazo puede tener lugar, según el texto literal de la ley, después que el deudor há incurrido en mora. Sin embargo, la jurisprudencia admite enlazar en una sola declaración el establecimiento del plazo y el requerimento productor de la mora" (Larenz, Karl. *Derecho de obligaciones*. Trad. Jaime Briz. Madrid: Revista de Derecho Privado, 1958. T.1. p. 353-354).

[36] Enneccerus, Ludwig; Kipp, Theodor; Wolff, Martin. *Tratado de derecho civil:* derecho de obligaciones I. Trad. Blas González e José Alguer. Barcelona: Bosch, 1947. T. 2. p. 275.

teria oferecido um adiamento, com a consequente renúncia aos efeitos da mora, ao invés de um período de graça[37]. Há, ainda, certas expressões que, não obstante tragam a ideia de que a falta de cumprimento da prestação dentro do prazo fixado acarretará uma consequência gravosa ao devedor, não são suficientemente claras no sentido de que tal consequência será a resolução do contrato. Portanto, estas expressões não surtem o efeito desejado, sendo exemplos o aviso de que "serão tomadas as consequências cabíveis", de que "será contratado um advogado" ou, ainda, de que "se pretende exercer os direitos previstos no contrato"[38].

6. Situação do credor

Ainda outra reflexão interessante sobre a fixação do período de graça diz respeito à necessidade ou não de o credor estar adimplente ao reali-

[37] SCHLECHTRIEM, Peter; SCHWENZER, Ingeborg. *Op. cit.*, p. 846.

[38] Exemplificando as considerações do presente tópico, veja-se a seguinte decisão proferida por um tribunal holandês no decorrer do julgamento de caso regulado pela CISG. Na hipótese, o vendedor comunicou ao comprador que precisaria de seis meses para cumprir prestação consistente em desenvolver e entregar maquinário industrial complexo, voltado à produção de fios de cobre para uso em aparelhos eletrônicos, podendo vir a entregá-lo em 15/06/2002. O vendedor, porém, inadimpliu o prometido. Então o comprador enviou uma carta em 22/08/2002, informando que resolveria o contrato, requerendo a restituição dos valores já pagos. Por outro lado, ao final da mesma carta, o comprador demonstrou interesse em obter o maquinário desenvolvido pelo vendedor, se estivesse pronto em até 12 semanas. Diante da aceitação do vendedor, escreveu-lhe novamente em 27/09/2002, oferecendo as datas em que estaria disponível para testar o funcionamento do produto, na presença do vendedor, após o que tomaria uma "decisão definitiva". O teste ocorreu em dezembro de 2002 e, segundo o comprador, o equipamento produziu fios de cobre que não lhe tinham serventia. Assim, não recebeu o maquinário e resolveu o contrato, vindo o vendedor a contestar tal medida. Em sua decisão, o tribunal confirmou o entendimento do juízo de primeiro grau, no sentido de que a declaração do comprador de que tomaria uma "decisão definitiva" após o teste configurara fixação de período de graça, conforme o art. 47(1) da CISG, tendo o prazo adicional expirado na data do teste. Pontuou, a esse respeito, que a intenção do comprador teria restado clara para o vendedor, pois ambos sabiam que o prazo original para cumprimento da obrigação se encerrara em 15/06/2002. Além disso, por já ter o comprador anteriormente desistido do contrato, devido a um atraso relevante, e, depois, retomado a relação, também teria ficado nítido para o vendedor que a nova data para entrega consistira em uma última chance para cumprir sua obrigação (Netherlands Gerechtshof - Appellate Court. Arnhem - Arens Sondermaschinen GmbH v. Smit Draad/ Draad Nijmegent B.V. J. 07/10/2008).

zar a referida declaração. Pela CISG, o período de graça pode ser fixado diante de qualquer tipo de inadimplemento, sendo diversos os dois momentos – de declaração do prazo e de resolução –, eis que apenas a ausência de entrega da mercadoria por parte do vendedor e a falta de pagamento ou de recebimento das mercadorias pelo comprador autorizam que, ao fim do período de graça, seja o contrato resolvido (arts. 49(1)(b) e 64(1)(b))[39].

Assim, a princípio não haveria problema em que o credor desse início ao prazo suplementar enquanto ainda inadimplente total ou parcialmente, desde que tivesse já sanado sua falta no momento da eventual resolução do contrato. Diz-se "a princípio" porque é possível imaginar uma situação excepcional: suponha-se, por exemplo, que o credor esteja em falta com o cumprimento de uma prestação importante, tal qual o pagamento do preço, e fixe um período de graça, desejando o cumprimento, pelo devedor em mora, de uma obrigação que exija grande mobilização de sua parte. Ainda que, neste ínterim, o credor venha a ficar adimplente, poderá ser legítimo ao devedor repelir a resolução do contrato ao fim do prazo suplementar, caso tenha justificadamente retardado a retomada das providências voltadas ao adimplemento, até se ver pago pelo credor, por receio de envidar seus esforços sem que a contraparte fizesse o mesmo.

7. Previsões similares no direito brasileiro

Tendo em vista as considerações acima sobre os requisitos para fixação do período de graça, passa-se a comentar a previsão de institutos similares em diversas leis esparsas brasileiras, cujos dispositivos diferem, contudo, do período de graça, principalmente por já estabelecerem a extensão do prazo a que o devedor fará jus para curar seu inadimplemento. Não haverá espaço para a fixação de um termo customizado à situação, sendo o prazo rigidamente pré-estabelecido.

[39] "A distinção é fundamental porque delimita a aplicação do remédio resolutório – quando dependente do Nachfrist – apenas a algumas violações contratuais negativas, afastando-a no caso de entrega de mercadorias não conformes (que é uma violação positiva por natureza). Neste, muito embora seja dado ao lesado a concessão de prazo para correção da não conformidade, sua não observância não conduzirá à abertura automática do direito de resolução – o que somente será possível se houver descumprimento essencial" (Nalin, Paulo; Steiner, Renata C. *Op. cit.*, p. 281).

É o caso do art. 62, II e III, da Lei n.º 8.245/91 (Lei de Locações)[40], cujas normas se diferenciam do instituto ora em discussão também pela necessidade de autorização judicial e de intimação do locatário antes que se possa levar a cabo a resolução do contrato. Outras normas que lembram o período de graça trabalhado nesta sede são os arts. 31, 32 e 34 do Decreto-Lei n.º 70/66[41]. Estas, porém, não conferem ao credor o direito de resolução subsequente à fixação do prazo adicional, mas ao agente fiduciário.

Neste mesmo contexto, sempre são lembradas pela doutrina a Lei nº 4.591/64, sobre o condomínio em edificações e as incorporações imobiliárias, e a Lei n.º 6.766/79, sobre parcelamento do solo urbano. O art. 63 da primeira[42], a respeito do prazo suplementar para pagamento de prestações do preço da construção, depende de previsão contratual, diferentemente do período de graça vislumbrado na legislação estran-

[40] "Art. 62. Nas ações de despejo fundadas na falta de pagamento de aluguel e acessórios da locação, de aluguel provisório, de diferenças de aluguéis, ou somente de quaisquer dos acessórios da locação, observar-se-á o seguinte: (...) II – o locatário e o fiador poderão evitar a rescisão da locação efetuando, no prazo de 15 (quinze) dias, contado da citação, o pagamento do débito atualizado, independentemente de cálculo e mediante depósito judicial, incluídos: (...)". "III – efetuada a purga da mora, se o locador alegar que a oferta não é integral, justificando a diferença, o locatário poderá complementar o depósito no prazo de 10 (dez) dias, contado da intimação, que poderá ser dirigida ao locatário ou diretamente ao patrono deste, por carta ou publicação no órgão oficial, a requerimento do locador".

[41] "Art. 31. (...). § 1.º Recebida a solicitação da execução da dívida, o agente fiduciário, nos dez dias subseqüentes, promoverá a notificação do devedor, por intermédio de Cartório de Títulos e Documentos, concedendo-lhe o prazo de vinte dias para a purgação da mora. (...)". "Art 32. Não acudindo o devedor à purgação do débito, o agente fiduciário estará de pleno direito autorizado a publicar editais e a efetuar no decurso dos 15 (quinze) dias imediatos, o primeiro público leilão do imóvel hipotecado (...)". "Art 34. É lícito ao devedor, a qualquer momento, até a assinatura do auto de arrematação, purgar o débito, totalizado de acôrdo com o artigo 33, e acrescido ainda dos seguintes encargos: (...)".

[42] Art. 63, caput: "É lícito estipular no contrato, sem prejuízo de outras sanções, que a falta de pagamento, por parte do adquirente ou contratante, de 3 prestações do preço da construção, quer estabelecidas inicialmente, quer alteradas ou criadas posteriormente, quando fôr o caso, depois de prévia notificação com o prazo de 10 dias para purgação da mora, implique na rescisão do contrato, conforme nêle se fixar, ou que, na falta de pagamento, pelo débito respondem os direitos à respectiva fração ideal de terreno e à parte construída adicionada, na forma abaixo estabelecida, se outra forma não fixar o contrato".

geira. Já o art. 32 da segunda[43] prevê a resolução extrajudicial como decorrência automática do transcurso, em branco, do prazo de 30 dias concedido na notificação para pagamento das prestações, acrescidas de juros e das custas de intimação.

Ambas estas leis sofreram recente alteração pela Lei nº 13.786/2018, editada "para disciplinar a resolução do contrato por inadimplemento do adquirente de unidade imobiliária em incorporação imobiliária e em parcelamento de solo urbano" e que, informalmente, vem sendo chamada de "Lei do Distrato Imobiliário". O art. 43-A da Lei, uma de suas disposições mais polêmicas, regula, em realidade, o inadimplemento do incorporador, reconhecendo, por lei, a validade da fixação por contrato de prazo suplementar de 180 dias para cumprimento de sua obrigação. Durante este prazo, diferentemente do que ocorre com o período de graça como previsto pela CISG, não incidem os efeitos da mora (§ 2º[44]). Apenas se ultrapassado, também, o prazo de 180 dias, e tendo o credor decidido não resolver o contrato e continuar aguardando a entrega, fará jus ao recebimento de indenização no valor de 1% "do valor efetivamente pago à incorporadora para cada mês de atraso". No mais, não esclareceu o referido artigo qual o termo inicial destes juros de mora. Esta ausência, ao que parece, de condição ou penalidade para emprego do prazo despertou a crítica da doutrina:

> Considerando que boa parte das incorporadoras passam a considerar, na prática, o prazo de tolerância como efetivo prazo de entrega das chaves (na medida em que o prazo pode ser utilizado independentemente de qualquer motivação ou circunstância autorizadora), tem-se aqui um retrocesso na tutela do direito à informação do adquirente, que passa a ter de identificar dois termos finais distintos no contrato para compreender a data-limite

[43] "Art. 32. Vencida e não paga a prestação, o contrato será considerado rescindido 30 (trinta) dias depois de constituído em mora o devedor".

[44] "§ 2º Na hipótese de a entrega do imóvel estender-se por prazo superior àquele previsto no caput deste artigo, e não se tratar de resolução do contrato, será devida ao adquirente adimplente, por ocasião da entrega da unidade, indenização de 1% (um por cento) do valor efetivamente pago à incorporadora, para cada mês de atraso, *pro rata die*, corrigido monetariamente conforme índice estipulado em contrato".

de entrega do imóvel (a figura, algo peculiar, já foi criticamente designada como 'mora à brasileira')[45].

Conforme referido anteriormente, a fixação de prazo suplementar para adimplemento, quando feita após a verificação de mora, ou ao menos com pouca antecedência da data original para vencimento da obrigação, possibilita que a aproximação desta data original exerça uma coerção sobre o devedor. A coerção, entretanto, uma vez que favorável ao credor, poderia, por qualquer razão, ser por ele dispensada, declarando-se desde logo que ofertará prazo adicional ao originalmente contratado. Não parece fazer sentido, ao revés, que um contrato, em geral de adesão e redigido pelo incorporador, estabeleça prazo adicional para que o próprio incorporador cumpra sua obrigação. Menos ainda, considerando-se que o mencionado art. 43-A da Lei nº 13.786/2018 isenta o devedor, durante os 180 dias adicionais, das penalidades decorrentes da mora. Na prática, a norma garantiu 180 a mais de prazo, em benefício do próprio devedor, à revelia da vontade do credor.

Até o proferimento do acórdão nos autos do Incidente de Resolução de Demandas Repetitivas nº 0023203-35.2016.8.26.0000, pela Turma Especial – Privado 1 do Tribunal de Justiça de São Paulo, em 31/08/2017, que confirmara, mesmo antes da edição da lei em comento, a validade de cláusula do tipo, era possível encontrar no âmbito daquele Tribunal julgados em linha com o raciocínio da doutrina, acima transcrito[46].

[45] Souza, Eduardo Nunes de; Silva, Rodrigo da Guia. *Como funciona o controle de validade dos contratos de aquisição imobiliária?* Fonte: https://www.jota.info/opiniao-e-analise/artigos/como-funciona-o-controle-de-validade-dos-contratos-de-aquisicao-imobiliaria-31012019, acessado em 19/07/2019.

[46] Exemplificativamente, o acórdão na Apelação n.º 1019144-12.2015.8.26.0100, julgada em 09/05/2017 pela 10ª Câmara de Direito Privado do mesmo Tribunal, sob relatoria do Desembargador Carlos Alberto Garbi – que inclusive ofereceu voto divergente no julgamento da tese sobre o "prazo de tolerância" do dito IRDR –, foi assim redigido: "O que se vê, na verdade, é que as vendedoras, desde a assinatura do contrato, não intencionam entregar as unidades no prazo estabelecido. Contam o prazo de tolerância como se fosse prazo a seu favor, quando na verdade o prazo é do adquirente. Usam de má-fé ao enganar o adquirente com a promessa de entrega em data que sabe desde o início que não será observada, porque se vale da 'tolerância' prevista como termo final da obrigação. Esse prazo de 'tolerância', que é praticado no mercado imobiliário, deve ser admitido quando devidamente comprovado pela devedora da obrigação que motivos fortuitos justificaram a demora. Deve

Nada obstante, o entendimento restou superado com o julgamento do referido IRDR, nos termos do voto[47] do relator, Desembargador Francisco Loureiro, quando, por maioria, fixou-se a tese da validade da cláusula posteriormente autorizada também pelo art. 43-A da Lei nº 13.786/2018. Como principais fundamentos, apontou, por um lado, que, uma vez findo o prazo de tolerância, a resolução não poderia ser afastada por alegações fundadas em fortuitos internos, eis que o referido prazo serviria justamente a acomodá-los. A seu ver, por outro lado,

comprovar que se empenhou no cumprimento da obrigação no prazo, que deu início às obras em tempo suficiente a levar a cabo a obrigação assumida, que motivos fora do seu controle determinaram o atraso e que agiu, destarte, com a boa-fé objetiva que se reclama dos contratantes. Não pode se valer do prazo de 'tolerância' sem a adequada justificativa, como se fora exercício potestativo de um direito que o contrato e a lei não reconhecem. O que se vê, efetivamente, é que os consumidores-adquirentes são enganados com a previsão deste prazo nos contratos, assinados pelos vendedores com verdadeira reserva mental".

[47] Segue um trecho: "Existe reconheço corrente deste Tribunal de Justiça que admite a licitude do prazo de tolerância, desde que motivado e demonstrada a razão do atraso. Dizendo de outro modo, insuficiente alegar que não foi possível concluir a obra no prazo inicial, e que o uso do prazo complementar previsto em contrato se faz necessário. Deve ser invocada e demonstrada a existência de fatos não imputáveis ao empreendedor que justifiquem o atraso (...).

Entendem que os empreendedores já se encontram em mora, que somente se afasta caso demonstrada uma das eximentes de responsabilidade civil caso fortuito ou força maior. Escoado o prazo de tolerância, a mora se converteria em inadimplemento absoluto do vendedor. Com o devido respeito, o termo 'tolerância' não exprime com precisão a natureza da cláusula. Isso porque tolerância significa indulgência, condescendência do credor. Na verdade, o que ajustaram as partes desde que mediante cláusula clara e expressa foi um prazo complementar para entrega da obra. Logo, o adquirente não é indulgente, nem condescendente após o prazo inicial. Aguarda por mais seis meses porque assim se obrigou, por força de cláusula negocial (...).

Não vejo sentido, finalmente, na alegação de que o prazo de tolerância configuraria mora, e o seu escoamento a converteria em inadimplemento absoluto. Sabido que o que distingue as duas situações, na clássica lição de Agostinho Alvim: 'há inadimplemento absoluto quando não mais subsiste para o credor a possibilidade de receber a prestação; há mora quando persiste essa possibilidade' (Da Inexecução das Obrigações e suas Consequências, Edição Saraiva, 1.959, p. 46). Há, assim, falta imputável ao devedor, que torna irrecuperável o cumprimento da prestação, ainda que tardio. A obrigação, pois, não foi cumprida, nem poderá mais sê-lo. Não parece ser esse o caso de atraso na entrega de unidades autônomas, uma vez que a prestação remanesce naturalmente útil ao credor, ainda após o escoamento do prazo de tolerância".

grandes obras seriam sujeitas a atrasos e, mesmo após tais contratempos, a prestação, nomeadamente, a entrega da unidade autônoma, remanesceria útil ao credor, de maneira que não poderiam dar causa à resolução.

Da leitura do acórdão, ainda acresce, assim, aos questionamentos já registrados pela doutrina e pelos entendimentos divergentes tidos anteriormente à pacificação da matéria no âmbito do TJSP, dúvida acerca da licitude da resolução do contrato pelo adquirente caso escoado o prazo de 180 dias sem o cumprimento da obrigação, uma vez que, nos termos do trecho acima transcrito, a prestação lhe continuaria útil. É interessante que Ruy Rosado de Aguiar Júnior já anotara, a respeito das normas brasileiras prevendo algumas hipóteses de prazos adicionais para cumprimento, que a declaração do credor fixando o termo deveria, principalmente, informar a sua intenção de resolver a obrigação, findo o prazo legal para a purgação da mora[48]. Contudo, na hipótese validada em IRDR e, mais recentemente, prevista pelo art. 43-A da Lei nº 13.786/2018, ainda parecem alvos de debate os requisitos e o procedimento para se pôr fim ao contrato mesmo diante da persistência do incumprimento.

Talvez a melhor interpretação a ser feita deste instrumento seja de que se trata da cláusula cogitada por Mário Júlio de Almeida Costa, segundo quem as partes podem acordar, ao lado do período de graça e da simples alteração do prazo para cumprimento, que a prestação oferecida até certa data tenha por efeito fazer "a mora retroativamente como não verificada"[49].

8. Previsão contratual (propriamente dita) do prazo de cura

Diferentemente da cláusula autorizada pela Lei do Distrato Imobiliário, é possível a previsão de um prazo adicional que crie o mesmo mecanismo do período de graça admitido no direito comparado. Isto é, que não exclua os efeitos da mora e, ao final do qual, caso ainda assim não adimplida a obrigação, possa o contrato ser resolvido extrajudicialmente.

Como se conclui, nos contextos onde o período de graça se encontra previsto na lei regente do contrato, a escolha das partes por inserir

[48] AGUIAR JÚNIOR, Ruy Rosado de. *Op. cit.*, p. 188.

[49] *Op cit.*. p.742.

no trato o direito de resolução extrajudicial por inadimplemento, desde que precedido pela concessão de um prazo adicional para cumprimento, provavelmente se dá por razões outras que não o receio de ter obstada pelo Poder Judiciário eventual tentativa de resolução extrajudicial. Logicamente, se a lei já confere tal direito ao credor, independentemente de concordância do devedor, seria despicienda sua inclusão no contrato, o que pode, porém, ser motivado, por exemplo, pelo desejo de se fixar previamente a extensão do prazo.

Já sob o direito brasileiro, é bastante recomendável que os contratantes tornem expresso o direito da parte lesada por um inadimplemento a fixar um prazo de cura, após o qual o contrato será resolvido[50]. Como a cláusula com tal disposição nada mais é que uma cláusula resolutiva expressa (autorizada pelo art. 474 do Código Civil), está em consonância com o direito positivo brasileiro. Já há, inclusive, precedente judicial proferido no Brasil determinando a observância à cláusula de prazo de cura, com a consequente rejeição da resolução pretendida anteriormente ao termo:

> O contrato firmado entre as partes expressamente destacou que, fora as hipóteses de falência, liquidação ou concordata preventiva, nas quais a própria avença estatuía a imediata resolução do pacto, eventual descumprimento contratual de qualquer das partes apenas legitimaria a resolução: (1) após prévia notificação à parte inadimplente por escrito e, ainda, (2) somente 'se a parte inadimplente não corrigir ou tomar providências significativas para sanar o inadimplemento dentro de 20 (vinte) dias contados a partir do recebimento da notificação de inadimplemento' (...).
>
> Uma vez ajustado esse regime jurídico quanto ao direito à resolução, não seria lícito à ré proceder a imediata extinção do vínculo contratual, ainda que supostamente calcado em descumprimento da avença, sem permitir à autora, dentro do prazo de vinte dias após a notificação acostada às

[50] Por exemplo, confira-se o disposto no contrato padrão de concessão da ANP: "30.1 Este Contrato será rescindido caso o Concessionário deixe de cumprir prazo fixado pela ANP para o adimplemento de obrigação pendente, prazo este que não poderá ser inferior a 90 (noventa) dias, salvo nos casos de extrema urgência, e com exceção do disposto no parágrafo 30.5.".

fls. 599/600, de 'corrigir ou tomar providências significativas para sanar o inadimplemento', na forma do dispositivo contratual supracitado[51].

Nada obstante, o período de graça fixado quando já se tenha verificado, ou, ao menos, pressentido o inadimplemento, apresenta a vantagem, em relação à cláusula, de ser mais adequado ao problema ocorrido durante o prazo original para adimplemento, isto é, mais customizado às necessidades do credor e do devedor. O devedor pode ter incorrido em mora por um motivo justificável, fazendo jus a um período de graça mais extenso do que seria inicialmente previsível. Inversamente, haverá ocasiões em que o devedor, embora em realidade necessitando de um tempo para adimplir mais curto do que o previsto na cláusula, e, não obstante sujeito aos consectários da mora, utilizará a integralidade daquele período de tempo previsto no contrato, com a consequência de que o credor precisará esperar inutilmente. Pode-se, ainda, incorporar tal consideração no conteúdo da cláusula, como foi feito na disposição a seguir, constante de contrato de fornecimento de produtos:

> 11.1 Este contrato poderá ser resolvido por qualquer das Partes nas seguintes hipóteses:
> (...) (iv) no caso de comprovado descumprimento de qualquer cláusula, prazo ou condição deste Contrato, não sanada no prazo de 30 (trinta) dias corridos contados do recebimento de notificação pela parte infratora exigindo o cumprimento da obrigação inadimplida, exceto se prazo diverso vier a ser acordado entre as Partes ou se houver disposição específica neste Contrato.

Concedeu-se a possibilidade de as partes acordarem um prazo adicional diverso daquele pré-fixado. É claro que, após a verificação da mora, os interesses das partes tendem a se contrapor, mas a cláusula acima ao menos sugere uma solução considerativa às necessidades dos envolvidos surgidas no desenvolver da relação obrigacional.

[51] Tribunal de Justiça do Rio de Janeiro. 12ª Câmara Cível. Apelação Cível 0004323-30.2007.8.19.0024. J. 02/09/2014.

9. Efeitos

Analisados os requisitos do período de graça e, sob esta perspectiva, os instrumentos do direito doméstico brasileiro que se aproximam daquele instituto, sem, entretanto, preencher todos os requisitos em comento, passa-se, por fim, ao estudo dos efeitos do período de graça. Um esclarecimento importante a ser feito desde logo neste sentido é que o período de graça, na forma do art. 47 da CISG, não se presta a deter os efeitos da mora, incluindo a obrigação de pagar perdas e danos. Portanto, o cumprimento tardio, porém dentro do prazo adicional concedido, assemelha-se à purgação da mora, embora, em geral, seja suficiente, para se afastar a resolução, o mero oferecimento da prestação, podendo o devedor remediar os eventuais danos decorrentes da mora em outro momento[52], enquanto a purgação da mora requer o pagamento de indenização por eventuais danos causados. Por este motivo, é preciso diferenciar se foi concedido um período de graça ou mera prorrogação do prazo de cumprimento. No segundo caso, até a superveniência do novo prazo, a mora e, portanto, seus efeitos deixam de existir. Diante do período de graça, porém, o devedor fica autorizado a pagar em atraso, com a segurança de que o credor não irá lhe importunar durante o prazo adicional, mas não isento de responder pela mora.

Além da preservação da mora, emana do período de graça a vedação à utilização de outros remédios visando ao cumprimento do contrato, salvo "exigir indenização das perdas e danos decorrentes do atraso no cumprimento do contrato" (art. 47(2) da CISG). Não pode, por exemplo, perseguir o adimplemento específico durante o prazo concedido. A razão de ser dessa norma é a proteção da expectativa criada no devedor de que poderá gozar de todo o prazo adicional a si conferido para cumprimento da prestação[53]. De fato, a regra constitui uma proteção bastante útil ao devedor que esteja se esforçando para completar o adimplemento, às vezes a um custo considerável. Ainda nos termos do art. 47(2), o credor poderá recorrer a demais medidas na hipótese de o

[52] Telles, Inocêncio Galvão. *Manual de direito das obrigações*. Lisboa: Coimbra, 1965. p. 236; Wright, Joseph P.; Aquino, Thomas B. The right to cure a contract breach. *Wisconsin Lawyer*, nº 10, v. 83, out. 2010.

[53] Kröll, Stefan; Mistelis, Loukas; Viscasillas, Pilar Perales. *Op. cit.*, p. 702-703.

devedor comunicar que não irá cumprir sua obrigação no prazo fixado, como no caso de impossibilidade da prestação.

Passando-se ao efeito da resolução extrajudicial, diante do fim do prazo adicional sem cumprimento, como inicialmente explicitado, também se diferencia profundamente do que prevê atualmente o direito contratual brasileiro. Segundo o Código Civil, à exceção do caso de cláusula resolutiva expressa, o credor atingido por inadimplemento deverá recorrer à resolução judicial, a ele, portanto, cabendo a propositura de demanda voltada a assegurar o direito previsto no art. 475 do Código Civil. Terá a sentença deste processo natureza constitutiva.

Nas hipóteses regidas pela CISG e em outros direitos que preveem o período de graça, ao contratante lesado só tocará, se cabível, ação visando à recuperação da prestação já efetivada: "é o inadimplente quem deverá provocar a atividade jurisdicional, fundado na utilização abusiva e injustificada da faculdade resolutiva, ou na inexistência do seu descumprimento, para eliminar a dissolução"[54]. Assim, a decisão do pleito do devedor terá natureza declaratória.

Vale refletir, além disso, se o referido efeito resolutório tem cabimento em decorrência do inadimplemento de qualquer tipo de obrigação. A respeito, na CISG, como se viu, este tipo singular de resolução só é admitido em casos especiais de descumprimento, quais sejam, de obrigações relativas à entrega de mercadoria pelo devedor ou ao pagamento do preço pelo comprador. Dessa maneira, a entrega de mercadorias defeituosas só pode ensejar a resolução do contrato, caso configure como um inadimplemento absoluto (art. 25), não podendo o efeito resolutório ser alcançado mediante meramente o procedimento do período de graça[55].

O direito alemão, por sua vez, embora tenha inspirado o nome que o período de graça tem na CISG, isto é, *Nachfrist*, autoriza a concessão do período de graça com tal efeito, tanto na hipótese de falta de entrega como na hipótese de entrega defeituosa ou não conforme (§ 323 do BGB). Por outro lado, faltando uma parte insignificante da prestação,

[54] Assis, Araken de. *Op. cit.*, p. 50.

[55] Gruenbaum, Daniel. Resolução do contrato: avoidance na CISG. *Revista de Arbitragem e Mediação*, v. 10, nº 37, abr./jun. 2013, p. 91-92. Schlechtriem, Peter; Schwenzer, Ingeborg. *Op. cit.*, p. 845.

o credor não pode exercitar os direitos do § 323, os quais só lhe cabem quando o devedor incorra em mora no cumprimento de uma obrigação principal que seja importante do ponto de vista da equivalência entre prestação e contraprestação[56]. Por isso, a mora no cumprimento de um dever acessório, seja de prestação ou de conduta, não poderia impedir a continuação de toda a relação obrigacional.

A respeito do direito italiano, também é possível argumentar que o art. 1454 do Código Civil italiano, que disciplina o período de graça, deva necessariamente ser interpretado em conjunto com o art. 1455, que impõe como requisito da resolução judicial a não escassa importância do inadimplemento[57]. Assim, mesmo a resolução após a concessão do prazo adicional, em que não se encontra presente o elemento surpresa característico da resolução comum, estaria sujeita a algum filtro referente à gravidade do inadimplemento[58]. Segundo tal tese, se a resolução extrajudicial por período de graça pudesse ocorrer diante de um inadimplemento mínimo, estar-se-ia utilizando o período de graça para indevidamente desviar de um requisito legal da resolução. Ao tempo da declaração do período de graça, não haveria qualquer reticência quando à gravidade do inadimplemento, porém, ao fim do prazo adicional, a resolução só seria admitida em caso de inadimplemento importante[59].

Michele Giorgianni, porém, acredita que a posição majoritária da doutrina, ao pretender proteger o devedor, proporciona um ônus exagerado ao credor, pois este correrá o risco, ao resolver o contrato, de

[56] LARENZ, Karl. *Op. cit.*, p. 357.

[57] DELLACASA, Matteo. Inadempimento e risoluzione del contratto. *Danno e responsabilità*, nº 3, 2008, p. 267.

[58] GIORGIANNI, Michele. *L'obbligazione*: la parte generale delle obbligazioni. Milano: A. Giuffrè, 1968. p. 106.

[59] MOSCO, Luigi. *Op. cit.*, p. 167. E ainda um resumo das ideias anteriores: "nem todo o incumprimento fundamenta a rescisão do contrato. À face do direito alemão só há lugar à rescisão se não for cumprida uma obrigação principal. Perante os direitos português (art. 802º/2 CC) e italiano (art. 1455º CC) não há lugar à resolução se o incumprimento parcial tiver escassa importância, atendendo ao interesse da outra parte. Não se exige que a obrigação incumprida seja a principal, razão por que parece que o incumprimento de uma obrigação acessória pode dar lugar à rescisão, a menos que tenha escassa importância" (PINHEIRO, Luís de Lima. Cláusulas típicas dos contratos de comércio internacional. In: *Estudos de direito comercial internacional*. Coimbra: Almedina, 2004. p. 263).

depois ver o exercício de seu direito considerado abusivo[60]. O autor propõe que, na avaliação da relevância do inadimplemento, não deva ser considerada apenas a importância que a prestação tinha para o credor, mas o quanto durou a mora. Só em situações muito excepcionais, poderia ser justificável que o devedor não conseguisse cumprir nem no prazo suplementar assinalado.

Tratando de norma do direito brasileiro, Ruy Rosado de Aguiar Junior sustenta que o art. 1º, VI, da Lei n.º 4.864/1965, pelo qual o credor pode resolver o contrato de financiamento habitacional após o atraso de três prestações, não se aplica se esse período, no caso concreto, representar um inadimplemento mínimo[61]. Por exemplo, em um contrato no qual dezenas de parcelas já tenham sido pontualmente pagas, a resolução pelo atraso de três parcelas pode restar abusiva.

De fato, os remédios usuais para sanar o inadimplemento de contratos bilaterais, quais sejam, resolução e *exceptio non adimpleti contractus*, são tidos como incabíveis em casos de adimplemento substancial. Mesmo a cláusula resolutiva expressa, que se vale da manifestação de concordância do devedor, pode ter sua eficácia afastada quando for verificado o adimplemento substancial ou quando o inadimplemento for de prestação acessória, por ocasionarem excessiva desvantagem ao devedor[62]. Não deveria ser diferente em relação à resolução por período de graça. Inclusive, se, durante o período de graça, o devedor que tinha incorrido em um incumprimento grave adimplir substancialmente, o direito de resolução pelo credor fica afastado. O adimplemento substancial se tem por tão próximo do total, que, em qualquer tempo, satisfaz o credor, por isso, é indiferente o exaurimento do prazo adicional adequado para cumprimento. Se, porém, o inadimplemento, durante esse prazo, for parcialmente sanado, mas permanecer sério, prevalece, em geral, o direito de resolução[63].

Por fim, a resolução pode não ocorrer por vontade do credor. A tendência atual é a admissão da ação de cumprimento após o fim do prazo

[60] Giorgiani, Michele. *Op. cit.*, p. 108.

[61] Aguiar Júnior, Ruy Rosado de. *Op. cit.*, p. 191.

[62] Aguiar Júnior, Ruy Rosado de. *Op. cit.*, p. 59.

[63] Wright, Joseph P.; Aquino, Thomas B. *Op. cit.*; Enneccerus, Ludwig; Kipp, Theodor; Wolff, Martin. *Op. cit.*, p. 279.

suplementar para cumprimento. Também é assim a normativa da CISG: "o mero término do prazo suplementar não implica ipso facto a resolução do contrato, porque o credor pode conceder novo prazo suplementar ou se valer de outro remédio"[64]. Em outras palavras, a liberdade de ação do contratante inocente é temporariamente limitada, enquanto durar o prazo adicional, salvo se o devedor declarar que não irá cumprir. Porém, "depois de expirado o prazo adicional (ou antes de receber a comunicação de descumprimento do vendedor) ele reobtém sua liberdade de escolha"[65]. A solução apontada não prejudica o devedor, que, caso já estiver esperando o fim da relação ou não tiver mais interesse nela, poderá declarar que não irá cumprir.

Conclusões

Como visto, o período de graça tem o escopo de superar o momento de crise do contrato sem que se proceda repentinamente à sua resolução. A resolução extrajudicial possibilitada pelo período de graça, a princípio, não configura abuso do direito, pois, ao contrário, é a espera indefinida pela prestação que impõe ao credor um sacrifício indevido. Tanto é assim, que os contextos estrangeiro e internacional em que floresceu contêm, em geral, normas vedando expressamente a resolução pelo inadimplemento pouco grave, o que evidencia ser o prazo de cura uma proteção ao credor despida de caráter arbitrário.

Assim, como conclusão, parece desejável que o direito contratual brasileiro, especialmente no contexto comercial, desenvolva-se rumo à ampliação das hipóteses de resolução extrajudicial, que apresenta diversas vantagens em comparação à resolução judicial. Enquanto a intervenção judicial garante, em teoria, que não ocorra resolução contratual abusiva, a resolução extrajudicial tutela o interesse do contratante lesado de maneira mais eficaz, devido à economia de tempo e custos necessários à liberação do credor para contratar novamente. A lesão ao credor é desde logo cessada, evitando-se o agravamento dos danos resultantes

[64] GRUENBAUM, Daniel. *Op. cit.*

[65] SCHLECHTRIEM, Peter; SCHWENZER, Ingeborg. *Op. cit.*, p. 816.

do decurso do tempo, e aquele é liberado do vínculo para buscar outros negócios com o fim de satisfazer seus interesses[66].

Referências

AGUIAR JÚNIOR, Ruy Rosado de. *Extinção dos contratos por incumprimento do devedor.* Rio de Janeiro: AIDE, 2003.

ALVIM, Agostinho. *Da inexecução das obrigações e suas consequências.* São Paulo: Saraiva, 1980.

ASSIS, Araken de. *Resolução do contrato por inadimplemento.* 5ª ed. São Paulo: Revista dos Tribunais, 2013.

CAVALLI, Cássio. *Mora e utilidade:* os standards da utilidade no modelo jurídico da mora do devedor. Rio de Janeiro: FGV, 2011.

COSTA, Mário Júlio de Almeida. *Direito das obrigações.* Coimbra: Atlântida, 1975.

DELLACASA, Matteo. Inadempimento e risoluzione del contrato. *Danno e responsabilità*, nº 3, 2008.

ENNECCERUS, Ludwig; KIPP, Theodor; WOLFF, Martin. *Tratado de derecho civil:* derecho de obligaciones I. Trad. Blas González e José Alguer. Barcelona: Bosch, 1947. T.2.

FURTADO, Gabriel Rocha. *Mora e inadimplemento substancial.* São Paulo: Atlas, 2014.

GIORGIANNI, Michele. *L'obbligazione*: la parte generale delle obbligazioni. Milano: A. Giuffrè, 1968.

GRUENBAUM, Daniel. Resolução do contrato: avoidance na CISG. *Revista de Arbitragem e Mediação*, v. 10, nº 37, abr./jun. 2013.

KRÖLL, Stefan; MISTELIS, Loukas; VISCASILLAS, Pilar Perales. *UN Convention on Contracts for the International Sale of Goods (CISG).* Munchen: C. H. Beck, 2011.

LARENZ, Karl. *Derecho de obligaciones.* Trad. Jaime Briz. Madrid: Revista de Derecho Privado, 1958. T.1.

MARTINEZ, Pedro Romano. *Da cessação do contrato.* Coimbra: Almedina, 2015.

[66] É o que propõe Raquel Bellini Salles, mesmo que ausente previsão legislativa: "Cumpre indagar, no entanto, se o sistema brasileiro não mereceria uma revisão legislativa, para admitir, mediante cláusula geral, meios de resolução extrajudicial unilateral independentemente de cláusula contratual, desde que presente o pressuposto inarredável do inadimplemento sério (isto é, que não seja mínimo) e imputável ao devedor. Indo mais longe, cabe verificar inclusive a admissibilidade e utilidade, no contexto pátrio, do uso de novos instrumentos até mesmo independentemente de previsão legislativa, com respaldo no princípio da autonomia, que é fundamento da autotutela, associado à quebra do equilíbrio sinalagmático em razão do inadimplemento, quando este implique a efetiva frustração dos interesses que levaram à contratação" (SALLES, Raquel Bellini. *Op. cit.*, p. 321-322).

MARTINS-COSTA, Judith. *Comentários ao novo Código civil.* Coord. Sálvio de Figueiredo Teixeira. Rio de Janeiro: FGV, 2009. v. 5. T.2.

MIRANDA, Pontes de. *Tratado de direito privado.* 2ª ed. Rio de Janeiro: Borsoi, 1955. v. 26.

MOSCO, Luigi. *La risoluzione del contratto per inadempimento.* Napoli: E. Jovene, 1950.

NALIN, Paulo; STEINER, Renata C. *Compra e venda internacional de mercadorias*: a Convenção das Nações Unidas sobre compra e venda internacional de mercadorias (CISG). Belo Horizonte: Fórum, 2016.

PINHEIRO, Luís de Lima. Cláusulas típicas dos contratos de comércio internacional. In: *Estudos de direito comercial internacional.* Coimbra: Almedina, 2004.

SALLES, Raquel Bellini. *Autotutela nas relações contratuais.* Rio de Janeiro: Processo, 2019.

Schlechtriem, Peter; SCHWENZER, Ingeborg. *Comentários à Convenção das Nações Unidas sobre Contratos de Compra e Venda Internacional de Mercadorias.* Coord. e Trad. Eduardo Grebler, Vera Fradera e César Guimarães Pereira. São Paulo: Revista dos Tribunais, 2014.

SOUZA, Eduardo Nunes de; SILVA, Rodrigo da Guia. *Como funciona o controle de validade dos contratos de aquisição imobiliária?* Fonte: https://www.jota.info/opiniao-e-analise/artigos/como-funciona-o-controle-de-validade-dos-contratos-de-aquisicao-imobiliaria-31012019, acessado em 19/07/2019.

STANNARD, John E. *Delay in the performance of contractual obligations.* Oxford: Oxford University, 2007.

TELLES, Inocêncio Galvão. *Manual de direito das obrigações.* Lisboa: Coimbra, 1965.

TERRA, Aline de Miranda Valverde; SCHENK, Leonardo Faria. Inafastabilidade da jurisdição e autotutela: o exemplo da cláusula resolutiva expressa. *Revista Eletrônica de Direito Processual,* Rio de Janeiro, v. 20., a.13, nº 3, set./dez. 2019.

TIBURCIO, Carmen. Consequências do inadimplemento contratual na Convenção de Viena sobre Venda Internacional de Mercadorias (CISG). *Revista de Arbitragem e Mediação,* v. 10, nº 37, abr./jun. 2013.

WRIGHT, Joseph P.; AQUINO, Thomas B. The right to cure a contract breach. *Wisconsin Lawyer,* nº 10, v. 83, out. 2010.

9. A Resolução Parcial de Contratos de Compra e Venda Internacional de Mercadorias

Giovana Benetti[1]

Introdução

Um vendedor brasileiro compromete-se a entregar à compradora dinamarquesa 135 toneladas de pés de galinha congelados tipo "B", e 27 toneladas tipo "A", mediante o pagamento de pouco mais de USD 117.000,00. Após receber uma parcela inicial do preço, o vendedor deixa, porém, de entregar a mercadoria no porto de Hong Kong, fazendo com que a compradora exerça o direito formativo extintivo de resolução do contrato[2]. Já um vendedor chinês celebra três contratos de compra e venda de flanges de aço com um comprador americano. Cada contrato previa o mesmo tipo de mercadorias com a mesma qualidade, mas indicava quantidades diferentes de flanges e apresentava especificações detalhadas quanto ao preço e à data da entrega. Segundo o comprador, o vendedor, além de não ter realizado a entrega de determinada quantidade de flanges, forneceu peças que não atendiam ao

[1] A autora agradece a leitura prévia e os valiosos comentários de Judith Martins-Costa, Rafael Xavier, Pietro Webber, Luca Gianotti e Giordano Loureiro, bem como as sugestões de Giovana Etcheverry e o seu auxílio com a complementação da pesquisa. A autora também agradece o honroso convite formulado por Gustavo Kulesza e Rodrigo Cavalcante Moreira para participar da presente obra. A responsabilidade por eventuais erros é exclusivamente da autora.

[2] TJRS. Décima Segunda Câmara Cível. APC 70072362940. Rel. Des. Umberto Guaspari Sudbrack. Data do julgamento: 14.02.2017.

padrão de qualidade ajustado, razão pela qual se valeu do remédio resolutório[3].

Partindo de tais exemplos, poder-se-ia questionar à luz das normas previstas na Convenção das Nações Unidas sobre os Contratos de Compra e Venda Internacional de Mercadorias (CISG): estão preenchidos os pressupostos para a resolução do contrato? Seria possível exercer o direito formativo extintivo de resolução parcial do contrato, isto é, circunscrever o remédio resolutório à obrigação em que se verificou o descumprimento, preservando-se a relação contratual quanto ao restante? Em caso positivo, quais seriam os requisitos para a resolução parcial? Esse remédio estaria disponível tanto ao comprador quanto ao vendedor, ou seria exclusivo para uma das partes? São essas as indagações que pautarão a análise realizada no presente ensaio, cujo objetivo consiste na identificação dos elementos necessários para a configuração da resolução parcial à luz dos dispositivos da CISG.

A Convenção tem valia como instrumento de uniformização da lei aplicável aos contratos de compra e venda internacional de mercadorias e como fonte de inspiração ao desenvolvimento e ao aprimoramento de dispositivos contidos em normas de direito comum. É considerando o seu papel como fonte de inspiração[4] que se desenvolverá a análise da temática da resolução parcial: diferentemente do que se verifica com os esparsos textos doutrinários[5] e as escassas decisões judi-

[3] China. cietac. *Flanges case.* 29 mar. 1999. Disponível em: <http://cisgw3.law.pace.edu/cases/990329c1.html>. Último acesso em: 06.06.2020.

[4] Vide, neste sentido, *A CISG e o Judiciário Brasileiro.* Relatório elaborado pelo Grupo de Estudos sobre a Convenção sobre Compra e Venda Internacional de Mercadorias e Arbitragem do CBAr. 1ª ed., 2016, p. 16. Disponível em: <http://cbar.org.br/site/wp-content/uploads/2017/03/Relatorio-Pesquisa-Juris-CISG-2016_versao-consolidada-e-revisada_FINAL.pdf>. Último acesso em: 06.06.2020. Vide, ainda, no referido Relatório: Soares, Pedro; Xavier, Rafael. A aplicação da CISG como fonte narrativa (*soft law*) na jurisprudência brasileira, pp. 18-26.

[5] Martins-Costa, Judith. Contrato de Construção. Qualificação. Suspensão dos trabalhos pela Contratante, dona da obra, por período superior àquele previsto contratualmente para o seu lícito exercício. Resilição Parcial. Admissibilidade no Direito brasileiro. Requisitos. Cessão do Contrato. Distinções e eficácias. Critério objetivo de apuração do estado de insolvência. Natureza da responsabilidade do cedente e permanência dos deveres anexos (no prelo); Marino, Francisco. Resolução parcial do contrato por inadimplemento: fundamento dogmático, requisitos e limites. In: Terra, Aline de

ciais[6] acerca do tema na perspectiva do Direito Civil brasileiro, há diversos trabalhos e julgados, oriundos de diferentes jurisdições, aplicando os dispositivos da Convenção a este respeito. Daí se acreditar que o farto material produzido a respeito da CISG pode contribuir tanto para despertar o interesse no tratamento do assunto pela civilística brasileira quanto para o aprimoramento do Direito comum nacional.

Para tanto, é preciso ter em mente algumas noções elementares. A CISG aplica-se a contratos de compra e venda internacional de mercadorias, não se podendo simplesmente transplantar as suas regras para todo e qualquer contrato regido pelo Direito brasileiro, nem mesmo recorrer-se às disposições domésticas quando à matéria for aplicável a Convenção. Ao examinar e ao interpretar a Convenção, deve-se ter presente a necessidade de apreciá-la à luz de seus próprios enunciados, sem

Miranda Valverde; Guedes, Gisele Sampaio da Cruz (Coord.). *Inexecução das Obrigações*: pressupostos, evolução e remédios. Vol. I. Rio de Janeiro: Editora processo, 2020, p. 317-344; Azevedo, Antônio Junqueira de. Natureza jurídica do contrato de consórcio. Classificação dos atos jurídicos quanto ao número de partes e quanto aos efeitos. Os contratos relacionais. A boa-fé nos contratos relacionais. Contratos de duração. Alteração das circunstâncias e onerosidade excessiva. Sinalagma e resolução contratual. Resolução parcial do contrato. Função social do contrato. *Revista dos Tribunais*, vol. 832, p. 115-137, 2005, Acesso pela RT Online; Assis, Araken de. Resolução do contrato por inadimplemento. 4ª ed. São Paulo: Editora Revista dos Tribunais, 2004, p. 161-162; Aguiar Júnior, Ruy Rosado de. *Comentários ao novo Código Civil*. Vol. VI, t. II: da extinção do contrato. Coordenador Sálvio de Figueiredo Teixeira. Rio de Janeiro: Forense, 2011 p. 497-499; Tepedino, Gustavo. Resolução Parcial de Acordo de Acionistas. *Soluções Práticas – Tepedino*, vol. 3, p. 447-462, 2011, Acesso pela RT Online.

[6] TJSP. 32ª Câmara de Direito Privado. APC 0193538-93.2007.8.26.0100. Rel. Des. Milton Carvalho. Data do julgamento: 15.05.2014; TJSP. 8ª Câmara de Direito Privado. APC 101020-16.2016.8.26.0008. Rel. Des. Mônica de Carvalho. Data do julgamento: 05.06.2019; TJRS. 18ª Câmara de Direito Privado. APC 70064936578. (0179035-85.2015.8.21.7000). Rel. Des. Marlene Marlei de Souza. Data do julgamento: 29.08.2017.

a invocação dos dispositivos da lei doméstica[7-8]. Por esta razão, a análise a seguir enfocará exclusivamente as regras e as figuras previstas na CISG.

O presente ensaio partirá, inicialmente, da noção de violação essencial – pois esta é a figura que enseja o remédio resolutório[9] – para, na sequência, discorrer sobre os parâmetros estabelecidos pelos artigos 51 e 73 da Convenção no tocante à resolução parcial (Primeira Parte). Em seguida, o tema será analisado do ponto de vista prático, recorrendo-se a julgados que aplicaram esses dispositivos da Convenção (Segunda Parte). Ao final, serão retomados os exemplos descritos nesta Introdução e apresentadas as conclusões sobre os questionamentos aqui suscitados.

Parte I. Os critérios para a invocação da resolução parcial segundo a CISG.

A CISG estabelece que apenas o descumprimento qualificado como essencial (*fundamental breach*) atribui à parte lesada o direito de resolver o contrato, extinguindo, em consequência, a relação contratual. Trata-se de remédio considerado como *ultima ratio*[10], apenas podendo ser invo-

[7] Deve-se considerar o caráter internacional da Convenção, como afirma Franco Ferrari, "To have regard for the Convention's international character means that the interpreter should not apply domestic law to solve interpretive problems, i.e., he should not read the Convention through the lenses of domestic law, but should project the interpretive problems against an international background". (Ferrari, Franco. *Uniform Interpretation of The 1980 Uniform Sales Law*. Disponível em: <http://www.cisg.law.pace.edu/cisg/biblio/franco.html>. Último acesso em: 06.06.2020). Observe-se, desde já, que as traduções de passagens em idioma estrangeiro à língua portuguesa são livres.

[8] Conforme Ligia Veronese, "[...] os advogados, juízes, árbitros e demais operadores do direito não devem se basear nos conceitos de direito interno para interpretar dispositivos da CISG, mas sim conferir a estes um significado autônomo baseado na estrutura e nas políticas subjacentes à Convenção. Nos dizeres de P. Huber, deve ser conferido um '*CISG-meaning*' a seus termos". (Veronese, Lígia Espolaor. A Convenção de Viena e seus reflexos no direito contratual brasileiro. São Paulo: Almedina Brasil, 2019, p. 37).

[9] Müller-Chen, Markus. Article 49. In: Schlechtriem, Peter; Schwenzer, Ingeborg. *Commentary on the UN Convention on the International Sale of Goods (CISG)*. 3rd ed. New York: Oxford, 2010, p. 747.

[10] *Ibidem*. Vide, ainda, Schwenzer, Ingeborg. Direito de Rescindir o Contrato. In: Venosa, Sílvio de Salvo et al. *A Convenção de Viena sobre Contratos de Compra e Venda Internacional de Mercadorias:* Desafios e Perspectivas. São Paulo: Atlas, 2015, p. 268; Lookofsky, Joseph. The

cado quando as outras figuras – *i.e.*, o direito de exigir o cumprimento da obrigação, a reparação monetária das perdas e danos ou a redução do preço[11] - forem insuficientes[12]. A razão dessa abordagem restritiva é, segundo Ingeborg Schwenzer, a severidade do remédio resolutório e de suas consequências, podendo acarretar a necessidade de, em um contexto internacional, transportar as mercadorias devolvidas do local de destino à sua origem, o que implicaria custos consideráveis[13].

Quatro são as hipóteses que, de modo geral, poderiam levar à resolução, segundo a Convenção[14]. Muito sinteticamente: a primeira delas consta no artigo 49, admitindo-se a declaração da resolução pelo comprador quando o descumprimento, pelo vendedor, seja qualificado como essencial ou, então, quando o vendedor não entregar as mercadorias no prazo adicional concedido pela contraparte ou declarar que não as entregará nesse prazo[15]. A segunda está prevista no artigo 64, sendo

1980 United Nations Convention on Contracts for the International Sale of Goods. Disponível em: <www.cisg.law.pace.edu/cisg/biblio/lookofsky.html>. Último acesso: 06.06.2020; Ferrari, Franco. Fundamental Breach of Contract Under UN Sales Convention. 25 years of Article 25 CISG. Disponível em: <http://www.cisg.law.pace.edu/cisg/biblio/ferrari14.html>. Último acesso em: 06.06.2020; Gruenbaum, Daniel. Resolução do contrato: *avoidance* na CISG. *Revista de Arbitragem e Mediação*, vol. 37, pp. 83-105, 2013, p. 85.

[11] Artigos 46-48, 74-77 e 50, respectivamente, da CISG. Observe-se que a transcrição de artigos da CISG, ao longo do presente texto, está em conformidade com o Decreto Legislativo nº 538/2012.

[12] Müller-Chen, Markus. Article 49. *Op. cit.*, p. 747.

[13] Schwenzer, Ingeborg. Direito de Rescindir o Contrato. *Op. cit.*, p. 268-269.

[14] Conforme Ingeborg Schwenzer, "[...] Em geral, em todos esses casos, a rescisão só é possível se a violação constituir violação de contrato fundamental. No entanto, em casos de não entrega pelo vendedor (Art. 49(1)(b) CISG), não pagamento ou não recebimento de entrega pelo comprador (art. 64(1)(b) CISG) – contudo, somente nesses casos –, a parte lesada poderá estabelecer prazo adicional para cumprimento, e, decorrido esse prazo, declarar o contrato rescindido" (Schwenzer, Ingeborg. Direito de Rescindir o Contrato. *Op. cit.*, p. 269).

[15] CISG, art. 49: "1) O comprador poderá declarar o contrato rescindido: (a) se o descumprimento, pelo vendedor, de qualquer das obrigações que lhe atribui o contrato ou a presente Convenção constituir violação essencial do contrato; ou (b) no caso de falta de energia, se o vendedor não entregar as mercadorias dentro do prazo suplementar concedido pelo comprador, conforme o parágrafo (1) do artigo 47, ou se declarar não efetuará a entrega dentro do prazo assim concedido; (2) Todavia, se o vendedor tiver entregue as mercadorias, o comprador perderá o direito de declarar o contrato rescindido, se não o fizer:

praticamente um espelho da primeira, mas em favor do vendedor: no caso de violação essencial, pelo comprador, confere-se ao vendedor o direito de resolver o contrato, assim também se verificando quando o comprador não proceda ao pagamento ou ao recebimento das mercadorias no prazo adicional fixado, ou declare que não o fará[16]. As duas últimas hipóteses, por seu turno, aplicam-se tanto ao comprador quanto ao vendedor. Segundo o artigo 72, admite-se a resolução quando, previamente à data fixada para o adimplemento, reste claro que a conduta de uma das partes implicará violação essencial[17]. E, finalmente, o artigo 73 cuida da declaração de resolução quando o contrato for executado de

(a) em caso de entrega tardia, em prazo razoável após ter tomado conhecimento de que a entrega foi efetuada; (b) em caso de outro descumprimento que não a entrega tardia, dentro de prazo razoável: (i) após o momento em que tiver ou dever ter tido conhecimento da violação; (ii) após o vencimento do prazo suplementar fixado pelo comprado conforme o parágrafo (1) do artigo 47, ou após o vendedor declarar que não executará suas obrigações no referido prazo suplementar, ou (iii) após o vencimento de qualquer prazo suplementar indicado pelo vendedor conforme o parágrafo (2) do artigo 48, ou após o comprador declarar que não aceitará o cumprimento".

[16] CISG, art. 64: "1) O vendedor poderá declarar rescindido o contrato se: (a) o descumprimento pelo comprador de qualquer das obrigações que lhe incumbem segundo o contrato ou a presente Convenção constituir violação essencial do contrato; ou (b) o comprador não cumprir a obrigação de pagar o preço, ou não receber as mercadorias no prazo suplementar fixado pelo vendedor, de acordo com o parágrafo (1) do artigo 63, ou, ainda, declarar que não o fará no prazo assim fixado; (2) Todavia, caso o comprador tenha pago o preço, o vendedor perderá o direito de declarar resolvido o contrato se não o fizer: (a) antes que o vendedor tome conhecimento do cumprimento da obrigação, caso se trate de cumprimento tardio pelo comprador; (b) caso se trate de descumprimento de outra natureza que não o cumprimento tardio pelo comprador, dentro de prazo razoável: (i) após o momento em que teve ou deveria ter tido conhecimento do descumprimento; ou (ii) após o vencimento do prazo suplementar fixado pelo vendedor de acordo com o parágrafo (1) do artigo 63, ou após o comprador ter declarado que não cumpriria suas obrigações dentro desse prazo".

[17] CISG, art. 72: "(1) Se antes da data do adimplemento tornar-se evidente que uma das partes incorrerá em violação essencial do contrato, poderá a outra parte declarar a rescisão deste. (2) Se dispuser do tempo necessário, a parte que pretender declarar a rescisão do contrato deverá comunicá-la à outra parte com antecedência razoável, para que esta possa oferecer garantias suficientes de que cumprirá suas obrigações. (3) Os requisitos do parágrafo anterior não serão aplicáveis quando a outra parte houver declarado que não cumprirá suas obrigações".

modo repartido e uma das partes da prestação objeto da obrigação divisível for afetada[18].

Como se verá, a temática da resolução parcial conecta-se mais propriamente ao artigo 73 e, quando a violação for causada exclusivamente pelo vendedor, ao artigo 51. Antes, porém, de examinar esses dispositivos é importante bem delimitar a noção de violação essencial – verdadeiro pressuposto[19] para que se possa cogitar da resolução do contrato.

(i) a violação essencial (*fundamental breach*)

A expressão "violação essencial" ou "inadimplemento fundamental" é, como apreende Vera Fradera, "desconhecida nas ordens jurídicas nacionais, mas essencial para o sistema de reparação instituído pela Convenção"[20]. A sua definição, com efeito, é autônoma, independente de pré-compreensões dos direitos nacionais[21] e, para alcançá-la, deve-se partir do teor do artigo 25 da CISG.

Considera-se como essencial a violação dotada de gravidade a ponto de a parte lesada perder o interesse na execução do contrato, podendo este resultado ser previsto pelo inadimplente ou por uma pessoa razoável nas mesmas circunstâncias. Dito de outro modo: a violação essencial acarreta a perda do interesse do credor da prestação.

Três são os requisitos estampados no artigo 25 da CISG[22]: (i) uma violação; (ii) que seja essencial ao privar a parte prejudicada do que poderia esperar obter por meio do contrato; bem como (iii) a previsibili-

[18] Conforme transcrito *infra*.

[19] Aguiar Júnior, Ruy Rosado de. A Convenção de Viena e a resolução do contrato por incumprimento. *Revista de Informação Legislativa*, Brasília, v. 31, pp. 211-225, 1994, p. 218.

[20] Fradera, Vera. O Conceito de *Fundamental Breach* constante do Art. 25 da CISG. In: *Revista de Arbitragem e Mediação*. Revista dos Tribunais: São Paulo, Ano 10, vol. 37, abr.-jun./2013, p. 69.

[21] Ferrari, Franco. Fundamental Breach of Contract Under UN Sales Convention. 25 years of Article 25 CISG. *Op. cit.*

[22] CISG, art. 25: "A violação ao contrato por uma das partes é considerada como essencial se causar à outra parte prejuízo de tal monta que substancialmente a prive do resultado que poderia esperar do contrato, salvo se a parte infratora não tiver previsto e uma pessoa razoável da mesma condição e nas mesmas circunstâncias não pudesse prever tal resultado". Sobre o tema, escreveu-se em: Benetti, Giovana. Criteria for Application of a Fundamental Breach of Contract in the United Nations Convention on Contracts for the International Sale of Goods. In: Schwenzer, Ingeborg; Pereira, Cesar A. Guimarães; Tripodi, Lean-

dade de tal resultado pela parte inadimplente e por uma pessoa razoável da mesma condição e nas mesmas circunstâncias.

De início, cumpre ressaltar que a CISG, diferentemente de certas normas de direito doméstico[23], não distingue entre os diferentes tipos de obrigações contratuais. Como reflexo disso, "obrigações principais e subordinadas [acessórias], obrigações sinalagmáticas e não sinalagmáticas, obrigações de fazer ou se abster de fazer algo etc. – são tratadas da mesma maneira"[24]. Logo, o descumprimento de qualquer obrigação contratual pode ensejar violação essencial[25], desde que "a finalidade econômica do contrato não possa ser obtida e que certos elementos que exerciam uma influência determinante sobre a vontade de concluir o contrato [tenham] desaparec[ido]"[26].

dro. *CISG and Latin America*: Regional and Global Perspectives. Haia: Eleven Publishing, 2016, p. 243-264.

[23] Por exemplo, no Direito brasileiro distingue-se entre deveres de prestação e deveres de proteção. Embora possam ser distintas as nomenclaturas (por exemplo, há quem distinga os deveres de prestação entre deveres principais, secundários e anexos; ou quem subdivida os secundários em deveres com prestação autônoma e deveres acessórios) o essencial está na determinação do interesse correlato, pois a consequência, em matéria de espécie de inadimplemento, será distinta quer se trate de inadimplemento de dever de prestação (violação de interesses na prestação) quer se trate de dever de proteção (violação de interesses à proteção, dita "violação positiva do crédito" ou "violação positiva do contrato"). Sobre o tema, vide Martins-Costa, Judith. *A Boa-Fé no Direito Privado*: critérios para a sua aplicação. 2ª ed. São Paulo: Saraiva, 2018, p. 238-248; Ferreira Da Silva, Jorge Cesa. *A Boa-fé e a Violação Positiva do Contrato.* Rio de Janeiro: Renovar, 2002; Haical, Gustavo. O inadimplemento pelo descumprimento exclusivo de dever lateral advindo da boa-fé objetiva. *Revista dos Tribunais,* vol. 900, out./2010, p. 45 e ss.

[24] Schwenzer, Ingeborg. Direito de Rescindir o Contrato. *Op. cit.*, p. 269.

[25] Conforme Franco Ferrari, "The CISG does not distinguish between the breach of principal and ancillary obligations. '[E]ven the violation of an obligation which is not a principal obligation under the contract, but an ancillary one can [thus] be fundamental,' as long as the obligation is closely connected to the exchange of goods or the parties have subjected it to the rules of the CISG". (Ferrari, Franco. Fundamental Breach of Contract Under UN Sales Convention. 25 years of Article 25 CISG. *Op. cit.*). Em sentido semelhante, Wald, Arnoldo; Borja, Ana Gerdau de. A execução específica e a rescisão por violação essencial do contrato na Convenção de Viena. In: Schwenzer, Ingeborg; Pereira, Cesar A. Guimarães; Tripodi, Leandro. *A CISG e o Brasil.* Curitiba: Marcial Pons, 2015, p. 390.

[26] Pignatta, Francisco. Disposições Gerais da Compra e Venda. In: Moser, Luiz Gustavo Meira. Pignatta, Francisco Augusto (orgs.). *Comentários à Convenção de Viena sobre Contratos*

Para além da violação de uma obrigação, a parte lesada deverá ter sido substancialmente privada do que poderia esperar obter com o contrato. O preenchimento deste requisito demanda a análise dos termos do contrato a fim de se identificar a importância atribuída pelas partes às suas obrigações, podendo-se recorrer também às práticas[27], como critério hermenêutico para identificar a substancialidade da obrigação. A solução poderá variar, por exemplo, se as partes houverem pactuado data essencial para a entrega das mercadorias, pois, neste caso, o adimplemento na data exata é fundamental a ponto de o comprador poder resolver o contrato independentemente do prejuízo derivado do atraso na entrega[28]. Outro exemplo diz respeito à pactuação, como elemento essencial, da necessidade de envio das mercadorias envoltas em um tipo de embalagem específico, podendo a violação ser qualificada como essencial se o vendedor encaminhar as mercadorias sem embalagens[29].

O último requisito atine à previsibilidade. Não será considerada violação essencial se o prejuízo verificado não foi previsto nem era previsível pelo lesante ou por uma pessoa razoável que se encontrasse na mesma condição do devedor. Controverte-se sobre o momento da avaliação da previsibilidade, havendo quem entenda ser o da conclusão do contrato[30] ou o do descumprimento[31].

Pode-se dizer que os requisitos elencados no artigo 25 são um tanto vagos e, embora a noção de violação essencial seja dotada de flexibilidade – aspecto necessário diante das peculiaridades envolvidas nos mais

de Compra e Venda Internacional de Mercadorias (CISG): Visão Geral e Aspectos Pontuais. São Paulo: Atlas, 2015, p. 57.

[27] Práticas, como diz Vera Fradera, são "estabelecidas mediante uma conduta regular, a qual cria uma expectativa de que essa conduta será mantida". (FRADERA, Vera. A contribuição da CISG (Convenção de Viena sobre os Contratos de Compra e Venda Internacional) para a atualização e flexibilização da noção de contrato no direito brasileiro. *Revista de Arbitragem e Mediação*, vol. 34, pp. 43-52, 2012, Acesso pela RT Online).

[28] MÜLLER-CHEN, Markus. Article 49. *Op. cit.*, p. 748-749; SCHWENZER, Ingeborg. Direito de Rescindir o Contrato. *Op. cit.*, p. 270.

[29] Em sentido semelhante, PIGNATTA, Francisco. Disposições Gerais da Compra e Venda. *Op. cit.*, p. 57.

[30] SCHROETER, Ulrich. Article 45. In: SCHLECHTRIEM, Peter; SCHWENZER, Ingeborg. *Commentary on The UN Convention on the International Sale of Goods (CISG)*. 3rd ed. New York: Oxford, 2010, p. 415.

[31] PIGNATTA, Francisco. Disposições Gerais da Compra e Venda. *Op. cit.*, p. 58.

diferentes casos –, muitas vezes acaba sendo difícil determinar, na situação concreta, se ocorreu ou não violação que possa ser assim qualificada. De todo modo, para auxiliar os aplicadores do direito, já se identificaram certos grupos de casos envolvendo a resolução com fundamento na violação essencial[32].

A título de exemplo, apontam-se quatro grupos de casos referentes à aplicação do artigo 25 da CISG: *(i)* "atraso no cumprimento"; *(ii)* "mercadorias defeituosas e o critério do prejuízo econômico"; e *(iii)* "mercadorias defeituosas e a relevância da *seller's offer to cure*[33]"[34]; e (iv) critério subjetivo da essencialidade da violação[35]. Foge ao escopo deste ensaio discorrer sobre essas situações-tipo, cumprindo referir, apenas de modo exemplificativo, que a configuração de violação essencial em razão do atraso na entrega pelo vendedor pode ocorrer quando, além de as partes fixarem data essencial para a entrega, for possível concluir, a partir das circunstâncias, que a data da entrega era crucial ao comprador; já o atraso no pagamento do preço, geralmente, não é reconhecido como fator, por si só, ensejador da violação essencial, pois o vendedor

[32] "[...] some types of controversies are likely to occur more often than others. Thus, an attempt has been made to classify the most typical controversies into broad categories, which are the expression of court practice trends". (Graffi, Leonardo. Case Law on the Concept of "Fundamental Breach" in the Vienna Sales Convention. Disponível em: <http://cisgw3.law.pace.edu/cisg/biblio/graffi.html >. Último acesso em: 06.06.2020.).

[33] A oferta de sanar o descumprimento de obrigações está prevista no Artigo 48(1) da CISG: "(1) Sem prejuízo do disposto no artigo 49, o vendedor poderá, mesmo após a data da entrega, sanar por conta própria qualquer descumprimento de suas obrigações, desde que isto não implique demora não razoável nem cause ao comprador inconveniente ou incerteza não razoável quanto ao reembolso, pelo vendedor, das despesas feitas pelo comprador. Contudo, o comprador manterá o direito de exigir indenização das perdas e danos, nos termos da presente Convenção".

[34] Graffi, Leonardo. Case Law on the Concept of "Fundamental Breach" in the Vienna Sales Convention. Disponível em: <http://cisgw3.law.pace.edu/cisg/biblio/graffi.html>. Mais recentemente, examinamos o tema em: Benetti, Giovana. Criteria for Application of a Fundamental Breach of Contract in the United Nations Convention on Contracts for the International Sale of Goods. *Op. cit.*, p. 243-264.

[35] Benetti, Giovana. Criteria for Application of a Fundamental Breach of Contract in the United Nations Convention on Contracts for the International Sale of Goods. *Op. cit.*, p. 243-264.

tem direito a receber os encargos moratórios[36]; a violação essencial é mais facilmente configurada quando praticamente todas as mercadorias entregues forem defeituosas ou inúteis; e, finalmente, algumas decisões têm avaliado o impacto do descumprimento naquilo que o comprador poderia legitimamente esperar obter com o contrato, e não somente o prejuízo econômico[37].

Assentada a noção de violação essencial e delineados alguns critérios para a sua configuração, é preciso esclarecer, no tocante às suas consequências, que nem sempre esta figura ensejará a resolução do contrato em sua integralidade. Além da resolução total, a Convenção admite o remédio da resolução parcial do contrato, cabendo, a partir de agora, destrinchar esta noção.

(ii) as regras estampadas nos Artigos 51 e 73 da CISG

A Convenção permite que se proceda à resolução parcial quando se estiver diante das hipóteses previstas nos artigos 51 e 73, como se passa a examinar.

(ii.1) Artigo 51

Ao inaugurar o Capítulo sobre as Obrigações do Vendedor, o artigo 30 diz caber ao vendedor a entrega das mercadorias, a transmissão da propriedade e, se for o caso, a remessa dos respectivos documentos, em atenção às condições previstas no contrato e na CISG. Mais adiante, a primeira parte do artigo 51 contempla hipótese em que o vendedor se desvia, parcialmente, de suas obrigações: "Se o vendedor entregar somente parte das mercadorias, ou se somente parte das mercadorias entregues estiver de acordo com o contrato, aplicar-se-ão os artigos 46 a 50 no tocante à parte faltante ou desconforme".

O artigo 51 é voltado, pois, a disciplinar as situações em que o descumprimento é atribuível ao vendedor, ocorrendo entrega parcial de mercadorias ou quando apenas uma parte das mercadorias entregues

[36] Gruenbaum, Daniel. Resolução do contrato: *avoidance* na CISG. *Revista de Arbitragem e Mediação*, vol. 37, p. 90, 2013.

[37] Benetti, Giovana. Criteria for Application of a Fundamental Breach of Contract in the United Nations Convention on Contracts for the International Sale of Goods. *Op. cit.*, p. 243-264.

ao comprador estiver em conformidade ao ajustado. Nestas situações, confere-se ao comprador o direito de resolver parcialmente o contrato, desde que as obrigações sejam divisíveis[38] e as mercadorias objeto da prestação constituam itens separados, passíveis de divisão por serem física e economicamente independentes[39-40] ou por serem separáveis juridicamente. O credor poderá exigir, cumulativamente, a reparação por perdas e danos.

Extraem-se quatro regras a partir do enunciado do artigo 51(1): (i) geralmente, os remédios disponíveis ao comprador restringem-se à

[38] Obrigação divisível "'é obrigação que se pode *cumprir* em partes, obrigação que não se divide a si mesma, mas permite que o seu adimplemento *se divida*'. Se em determinada relação jurídica obrigacional o *adimplemento* pode ser fracionado, até que se alcance a *satisfação total* do credor –, porque a cada parte da prestação recebida pelo credor lhe gera satisfação parcial –, a prestação é divisível, e, por consectário, assim o é a obrigação. Portanto, o segundo elemento a caracterizar a divisibilidade da obrigação é a possibilidade de satisfação do credor quanto à parte adimplida da prestação. Diversamente, se o adimplemento parcial da obrigação não tem a virtualidade de gerar satisfação ao credor, a obrigação é indivisível". (Martins-Costa, Judith. Contrato De Construção. Qualificação. Suspensão dos trabalhos pela contratante, dona da obra, por período superior àquele previsto contratualmente para o seu lícito exercício. Resilição Parcial. Admissibilidade no Direito brasileiro. Requisitos. Cessão Do Contrato. Distinções e eficácias. Critério Objetivo de apuração do Estado de insolvência. Natureza da responsabilidade do cedente e permanência dos deveres anexos. (Parecer). No prelo.

[39] Müller-Chen, Markus. Article 51. In: Schlechtriem, Peter; Schwenzer, Ingeborg. *Commentary on The UN Convention on the International Sale of Goods (CISG)*. 3rd ed. New York: Oxford, 2010, p. 782; Art. 51. *2012 UNCITRAL Digest of case law on the United Nations Convention on the International Sale of Goods*. United Nations, 2012. Disponível em: <http://www.cisg.law.pace.edu/cisg/text/digest-2012-51.html>. Último acesso em: 06.06.2020.

[40] Ainda que não caiba recorrer a aspectos de direito doméstico para interpretar a CISG, recorda-se que, segundo o Direito civil brasileiro, a divisibilidade ou indivisibilidade da obrigação está relacionada, em geral, com a viabilidade (ou não) de se fracionar o objeto da prestação: "[...] a divisão do objeto da prestação não implica que se divida a relação jurídica pessoal, ou a obrigação; de modo que a obrigação divisível não se divide em duas ou mais obrigações. A divisão, de que aqui se cogita, é divisão interna da prestação, a prestação é que se divide. Obrigação divisível é obrigação que se pode cumprir em partes, obrigação que não se divide a si mesma mas permite que o seu adimplemento se divida. Se a prestação é fàcticamente divisível, mas juridicamente não o é (= incide o Código Civil, art. 889), o adimplemento não pode ser por partes da prestação". (Pontes de Miranda, Francisco Cavalcanti. *Tratado de Direito Privado*. Tomo XXII. Atualizado por Nelson Nery Jr. e Rosa Maria de Andrade Nery. São Paulo: Editora Revista dos Tribunais, 2012, § 2.708, 2, p. 230).

parte faltante (*i.e.*, as mercadorias que não foram entregues ou a parte delas que apresentava defeito); (ii) o comprador poderá resolver parcialmente o contrato nessas circunstâncias; (iii) apenas poderá haver a resolução do contrato em sua integralidade se o descumprimento parcial importar em violação essencial do contrato como um todo; e (iv) o comprador pode exigir a reparação pelo dano sofrido, em virtude do descumprimento parcial, de acordo com o art. 45(1)(b)[41-42].

Tais regras devem ser conjugadas a alguns critérios, de modo a permitir a invocação da tutela do artigo 51(1) pelo comprador: (i) o contrato pode contemplar a execução diferida (uma entrega posposta no tempo) (*single-delivery contract*) ou obrigações divisíveis executadas em certo período (*installment contract*)[43-44]; (ii) a resolução parcial pressupõe que a prestação do vendedor possa ser dividida entre uma parte conforme ao contrato e outra não conforme[45]; (iii) a parte da mercadoria entregue ou conforme deve atender, por si só, ao interesse do comprador no sentido de se atingir o fim contratual[46]; e (iv) se o vendedor puder, em atenção a certa margem de flexibilidade, entregar quantidade diferente

[41] Müller-Chen, Markus. Article 51. *Op. cit.*, p. 781-782; Art. 51. *2012 UNCITRAL Digest of case law on the United Nations Convention on the International Sale of Goods*. United Nations, 2012. Disponível em: <http://www.cisg.law.pace.edu/cisg/text/digest-2012-51.html>. Último acesso em: 06.06.2020.

[42] CISG, art. 45(1)(b): (1) Se o vendedor n[ã]o cumprir qualquer das obrigações que lhe couberem de acordo com o contrato ou com a presente Convenção, o comprador deverá: [...] (b) exigir a indenização das perdas e danos prevista nos artigos 74 a 77.

[43] Liu, Chengwei. Avoidance in the case of an installment contract. Disponível em: <http://www.cisg.law.pace.edu/cisg/biblio/liu11.html>. Último acesso em: 06.06.2020.

[44] No Direito brasileiro, distingue-se contratos com adimplemento pontual e contratos de duraçao. A marca nos contratos com adimplemento pontual é situar o adimplemento em um momento específico, e não a sua instantaneidade. A execução pode ser instantânea (quando se realiza no momento da conclusão do contrato) ou diferida (distendida no tempo) (Martins-Costa, Judith; Nitschke, Guilherme. Contratos Duradouros Lacunosos e Poderes do Árbitro: questões teóricas e práticas. *Revista de Arbitragem do GEArb*. Edição Especial – questões polêmicas, dez./2012, p. 76-79).

[45] Liu, Chengwei. Avoidance in the case of an installment contract. Disponível em: <http://www.cisg.law.pace.edu/cisg/biblio/liu11.html>. Último acesso em: 06.06.2020.

[46] Se o comprador não tem interesse em manter a parte da entrega feita ou a parte das mercadorias que está conforme ao contrato, pois estas não podem ser utilizadas ou vendidas independentemente das demais, pode invocar a resolução de todo o contrato com fundamento no art. 51(2) (Müller-Chen, Markus. Article 51. *Op. cit.*, p. 785).

da fixada, em função da pactuação de cláusula de tolerância ou da incidência de usos comerciais, não se considera ter havido desconformidade na entrega e não incide o artigo 51, devendo o comprador apenas pagar o preço reduzido[47].

No tocante ao critério da divisibilidade (ou da separabilidade) da obrigação, entende-se que o contrato deve contemplar a entrega de uma série de itens singulares, no sentido de que os itens poderiam ser separados e entregues a diferentes compradores. Nem sempre, porém, o simples fato de os itens serem singulares denota a divisibilidade da obrigação, pois os itens, embora entregues de modo apartado, podem estar interligados do ponto de vista funcional, integrando um todo[48]. Pense-se em dois exemplos: o vendedor deveria entregar um dispositivo eletrônico de armazenamento de dados contendo os programas "A", "B" e "C" ao comprador, mas este último constata ter recebido apenas dois programas ("A" e "B"). É preciso avaliar o impacto de tal descumprimento, determinando se a falta do programa "C" torna inútil a entrega do dispositivo como um todo ou se afeta apenas em parte a prestação[49]. Se os demais programas necessitarem do "C" para o seu funcionamento, há interligação do ponto de vista funcional e não há como cogitar da divisibilidade.

Já no segundo exemplo o vendedor deveria entregar uma linha completa de montagem automática para baterias e o comprador constata que a máquina "B" apresenta defeitos. Tal máquina pode ser substituída por outra produzida pelo vendedor, tendo o comprador continuado a operação das demais máquinas da linha de montagem ao se valer de uma máquina alternativa. Neste caso, a máquina defeituosa pode ser considerada como uma parte independente das demais[50], sendo cabível a sua segregação.

[47] Müller-Chen, Markus. Article 51. *Op. cit.*, p. 783.

[48] Müller-Chen, Markus. Article 51. *Op. cit.*, p. 782.

[49] Este exemplo foi inspirado no *software case*, abordado no item (i) da Segunda Parte, *infra*.

[50] Este exemplo foi inspirado no *Battery machinery case*, em que se reconheceu: "[...] a partial withdrawal under Article 51(1) of the Convention is permissible where the defective piece of machinery forms an independent part of the contracted goods. Independence of the b-machine is suggested not only by the fact that the contract separately lists and values it, but also because the b-machine was replaceable by a different [manufacturer's] b-machine while continuing to use the remainder of the contracted units together with

Diferente é a hipótese em que um único produto (como um automóvel), constituído por diferentes componentes (portas, assentos, motor, radiador, etc.), é vendido e alguns componentes faltam ou apresentam defeito (por exemplo, um defeito no motor que impeça o seu funcionamento). Neste último caso, não se aplica o artigo 51, pois o defeito recai sobre o item como um todo e não há falar em resolução parcial[51].

Ocorrendo o cumprimento parcial das obrigações a cargo do vendedor (entrega parcial de mercadorias ou estando parte delas em conformidade), o comprador deve realizar o pagamento das mercadorias que se apresentam conformes ao contrato[52]. Nesta hipótese, o comprador poderá promover a resolução parcial do contrato no tocante à porção defeituosa, o que ensejará a redução proporcional do preço (conforme o artigo 50[53]). Para o cálculo da redução do preço, deve-se levar em conta a divisão entre o número de mercadorias não entregues (ou não conformes) pelo número total de mercadorias que deveriam ter sido entregues, subtraindo-se tal percentual do preço a ser pago. Assim, por exemplo, se o vendedor deveria entregar 500 pares de sapatos ao comprador e este constata ter recebido apenas 300 (ou, então, ter recebido apenas 300 pares conformes ao contrato), a redução no preço será de 40%.

Todavia, se a entrega parcial importar, a depender das circunstâncias concretas, em violação essencial de todo o contrato (e não apenas da parte controvertida), o comprador pode recusar o cumprimento parcial e resolver o contrato nos termos do artigo 51(2)[54]. Nesta hipótese, não

the substitute". ICC Arbitration Case Nº 7660. 23 Agosto 1994 (*Battery machinery case*). Disponível em: <http://cisgw3.law.pace.edu/cases/947660i1.html>. Último acesso em: 06.06.2020.

[51] MÜLLER-CHEN, Markus. Article 51. *Op. cit.*, p. 782.

[52] MÜLLER-CHEN, Markus. Article 51. *Op. cit.*, p. 783. Ressalva-se a hipótese de a entrega parcial importar em violação essencial do contrato em sua integralidade.

[53] CISG, art. 50: "Se as mercadorias não estiverem conformes ao contrato, já tendo ou não sido pago o preço, o comprador poderá reduzir o preço proporcionalmente à diferença existente entre o valor das mercadorias efetivamente entregues, no momento da entrega, e o valor que teriam nesse momento mercadorias conformes ao contrato. Todavia, se o vendedor sanar qualquer descumprimento de suas obrigações, de acordo com o artigo 37 ou com o artigo 48, ou se o comprador negar-se a aceitar o cumprimento pelo vendedor, de acordo com os mencionados artigos, o comprador não poderá reduzir o preço".

[54] CISG, art. 51(2): "(2) O comprador somente poderá declarar resolvido o contrato se a entrega parcial ou a desconformidade constituir violação essencial do contrato".

se exige a fixação, pelo comprador, de prazo adicional para que o vendedor possa sanar o descumprimento[55].

Além disso, se a totalidade das mercadorias foi entregue, mas uma parte apresenta algum defeito, o comprador pode se valer das normas constantes do artigo 46 e seguintes da Convenção. Assim, se 100 livros foram entregues, mas 10 foram impressos com páginas faltantes, o comprador pode, após notificar o vendedor sobre a desconformidade do produto[56], solicitar a substituição dos 10 livros[57] ou declarar a resolução do contrato em relação a esta parte, procedendo à redução do preço em 10%. Ao comprador, também está disponível a via pela qual se mantém a entrega em sua totalidade, mas se busca a reparação de danos[58] ou a redução do preço[59] em razão dos 10 livros defeituosos[60].

[55] Conforme MÜLLER-CHEN, trata-se de leitura conjugada entre os artigos 49(1), 25 e 51(1) da Convenção. (MÜLLER-CHEN, Markus. Article 51. *Op. cit.*, p. 784).

[56] CISG, art. 39: "(1) O comprador perderá o direito de alegar a desconformidade se não comunicá-la ao vendedor, precisando sua natureza, em prazo razoável a partir do momento em que a constatar, ou em que deveria tê-la constatado. (2) Em qualquer caso, o comprador perderá o direito de alegar a desconformidade se não comunicá-la ao vendedor no prazo máximo de dois anos a partir da data em que as mercadorias efetivamente passarem à sua posse, salvo se tal prazo for incompatível com a duração da garantia contratual". De acordo com Peter Schlechtriem et al., há situações em que se dispensaria a notificação: se for aplicável o art. 40 da Convenção ou se for uma entrega parcial de modo evidente (MÜLLER-CHEN, Markus. Article 51. *Op. cit.*, p. 784-785).

[57] CISG, art. 46(2): "(2) Se as mercadorias não estiverem conforme ao contrato, o comprador poderá exigir a entrega de outras mercadorias em substituição, desde que a desconformidade constitua violação essencial do contrato e o pedido de substituição de mercadorias seja formulado no momento da comunicação da desconformidade a que se refere o artigo 39, ou dentro de um prazo razoável a contar desse momento".

[58] CISG, art. 45(1)(b): "(1) Se o vendedor no cumprir qualquer das obrigações que lhe couberem de acordo com o contrato ou com a presente Convenção, o comprador deverá: [...] (b) exigir a indenização das perdas e danos prevista nos artigos 74 a 77".

[59] CISG, art. 50: "Se as mercadorias não estiverem conformes ao contrato, já tendo ou não sido pago o preço, o comprador poderá reduzir o preço proporcionalmente à diferença existente entre o valor das mercadorias efetivamente entregues, no momento da entrega, e o valor que teriam nesse momento mercadorias conformes ao contrato. Todavia, se o vendedor sanar qualquer descumprimento de suas obrigações, de acordo com o artigo 37 ou com o artigo 48, ou se o comprador negar-se a aceitar o cumprimento pelo vendedor, de acordo com os mencionados artigos, o comprador não poderá reduzir o preço".

[60] Essas ideias estão desenvolvidas em MÜLLER-CHEN, Markus. Article 51. *Op. cit.*, p. 784.

Após notificar o vendedor sobre a entrega parcial ou a desconformidade parcial das mercadorias, o comprador pode declarar a resolução parcial, quando, então, são disparadas as consequências previstas nos artigos 81 a 84 da CISG (*v.g.*, liberação da obrigação; reparação das perdas e danos; restituição do preço), devendo, de qualquer forma, ser realizado o pagamento do preço relativo às mercadorias entregues e que se apresentaram conformes[61].

Percebe-se, assim, que, entregando o vendedor apenas uma parte das mercadorias ou somente parte delas em conformidade com o contrato, o comprador pode se valer de distintos remédios, dentre os quais está a resolução parcial atinente à parte das mercadorias que apresentou problema em consonância ao disposto no artigo 51, se for divisível ou separável a obrigação.

Já em se tratando de contrato cuja entrega se dá em momentos sucessivos (também chamado de contrato de entregas sucessivas ou em parcelas ou, ainda, *installment contract*), aplicam-se as regras do artigo 73 tanto para o descumprimento de obrigações pelo comprador quanto pelo vendedor.

(ii.2) Artigo 73

Inserto no Capítulo acerca das Disposições Comuns às Obrigações do Vendedor e do Comprador, o artigo 73 desdobra-se em três enunciados:

> (1) Nos contratos que estipularem entregas sucessivas de mercadorias, o descumprimento por uma das partes das obrigações relativas a qualquer das entregas que constituir violação essencial do contrato em relação a esta entrega dará à outra parte o direito de declarar rescindido o contrato quanto a essa mesma entrega.
>
> (2) Se o descumprimento, por uma das partes, de suas obrigações relativas a qualquer das entregas der à outra parte fundados motivos para inferir que haverá violação essencial do contrato com relação a futuras entregas, esta outra parte poderá declarar o contrato rescindido com relação ao futuro, desde que o faça dentro de prazo razoável.

[61] Art. 51. *2012 UNCITRAL Digest of case law on the United Nations Convention on the International Sale of Goods*. United Nations, 2012. Disponível em: <http://www.cisg.law.pace.edu/cisg/text/digest-2012-51.html>. Último acesso em: 06.06.2020.

(3) O comprador que declarar resolvido o contrato com relação a qualquer entrega poderá simultaneamente declará-lo resolvido com respeito a entregas já efetuadas ou a entregas futuras se, em razão de sua interdependência, tais entregas não puderem se destinar aos fins previstos pelas partes no momento da conclusão do contrato.

Diz-se que o referido dispositivo oferece os parâmetros para a violação essencial no contexto dos contratos com "entregas sucessivas"[62]. Mas em que consistem esses contratos? Na doutrina, encontram-se diferentes definições: contratos envolvendo ao menos duas entregas sucessivas, separadas por certo intervalo de tempo[63]; contratos em que a entrega dos bens se dá em momentos diversos, mesmo se houver uma entrega em diferentes lotes[64]; contratos de duração e execução periódica e contratos com execução repartida[65]; ou, ainda, contratos[66] que preveem ou autorizam a entrega de mercadorias em diferentes lotes, sem necessariamente determinar a quantidade de mercadorias em cada

[62] DIMATTEO, Larry et al. *International Sales Law:* A Critical Analysis of CISG Jurisprudence. New York: Cambridge University Press, 2005, p. 125: "Article 73 provides the threshold for fundamental breach in the context of installment contracts".

[63] FOUNTOLAKIS, Christiana. Article 73. In: SCHLECHTRIEM, Peter; SCHWENZER, Ingeborg. *Commentary on The UN Convention on the International Sale of Goods (CISG).* 3rd ed. New York: Oxford, 2010, p. 986.

[64] MARTINS XAVIER, Celso Caldas; BECHARA, Guilherme Fontes. Disposições Comuns: Inadimplemento Antecipado e Contrato em Parcelas. In: VENOSA, Sílvio de Salvo et al. *A Convenção de Viena sobre Contratos de Compra e Venda Internacional de Mercadorias:* Desafios e Perspectivas. São Paulo: Atlas, 2015, p. 444.

[65] GNANI, Alessandro. *Il contrato divisible.* Nápoles: Jovene Editore, 2012, p. 217. No original: "Sono i contrati di durata ad esecuzione periodica, e i contrati ad esecuzione ripartita, accomunati entro il nome unitario di contratti *by installments*".

[66] Já se decidiu que dois instrumentos separados (mas celebrados no mesmo dia) podem representar um contrato com prestações sucessivas se apontarem a uma operação econômica unitária, preverem a entrega de mercadorias do mesmo tipo em determinado período do mesmo ano e pautarem-se pelas mesmas regras (apenas com pequenas diferenças no tocante ao pagamento) (C.f.: LIU, Chengwei. Avoidance in the case of an installment contract. *Op. cit.*. A autora refere referindo o julgado SCHIEDSGERICHT DER BÖRSE FÜR LANDWIRTSCHAFTLICHE IN WIEN (Tribunal Arbitral – Viena). Caso nº S 2/97. Partes não divulgadas. J. em 10.12.1997. Disponível em: < http://cisgw3.law.pace.edu/cases/971210a3.html>. Último acesso em: 06.06.2020).

entrega[67]. A nosso ver, o artigo 73 volta-se aos contratos com execução diferida em que as obrigações são divisíveis.

A partir dessas noções iniciais, podem-se alcançar as primeiras conclusões sobre o âmbito de aplicação do artigo 73: a violação essencial pode ser cometida tanto pelo comprador quanto pelo vendedor, na medida em que o remédio se encontra na seção das obrigações comuns às partes, apesar de, na prática, ser mais provável o descumprimento pelo vendedor[68]. Tal dispositivo cuida de contratos em que a obrigação de entregar as mercadorias é repartida no tempo, não abrangendo a hipótese em que o comprador pode realizar o pagamento do preço em diversas parcelas[69]. Este último caso submete-se ao regime dos artigos 64[70] ou 72[71] da Convenção. O critério norteador da qualificação do con-

[67] Liu, Chengwei. Avoidance in the case of an installment contract. *Op. cit.*.

[68] Bridge, Michel. Issues arising under articles 64, 72 and 73 for the United Nations Convention on Contracts for the International Sale of Goods. Disponível em: <https://www.uncitral.org/pdf/english/CISG25/Bridge.pdf>. Último acesso em: 06.06.2020. Citado por Martins Xavier, Celso Caldas; Bechara, Guilherme Fontes. Disposições Comuns: Inadimplemento Antecipado e Contrato em Parcelas. *Op. cit.*, p. 445).

[69] Liu, Chengwei. Avoidance in the case of an installment contract. *Op. cit.*.

[70] CISG, art. 64: "(1) O vendedor poderá declarar rescindido o contrato se: (a) o descumprimento pelo comprador de qualquer das obrigações que lhe incumbem segundo o contrato ou a presente Convenção constituir violação essencial do contrato; ou (b) o comprador não cumprir a obrigação de pagar o preço, ou não receber as mercadorias no prazo suplementar fixado pelo vendedor, de acordo com o parágrafo (1) do artigo 63, ou, ainda, declarar que não o fará no prazo assim fixado. (2) Todavia, caso o comprador tenha pago o preço, o vendedor perderá o direito de declarar resolvido o contrato se não o fizer. (a) antes que o vendedor tome conhecimento do cumprimento da obrigação, caso se trate de cumprimento tardio pelo comprador. (b) caso se trate de descumprimento de outra natureza que nao o cumprimento tardio pelo comprador, dentro de prazo razoável: (i) após o momento em que teve ou deveria ter tido conhecimento do descumprimento; ou (ii) após o vencimento do prazo suplementar fixado pelo vendedor de acordo com o parágrafo (1) do artigo 63, ou após o comprador ter declarado que não cumpriria suas obrigações dentro desse prazo".

[71] CISG, art. 72: "(1) Se antes da data do adimplemento tornar-se evidente que uma das partes incorrerá em violação essencial do contrato, poderá a outra parte declarar a rescisão deste. (2) Se dispuser do tempo necessário, a parte que pretender declarar a rescisão do contrato deverá comunica-la à outra parte com antecedência razoável, para que esta possa oferecer garantias suficientes de que cumprirá suas obrigações. (3) Os requisitos do parágrafo anterior não serão aplicáveis quando a outra parte houver declarado que não cumprirá suas obrigações".

trato como sendo de "entregas sucessivas" é, portanto, a diversidade de entregas ao longo do tempo, e não o pagamento de modo parcelado[72].

A incidência da norma prevista no artigo 73 requer, ademais, a separabilidade das obrigações cumpridas em partes. Por exemplo, em caso envolvendo a celebração de treze contratos de compra e venda de mistura de óleo bruto condensado com termos praticamente idênticos, o comprador alegou ter verificado problemas no nível de mercúrio em determinada entrega, recusando-se a receber novas entregas até o alcance de uma solução. O tribunal arbitral encarregado de decidir o caso destacou que, em contratos envolvendo *commodities* a serem entregues em diferentes ocasiões – como seria a situação concreta –, não há, em princípio, razões para considerá-las interdependentes. Logo, um problema de conformidade envolvendo uma obrigação não importaria em defeitos relativamente a obrigações futuras, salvo se houvesse sérias razões para concluir que as entregas futuras não seriam conformes ao pactuado[73]. O descumprimento seria, então, circunscrito à entrega que apresentou problemas.

Como está no artigo 73(1), se o devedor houver cometido violação essencial em relação a uma das partes da obrigação divisível, o credor poderá resolver o contrato especificamente em relação a essa parte. Ou seja, o credor pode promover a resolução parcial nessas circunstâncias, repercutindo os efeitos sobre a porção descumprida. É irrelevante se o descumprimento se deu na primeira entrega, em uma intermediária ou na última, pois este é um aspecto que, como se verá, importa ao segundo parágrafo do enunciado em comento, e não ao primeiro[74].

Estabelecer se houve ou não violação essencial no contexto do artigo 73 não é fácil. Há quem sustente dever ser analisado se a violação é essencial em relação à parte descumprida e, igualmente, ao contrato

[72] Além do pagamento parcelado, há outras formas de pagamento: "lump-sum payment or instalment payments that do not correspond to the seller's separate deliveries and which are subject to a final settlement of the account" (FOUNTOLAKIS, Christiana. Article 73. *Op. cit.*, p. 987).

[73] NETHERLANDS ARBITRATION INSTITUTE, Caso nº 2319, Partes não divulgadas. J. em 15.10.2002. *Condensate crude oil mix case.* Disponível em: http://cisgw3.law.pace.edu/cases/021015n1.html. Último acesso em: 06.06.2020.

[74] FOUNTOLAKIS, Christiana. Article 73. *Op. cit.*, p. 987-988.

como um todo[75]; para outros, admite-se uma noção mais ampla de violação essencial para fins de compreender, além da modalidade regrada pelo artigo 25, o descumprimento que persistiu mesmo após a oportunidade de remediá-lo mediante a concessão de um período adicional pelo credor[76]; finalmente, há quem entenda ser artificial a noção de violação essencial relativamente a uma prestação singular (*single installment*), pois "parece requerer que tal prestação seja dissociada de todo o contexto contratual", aplicando-se uma análise meramente quantitativa, e não teleológica[77].

A nosso ver, deve-se examinar a ocorrência ou não de violação essencial em relação à parte da obrigação descumprida[78-79], aplicando-se os mesmos *standards* utilizados para avaliar a violação essencial do contrato com apenas uma entrega posposta no tempo[80]. Discorda-se, assim, do

[75] DIMATTEO, Larry et al. *International Sales Law:* A Critical Analysis of CISG Jurisprudence. New York: Cambridge University Press, 2005, p. 129.

[76] FOUNTOLAKIS, Christiana. Article 73. *Op. cit.*, p. 988. Vide artigos 49(1)(a), 64(1)(a) da CISG.

[77] BRIDGE, Michel. Issues arising under articles 64, 72 and 73 for the United Nations Convention on Contracts for the International Sale of Goods. Disponível em: <https://www.uncitral.org/pdf/english/CISG25/Bridge.pdf>. Último acesso em: 06.06.2020. "[...] The notion of a fundamental breach with regard to a single installment is somewhat artificial since it appears to require the installment to be separated from the balance of the contract and a mechanically quantitative rather than a purposive or impressionistic test of fundamental breach to be applied to that installment [...]".

[78] Em sentido diferente, *v.g.*, FOUNTOLAKIS, Christiana. Article 73. *Op. cit.*, p. 988: "It will then depend on how the breach with regard to this instalment affects the overall contract. The test question is whether the breach is fundamental in relation to the whole contract. If the breach is such as to entitle the creditor to avoid the entire contract (Article 73(3)), it is fundamental with regard to the single instalment. For instance, the non-delivery of assembly tools needed for the fitting of basic equipment will not endanger the entire contract if there is no obvious time pressure or if alternatives are available. Accordingly, there will be no fundamental breach with regard to the single instalment".

[79] Em sentido semelhante, vide, exemplificativamente, BENNETT, Trevor. Article 73. In: Bianca-Bonell Commentary on the International Sales Law. Disponível em: <https://www.cisg.law.pace.edu/cisg/biblio/bennett-bb73.html>. Último acesso em: 06.06.2020; GNANI, Alessandro. *Il contrato divisible. Op. cit.*, p. 218.

[80] Art. 73. *2012 UNCITRAL Digest of case law on the United Nations Convention on the International Sale of Goods.* United Nations, 2012. Disponível em: <https://www.cisg.law.pace.edu/cisg/text/digest-2012-73.html>. Último acesso em: 06.06.2020.

teste segundo o qual se deveria analisar se a violação essencial da parte da obrigação ensejaria a violação essencial de todo o contrato para se determinar a gravidade desse descumprimento singular, ainda que a literalidade do artigo 73(1) possa apontar neste sentido. A nosso ver, se restar configurada a violação essencial do contrato em sua integralidade, não haveria sentido em promover-se a resolução parcial, pois seria o caso da resolução total.

Outro aspecto a merecer destaque é a possibilidade de tanto a violação essencial de uma obrigação quanto o descumprimento de uma obrigação após o período adicional concedido pelo credor poderem levar à invocação do remédio da resolução parcial, com fundamento no artigo 73(1), pois, o que realmente importa é saber se (i) a parte da obrigação descumprida é seccionável das demais; (ii) o descumprimento foi grave a ponto de privar o credor do interesse relativamente a tal parte; e (iii) mesmo diante desta violação, o credor ainda mantém o seu interesse nas partes já adimplidas, pois são dotadas de utilidade e atendem ao fim contratual[81]. Se tais critérios não forem atendidos, afasta-se a resolução parcial do contrato, relativamente à porção descumprida. Outro será o resultado alcançado se o descumprimento de uma parte da obrigação implicar a violação essencial de todo o contrato (por exemplo, quando houver interdependência entre as partes da obrigação), pois, nesta hipótese, o credor pode resolver o contrato em sua totalidade, inclusive em relação ao que já foi adimplido. É exatamente o que prevê o artigo 73(3), como adiante analisado.

Para que o credor possa se valer da resolução parcial, a leitura conjugada de outros dispositivos da CISG aponta a requisitos adicionais. A declaração da resolução (*avoidance*)[82] deve ocorrer em um prazo razoável a partir do momento em que o credor tiver conhecimento ou, razo-

[81] Há, porém, quem entenda que, além da separabilidade de cada uma das entregas, deve ser possível avaliar a conformidade de cada lote sem apurar o contrato como um todo (Fountolakis, Christiana. Article 73. *Op. cit.*, p. 987-986).

[82] CISG, art. 26: "A declaração de resolução do contrato tornar-se-á eficaz somente quando notificada por uma parte a outras". E CISG, art. 49(2)(a)(b): "(2) Todavia, se o vendedor tiver entregue as mercadorias, o comprador perderá o direito de declarar o contrato rescindido, se não o fizer: (a) em caso de entrega tardia, em prazo razoável após ter tomado conhecimento de que a entrega foi efetuada; (b) em caso de outro descumprimento que não a entrega tardia, dentro de prazo razoável".

avelmente puder conhecer, o nascimento de seu direito a promover a resolução[83], sob pena de não mais poder exercê-lo. Também compete ao credor examinar, adequadamente, as mercadorias recebidas, noticiando a sua desconformidade[84]. Por fim, a restituição das mercadorias ao vendedor deve ser possível, exceto se verificada alguma das circunstâncias descritas no artigo 82(2)[85-86].

Declarada a resolução parcial do contrato com base no artigo 73(1), as consequências previstas nos artigos 81 a 84 são disparadas em relação à parte da obrigação descumprida, assim como verificado relativamente à resolução parcial fundada no artigo 51(1). As demais partes da obrigação são mantidas, exceto se invocáveis os parágrafos segundo e/ou o terceiro do artigo 73[87], os quais conferem contornos mais amplos aos efeitos da resolução.

Distintas são as regras do artigo 73(2). Tal dispositivo prevê o direito de o credor resolver o contrato com eficácia para o futuro (*ex nunc*), se uma obrigação não houver sido adimplida corretamente e, em virtude disso, existirem razões fundadas para acreditar que ocorrerá a violação essencial[88]. Quatro são os requisitos para a resolução com fundamento neste dispositivo: (i) o descumprimento de uma das partes da obrigação cuja execução restou fracionada; (ii) a existência de fundadas razões (*de sérieuses raisons*) para o credor concluir que uma violação essencial

83 Fountolakis, Christiana. Article 73. *Op. cit.*, p. 988-989.

84 CISG, artigos 38, 39 e 43.

85 CISG, art. 82: "(1) O comprador perderá o direito de declarar resolvido o contrato, ou de exigir do vendedor a entrega de outras mercadorias em substituição àquelas recebidas, de for impossível ao comprador restituir tais mercadorias em estado substancialmente idêntico ao que se encontravam quando foram recebidas. (2) Não se aplicará o parágrafo anterior se: (a) a impossibilidade de restituir as mercadorias ou de restituí-las em estado substancialmente idêntico àquele em que o comprador as houver recebido não for imputável a qualquer ato ou omissão deste; (b) as mercadorias, ou parte delas, tiverem parecidos ou se deteriorado em consequência do exame prescrito no artigo 38; ou (c) o comprador, antes de descobrir a desconformidade ou de dever tê-la descoberto, tiver vendido as mercadorias ou parte delas no curso normal de seus negócios, ou as tiver consumido ou transformado segundo uso normal".

86 As ideias contidas neste parágrafo foram retiradas de Fountolakis, Christiana. Article 73. *Op. cit.*, p. 989.

87 Fountolakis, Christiana. Article 73. *Op. cit.*, p. 989.

88 Fountolakis, Christiana. Article 73. *Op. cit.*, p. 989.

será cometida pelo devedor; (iii) a declaração da resolução formulada em prazo razoável[89] a partir do descumprimento[90]; e (iv) o conteúdo da declaração de resolução ser voltado apenas às entregas futuras[91]. Justamente por se referir a entregas futuras é que se afirmou anteriormente importar apenas para este dispositivo saber em qual momento houve o descumprimento: logicamente, não pode ser na última entrega, pois o conteúdo da declaração de resolução deve ser voltado a entregas vindouras.

É importante notar que o descumprimento de uma das obrigações, na perspectiva do artigo 73(2), não precisa, por si só, se revestir das circunstâncias necessárias à caracterização da violação essencial[92]. Pode ocorrer, por exemplo, uma série de descumprimentos "simples" e sucessivos de modo a incutir o fundado receio no credor a respeito da ocorrência de violação essencial no futuro; também se considera haver fundadas razões para cogitar da ocorrência de violação essencial quando o devedor, desde o início, descumpre a sua obrigação, mesmo tendo recebido a contraprestação do credor[93]; ou, ainda, quando o compra-

[89] Para concretizar o que seria o "prazo razoável", é preciso avaliar as circunstâncias concretas, recorrendo-se ao *standard* do artigo 8(2), segundo o qual (2) Não sendo caso de aplicação do parágrafo anterior, as declarações e a conduta de uma parte devem ser interpretadas segundo o sentido que lhes teria dado uma pessoa razoável, com a mesma qualificação e nas mesmas circunstâncias da outra parte. Neste sentido, vide FOUNTOLAKIS, Christiana. Article 73. *Op. cit.*, p. 993.

[90] LIU, Chengwei. Avoidance in the case of an installment contract. Disponível em: <http://www.cisg.law.pace.edu/cisg/biblio/liu11.html>. Último acesso em: 06.06.2020; Art. 73. *2012 UNCITRAL Digest of case law on the United Nations Convention on the International Sale of Goods*. United Nations, 2012. Disponível em: < https://www.cisg.law.pace.edu/cisg/text/digest-2012-73.html>. Último acesso em: 06.06.2020.

[91] Trata-se de remédio diferente do previsto no artigo 72 da CISG, que abrange o contrato como um todo: "(1) Se antes da data do adimplemento tornar-se evidente que uma das partes incorrerá em violação essencial do contrato, poderá a outra parte declarar a rescisão deste. (2) Se dispuser do tempo necessário, a parte que pretender declarar a rescisão do contrato deverá comunicá-la à outra parte com antecedência razoável, para que esta possa oferecer garantias suficientes de que cumprirá suas obrigações. (3) Os requisitos do parágrafo anterior não serão aplicáveis quando a outra parte houver declarado que não cumprirá suas obrigações".

[92] FOUNTOLAKIS, Christiana. Article 73. *Op. cit.*, p. 989-990.

[93] HGer Zürich, 5 February 1997, CISG-online 327, CLOUT No 214, citado por FOUNTOLAKIS, Christiana. Article 73. In: SCHLECHTRIEM, Peter; SCHWENZER, Ingeborg. *Commen-*

dor declara que não aceitará qualquer entrega antes de determinado mês, mesmo estando obrigado a recebê-las, segundo o contrato[94]. Deve, pois, restar claro ao credor que, com base no cenário fático verificado no momento do descumprimento, a correta execução do contrato está sob sério risco de não ocorrer no futuro.

Exercida a resolução do contrato com efeito *ex nunc*, as partes da obrigação já adimplidas são preservadas, mantendo-se "intacto" o que já foi executado. Coloca-se um ponto final na relação contratual no presente, preservando-se o passado e suprimindo o que seria o futuro, pois, a partir do exercício do direito à resolução pelo credor[95], os contratantes são liberados de suas obrigações, conforme o artigo 81(1).

Outra é a solução oferecida pelo artigo 73(3). De início, lê-se "o *comprador* que declarar resolvido o contrato [...]", o que deixa claro ser este enunciado passível de invocação apenas pelo comprador, diferenciando-se dos parágrafos que lhe antecedem – aplicáveis a ambas as partes.

Para a incidência desta norma, o vendedor deve ter cometido violação essencial em relação a uma das partes da obrigação divisível, a qual, por sua interdependência e estreita conexão com as demais, provoca a

tary on The UN Convention on the International Sale of Goods (CISG). 3rd ed. New York: Oxford, 2010, p. 991. Refere o autor que, no caso, o vendedor não realizou a primeira entrega, mesmo tendo recebido o pagamento respectivo pelo comprador.

94 ICC Arbitration, Caso nº 10274 of 1999, Partes não divulgadas, J. em 1999. *Poultry feed case.* Disponível em: <http://cisgw3.law.pace.edu/cases/990274i1.html>. Último acesso em: 06.06.2020: "'[...] Respondent declared that it will not accept any further installment before July, although respondent must have known that it was obligated under the contract to accept at least the March/April installment and May/June installment. In this context respondent also refused to deliver letters of credit for the March/April installment'. [52] 'This conduct with respect to the March/April installment gave claimant good grounds to conclude that a fundamental breach of contract will also occur with respect to the May/June installment and the July/August installment. By declaring not to accept any further installment before July, respondent made clear that it will neither deliver letters of credit for the May/June installment nor accept this installment which would have constituted a fundamental breach according to Art. 25 CISG'. [53] 'Thus, the tribunal finds that claimant was entitled to declare the contract avoided also for the future'".

95 A metáfora do ponto final está em Pontes de Miranda, Francisco Cavalcanti. Atualizado por Nelson Nery Jr. E Rosa Maria de Andrade Nery. *Tratado de Direito Privado.* Tomo XXV. São Paulo: Revista dos Tribunais, 2012, § 3.083, 1, p. 384: "Quem denuncia apenas-faz não continuar. Resolução apaga presente e passado; portanto, não há futuro; denúncia põe ponto final, no que é no presente; resilição raspa a reticência, que seria o futuro".

perturbação do contrato em sua integralidade ou de uma porção considerável, na medida em que a prestação do vendedor se torna inútil ao propósito perseguido pelo comprador[96]. Considera-se, assim, que o artigo 73(3) não consiste em um remédio independente, mas simplesmente em uma "extensão da reação do comprador ao distúrbio causado por uma prestação (*installment*), de modo a abranger todo, ou uma parte, do contrato"[97].

O comprador deverá demonstrar que o descumprimento de determinada parte da obrigação acaba por privá-lo do fim almejado com o contrato. Para tanto, deve-se avaliar a situação sob um prisma subjetivo e um objetivo. Do ponto de vista subjetivo, analisa-se o propósito pelo qual o comprador adquiriu as mercadorias; e do objetivo, requer-se que ambas as partes tenham vislumbrado tal fim no momento da conclusão do contrato[98]. Pense-se, por exemplo, no caso em que o comprador, após ter realizado o adiantamento de uma parte do preço, resolveu o contrato por ter percebido sérios problemas nos desenhos preliminares dos equipamentos a serem fornecidos pelo vendedor. Os desenhos indicavam nível reduzido de tecnologia – ensejador de queda na produtividade e de baixa qualidade do produto final – e incompatibilidades com o sistema dos equipamentos já instalados na empresa do comprador, as quais impediriam o funcionamento automático das máquinas[99]. Neste contexto, reconheceu-se ter o comprador exercido, legitimamente, o direito à resolução integral do contrato. Atentaria contra a lógica pensar na manutenção do interesse do comprador no recebimento de equipamentos que não se prestam à operação ou, então, não levam ao atingimento do fim contratual.

[96] Fountolakis, Christiana. Article 73. *Op. cit.*, p. 995-996.

[97] Fountolakis, Christiana. Article 73. *Op. cit.*, p. 995. Refere-se também que o artigo 73(3) admite "additional avoidance as to past or future installments" (Art. 73. *2012 UNCITRAL Digest of case law on the United Nations Convention on the International Sale of Goods*. United Nations, 2012. Disponível em: < https://www.cisg.law.pace.edu/cisg/text/digest-2012-73.html>. Último acesso em: 06.06.2020).

[98] Fountolakis, Christiana. Article 73. *Op. cit.*, p. 996.

[99] Russian Federation Chamber of Commerce and Industry, Caso nº 161/1994, Partes não divulgadas, J. em 25.04.1995 *Computer equipment case*. Disponível em: <http://cisgw3.law.pace.edu/cases/950425r3.html>. Último acesso em: 06.06.2020.

Com efeito, afetado o fim contratual, cabe ao comprador avaliar se exercerá o direito de resolução relativamente a uma ou mais das partes da obrigação divisível; ou ao contrato como um todo. E, para se valer do remédio contido no artigo 73(3), o comprador deve declarar o direito à resolução do contrato ou de parte considerável deste de modo simultâneo à declaração da resolução de uma parte da obrigação divisível (amparado no artigo 73(1))[100]. Daí se considerar o remédio contido no artigo 73(3) como uma extensão da reação do comprador fundada no artigo 73(1).

No tocante aos efeitos decorrentes da resolução parcial, é possível que, a depender da abrangência da declaração realizada pelo comprador, seja necessário ajustar datas de entrega e de pagamento; adequar alguns termos do contrato (como questões envolvendo licenças, garantias, empréstimos, etc.); além de proceder à obrigação de restituição[101] (se, por exemplo, alguma quantia tiver sido adiantada ou alguma providência realizada).

Traçados, em linhas gerais, os critérios para a incidência dos remédios previstos nos artigos 51 e 73, passa-se à tarefa – nem sempre fácil – de sua concretização. A multiplicidade das circunstâncias envolvidas e os diferentes contornos dados pelos julgadores a estas regras denotam a riqueza do exame de casos envolvendo a aplicação desses dispositivos da CISG.

Parte II. A aplicação da resolução parcial conforme a CISG: análise de casos.

A compreensão de uma lei uniforme demanda que o intérprete se debruce para além de seu texto: é preciso examinar os trabalhos preparatórios, os textos doutrinários desenvolvidos por autores de diferentes países, e as decisões proferidas por tribunais arbitrais ou estatais de diferentes jurisdições. Muito ilustrativa sobre a importância de se analisar os julgados que aplicam uma lei uniforme, é a passagem segundo a qual

[100] Fountolakis, Christiana. Article 73. *Op. cit.*, p. 997; Liu, Chengwei. Avoidance in the case of an installment contract. *Op. cit.*.

[101] Fountolakis, Christiana. Article 73. *Op. cit.*, p. 997.

"'Uniform law requires . . . a new common law' in which '[f]oreign precedents would not be precedents of a *foreign* law but of *uniform* law'"[102].

Por esta razão, ao interpretar os dispositivos de uma convenção internacional, é de extrema relevância a consideração do tratamento dado pelos demais países signatários, promovendo-se uma leitura crítica e comparativa das soluções alcançadas. É com este intuito que o tema da resolução parcial será versado a partir de agora, discorrendo-se sobre julgados que aplicaram os artigos 51 e 73 da CISG.

(i) decisões envolvendo o artigo 51

No *caso do software*, julgado pela Suprema Corte austríaca (*Oberster Gerichtshof*), o comprador alemão concedeu uma licença para a distribuição de um *software* (denominado produto G) na Áustria. No âmbito do mesmo contrato, o comprador adquiriu do vendedor alemão, determinado *software* e, subsequentemente, o vendedor entregou o CD que deveria conter os programas.

O comprador, ao tentar instalar o CD, percebeu que dois módulos estavam faltando (U e T). Notificou, então, o vendedor, que transmitiu posteriormente apenas um dos dois módulos faltantes. Restava, ainda, o módulo T.

O vendedor ingressou com processo judicial para requerer o pagamento do preço acordado pelo *software*. Afirmou não ter o comprador solicitado o módulo T austríaco, o qual nem mesmo existia à época da celebração do contrato. Ao fornecer o módulo T-M alemão, o vendedor aduz ter cumprido com as suas obrigações.

Em primeira instância, foi rejeitado o pedido do vendedor. Já a Corte de Apelação entendeu que, segundo o artigo 51(1) da CISG, se o vendedor entregar apenas parte das mercadorias ou se somente parte delas estiver em conformidade com o contrato, os artigos 46 a 50 aplicam-se à parte que está faltando ou que não é conforme. Assim, o comprador somente poderia declarar o contrato resolvido como um todo se o cumprimento parcial (entrega parcial das mercadorias ou o defeito de conformidade de parte delas) ensejasse a violação essencial do contrato (artigo 51(2)). Em outras palavras, o comprador, geralmente, não pode

[102] Disponível em: <http://www.cisg.law.pace.edu/cisg/text/caseschedule.html.save>. Último acesso em: 06.06.2020.

rejeitar a totalidade das mercadorias se a desconformidade for apenas parcial, exceto se não for possível segregar a parte conforme e a parte defeituosa.

Segundo a Corte, o comprador apenas tem direito à retenção integral do preço se a desconformidade for de molde a importar em violação essencial. Para tanto, é necessário que o "contratante que agiu de acordo com os termos do contrato sofra um prejuízo [*detriment*]. Esse prejuízo deve ser de tal monta, a privá-lo, substancialmente, daquilo que esperava obter com contrato"[103].

Para a Corte, uma obrigação é divisível se as mercadorias consistem em múltiplos itens independentes, os quais formam uma unidade comercial independente. No caso, o módulo T não havia sido entregue juntamente com os demais módulos. Trata-se, é certo, de um prejuízo, mas, para disparar as consequências dos artigos 51(1) ou 51(2), é necessário avaliar se a violação pode ser qualificada como essencial. As partes não acordaram se o programa principal e os seus módulos seriam considerados uma unidade inseparável, de modo que a falta de um levaria à inutilidade da entrega ao comprador, ou mesmo qual seria o impacto de sua ausência no programa e nos demais módulos. Ademais, caberia averiguar se o prejuízo causado pela entrega incompleta poderia ser considerado como previsível pelo vendedor ou por uma pessoa razoável, o que demandaria apreciação fática.

Assim, a Suprema Corte austríaca entendeu pela necessidade de reexame fático pela Corte de Primeira Instância no sentido de averiguar se a falta dos módulos tornaria inútil a entrega do *software* ou se o afetaria apenas em parte. Em afetando apenas parcialmente, deveria a Corte de Primeira Instância verificar se a parte afetada era de substancial importância para o comprador. Neste sentido, o impacto da ausência de um dos módulos naquilo que o comprador poderia legitimamente esperar obter com o contrato foi apontado como um fator a ser considerado para averiguar-se a ocorrência ou não de violação essencial.

[103] AUSTRIA. Supreme Court. *Software case*. 21 jun. 2005. Disponível em: <http://cisgw3.law.pace.edu/cases/050621a3.html>. Último acesso em: 06.06.2020. *In verbis:* "party which has acted in accordance with the contract has suffered a detriment. This detriment must also be of such impact as substantially to deprive him of what he is entitled to expect under the contract".

Do exposto, percebe-se ter a decisão aplicado com rigor as normas dos artigos 51 e 25 da CISG, atentando para a importância do critério da divisibilidade. Como referido na primeira parte deste estudo, a divisibilidade da obrigação demanda o exame das mercadorias na perspectiva funcional a fim de se estabelecer se, apesar de consistirem em itens separados, são interligadas de modo a constituir um todo. Se assim o for, não se pode segregá-las e, por via de consequência, não cabe a resolução parcial.

Já o *caso das mantas de acrílico*[104] foi julgado pelo Tribunal de Apelação (*Oberlandesgericht*) de Coblença na Alemanha e envolveu contrato de compra e venda internacional de mantas de acrílico, firmado entre comprador alemão e vendedor holandês. O vendedor, uma empresa fabricante de tecidos, encarregou-se da entrega de rolos de manta acrílica com diferentes *designs*.

Após receber as mercadorias, o comprador relatou defeitos na embalagem dos produtos e problemas de qualidade, alegando, ainda, não ter recebido uma caixa e cinco rolos de mantas. Em virtude disso, o comprador não realizou o pagamento do preço.

O vendedor reconheceu não ter entregado uma caixa e dois rolos de mantas, acabando por creditar determinada quantia em favor do comprador e requerendo o pagamento do restante do valor. O comprador, porém, não realizou o pagamento do preço – nem mesmo após o ajuste feito pelo vendedor – e insistia terem faltado cinco rolos de mantas.

Diante deste cenário, o vendedor ajuizou demanda contra o comprador. Em primeira instância, a decisão foi favorável ao vendedor, especialmente porque se entendeu que a notificação enviada pelo comprador não especificou suficientemente os defeitos apresentados pelas mercadorias. O comprador apelou desta decisão e, além de rejeitar as alegações do vendedor, requereu uma maior redução no preço em função das mercadorias faltantes, pleiteando, ainda, a reparação por perdas e danos.

Em segunda instância, de início a Corte entendeu que se poderia cogitar da resolução parcial do contrato em virtude de a violação ter atingido apenas parte da entrega, atendendo com isso ao pedido de

[104] ALEMANHA. Appellate Court Koblenz. *Acrylic blankets case*. 31 jan. 1997. Disponível em: <cisgw3.law.pace.edu/cases/970131g1.html>. Último acesso em: 06.06.2020.

redução do preço formulado pelo comprador. Afirmou, neste sentido, possibilitarem os artigos 51, 46, 47 e 49 o remédio da resolução parcial. Todavia, decidiu-se pela ineficácia do direito do comprador de proceder à resolução parcial, na medida em que não comunicou o vendedor a respeito dos defeitos em prazo razoável nem expressou, de modo claro, o seu intuito de resolver o contrato.

Muito embora o comprador tenha notificado o vendedor sobre a ausência de cinco rolos, falhou em especificar qual tipo de rolo não havia sido entregue e, por isso, privou o vendedor da possibilidade de remediar a situação. Considerou-se que, à luz das circunstâncias do caso, não era razoável o prazo de oito semanas para comunicar o vendedor, segundo o artigo 39(1) da CISG.

Ademais, como o comprador rejeitou, sem apresentar justificativas, a oferta do vendedor para a entrega de novas mercadorias, o defeito de qualidade não pode implicar violação essencial (artigo 48(1)) nem pode o comprador buscar a reparação de perdas e danos (artigo 80). Finalmente, o comprador perdeu o seu direito à redução do preço. Consequentemente, condenou-se o comprador a pagar o preço acrescido de juros pelo atraso em fazê-lo.

O desfecho no *caso das mantas de acrílico* também sinaliza a importância do atendimento dos requisitos versados na primeira parte deste ensaio, somados à clareza e à completude da notificação enviada pelo comprador. As mercadorias eram física e economicamente independentes; o descumprimento pelo vendedor afetou apenas uma parte das mercadorias entregues; ao que tudo indica, o comprador manteria o seu interesse na parte entregue, repousando a discordância sobre o montante afetado pelo descumprimento e o seu valor. Atendidos os requisitos para que o comprador promova a resolução parcial, é importante notificar o vendedor em termos claros e em um prazo razoável, além de, na hipótese de o vendedor apresentar a oferta para remediar o descumprimento, apenas rejeitá-la se houver justificativas para tanto.

Assim como os *casos do software* e *das mantas acrílicas*, as decisões acerca do artigo 73 envolvendo os *casos do carvão russo* e *dos aparelhos de ar-condicionado* são dotadas de tecnicidade e de clareza.

(ii) decisões envolvendo o artigo 73

O *caso do carvão russo*[105] dizia respeito a contratos de compra e venda de carvão, firmados entre comprador e vendedor noruegueses e sujeitos, conforme constou na decisão, à disciplina da CISG[106]. Quando da última entrega, o comprador recusou-se a realizar o pagamento do preço correspondente e alegou que o vendedor lhe devia montante superior ao valor referente à última entrega, requerendo, então, a "compensação" de suas reivindicações com as do vendedor, de modo que este deveria lhe pagar o montante excedente. Neste contexto, o vendedor instaurou procedimento arbitral em face do comprador.

Segundo o comprador, o vendedor entregou carvão com índice de volatilidade abaixo do acordado, ao cumprir com parte da obrigação, razão pela qual poderia ter rejeitado essas mercadorias. Contudo, aceitou o carvão e precisou realizar elevados dispêndios a fim de torná-lo utilizável. Tais gastos poderiam ter sido evitados se o vendedor tivesse entregado carvão com o índice de volatilidade adequado. O comprador também alegou que as mercadorias eram entregues em atraso pelo vendedor, não tendo parte delas sequer sido entregue pelo vendedor. Apresentou, então, pedido reconvencional na arbitragem.

O vendedor, apesar de ter admitido a deficiência na volatilidade do carvão entregue, discordou das consequências expostas na argumentação da contraparte, pois sustentou haver crédito em seu favor, mesmo se realizada a compensação alegada pelo comprador.

O tribunal arbitral entendeu pela procedência dos pedidos reconvencionais do comprador. Para o que ora importa, as mercadorias entregues pelo vendedor foram consideradas desconformes ao contrato, nos termos do art. 35 da CISG. O tribunal arbitral reconheceu, igualmente, ter havido resolução parcial do contrato com fundamento no artigo 73, já que o vendedor confirmou ter realizado a entrega de apenas uma parte das mercadorias, mas discordava do montante indicado pelo comprador.

[105] ICC. *Russian coal case*. Outubro de 1996. Disponível em: <http://cisgw3.law.pace.edu/cases/968740i1.html>. Último acesso em: 06.06.2020.

[106] *In verbis*: "Both parties agreed to be bound by Swiss Law, which meant, according to statements made by each at a hearing, the United Nations Convention on Contracts for the International Sale of Goods".

Ao final, decidiu-se terem sido contratadas 50.000 toneladas de carvão, incidindo a resolução da prestação sobre 10.000 toneladas.

Apesar de a decisão ter tratado de modo pontual a aplicação do artigo 73, pareceu acertado o enquadramento do problema nos termos deste dispositivo: o contrato em questão previa a execução diferida por meio de entregas sucessivas de carvão; o descumprimento parcial recaiu sobre a obrigação de realizar a entrega de mercadorias, e não sobre a de pagar o preço; o comprador enviou carta notificando o vendedor sobre a resolução parcial. No tocante à ocorrência de violação essencial, a decisão acaba não discorrendo a respeito, mas poder-se-ia cogitar de sua configuração, pois o comprador efetuou uma compra substitutiva no montante de 10.000 toneladas de carvão. Partindo desse pressuposto, tem-se que a parte da obrigação descumprida era seccionável das demais; o descumprimento foi grave a ponto de o credor ter promovido operação substitutiva; o credor manteve o interesse na porção já adimplida, tanto que comunicou, por carta, a resolução parcial e o tribunal arbitral reconheceu os seus efeitos sobre as 10.000 toneladas não entregues.

Por fim, o *caso dos aparelhos de ar-condicionado*[107] versou sobre contrato de compra e venda de equipamentos de ar-condicionado e materiais, firmado entre um comprador chinês e um vendedor com sede em Hong Kong[108].

As partes pactuaram diferentes datas para a entrega dos equipamentos e para o pagamento do preço. O comprador deveria realizar o pagamento de 10% do preço em 10 dias após a celebração do contrato; 67% do montante, após confirmar a qualidade dos produtos mediante inspeção das mercadorias; e o restante, logo após a realização de testes para a operação dos equipamentos.

O comprador atrasou o pagamento do preço, o que levou o vendedor a ingressar com processo arbitral para promover a cobrança do valor. Ao se defender, o comprador alegou atraso e desconformidade nos equi-

[107] China. CIETAC. *Air conditioner equipment case.* 5 abr. 1999. Disponível em: <http://cisgw3.law.pace.edu/cases/990405c1.html>. Último acesso em: 06.06.2020.

[108] A respeito da lei aplicável, frise-se que, embora as partes tivessem concordado, na arbitragem, em eleger a CISG, os árbitros entenderam, com base no princípio da proximidade, que seria aplicável o direito chinês e, no que este fosse silente, aplicar-se-ia a CISG.

pamentos entregues pelo vendedor. Além disso, invocou o artigo 73(1) para resolver parcialmente o contrato em relação à parte da obrigação divisível, pois alguns equipamentos eram defeituosos.

No tocante ao mérito, o tribunal decidiu terem ambas as partes violado suas obrigações, seja por terem atrasado o seu cumprimento, seja por não as terem realizado. Relativamente ao argumento do comprador acerca da resolução parcial motivada na desconformidade de parte dos equipamentos entregues, o tribunal arbitral entendeu ter o comprador inadimplido o seu dever de examinar as mercadorias atempadamente, de acordo com os termos do contrato e o artigo 38 da CISG. A inspeção das mercadorias deveria ter sido feita logo após a entrega pelo vendedor, não se podendo admitir atestados quanto à desconformidade emitidos somente após o início do procedimento arbitral. Consequentemente, o comprador não notificou o vendedor tempestivamente quanto à constatação de desconformidade nas mercadorias, nos termos do artigo 39 da CISG. Assim, ao comprador não era dado invocar os remédios previstos na Convenção para disciplinar as hipóteses de desconformidade de mercadorias.

Em conclusão, o tribunal arbitral julgou improcedente o pedido reconvencional do comprador, em razão da inobservância das regras contratuais e dos artigos 38 e 39 da CISG, restando afastada a resolução parcial do contrato.

O *caso dos aparelhos de ar-condicionado* reforça ser de extrema importância a inspeção das mercadorias de modo tempestivo, assim como o envio de notificação a respeito de sua desconformidade. Em sentido semelhante, foi a conclusão alcançada na primeira parte deste ensaio, elencando-se, como requisito adicional para que o credor possa se valer da resolução parcial, a declaração da resolução (*avoidance*) em um prazo razoável, aliado ao exame das mercadorias e o envio de notícia sobre a sua desconformidade.

A análise destas decisões corrobora os requisitos anteriormente anunciados para a incidência do artigo 73 da Convenção, bem como a noção de que se deve privilegiar o remédio da resolução parcial quando, no âmbito de um contrato com obrigação divisível , ocorrer o descumprimento de parte da obrigação – seja pela ausência de entrega (ou obrigação equivalente), seja pela desconformidade das mercadorias –, conservando-se as partes já adimplidas quando for mantido o interesse do credor e atendido o fim contratual.

Conclusões

Este texto foi iniciado com a menção a dois exemplos, cabendo agora retomá-los. O primeiro – o *caso dos pés de galinha congelados* – foi julgado em passado recente pelo Tribunal de Justiça do Rio Grande do Sul, em acórdão que tratou com profundidade de temas conectados à CISG.

Decidiu-se ter o comprador adimplido a obrigação de pagar a parte inicial do preço nos termos do artigo 53, ao mesmo tempo em que se reconheceu não ter restado comprovado, pelo vendedor, o cumprimento de sua obrigação principal, *i.e.*, a entrega das mercadorias no porto de Hong Kong, em desrespeito ao artigo 30 da Convenção. Logo, foi reconhecido o direito do comprador à resolução do contrato com fundamento no artigo 49(1), mencionando-se que o período durante o qual o comprador tentou contato – sem êxito – com o vendedor poderia ser considerado como prazo suplementar ao devedor para remediar o seu descumprimento, em linha com o artigo 47(1) da CISG. Por via de consequência, determinou-se a resolução do contrato e a restituição do valor pago pela vendedora.

A decisão versou sobre a resolução do contrato como um todo, mas pode ser utilizada como um "exercício" para testarmos os critérios da resolução parcial e começarmos a responder, muito pontualmente, as indagações formuladas na Introdução. No caso, estavam preenchidos os pressupostos para a resolução do contrato, na medida em que a obrigação principal do vendedor não foi cumprida nem sanada durante os oito meses em que o comprador tentou contatá-lo. Não se pode cogitar da resolução parcial, pois o descumprimento, pelo vendedor, foi total, e não abrangeu apenas uma parte das mercadorias, o que afasta a incidência do artigo 51. Ao que tudo indica, foi pactuada a *entrega* de todas as mercadorias (pés de galinha de tipos "A" e "B") em uma *única* oportunidade, pactuando-se o *pagamento* de modo *parcelado*, razão pela qual não se poderia cogitar da incidência do artigo 73, o qual, como visto, se aplica quando a obrigação é divisível e a execução se dá em diferentes momentos, não abrangendo a hipótese em que o comprador pode realizar o pagamento do preço em diversas parcelas. A resposta à indagação inicial sobre a aplicação do remédio da resolução parcial a este caso é, portanto, negativa.

O segundo exemplo – o *caso das flanges* –, rememore-se, envolvia três contratos que previam a compra e venda do mesmo tipo de mercadorias com a mesma qualidade, mas indicava quantidades diferentes de flanges e apresentava especificações detalhadas quanto ao preço e à data da entrega. O comprador alegou não ter recebido parte das mercadorias, bem como terem alguns produtos apresentado sérios defeitos de qualidade. Em virtude disso, enviou uma comunicação ao vendedor, requerendo que este cancelasse o carregamento de parte das mercadorias. O vendedor, por seu turno, contestou os argumentos do comprador a respeito da desconformidade das mercadorias e afirmou ter o comprador atrasado o pagamento dos produtos recebidos.

O tribunal arbitral reconheceu se tratar de contratos com obrigações divisíveis (entregas sucessivas), tendo o comprador procedido à resolução parcial após constatar que mercadorias entregues pelo vendedor não correspondiam aos termos pactuados. Neste sentido, consideraram ter sido consistente o remédio invocado pelo comprador à luz do artigo 73 da CISG. Os árbitros também entenderam ter o comprador contribuído para a causação dos danos, pois não realizou prontamente a inspeção das mercadorias, além de ter efetuado o pagamento em atraso. Assim, o tribunal condenou ambas as partes à reparação dos danos.

Como os árbitros determinaram que o comprador realizasse o pagamento das mercadorias já recebidas, infere-se ter sido concedido o remédio resolutório apenas em relação à parte das mercadorias defeituosas. Logo, a obrigação foi considerada divisível; o credor, mesmo diante da gravidade da violação, manteve – ainda que possa ter sido de modo implícito – o seu interesse no quanto já adimplido, pois a prestação do vendedor ainda era dotada de utilidade e atendia ao fim contratual. Diante dessas circunstâncias, pode-se concluir pelo acerto da decisão arbitral em reconhecer a resolução parcial.

Como visto, os requisitos para que se proceda à resolução parcial variam a depender da aplicação das regras dos artigos 51 ou 73. O primeiro passo é identificar se o descumprimento é atribuível ao vendedor ou ao comprador, pois o artigo 51 disciplina a violação das obrigações do *vendedor* e o artigo 73 volta-se a descumprimento ocasionado por *qualquer das partes* – ressalvado o terceiro parágrafo que só pode ser invocado pelo *comprador*. Vencida esta etapa, o segundo passo é identificar em qual parágrafo destes artigos o caso se enquadra, pois cada um apresenta diversas nuances. Muito sinteticamente e sem exaurir todos os critérios desenvolvidos ao longo do texto, pode-se dizer que a parte lesada pode proceder à resolução parcial do contrato com base na CISG quando, dentre outros requisitos, for constatado o descumprimento parcial de uma obrigação divisível e desde que o credor mantenha o seu interesse na parte adimplida, podendo-se, por meio desta, assegurar o atingimento do fim contratual.

Considerando a riqueza das normas estampadas nos artigos 51 e 73 e dos julgados aplicando-as, espera-se que, passados mais de sete anos da ratificação da CISG pelo Brasil, os estudos ressaltem a influência da Convenção no aprimoramento de temas ainda pouco explorados pela doutrina brasileira – como é o caso da resolução parcial à luz do Código Civil –, sem perder de vista as suas peculiaridades, os distintos regramentos e o caráter internacional da CISG.

Referências

AGUIAR JÚNIOR, Ruy Rosado de. A Convenção de Viena e a resolução do contrato por incumprimento. *Revista de Informação Legislativa*, Brasília, v. 31, pp. 211-225, 1994.

–. *Comentários ao novo Código Civil*. Vol. VI, t. II: da extinção do contrato. Coordenador Sálvio de Figueiredo Teixeira. Rio de Janeiro: Forense, 2011.

ASSIS, Araken de. *Resolução do contrato por inadimplemento*. 4ª ed. São Paulo: Editora Revista dos Tribunais, 2004.

AZEVEDO, Antônio Junqueira de. Natureza jurídica do contrato de consórcio. Classificação dos atos jurídicos quanto ao número de partes e quanto aos efeitos. Os contratos relacionais. A boa-fé nos contratos relacionais. Contratos de duração. Alteração das circunstâncias e onerosidade excessiva. Sinalagma e resolução contratual. Resolução parcial do contrato. Função social do contrato. *Revista dos Tribunais*, vol. 832, p. 115-137, 2005, Acesso pela RT Online;

BENETTI, Giovana. Criteria for Application of a Fundamental Breach of Contract in the United Nations Convention on Contracts for the International Sale of Goods. In: SCHWENZER, Ingeborg; PEREIRA, Cesar A. Guimarães; TRIPODI, Leandro. *CISG and Latin America*: Regional and Global Perspectives. Haia: Eleven Publishing, 2016.

BENNETT, Trevor. *Article 73*. In: Bianca-Bonell Commentary on the International Sales Law. Disponível em: <https://www.cisg.law.pace.edu/cisg/biblio/bennett-bb73.html>. Último acesso em: 06.06.2020.

BRIDGE, Michel. *Issues arising under articles 64, 72 and 73 for the United Nations Convention on Contracts for the International Sale of Goods*. Disponível em: <https://www.uncitral.org/pdf/english/CISG25/Bridge.pdf>. Último acesso em: 06.06.2020.

CBAr. *A CISG e o Judiciário Brasileiro*. Relatório elaborado pelo Grupo de Estudos sobre a Convenção sobre Compra e Venda Internacional de Mercadorias e Arbitragem do CBAr. 1ª ed., 2016. Disponível em: <http://cbar.org.br/site/wp-content/uploads/2017/03/Relatorio-Pesquisa-Juris-CISG-2016_versao-consolidada-e-revisada_FINAL.pdf>. Último acesso em: 06.06.2020.

DiMatteo, Larry et al. *International Sales Law:* A Critical Analysis of CISG Jurisprudence. New York: Cambridge University Press, 2005.

Ferrari, Franco. *Fundamental Breach of Contract Under UN Sales Convention*. 25 years of Article 25 CISG. Disponível em: <http://www.cisg.law.pace.edu/cisg/biblio/ferrari14.html>. Último acesso em: 06.06.2020.

Ferrari, Franco. *Uniform Interpretation of The 1980 Uniform Sales Law*. Disponível em: <http://www.cisg.law.pace.edu/cisg/biblio/franco.html>. Último acesso em: 06.06.2020).

Ferreira Da Silva, Jorge Cesa. *A Boa-fé e a Violação Positiva do Contrato*. Rio de Janeiro: Renovar, 2002;

Fountolakis, Christiana. Article 73. In: Schlechtriem, Peter; Schwenzer, Ingeborg. *Commentary on The UN Convention on the International Sale of Goods (CISG)*. 3rd ed. New York: Oxford, 2010.

Fradera, Vera. A contribuição da CISG (Convenção de Viena sobre os Contratos de Compra e Venda Internacional) para a atualização e flexibilização da noção de contrato no direito brasileiro. *Revista de Arbitragem e Mediação*, vol. 34, pp. 43-52, 2012, Acesso pela RT Online.

–. O Conceito de *Fundamental Breach* constante do Art. 25 da CISG. In: *Revista de Arbitragem e Mediação*. Revista dos Tribunais: São Paulo, Ano 10, vol. 37, abr.-jun./2013.

Gnani, Alessandro. *Il contrato divisible*. Nápoles: Jovene Editore, 2012.

Graffi, Leonardo. *Case Law on the Concept of "Fundamental Breach" in the Vienna Sales Convention*. Disponível em: <http://cisgw3.law.pace.edu/cisg/biblio/graffi.html >. Último acesso em: 06.06.2020.).

Gruenbaum, Daniel. Resolução do contrato: *avoidance* na CISG. *Revista de Arbitragem e Mediação*, vol. 37, pp. 83-105, 2013, Acesso pela RT Online.

Haical, Gustavo. O inadimplemento pelo descumprimento exclusivo de dever lateral advindo da boa-fé objetiva. Revista dos Tribunais, vol. 900, out./2010.

Liu, Chengwei. *Avoidance in the case of an installment contract*. Disponível em: <http://www.cisg.law.pace.edu/cisg/biblio/liu11.html>. Último acesso em: 06.06.2020.

Lookofsky, Joseph. *The 1980 United Nations Convention on Contracts for the International Sale of Goods*. Disponível em: < www.cisg.law.pace.edu/cisg/biblio/lookofsky.html>. Último acesso: 06.06.2020.

Marino, Francisco. Resolução parcial do contrato por inadimplemento: fundamento dogmático, requisitos e limites. In: Terra, Aline de Miranda Valverde; Guedes, Gisele Sampaio da Cruz (Coord.). *Inexecução das Obrigações*: pressupostos, evolução e remédios. Vol. I. Rio de Janeiro: Editora processo, 2020, p. 317-344.

Martins Xavier, Celso Caldas; Bechara, Guilherme Fontes. Disposições Comuns: Inadimplemento Antecipado e Contrato em Parcelas. In: Venosa, Sílvio de Salvo et al. *A Convenção de Viena sobre Contratos de Compra e Venda Internacional de Mercadorias:* Desafios e Perspectivas. São Paulo: Atlas, 2015.

Martins-Costa, Judith. *A Boa-Fé no Direito Privado*: critérios para a sua aplicação. 2ª ed. São Paulo: Saraiva, 2018.

Martins-Costa, Judith. Contrato De Construção. Qualificação. Suspensão dos trabalhos pela Contratante, dona da obra, por período superior àquele previsto contratualmente para o seu lícito exercício. Resilição Parcial. Admissibilidade no Direito brasileiro. Requisitos. Cessão Do Contrato. Distinções e eficácias. Critério objetivo de apuração do estado de insolvência. Natureza da responsabilidade do cedente e permanência dos deveres anexos (no prelo).

Martins-Costa, Judith; Nitschke, Guilherme. Contratos Duradouros Lacunosos e Poderes do Árbitro: questões teóricas e práticas. *Revista de Arbitragem do GEArb*. Edição Especial – questões polêmicas, dez./2012.

Müller-Chen, Markus. Article 49. In: Schlechtriem, Peter; Schwenzer, Ingeborg. *Commentary on the UN Convention on the International Sale of Goods (CISG)*. 3rd ed. New York: Oxford, 2010.

Müller-Chen, Markus. Article 51. In: Schlechtriem, Peter; Schwenzer, Ingeborg. *Commentary on The UN Convention on the International Sale of Goods (CISG)*. 3rd ed. New York: Oxford, 2010.

Pignatta, Francisco. Disposições Gerais da Compra e Venda. In: Moser, Luiz Gustavo Meira. Pignatta, Francisco Augusto (orgs.). *Comentários à Convenção de Viena sobre Contratos de Compra e Venda Internacional de Mercadorias (CISG)*: Visão Geral e Aspectos Pontuais. São Paulo: Atlas, 2015.

Pontes de Miranda, Francisco Cavalcanti. *Tratado de Direito Privado*. Tomo XXV. Atualizado por Nelson Nery Jr. E Rosa Maria de Andrade Nery. São Paulo: Revista dos Tribunais, 2012.

Pontes de Miranda, Francisco Cavalcanti. *Tratado de Direito Privado*. Tomo XXII. Atualizado por Nelson Nery Jr. e Rosa Maria de Andrade Nery. São Paulo: Editora Revista dos Tribunais, 2012.

Schroeter, Ulrich. Article 45. In: Schlechtriem, Peter; Schwenzer, Ingeborg. *Commentary on The UN Convention on the International Sale of Goods (CISG)*. 3rd ed. New York: Oxford, 2010.

Schwenzer, Ingeborg. Direito de Rescindir o Contrato. In: Venosa, Sílvio de Salvo et al. *A Convenção de Viena sobre Contratos de Compra e Venda Internacional de Mercadorias:* Desafios e Perspectivas. São Paulo: Atlas, 2015.

Tepedino, Gustavo. Resolução Parcial de Acordo de Acionistas. *Soluções Práticas – Tepedino*, vol. 3, p. 447-462, 2011, Acesso pela RT Online.

VERONESE, Lígia Espolaor. A Convenção de Viena e seus reflexos no direito contratual brasileiro. São Paulo: Almedina Brasil, 2019.

WALD, Arnoldo; BORJA, Ana Gerdau de. A execução específica e a rescisão por violação essencial do contrato na Convenção de Viena. In: SCHWENZER, Ingeborg; PEREIRA, Cesar A. Guimarães; TRIPODI, Leandro. *A CISG e o Brasil*. Curitiba: Marcial Pons, 2015.

WILL, Michael. Article 50. In: BIANCA, C. M.; BONELL, M. J. Commentary on the International Sales Law. Milan: Giuffrè, 1987. Disponível em: <http://www.cisg.law.pace.edu/cisg/biblio/will-bb50.html>. Último acesso em: 06.06.2020.

2012 UNCITRAL Digest of case law on the United Nations Convention on the International Sale of Goods. United Nations, 2012. Disponível em: <http://cisgw3.law.pace.edu/cisg/text/digest-2012-25.html>. Último acesso em: 06.06.2020.

10. A Transferência de Risco no Código Civil Brasileiro e na CISG

Leonardo Polastri Lima Peixoto

Introdução

A Convenção das Nações Unidas sobre a Compra e Venda Internacional de Mercadorias de 1980, conhecida como CISG[1] (sigla derivada de sua denominação em inglês[2]), entrou em vigor no Brasil em 1º de abril de 2014[3]. Com isso, o Brasil tornou-se a 79ª nação a aderir à CISG, que, atualmente, conta com 93 signatários[4], entre os quais estão alguns dos principais parceiros comerciais do país, como Estados Unidos, China, Argentina, Itália, França e Alemanha. Estima-se que a Convenção governe mais de 80% do comércio internacional[5].

[1] Neste artigo, utilizar-se-á o termo "CISG" ou "Convenção" para referir-se à Convenção das Nações Unidas sobre a Compra e Venda Internacional de Mercadorias de 1980.

[2] United Nations Convention on Contract for the International Sale of Goods

[3] O instrumento de adesão à CISG foi depositado pelo Brasil junto ao Secretário-geral da ONU em março de 2013. Assim, observando-se a regra prevista no art. 99(2) da CISG, a Convenção passou a vigorar em 1º de abril de 2014. A ratificação presidencial apenas ocorreu posteriormente, em 16 de outubro de 2014, data em que foi promulgado o Decreto Legislativo nº 8.327/2014.

[4] Status atualizado da CISG disponível online: < https://uncitral.un.org/en/texts/salegoods/conventions/sale_of_goods/cisg/status>. Acesso em 28/02/2020.

[5] Schwenzer, Ingeborg. A Fair Balance of the Interests of the Seller and the Buyer. In: CISG and Latin America: regional and global perspectives. 2016, p. 79. Disponível em:

Embora 33 anos atrasada, a adesão do Brasil à Convenção foi celebrada por agentes do comércio, advogados e juristas dedicados ao direito do comércio internacional. Afinal, a incorporação da CISG representou a adoção de um sistema jurídico aplicável aos contratos internacionais de compra e venda capaz de reduzir os custos de transação e oferecer maior previsibilidade nos negócios internacionais, na medida em que oferece um corpo de normas neutro, de aplicação e interpretação uniformes[6].

A acessão à CISG representa, contudo, apenas a primeira etapa em direção à modernização do sistema brasileiro aplicável ao comércio internacional. Sob pena de tornar-se letra morta ou, pior, ser interpretada equivocadamente, faz-se ainda necessário aprofundar e difundir os estudos em torno da CISG, tudo na tentativa de assegurar a efetiva adoção da Convenção pelos *players* brasileiros do comércio internacional e de garantir a sua adequada aplicação pelo Poder Judiciário. Mais do que isso: é importante analisar a contribuição da CISG para a evolução do Direito Contratual brasileiro. Afinal, como afirma Nelson Rosenvald, "malgrado a sua natural vocação para o direito contratual internacional privado, não se pode deixar de perceber que a CISG também gera um impacto no direito contratual interno. Senão imediato, certamente gradual"[7]. Nesse sentido, já se constatou em pesquisa jurisprudencial que a Convenção vem sendo, em algumas oportunidades – ainda tímidas, mas existentes –, invocada como fonte de inspiração para o direito nacional, inclusive em casos puramente domésticos[8].

<https://edoc.unibas.ch/42342/3/20160405104731_57037ba31e7eb.pdf>. Acesso em 28/02/2020.

[6] Nesse sentido, Nelson Rosenvald afirma que "doravante teremos um catálogo específico de regras para a compra e venda internacional capaz de alavancar essa atividade econômica – quiçá uma das mais antigas da história –, com notável mitigação dos custos de transação, sobremaneira pela certeza e previsibilidade da aplicação de uma convenção de conhecimento geral. [...] Vale dizer, a uniformização normativa contribui para o florescimento de um ambiente extremamente propício às trocas comerciais" (ROSENVALD, Nelson. *Curso de Direito Civil*: Contratos – Teoria Geral e Contratos em Espécie. 7ª ed., revista e atualizada, Salvador: Ed. JusPodivm, 2017, p. 645).

[7] *Ibid.*

[8] A referência é ao relatório da pesquisa de jurisprudência "A CISG e o Judiciário Brasileiro", desenvolvido em 2016 pelo Grupo de Pesquisa de Jurisprudência sobre a CISG, criado sob a égide do Grupo de Estudos do Comitê Brasileiro de Arbitragem (CBAR) sobre

Entre as diversas áreas de interesse que o estudo da CISG desperta, elegeu-se como tema de análise neste artigo o regime da passagem de risco. Assim, realizar-se-á um contraponto – que não se propõe a ser exaustivo – entre o regime da transferência de risco na compra e venda de mercadorias no Código Civil Brasileiro[9] e na CISG. Para tanto, pretende-se definir o que vem a ser o "risco" à luz dos dois diplomas. Posteriormente, será analisado o momento da passagem de risco do vendedor ao comprador e a distribuição do risco entre ambos. Enfim, demonstrar a ainda ausente influência da CISG sobre o Código Civil Brasileiro no tema, delineando as possíveis contribuições que a Convenção pode dar à interpretação do Direito Contratual pátrio.

Registre-se, novamente, que não se pretende fazer um comentário exaustivo sobre cada um dos dispositivos da Convenção e do Código Civil Brasileiro sobre passagem de risco, mas tão somente comentar os pontos que, na visão deste autor, são mais relevantes quando se comparam os dois diplomas. Além disso, a fim de não fugir ao escopo deste trabalho, que é analisar as possíveis contribuições da CISG ao Código Civil Brasileiro, não se adentrará nas regras específicas sobre transferência de risco previstas em Incoterms®[10], embora a sua utilização seja, reco-

a CISG e Arbitragem. Na ampla pesquisa feita em todos os Tribunais de Justiça (TJ) do país, no Superior Tribunal de Justiça (STJ) e no Supremo Tribunal Federal (STF), identificaram-se 81 acórdãos fazendo referência à CISG, mesmo antes da sua ratificação pelo Brasil. Esses acórdãos faziam referência à CISG como fonte de inspiração para o direito brasileiro, em casos puramente domésticos, envolvendo mitigação de danos, adimplemento substancial, violação antecipada dos contratos e requisitos de forma dos contratos (Grupo de Estudos do Comitê Brasileiro de Arbitragem sobre a cisg e Arbitragem. A CISG e o Judiciário Brasileiro. 2016. Disponível em: <http://cbar.org.br/site/wp-content/uploads/2017/03/Relatorio-Pesquisa-Juris-CISG-2016_versao-consolidada-e-revisada_FINAL.pdf>. Acesso em 28/02/2020).

[9] Considerando que a CISG não regula a compra e venda de bens *imóveis*, os dispositivos do Código Civil Brasileiro serão, por óbvio, analisados levando-se em consideração unicamente a compra e venda de bens *móveis*.

[10] Incoterms® é acrônimo de *International Commercial Terms* ou, traduzindo-se, "cláusulas de comércio internacional". Como descrito pela International Chamber of Commerce, são cláusulas especiais para aplicação na compra e venda internacional. Há várias espécies de cláusulas, como FOB ("*Free on Board*"), DAP ("*Delivery at Place*"), EXW ("*Ex Works*"), CIP ("*Carriage and Insurance Paid To*"), cada qual com significados e regras bem específicas sobre transferência de risco, responsabilidade pelas despesas de transporte, responsabilidade por embarque e desembarque, responsabilidade pelas despesas com seguros, entre

nhecidamente, prática corrente nos negócios internacionais de compra e venda, inclusive em caráter complementar à Convenção.

I. Noção de risco

Em seu significado mundano, "risco" quer dizer "probabilidade de perigo; [...] probabilidade de insucesso, de malogro de determinada coisa, em função de acontecimento eventual, incerto, cuja ocorrência não depende exclusivamente da vontade dos interessados"[11].

Transposto ao universo jurídico e ao regime da transferência de risco, o termo necessita adquirir acepção mais precisa, pois há vários acontecimentos que, no comércio internacional, poderiam ser, em princípio, inseridos na álea do risco. Por exemplo, uma máquina pode sofrer curto-circuito; uma embarcação pode afundar, provocando a perda dos grãos nela transportados; o sistema de refrigeração de um container pode falhar, levando à deterioração de um carregamento de tangerinas; um estoque de minério de ferro pode ser roubado; entre outros[12]. Além disso, o delineamento do conceito de "risco" possui implicações práticas para diferenciar os efeitos da assunção do risco das consequências oriundas do inadimplemento. Em outras palavras, diferenciar o que é "risco" e o que não é impacta nos direitos e nas obrigações das partes[13].

Na CISG, a noção de "risco" é insinuada logo no primeiro dispositivo do capítulo que regula a sua passagem, ao dispor que "a perda ou a deterioração das mercadorias ocorrida após a transferência de risco ao comprador não o libera de pagar o preço, *salvo se for decorrente de ato ou omissão do vendedor*". Assim, o "risco é entendido como a perda ou a deterioração

outros. Disponível em: <https://iccwbo.org/resources-for-business/incoterms-rules/incoterms-2020/>. Acesso em 28/02/2020.

[11] Houaiss, Antônio. *Dicionário Houaiss da Língua Portuguesa*. Rio de Janeiro: Editora Objetiva, 2007.

[12] Aqui se fala dos riscos sobre a coisa, e não outros, como o risco econômico (em decorrência de desvalorização da moeda ou da alteração do valor do produto em razão de sua indexação, por exemplo).

[13] Bridge, Michael. *The Transfer of Risk under the UN Sales Convention 1980 (CISG)*. 2008. Disponível em: <http://cisgw3.law.pace.edu/cisg/biblio/bridge4.html#ii>. Acesso em 28/02/2020.

não decorrentes de ato ou omissão do vendedor"[14]. É amplamente aceito que os termos "ato" e "omissão" do vendedor – cuja existência afasta a aplicação das regras de transmissão de risco – não abrangem apenas a quebra de um dever *contratual*, mas toda quebra de dever *legal* atribuível ao vendedor[15]. De outro lado, não são considerados "ato" e "omissão" para esse fim a conduta evidentemente lícita e legítima do vendedor[16].

No Código Civil brasileiro, por sua vez, não há indicação expressa do que vem a ser o "risco" na compra e venda. Apesar disso, Clóvis Beviláqua ensina que o risco "é o *perigo* a que está sujeita a coisa, de perecer ou deteriorar-se, por *caso fortuito ou força maior*"[17]. A definição é repetida, com singelas alterações, por vários outros doutrinadores[18]. Assim, embora não esteja delimitado nos dispositivos regendo a passagem do

[14] Tradução livre de "risk is understood as loss or damage which is not due to na act or omission of the seller". Hager, Günter. Schmidt-Kessel, Martin. In: Schlechtriem, Peter. Schwenzer, Ingeborg. *Commentary on the UN Convention on the International Sale of Goods (CISG)*. 3 ed. Nova Iorque: Oxford University Press, 2010, p. 921.

[15] Sevón, Lief. *Passing of Risk*. 1985. Disponível em: <https://www.cisg.law.pace.edu/cisg/biblio/sevon3.html>. Acesso em 28/02/2020.

[16] Hager e Schmidt-Kessel fazem referência, por exemplo, ao caso em que o vendedor exerce o seu direito de parada no transporte da mercadoria em trânsito ou de inspecionar a mercadoria por suspeitar que ela esteja defeituosa. Se a mercadoria vem a deteriorar em razão disso, aplicam-se as regras relativas à transferência de risco (Hager, Günter. Schmidt-Kessel, Martin. *Op. cit.*, p. 924). Além disso, é amplamente aceito que atos de estado, como confisco das mercadorias ou implementação de barreiras de importação ou exportação, não se amoldam ao conceito de "risco" no âmbito da CISG. Os argumentos usualmente utilizados para defender essa posição são dois: atos de estado não são cobertos por seguros; e atos de estado são medidas legais que podem ser contestadas pela parte interessada (Schlechtriem, Peter. Butler, Petra. *UN Law on International Sales*: The UN Convention on the International Sale of Goods. Heidelberg: Springer-Verlag, 2009, p. 165). De toda forma, é importante ressaltar, como observado por Ederlein e Maskow, que o trecho "salvo se for decorrente de ato ou omissão do vendedor" é repleto de polêmicas em seu entorno, pois pode dar azo tanto a interpretações restritivas ou amplas, levando a decisões indesejáveis (Enderlein, Fritz. Maskow, Dietrich. *International Sales Law*. Oceana Publications, 1992, p. 261).

[17] *apud* Pereira, Caio Mário da Silva. *Instituições de Direito Civil*: Contratos, vol. III, 1ª ed. eletrônica. Rio de Janeiro, 2003, p. 125.

[18] Gonçalves, Carlos Roberto. *Direito Civil Brasileiro*. vol. III. São Paulo: Saraiva, 2004, p. 205; Gagliano, Pablo Stolze. Filho, Rodolfo Pamplona. *Novo Curso de Direito Civil*: Contratos. 3ª ed., São Paulo: Saraiva, 2010, p. 512; Lôbo, Paulo Luiz Netto. Parte Especial das Várias Espécies de Contratos – Da Compra e Venda; Da Troca ou Permuta; Do Contrato

risco, parece haver consenso entre a doutrina sobre o que estaria em abstrato abarcado pelo "risco".

Portanto, seja na CISG, seja no Código Civil brasileiro, a noção de "risco" remete aos acontecimentos insertos no campo do fortuito, *desvinculados, portanto, da esfera de atuação das partes*. Dessa forma, as disposições desses diplomas que regem a transferência de risco apenas se aplicam na hipótese em que a perda ou a deterioração da coisa ocorrem *acidentalmente* entre a conclusão do contrato e a sua execução. Sendo o perecimento ou a deterioração da coisa atribuíveis à conduta de uma das partes, aplicar-se-ão as regras específicas referentes às obrigações e responsabilidades dos contratantes, de consequências mais severas.

Inclusive, na CISG a dicotomia entre as consequências do risco e do inadimplemento é reforçada pelo artigo 70[19], ao estabelecer que a transferência de risco não retira do comprador os direitos e as ações de que dispõe em consequência de eventual violação essencial do contrato pelo vendedor. Assim, se determinado acontecimento leva a coisa a perecer quando o risco se encontrava alocado no comprador, mas, antes disso, a coisa já estava deteriorada em razão de ato do vendedor, o comprador tem o direito de se socorrer por meio dos mecanismos previstos na Convenção contra o inadimplemento do vendedor. Da mesma forma, se surge uma não-conformidade na mercadoria em decorrência do inadimplemento contratual pelo vendedor, este é responsável ainda que o risco já tenha sido passado ao comprador.

Na prática, identificar os eventos que não são atribuíveis às partes, contudo, é tarefa árdua – e, nesse ponto, pode haver alguma diferença entre o regime da CISG e o do Código Civil brasileiro. Embora não apresentem dificuldade o risco consubstanciado, por exemplo, nos casos comuns de incêndio, roubo e praga, não se pode dizer o mesmo de várias outras hipóteses que podem ocorrer no comércio internacional.

Analisando-se a CISG de forma sistêmica, percebe-se que, a fim de verificar se determinado evento seria imputável a uma das partes, é necessário verificar se o evento era previsível no momento da celebração do contrato, bem como se tal evento ou as suas consequências poderiam

Estimatório; Da Doação – Arts. 481 a 564. In: DE AZEVEDO, Antônio Junqueira. *Comentários ao Código Civil*, vol. 6. São Paulo: Saraiva, 2003, p. 64.

[19] HAGER, Günter. SCHMIDT-KESSEL, Martin. *Op. cit.*, p. 921.

ser evitadas ou superadas. A lógica decorre do artigo 79 da Convenção, que estabelece a exclusão de responsabilidade quando o inadimplemento for "devido a motivo alheio à vontade da parte, *que não era razoável esperar fosse levado em consideração no momento da conclusão do contrato, ou que fosse evitado ou superado, ou ainda, que fossem evitadas ou superadas suas consequências*". Tome-se, por exemplo, o cenário em que frutas levadas em trânsito são deterioradas em decorrência da mudança abrupta de temperatura. Sendo a mudança climática imprevisível, aplicar-se-ão as regras relativas à transmissão do risco. Sendo previsível, será caso de inadimplemento, aplicando-se as regras referentes às obrigações e responsabilidades das partes[20].

Em *certa medida*, essa regra encontra afinidade na definição de caso fortuito e força maior no Código Civil brasileiro: "o caso fortuito ou de força maior verifica-se no fato *necessário, cujos efeitos não era possível evitar ou impedir*" (art. 393, parágrafo único). Isto é, para definir o ato alheio à vontade da parte, importa, tal como na Convenção, que não fosse possível evitar ou impedir o ato e os seus efeitos. Contudo, o dispositivo não leva em consideração para definir como caso fortuito ou força maior o fato de determinado evento ter sido – ou ao menos poder ter sido – previsto no momento da celebração do contrato ou após.

Da mesma forma, à luz da CISG a prática que as partes tenham estabelecido entre si e o uso e o costume regularmente observados naquele setor do comércio em que a venda ocorrer serão relevantes para determinar não só o momento da passagem do risco, como se há, de fato, que se falar em "risco"[21]. Trata-se de aplicação sistêmica do artigo 9 da Convenção, que estabelece, em sua primeira parte, que "as partes se vincularão pelos usos e costumes em que tiverem consentido e pelas práticas que tiverem estabelecido entre si", e, na segunda parte, que, "salvo acordo em contrário, presume-se que as partes consideraram tacita-

[20] DA FONSECA, Patrícia Bezerra de M. Galindo. *Anotações pertinentes à regulamentação sobre transmissão de risco: Convenção da ONU de 1980, Incoterms e Código Civil brasileiro.* In Revista de Informação Legislativa, nº 139. Brasília, jul/Set 1998, pp. 39-40. Disponível em: <https://www2.senado.leg.br/bdsf/bitstream/handle/id/386/r139-03.pdf?sequence=4&isAllowed=y>. Acesso em 28/02/2020.

[21] ERAUW, Johan. CISG *Articles 66-70: The Risk of Loss and Passing It.* In: Journal of Law and Commerce, 2006, p. 203-204. Disponível em: <https://www.uncitral.org/pdf/english/CISG25/Erauw.pdf>. Acesso em 28/02/2020.

mente aplicáveis ao contrato, [...] todo e qualquer uso ou costume geralmente reconhecido e regularmente observado no comércio internacional, em contratos de mesmo tipo no mesmo ramo de comércio, de que tinham ou devessem ter conhecimento". O Código Civil brasileiro, a seu turno, não encontra disposição correspondente. Pode-se entender que regra específica foi incluída recentemente ao Código Civil brasileiro pela Lei de Liberdade Econômica, na medida em que o artigo 113, §1º, estabelece que, "na interpretação do negócio jurídico deve lhe atribuir o sentido que: [...] corresponder aos usos, costumes e práticas do mercado relativas ao tipo de negócio". Contudo, esse dispositivo não é diretamente aplicável à transferência do risco. Além disso, entende-se ser possível defender a aplicação da boa-fé para esse fim (como defendido abaixo, no tópico IV).

II. Momento da passagem de risco

Delineada a noção de "risco" no âmbito da CISG e do Código Civil brasileiro, impende abordar como cada um dos dois diplomas regula a passagem do risco do vendedor ao comprador, entre a celebração do contrato e a sua execução. Nesse ponto, as distinções entre a Convenção e a legislação pátria são ainda mais relevantes.

Isso, porque o efeito do contrato de compra e venda sobre a propriedade da mercadoria vendida não é coberto pelo artigo 4 da CISG. Como consequência, a transferência de propriedade é irrelevante para identificar o momento da passagem do risco[22]. Foi uma opção deliberada ao se elaborar a Convenção, diante da constatação da impossibilidade de compatibilizar as diferentes legislações nacionais regendo a transferência de propriedade[23].

Em apertadíssima síntese – vez que, como adiantado, não é a intenção deste texto tecer comentários exaustivos sobre os dispositivos da CISG –, o regimento da transferência de risco na Convenção pode assim ser explicado: se o contrato implicar transporte da mercadoria e o ven-

[22] *Ibid*, p. 203. No mesmo sentido: HAGER, Günter. SCHMIDT-KESSEL, Martin. *Op. cit.*, p. 922. Estes últimos autores afirmam, ainda, ser igualmente irrelevante para a passagem de risco a distribuição dos custos com seguros e transporte.

[23] SCHWENZER, Ingeborg. HACHEM, Pascal. In: SCHLECHTRIEM, Peter. SCHWENZER, Ingeborg. *Commentary on the UN Convention on the International Sale of Goods (CISG)*. 3 ed. Nova Iorque: Oxford University Press, 2010, p. 94.

dedor *não* estiver obrigado a remetê-la a lugar determinado, o risco é transferido ao comprador a partir da remessa da mercadoria ao primeiro transportador[24] que a fará chegar ao comprador (artigo 67(1)); se, por sua vez, o contrato implicar transporte de mercadoria e o vendedor estiver obrigado a remetê-la a um transportador[25] em local determinado, o risco transfere-se ao comprador apenas quando a mercadoria for entregue nesse local (artigo 67(2)). Em ambos os casos, contudo, é indispensável a "clara identificação" das mercadorias para transmissão do risco – como por meio dos documentos de transportes, da comunicação enviada ao comprador ou da aposição de sinal distintivo na mercadoria.

Quando a compra e venda for realizada em trânsito, o risco será transferido ao comprador a partir do momento em que o contrato for concluído[26] (artigo 68, primeira parte). Não obstante, se assim resultar das circunstâncias, o risco passará ao comprador quando as mercadorias tiverem sido entregues ao transportador que emitiu os documentos referentes ao contrato de transporte (artigo 68, segunda parte). De outro lado, o risco será do vendedor se, no momento da celebração do contrato, soubesse ou devesse saber que as mercadorias sofreram perda ou deterioração, sem ter informado ao comprador (artigo 68, terceira parte).

Em casos residuais, não abrangidos pelos artigos 67 e 68, aplica-se o artigo 69, segundo o qual o risco transfere-se ao comprador quando ele retirar as mercadorias ou, não o fazendo no tempo devido, a partir do momento em que as mercadorias forem colocadas à sua disposição. Nessa hipótese, a recusa em receber os bens será interpretada como violação contratual (artigo 69(1)). Não obstante, se o comprador estiver obrigado a retirar as mercadorias em outro lugar que não o estabelecimento do vendedor, o risco será transferido quando ocorrer a entrega e o comprador souber que as mercadorias estão à sua disposição (artigo

[24] Para aplicação do artigo 67(1) da Convenção, é necessário que o transportador seja terceira pessoa, que não se confunde com os sujeitos contratuais. Assim, se o vendedor utiliza meio próprio de transporte, aplicar-se-á a regra do artigo 69 da Convenção.

[25] Para aplicação do artigo 67(2) da Convenção, é necessário que o transporte até o local determinado seja feito pelo próprio vendedor. Não o sendo, aplicar-se-á a regra do artigo 67(1).

[26] O termo "conclusão" refere-se ao momento de formação do contrato, vide artigo 23 da Convenção.

69(2)). Por fim, se o contrato referir-se a mercadorias ainda não individualizadas, não se considerará que tenham sido postas à disposição do comprador até que sejam claramente identificadas para efeitos do contrato (artigo 69(3)).

À luz do Código Civil brasileiro, por sua vez, a passagem de risco coincide, necessariamente, com a transferência da propriedade. Para que esta ocorra, a seu turno, não basta a celebração do contrato de compra e venda, exigindo-se prática de ato ulterior: a tradição[27]. Assim é que "a tradição é o marco divisório na responsabilidade pela perda ou pela deterioração, sem culpa das partes"[28], salvo estipulação diversa.

Dessa maneira, o risco permanece no âmbito de responsabilidade do vendedor até o momento da tradição[29] (art. 492, *caput*), em aplicação do brocardo *res perit domino* (a coisa perece para o dono). Isto é, enquanto não entregue o bem vendido ao comprador, assume o vendedor o risco da perda e da deterioração não culposas, devendo entregar coisa em substituição ou devolver ao comprador o preço que por ele tenha sido pago. *A contrario sensu*, se já houve tradição, a responsabilidade desloca-se para o comprador, que se tornou o proprietário do bem vendido, obrigando-se a pagar o preço em caso de perecimento do bem.

Caso os bens sejam recebidos mediante peso, contagem ou medida, os riscos durante esses atos correm por conta do comprador (art. 492, §1º)[30]. Igualmente corre o risco por conta do comprador se estiver em

[27] No caso de bens móveis (art. 1.267), pois, no caso de bens imóveis, faz-se necessário, ainda, o registro (art. 1.245). A esse respeito, é importante registrar o entendimento de Paulo Luiz Netto Lôbo, para quem, no caso de compra e venda de bem móvel, haveria uma dicotomia entre tradição e transferência de propriedade. Afirma o autor que: "A repartição dos riscos entre o vendedor e o comprador, assim em relação à coisa como ao preço, observa a mesma linha divisória: a tradição ou a entrega da coisa ao comprador. [...] *Se o vendedor entregou a coisa não se cogita mais de sua responsabilidade pelos riscos dela, pouco importando se já houve, ou não, a transmissão da propriedade*, ou porque não a tenha ainda (pode ter apenas a posse imediata), impedindo a tradição de bem móvel" (Lôbo, Paulo Luiz Netto. *Op. cit.*, p. 63).

[28] Venosa, Sílvio de Salvo. *Direito Civil*: Contratos em Espécie. 4ª ed. São Paulo: Atlas, 2004, p. 35.

[29] Com isso, quer-se dizer o risco sobre a coisa, vez que, por força do artigo 492, até o momento da tradição, o risco sobre o preço (*e.g.* desvalorização da moeda) corre por conta do comprador.

[30] Gagliano, Pablo Stolze. Filho, Rodolfo Pamplona. *Op. cit.*, p. 53.

mora de receber o bem, quando colocado à sua disposição no tempo[31], lugar e modo ajustados (art. 492, §2º). Não havendo ajuste, esse lugar será aquele em que a coisa se encontra ao tempo da venda (art. 493). Mas, havendo ordem do comprador para que a coisa seja entregue em lugar diverso, os riscos serão a ele transferidos no momento em que o bem for entregue a quem tenha de transportá-lo, salvo se o vendedor desrespeitar as instruções do comprador (art. 494), como se mandatário infiel fosse[32]. Sendo essa a única exceção para a responsabilidade do comprador no caso de a entrega ser determinada em local diverso, o comprador assumirá os riscos *ainda que o transportador seja designado pelo próprio vendedor*, exceto se comprovada a má-fé deste[33].

Comparando-se os dois regimes, é possível notar alguns pontos nos quais eles se diferenciam. Em primeiro lugar, percebe-se que a CISG busca abarcar diferentes cenários, levando-se em consideração diversas variáveis para o transporte de mercadorias no comércio internacional. Além disso, a Convenção contém conceitos abertos e lacunas a serem preenchidas no caso concreto (*e.g.* identificação de mercadoria "nos termos" ou "para efeito" do contrato), tudo com a intenção de conferir a flexibilidade indispensável na interpretação a negócios dessa natureza.

O Código Civil, por sua vez, adota uma regra geral, estabelecendo a transferência de propriedade como o marco para a passagem do risco. Com isso, não se preocupa com hipóteses específicas para a entrega da coisa, cabendo aos agentes do comércio derrogarem da regra geral – passagem do risco por meio da tradição – a fim de evitar situações embaraçosas na prática. Embora isso sempre fosse possível, foi reafirmado agora com a recente inclusão do artigo 421-A ao Código Civil brasileiro[34], cujo segundo inciso prescreve que "a alocação de risco definida pelas partes deve ser respeitada e observada".

[31] Desse dispositivo depreende-se que, se o vendedor entregar a coisa antes do momento devido (por exemplo, antes do momento aprazado ou pendendo condição suspensiva) como forma de eximir-se de eventuais riscos, a tradição não mais será a linha divisória da passagem de risco. Nesse sentido, Lôbo, Paulo Luiz Netto. *Op. cit.*, p. 65.

[32] Tartuce, Flávio. *Manual de Direito Civil.* 6ª ed., rev., atual. e ampl. – Rio de Janeiro: Forense; São Paulo: Método, 2016, p. 712.

[33] Rosenvald, Nelson. *Op. cit.*, p. 692.

[34] A inclusão deu-se pela denominada "Lei da Liberdade Econômica" (Lei nº 13.874, de 20 de setembro de 2019).

Além disso, as regras de passagem de risco da CISG buscam alocar o risco na parte que tiver melhores condições de conservar e inspecionar as mercadorias, requerer indenização por perdas e danos ao transportador (quando aplicável) e acionar a companhia seguradora, estabelecendo, assim, uma distribuição equilibrada de risco entre o vendedor e o comprador[35]. O balanceamento de obrigações entre o comprador e o vendedor é, a propósito, a tônica de toda a Convenção[36].

No Código Civil brasileiro, a seu turno, a norma não reflete uma preocupação cuidadosa com essa questão. Havendo uma única regra geral, pode-se acabar alocando no vendedor a assunção dos riscos por período talvez demasiado longo – ou seja, até que ocorra a tradição, com a transferência da propriedade da coisa ao comprador. Uma das possíveis razões reside na supressão da dicotomia entre compra e venda civil e mercantil[37]. Isto é, o Código Civil não se preocupa somente com a venda mercantil, como ocorre com a Convenção.

III. Possíveis influências da CISG sobre o Código Civil Brasileiro

A fim de avaliar a existência de atual influência da CISG sobre o direito brasileiro no tocante ao regimento da transferência de risco, efetuou-se uma pesquisa de decisões nos tribunais brasileiros. Quanto à delimitação espacial, foram pesquisados acórdãos do Superior Tribunal de Justiça (STJ) e dos Tribunais de Justiça Estaduais (TJ), excluindo-se o Supremo Tribunal Federal (STF), os Tribunais Regionais do Trabalho (TRT) e os Tribunais Regionais Federais (TRF).

Para tanto, foram utilizados os seguintes conjuntos de palavras-chave, formados pelos termos "transferência", "risco", "compra e venda internacional" e "Convenção Viena"/"CISG"/"CVIM", a fim de abranger as diferentes abreviações e denominações comumente empregadas para se referir à CISG: "transferência – risco – convenção – Viena"; "transferência – risco – compra – venda – internacional"; "transferência – risco

[35] Honnold, John O. *Risk of Loss*. 1984. Disponível em: <https://www.cisg.law.pace.edu/cisg/biblio/honnold5.html>. Acesso em 28/02/2020.

[36] Schwenzer, Ingeborg. *Op. cit.*, p. 79-91.

[37] Glitz, Frederico Eduardo Z. *Incoterms and Brazilian Legislation on Contracts*. Education and Science without borders Journal, vol. 2, nº 3, 2011, p. 40-44. Disponível em: <https://www.researchgate.net/publication/267097823_INCOTERMS_AND_BRAZILIAN_LEGISLATION_ON_CONTRACTS/citation/download>. Acesso em 28/02/2020.

– CISG"; "transferência – risco – CVIM"; "transferência – convenção – Viena"; "transferência – compra – venda – internacional"; "transferência – CISG"; "transferência – CVIM"; "risco – convenção – Viena"; "risco – compra – venda – internacional"; "risco – CISG"; "risco – CVIM".

Como resultado, não foi encontrado *nenhum* acórdão que tratasse, de forma específica[38], das normas aplicáveis à transferência de risco na Convenção, permitindo inferir que, nos seis anos de vigência da CISG no Brasil, aparentemente referidas normas não foram enfrentadas pelos tribunais domésticos ou sequer mencionadas como fonte de inspiração para decidir casos regidos pelo Direito Contratual brasileiro – diferentemente do que já se constatou em relação às normas referentes à mitigação de danos, ao adimplemento substancial, à violação antecipada dos contratos e aos requisitos de forma dos contratos[39].

Apesar disso, uma consideração importante pode ser feita a partir do contraponto entre as normas da CISG e do Direito Contratual brasileiro. Nota-se, em geral, que o Código Civil brasileiro contém normas de caráter mais geral e rígidas sobre transferência de risco, se comparadas às da CISG. Assim, enquanto a Convenção contém um sistema intrincado e engenhoso de normas no intuito de melhor distribuir o risco entre o vendedor e o comprador, o Código Civil brasileiro não reflete cuidadosamente a mesma preocupação. A provável causa para essa diferença reside no fato de que o Código Civil brasileiro aplica-se a qualquer compra e venda, internacional ou não, enquanto a CISG trata, exclusivamente, de contratos de compra e venda internacionais. Isso permite à CISG adotar normas moldadas para operações dessa natureza, ao passo que o Código Civil brasileiro necessita adotar regras genéricas.

Apesar dessa distinção, vislumbra-se ser possível que as normas do Código Civil brasileiro e da Convenção permitam alcançar uma mesma solução prática. Nesse sentido, no intuito de garantir a mesma abertura

[38] Foi identificado acórdão do Tribunal de Justiça de São Paulo (TJSP) que citou doutrina que justifica a aplicação dos Incoterms com base na aplicabilidade dos usos e costumes internacionais prevista no art. 9º da Convenção. Tal julgado, contudo, não faz referência específica às regras de transferência de risco existentes na Convenção e que são objeto de análise neste estudo (BRASIL, Tribunal de Justiça de São Paulo. AC nº 7.323.189-7, rel. Des. Dimas Carneiro, j. 27 abr. 2009).

[39] Grupo de Estudos do Comitê Brasileiro de Arbitragem sobre a CISG e Arbitragem. *Op. cit.*

interpretativa da Convenção, entende-se que aplicar a boa-fé objetiva é útil para evitar situações indesejáveis decorrentes da mera subsunção da norma crua ao caso concreto. Alinha-se, assim, ao entendimento de Nelson Rosenvald, para quem é necessário levar em consideração as figuras ligadas à boa-fé objetiva no que tange à distribuição dos riscos da compra e venda, na medida em que a boa-fé objetiva traz consigo uma função corretiva negocial[40]. A solução não seria inédita, pois tem sido exatamente essa a lógica utilizada para se defender a aplicação do princípio da mitigação dos danos no Direito Brasileiro[41], muito embora essa figura não encontre respaldo legal expresso.

Tomando-se por base o contraponto feito nos tópicos II e III, o recurso à boa-fé objetiva pode auxiliar na definição do que vem a ser o "risco" (leia-se, "caso fortuito" ou "força maior") no Código Civil brasileiro, levando-se em consideração, a exemplo da CISG, a previsibilidade em torno do evento, bem como as práticas estabelecidas entre as partes e os usos e costumes do comércio. No mesmo sentido, a boa-fé objetiva pode contribuir para a definição do momento da passagem do risco a fim de não ocorrerem situações teratológicas em que uma das partes fique em situação injusta de desvantagem, sem, com isso, descuidar-se de aplicar a regra escolhida pelo legislador (transferência do risco pela tradição).

Com isso, não se quer dizer que a CISG tenha a contribuir incondicionalmente para o Direito Contratual brasileiro e que este, por sua vez, seja retrógrado ou rústico se comparado à CISG. Pelo contrário: há praticantes do comércio internacional que, inclusive, preferem as normas mais rígidas às regras previstas na Convenção, por conferirem, no seu entendimento, maior segurança jurídica e previsibilidade – sobretudo em um país em que, não raro, conceitos abertos e indeterminados (como "razoabilidade", "previsibilidade" e "boa-fé") dão brechas a decisões kafkianas.

De toda forma, não há como se negar que a CISG constitui um corpo moderno de normas para o comércio e que a conhecer bem é essencial para atuar não só no comércio internacional, como no nacional, consi-

[40] Rosenvald, Nelson. *Op. cit.*, p. 690.

[41] Lopes, Christian Sahb Batista. *A Mitigação dos Prejuízos no Direito Contratual*. 1ª ed. Saraiva, 2013.

derando a sua impossível influência para o Direito doméstico. Afinal, são duas as bases de sustentação do comércio internacional: a segurança, essencial entre contratantes de países distintos, e a flexibilidade, indispensável nas relações internacionais de troca[42]. E inspirar-se na CISG pode ser um bom passo no sentido de melhor interpretar as normas nacionais.

Conclusões

Embora atrasada, a adesão do Brasil à CISG representou um passo importante no sentido da modernização do sistema brasileiro aplicável ao comércio internacional. Assim, conhecer bem o mecanismo da Convenção é importante para lidar com as relações internacionais de troca.

Mas a influência da CISG não se limita a isso, porquanto gera um impacto gradual no Direito Contratual brasileiro. Nesse sentido, já se constatou em pesquisa jurisprudencial que a Convenção vem sendo invocada, por vezes, como fonte de inspiração para o direito nacional, inclusive em casos puramente domésticos.

No tocante ao regime da passagem de risco, há tanto semelhanças, quanto diferenças – essas mais expressivas – entre as normas da CISG e do Código Civil brasileiro. Embora até o momento não se tenha identificado o enfrentamento pelos tribunais brasileiros das normas da Convenção a esse respeito, sequer como *soft law*, é possível se inspirar no regime da Convenção para aprimorar a interpretação das normas pátrias. Para tanto, o recurso à boa-fé objetiva e ao seu caráter corretivo negocial demonstra-se útil e importante, a fim de garantir a mesma abertura interpretativa presente no sistema da Convenção e, com isso, evitar situações teratológicas na prática.

Com isso, espera-se equilibrar as duas bases do comércio – não só internacional, como nacional –, quais sejam, a segurança e a flexibilidade, indispensáveis em qualquer relação de troca.

[42] DA FONSECA, Patrícia Bezerra de M. Galindo. *Op. cit.*, p. 56.

Referências

Brasil, Tribunal de Justiça de São Paulo. AC nº 7.323.189-7, rel. Des. Dimas Carneiro, j. 27 abr. 2009.

Bridge, Michael. *The Transfer of Risk under the UN Sales Convention 1980 (CISG)*. 2008. Disponível em: <http://cisgw3.law.pace.edu/cisg/biblio/bridge4.html#ii>. Acesso em 28/02/2020.

Buydaert, Michiel. *The Passing of Risk in the International Sale of Goods*. 2013. Disponível em: < https://lib.ugent.be/fulltxt/RUG01/002/060/824/RUG01-002060824_2013_0001_AC.pdf>. Acesso em 28/02/2020.

Da Câmara, Bernardo Prado. O Contrato de Compra e Venda Internacional de Bens. In: Tepedino, Gustavo. Fachin, Luiz Edson (Org.). *Doutrinas Essenciais* – Obrigações e Contratos – Volume V – Contratos em Espécie: atribuição patrimonial e garantia. São Paulo: Editora Revista dos Tribunais, 2011, p. 25-52.

Enderlein, Fritz. Maskow, Dietrich. *International Sales Law*. Oceana Publications, 1992.

Erauw, Johan. CISG *Articles 66-70: The Risk of Loss and Passing It*. In: Journal of Law and Commerce, 2006. Disponível em: <https://www.uncitral.org/pdf/english/CISG25/Erauw.pdf >. Acesso em 28/02/2020.

Erauw, Johan. In: Ferrari, Franco. Fletchner, Harry. Brand, Ronald. The Draft UNCITRAL Digest and Beyond: Cases, Analysis and Unresolved Issues in the UN Sales Convention. Londres: Sellier European Law Publishers. 2004.

Da Fonseca, Patrícia Bezerra de M. Galindo. *Anotações pertinentes à regulamentação sobre transmissão de risco: Convenção da ONU de 1980, Incoterms e Código Civil brasileiro*. In Revista de Informação Legislativa, nº 139. Brasília, jul/Set 1998, p. 39-56. Disponível em: <https://www2.senado.leg.br/bdsf/bitstream/handle/id/386/r139-03.pdf?sequence=4&isAllowed=y>. Acesso em 28/02/2020.

Gagliano, Pablo Stolze. Filho, Rodolfo Pamplona. *Novo Curso de Direito Civil*: Contratos. 3ª ed., São Paulo: Saraiva, 2010.

Glitz, Frederico Eduardo Z. *Incoterms and Brazilian Legislation on Contracts*. Education and Science without borders Journal, vol. 2, nº 3, 2011, p. 40-44. Disponível em: <https://www.researchgate.net/publication/267097823_INCOTERMS_AND_BRAZILIAN_LEGISLATION_ON_CONTRACTS/citation/download>. Acesso em 28/02/2020.

Gonçalves, Carlos Roberto. *Direito Civil Brasileiro*. vol. III. São Paulo: Saraiva, 2004.

Grupo de Estudos do Comitê Brasileiro de Arbitragem sobre a cisg e Arbitragem. *A CISG e o Judiciário Brasileiro*. 2016. Disponível em: <<http://cbar.org.br/site/wp-content/uploads/2017/03/Relatorio-Pesquisa-Juris-CISG-2016_versao-consolidada-e-revisada_FINAL.pdf>. Acesso em 28/02/2020.

GUERRA, Alexandre Dartanhan de Mello. In. NANNI, Giovanni Ettore (Coord.). *Comentários ao Código Civil*: direito privado contemporâneo. São Paulo: Saraiva Educação, 2018.

HAGER, Günter. SCHMIDT-KESSEL, Martin. In: SCHLECHTRIEM, Peter. SCHWENZER, Ingeborg. *Commentary on the UN Convention on the International Sale of Goods (CISG)*. 3ª ed. Nova Iorque: Oxford University Press, 2010.

HONNOLD, John. O. *Uniform Law for International Sales under the 1980 United Nations Convention*. 3ª ed., 1999. Disponível em: <http://www.cisg.law.pace.edu/cisg/biblio/honnold.html>. Acesso em 28/02/2020.

HONNOLD, John O. *Risk of Loss*. 1984. Disponível em: <https://www.cisg.law.pace.edu/cisg/biblio/honnold5.html>. Acesso em 28/02/2020.

HOUAISS, Antônio. *Dicionário Houaiss da Língua Portuguesa*. Rio de Janeiro: Editora Objetiva, 2007.

IMHOF, Cristiano. *Código Civil Interpretado*: anotado artigo por artigo. 6ª ed., São Paulo: Atlas, 2014.

LÔBO, Paulo Luiz Netto. Parte Especial das Várias Espécies de Contratos – Da Compra e Venda; Da Troca ou Permuta; Do Contrato Estimatório; Da Doação – Arts. 481 a 564. In: DE AZEVEDO, Antônio Junqueira. *Comentários ao Código Civil*, vol. 6. São Paulo: Saraiva, 2003.

LOPES, Christian Sahb Batista. *A Mitigação dos Prejuízos no Direito Contratual*. 1ª ed. São Paulo: Saraiva, 2013.

MARTINS, Fran. O Contrato de Compra e Venda Internacional. In: TEPEDINO, Gustavo. FACHIN, Luiz Edson (Org.). *Doutrinas Essenciais* – Obrigações e Contratos – Volume V – Contratos em Espécie: atribuição patrimonial e garantia. São Paulo: Editora Revista dos Tribunais, 2011, p. 83-102.

OBERMAN, Neil Gary. *Transfer of Risk from Seller to Buyer in International Commercial Contracts*: a comparative analysis of risk allocation under the CISG, UCC and Incoterms. 1997. Disponível em: <https://www.cisg.law.pace.edu/cisg/thesis/Oberman.html#Chapter%20One-The%20Vienna>. Acesso em 28/02/2020.

PEREIRA, Caio Mário da Silva. *Instituições de Direito Civil*: Contratos, vol. III, 1 ed. eletrônica. Rio de Janeiro, 2003.

ROSENVALD, Nelson. *Curso de Direito Civil*: Contratos – Teoria Geral e Contratos em Espécie. 7ª ed., revista e atualizada, Salvador: Ed. JusPodivm, 2017

SCHLECHTRIEM, Peter. BUTLER, Petra. *UN Law on International Sales*: The UN Convention on the International Sale of Goods. Heidelberg: Springer-Verlag, 2009.

SCHWENZER, Ingeborg. A Fair Balance of the Interests of the Seller and the Buyer. In: CISG and Latin America: regional and global perspectives. 2016, p. 79. Disponível em: < https://edoc.unibas.ch/42342/3/20160405104731_57037ba31e7eb.pdf>. Acesso em 28/02/2020.

SCHWENZER, Ingeborg. HACHEM, Pascal. In: SCHLECHTRIEM, Peter. SCHWENZER, Ingeborg. *Commentary on the UN Convention on the International Sale of Goods (CISG)*. 3 ed. Nova Iorque: Oxford University Press, 2010.

Sevón, Lief. *Passing of Risk*. 1985. Disponível em: <https://www.cisg.law.pace.edu/cisg/biblio/sevon3.html>. Acesso em 28/02/2020.

Tartuce, Flávio. *Manual de Direito Civil*. 6ª ed., rev., atual. e ampl. – Rio de Janeiro: Forense; São Paulo: Método, 2016, p. 712.

Venosa, Sílvio de Salvo. *Direito Civil*: Contratos em Espécie. 4ª ed. São Paulo: Atlas, 2004.

11. O Regime de Conformidade das Mercadorias e suas Possíveis Contribuições à Disciplina dos Vícios Redibitórios

Bernard Potsch M.

Introdução

Há pouco mais de sete anos da data de finalização deste artigo, em 1º de abril de 2014, a Convenção das Nações Unidas sobre Contratos de Compra e Venda Internacional de Mercadorias – CISG passou a vincular o Brasil no plano internacional, vindo a vigorar no plano interno alguns meses mais tarde, em 17 de outubro daquele mesmo ano. Mas a história de sua influência em nosso ordenamento doméstico não se iniciou naquele momento e, certamente, não cessou com sua entrada em vigor. Muito pelo contrário.

Em verdade, pesquisa publicada em 2016 pelo mesmo grupo de estudos que coordena esta obra revelou uma série de instâncias em que a Convenção serviu de inspiração, preceito interpretativo ou fonte normativa para o desenvolvimento doutrinário de institutos jurídicos e para a tomada de decisões pelo Judiciário pátrio, diversas delas de vários anos anteriores a 2014.

Sua conclusão é ilustrativa deste fato:

> Ao final desta PESQUISA, é possível afirmar que a conclusão mais importante foi a influência concreta da CISG sobre a jurisprudência brasileira, decerto fruto do trabalho de todos os professores, acadêmicos e advogados que há anos promovem a convenção no território brasileiro, bem como do esforço feito pela comunidade envolvida com as simulações

de arbitragem envolvendo a CISG (moot courts). Todo esse conjunto de pessoas vem apresentando artigos, dissertações de mestrado, teses de doutorado, livros, palestras, seminários, congressos etc. Tudo isso, sem dúvida, contribuiu para que a CISG e seu sistema de direito contratual, focado no equilíbrio entre elementos oriundos da tradição consuetudinária e romanística, pudesse influenciar a modernização do ordenamento nacional, o que se vê de forma concreta nas decisões aqui repertoriadas, que, mesmo sem aplicar diretamente a CISG, dela se servem para dar solução a casos. Ainda nesta linha, é interessante perceber que esta influência vem de muito antes da acessão do Brasil à convenção, que ocorreu em 2014. Como visto no cap. 5.2.2. supra, o STJ vem sendo influenciado pela CISG ao menos desde 2011, quando proferido o famoso precedente da lavra do Min. Ruy Rosado.[1]

Destarte, recebi com muito gosto o convite para continuar esse trabalho, especialmente considerando a perspectiva de falar das potenciais influências e contribuições do instituto da conformidade na CISG para o desenvolvimento de instituto de semelhante matiz: o dos vícios redibitórios.

Antes, todavia, de iniciar a empreitada, algumas observações são importantes.

A primeira é que, conquanto o próximo capítulo seja dedicado a um sobrevoo sobre o sistema convencional da conformidade e da inspeção das mercadorias, os limites temático e metodológico da obra não permitem pontuar todas as similitudes e diferenças existentes, optando-se por ressaltar aquelas mais relevantes e, sendo o caso, referenciar outras obras para maiores detalhes.

A segunda é que, infelizmente, não se vislumbrou na pesquisa empreendida muitas influências já consolidadas do sistema convencional em comento sobre a disciplina dos vícios redibitórios. Desta forma, neste artigo, optou-se por adotar postura primordialmente propositiva, traçando as principais possíveis contribuições percebidas.

[1] Kulesza, Gustavo; Bitencourt, Rafael; Moreira, Rodrigo; *et al.* A CISG e o Judiciário brasileiro, fonte: http://cbar.org.br/site/wp-content/uploads/2017/03/Relatorio-Pesquisa-Juris-CISG-2016_versao-consolidada-e-revisada_FINAL.pdf, acessado em 19/12/2019, p. 90.

Feitas essas considerações introdutórias, e sem maiores delongas, o próximo capítulo contém singela síntese das opções adotadas pela CISG quanto ao tema, de modo a permitir que, no seguinte, sejam contextualizadas e feitas algumas propostas.

1. Breve síntese do sistema de conformidade e inspeção na CISG

De modo a compreender as possíveis contribuições do regime de conformidade e inspeção traçado pela CISG ao constante progresso de nosso ordenamento, necessário verificar como que este regime opera, em linha gerais[2].

O conceito de conformidade trazido pela Convenção se afasta propositadamente de outros similares adotados nos mais diversos ordenamentos jurídicos ao redor do mundo, empreendendo seus redatores esforço para afastar-se das nuances e particularidades existentes nas legislações nacionais. A opção foi por conceito amplo, que contempla os mais diversos defeitos da mercadoria e que descarta análises de culpa, intensidade, gravidade, materialidade ou prejudicialidade. Se há discrepância entre as características acordadas ou esperadas e as constantes da mercadoria efetivamente entregue, há desconformidade[3].

A determinação da conformidade ou não da mercadoria toma em conta sua *(i)* qualidade, incluindo tanto as características tangíveis quanto intangíveis, extrínsecas ou intrínsecas; *(ii)* quantidade, havendo não conformidade em variação para maior ou menor, exceto existente tolerância contratual ou costumeira; *(iii)* tipo, afastando a Convenção qualquer distinção entre a entrega de bens defeituosos e de bens diversos *(aliud)*; e, também, *(iv)* embalagem, que deve adotar a forma contratada ou, inexistindo acordo, a forma usual ou adequada a proteger a mercadoria durante o transporte.

Em linha com a postura adotada ao longo da Convenção de primazia da vontade dos contratantes, o art. 35(1) adotou o critério subjetivo de

[2] Estudo mais pormenorizado escapa ao propósito do presente artigo. O autor remete à sua obra dedicada inteiramente ao tema para maiores detalhes: POTSCH M., Bernard. *A CISG e a conformidade das mercadorias: qualidade, quantidade e embalagem na Convenção das Nações Unidas sobre Contratos de Compra e Venda Internacional de Mercadorias.* Rio de Janeiro: Lumen Juris, 2015.

[3] Exceto se a distinção for tolerada pelo contrato, pelas práticas desenvolvidas entre as partes ou pelos usos do comércio internacional.

conformidade, que demanda a análise do exato conteúdo do contrato, de modo a identificar especificamente as características exigidas da mercadoria. Tal se dará através da interpretação da vontade dos contratantes e, de forma complementar, da verificação de existência de práticas ou usos aplicáveis, seguindo os critérios de seus arts. 8 e 9[4].

Inobstante, frente ao fato de que, em muitas hipóteses, os termos contratuais mostram-se insuficientes a resguardar a legítima expectativa das partes e a segurança jurídica nas relações comerciais internacionais, a CISG traça, em seu art. 35(2), uma série de critérios objetivos de aferição da conformidade da mercadoria, aplicados cumulativamente e relacionados, primordialmente, à adequação desta aos seus usos.

Primeiramente, o art. 35(2)(a) estipula que a mercadoria deve atender aos usos a que normalmente se destina, devendo possuir as características normalmente necessárias a esses bens e estar livre de defeitos que não sejam normalmente esperados. Dita análise é inteiramente casuística e se afasta dos critérios de qualidade média ou de qualidade mercantil adotados por inúmeros ordenamentos domésticos.

Já o art. 35(2)(b) indica que a mercadoria também deve atender a eventuais usos especificados de modo claro pelo comprador, a possibilitar ao vendedor conhecê-los, sendo irrelevante se efetivamente tomou ciência ou com eles concordou. Contudo, a incidência do dispositivo resta afastada não só pela falta de adequada especificação como também pela ausência de confiança razoável do comprador na competência e julgamento do vendedor para selecionar mercadorias próprias.

A par dos mais prevalentes critérios objetivos vinculados ao uso da mercadoria, o art. 35(2)(c) exige que a coisa tenha as características da amostra ou do modelo apresentado pelo vendedor, ainda que não tenha se comprometido expressa ou implicitamente a entregar mercadoria com as mesmas características nestes presentes.

O art. 35(2)(d) trata especificamente da embalagem, exigindo que, ausente acordo em contrário, as mercadorias sejam acondicionadas na forma habitual para seu tipo ou, à falta desta, de modo apropriado à

[4] O autor remete ao seu artigo dedicado inteiramente ao tema para maiores detalhes: Potsch M., Bernard. Interpretação da vontade das partes no âmbito da Convenção das Nações Unidas sobre Contratos de Compra e Venda Internacional da Mercadorias. *Coleção Direito UERJ 80 anos: Direito Internacional*, Rio de Janeiro, p. 99-120, 2015.

sua conservação e proteção, independente de a responsabilidade pelo transporte recair sobre o comprador ou sobre o vendedor. Diga-se que a identificação desta forma habitual ou apropriada realizar-se-á em vista dos usos e práticas do comércio internacional e do entendimento que comerciantes razoáveis do mesmo setor de negócio do vendedor teriam quanto às necessidades de embalagem da mercadoria, podendo, inclusive, abranger objetivos diversos à proteção da mercadoria e reduzir-se à desnecessidade de embalagem.

Finalmente, considerando que o racional do art. 35(2) deriva da existência de legítimas expectativas quanto às características da mercadoria, o art. 35(3) explicita que, quando o comprador souber ou não puder ignorar a desconformidade no momento da conclusão do contrato, inexistirão expectativas a serem protegidas, excluindo-se a responsabilidade do vendedor.

Complementando o art. 35, o art. 36 fixa o momento no qual se deve aferir a conformidade dos bens, qual seja, na passagem do risco ao comprador[5]. Estabelece, ainda, ser indiferente o momento em que a desconformidade vier a se evidenciar, desde que existente quando da passagem do risco. Também estende a responsabilidade do vendedor às desconformidades surgidas após a passagem do risco quando advierem diretamente de seu inadimplemento contratual ou restarem abrangidas por garantias por este prestadas.

Já o art. 37 evidencia o direito do vendedor de curar eventuais desconformidades da mercadoria entregue antes da data prevista, sem prejuízo de eventual responsabilização por perdas e danos. Tem por função primordial a definição dos limites deste direito – *i.e.*, ocorrência de inconvenientes ou despesas excessivas para o comprador –, visto que já se poderia extrair sua existência de interpretação sistemática da Convenção[6].

[5] Ver o capítulo específico sobre transferência de risco nesta obra.

[6] Cf. Schlechtriem, Peter. The seller's obligations under the United Nations Convention on Contracts for the International Sale of Goods. *International Sales: the United Nations Convention on Contracts for the International Sale of Goods*, 1984, fonte: https://www.cisg.law.pace.edu/cisg/biblio/schlechtriem10.html, acessado em 19/12/2019, para 6.03.2. De especial relevância para dita conclusão mostra-se o art. 72, que restringe a casos específicos a possibilidade de rescisão do contrato antes da data fixada para seu adimplemento.

Juntamente com os arts. 39, 40 e 44, o art. 38 fixa a conduta a ser seguida pelo comprador de modo a possibilitar a responsabilização do vendedor pela desconformidade da mercadoria. Como tal, juntamente com o da conformidade, insere-se entre os temas mais litigados da Convenção.

Em síntese, salvo hipóteses específicas previstas nos arts. 40 e 44, o sistema convencional impõe como dever do comprador a realização de inspeção tempestiva e apropriada das mercadorias, de modo a municiá-lo de informações que lhe permitam – e esse é o dever primordial ao qual se condiciona a responsabilização do vendedor – comunicar a desconformidade em tempo razoável.

Quanto a seu prazo, o art. 38(1) estabelece como regra geral a inspeção o mais breve possível em vista das circunstâncias. Já o art. 38(2) e 38(3) trata de desvios desta regra, postergando o tempo e alterando o local da inspeção da mercadoria em situações envolvendo seu transporte ou reexpedição.

Ausente estipulação das partes quanto ao método e a extensão da inspeção, esta deverá ser razoável e apropriada em vista das circunstâncias. Não se exige que a inspeção revele quaisquer possíveis desconformidades, mas apenas aquelas aferíveis através de esforços e custos razoáveis[7].

Por sua vez, o art. 39 impõe ao comprador o dever de comunicar ao vendedor, também de maneira apropriada e em prazo razoável, a des-

[7] UNCITRAL Secretariat. *Commentary on the draft Convention on Contracts for the International Sale of Goods*, 1978, fonte: http://www.cisg-online.ch/index.cfm?pageID=644, acessado em 19/12/2019, art. 36, para 3; ENDERLEIN, Fritz; MASKOW, Dietrich. *International Sales Law*, 1992, fonte: https://www.cisg.law.pace.edu/cisg/biblio/enderlein.html, acessado em 19/12/2019, p. 155; VISCASILLAS, Pilar Perales. *El contrato de compraventa internacional de mercancias (Convención de Viena de 1980)*, 2001, fonte: http://www.cisg.law.pace.edu/cisg/biblio/perales1.html, acessado em 19/12/2019, para. 164; BIANCA, Cesare Massimo; BONELL, Michael Joachim. *Bianca-Bonell commentary on the International Sales Law*. Milão: Guiffrè, 1987, art. 38, para 2.3; LOOKOFSKY, Joseph. *The 1980 United Nations Convention on Contracts for the International Sale of Goods*. Haia: Kluwer, 2000, fonte: http://www.cisg.law.pace.edu/cisg/biblio/lookofsky.html, acessado em 19/12/2019, para. 187; SCHWENZER, Ingeborg, *In* SCHWENZER, Ingeborg (ed.). *Schlechtriem & Schwenzer: commentary on the UN Convention on the International Sale of Goods (CISG)*, 4ª ed.. Oxford: Oxford University Press, 2016, art. 38, para. 13.

conformidade da mercadoria, caso deseje utilizar-se dos remédios previstos no art. 45 da Convenção.

O art. 39(1) trata do dever de comunicar em prazo razoável após o comprador constatar – real ou fictamente – a desconformidade. Já o art. 39(2) estabelece prazo máximo de 2 anos – estendível por acordo ou fixação de garantia contratual –, após o qual não poderá mais o comprador alegar a desconformidade, ainda que só se evidencie posteriormente.

Seu principal propósito é conferir segurança jurídica ao vendedor, prevenindo que permaneça perpetuamente em dúvida sobre o término de suas obrigações na transação empreendida[8], além de garantir que obtenha conhecimento de qualquer desconformidade em tempo razoável, de modo a que possa remediar a situação ou preparar-se para negociações ou disputas que possam surgir[9].

Encerrando o trato da matéria, os arts. 40 e 44 representam exceções ao dever de comunicação, *(i)* afastando-o caso o vendedor conheça – real ou fictamente – os fatos relativos à desconformidade, sem, no entanto, tê-los revelado ao comprador; ou *(ii)* mitigando-o quando o comprador apresentar justificativa razoável para seu não exercício. Nessa segunda hipótese, ao invés de afastar todos os remédios previstos no art. 45, restarão à disposição do comprador a possibilidade de reduzir o preço e pleitear perdas e danos, excluídos os lucros cessantes.

Feitas essas considerações, e sem prejuízo daquelas melhor delineadas nos capítulos específicos desta obra sobre os remédios convencionais, cabem algumas considerações sobre aqueles disponíveis frente à não conformidade da mercadoria.

Nos termos de seu art. 45, a CISG possibilita não só a obtenção do ressarcimento de perdas e danos, conforme arts. 74 a 76[10], como lista outros remédios disponíveis, em particular a execução específica da

[8] KRÖLL, Stefan, *In* KRÖLL, Stefan; MISTELIS, Loukas; VISCASILLAS, Pilar Perales (eds.). *UN Convention on Contracts for the International Sale of Goods (CISG)*, 2ª ed.. Munique: C.H. Beck, Hart, Nomos, 2018, art. 39, para. 7.

[9] HONNOLD, John O.; FLECHTNER, Harry M. *Uniform law for international sales under the 1980 United Nations Convention*, 4ª ed.. Nova Iorque: Kluwer, 2009, art. 39, para. 255; SCHWENZER, Ingeborg. *Op. cit.*, art. 39, para. 6.

[10] Ver o capítulo específico sobre danos nesta obra.

obrigação, a rescisão do contrato e, especificamente para a não conformidade, a redução do preço.

No que tange à execução específica frente à desconformidade, a Convenção faculta ao comprador exigi-la do vendedor através da entrega de bens em substituição ou de seu reparo, conforme seu art. 46(2) e 46(3).

De modo a que se possa exigir a entrega de mercadoria em substituição[11], além de *(i)* o comprador dever assim declarar quando da comunicação da desconformidade (art. 39) ou logo após, em prazo razoável; é necessário que *(ii)* o comprador seja capaz de restituir a mercadoria em estado substancialmente idêntico ao que se encontrava quando foi recebida[12]; e *(iii)* a desconformidade constitua violação essencial ao contrato, ou seja, que prive substancialmente o comprador do resultado que esperava, sendo tal resultado previsível[13]. Este último requisito objetiva limitar a situações excepcionais a transferência e o transporte da merca-

[11] Salienta-se que o remédio de substituição da mercadoria é voltado para bens genéricos, que podem ser substituídos por outros com as características previstas no contrato. Tratando-se da venda de bem específico, e não advindo a desconformidade da entrega de bem diverso, a entrega de mercadoria em substituição será impossível, restando o remédio afastado (Honnold, John O.; Flechtner, Harry M. *Op. cit.*, art. 46, para. 283; Huber, Peter, *In* Kröll, Stefan; Mistelis, Loukas; Viscasillas, Pilar Perales (eds.). *UN Convention on Contracts for the International Sale of Goods (CISG)*, 2ª ed.. Munique: C.H. Beck, Hart, Nomos, 2018, art. 46, para. 37-38).
Em sentido contrário, Müller-Chen, Markus, *In* Schwenzer, Ingeborg (ed.). *Schlechtriem & Schwenzer: commentary on the UN Convention on the International Sale of Goods (CISG)*, 4ª ed.. Oxford: Oxford University Press, 2016, art. 46, para. 18 (sustentando que o comprador poderá exigir a substituição por um bem economicamente equivalente).

[12] Tal requisito deriva do art. 82(1) e está sujeito às exceções previstas no art. 82(2). Ver o capítulo específico sobre efeitos da resolução contratual nesta obra, além de LIU, Chengwei. Specific performance: perspectives from the CISG, UNIDROIT Principles, PECL and case law, 2ª ed., fonte: http://www.cisg.law.pace.edu/cisg/biblio/chengwei3.html, acessado em 19/12/2019, para. 3.3; Huber, Peter; Mullis, Alastair. *The CISG: a new textbook for students and practitioners*. Munique: Sellier, 2007, p. 201; Enderlein, Fritz; Maskow, Dietrich. *Op. cit.*, p. 178.
A obrigação também restará afastada pela aplicação do princípio da boa-fé quando os bens originalmente entregues sejam completamente sem valor (Müller-Chen, Markus. *Op. cit.*, art. 46, para. 34).

[13] Müller-Chen, Markus. *Op. cit.*, art. 46, para. 23-32. Para maiores detalhes, ver o capítulo específico sobre violação essencial nesta obra.

doria, que oneram substancialmente o vendedor no contexto do comércio internacional[14].

No que tange ao pedido de reparo, conquanto não se exija que a violação seja essencial ou que a mercadoria possa ser restituída, *(i)* a declaração também deverá se dar quando da comunicação da desconformidade (art. 39) ou logo após, em prazo razoável; e *(ii)* o remédio deverá ser razoável em vista das circunstâncias, a depender primordialmente da contraposição entre o interesse do comprador em ter os bens reparados e o custo e inconveniência causados ao vendedor por tal medida[15].

Já no que concerne à rescisão do contrato, sendo a violação a entrega de bens não conformes, o art. 49 da CISG limita o remédio apenas à hipótese de violação essencial ao contrato, em vista de seus drásticos efeitos após a entrega da mercadoria[16]. Também demanda que a rescisão seja declarada em prazo razoável após o conhecimento – real ou ficto – da violação, ou do término do prazo adicional concedido (art. 47) ou consentido (art. 48) pelo comprador para cumprimento pelo vendedor da obrigação.

Por último, o art. 50 da Convenção estabelece a possibilidade de redução do preço, seja antes ou depois de seu pagamento, exigindo no último caso a restituição da diferença. A redução do preço é calculada através do "método proporcional", segundo o qual se verifica a percentagem de redução do valor da mercadoria efetivamente entregue em

[14] ENDERLEIN, Fritz; MASKOW, Dietrich. *Op. cit.*, p. 179; BOGHOSSIAN, Nayiri. A comparative study of specific performance provisions in the United Nations Convention on Contracts for the International Sale of Goods, 2000, fonte: https://cisgw3.law.pace.edu/cisg/biblio/boghossian.html, acessado em 19/12/2019, p. 21.

[15] A título exemplificativo, se os custos do reparo forem substancialmente maiores do que aqueles envolvidos com a substituição da mercadoria ou do que o benefício havido pelo comprador com o reparo, usualmente considerar-se-á que o reparo não é razoável. Ver HUBER, Peter. *Op. cit.*, art. 46, para. 46; SCHLECHTRIEM, Peter. *Uniform Sales Law*. Viena: Manz, 1986, fonte: https://www.cisg.law.pace.edu/cisg/biblio/schlechtriem.html, acessado em 19/12/2019, p. 76.

[16] Quando a restituição da mercadoria e do preço implicarão em custos e riscos substanciais para os contratantes, em especial no comércio internacional. Ver HONNOLD, John O.; FLECHTNER, Harry M. *Op. cit.*, art. 49, para. 306.

comparação com a mercadoria contratada, reduzindo-se o preço em igual proporção[17].

Ressalte-se que o valor da mercadoria – tanto o da entregue quando o da contratada – deverá ser aferido quando de sua entrega nos termos do art. 31 da Convenção[18], de acordo com o mercado do local da entrega[19]. Caso a mercadoria entregue seja completamente sem valor, não há óbice a que o preço seja reduzido a zero[20].

À guisa de conclusão, diga-se que, na hipótese de apenas parcela divisível[21] das mercadorias entregues ser desconforme, o art. 51 da Convenção limita a aplicação dos remédios à parte não conforme, sem prejuízo de a inexecução parcial poder representar violação essencial ao contrato como um todo e justificar sua integral rescisão.

Traçado esse rápido panorama, a comparação do sistema convencional com aquele do direito contratual genérico doméstico torna-se possível, bem como a identificação das possíveis contribuições do primeiro ao desenvolvimento do último, empreitada guardada ao próximo capítulo.

2. Possíveis contribuições à disciplina dos vícios redibitórios

De início, e em linhas gerais, cabe pontuar que, via de regra, as conclusões alcançadas pela aplicação da CISG não destoariam sobremaneira se aplicado, ao invés, o Código Civil brasileiro. Em verdade, através das atualmente reconhecidas obrigações acessórias à execução do contrato

[17] Diferencia-se, portanto, do método de cálculo adotado para a quantificação das perdas e danos na CISG, intitulado "método linear", pelo qual se subtrai o valor da mercadoria desconforme daquele da mercadoria conforme, resultando no montante a ser indenizado.

[18] Liu, Chengwei. Price reduction for non-conformity: perspectives from the CISG, UNIDROIT Principles, PECL and case law, 2ª ed., fonte: http://www.cisg.law.pace.edu/cisg/biblio/chengwei2.html, acessado em 19/12/2019, para. 5.2; Huber, Peter; Mullis, Alastair. *Op. cit.*, p. 252-253.

[19] Bach, Ivo, *In* Kröll, Stefan; Mistelis, Loukas; Viscasillas, Pilar Perales (eds.). *UN Convention on Contracts for the International Sale of Goods (CISG)*, 2ª ed.. Munique: C.H. Beck, Hart, Nomos, 2018, art. 50, para. 45-47.

[20] Müller-Chen, Markus. *Op. cit.*, art. 50, para. 13; Huber, Peter; Mullis, Alastair. *Op. cit.*, p. 254.

[21] Haverá divisibilidade quando os itens forem física e economicamente autônomos e não dependam funcionalmente um do outro. Ver Bianca, Cesare Massimo; Bonell, Michael Joachim. *Op. cit.*, art. 51, para. 2.1.1; Honnold, John O.; Flechtner, Harry M. *Op. cit.*, art. 51, para. 316.

e de interpretação do acordo das partes segundo o princípio da boa-fé contratual, usualmente atingir-se-ia soluções idênticas ou similares àquelas preconizadas pelo sistema antes brevemente analisado[22].

Isso não quer dizer que inexistam contribuições daquele instrumento à disciplina dos vícios redibitórios. Muito pelo contrário: as similitudes e, principalmente, diferenças[23] no trato das questões práticas daí advindas permitem extrair uma série de balizas para o contínuo desenvolvimento do direito contratual brasileiro, principalmente no que tange ao incremento da previsibilidade e da segurança jurídica nas relações comerciais.

Afinal, como bem posto por Arnoldo Wald, José Augusto Fontoura Costa e Maíra de Melo Vieira:

> (...) mesmo antes de sua entrada em vigor (podendo ser aplicada apenas por via oblíqua, mediante aplicação do art. 9.º da LICC (Lei de Introdução às Normas de Direito Brasileiro) ou eleição da lei aplicável ao mérito da arbitragem), a Convenção – ou os diplomas que primordialmente a inspiraram, como o Uniform Commercial Code americano e o BGB alemão – já tinha importante influência sobre os juristas brasileiros, que nela se inspiraram para desenvolver figuras que, embora não expressamente previstas em nosso

[22] Nesse sentido, WALD, Arnoldo; COSTA, José Augusto Fontoura; VIEIRA, Maíra de Melo. O impacto da Convenção de Viena sobre a Compra e Venda Internacional de Mercadorias no Direito brasileiro: visão geral. *Revista de Arbitragem e Mediação*, São Paulo, 37, p. 17-32, 2013, p. 27:
Outros institutos previstos na Convenção já se encontram, tradicionalmente, previstos em nossa legislação. É o caso, por exemplo, da possibilidade de o credor substituir a resolução do contrato pela diminuição do preço em caso de adimplemento defeituoso ou não conformidade com os termos do contrato (arts. 44 e 50 da CVBM), prevista, no ordenamento interno, na hipótese de vício oculto (actio quanti minoris – arts. 441 e 442 do CC/2002); da possibilidade de execução específica da obrigação (...) Embora haja algumas diferenças pontuais em relação à disciplina desses institutos na Convenção e no ordenamento interno, estas, a nosso ver, são secundárias, e poderiam, a despeito do escopo especial de aplicação da Convenção, ser facilmente resolvidas por meio da interpretação e da boa-fé objetiva (...).

[23] Nesse sentido, não podemos concordar inteiramente com a afirmação do senador Francisco Dornelles no sentido de que a única novidade trazida pelos arts. 30 a 53 da CISG à experiência brasileira estaria no art. 49 (DORNELLES, Francisco. Parecer de 2012 da Comissão de Relações Exteriores e Defesa Nacional, sobre o Projeto de Decreto Legislativo 73/2012 (222/2011, na origem). *Revista de Arbitragem e Mediação*, São Paulo, 37, p. 269-279, 2013, p. 277).

ordenamento jurídico, passaram a encontrar guarida e aplicação na doutrina e na jurisprudência. É o caso, por exemplo, das figuras da violação positiva do contrato (defective performance), do inadimplemento antecipado (anticipatory breach), do inadimplemento substancial como requisito para que o credor possa exercer o direito à resolução do contrato ou a outros remédios relativos ao inadimplemento, como a substituição das mercadorias não conformes (fundamental breach), da razoabilidade (que, no Brasil, ultrapassou o direito constitucional para permear também o direito civil) e o dever do credor de mitigação dos danos, que, hoje, derivamos do princípio da boa-fé.[24]

Dito isso, e passando-se a uma análise mais detalhada e comparativa do Código Civil brasileiro *vis-à-vis* a CISG, para dela extrair contribuições ao primeiro, verifica-se que, similarmente ao regime da conformidade das mercadorias na Convenção, os vícios redibitórios resguardam o comprador dos defeitos da coisa que desconhecesse quando da contratação[25].

Digno de nota que, enquanto a CISG estipula uma solução única para quaisquer divergências entre a mercadoria contratada e a entregue, abarcando qualidade, quantidade, tipo e embalagem, o Código Civil apresenta abordagens distintas para algumas destas situações. Primeiro, a aplicação do regime dos vícios redibitórios exige que o defeito ou vício afete o uso da coisa ou lhe diminua o valor, sem prejuízo de permitir pleitos de inadimplemento contratual para outras divergências. Segundo, a entrega de bem de tipo diverso do contratado (*aliud*) também não é considerada vício redibitório, mas, sim, inadimplemento contratual[26].

[24] Wald, Arnoldo; Costa, José Augusto Fontoura; Vieira, Maíra de Melo. *Op. cit.*, p. 24-26.

[25] A exclusão da responsabilidade do vendedor na hipótese de o comprador conhecer o vício quando da contratação decorre do art. 35(3) da Convenção e do art. 441 do Código Civil, neste último por resguardar apenas os vícios ditos ocultos, ou seja, que não fossem ou não pudessem ser conhecidos pelo comprador. Ver Simão, José Fernando. *Vícios do produto no novo Código Civil e no Código de Defesa do Consumidor.* São Paulo: Atlas, 2003, p. 89-92; Tepedino, Gustavo; Barboza, Heloisa Helena; Moraes, Maria Celina Bodin de. *Código Civil Interpretado conforme a Constituição da República*, vol. II. Rio de Janeiro: Renovar, 2006, p. 62; Assis, Araken de, *In* Alvim, Arruda; Alvim, Thereza (eds.). *Comentários ao Código Civil Brasileiro*, vol. V. Rio de Janeiro: Forense, 2007, p. 314-319.

[26] Ver Tepedino, Gustavo; Barboza, Heloisa Helena; Moraes, Maria Celina Bodin de. *Op. cit.*, p. 62-64; Assis, Araken de. *Op. cit.*, p. 322.

A solução una traçada pela Convenção parece-nos proporcionar menos dúvidas e incrementar a previsibilidade nas relações negociais, ao prevenir distinções arbitrárias ou discricionárias onde não se justifiquem. A título de exemplo, a própria conceituação de uma coisa como *aliud* é problemática, eis nem sempre ser fácil a identificação de uma mercadoria como completamente alheia às características contratadas.

A adoção de sistema similar é a primeira possível contribuição vislumbrada da CISG ao Código Civil brasileiro, seja através de mudança legislativa ou interpretativa[27].

Ainda comparando a conceituação de conformidade e de vício redibitório, imperioso salientar que, enquanto na CISG os efeitos da desconformidade estão separados de sua caracterização[28], os dos vícios redibitórios são extraídos do próprio artigo que os define (art. 441 c/c 442). O resultado é que, de modo a evitar a redibição do contrato por motivos fúteis ou menores[29], a doutrina passou a comumente sustentar que o vício deve ter certa gravidade para a incidência do regime e a aplicação de seus remédios[30].

Aqui reside a segunda possível contribuição da Convenção para o desenvolvimento do direito privado doméstico brasileiro. Não se vislumbra razão para que remédios tão distintos em seus efeitos e em sua gravidade – rescisão contratual e redução do preço – estejam sujeitos a idênticos requisitos. Enquanto o primeiro resulta no retorno das partes ao *status quo ante*, com a devolução da coisa e, ao menos, a restituição do preço e das despesas do contrato (art. 443), o segundo simplesmente

[27] Apesar de se reconhecer que a atual redação do Código Civil torna interpretação nestes moldes necessariamente *contra legem*.

[28] De modo que, ausente acordo ou costume relativo à tolerância de discrepâncias menores, haverá desconformidade seja qual for sua gravidade, seja em prejuízo ou benefício do comprador. Inobstante, nos termos dos arts. 46(2) e 49(1)(a) da Convenção, o comprador só poderá rescindir o contrato ou demandar a entrega de bens substitutos caso haja violação essencial ao contrato, quando, então, a gravidade da violação deverá ser verificada. Mas mantêm-se disponíveis remédios como o reparo e a redução do preço.

[29] Ver Simão, José Fernando. *Op. cit.*, p. 65-66.

[30] Bittencourt, Rodrigo do Prado. A boa-fé objetiva, a função social dos contratos e a proteção contra os vícios redibitórios: três elementos estruturadores dos negócios jurídicos, *Revista Reflexão e Crítica do Direito*, Ribeirão Preto, 7, p. 30-47, 2019, p. 39; Rosenvald, Nelson, *In* Peluso, Cezar (coord.). *Código Civil comentado: doutrina e jurisprudência*. 7ª ed. rev. e atual.. Barueri: Manole, 2013, p. 495.

provoca abatimento parcial do preço, ajustado à sua efetiva desvalorização.

Nessa toada, conquanto entendamos que, no presente, a redação do art. 442 torna inviável a desejável diferenciação dos requisitos para tão distintos remédios[31], a impropriedade da atual solução deve ser lembrada em eventuais e futuras revisões legislativas.

Seguindo em frente, deriva de outro requisito para a ocorrência de vício redibitório a terceira sugerida contribuição do sistema convencional: a necessidade de o vício ser tido por oculto. Dita necessidade deriva do próprio *caput* do art. 441 do Código Civil, que, contudo, não o conceitua. Destarte, a doutrina o faz, afirmando serem ocultos os vícios que, no momento da contratação, eram "*imperceptíveis à diligência ordinária do adquirente*"[32], "*aquele* [vício] *que não poderia ser detectado por uma pessoa de cautela ordinária*"[33], ou, ainda, aquele "*cuja existência nenhuma circunstância pode revelar, senão mediante exames ou testes*"[34].

Dessa forma, resta claro que, recebida a coisa, e de modo a adequadamente exercitar os remédios previstos, o vício ou defeito deverá se evidenciar; e, via de regra, sendo ocultos, não serão imediatamente perceptíveis[35]. Se, de um lado, o Código Civil Brasileiro não possui dispositivo similar ao art. 38 da Convenção – estipulando de forma clara o dever do adquirente de inspecionar as mercadorias recebidas –, de outro, seu art. 445 limita o uso dos remédios a prazo decadencial de trinta dias para bens móveis e de um ano para imóveis, excetuando-os apenas "[q]*uando o vício, por sua natureza, só puder ser conhecido mais tarde*". Ou seja, o prazo decadencial conta do momento em que o adquirente constatou – ou

[31] Similarmente, ver Vargas, Betina. The adoption of the CISG by Brazil: how will the Convention affect Brazilian law?, fonte: http://www.cisg-brasil.net/downloads/doutrina/BetinaWestminsterthesispdf.pdf, acessado em 19/12/2019, p. 45-46.

[32] Alves, Jones Figueirêdo, *In* Fiuza, Ricardo; Silva, Regina Beatriz Tavares da (coords.). *Código Civil comentado*. 8ª ed.. São Paulo: Saraiva, 2012, art. 441.

[33] Rosenvald, Nelson. *Op. cit.*, p. 495 (complementando que, "[s]*endo o vício de fácil constatação, presume-se que houve desídia do adquirente quando da contratação*", recaindo em abuso de direito e na vedação ao *venire contra factum proprium* caso o alegue posteriormente).

[34] Simão, José Fernando. *Op. cit.*, p. 62.

[35] A exceção será aquele vício ou defeito que, conquanto imperceptível à cautela ordinária quando da contratação, tenha se tornado de todo evidente no ínterim até a efetiva entrega.

devesse ter constatado[36] – o vício, que pode ser no próprio momento da entrega ou em tempo futuro.

Daí resulta que, exceto para vícios e defeitos que não eram evidentes à cautela ordinária na contratação, mas tornaram-se entre aquele momento e a efetiva entrega, a necessidade de algum tipo de inspeção se erige na prática do adquirente diligente. Mas não há definição do que demanda essa inspeção, o que, via de consequência, prejudica a segurança jurídica.

Propomos, então, que os critérios traçados pela CISG sejam usados como baliza, eis que, como afirmado por Erika Sondahl Levin:

> Estes requerimentos [dos arts. 38 e 39 da CISG] garantem uma camada adicional de proteção a ambas as partes, na medida em que o comprador deve inspecionar os bens prontamente, e o vendedor pode, então, ter a certeza de que após este período não poderá ser responsabilizado por qualquer desconformidade que deveria ter sido descoberta pelo comprador ao momento da entrega ou logo após a mesma. Ademais, um comprador pode ter a certeza de que, desde que satisfaça os requerimentos de inspeção e de notificação, terá o direito de rescindir o contrato e de buscar outros remédios apropriados à quebra do contrato. O Código Civil brasileiro não contém dispositivos similares aos Artigos 38 e 39 da CISG, que direcionam ao comprador de forma específica o ônus de identificar e notificar o vendedor de quaisquer desconformidades. Entretanto, o Código dispõe de modo genérico que 'os contratantes são obrigados a guardar, assim na conclusão do contrato, como em sua execução, os princípios da probidade e boa-fé' (CCB, Artigo 422). Diferentemente da atual estrutura do CCB, a CISG fica em vantagem por codificar as responsabilidades das partes e incentivar a transparência e a cooperação entre elas.[37]

[36] Visto que não se resguarda o vício que permaneceu oculto por negligência do adquirente. Ver Tepedino, Gustavo; Barboza, Heloisa Helena; Moraes, Maria Celina Bodin de. *Op. cit.*, p. 70.

[37] Levin, Erika Sondahl. A CISG e a arbitragem comercial internacional no Brasil. *A CISG e o Brasil: Convenção das Nações Unidas para os Contratos de Compra e Venda Internacional de Mercadorias*, São Paulo, p. 575-596, 2015, p. 585. Ver, também, Muñoz, Edgardo; Moser, Luiz Gustavo Meira. A adesão do Brasil à CISG: consequências para o comércio na China e América Latina, fonte: http://www.cisg-brasil.net/doc/emunoz1.pdf, acessado em 19/12/2019, p. 19-20.

Mas algumas adaptações são, por certo, necessárias, em vista de limitações por ora impostas pela legislação em vigor, em especial no que tange os bens móveis.

A primeira decorre do prazo fixado no *caput* do art. 445 para exercício da redibição ou da redução do preço. Como há prazo certo, perde sentido valer-se daquele do art. 39 da CISG, seja para dizer que o prazo razoável seria menor ou maior. Entretanto, como este é contado do descobrimento do vício – real ou ficto –, não há impacto no prazo ou método de inspeção previsto no art. 38 da CISG, e sugerido para incrementar a segurança jurídica também das relações regidas pelo Código Civil.

O mesmo não pode ser dito da segunda adaptação. Em vista do prazo máximo substancialmente inferior para exercício dos remédios previsto no Código Civil – 210 dias[38], frente aos dois anos convencionais –, a inspeção necessariamente deverá se dar no período, independentemente da duração de transporte necessário após a entrega, ou de eventual reexpedição. Mas, por óbvio, assim como ocorre na CISG, os contratantes poderão estipular em sentido oposto, para ampliar tal limite (art. 446).

Feitas essas ressalvas, a principal contribuição do art. 38 da Convenção e dos estudos acadêmicos que o revolvem diz respeito ao momento, ao método e à extensão da inspeção, que serão influenciados por fatores objetivos e subjetivos.

No que tange ao tempo, dentre os inúmeros fatores a serem considerados, destacam-se o método e extensão da inspeção adequada, a natureza e o uso esperado da mercadoria, as circunstâncias e a *expertise* do adquirente e a expectativa das partes. Em contraposição, fatores estritamente pessoais, tais como doenças ou faltas ao trabalho, são irrelevantes.

Assim é que, a princípio, mercadorias perecíveis terão prazos de inspeção muito curtos, enquanto mercadorias duráveis ou com desconformidades cuja detecção dependa de testes prolongados terão prazos maiores.

[38] O prazo de 180 dias referir-se-ia ao momento máximo para manifestação do defeito. Findo este prazo, inicia-se o prazo decadencial para exercício dos direitos. Ver Tepedino, Gustavo; Barboza, Heloisa Helena; Moraes, Maria Celina Bodin de. *Op. cit.*, p. 70-71. Ver, também, abaixo, outra possível contribuição da CISG, atinente à interpretação do art. 445, § 1º, do Código Civil.

Já quanto ao método e extensão da inspeção, dentre os fatores objetivos, mostram-se de especial relevância a natureza, a quantidade e a embalagem da mercadoria, bem como o efeito da inspeção sobre seu uso. Como exemplo, uma inspeção por amostras, ainda que recaia sobre percentual mínimo dos bens entregues, poderá ser considerada razoável e apropriada diante da grande quantidade de mercadoria e de sua necessária destruição pelo processo de inspeção.

No rol de fatores subjetivos destacam-se o histórico negocial das partes e a capacitação e instalações técnicas do adquirente. Deste modo, a inspeção poderá ser mais ou menos extensa a depender da ocorrência ou não de desconformidades em entregas anteriores ou da experiência do comprador. Não obstante, importante observar que somente devem afetar a inspeção os fatores subjetivos que o vendedor conhecesse ou não pudesse desconhecer quando da celebração do contrato.

Regra geral, o comprador deverá empreender ao menos inspeção visual da mercadoria, incluindo sua pesagem e contagem. Nas hipóteses em que defeitos usuais e prováveis não sejam aferíveis por uma inspeção superficial, exames mais detalhados podem ser necessários. Em caso de vendas a granel ou de grandes quantidades, esta usualmente se limita a uma amostragem aleatória e representativa do todo.

A ocorrência de sinais posteriores da existência de defeitos ocultos na mercadoria poderá reavivar o dever de inspeção do adquirente, que deverá empreender exames mais minuciosos, muitas vezes com o auxílio de terceiros especializados, para verificar sua existência.

Não realizada a inspeção em tempo ou por métodos apropriados, parece-nos que o vício terá permanecido oculto por negligência do adquirente, sendo indesejável que este seja premiado por sua conduta em detrimento da previsibilidade e da segurança jurídica nas relações negociais.

Destarte, o efeito mais adequado será considerar que o prazo de exercício dos remédios previsto no *caput* do art. 445 se iniciou quando o vício devesse ter sido constatado à luz das considerações acima.

Essa conclusão permite-nos mergulhar diretamente na quarta contribuição vislumbrada, relativa à interpretação da interação entre o *caput* e o § 1º do art. 445 do Código Civil. Ainda persiste no Brasil divergência doutrinária quanto a esta, sustentando alguns que, tratando-se de vício que, "*por sua natureza, só puder ser conhecido mais tarde*", o prazo de exercício dos remédios se inicia quando da ciência daquele e corre por 180 dias ou um ano, a depender de ser o bem móvel ou imóvel[39]. Já outros dizem que estes prazos de 180 dias ou um ano dizem respeito ao período máximo no qual o vício pode se evidenciar e ainda permitir o uso dos remédios legais[40].

A solução adotada pela CISG pode auxiliar a identificação da solução mais apropriada. Em seu art. 39, estipula-se prazo máximo de dois anos para que o comprador notifique a desconformidade, sujeito a cláusula de garantia em sentido contrário, após o qual perde este direito em prol da segurança jurídica, prevenindo que o vendedor permaneça perpetuamente em dúvida sobre o término de suas obrigações na transação empreendida.

Com efeito, o resultado prático da primeira interpretação antes traçada do art. 445 do Código Civil é justamente alongar indefinidamente no tempo a possibilidade de o adquirente buscar os remédios relativos aos vícios redibitórios, deixando, de outro lado, sem efeito a admissibilidade de extensão dos prazos através das cláusulas de garantia mencionadas em seu art. 446.

Destarte, a CISG contribui com o debate reforçando os argumentos favoráveis à segunda interpretação, que, aliás, veio a ser adotada pelo Conselho da Justiça Federal em seu enunciado 174 da III Jornada de Direito Civil[41].

Finalmente, e já no campo dos remédios disponíveis frente aos vícios redibitórios, a quinta e última contribuição da CISG – também de cunho interpretativo – diz respeito à possibilidade de redução da contraprestação.

A Convenção possibilita a redução do preço em seu art. 50, voltada unicamente para as hipóteses de não conformidade. Por sua vez, o Código Civil Brasileiro o faz para vícios que diminuam o valor ou utilidade da coisa tanto na previsão genérica do art. 235 quanto na específica aos vícios redibitórios do art. 442.

[39] Ver, *e.g.*, SIMÃO, José Fernando. *Op. cit.*, p. 112; ROSENVALD, Nelson. *Op. cit.*, p. 499.

[40] Ver, *e.g.*, TEPEDINO, Gustavo; BARBOZA, Heloisa Helena; MORAES, Maria Celina Bodin de. *Op. cit.*, p. 70-71.

[41] Enunciado 174. Em se tratando de vício oculto, o adquirente tem os prazos do caput do art. 445 para obter redibição ou abatimento de preço, desde que os vícios se revelem nos prazos estabelecidos no § 1º, fluindo, entretanto, a partir do conhecimento do defeito.

Todavia, não há previsão legislativa quanto à forma de cálculo da redução, havendo aqueles que entendem dever se dar pelo método linear (de forma correspondente à depreciação da coisa por efeito do vício)[42] e outros pelo método proporcional (reduzindo a contraprestação na proporção da redução do valor da coisa)[43].

Novamente, a opção adotada pela CISG serve de suporte na identificação da opção mais apropriada[44]. Como antes adiantado, nesta, a redução do preço é calculada de forma proporcional, segundo a seguinte fórmula:

$$Preço\ reduzido = \frac{Valor\ da\ mercadoria\ entregue}{Valor\ da\ mercadoria\ contratada} \times Preço\ contratado$$

De modo a exemplificar como o método linear diverge do proporcional, digamos que as partes tenham contratado a entrega de determinada coisa pelo preço de R$1.200.000,00 e que, por motivos quaisquer, o valor de mercado de coisa com as características contratadas estivesse em R$1.000.000,00 quando da entrega. Suponhamos, ainda, que o bem efetivamente entregue tivesse qualidade inferior, com valor de mercado à época da entrega de R$800.000,00.

Nessa hipótese, adotado o método linear, a redução da contraprestação seria calculada subtraindo o valor que as mercadorias contratadas teriam (R$1.000.000,00) daquele que as mercadorias efetivamente entregues tinham (R$ 800.000,00), resultando em restituição

[42] Ver, *e.g.*, Tepedino, Gustavo; Barboza, Heloisa Helena; Moraes, Maria Celina Bodin de. *Op. cit.*, p. 66; Tribunal de Justiça do Estado de São Paulo. 16ª Câmara Extraordinária de Direito Privado. Apelação nº 0058808-67-2010.8.26.0577. J. 28/07/2015.

[43] Ver Assis, Araken de. *Op. cit.*, p. 344, 345, 399; Morais, Ezequiel; Assunção, Ana Kelly Rolim. Aspectos controvertidos dos vícios redibitórios: extensão da redução prevista no art. 442 do Código Civil e cálculo do abatimento. *Direito UNIFACS*, Salvador, 181, 2015, fonte: https://revistas.unifacs.br/index.php/redu/article/view/3694, acessado em 19/12/2019, p. 5; Simão, José Fernando. *Op. cit.*, p. 100; Rosenvald, Nelson. *Op. cit.*, p. 496.

[44] Já tendo sido notado, aliás, que as soluções quanto ao tema adotados pelos dois sistemas não se opõem (Grebler, Eduardo. The Convention on International Sale of Goods and Brazilian law: are differences irreconcilable?, *Journal of Law and Commerce*, Pittsburg, 25, p.467-476, 2005, p. 472; Dolganova, Iulia; Lorenzen, Marcelo Boff. O Brasil e a adesão à Convenção de Viena de 1980 sobre Compra e Venda Internacional de Mercadorias, *Revista Fórum CESA*, Belo Horizonte, 10, p. 46-61, 2009, p. 17).

de R$200.000,00. Já pelo método proporcional, constatar-se-ia que há uma proporção de 0,8 entre o valor das mercadorias contratadas e o das entregues (800.000 ÷ 1.000.000) e, reduzindo-se a contraprestação em igual proporção, atingir-se-ia montante de R$960.000,00, ou seja, redução de R$ 240.000,00.

Julgamos que a adoção do método proporcional seja igualmente justa no contexto dos vícios redibitórios, eis que, nas palavras de Pontes de Miranda, "*atende ao verdadeiro valor do objeto e ao que o outorgado entendeu contraprestar*"[45].

Essas são as principais contribuições que vislumbramos no sistema de conformidade e inspeção traçado pela CISG para o desenvolvimento de nosso sistema jurídico doméstico.

Conclusões

Após sucintamente apresentar o sistema convencional relativo à proteção do adquirente contra desconformidades da mercadoria, formulou-se cinco propostas de contribuições da CISG para o aperfeiçoamento da disciplina dos vícios redibitórios no Brasil.

À guisa de conclusão, foram elas: *(i)* a tentativa – por via legislativa ou interpretativa – de unificar a abordagem dos vícios e defeitos da coisa, de modo a evitar que situações similares encontrem trato desnecessariamente divergente; *(ii)* a diferenciação – por via legislativa – dos requisitos exigidos para o exercício da redibição daqueles para a redução da contraprestação, em vista de seus efeitos e gravidades em muito distintos; *(iii)* a utilização do sistema constante do art. 38 da Convenção como baliza para traçar o tempo no qual e a forma pela qual deve o adquirente inspecionar a coisa e exercer os remédios legais; *(iv)* a adoção do art. 39(2) da CISG como evidência de que a interpretação apropriada do art. 445, § 1º, do Código Civil deve traçar os períodos lá previstos como prazos limites para que o vício ou defeito se evidencie, ausente cláusula de garantia em sentido contrário; e *(v)* a adoção do art. 50 da Convenção como evidência de que o método mais apropriado de cálculo da redução da contraprestação prevista no art. 442 do Código Civil é o proporcional, ao invés do linear.

[45] MIRANDA, Francisco Cavalcanti Pontes de. *Tratado de direito privado*, t. 38. Rio de Janeiro: Borsoi, 1962, p. 302.

Feitas essas sugestões, espera-se que auxiliem no atingimento do propósito da presente obra, qual seja, o saudável e contínuo aperfeiçoamento dos diplomas legais pátrios de direito privado.

Referências

ALVES, Jones Figueirêdo, *In* FIUZA, Ricardo; SILVA, Regina Beatriz Tavares da (coords.). *Código Civil comentado*. 8ª ed.. São Paulo: Saraiva, 2012.

ASSIS, Araken de, *In* ALVIM, Arruda; ALVIM, Thereza (eds.). *Comentários ao Código Civil Brasileiro*, vol. V. Rio de Janeiro: Forense, 2007.

BACH, Ivo, *In* KRÖLL, Stefan; MISTELIS, Loukas; VISCASILLAS, Pilar Perales (eds.). *UN Convention on Contracts for the International Sale of Goods (CISG)*, 2ª ed.. Munique: C.H. Beck, Hart, Nomos, 2018.

BIANCA, Cesare Massimo; BONELL, Michael Joachim. *Bianca-Bonell commentary on the International Sales Law*. Milão: Guiffrè, 1987.

BITTENCOURT, Rodrigo do Prado. A boa-fé objetiva, a função social dos contratos e a proteção contra os vícios redibitórios: três elementos estruturadores dos negócios jurídicos, *Revista Reflexão e Crítica do Direito*, Ribeirão Preto, 7, p. 30-47, 2019.

BOGHOSSIAN, Nayiri. A comparative study of specific performance provisions in the United Nations Convention on Contracts for the International Sale of Goods, 2000, fonte: https://cisgw3.law.pace.edu/cisg/biblio/boghossian.html, acessado em 19/12/2019.

DOLGANOVA, Iulia; LORENZEN, Marcelo Boff. O Brasil e a adesão à Convenção de Viena de 1980 sobre Compra e Venda Internacional de Mercadorias, *Revista Fórum CESA*, Belo Horizonte, 10, p. 46-61, 2009.

DORNELLES, Francisco. Parecer de 2012 da Comissão de Relações Exteriores e Defesa Nacional, sobre o Projeto de Decreto Legislativo 73/2012 (222/2011, na origem). *Revista de Arbitragem e Mediação*, São Paulo, 37, p. 269-279, 2013.

ENDERLEIN, Fritz; MASKOW, Dietrich. *International Sales Law*, 1992, fonte: https://www.cisg.law.pace.edu/cisg/biblio/enderlein.html, acessado em 19/12/2019.

GREBLER, Eduardo. The Convention on International Sale of Goods and Brazilian law: are differences irreconcilable?, *Journal of Law and Commerce*, Pittsburg, 25, p.467-476, 2005.

HONNOLD, John O.; FLECHTNER, Harry M. *Uniform law for international sales under the 1980 United Nations Convention*, 4ª ed.. Nova Iorque: Kluwer, 2009.

HUBER, Peter, *In* KRÖLL, Stefan; MISTELIS, Loukas; VISCASILLAS, Pilar Perales (eds.). *UN Convention on Contracts for the International Sale of Goods (CISG)*, 2ª ed.. Munique: C.H. Beck, Hart, Nomos, 2018.

HUBER, Peter; MULLIS, Alastair. *The CISG: a new textbook for students and practitioners*. Munique: Sellier, 2007.

KRÖLL, Stefan, *In* KRÖLL, Stefan; MISTELIS, Loukas; VISCASILLAS, Pilar Perales (eds.). *UN Convention on Contracts for the International Sale of Goods (CISG)*, 2ª ed.. Munique: C.H. Beck, Hart, Nomos, 2018.

KULESZA, Gustavo; BITENCOURT, Rafael; MOREIRA, Rodrigo; *et al.* A CISG e o Judiciário brasileiro, fonte: http://cbar.org.br/site/wp-content/uploads/2017/03/Relatorio-Pesquisa-Juris-CISG-2016_versao-consolidada-e-revisada_FINAL.pdf, acessado em 19/12/2019.

LEVIN, Erika Sondahl. A CISG e a arbitragem comercial internacional no Brasil. *A CISG e o Brasil: Convenção das Nações Unidas para os Contratos de Compra e Venda Internacional de Mercadorias*, São Paulo, p. 575-596, 2015.

LIU, Chengwei. Price reduction for non-conformity: perspectives from the CISG, UNIDROIT Principles, PECL and case law, 2ª ed., fonte: http://www.cisg.law.pace.edu/cisg/biblio/chengwei2.html, acessado em 19/12/2019.

LIU, Chengwei. Specific performance: perspectives from the CISG, UNIDROIT Principles, PECL and case law, 2ª ed., fonte: http://www.cisg.law.pace.edu/cisg/biblio/chengwei3.html, acessado em 19/12/2019.

LOOKOFSKY, Joseph. *The 1980 United Nations Convention on Contracts for the International Sale of Goods*. Haia: Kluwer, 2000, fonte: http://www.cisg.law.pace.edu/cisg/biblio/lookofsky.html, acessado em 19/12/2019.

MIRANDA, Francisco Cavalcanti Pontes de. *Tratado de direito privado*, t. 38. Rio de Janeiro: Borsoi, 1962.

MORAIS, Ezequiel; ASSUNÇÃO, Ana Kelly Rolim. Aspectos controvertidos dos vícios redibitórios: extensão da redução prevista no art. 442 do Código Civil e cálculo do abatimento. *Direito UNIFACS*, Salvador, 181, 2015, fonte: https://revistas.unifacs.br/index.php/redu/article/view/3694, acessado em 19/12/2019.

MÜLLER-CHEN, Markus, *In* SCHWENZER, Ingeborg (ed.). *Schlechtriem & Schwenzer: commentary on the UN Convention on the International Sale of Goods (CISG)*, 4ª ed.. Oxford: Oxford University Press, 2016.

MUÑOZ, Edgardo; MOSER, Luiz Gustavo Meira. A adesão do Brasil à CISG: consequências para o comércio na China e América Latina, fonte: http://www.cisg-brasil.net/doc/emunoz1.pdf, acessado em 19/12/2019.

POTSCH M., Bernard. *A CISG e a conformidade das mercadorias: qualidade, quantidade e embalagem na Convenção das Nações Unidas sobre Contratos de Compra e Venda Internacional de Mercadorias*. Rio de Janeiro: Lumen Juris, 2015.

POTSCH M., Bernard. Interpretação da vontade das partes no âmbito da Convenção das Nações Unidas sobre Contratos de Compra e Venda Internacional da Mercadorias. *Coleção Direito UERJ 80 anos: Direito Internacional*, Rio de Janeiro, p. 99-120, 2015.

Rosenvald, Nelson, *In* Peluso, Cezar (coord.). *Código Civil comentado: doutrina e jurisprudência*. 7ª ed. Rev. e atual.. Barueri: Manole, 2013.

Schlechtriem, Peter. The seller's obligations under the United Nations Convention on Contracts for the International Sale of Goods. *International Sales: the United Nations Convention on Contracts for the International Sale of Goods*, 1984, fonte: https://www.cisg.law.pace.edu/cisg/biblio/schlechtriem10.html, acessado em 19/12/2019.

Schlechtriem, Peter. *Uniform Sales Law*. Viena: Manz, 1986, fonte: https://www.cisg.law.pace.edu/cisg/biblio/schlechtriem.html, acessado em 19/12/2019.

Schwenzer, Ingeborg, *In* Schwenzer, Ingeborg (ed.). *Schlechtriem & Schwenzer: commentary on the UN Convention on the International Sale of Goods (CISG)*, 4ª ed.. Oxford: Oxford University Press, 2016.

Simão, José Fernando. *Vícios do produto no novo Código Civil e no Código de Defesa do Consumidor*. São Paulo: Atlas, 2003.

Tepedino, Gustavo; Barboza, Heloisa Helena; Moraes, Maria Celina Bodin de. *Código Civil Interpretado conforme a Constituição da República*, vol. II. Rio de Janeiro: Renovar, 2006.

Tribunal de Justiça do Estado de São Paulo. 16ª Câmara Extraordinária de Direito Privado. Apelação nº 0058808-67-2010.8.26.0577. J. 28/07/2015.

UNCITRAL Secretariat. *Commentary on the draft Convention on Contracts for the International Sale of Goods*, 1978, fonte: http://www.cisg-online.ch/index.cfm?pageID=644, acessado em 19/12/2019.

Vargas, Betina. The adoption of the CISG by Brazil: how will the Convention affect Brazilian law?, fonte: http://www.cisg-brasil.net/downloads/doutrina/BetinaWestminsterthesispdf.pdf, acessado em 19/12/2019.

Viscasillas, Pilar Perales. *El contrato de compraventa internacional de mercancias (Convención de Viena de 1980)*, 2001, fonte: http://www.cisg.law.pace.edu/cisg/biblio/perales1.html, acessado em 19/12/2019.

Wald, Arnoldo; Costa, José Augusto Fontoura; Vieira, Maíra de Melo. O impacto da Convenção de Viena sobre a Compra e Venda Internacional de Mercadorias no Direito brasileiro: visão geral. *Revista de Arbitragem e Mediação*, São Paulo, 37, p. 17-32, 2013.

12. Fundamental Breach e Inadimplemento Definitivo: Um Paralelo entre a CISG e o Direito Privado Brasileiro sob a Perspectiva do Interesse do Credor

Maria Beatriz Rizzo Delamuta

Introdução

A CISG é fruto de cerca de meio século de esforços visando à unificação do direito da compra e venda internacional de mercadorias. Em vigor no Brasil, convém intensificar o estudo comparativo entre o regramento internacional e o doméstico, seja para aprimorar e afinar a compreensão daquele, seja para contribuir para a constante construção deste.

Por meio da CISG, buscou-se inaugurar uma disciplina própria para o contrato de compra e venda internacional de mercadorias, com enfoque técnico, pragmático e eficiente[1]. O sucesso do texto internacional se deve, em grande parte, ao fato deste acomodar tanto aspectos decorrentes da experiência do *Common Law*, como atributos do sistema romano-germânico; a chamada *happy fusion* entre os dois universos, frequentemente lembrada pelos estudiosos do tema[2].

Não é sempre, entretanto, que a disciplina da CISG coincide com aquela vigente no direito brasileiro. É o caso da figura da *fundamental*

[1] Fradera, Véra M. J. *A noção de contrato na Convenção de Viena de 1980 sobre Venda Internacional de Mercadorias.* Disponível em https://www.cisg-brasil.net/doutrina, acessado em 16.06.2020.

[2] Schwenzer, Ingeborg; Mohs, Florian. *Old habits die hard: traditional contract formation in a modern world.* Disponível em https://www.cisg.law.pace.edu/cisg/biblio/schwenzer-mohs.html, acessado em 16.06.2020.

breach of contract e da disciplina a ela aplicável, que não parecem encontrar correspondência perfeita no ordenamento pátrio. Entre nós, vigora tradicionalmente a noção de inadimplemento definitivo, cujo regime não coincide, de forma exata, com aquele descrito no texto internacional. Do confronto dos dois regramentos, porém, emergem pontos de contato interessantes e, sobretudo, contribuições para o estudo do direito contratual brasileiro.

Nesse contexto, convém examinar, primeiro, os pressupostos e as consequências decorrentes da *fundamental breach*, à luz do artigo 25 da CISG, bem como a casuística derivada da experiência internacional. Em seguida, passar-se-á ao estudo da figura do inadimplemento definitivo no direito brasileiro. Ao final, analisar-se-ão as diferenças e as semelhanças entre os dois regimes, bem assim as contribuições que o jurista brasileiro pode extrair da experiência construída no âmbito da CISG.

I. Fundamental breach

No âmbito da CISG, o direito de resolver o contrato por inadimplemento é excepcional, razão pela qual é usualmente classificado pela doutrina internacional como *last resort remedy*[3]. No centro dessa lógica, encontra-se a *fundamental breach*, prevista no artigo 25[4] [5], pivô do sistema de remédios e prerrogativas que se colocam à disposição da parte prejudicada pelo descumprimento.

De fato, é apenas a partir da configuração de uma *fundamental breach* que nasce para o contratante prejudicado pelo inadimplemento a possibilidade de resolver o contrato, de acordo com o que se extrai da inter-

[3] Magnus, Ulrich. The remedy of avoidance of contract under CISG – general remarks and special cases. *Journal of Law and Commerce*, Pitsburgo, v. 25, pp. 423-436, 2006. pp. 423--424.

[4] Por comodidade expositiva, os artigos de lei serão transcritos uma única vez. Após, será feita apenas referência ao número do dispositivo. Convém esclarecer, ainda, que o texto é de tradução livre da autora do oficial em inglês para o português.

[5] "Artigo 25: A violação ao contrato por uma das partes é considerada como essencial se causar à outra parte prejuízo capaz de privá-la, substancialmente, do resultado que poderia esperar do contrato, salvo se a parte inadimplente não tiver previsto e uma pessoa razoável da mesma condição e nas mesmas circunstâncias não pudesse prever tal resultado."

secção do artigo 25 com os artigos 49(1)(a)[6], 51(2)[7], 64(1)(a)[8], 72(1)[9] e 73(1)(2)[10] da CISG. Sua materialização também é imprescindível para que o vendedor possa exercer a prerrogativa de requerer a entrega de mercadorias substitutivas, na hipótese de as inicialmente fornecidas serem desconformes ao pactuado, na forma do artigo 46(2)[11].

Embora não seja o tema central deste artigo, vale esclarecer que a concessão de prazo suplementar para cumprimento das obrigações de entrega e recebimento das mercadorias, bem como de pagamento do preço, a chamada *Nachfrist*, também pode levar à resolução do negócio. Nessa hipótese, a fixação da *Nachfrist* e seu eventual descumprimento levam ao *upgrade* do inadimplemento contratual, que pode, então,

[6] "Artigo 49: (1) O comprador poderá declarar o contrato resolvido: (a) se o descumprimento, pelo vendedor, de qualquer das obrigações que lhe atribui o contrato ou esta Convenção constituir violação essencial do contrato."

[7] "Artigo 51: (2) O comprador poderá declarar resolvido o contrato apenas se a entrega parcial ou a desconformidade constituir violação essencial do contrato."

[8] "Artigo 64: (1) O vendedor poderá declarar resolvido o contrato se: (a) o descumprimento pelo comprador de qualquer das obrigações que lhe atribui o contrato ou esta Convenção configurar violação essencial do contrato."

[9] "Artigo 72: (1) Se antes da data do adimplemento tornar-se evidente que uma das partes incorrerá em violação essencial do contrato, poderá a outra parte declarar a resolução deste."

[10] "Artigo 73: (1) Nos contratos que previrem a entrega de mercadorias em parcelas, se o inadimplemento de uma das partes com relação a qualquer das parcelas configurar violação essencial do contrato, a outra parte poderá declarar o contrato resolvido com relação àquela parcela específica.
(2) Se o descumprimento, por uma das partes, de suas obrigações relativas a qualquer das parcelas der à outra parte fundados motivos para concluir que haverá violação essencial do contrato com relação a futuras entregas, esta poderá declarar o contrato resolvido com relação ao futuro, desde que o faça dentro de prazo razoável."

[11] "Artigo 46: (2) Se as mercadorias não forem conformes ao contrato, o comprador poderá exigir a entrega de mercadorias substitutas apenas se a desconformidade configurar violação essencial do contrato e o pedido de substituição de mercadorias for formulado no momento da comunicação da desconformidade a que se refere o artigo 39, ou dentro de um prazo razoável a contar desse momento."

vir a configurar uma *fundamental breach* e, como tal, permitir a resolução. Nesse sentido estão os artigos 49(1)(b)[12] e 64(1)(b)[13] da CISG.

Como se percebe, a opção dos redatores da CISG é bastante clara: a resolução há de ser sempre a última alternativa disponível à parte lesada pelo inadimplemento. Fora dos limites da *fundamental breach*, o negócio segue vinculando os contratantes, abrindo-se à parte inocente a possibilidade de pleitear reparação pelos prejuízos decorrentes do inadimplemento não fundamental[14].

Essa escolha faz todo o sentido no contexto de aplicação da CISG. O desfazimento do contrato de compra e venda internacional usualmente leva à necessidade de devolução das mercadorias objeto do negócio ao vendedor, gerando custos adicionais que devem ser evitados na maior extensão possível (i.e., transporte e seguro internacional, armazenamento etc.)[15]. Essa é a mesma justificativa para também se limitar o direito do comprador de requerer a substituição de mercadorias à ocorrência de *fundamental breach*.

Feitos esses esclarecimentos iniciais, convém agora examinar os pressupostos da *fundamental breach*, que se extraem do conceito trazido pelo artigo 25 da CISG.

[12] "Artigo 49: (1) O comprador poderá declarar o contrato resolvido: (...) (b) no caso de atraso na entrega se o vendedor não entregar as mercadorias dentro do prazo suplementar concedido pelo comprador, conforme o parágrafo (1) do artigo 47, ou se declarar que não efetuará a entrega dentro de tal prazo.".

[13] "Artigo 64: (1) O vendedor poderá declarar resolvido o contrato se: (...) (b) o comprador não cumprir a obrigação de pagar o preço ou receber as mercadorias dentro do prazo suplementar concedido pelo vendedor, conforme o parágrafo (1) do artigo 63, ou se declarar que não o fará dentro de tal prazo."

[14] O regime geral de indenização da Convenção de Viena está previsto em seu artigo 74, segundo o qual:

"Artigo 74: As perdas e danos decorrentes de violação do contrato por uma das partes consistirão no valor equivalente ao prejuízo sofrido, inclusive lucros cessantes, suportados pela outra parte em consequência do descumprimento. A indenização não pode exceder a perda que a parte inadimplente previu ou deveria ter previsto, como possível consequência do descumprimento do contrato, no momento da celebração do negócio."

[15] SCHROETER, Ulrich G. *General Provisions*, in SCHLECHTRIEM, Peter; SCHWENZER, Ingeborg. *Commentary on the UN Convention on the International Sale of Goods (CISG)*. 3ª ed. Nova Iorque: Oxford University Press, 2010. p. 403.

II. Pressupostos da *fundamental breach*

O primeiro e mais elementar pressuposto para a configuração da *fundamental breach* é o inadimplemento de uma obrigação assumida pelas partes no contrato ou a elas imposta pela CISG, desde que tal descumprimento não esteja abarcado pelas hipóteses exoneratórias previstas no artigo 79[16].

O artigo 25 da CISG não especifica qual ou quais tipos de obrigações, uma vez inadimplidas, podem dar ensejo à resolução do contrato com base na existência de uma *fundamental breach*, o que não é fortuito. No particular, pouco releva se a obrigação descumprida é principal, acessória ou mesmo um dever secundário de conduta, assumindo maior relevância o resultado do inadimplemento – isto é, o prejuízo dele decorrente – do que este propriamente dito.

De outro lado, parece não haver dúvidas entre os estudiosos de que a *fundamental breach* pode ter lugar também fora das hipóteses de descumprimento de obrigações, sejam elas principais ou acessórias, expressamente assumidas no contrato. Não se questiona, assim, que a violação de práticas estabelecidas entre as partes ou de usos comerciais comuns de determinado nicho de mercado, que vinculam os contratantes por força do artigo 9º da CISG, pode levar à existência de *fundamental breach*.

[16] "Artigo 79: (1) Nenhuma das partes será responsável pelo inadimplemento de qualquer de suas obrigações se provar que tal fato se deveu a impedimento fora de seu controle e que dela não se poderia razoavelmente esperar que o impedimento em tela fosse levado em consideração quando da celebração do contrato ou evitado ou superadas suas consequências.
(2) Se o inadimplemento da parte decorrer de falta praticada por terceiro por ela contratado para executar total ou parcialmente o contrato, a responsabilidade desta será afastada se: (a) for exonerado nos termos do parágrafo anterior; e (b) o terceiro contratado fosse exonerado caso as disposições do parágrafo anterior fossem a ele aplicadas.
(3) A exoneração prevista neste artigo terá efeito no período pelo qual durar o impedimento.
(4) A parte inadimplente deve dar notícia à outra parte do impedimento e de seus efeitos sobre sua habilidade de cumprir as obrigações assumidas. Se a comunicação não for recebida pela outra parte dentro de um período razoável após o momento em que a parte inadimplente tomou ou deveria ter tomado conhecimento do impedimento em questão, será responsável pelos danos decorrentes do não recebimento da comunicação.
(5) As disposições deste artigo não impedem nenhuma das partes de exercer qualquer direito além de requerer indenização nos termos desta Convenção."

Assim, a *fundamental breach* pode decorrer do inadimplemento de obrigações expressamente pactuadas pelas partes no contrato ou a elas impostas pelo texto da CISG, sejam elas principais ou acessórias. Enquanto o inadimplemento de obrigações principais da compra e venda internacional via de regra não provoca grandes discussões quanto à sua qualificação, o descumprimento de obrigações acessórias deu origem a julgados interessantes e que iluminam a sistematização do estudo da matéria[17].

Ao lado do inadimplemento contratual, para que haja *fundamental breach* é necessário que a parte lesada pelo descumprimento demonstre que este lhe acarretou prejuízo substancial, privando-a daquilo que poderia esperar da execução do contrato. O texto do artigo 25 da CISG, entretanto, não define de modo mais preciso o que seria prejuízo substancial, deixando tal conceito com contornos sensivelmente abertos.

Os comentários da Secretaria da UNCITRAL ao texto projetado de 1978 também não se mostram particularmente esclarecedores, já que apenas indicam que a análise quanto à existência ou não de prejuízo substancial deve ser feita à luz das circunstâncias de cada caso concreto[18].

O estudo e a prática da CISG, entretanto, permitiram a identificação de certos critérios capazes de emprestar contornos mais definidos à noção de prejuízo substancial.

O primeiro desses critérios pode ser extraído do histórico da redação do artigo 25. As diversas alterações propostas ao texto, bem como as discussões travadas antes de se chegar à redação final, revelam que

[17] Nesse sentido, por exemplo, em determinada arbitragem CCI, reputou-se que a inobservância de certas exigências referentes às embalagens das mercadorias configurava *fundamental breach* na medida em que acabava por inviabilizar o fornecimento dos fertilizantes pactuado entre as partes (ICC International Court of Arbitration. 8128/1995. Suíça (comprador) v. Áustria (vendedor). J. 01.01.1995. Disponível em http://cisgw3.law.pace.edu/cases/958128i1.html, acessado em 15.04.2020). No célebre *shoes case*, a Corte de Apelação de Frankfurt igualmente reconheceu a existência de *fundamental breach* a partir da violação a obrigações acessórias de confidencialidade e proteção à propriedade intelectual (OLG Frankfurt. Alemanha (comprador) v. Itália (vendedor). 5 U 164/90. J. 17.09.1991. Disponível em http://cisgw3.law.pace.edu/cases/910917g1.html, acessado em 15.04.2020).

[18] *The Secretariat Commentary on the 1978 Draft article 23.* Disponível em http://www.cisg.law.pace.edu/cisg/text/secomm/secomm-25.html, acessado em 15.04.2020.

a existência de prejuízo substancial não está, necessariamente, ligada a prejuízos pecuniários. Não é a extensão de eventual perda financeira, portanto, o que deve nortear a análise da substancialidade do prejuízo sofrido. O que se deve ter em conta é, na realidade, a relevância do interesse violado pelo inadimplemento do contrato e a possibilidade de seguir, ou não, com a execução do negócio, tal qual inicialmente vislumbrado pelas partes[19].

A partir dessa constatação, é possível extrair o segundo critério que deve guiar o intérprete na análise da substancialidade do prejuízo decorrente do inadimplemento: o conteúdo próprio do contrato e a maneira como as partes dispuseram as obrigações nele assumidas. Cabe a elas, assim, indicar a relevância dos vários direitos e obrigações que compõem o feixe contratual e, assim, o impacto que o seu inadimplemento tem sobre a relação negocial[20]. Assim, é imprescindível a atenta e precisa análise dos termos do contrato, pois, no mais das vezes, a essencialidade da obrigação e, portanto, do prejuízo decorrente de seu descumprimento podem ser dali extraídas[21].

A autonomia privada tem, assim, especial prestígio nesse aspecto da CISG, já que a essencialidade do prejuízo se relaciona, diretamente, com as expectativas, declaradas ou presumíveis a partir do contexto no qual o negócio foi celebrado, que a parte prejudicada nutriu[22].

O emprego dos critérios acima elencados pode auxiliar o intérprete a identificar se o inadimplemento de uma das partes causou à outra prejuízo substancial de modo a privá-la daquilo que esperava com a execução do contrato. O parâmetro para determinar a essencialidade do prejuízo

[19] Schlechtriem, Peter; Butler, Petra. *UN Law on International Sales. The UN Convention on the International Sales of Goods*. Berlin/Heildelberg: Springer Verlag, 2009. p. 97.

[20] Schroeter, Ulrich G. *General Provisions*, in Schlechtriem, Peter; Schwenzer, Ingeborg. *Op. cit.*, p. 409.

[21] Fradera, Véra M. J. O conceito de inadimplemento fundamental do contrato no artigo 25 da lei internacional sobre vendas, da Convenção de Viena de 1980. *Revista da Faculdade de Direito da Universidade Federal do Rio Grande do Sul*, Porto Alegre, v. 2, p. 55-66, 1994. p. 62.

[22] Bjöklund, Andrea K. *General Provisions*, in Kröll, Stefan; Mistelis, Loukas A.; Viscasillas, Maria Pilar Perales. *UN Convention on the International Sale of Goods (CISG)*. 2ª ed. Munique: Beck/Hart, 2011. p. 338.

decorrente do inadimplemento é rígido[23], já que envolve a frustração do próprio objetivo vislumbrado com a celebração do negócio[24].

Por fim, o último pressuposto para configuração da *fundamental breach* é a previsibilidade das consequências do inadimplemento. Ou seja, deve ficar demonstrado que a parte inadimplente sabia, ou deveria saber, que seu descumprimento contratual resultaria em prejuízo substancial para a parte lesada.

O histórico legislativo do artigo 25 revela que os redatores da CISG tinham, aqui, uma preocupação efetiva com a concretude do conceito. Por essa razão, para aferir a previsibilidade do resultado do inadimplemento, foi inserida a referência a "*uma pessoa razoável da mesma condição e nas mesmas circunstâncias*" na redação do dispositivo em tela[25]. Nesse sentido, o *standard* para análise da previsibilidade é concreto, já que se deve levar em consideração a conduta usual de um comerciante na mesma situação.

A previsibilidade, assim, opera como uma espécie de limitador à configuração da *fundamental breach*, já que, ainda que haja inadimplemento contratual e prejuízo substancial para a parte lesada, a possibilidade de resolver o contrato, ou requerer a substituição das mercadorias, só se fará presente quando ficar demonstrado que a parte inadimplente previu, ou deveria ter previsto, o resultado de sua conduta faltosa.

Do exame dos pressupostos da *fundamental breach* emerge o critério central adotado pela CISG para a estruturação do sistema de descumprimento contratual: o interesse do credor. De fato, no cerne deste regime encontram-se as expectativas objetivamente nutridas por este em rela-

[23] Bjöklund, Andrea K. *General Provisions*, in Kröll, Stefan; Mistelis, Loukas A.; Viscasillas, Maria Pilar Perales. *Op. cit.*, p. 337.

[24] No ponto, recorre-se novamente ao *shoes case* para ilustrar a questão: "Uma violação ao contrato é fundamental quando o propósito deste é colocado em xeque de maneira tão séria que a parte lesada pelo inadimplemento deixa de ter interesse na execução do negócio, como consequência do descumprimento contratual praticado" (OLG Frankfurt. Alemanha (comprador) v. Itália (vendedor). 5 U 164/90. J. 17.09.1991. Disponível em http://cisgw3.law.pace.edu/cases/910917g1.html, acessado em 15.04.2020. Tradução livre para o português).

[25] *Summary of records of meetings of the First Committee, 12th meeting, A/CONF.97/C.1/SR.12*, pp. 296-298. Disponível em <http://www.uncitral.org/pdf/english/texts/sales/cisg/a-conf-97-19-ocred-e.pdf>, acessado em 15.04.2020.

ção ao pacto, frustradas, de modo injusto, pelo descumprimento imputável ao devedor[26].

À noção de *interesse do credor*, entretanto, não se pode conferir contornos subjetivistas, sob pena de se cair no arbítrio de uma parte sobre a outra e no casuísmo, que elimina a segurança jurídica que deve permear as relações contratuais. A casuística bem desenvolvida da CISG permite sistematizar a questão através da divisão em grupos de casos análogos com o objetivo de extrair critérios a partir dos quais se possa melhor delimitar o interesse do credor.

Dados os limites deste estudo, que não se pretende exaustivo, o próximo tópico cuidará de analisar a frustração do interesse do credor na CISG sob a perspectiva do comprador, à luz do atraso na entrega das mercadorias e da entrega de mercadorias desconformes.

III. Grupos de casos exemplificativos

III.1. Atraso na entrega das mercadorias

O primeiro grupo de casos analisa o interesse do credor sob a perspectiva da essencialidade do pontual cumprimento da prestação. A partir do estudo dos pressupostos da *fundamental breach*, intui-se que a inobservância do prazo de entrega das mercadorias pode ou não levar à resolução do negócio, a depender da importância que os contratantes tiverem atribuído ao cumprimento tempestivo da obrigação. Essa importância pode tanto estar expressa nos termos do contrato, o que torna a investigação certamente mais fácil, como decorrer da natureza do negócio ou do nicho de mercado no qual as partes operam.

A previsão do mecanismo da *Nachfrist* no texto da CISG denota, à partida, que não se presume o tempo como essencial ao cumprimento das obrigações. Nesse sentido, nos termos dos artigos 47(1) [27] e 63(1)[28], é dever do credor lesado a fixação de prazo adicional para cumprimento

[26] Steiner, Renata. *A influência do credor no sistema de descumprimento contratual da CISG*, in Nalin, Paulo; Steiner, Renata; Xavier, Luciana Pedroso (coords). *Compra e venda internacional de mercadorias. Vigência, aplicação e operação da CISG no Brasil*. Curitiba: Juruá, 2014. pp. 428-431.

[27] "Artigo 47: (1) O comprador pode fixar prazo suplementar razoável para que o vendedor cumpra suas obrigações."

[28] "Artigo 63: (1) O vendedor pode fixar prazo suplementar razoável para que o comprador cumpra suas obrigações."

da obrigação inadimplida para, então, poder declarar resolvido o negócio. A exceção a esta regra, cujo nítido propósito é a preservação do negócio, reside na possibilidade de resolver o contrato quando o descumprimento do prazo for desde logo essencial, nos termos dos artigos 49(1)(a) e 64(1)(a).

Merece destaque, ainda, uma variação do conceito de atraso que é a recusa definitiva na entrega das mercadorias, cunhada, pela doutrina internacional, como *definitive non-delivery*[29]. Nessas hipóteses, a falta de entrega corresponde ao próprio não cumprimento da obrigação.

Nesse particular, é possível identificar ao menos quatro grupos de casos nos quais a inobservância do prazo de entrega ajustado levou à caracterização da *fundamental breach*, sendo eles: (1) casos nos quais o comprador revela que depende da entrega tempestiva para honrar obrigações assumidas com terceiros[30]; (2) casos nos quais a mercadoria comercializada se reveste de natureza sazonal, de maneira que sua

[29] A hipótese está prevista nos artigos 47(2) da CISG e 49(1)(b):
"Artigo 47: (2) A menos que o comprador tenha recebido do vendedor a notícia de que este não irá cumprir a prestação dentro do prazo suplementar fixado, o comprador não pode, durante este prazo, recorrer a qualquer dos remédios aplicáveis ao inadimplemento contratual. Entretanto, o comprador não fica privado de qualquer direito que possa ter de reclamar indenização pelos prejuízos decorrentes da demora no cumprimento."
"Artigo 49: (1) O comprador poderá declarar o contrato resolvido: (...) (b) no caso de atraso na entrega se o vendedor não entregar as mercadorias dentro do prazo suplementar concedido pelo comprador, conforme o parágrafo (1) do artigo 47, ou se declarar que não efetuará a entrega dentro de tal prazo."

[30] Nesse sentido, por exemplo, tem-se negócio de compra e venda celebrado entre empresas canadense e norte-americana para fornecimento de painéis de isolamento à vácuo. As mercadorias seriam empregadas na construção de sistemas de fornecimento de energia na região do Ártico, a serem entregues ao Departamento de Defesa Nacional do Canadá. A instalação era viável apenas no verão dadas as condições climáticas da região. Verificado o atraso na entrega das mercadorias, o descumprimento do prazo foi tido como fundamental e a resolução do negócio autorizado (Supreme Court of Ontario. Diversitel Communications, Inc. v. Glacier Bay Inc. 03-CV-23776 SR. J. 06.10.2003. Disponível em http://cisgw3.law.pace.edu/cases/031006c4.html, acessado em 15.04.2020). No mesmo sentido, destacando a essencialidade do prazo pactuado: BGer Suíça. FCF S.A. v. Adriafil Commerciale S.r.l. 4C.205/2000. J. 15.09.2000. Disponível em http://cisgw3.law.pace.edu/cases/000915s2.html, acessado em 15.04.2020; OLG Hamburg. Reino Unido (comprador) v. Alemanha (vendedor). 1 U 167/95. J. 28.02.1997. Disponível em http://cisgw3.law.pace.edu/cases/970228g1.html, acessado em 15.04.2020.

comercialização em outro período se revela desvantajosa[31]; (3) casos nos quais o comprador reforçou a importância de uma entrega rápida e pontual para os seus negócios[32]; e (4) casos nos quais o valor de mercado dos bens comercializados é volátil[33]. Nessas situações, a existência de prazos ou períodos de entrega fixos milita em favor da conclusão de que a entrega tempestiva é essencial para o contrato.

De outro lado, a análise de julgados permite concluir que não se reputa essencial, a princípio, o descumprimento do termo nas seguintes hipóteses: (1) se a existência de pequeno atraso não tirar do comprador a possibilidade de comercializar as mercadorias como inicialmente planejado, a despeito da existência de prazo ou período fixo de entrega no negócio[34]; (2) se as partes empregaram linguagem aberta e genérica

[31] Ilustra bem a hipótese o fornecimento de artigos de roupa de lã pactuado em contrato que previa prazo fixo de entrega, a fim de viabilizar a venda das mercadorias durante o período das liquidações de inverno. Descumprido o prazo, reputou-se o descumprimento como fundamental já que frustrava o interesso do credor (CA Milano. Italdecor s.a.s. v. Yiu's Industries (H.K.) Limited. Número do processo indisponível. J. 20.03.1998. Disponível em http://cisgw3.law.pace.edu/cases/980320i3.html, acessado em 15.04.2020).

[32] É o caso de contrato de fornecimento de carteiras, malas e mochilas no qual o prazo de entrega acordado foi de 10 a 15 dias e a relevância da pontualidade destacada em diversos contatos mantidos entre as partes. Passados dois meses da celebração do negócio, a entrega ainda estava pendente, o que levou a Corte de Parma a reconhecer a existência de *fundamental breach* (Pretura di Parma-Fidenza. Foliopack AG v. Daniplast S.p.A. 77/89. J. 24.11.1989. Disponível em http://cisgw3.law.pace.edu/cases/891124i3.html, acessado em 15.04.2020). No mesmo sentido, destacando a essencialidade do prazo pelo fato de as partes terem pactuado que a entrega aconteceria *prontamente*: OLG Düsseldorf. Israel (comprador) v. Alemanha (vendedor). 15 U 88/03. J. 21.04.2004. Disponível em http://cisgw3.law.pace.edu/cases/040421g3.html, acessado em 15.04.2020, acessado em 15.04.2020.

[33] A volatilidade do preço das mercadorias já foi utilizada para exemplificar a essencialidade do termo ao menos um par de vezes na casuística da CISG: BGer Suíça. FCF S.A. v. Adriafil Commerciale S.r.l. 4C.105/2000. J. 15.09.2000. Disponível em http://cisgw3.law.pace.edu/cases/000915s2.html, acessado em 15.04.2020; Corte Distrital de New Jersey. Valero Marketing & Supply Company v. Greeni Oy & Greeni Trading Oy. Civ. 01-5254 (DRD). J. 04.04.2006. Disponível em http://cisgw3.law.pace.edu/cases/060404u1.html, acessado em 15.04.2020.

[34] É o caso de contrato de fornecimento de roupas de verão no qual o vendedor entregou as mercadorias com quatro dias de atraso, porém ainda no início da primavera (AG Ludwigsburg. Itália (comprador) v. França (vendedor). 4 C 549/90. J. 21.12.1990. Disponível em http://cisgw3.law.pace.edu/cases/901221g1.html, acessado em 15.04.2020). Em sentido semelhante: LG Oldenburg. Alemanha (comprador) v. Itália (vendedor). 12 O 2541/95. J.

para determinar o prazo ou período de entrega dos bens[35]; e (3) se o mercado em geral, ou as próprias partes em relações pretéritas, toleravam atrasos na entrega[36].

III.2. Entrega de mercadorias desconformes

No tocante ao segundo grupo de casos, que analisa a existência de *fundamental breach* a partir da entrega de mercadorias desconformes, a solução teórica não é distinta: haverá violação essencial e, portanto, direito à resolução ou à entrega de mercadorias substitutivas, se a desconformidade for suficiente para frustrar o interesse do credor. Se não o for, o pacto deve prevalecer e a única alternativa que se abre para o comprador é reclamar indenização pelos prejuízos eventualmente suportados[37].

Ao contrário do que se verifica em muitos sistemas nacionais, inclusive no brasileiro, no âmbito da CISG, a entrega de mercadorias distintas daquelas descritas no contrato, seja sob o aspecto quantitativo, seja sob o qualitativo, é analisada sob a ótica da desconformidade. Nesse sentido, considera-se que a obrigação de entregar os bens objeto do contrato foi cumprida, porém de maneira desconforme ao pactuado pelas partes[38].

27.03.1996. Disponível em: http://cisgw3.law.pace.edu/cases/960327g1.html, acessado em 15.04.2020.

[35] Ilustra a questão o caso de fornecimento de sapatos no qual as partes fixaram, no respectivo contrato, que a entrega deveria ocorrer *antes das férias, não depois* (AG Nordhorn. Alemanha (comprador) v. Itália (vendedor). 3 C 75/94. J. 14.06.1994. Disponível em http://cisgw3.law.pace.edu/cases/940614g1.html). Ou, ainda, quando as partes pactuam que a entrega deve se dar *tão logo possível* (OLG Hamm. Alemanha (comprador) v. China (vendedor). 13 U 102/01. 12.11.2001. Disponível em http://cisgw3.law.pace.edu/cases/011112g1.html, acessado em 15.04.2020). E, ainda: Corte de Apelação da Antuérpia. GmbH Lothringer Gunther Grosshandelsgesellschaft für Bauelemente und Holzwerkstoffe v. NV Fepco International. 2002/AR/2087. 24.04.2006. Disponível em http://cisgw3.law.pace.edu/cases/060424b1.html, acessado em 15.04.2020.

[36] A tolerância das partes e do mercado relevante a atrasos foi empregada como argumento para afastar a existência de *fundamental breach* no seguinte caso: American Arbitration Association. 50181T 0036406. Macromex Srl v. Globex International In. J. 23.10.2007. Disponível em http://www.cisg-online.ch/content/api/cisg/display.cfm?test=1645, acessado em 15.04.2020.

[37] Lookofsky, Joseph. *Understanding the CISG.* 4ª ed. Copenhagen: WoltersKluwer, 2012. p. 109.

[38] *The Secretariat Commentary on the 1978 Draft article 35.* Disponível em <https://www.cisg.law.pace.edu/cisg/text/secomm/secomm-35.html>, consultado em 25.04.2020.

O ponto de partida e a pedra angular para avaliar a conformidade das mercadorias é, naturalmente, o próprio texto contratual[39], como previsto no artigo 35(1) da Convenção[40]. Nesse sentido, o vendedor está obrigado a fornecer bens na quantidade, com a qualidade e embalados como previsto no negócio celebrado entre as partes. Na hipótese de o contrato ser omisso a propósito, o intérprete deve recorrer ao artigo 35(2)[41], que traz elementos subsidiários para informar a análise da conformidade das mercadorias[42]. Nesse particular, assumem relevância as práticas usuais do nicho de mercado no qual atuam as partes e os usos do comércio internacional, que passam a representar requisitos mínimos de qualidade das mercadorias. A investigação hermenêutica deve sempre se pautar pelo uso ordinário atribuído aos bens objeto do contrato no mercado relevante[43] ou por qualquer uso particular expressa ou implicitamente revelado pelo comprador por ocasião da celebração do negócio.

A entrega de mercadorias desconformes, talvez o campo mais problemático no estudo da *fundamental breach*, é usualmente tratada caso a caso[44]. Isso, entretanto, não escusa o estudioso de tentar buscar critérios para conferir certa previsibilidade à questão.

[39] Bianca, Cesare Massimo. *Bianca-Bonell Commentary on the International Sales Law*. Milão: Giuffrè, 1987. p. 271; Schlechtriem, Peter. *Uniform Sales Law – The UN-Convention on Contracts for the international Sale of Goods*. Viena: Manz, 1986. p. 66.

[40] "Artigo 35: (1) O vendedor deve entregar bens que correspondam à quantidade, qualidade e descrição previstas no contrato, acondicionadas ou embaladas na forma nele estabelecida."

[41] "Artigo 35: (2) Salvo se as partes houverem acordado de outro modo, as mercadorias não serão conformes ao contrato a menos que: (a) sejam adequadas ao uso para o qual mercadorias do mesmo tipo normalmente se destinam; (b) sejam adequadas a algum uso especial que, expressa ou implicitamente, tenha sido informado ao vendedor por ocasião da conclusão do contrato, salvo se as circunstâncias revelarem que o comprador não confiou na competência e no julgamento do vendedor ou que não era razoável fazê-lo; (c) possuam as qualidades de amostras ou modelos de mercadorias que o vendedor tenha apresentado ao comprador; (d) estejam embaladas ou acondicionadas na forma habitual para tais mercadorias ou, à falta desta, de modo apropriado à sua conservação e proteção."

[42] Schwenzer, Ingeborg. *Obligations of the Seller*, in Schlechtriem, Peter; Schwenzer, Ingeborg. *Op. cit.*, p. 575.

[43] Schwenzer, Ingeborg. *Obligations of the Seller*, in in Schlechtriem, Peter; Schwenzer, Ingeborg. *Op. cit.*, pp. 575 e 578.

[44] Huber, Peter; Mullis, Alastair. *The CISG. A new textbook for students and practitioners*. Munique: Sellier, 2007. p. 199.

Sem a pretensão de esgotar o tema, amplo para os limites deste artigo, a análise da casuística da CISG permite concluir que a desconformidade poderá levar à existência de *fundamental breach* quando: (1) implicar violação a disposições contratuais reputadas essenciais pelas partes quanto à qualidade dos bens[45]; (2) impedir a revenda das mercadorias pelo comprador[46]; e (3) o propósito do comprador com a aquisição das mercadorias ficar frustrado em razão do descumprimento[47].

[45] Nesse sentido, vale conferir os seguintes precedentes: China International Economic and Trade Arbitration Commission – CIETAC. CISG/1991/04. China (comprador) v. EUA (vendedor). J. 30.10.1991. Disponível em http://cisgw3.law.pace.edu/cases/911030c1.html, acessado em 22.04.2020; Appellationsgericht Basel-Stadt. Suíça (comprador) v. Bélgica (vendedor). 33/2002/SAS/so. J. 22.8.2003. Disponível em http://cisgw3.law.pace.edu/cases/030822s1.html, acessado em 22.04.2020; Randers Byret. França (comprador) v. Dinamarca (vendedor). BS 9700016-4. J. 4.11.1998. Disponível em http://cisgw3.law.pace.edu/cases/981104d1.html, acessado em 22.04.2020.

[46] Foi o caso, por exemplo, de vinhos fornecidos com indevida adição de água, o que os tornava impróprios para consumo e comercialização na União Europeia (LG Trier. Alemanha (comprador) v. Itália (vendedor). J. 12.10.1995. Disponível em http://cisgw3.law.pace.edu/cases/951012g1.html, acessado em 22.04.2020. Ou, ainda, de bacalhaus que sofreram deterioração dada a inobservância de temperaturas adequadas durante seu transporte (Audiencia Provincial de Pontevedra. Hoogendik Import/Expert B.V. v. Blue Marine Fish International, SL. 336058/2013. Disponível em http://www.cisg-online.ch/content/api/cisg/display.cfm?test=2576) , acessado em 22.04.2020. E, por fim, de sapatos e artigos de vestuários tão defeituosos que inviabilizavam sua comercialização: Tribunale di Forli. Mitias d.o.o. v. Solidea S.r.l. 2280/2007. J. 11.12.2008. Disponível em http://cisgw3.law.pace.edu/cases/081211i3.html, acessado em 22.04.2020; OL Köln. Alemanha (comprador) v. Itália (vendedor). 16 U 77/01. J. 14.10.2002. Disponível em http://cisgw3.law.pace.edu/cases/021014g1.html, acessado em 22.04.2020; OLG Koblenz. Alemanha (comprador) v. Bélgica (vendedor). 1 U 486/07. J. 21.11.2007. Disponível em http://cisgw3.law.pace.edu/cases/050302g1.html, acessado em 22.04.2020.

[47] É o caso, por exemplo, da compra e venda de pônei a ser utilizado em competições de salto, porém o animal apresentava sério e incurável problema em suas articulações: Corte Distrital de Copenhage. Annika Gustavsson v. LRF N.V. BS 01-6B-2625/2005. J. 19.20.2007. Disponível em http://www.cisg-online.ch/content/api/cisg/display.cfm?test=2150, acessado em 22.04.2020. Ou, ainda, do fornecimento de compressores para ar-condicionado absolutamente defeituosos e que impediram a compradora de comercializar sua linha de aparelhos na época mais vantajosa do ano, o verão: US Court of Appeals for the Second Circuit. Delchi Carrier, SpA v. Rotorex Corp. 95-7182, 95-7186. J. 6.12.1995. Disponível em http://www.cisg-online.ch/content/api/cisg/display.cfm?test=140, acessado em 22.04.2020.

Em contrapartida, é possível concluir que não haverá *fundamental breach* quando a desconformidade: (1) não impedir a revenda dos bens, desde que isso não represente um ônus injustificado para o comprador e ainda que a preço reduzido; (2) puder ser remediada pelo vendedor sem grande inconveniência para o comprador[48]; e (3) for irrelevante do ponto de vista do programa contratual.

IV. O interesse do credor na perspectiva da CISG

Diante do exposto até o momento, conclui-se que o *interesse do credor* é indissociável da própria noção de *fundamental breach*. Em verdade, é mesmo impossível averiguar se determinado descumprimento contratual configura ou não *fundamental breach* sem, necessariamente, percorrer o caminho que passa pelo interesse do credor. Como aponta a doutrina, este é a *pedra de toque* que separa um mero descumprimento daquele que se tem como essencial e, portanto, suficiente para desencadear aquele que é o último recurso possível na CISG, ou seja, a resolução do pacto[49].

A perspectiva da CISG é clara: ao trabalhar, no artigo 25, com conceitos como *prejuízo*, *privação* e *expectativas razoáveis* com o contrato, o texto internacional deixa evidente que a questão deve ser abordada sob a ótica do credor. São as suas expectativas diante da relação contratual que devem orientar, de modo geral, a análise quanto à essencialidade do inadimplemento.

Daí é possível extrair que o interesse do credor na CISG deve ser analisado a partir de duas perspectivas, uma de ordem *subjetiva* e outra de caráter *objetivo*.

O viés *subjetivo* reside na opção de conferir menos importância à extensão do prejuízo decorrente do inadimplemento contratual e, sim,

[48] Nesse sentido, vale destacar, inclusive, o que dispõe a *Opinion* n.º 5 do *CISG Advisory Council*: "Se, em um caso específico, o comprador estiver em uma posição melhor do que a do vendedor para reparar as mercadorias ou providenciar seu reparo por um terceiro, comprar peças faltantes ou – em caso de desconformidade quanto à quantidade – comprar a quantidade pendente de mercadorias, ele deverá fazê-lo e não poderá declarar a resolução do contrato por *fundamental breach*" (disponível em http://www.cisg.law.pace.edu/cisg/CISG-AC-op5.html).

[49] Steiner, Renata. *Op. cit.*, p. 428.

mais peso à sua relevância para o credor[50]. De fato, é necessário que o credor, em função da privação decorrente do inadimplemento, perca seu *interesse* na manutenção do pacto.

Afirmar a existência de um critério interpretativo de ordem subjetiva, não significa, entretanto, relegar a matéria ao arbítrio do credor, em uma investigação verdadeiramente subjetivista, como adiantado anteriormente.

No particular, o estudo da CISG revela que a investigação quanto à preservação ou frustração do interesse *subjetivo* do credor deve ser conduzida a partir de critérios *objetivos*[51]. Nesse sentido, o artigo 25 traz os elementos que devem nortear o intérprete: a substancialidade do inadimplemento; as expectativas que razoavelmente o credor pode nutrir considerados o objeto e a natureza do contrato; e, por fim, a previsibilidade das consequências do inadimplemento tomando-se por base o *standard* bastante objetivo de comerciantes nas mesmas condições e circunstâncias.

Delineados os contornos da matéria no âmbito da CISG, convém agora voltarmos nosso olhar para o direito privado brasileiro.

V. O inadimplemento definitivo no direito brasileiro

No direito comum brasileiro, o regime do descumprimento contratual orienta-se por uma dicotomia central quanto ao critério do interesse violado[52], colocando-se, de um lado, a mora e, de outro, o inadimplemento absoluto, ao qual também se refere como definitivo[53]. No primeiro caso, ou seja, diante de simples mora da parte do devedor, ao

[50] Schlechtriem, Peter; Butler, Petra. *Op. cit.*, p. 97; Steiner, Renata. *Op. cit.*, pp. 429-430.

[51] Steiner, Renata. *Op. cit.*, pp. 430.431.

[52] Zanetti, Cristiano de Sousa. *A perda de interesse do credor*, in Benetti, Giovana; Corrêa, André Rodrigues; Fernandes, Márcia Santana; Nitschke, Guilherme; Pargendler, Mariana; Varela, Laura (orgs.). *Direito, Cultura, Método. Leituras da obra de Judith Martins-Costa.* Rio de Janeiro: GZ, 2019. p. 766.

[53] Martins-Costa, Judith. *Comentários ao novo Código Civil – Do inadimplemento das obrigações,* Teixeira, Sálvio de Figueiredo (coord.). *Comentários ao novo Código Civil,* v. V, t. II. 2ª ed. Rio de Janeiro: Forense, 2009. pp. 218-221.

credor não é dado resolver o negócio com fundamento no artigo 475[54] do Código Civil, mas sim exigir o cumprimento *in natura* da prestação e pleitear reparação pelos danos sofridos. Já no caso de inadimplemento definitivo, estão à disposição do credor os demais remédios previstos no dispositivo legal em questão, notadamente a execução pelo equivalente e a resolução, além da possibilidade de requerer perdas e danos. O critério decisivo para separar a mora do inadimplemento definitivo é o interesse útil do credor.

A classificação da mora e do inadimplemento definitivo e, como consequência, a identificação das situações nas quais a via resolutória se abre, nem sempre é tarefa fácil. O silêncio do Código Civil a propósito dos fatos que caracterizam inadimplemento definitivo e o tratamento econômico dispensado à resolução por inadimplemento tornam a questão ainda mais desafiadora[55].

Ao contrário da mora, que pressupõe a possibilidade de a prestação ser honrada, o inadimplemento definitivo tem lugar quando esta não foi cumprida pelo devedor e nem poderá mais sê-lo com proveito para o credor[56]. Três são as circunstâncias que conduzem a esse resultado: a impossibilidade objetiva da prestação; a inexigibilidade da prestação devido à alteração superveniente das circunstâncias; e, por fim, a perda do interesse objetivo do credor no cumprimento da prestação, a despeito de esta ainda ser possível e exigível[57], hipótese que interessa à análise conduzida neste artigo.

É correto afirmar, portanto, que, também no regime brasileiro, o interesse do credor se apresenta como conceito chave para a compre-

[54] "Art. 475. A parte lesada pelo inadimplemento pode pedir a resolução do contrato, se não preferir exigir-lhe o cumprimento, cabendo, em qualquer dos casos, indenização por perdas e danos."

[55] Assis, Araken. *Resolução do contrato por inadimplemento.* 5ª ed. São Paulo: RT, 2013. p. 95.

[56] Zanetti, Cristiano de Sousa. A transformação da mora em inadimplemento absoluto. *Revista dos Tribunais,* São Paulo, 942, pp. 117-139, 2014. p. 131.

[57] Aguiar Júnior, Ruy Rosado. *Comentários ao novo Código Civil – Dos contratos em geral,* in Teixeira, Sálvio de Figueiredo (coord.). *Comentários ao novo Código Civil,* v. VI, t. II. 2ª ed. Rio de Janeiro: Forense, 2009. pp. 542-543; Ferreira Da Silva, Jorge Cesa. *Inadimplemento das obrigações – Comentários aos arts. 389 a 420 do Código Civil,* in Reale, Miguel; Martins-Costa, Judith (coords.). *Coleção biblioteca de direito civil – estudos em homenagem ao professor Miguel Reale,* v. 7. São Paulo: RT, 2007. p. 36.

ensão do sistema de remédios aplicáveis descumprimento contratual, como se verá no tópico seguinte.

VI. O interesse do credor e sua frustração no direito brasileiro

O interesse do credor opera como a exata fronteira entre a mora e o inadimplemento definitivo, traçando onde um termina e o outro começa, como evidencia o parágrafo único do artigo 395 do Código Civil[58]. Trata-se de critério realmente importante para o direito contratual brasileiro, o que o levou a ser qualificado pela doutrina como "*o alfa e o ômega da obrigação*"[59], o "*divisor de águas em matéria de inadimplemento*"[60] e, ainda, o "*ponto de partida para alcançar – diante do problema concreto ao qual é preciso dar uma solução – o que é mora e o que é inadimplemento definitivo*"[61].

A importância da análise da conservação ou frustração do interesse útil do credor na prestação reside nas consequências que podem advir de uma ou outra situação para a relação obrigacional. Enquanto o interesse do credor se mantém, a preservação do pacto se impõe. Se constatada a frustração do interesse do credor e, portanto, o inadimplemento definitivo do devedor, abre-se a via resolutória, como se extrai da leitura conjugada dos artigos 395, parágrafo único, e 475 do Código Civil[62]. Para o desfazimento do vínculo contratual, portanto, exige-se "*um incumprimento mais forte e qualificado, que esteja, assim, a atingir um contrato na sua substância, e não em simples acidente ou qualidade*"[63].

Na empreitada de melhor distinguir os casos de mora dos de inadimplemento definitivo, a doutrina chegou a duas conclusões importantes. A primeira vai no sentido de que útil é a prestação idônea o suficiente

[58] "Art. 395. Responde o devedor pelos prejuízos a que sua mora der causa, mais juros, atualização dos valores monetários segundo índices oficiais regularmente estabelecidos, e honorários de advogado.
Parágrafo único. Se a prestação, devido à mora, se tornar inútil ao credor, este poderá enjeitá-la, e exigir a satisfação das perdas e danos."

[59] Assis, Araken. *Op. cit.*, p. 97.

[60] Zanetti, Cristiano de Sousa. *A perda de interesse do credor*, p. 767.

[61] Martins-Costa, Judith. *Op. cit.*, p. 359.

[62] Zanetti, Cristiano de Sousa. *A transformação da mora em inadimplemento absoluto*, pp. 135--136.

[63] Aguiar Júnior, Ruy Rosado. *Op. cit.*, p. 590.

para satisfazer os interesses do credor, isto é, suprir a sua necessidade[64]. Já a segunda consiste na ideia de que a aferição da existência ou inexistência de interesse no cumprimento da prestação não é algo que se sujeita ao exclusivo arbítrio do credor[65], tampouco do julgador[66].

Diante desse cenário, o desafio que se coloca ao intérprete é, justamente, o de definir em quais situações o inadimplemento do devedor destrói o interesse do credor na prestação. Tal investigação envolve a composição de elementos subjetivos, atinentes à legítima expectativa do credor com o cumprimento da prestação, e objetivos, decorrentes da operação econômica ajustada pelas partes[67]. Nessa tarefa, o julgador deve, portanto, tomar em conta a natureza da prestação pactuada e as regras comuns de experiência pertinentes à situação, considerando o que as partes estabeleceram nas respectivas declarações de vontade, conforme indica o artigo 112[68] do Código Civil; seu comportamento durante a execução do negócio; os usos do local da contratação, na linha do que prevê o artigo 113[69];

[64] ZANETTI, Cristiano de Sousa. *A perda de interesse do credor,* p. 767; AGUIAR JÚNIOR, Ruy Rosado. *Op. cit.*, pp. 590-591; PONTES DE MIRANDA, Francisco Cavalcanti. *Tratado de Direito Privado*, v. XXIII. 3ª ed. Rio de Janeiro: RT, 1984. p. 192.

[65] ZANETTI, Cristiano de Sousa. *A perda de interesse do credor,* p. 767; ALVIM, Agostinho. *Da inexecução das obrigações e suas consequências.* 5ª ed. São Paulo: Saraiva, 1980. p. 48; FERREIRA DA SILVA, Jorge Cesa. *Op. cit.*, p. 87.

[66] ALVIM, Agostinho. *Op. cit.*, p. 48

[67] "O juiz deve buscar isolar – para compreender, e, após, compor – dados de dupla ordem: de um lado, os 'elementos objetivos' fornecidos pela regulação contratual, extraídos da natureza da prestação; de outro, os 'elementos subjetivos', que residem na necessidade que tem o credor 'em receber uma prestação que atenda à carência por ele sentida, de acordo com a sua legítima expectativa. Não os motivos ou desejos que eventualmente o animavam, mas a expectativa resultante dos dados fornecidos pelo contrato, por isto, legítima'" (MARTINS-COSTA, Judith. *Op. cit.*, pp. 360-361). Em sentido semelhante, FERREIRA DA SILVA, Jorge Cesa. *Op. cit.*, pp. 88-89.

[68] "Art. 112. Nas declarações de vontade se atenderá mais à intenção nelas consubstanciada do que ao sentido literal da linguagem."

[69] "Art. 113. Os negócios jurídicos devem ser interpretados conforme a boa-fé e os usos do lugar de sua celebração."

e, ainda, o fim econômico e social do contrato, nos termos do artigo 187[70], como aponta a doutrina[71].

Trata-se, evidentemente, de matéria que depende dos fatos envolvidos em cada caso concreto. Entretanto, tal constatação não dispensa a busca de critérios que possam auxiliar o estudo e a aplicação prática da matéria. No particular, a doutrina propõe o endereçamento da questão também através de critérios de ordem objetiva e subjetiva[72].

O critério de natureza objetiva abarca os casos em que há perda do interesse do credor na execução da própria prestação. Usualmente, isso se dá em razão da inobservância de termo reputado essencial no contrato[73].

No mais das vezes, tal qual ocorre no âmbito da CISG, a importância atribuída ao termo é apenas relativa, pois o cumprimento tardio da obrigação costuma atender o interesse do credor e, portanto, ficar restrito aos limites da mora. As partes, entretanto, podem pactuar em sentido contrário. A imprescindibilidade do cumprimento pontual da prestação também pode resultar das circunstâncias particulares do negócio[74], bem assim da linguagem empregada pelas partes[75].

De outro lado, o critério de natureza subjetiva busca endereçar os casos em que o credor deseja o cumprimento da prestação, porém perde o interesse em sua execução pela pessoa do devedor, em razão de circunstâncias que vierem a se materializar após a celebração do negócio[76]. A doutrina identifica ao menos três hipóteses em que isso se verifica.

[70] "Art. 187. Também comete ato ilícito o titular de um direito que, ao exercê-lo, excede manifestamente os limites impostos pelo seu fim econômico ou social, pela boa-fé ou pelos bons costumes."

[71] Martins-Costa, Judith. *Op. cit.*, pp. 361-362.

[72] A classificação e a extração dos critérios que se analisarão a seguir foram cunhadas em Zanetti, Cristiano de Sousa. *A perda de interesse do credor*, em recente estudo que propõe a sistematização da matéria.

[73] Zanetti, Cristiano de Sousa. *A perda de interesse do credor*, p. 769.

[74] Zanetti, Cristiano de Sousa. *A perda de interesse do credor*, p. 770.

[75] Nesse sentido, o uso de expressões como "à tal data, impreterivelmente", "no dia marcado, sem falta", "na data exata"; "para ser entregue no dia tal, passado o qual é inútil a prestação", "no dia tal, ao mais tardar" são suficientes para revelar o caráter essencial do termo (Pontes de Miranda, Francisco Cavalcanti. *Op. cit.*, pp. 186-187).

[76] Zanetti, Cristiano de Sousa. *A perda de interesse do credor*, pp. 774 e ss.

A primeira reside na recusa série e definitiva do devedor de cumprir a obrigação pactuada junto ao devedor, comportamento que viola as exigências da boa-fé, cuja observância se impõe no artigo 422 do Código Civil. Não havendo margem para assumir que o devedor possa eventualmente voltar atrás em sua recusa, não há razão para manter o devedor preso a vínculo obrigacional fadado ao fracasso, razão pela qual está autorizado a considerar caracterizado o inadimplemento definitivo, recusar a prestação e resolver o pacto[77] [78].

A segunda hipótese refere-se à perda de confiança, justificada e definitiva, no credor. É o que se verifica, por exemplo, quando há inexecução dolosa, inadimplemento reiterado ou manifesta imperícia. A violação à boa-fé e a falta de confiança na capacidade do devedor de executar o pactuado de maneira adequada, quando graves e irremediáveis, afetam a possibilidade de o credor ter seu interesse satisfeito, o que lhe autoriza a considerar definitivo o inadimplemento[79].

Por fim, a terceira hipótese se verifica quando o descumprimento praticado pelo devedor implica ameaça de danos iminentes e significativos para o credor. Nessa hipótese, credor e devedor têm interesse na realização de uma operação substituta que, de alguma maneira, estanque a fluência de tais prejuízos. O credor porque deseja proteger seu patrimônio; o devedor para diminuir a indenização devida[80].

Estabelecido o quadro geral da matéria no direito brasileiro, é hora de analisar as diferenças e os pontos de contato entre este e o regime da CISG.

VII. Fundamental breach, inadimplemento definitivo e interesse do credor: diálogo entre o direito brasileiro e a CISG

O estudo do regime aplicável à *fundamental breach* e da disciplina do inadimplemento definitivo existente no Código Civil permite concluir que, embora não sejam frontalmente opostos, também não há identidade perfeita entre eles.

[77] ZANETTI, Cristiano de Sousa. *A perda de interesse do credor*, pp. 775-782.

[78] Aqui, convém rememorar a regra constante do artigo 47(2) da CISG, que também autoriza o credor a resolver o contrato diante da recusa definitiva do devedor.

[79] ZANETTI, Cristiano de Sousa. *A perda de interesse do credor*, pp. 782-784.

[80] ZANETTI, Cristiano de Sousa. *A perda de interesse do credor*, p. 785.

De início, é preciso reconhecer que o próprio conceito de *fundamental breach* não se conforma exatamente à noção de inadimplemento definitivo, possuindo pressupostos e consequências muito bem delimitados pelo texto da CISG.

É preciso, portanto, cautela ao pretender conformar a figura da *fundamental breach* a expressões genéricas como *descumprimento essencial* ou *inadimplemento fundamental*, sem maiores rigores técnicos e como se a simples tradução para o idioma português fosse suficiente para internalizar o conceito.

Na mesma linha, pretender vislumbrar a aplicação direta da *fundamental breach* no direito brasileiro através de outros conceitos, como, por exemplo, a teoria do adimplemento substancial, igualmente não parece adequado. De fato, enquanto a *fundamental breach* constitui o próprio fundamento da resolução por inadimplemento no sistema criado pela CISG, a teoria do adimplemento substancial opera como limite ao direito de resolver, fundado na boa-fé objetiva[81]. Novamente, enquanto uma pressupõe a frustração do interesse do credor, a outra parte de sua conservação, diante de um adimplemento muito próximo do pactuado. Não se trata, portanto, de antítese da *fundamental breach*.

Fora do âmbito de aplicação da CISG, portanto, não parece haver espaço para a incidência direta da *fundamental breach* e do regime a ela aplicável nas demais relações contratuais sujeitas ao direito brasileiro.

Isso, entretanto, não significa dizer que não exista diálogo possível ou pontos de contato entre essas duas realidades jurídicas.

De fato, em ambos os regimes o interesse do credor é o fiel da balança para aferir a essencialidade do descumprimento contratual e a possibilidade de resolução do negócio. É dizer, tanto a CISG quanto o direito brasileiro acabam por enxergar o inadimplemento em graus, reservando a resolução contratual somente para as hipóteses mais graves.

Não obstante, até mesmo em razão das peculiaridades das relações contratuais que regula, a CISG parece exigir um grau maior de severidade do inadimplemento para autorizar a resolução do negócio. De fato,

[81] Fradera, Véra M. J. *O conceito de inadimplemento fundamental do contrato no artigo 25 da lei internacional sobre vendas, da Convenção de Viena de 1980*, p. 59; Martins-Costa, Judith. *Op. cit.*, pp. 362-363.

esta só terá lugar diante da *essencialidade* do descumprimento. Daí talvez a razão de traçar pressupostos tão claros, e aos quais se aplicam diversas restrições, para a *fundamental breach*.

O tratamento da questão no direito brasileiro recebeu, de outro lado, os contornos abertos dos artigos 395, parágrafo único, e 475 do Código Civil. Aqui, nesse passo, parece-nos vigorar o raciocínio inverso, portanto: é o inadimplemento de escassa relevância que opera como limite do direito de resolver, na medida em que não frustra o interesse do credor[82].

Trata-se de diferença sutil, mas que impacta os pressupostos e as consequências aplicáveis a cada regime, impedindo a afirmação de que à *fundamental breach* corresponde perfeitamente a noção de inadimplemento definitivo extraída da interpretação do Código Civil.

Afirmar a existência de diferenças, todavia, não significa dizer que não há contribuição a ser extraída da CISG. Antes o oposto.

No âmbito da CISG, o tratamento dispensado ao estudo em torno do interesse do credor e à sistematização de critérios que permitam tornar tão objetiva quanto possível a sua interpretação são, de fato, dignos de nota. Os resultados colhidos a partir de tais esforços podem – e por que não – devem ser aproveitados pelos estudiosos brasileiros para enriquecer e aprimorar a prática nacional, contribuindo para que doutrina e casuística aprofundem o estudo de tema tão relevante para a sistemática do descumprimento contratual.

[82] Nesse sentido, é a lição de Enzo Roppo, com fundamento no artigo 1.455 do Código Civil italiano, expresso a propósito do tema, mas cujas conclusões podem ser aproveitadas entre nós: "A possibilidade de resolver o contrato por não cumprimento é, em todo o caso, subordinada a uma condição: que o não cumprimento não tenha 'escassa importância", atendendo ao interesse da parte que o sofre. Seria, na verdade, absurdo e injusto – e correria o risco de perturbar o bom andamento do tráfico – se cada parte fosse legitimada a desembaraçar-se do contrato, tomando por pretexto toda a mínima e insignificante inexactidão na execução da outra parte. É necessário, ao invés, que o não cumprimento invocado por quem pede a resolução, seja razoavelmente sério e grave, e prejudique, de modo objectivamente considerável, o seu interesse" (Roppo, Enzo. *O contrato*. Coimbra: Almedina, 2009. p. 266).

Referências

AGUIAR JÚNIOR, Ruy Rosado. *Comentários ao novo Código Civil – Dos contratos em geral*, in TEIXEIRA, Sálvio de Figueiredo (coord.). *Comentários ao novo Código Civil*, v. VI, t. II. 2ª ed. Rio de Janeiro: Forense, 2009.

ALVIM, Agostinho. *Da inexecução das obrigações e suas consequências*. 5ª ed. São Paulo: Saraiva, 1980.

ASSIS, Araken. *Resolução do contrato por inadimplemento*. 5ª ed. São Paulo: RT, 2013.

FERREIRA DA SILVA, Jorge Cesa. *Inadimplemento das obrigações – Comentários aos arts. 389 a 420 do Código Civil*, in REALE, Miguel; MARTINS-COSTA, Judith (coords.). *Coleção biblioteca de direito civil – estudos em homenagem ao professor Miguel Reale*, v. 7. São Paulo: RT, 2007.

FRADERA, Véra M. J. *A noção de contrato na Convenção de Viena de 1980 sobre Venda Internacional de Mercadorias*. Disponível em https://www.cisg-brasil.net/doutrina, acessado em 16.06.2020.

FRADERA, Véra M. J. O conceito de inadimplemento fundamental do contrato no artigo 25 da lei internacional sobre vendas, da Convenção de Viena de 1980. *Revista da Faculdade de Direito da Universidade Federal do Rio Grande do Sul*, Porto Alegre, v. 2, p. 55-66, 1994.

HUBER, Peter; MULLIS, Alastair. *The CISG. A new textbook for students and practitioners*. Munique: Sellier, 2007.

KRÖLL, Stefan; MISTELIS, Loukas A.; VISCASILLAS, Maria Pilar Perales. *UN Convention on the International Sale of Goods (CISG)*. 2ª ed. Munique: Beck/Hart, 2011.

MAGNUS, Ulrich. The remedy of avoidance of contract under CISG – general remarks and special cases. *Journal of Law and Commerce*, Pitsburgo, v. 25, pp. 423-436, 2006. Disponível em https://www.cisg.law.pace.edu/cisg/biblio/magnus2.html#:~:text=Under%20the%20CISG%2C%20avoidance%20is,party%20has%20breached%20the%20contract., acessado em 20.06.2020.

MARTINS-COSTA, Judith. *Comentários ao novo Código Civil – Do inadimplemento das obrigações*, TEIXEIRA, Sálvio de Figueiredo (coord.). *Comentários ao novo Código Civil*, v. V, t. II. 2ª ed. Rio de Janeiro: Forense, 2009.

PONTES DE MIRANDA, Francisco Cavalcanti. *Tratado de Direito Privado*, v. XXIII. 3ª ed. Rio de Janeiro: RT, 1984.

ROPPO, Enzo. *O contrato*. Coimbra: Almedina, 2009.

SCHLECHTRIEM, Peter; BUTLER, Petra. *UN Law on International Sales. The UN Convention on the International Sales of Goods*. Berlin/Heildelberg: Springer Verlag, 2009.

SCHLECHTRIEM, Peter; SCHWENZER, Ingeborg. *Commentary on the UN Convention on the International Sale of Goods (CISG)*. 3ª ed. Nova Iorque: Oxford University Press, 2010.

SCHWENZER, Ingeborg; MOHS, Florian. *Old habits die hard: traditional contract formation in a modern world.* Disponível em https://www.cisg.law.pace.edu/cisg/biblio/schwenzer-mohs.html, acessado em 16.06.2020.

STEINER, Renata. *A influência do credor no sistema de descumprimento contratual da CISG*, in NALIN, Paulo; STEINER, Renata; XAVIER, Luciana Pedroso (coords). *Compra e venda internacional de mercadorias. Vigência, aplicação e operação da CISG no Brasil.* Curitiba: Juruá, 2014.

ZANETTI, Cristiano de Sousa. *Aceitação modificativa, regra da imagem espelhada e formação do contrato*, in BAPTISTA, Luiz Olavo; FERRAZ JUNIOR, Tercio Sampaio (coords). *Novos caminhos do Direito no Século XXI: Uma Homenagem a Celso Lafer.* 2ª ed. Curitiba: Juruá, 2013.

ZANETTI, Cristiano de Sousa. *A perda de interesse do credor*, in BENETTI, Giovana; CORRÊA, André Rodrigues; FERNANDES, Márcia Santana; NITSCHKE, Guilherme; PARGENDLER, Mariana; VARELA, Laura (orgs.). *Direito, Cultura, Método. Leituras da obra de Judith Martins-Costa.* Rio de Janeiro: GZ, 2019.

ZANETTI, Cristiano de Sousa. A transformação da mora em inadimplemento absoluto. *Revista dos Tribunais*, São Paulo, 942, pp. 117-139, 2014.

13. A Resolução Extrajudicial no Código Civil Brasileiro e na Convenção das Nações Unidas sobre Compra e Venda Internacional de Mercadorias

Hugo Tubone Yamashita

Introdução

Todo contrato é celebrado para uma determinada finalidade, que, uma vez cumprida, importa na extinção do pactuado. Há, para esses casos, a "morte natural" do contrato, hipótese que, por se situar dentro da normalidade do comércio, não suscita questionamentos de maior relevo quanto à forma e aos efeitos. A extinção, de modo bastante simplificado,[1] pode-se dar ainda por fatos anteriores e/ou contem-

[1] Em quadro mais completo, Ruy Rosado de Aguiar aponta, entre os **(i)** fatores negativos passíveis de extinguir o vínculo contratual, com origem antecedente ou contemporânea ao surgimento deste, **(i.1)** as causas de nulidade (impossibilidade absoluta da prestação – CC, art. 166, II), **(i.2)** anulabilidade (vícios de consentimento – CC, art. 138 e seguintes) ou **(i.3)** invalidade por vício redibitório (CC, art. 441). Em todos esses casos, o ato existiu, mas é inválido, com ineficácia ampla (atos nulos) ou mera ineficácia (atos anuláveis). Entre os fatores **(ii)** supervenientes ao nascedouro da obrigação, encontrar-se-iam **(ii.1)** as formas de extinção do crédito, que podem se dar com ou sem a satisfação do credor (dação em pagamento, consignação em pagamento, compensação, novação, remissão e confusão – CC, art. 334), **(ii.2)** os derivados da vontade (condição resolutiva – CC, art. 127; cláusula resolutiva expressa – CC, art. 474; cláusula de arrependimento com arras penitenciais – CC, art. 420; distrato – CC, art. 472; denúncia – CC, art. 473; arrependimento – CDC, art. 49) e **(ii.3)** os derivados da lei. Estes últimos podem ainda ser subdividos em **(ii.3.a)** extinção por impossibilidade de cumprimento, por fato inimputável ao devedor (pela perda da coisa – CC, arts. 234, 1ª parte, e 238; da prestação de fazer – CC, art. 248, 1ª parte; da obrigação de não fazer – CC, art. 250; das obrigações alternativas – CC, art. 256), **(ii.3.b)** extinção optativa,

porâneos ao surgimento do vínculo contratual, casos em que haverá a nulidade ou anulabilidade do negócio, e, ainda, por fatos supervenientes à formação do contrato, por atos imputáveis ou não a uma das partes. Nesse segundo cenário, a extinção do contrato pode ter, como causa, a efetiva impossibilidade de execução do avençado, o incumprimento decorrente de extrema dificuldade (onerosidade excessiva) ou ainda o incumprimento por ato voluntário.[2] A presente investigação cingir-se-á a investigar esta última hipótese, no tocante à possibilidade de que a resolução contratual ocorra sem a necessidade de recurso à tutela jurisdicional.

No Direito Brasileiro vigente, em se tratando de contratos bilaterais,[3] o incumprimento de uma das partes, quando relevante para o programa contratual desenhado, enseja à outra o direito à resolução do negócio, seja mediante presunção legal (cláusula resolutiva tácita), seja por meio de convenção, expressamente, pactuada (cláusula resolutiva expressa) (CC, art. 474). Para a primeira hipótese, o legislador pátrio adotou o sistema francês,[4] demandando uma sentença de

com abatimento de preço do que se deteriorou, por fato inimputável ao devedor (CC, art. 235); **(ii.3.c)** extinção optativa, por fato imputável ao devedor, com a exigência da prestação (CC, arts. 234, 2ª parte, 236, 239, 240, 2ª parte, 248, 2ª parte, e 255), ou resolução (CC, art. 475), **(ii.3.d)** resolução, por incumprimento do devedor de prestação ainda possível (CC, art. 475), **(ii.3.e)** onerosidade excessiva (CC, art. 478 e seguintes) e **(ii.3.f)** prescrição (Aguiar, Ruy Rosado. *Extinção dos Contratos por Incumprimento do Devedor.* Rio de Janeiro: Aide, 2003, pp. 22-23).

[2] Gomes, Orlando. *Contratos.* Rio de Janeiro: Forense, 2008, p. 205.

[3] Orlando Gomes destaca que, nos contratos plurilaterais, o incumprimento de uma das partes não enseja a resolução do pactuado, exceto se se tratar de obrigação essencial. O autor baiano esclarece ainda os contratos de sociedade atendem à regramento específico (CC, art. 1.028 e seguintes; CC, art. 1.085 e seguintes) (*Ibid.*, p. 205).

[4] De acordo com Orlando Gomes, o sistema francês encontra-se em dicotomia com o sistema alemão, em que o incumprimento, mesmo sendo implícita a cláusula resolutiva, resolve de pleno direito o contrato, sem a necessidade de se buscar a prestação da tutela jurisdicional. A cláusula tácita, para os tedescos, funcionaria como uma condição (*Op. cit*, pp. 206-208). Em sentido similar: Pereira, Caio Mário da Silva. *Instituições de Direito Civil – V.3 – Contratos.* Rio de Janeiro: Forense, 2004, pp. 156-157. Zanetti, no entanto, atenta ao fato de que, a despeito de o Código Civil Francês de 1804 prever apenas a resolução pela via judicial (art. 1.184), a orientação doutrinária predominante é a de que a norma não tem caráter de ordem pública e as partes podem livremente pactuar pela resolução extrajudicial. Ele registra ainda a existência, inclusive, de aresto jurisprudencial do século XIX nesse

natureza constitutiva, prolatada à luz da prestação da tutela jurisdicional (judicial ou arbitral). Na segunda, a resolução opera-se *ipso jure*, a partir da comunicação do inadimplente pelo lesado – preferencialmente, por escrito, para fins probatórios –,[5] mas sem a necessidade de sentença constitutiva; quando muito, haverá uma sentença de natureza declaratória, eliminando eventual crise de incerteza quanto à eficácia da resolução,[6] e/ou para que se busque eventual pretensão condenatória (perdas e danos e/ou restituição de bens) ligada à resolução.[7] A cláusula resolutiva expressa, nesse aspecto, assume função equivalente à do termo essencial.[8]

A despeito do tratamento conjunto da lei, o fato é que as cláusulas resolutivas tácita e expressa têm acentuadas distinções. A cláusula resolutiva tácita, como se sabe, encontra-se subentendida em todos os contratos e, à vista disso, sequer se trataria de verdadeira cláusula. Trata-se, em realidade, "de regra legal, que não oferece às partes qualquer espaço para disciplinar outros riscos contratuais".[9] A cláusula resolutiva expressa, a seu turno, não se restringe ao inadimplemento absoluto e permite às partes, no exercício da livre autonomia, gerenciar os riscos contratuais e qualificar o inadimplemento apto a dar ensejo à resolução contratual. Perfaz, assim, cláusula acessória, que pode ser estipulada

mesmo sentido (Zanetti, Cristiano de Souza. A Cláusula Resolutiva Expressa na Lei e nos Tribunais: o Caso do Termo de Ocupação. In: Lotufo, Renan et al. (Coord). *Temas Relevantes do Direito Civil Contemporâneo.* São Paulo: Atlas, 2012, p. 356).

[5] Zanetti, Ana Carolina Devito Dearo. *Contato de Distribuição: O Inadimplemento Recíproco.* São Paulo: Atlas, 2015, p. 133.

[6] Gomes, Orlando. *Op. cit.*, pp. 206-209. Ruy Rosado sobre o ponto bem comenta: "[n]a resolução convencional, a extinção independe de processo judicial. Se o credor promover a ação, a sentença será apenas declaratória da resolução, de acertamento quanto à restituição e para condenação à indenização por perdas e danos" (Aguiar, Ruy Rosado. *Op. cit.*, p. 183).

[7] Aguiar, Ruy Rosado. *Op. cit.*, p. 182.

[8] Gomes, Orlando. *Op. cit.*, p. 175. A esse respeito, Aline de Miranda Valverde Terra anota que a observação de Orlando Gomes "precisa ser entendida em sua devida acepção" (*Cláusula Resolutiva Expressa.* Belo Horizonte: Fórum, 2017, p. 84). Afinal, a despeito de viabilizar a resolução do contrato, é incomum que a cláusula seja pactuada, sem que se faculte ao credor, para além da resolução (efeito do termo), a conservação do negócio.

[9] Terra, Aline de Miranda Valverde. *Ibid.*, p. 58.

tanto no ato da celebração, quanto em instrumento apartado, mediante aditamento contratual.[10]

No Direito Brasileiro, há casos específicos, em que a possibilidade de resolução pela via extrajudicial é detalhada na própria lei. Exemplo disso pode ser encontrado na lei "sobre o Parcelamento do Solo Urbano" (Lei nº 6.766/1976, art. 32).[11] Nela, está previsto que "os compromissos de compra e venda, cessões e promessas de cessão" serão considerados resolvidos, em 30 dias após a notificação do credor cobrando prestação vencida e não paga. A intimação para pagamento será feita, mediante Oficial de Registro de Imóveis, que, após a certificação de ausência de purga da mora, poderá, a requerimento do vendedor, cancelar a averbação do contrato. A norma estabelece ainda a forma como deverá ser efetuada a restituição do montante pago pelo devedor (art. 32-A), bem como a obrigação de o credor de indenizar benfeitorias úteis ou necessárias efetuadas por aquele (art. 34). Havendo mora quanto ao recebimento dos valores devidos, estes poderão ser consignados junto ao Oficial de Registro de Imóveis e, decorridos 15 dias da intimação do credor sem qualquer impugnação, a dívida será considerada quitada (art. 33).

A Lei nº 4.591/1964 (art. 63) possibilita, desde que acordado entre as partes, a resolução extrajudicial de contratos de compra e venda, promessa de venda, cessão ou promessa de cessão de unidades autônomas integrantes de incorporação imobiliária, na hipótese de descumprimento de 3 parcelas consecutivas e mediante notificação prévia. De modo similar, o Decreto-Lei nº 745/1969 permite a inclusão de cláusula resolutiva expressa, nos compromissos de compra e venda e cessão de direitos de imóveis não loteados, com indicação expressa de que "os contratos nos quais conste cláusula resolutiva expressa, a resolução por inadimplemento do promissário comprador se operará de pleno direito (art. 474 do Código Civil), desde que decorrido o prazo previsto na interpelação referida no caput, sem purga da mora (art. 1º, parágrafo único)". Tal inclusão ocorreu em 2015 (Lei nº 13.097/2015), eliminando as dúvidas quanto à resolução de pleno direito do negócio. Parece sintomático que, diante da origem do pacto comissório, conforme abordado adiante, bem como pela relevância do mercado imobiliário no espaço

[10] Terra, Aline de Miranda Valverde. *Op. cit.*, pp. 58-59.

[11] Aguiar, Ruy Rosado. *Op. cit.*, p. 185.

nacional,[12] as normas, com previsão específica a respeito da cláusula resolutiva expressa, relacionem-se à compra e venda de bens imóveis.

Conquanto a cláusula resolutiva expressa seja, amplamente, utilizada na *práxis* jurídica nacional, fato é que a matéria carece, em grande parte, de rigorosa investigação científica, a suscitar uma série de dificuldades e incertezas em sua aplicação pelos operadores do Direito.

1. Da origem e fundamento da cláusula resolutiva expressa

A cláusula resolutiva expressa encontra seu fundamento na autonomia privada das partes, que têm "a liberdade de, ao criar o vínculo jurídico, estabelecer em que situações ele poderá ser desfeito, desde que conduzam à incapacidade de a relação obrigacional promover o resultado útil programado".[13] Diverge, nesse aspecto, da cláusula resolutiva tácita, que, para parcela majoritária da doutrina, tem respaldo no sinalagma contratual - o que, em alguns ordenamentos, implica a ilação de que seria aplicável apenas a contratos bilaterais. No ordenamento nacional, apesar de os fundamentos serem diversos, o deslocamento da matéria para o capítulo "da extinção dos contratos" (artigos 474 e 475) impõe que tantos os bilaterais, quanto os unilaterais sejam passíveis de resolução por inadimplemento.[14]

A cláusula resolutiva expressa tem sua origem na *lex comissoria* romana e tinha a função primordial de proteger o vendedor, no âmbito do contrato de compra e venda. Explique-se: no Direito Romano, as prestações eram independentes entre si, de forma que o vendedor, que confiou no comprador, sujeitava-se à possibilidade de perda da coisa, sem que fosse recebido o preço correspondente. Daí a relevância e a utilidade da cláusula resolutiva expressa em tais contratos, estipulada

[12] Inclusive, é nessa linha o comentário de Caio Mário: "[m]uito embora o regime do Código Civil autorize a convenção da cláusula resolutiva expressa com o efeito de resolução *pleno iure* do contrato, sem nenhuma restrição, a necessidade de proteção dos economicamente débeis tem sugerido ao legislador a sua proibição quando interfere com a economia popular, como no caso do imóvel loteado (Decreto-lei nº 58, de 10.12.1937, e Lei nº 6.766, de 19.12.1979), em que a interpelação é sempre necessária; ou no da venda com reserva de domínio, em que o protesto cambial do título é requisito essencial da ação de apreensão da coisa (Código de Processo Civil, art. 1.071)" (Pereira, Caio Mário da Silva. *Op. cit.*, p. 158).

[13] Terra, Aline de Miranda Valverde. *Op. cit.*, p. 47.

[14] Terra, Aline de Miranda Valverde. *Ibid.*, pp. 39-48.

sempre em benefício do vendedor,[15] a fim de acautelar os interesses do credor lesado pelo inadimplemento.[16] Ulteriormente, face à atividade pretoriana, desenvolveu-se uma *condictio*, que permitia ao lesado se esquivar do prometido em contratos inominados, diante do incumprimento da contraparte. Conforme registra CAIO MÁRIO, os romanos, no entanto, nunca chegaram a conceber, de modo mais amplo, a ideia da resolução aplicável a todos os pactos indistintamente. Tal ideário viria apenas, na Idade Média, a partir das preocupações de fundo moral dos canonistas, os quais passaram a presumir a presença da *lex comissoria* em todos os contratos.[17]

Fiel à tradição romana, o Código Beviláqua, muito embora já previsse a condição resolutiva (art. 119, parág. único),[18-19] admitia apenas o pacto comissório, nos contratos de compra e venda, e em prol do vendedor (art. 1.163).[20] Segundo alguns, teria sido com a promulgação do

[15] AGUIAR, Ruy Rosado. *Op. cit.*, p. 182. No mesmo sentido: GONÇALVES, Carlos Roberto. *Direito civil brasileiro, volume 3: contratos e atos unilaterais*, São Paulo: Saraiva, 2011, p. 181; PEREIRA, Caio Mário da Silva. *Op. cit.*, p. 155; ZANETTI, Cristiano de Souza. *Op. cit.*, p. 355.

[16] TERRA, Aline de Miranda Valverde. *Op. cit.*, p. 48.

[17] PEREIRA, Caio Mário da Silva. *Op. cit.*, p. 155. ALINE DE MIRANDA VALVERDE TERRA bem anota, nesse aspecto, que "a cláusula resolutiva expressa ingressa no Direito antes mesmo da cláusula resolutiva tácita, como solução criativa da autonomia privada diante da impossibilidade de desvinculação das partes de contato incapaz de promover sua função econômico-individual, justamente porque as obrigações não eram sinalagmáticas" (*Op. cit.*, pp. 48-49).

[18] "Art. 119. Se for resoluta a condição, enquanto esta se não realizar, vigorará o ato jurídico, podendo exercer-se desde o momento deste o direito por ele estabelecido; mas, verificada a condição, para todos os efeitos, se extingue, o direito a que ela se opõe.
Parágrafo único. A condição resoluta da obrigação pode ser expressa, ou tácita; operando, no primeiro caso, de pleno direito, e por interpelação judicial, no segundo".

[19] ZANETTI, Cristiano de Souza. *Op. cit.*, p. 355.

[20] "Art. 1.163. Ajustado que se desfaça a venda, não se pagando o preço até certo dia, poderá o vendedor, não pago desfazer o contracto ou pedir o preço.
Parágrafo único. Se, em dez dias de vencido o prazo, o vendedor, em tal caso, não reclamar o preço, ficará de pleno direito desfeita a venda".

Diploma Substantivo vigente que teria havido a conformação do regramento geral contido no artigo 474.[21-22]

A esse respeito, há que se esclarecer serem distintos a cláusula resolutiva expressa e o pacto comissório, e quando muito se poderia falar em uma relação de gênero e espécie, respectivamente. Isso porque, à distinção da cláusula objeto desta investigação, o pacto comissório do art. 1.163 do Código Civil de 1916 tinha campo de incidência bastante restrito, dado que era aplicável apenas ao vendedor nos contratos de compra e venda. Ademais, tal pacto continha, em si, uma natureza penal, eis que permitia ao vendedor se apropriar de eventual parcela de preço já paga pelo comprador inadimplente – direito, que, apesar de passível de convenção, não é elemento essencial da cláusula resolutiva expressa. E, não bastasse tudo isso, haveria ainda, ao nível da distinção entre os institutos, a restrição legal à aposição de pacto comissório em contratos que instituam garantia real (CC, 1.365 e 1.428), por vedação a *par conditio creditorum* – o que igualmente não é característico da cláusula resolutiva.[23]

Em mesma senda, e a despeito do confuso panorama da doutrina, também diferem a cláusula resolutiva e a condição resolutiva. Isso porque, enquanto a última perfaz elemento, subjetivamente, essencial do negócio firmado entre as partes e cujo defeito pode invalidá-lo por completo (CC, art. 123, II e III), a primeira é cláusula acessória e sua invalidade não reverbera, de igual modo, a todo o pactuado. Para além disso, há ainda distinção fundamental atinente ao suporte fático de ambos os institutos: na condição, o evento futuro e incerto é externo ao negócio; já, na cláusula resolutiva expressa, o risco é internalizado no contrato, dado que é, expressamente, assumido por uma das partes. Ilustrativamente, é o que se passaria com a necessidade de obtenção de financiamento para a execução de um determinado projeto. Este evento tanto

[21] Aguiar, Ruy Rosado. *Op. cit.*, p. 182. No mesmo sentido: Gonçalves, Carlos Roberto. *Op. cit.*, p. 181.

[22] A respeito da alteração legislativa, Caio Mário destaca que "[o] atual Código não reproduziu expressamente a regra do art. 1.163 do Código de 1916, não porque o pacto comissório esteja expurgado do sistema, mas sim porque já se encontra regulado, de forma genérica, pelos arts. 127 e 128, quando o Código trata da condição resolutiva, bem como no art. 474, que dispõe sobre a cláusula resolutiva expressa, que pode ser inserida em qualquer tipo de contrato" (*Op. cit.*, p. 222).

[23] Terra, Aline de Miranda Valverde. *Op. cit.*, pp. 60-64.

poderia vir a se enquadrar como um evento futuro e incerto, a dar azo à condição resolutiva, quanto se tornar obrigação de uma das partes e, assim, caso o responsável não lograsse êxito em sua obtenção, dar-se-ia eficácia à cláusula resolutiva, com a extinção do negócio. Por fim, a distinção entre os institutos dá-se também no nível dos efeitos restitutórios. Afinal, a incidência da condição resolutiva, diversamente do que se passa na cláusula, não impõe a devolução de frutos percebidos pelo possuidor de boa-fé.[24]

2. Da eficácia da cláusula resolutiva expressa no Direito Brasileiro

A partir da manifestação tácita ou expressa do devedor de que não cumprirá a obrigação delineada na cláusula resolutiva expressa, confere-se ao credor não inadimplente[25] a possibilidade de, via declaração receptícia e irrevogável de vontade emitida ao devedor,[26] exercer o direito potestativo de resolução da avença, com a cobrança das respectivas perdas e danos.[27] Tal exercício, no entanto, está condicionado ao inadimplemento absoluto da obrigação contida na cláusula resolutiva expressa – obrigação essa que, para além de **(i)** essencial, deve ter sua satisfação **(ii)** impossibilitada por ato imputável ao devedor (à exceção de assunção de responsabilidade por caso fortuito/força maior), em contexto que, por **(iii)** ato não imputável ao credor, a prestação não lhe seja mais de

[24] Terra, Aline de Miranda Valverde. *Ibid.*, pp. 68-73.

[25] Nesse sentido, há que se observar que o credor inadimplente não equivale a credor adimplente, que é aquele que já cumpriu com a prestação que lhe fora asseverada. O pressuposto em jogo trata do credor que não está em mora (Terra, Aline de Miranda Valverde. *Op. cit.*, p. 131). Tal requisito, segundo Aline de Miranda Valverde Terra, somente é descartado se se tratar de vício redibitório internalizado via cláusula resolutiva, eis que a ausência de inadimplemento não é pressuposto necessário para a redibição (*Ibid.*, p. 134).

[26] Terra, Aline de Miranda Valverde. *Ibid.*, pp. 146-147. A declaração, contudo, não precisa dar ciência inequívoca ao devedor; "basta que a ele tenha sido efetivamente dada a oportunidade de conhecer o teor da declaração" (p. 147).

[27] Terra, Aline de Miranda Valverde. *Ibid.*, pp. 111-116. Releva esclarecer, a esse respeito, que os mecanismos de tutela por resolução e indenização por perdas e danos não se confundem: tanto pode haver hipótese de inadimplemento absoluto, com resolução, mas sem dano, como também de inadimplemento parcial, causador de dano, mas que não dê ensejo à resolução.

qualquer utilidade.[28] Se se tratar de mora, não restará alternativa ao credor, exceto buscar a execução específica da obrigação, eis que a prestação ainda seria não apenas possível, como também útil.[29]

De efeito, no tocante ao conteúdo da cláusula, é de se notar que nem toda obrigação contratual poderá compor o seu suporte fático. Poderá constar da cláusula resolutiva expressa somente "aquela [obrigação] essencial, imprescindível para a realização da função econômico-individual do negócio".[30] A análise sempre passará, assim, por um juízo de utilidade da obrigação para o transcurso da relação contratual: a entrega de manuais com carimbos de revisão, na compra e venda de veículo automotor, pode ser essencial, na medida em que tenha sido exigência prévia do comprador, como indicativo de bom funcionamento do veículo; uma eventual obrigação de instalação de película escura nos vidros do carro (obrigação secundária), de outro lado, não poderá, à exceção de alguma consideração específica do caso concreto, dar ensejo à resolução, mas apenas ao pleito de execução específica e perdas e danos. A utilidade, ainda, deve ser averiguada, em consideração à dinamicidade da relação contratual: algo que tenha sido essencial, em um momento, pode perder tal característica durante o desenrolar do programa negocial. A resolução decorrente da vedação à sublocação, por exemplo, perderá a essencialidade, caso o locador, ciente de tal fato, opte por renovar o negócio e majorar o valor cobrado – ao invés de buscar a extinção do negócio.[31]

A cláusula resolutiva expressa deve especificar as obrigações cujo incumprimento ensejará a resolução.[32] Há, nesses casos, o livre exercí-

[28] Terra, Aline de Miranda Valverde. *Ibid.*, pp. 116-130. Sobre o ponto, a Autora bem destaca que, se o inadimplemento for total, mas ainda houver a possibilidade de ser cumprida pelo devedor, somente se considerará inadimplemento absoluto, caso **(i)** haja termo essencial estipulado ou **(ii)** não havendo, se não houver mais qualquer utilidade ao credor no seu cumprimento. No mesmo passo, o inadimplemento parcial apenas se configurará inadimplemento absoluto, caso o incumprimento leve à frustração do programa contratual vislumbrado pelas partes (p. 139).

[29] Terra, Aline de Miranda Valverde. *Ibid.*, p. 146.

[30] Terra, Aline de Miranda Valverde. *Op. cit.*, p. 75.

[31] Terra, Aline de Miranda Valverde. *Op. cit.*, pp. 74-80.

[32] Gomes, Orlando. *Op. cit.*, p. 206-209. No mesmo sentido: Aguiar, Ruy Rosado. *Op. cit.*, p. 183.

cio da autonomia privada para a valoração de determinadas obrigações, cujo incumprimento, ainda que se trate de obrigação, aparentemente, de menor relevância, convencionou-se apenar com a resolução do negócio.[33] Na prática, entretanto, é usual que não haja a individualização das hipóteses de infração contratual, casos em que os dispositivos não passarão de cláusulas de estilo, voltadas meramente ao reforço da sujeição ao avençado.[34] Nesses casos, não se poderá inferir que o incumprimento de qualquer obrigação conduzirá à resolução de pleno direito; à ausência de descrição pormenorizada do suporte fático da cláusula resolutiva, haverá a necessidade de busca pela tutela jurisdicional, no regime da cláusula resolutiva tácita.[35] A acentuar a necessidade de detalhamento, Ruy Rosado assevera que "a interpretação da cláusula será restritiva".[36]

A partir da resolução da obrigação – e, não, do contrato, que se preserva –, a relação converte-se em de obrigação de liquidação, com a imediata liberação das partes quanto às obrigações prestacionais, persistindo dúvidas, na doutrina, quanto às garantias que tenham sido, eventualmente, prestadas pelas partes.[37] Opera-se, durante a liquidação, a restituição daquilo que houver sido prestado por cada uma das partes, com inclusão dos frutos, excetuando-se os atos já praticados no âmbito de contratos de execução continuada,[38] bem como o ressarcimento por perdas e danos decorrentes da resolução (indenização pelo interesse negativo).[39] Os prejuízos a serem recompostos, nessa hipótese, deve considerar o retorno das partes ao *status quo ante*, que não é estático, mas, sim, dinâmico: o credor dever ser reconduzido à "posição hipotética em que poderia estar caso não tivesse celebrado o indigitado contrato, e

[33] Zanetti, Ana Carolina Devito Dearo. *Op. cit.*, p. 134.

[34] Gomes, Orlando. *Op. cit.*, p. 206-209. No mesmo senso: Zanetti, Ana Carolina Devito Dearo. *Op. cit.*, p. 135; Terra, Aline de Miranda Valverde. *Op. cit.*, pp. 81-82.

[35] Zanetti, Ana Carolina Devito Dearo. *Op. cit.*, p. 135. A esse respeito, Aline de Miranda Valverde Terra bem destaca que: "[a] resolução extrajudicial facultada pela cláusula resolutiva expressa decorre, justamente, do acordo prévio entre as partes acerca da relevância da obrigação no âmbito da economia do contrato; se não há esse acordo, imperiosa a avaliação judicial sobre a importância da obrigação inadimplida no contexto do regramento contratual" (p. 82).

[36] Aguiar, Ruy Rosado. *Op. cit.*, p. 183.

[37] Terra, Aline de Miranda Valverde. *Ibid.*, pp. 178-182.

[38] Terra, Aline de Miranda Valverde. *Op. cit.*, pp. 183-195.

[39] Terra, Aline de Miranda Valverde. *Ibid.*, pp. 200-206.

houvesse ingressado, por exemplo, em outra relação contratual que se lhe apresentava, ou mesmo dado continuidade a negócio que já vinha desenvolvendo".[40]

Na falta de estipulação contratual quanto ao prazo para o exercício do direito resolutivo, e não havendo previsão legal quanto a essa lacuna, a tolerância prolongada do atraso no incumprimento acarreta a renúncia à cláusula resolutiva.[41] De acordo com Ruy Rosado, "a situação poderá caracterizar *venire contra factum proprium*, se a duradoura inércia do credor gerou no devedor a convicção de que não mais seria usado o direito extintivo".[42] A renúncia ao direito resolutivo, com base em determinados fatos, poderá dar-se-á também, de modo implícito, com o recebimento pelo credor de parte das prestações em atraso ou na concessão de novo prazo.[43] No entanto, a concessão de novo prazo, advertindo-se da essencialidade quanto ao tempo do pagamento, restabelece o direito resolutório, em caso de persistência no incumprimento pelo devedor. Frise-se que, em qualquer caso, o pleito de resolução sempre poderá se fundar no artigo 475 do Código Civil.[44]

Em se tratando de direito potestativo, a faculdade para a resolução está submetida à decadência e, portanto, o prazo para seu exercício, diante da omissão legislativa, poderá ser, livremente, pactuado pelas partes. Doutrina e jurisprudência controvertem a respeito da sujeição

[40] Terra, Aline de Miranda Valverde; Guedes, Gisele Sampaio da Cruz. *Inexecução das Obrigações: Pressupostos, evolução e remédios, vol. I.* Rio de Janeiro: Processo, 2020, p. 401. As mesmas autoras, no entanto, indicam que há hipóteses excepcionais em que, mesmo no caso de resolução, o lesado poderá fazer jus ao ressarcimento pelo interesse positivo. Como exemplo, elas tratam da hipótese de um farmacêutico, que é contratado por um laboratório para desenvolver uma vacina, mas cujo contrato é resolvido antes de que aquela seja finalizada. Nesse caso, é possível que, por questões técnicas, o trabalho já desenvolvido não possa ser aproveitado por outro laboratório e, assim, mesmo diante da resolução, a tão só indenização pelo interesse negativo não seria adequada para reparar todo o esforço realizado pelo profissional. Nessa hipótese, elas entendem que deveria haver a flexibilização da sistemática ressarcitória decorrente da resolução, para que o lesado receba parcialmente uma indenização calculada com base no interesse positivo (p. 407).

[41] Gomes, Orlando. *Op. cit.*, p. 206-209. Conforme comentário de Ruy Rosado, essa é também a posição de Enneccerus (*Op. cit.*, p. 189).

[42] Aguiar, Ruy Rosado. *Op. cit.*, p. 189.

[43] Aguiar, Ruy Rosado. *Ibid.*, p. 189.

[44] Aguiar, Ruy Rosado. *Ibid.*, p. 183.

da faculdade resolutiva ao prazo prescricional dos direitos de créditos que lhe são subjacentes, eis que, uma vez prescritos os direitos patrimoniais, não haveria mais razão, para que se buscasse a resolução da avença. A esse respeito, Aline de Miranda Valverde Terra bem ressalva, e com o que concordamos, que o interesse na resolução pode persistir com a finalidade de não haver dúvidas quanto à extinção de todo e qualquer dever decorrente da relação contratual, sejam eles principais e/ou decorrentes da boa-fé objetiva.[45]

A já referida posição relativa à desnecessidade de tutela jurisdicional na presença de cláusula resolutiva expressa, "solução mais célere e segura para a perturbação ocorrida no contrato",[46] apesar de prevalente[47] - havendo, inclusive, enunciado a respeito –,[48] não é unânime e haja quem considere necessária a desconstituição do vínculo contratual, via sentença, mesmo na sua presença.[49] Em geral, a necessidade da tutela jurisdicional para a desconstituição via cláusula resolutiva expressa apoia-se em "exigências impostas pela finalidade social, pela garantia da ampla defesa e pela boa-fé objetiva".[50]

Segundo Orlando Gomes, existindo disposição expressa, a intervenção exógena far-se-á necessária, no mais das vezes, apenas para o incumprimento de obrigações sem termo, as quais, haja vista a inaplicabilidade da regra *dies interpellat pro homine*, exigem a interpelação judicial, para constituição de mora.[51]

[45] Terra, Aline de Miranda Valverde. *Ibid.*, pp. 144-145.

[46] Terra, Aline de Miranda Valverde. *Ibid.*, p. 59.

[47] Zanetti, Cristiano de Souza. *Op. cit.*, p. 355. No mesmo senso: Zanetti, Ana Carolina Devito Dearo. *Op. cit.*, p. 133.

[48] Enunciado nº 436 das V Jornadas de Direito Civil: "A cláusula resolutiva expressa produz efeitos extintivos independentemente de pronunciamento judicial".

[49] Gomes, Orlando. *Op. cit.*, pp. 206-209. A esse respeito, Zanetti bem registra que "[a] aparente simplicidade da disciplina legal contrasta com as dificuldades que a estipulação costuma suscitar quando concretamente pactuada. A realidade é sempre mais rica do que supõem as construções normativas. Precisamente por isso, no âmbito do Superior Tribunal de Justiça e do Tribunal de Justiça do Estado de São Paulo, controverte-se há pelo menos uma década a respeito da devida interpretação do art. 474 do Código Civil" (Zanetti, Cristiano de Souza. *Op. cit.*, p. 355).

[50] Zanetti, Cristiano de Souza. *Op. cit.*, p. 355.

[51] Gomes, Orlando. *Op. cit.*, p. 209.

Em outra linha de entendimento, Carlos Roberto Gonçalves defende a necessidade de que, mesmo com a estipulação de uma cláusula resolutiva expressa, a parte lesada busque a via judicial para a extinção do contrato. Para o autor, a distinção entre os contextos de cláusula expressa e tácita reside, no fato de que, enquanto, no primeiro, a sentença tem efeitos meramente declaratórios, no segundo, os efeitos são desconstitutivos e se operam a partir da interpelação judicial. O autor cita ainda precedentes judiciais nesse sentido, a fim de justificar sua posição.[52]

De efeito, ao analisar, específica e detidamente, o caso do Termo de Ocupação, Zanetti bem destaca a acirrada divergência jurisprudencial em torno da eficácia da cláusula resolutiva expressa.[53] De modo resumido, tais casos cingem-se à possibilidade de, uma vez inadimplido o preço para aquisição de bem imóvel contratado com a Companhia Metropolitana de Habitação de São Paulo (Cohab-SP), esta, com base em cláusula resolutiva expressa constante de negócio denominado "Termo de Ocupação", venha a buscar sua reintegração de posse, independentemente de prévio pronunciamento judicial a respeito da extinção do pactuado. À negativa de eficácia à cláusula resolutiva expressa, os julgados apelam a fundamentos de finalidade social,[54] garantia à ampla defesa e boa-fé objetiva. O autor, contudo, de maneira irreparável, rejeita cada um desses fundamentos, argumentando, respectivamente, pela inexistência de qualquer fim econômico-social que permita a cessão de casas em comodato – mas, apenas, a venda por preço acessível –, pela

[52] Gonçalves, Carlos Roberto. *Op. cit.*, p. 181.

[53] Zanetti, Cristiano de Souza. *Op. cit.*, pp. 362-363. No mesmo sentido, Aline de Miranda Valverde Terra assinala que o "exame da jurisprudência dos Tribunais Estaduais e do Superior Tribunal de Justiça demonstra que, conquanto haja significativo avanço em direção à adoção de concepção solidarista e funcional do contrato, a natural dificuldade de lidar com cláusulas gerais – como o são a boa-fé objetiva, o equilíbrio das posições contratuais e a função social do contrato – e a falta de definição, sob a perspectiva funcional, de um regime jurídico próprio da cláusula resolutiva expressa conduzem, por vezes, à indevida intervenção jurisdicional no conteúdo, na forma de execução e nos efeitos da cláusula, a reduzir consideravelmente a sua utilidade" (*Op. cit.*, pp. 35-36).

[54] Para tais casos, argumenta-se que "o pronunciamento do órgão jurisdicional é importante para proteger o Cessionário, pessoa de renda modesta que pretende se valer do programa habitacional para adquirir a casa própria" (Zanetti, Cristiano de Souza. *Op. cit.*, p. 367).

possibilidade de cessação à eficácia resolutiva, por meio de pedido de tutela de urgência pelo cessionário, e, por fim, pela ausência de caráter abusivo no exercício do direito resolutivo expressamente pactuado pelas partes.[55] Aliás, nesse último arrazoado, destaca, com aplausos, que "[n]o direito brasileiro, ainda não se prestou a devida atenção ao ensinamento legado pelos romanos, segundo o qual nada é mais conforme à boa-fé do que cumprir o avençado".[56]

Perceba-se que, com isso, não se pretende negar proteção àquele que, eventualmente, venha a ser lesado pela conduta daquele que se apoie com excesso, na cláusula resolutiva expressa. Como não poderia deixar de ser, a eficácia da cláusula não está isenta das limitações impostas pela boa-fé e pelas exigências de justiça comutativa. Eventual abuso do direito formativo-extintivo pelo credor poderá, sim, ser objeto de retificação pela tutela jurisdicional. Será, segundo Ruy Rosado, abusiva a cláusula resolutiva que, em contratos de adesão, permitir que a resolução se dê para apenas uma das partes, haja vista tal cenário romper com a igualdade dos contratantes.[57]

Não haverá ainda a eficácia da cláusula resolutiva expressa nos casos de adimplemento substancial do contrato – *i.e.*, diante do cumprimento quase integral das obrigações contratuais, não se afigura, com arrimo nos artigos 421 e 422 do Código Civil, razoável o pleito de extinção do contrato. Inexistirá, em tais situações, o necessário inadimplemento absoluto, passível de integrar o suporte fático da cláusula.[58] A jurisprudência é repleta de entendimentos, acolhendo a teoria da *substancial performance*.[59] Nesses casos, o mais provável é que a busca pela guarida jurisdicional parta do devedor, que, alegando o adimplemento substancial, tentará barrar os efeitos da cláusula resolutiva.[60] Todas essas hipóteses,

[55] Zanetti, Cristiano de Souza. *Op. cit.*, pp. 362-375.

[56] Zanetti, Cristiano de Souza. *Ibid.*, p. 374.

[57] Aguiar, Ruy Rosado. *Op. cit.*, p. 182

[58] Terra, Aline de Miranda Valverde. *Ibid.*, p. 164.

[59] Gonçalves, Carlos Roberto. *Op. cit.*, p. 182.

[60] A esse respeito, Ruy Rosado delineia as hipóteses mais comuns de acionamento da máquina jurisdicional pelo devedor: "[o] devedor, por sua vez, além das defesas que pode apresentar na ação do credor (não havia cláusula de pacto expresso, ou ela está incompleta, ou é abusiva, para as circunstâncias; não houve descumprimento ou este se deve ao comportamento do credor, ou o descumprimento foi insuficiente para caracterizar a possibili-

no entanto, não serão a regra; mas, sim, a exceção e, como tal, deverão ser, cuidadosamente, analisadas, a fim de que se evite uma descabida intervenção estatal em negócios privados.[61]

De modo similar à eficácia da cláusula resolutiva expressa, o incumprimento involuntário, por caso fortuito ou força maior, a ensejar a impossibilidade absoluta do cumprimento da prestação contratual, também implica a resolução de pleno direito, sem a necessidade de recurso à tutela jurisdicional.[62] Tal não ocorre, entretanto, se se tratar de impossibilidade temporária e/ou parcial, hipóteses em que caberá ao credor demonstrar, em juízo, o efetivo comprometimento ao resultado útil da avença para si.[63] Não havendo tal prova, não se dará eficácia à cláusula resolutiva expressa, haja vista a ausência de mora imputável ao devedor.[64] Em qualquer caso, reconhecida a impossibilidade de cumprimento, não há a imposição da condenação a perdas e danos. Nesse passo, cabe notar, no entanto, que as partes podem alterar o regime legal da repartição de riscos, impondo ao credor, via cláusula resolutiva expressa, a faculdade de, mesmo diante da impossibilidade decorrente de evento superveniente inevitável, resolver o contrato e cobrar do devedor o respectivo ressarcimento indenizatório.[65]

Ainda, no âmbito da teoria do risco, há que se destacar, igualmente, a possibilidade de que a verificação de determinados defeitos ocultos, devidamente especificados, na coisa a ser entregue pelo devedor, também constem do suporte fático da cláusula resolutiva expressa. Como elemento de gestão do risco contratual, a regulação *ex ante* desse evento,

dade da resolução etc.), poderá, ele próprio, tomar a iniciativa e demandar em juízo para a manutenção do contrato (ação declaratória, para definir obrigações de parte a parte; ação para o desfazimento dos atos eventualmente praticados pelo credor em desrespeito ao contrato; ação consignatória da sua prestação; ação para revisar judicialmente cláusulas do contrato etc.) ou exercer seu direito de resolver, se atendidos os pressupostos" (p. 184).

[61] Nesse sentido, parece acertada a conclusão de Zanetti de que "[o] reconhecimento do poder dos contratantes de disciplinar como terminará o respectivo vínculo jurídico seguramente figura entre os legados deixados ao direito brasileiro pela tradição. Trata-se, aliás, de norma perfeitamente adaptadas às exigências contemporâneas, que reclamam soluções rápidas, sem a intermediação do Estado" (Zanetti, Cristiano de Souza. *Op. cit.*, p. 374).

[62] Gomes, Orlando. *Op. cit.* p. 213.

[63] Terra, Aline de Miranda Valverde. *Op. cit.*, p. 90.

[64] Aguiar, Ruy Rosado. *Op. cit.*, p. 183.

[65] Terra, Aline de Miranda Valverde. *Op. cit.*, pp. 88-91.

mediante cláusula resolutiva, facilitaria a extinção do vínculo contratual, haja vista que, do contrário, a resolução por vícios redibitórios demandaria a busca pela tutela jurisdicional (CC, art. 441), a fim de que evidencie a inutilidade da prestação pelo devedor.[66]

Traçadas as principais características do regime da cláusula resolutiva expressa, no Código Civil, passa-se, no tópico adiante, à análise das especificidades da resolução extrajudicial no âmbito da Convenção das Nações Unidas sobre Compra e Venda Internacional de Mercadorias.

3. Da resolução extrajudicial na Convenção das Nações Unidas sobre Compra e Venda Internacional de Mercadorias

No âmbito da compra e venda internacional, inexistente disposição específica entre as partes a respeito da aplicação de determinada lei aplicável ao contrato, incidirá, no caso concreto, o regramento da CISG, caso o negócio tenha sido firmado entre partes domiciliadas nos países signatários ou se, de acordo com as regras de direito internacional privado, o contrato vier a ser regido pela lei de país signatário.[67] Considerando tanto a adesão do Brasil à CISG (Decreto nº 8.327/2014), como também a relevância do comércio internacional à balança brasileira, é induvidosa a relevância de se atentar à disposições específicas nela constantes, mormente no que toca às hipóteses de ruído na relação contratual.

Diante do incumprimento do devedor, abre-se ao credor, diversamente do que se passa na sistemática do Código Civil, a possibilidade tanto de **(i)** dar a obrigação por resolvida (se se tratar de violação essencial), até mesmo de forma antecipada (art. 72),[68] quanto **(ii)** de buscar sua execução específica ou **(iii)** ainda conceder prazo suplementar para

[66] Terra, Aline de Miranda Valverde. *Op. cit.*, pp. 91-95.

[67] Cordeiro Neto, Alberto de Campos; Radael, Gisely Moura; Lopes, Luiz Felipe Calábria. O Brasil e a Ratificação da Convenção de Viena sobre Compra e Venda. Disponível em: http://www.cisg-brasil.net/downloads/O_BRASIL_E_A_RATIFICACAO_DA_CISG.pdf. Acesso em 26.3.2020, p. 16.

[68] "(1) Se antes da data do adimplemento tornar-se evidente que uma das partes incorrerá em violação essencial do contrato, poderá a outra parte declarar a rescisão deste.

(2) Se dispuser do tempo necessário, a parte que pretender declarar a rescisão do contrato deverá comunicá-la à outra parte com antecedência razoável, para que esta possa oferecer garantias suficientes de que cumprirá suas obrigações.

o cumprimento e resolver, caso permaneça a inércia do devedor (arts. 45[69] e 61).[70-71] Em qualquer caso, haverá indenização pelos danos causados.[72] O pleito resolutório ficará inviabilizado nas hipóteses **(i)** de exercício contrário à boa-fé (art. 7, (1)[73]), **(ii)** em que o credor houver concedido prazo suplementar para que o devedor cumpra sua obrigação (arts.

(3) Os requisitos do parágrafo anterior não serão aplicáveis quando a outra parte houver declarado que não cumprirá suas obrigações".

69 "(1) Se o vendedor não cumprir qualquer das obrigações que lhe couberem de acordo com o contrato ou com a presente Convenção, o comprador poderá:
(a) exercer os direitos previstos nos artigos 46 a 52;
(b) exigir a indenização das perdas e danos prevista nos artigos 74 a 77.
(2) O comprador não perde o direito à indenização das perdas e danos por exercer seu direito a outras ações.
(3) Não poderá o juiz ou tribunal arbitral conceder ao vendedor qualquer período de graça, quando o comprador exercer ação contra a violação de contrato".

70 "(1) Se o comprador não cumprir qualquer das obrigações que lhe incumbirem de acordo com o contrato ou com a presente Convenção, o vendedor poderá:
(a) exercer os direitos previstos nos artigos 62 a 65;
(b) exigir a indenização das perdas e danos previstos nos artigos 74 a 77.
(2) O vendedor não perde o direito à indenização das perdas e danos por exercer o direito a outras ações.
(3) Não poderá o juiz ou tribunal arbitral conceder ao comprador qualquer período de graça, quando o vendedor exercer uma ação por violação do contrato".

71 Lopes, Christian Sahb Batista; Morais, Fernando Vinícius Tavares Magalhães. Inadimplemento e suas consequências na Convenção de Viena. Disponível em: http://www.cisg-brasil.net/downloads/doutrina/LOPES-Christian-Sahb-Batista_MORAIS-Fernando-Vinicius-Tavares-Magalhaes_INADIMPLEMENTO-E-SUAS-CONSEQUENCIAS-NA-CONVENCAO-DE-VIENA.pdf. Acesso em 26.3.2020, p. 6. Em detalhamento, os autores destacam que, em geral, em países de tradição de *common law*, o incumprimento da obrigação, raramente, dá azo à execução específica da obrigação, de forma que, em tais jurisdições, poderia haver restrição a tal opção para o credor. A convenção busca reconciliar ambas as tradições em seu artigo 28: "Se, de conformidade com as disposições da presente Convenção, uma das partes tiver o direito de exigir da outra o cumprimento de certa obrigação, o juiz não estará obrigado a ordenar sua execução específica salvo se devesse fazê-lo segundo seu direito nacional, em relação a contratos de compra e venda semelhantes não regidos pela presente Convenção".

72 Lopes, Christian Sahb Batista; Morais, Fernando Vinícius Tavares Magalhães. *Ibid.*, p. 9.

73 "(1) Na interpretação desta Convenção ter-se-ão em conta seu caráter internacional e a necessidade de promover a uniformidade de sua aplicação, bem como de assegurar o respeito à boa fé no comércio internacional".

47, (2)[74] e 63, (2)[75]),[76] **(iii)** de decurso de determinados lapsos temporais para o exercício (arts. 39, (2),[77] 49, (2),[78] e 64, (2)[79]), e **(iv)** especificamente para o comprador, nos casos de impossibilidade de restituição da

[74] "(2) Salvo se tiver recebido a comunicação do vendedor de que não cumprirá suas obrigações no prazo fixado conforme o parágrafo anterior, o comprador não poderá exercer qualquer ação por descumprimento do contrato, durante o prazo suplementar. Todavia, o comprador não perderá, por este fato, o direito de exigir indenização das perdas e danos decorrentes do atraso no cumprimento do contrato".

[75] "(2) O vendedor não pode, antes de vencido o prazo concedido conforme o parágrafo precedente, recorrer a qualquer ação por descumprimento do contrato, salvo se houver recebido comunicação do comprador de que não cumprirá suas obrigações neste prazo. Todavia, o vendedor não perderá, por isto, qualquer direito que possa ter de exigir perdas e danos pela mora no cumprimento pelo comprador".

[76] Aguiar, Ruy Rosado. *Op. cit.*, pp. 213-214.

[77] "(2) Em qualquer caso, o comprador perderá o direito de alegar a desconformidade se não comunicá-la ao vendedor no prazo máximo de dois anos a partir da data em que as mercadorias efetivamente passarem à sua posse, salvo se tal prazo for incompatível com a duração da garantia contratual".

[78] "(2) Todavia, se o vendedor tiver entregue as mercadorias, o comprador perderá o direito de declarar o contrato rescindido, se não o fizer:
(a) em caso de entrega tardia, em prazo razoável após ter tomado conhecimento de que a entrega foi efetuada;
(b) em caso de outro descumprimento que não a entrega tardia, dentro de prazo razoável:
(i) após o momento em que tiver ou dever ter tido conhecimento da violação;
(ii) após o vencimento do prazo suplementar fixado pelo comprador conforme o parágrafo (1) do artigo 47, ou após o vendedor declarar que não executará suas obrigações no referido prazo suplementar, ou
(iii) após o vencimento de qualquer prazo suplementar indicado pelo vendedor conforme o parágrafo (2) do artigo 48, ou após o comprador declarar que não aceitará o cumprimento".

[79] "(2) Todavia, caso o comprador tenha pago o preço, o vendedor perderá o direito de declarar resolvido o contrato se não o fizer:
(a) antes que o vendedor tome conhecimento do cumprimento da obrigação, caso se trate de cumprimento tardio pelo comprador;
(b)caso se trate de descumprimento de outra natureza que não o cumprimento tardio pelo comprador, dentro de prazo razoável:
(i) após o momento em que teve ou deveria ter tido conhecimento do descumprimento; ou
(ii) após o vencimento do prazo suplementar fixado pelo vendedor de acordo com o parágrafo (1) do artigo 63, ou após o comprador ter declarado que não cumpriria suas obrigações dentro desse prazo".

coisa por ato que lhe seja imputável (art. 82[80]).[81] Como se nota da leitura do texto da Convenção, existem nuances relevantes de distinção entre aquele e o constante do Código Civil Brasileiro.

De plano, há que se destacar que, diversamente da sistemática do Código Civil, inexiste na Convenção uma bipartição entre regimes de cláusula resolutiva expressa (CC, art. 474) e tácita (CC, art. 475). Vale o destaque, no entanto, de que a mecânica da Convenção é bem mais precisa do que a normativa constante da lei nacional, tanto no que toca às hipóteses de incidência, quanto, e especialmente, em relação aos efeitos decorrentes da resolução contratual.

De forma similar ao mecanismo contido no artigo 474 do Código Civil, a resolução prevista na Convenção também ocorre extrajudicialmente, a partir da declaração emitida do credor ao devedor (arts. 26,[82] 49 e 64). Sem que haja a declaração pela parte lesada, o contrato prossegue em vigência.[83] Há, conforme Ruy Rosado, "uma preocupação de manter o litígio longe dos tribunais", que, como efeito, "agiliza e acelera a superação do impasse decorrente do incumprimento, com economia de tempo e dinheiro, além de evitar a dependência a regimes judiciários díspares".[84] Consoante o mesmo autor, a previsão de que a resolução

[80] "(1) O comprador perderá o direito de declarar resolvido o contrato, ou de exigir do vendedor a entrega de outras mercadorias em substituição àquelas recebidas, se for impossível ao comprador restituir tais mercadorias em estado substancialmente idêntico ao que se encontravam quando foram recebidas.
(2) Não se aplicará o parágrafo anterior se:
(a) a impossibilidade de restituir as mercadorias ou de restituí-las em estado substancialmente idêntico àquele em que o comprador as houver recebido não for imputável a qualquer ato ou omissão deste;
(b) as mercadorias, ou parte delas, tiverem perecido ou se deteriorado em consequência do exame prescrito no artigo 38; ou
(c) o comprador, antes de descobrir a desconformidade ou de dever tê-la descoberto, tiver vendido as mercadorias ou parte delas no curso normal de seus negócios, ou as tiver consumido ou transformado segundo o uso normal".

[81] Aguiar, Ruy Rosado. *Op. cit.*, p. 218.

[82] "A declaração de resolução do contrato tornar-se-á eficaz somente quando notificada por uma parte à outra".

[83] Date-Bah, Samuel. In: Bianca, Cesare Massimo; Bonell, Michael Joachim. *Commentary on the International Sales Law*; Giuffrè: Milão, 1987, pp. 222-225.

[84] Aguiar, Ruy Rosado. A Convenção de Viena e a resolução do contrato por incumprimento. *Revista de Informação Legislativa*. Brasília, a. 31, nº 121, 1994, p. 213.

deverá partir de ato do credor (declaração) impede a resolução *ipso facto* a partir do incumprimento e, assim, retira do devedor a possibilidade de, por si, dar cabo à relação.[85] Privilegiou-se, nesse ponto, a certeza quanto ao efetivo término do contrato à agilidade inerente à resolução *ipso facto*. O entendimento, segundo DATE-BAH, é de que a demanda pela notificação evitaria o desperdício de recursos. Afinal, uma vez notificada, a parte deixará de fazer investimentos desnecessários, em uma relação contratual já atingida pela resolução.[86]

O artigo 26 da Convenção não aponta para um requisito de forma quanto à declaração de resolução, compreendendo-se, a partir de uma análise da gênese do dispositivo, que se abarque tanto a forma oral, quanto a escrita – muita embora esta última seja preferível, para fins de instrução probatória. O relevante é que a mensagem seja transmitida de forma clara, sem que se gere dúvidas no destinatário, quanto à intenção resolutória. Na opinião de PILAR PERALES, não haverá a resolução, por meio de algum tipo de conduta do credor, tal como a simples restituição de mercadorias pelo comprador, sem a efetiva declaração exigida pela Convenção.[87] Em se tratando de pessoa jurídica, a declaração será emitida por meio de seus representantes, legalmente, constituídos, havendo discussão se há a necessidade de que ela seja dada, diretamente, pelo credor ao devedor ou se isso poderá ocorrer, mediante comunicação indireta, como, por exemplo, via conferência de imprensa.[88]

Referida declaração, caso se esteja diante de uma violação essencial e se opte, de plano, pela resolução, dá fim à obrigação, a partir de seu despacho, "por meios adequados às circunstâncias" (art. 27).[89] Ao se referir, expressamente, às circunstâncias do caso concreto, a Conven-

[85] AGUIAR, Ruy Rosado. *Ibid.*, p. 213.

[86] DATE-BAH, Samuel. *Op. cit.*, pp. 222-225.

[87] VISCASILLA, Maria Pilar Perales. *Extracto de El Contrato De Compraventa Internacional De Mercancias (Convención de Viena de 1980).* Disponível em: http://www.cisg.law.pace.edu/cisg/biblio/perales1-26.html . Acesso em 4.4.2020.

[88] DATE-BAH, Samuel. *Ibid.*, pp. 222-225.

[89] "Salvo disposição expressa em contrário nesta Parte da Convenção, se qualquer notificação, pedido ou outra comunicação for feita por uma das partes de conformidade com esta Parte da Convenção, por meios adequados às circunstâncias, o atraso ou erro na transmissão de ou o fato de não ter chegado a seu destino não prejudicará o direito desta parte de valer-se da referida comunicação".

ção afastou as regras inerentes aos usos e costumes e, nesses termos, ainda que um determinado meio de comunicação seja usual, ele poderá não ser adequado para a casuística. Date-Bah dá como exemplo, para essa hipótese, a inadequação da utilização de mensagens, normalmente, encaminhadas por correio, quando houver uma greve de trabalhadores do setor. O adequado, para uma tal situação, seria valer-se de outros meios de comunicação, tal como o telefone.[90]

A bem da verdade, é que, diante do avanço da tecnologia no campo da comunicação, mormente com o advento da Internet, parecem ser cada vez mais raros os problemas de tal ordem. Outras questões, no entanto, devem surgir. Pode-se imaginar na atualidade, discussões atinentes a e-mails que não deixem a caixa de saída do credor, por questões relativas ao funcionamento de seu servidor de Internet ou por eventual tamanho excessivo de arquivo que seja anexado à mensagem. Ainda, pode-se aventar também se seria meio adequado de comunicação a utilização dos famigerados aplicativos de mensagens instalados em *smartphones*. Enfim, novos tempos, novos problemas.

Dentro do delineado pela Convenção, a declaração de resolução, portanto, é não-receptícia de vontade e coloca sobre o destinatário os riscos de que a mensagem não chegue a seu destino. A ideia por detrás da regra é a de que o risco deve recair sobre a parte que deixou de cumprir com a prestação contratual e que é a destinatária da declaração resolutória.[91] O sistema brasileiro, como visto, é, diametralmente, oposto e somente dá eficácia à resolução extrajudicial, a partir da efetiva comunicação ao devedor.[92] Destaque-se, a esse respeito, que a regra do artigo 27, contudo, não é cogente e, desde modo, pode ser alterada pelas partes, conforme estabelecido em contrato. Vale ainda a nota de que a regra do despacho é excetuada em determinados pontos da Convenção, tal qual se dá na hipótese de exclusão de responsabilidade por impossibilidade de cumprimento de obrigação, que somente será eficaz, se a respectiva comunicação for recebida pela contraparte (art. 79, (4)[93]).

[90] Date-Bah, Samuel. *Op. cit.*, pp. 226-231.

[91] Schlechtriem, Peter. *Uniform Sales Law – The UN-Convention on Contracts for the International Sale of Goods*. Viena: Manz, 1986.

[92] Aguiar, Ruy Rosado. *Op. cit.*, p. 216.

[93] "(4) A parte que não tiver cumprido suas obrigações deve comunicar à outra parte o impedimento, bem como seus efeitos sobre sua capacidade de cumpri-las. Se a outra parte

No mecanismo da Convenção, a declaração de resolução poderá ser emitida sempre que houver um incumprimento definitivo do devedor, pouco importando, para este fim, se houve ou não culpa daquele. O juízo de imputabilidade, nesses casos, influirá apenas para que se determine a existência ou não do dever de indenizar face à resolução contratual. Condicionam ainda o exercício da prerrogativa resolutória, com dever de indenizar, os fatos de que: **(i)** o incumprimento invocado seja o de uma violação essencial do contrato ("*fundamental breach*"); e, caso tenha sido conferido o já mencionado prazo suplementar, **(ii)** persista-se no incumprimento da obrigação principal (ao vendedor, entregar a mercadoria; ao comprador, pagar o preço e aceitar a mercadoria).[94]

O conceito de violação essencial do contrato não será preenchido tão somente por incumprimento de uma obrigação principal do negócio. Tal incumprimento deverá ser tal que venha a, efetivamente, retirar a utilidade da avença ao credor (art. 25).[95] Dois são os requisitos para a qualificação de *fundamental breach*: **(i)** prejuízo que prive o credor do resultado esperado e **(ii)** dano passível de previsão pelo devedor ou por pessoa razoável em mesma condição.[96] Assim, ilustrativamente, o incumprimento ao prazo convencionado para a entrega da mercadoria poderá ser considerado violação essencial ou não, conforme, respectivamente, o termo pactuado seja ou não de caráter essencial.[97]

Tal mecanismo, para Ruy Rosado, não diferiria, em grande parte, das linhas gerais traçadas pelo Código Civil, para que se delimite uma hipótese de mora ou de inadimplemento absoluto.[98] No nosso entender, no entanto, haveria, nesse ponto, diferenças, no tocante à exigência de previsibilidade do devedor quanto aos resultados decorrentes do incumprimento. Isso porque não haveria, na mecânica do Código Civil, uma mesma exigência, haja vista que, naquele âmbito, bastaria a veri-

não receber a comunicação dentro de prazo razoável após o momento em que a parte que deixou de cumprir suas obrigações tiver ou devesse ter tomado conhecimento do impedimento, esta será responsável pelas perdas e danos decorrentes da falta de comunicação".

[94] Aguiar, Ruy Rosado. *Op. cit.*, p. 214.

[95] Aguiar, Ruy Rosado. *Ibid.*, p. 215.

[96] Lopes, Christian Sahb Batista; Morais, Fernando Vinícius Tavares Magalhães. *Op. cit.*, p. 3.

[97] Aguiar, Ruy Rosado. *Op. cit.*, p. 215.

[98] Aguiar, Ruy Rosado. *Op. cit.*, p. 215.

ficação se, a partir do incumprimento, a obrigação se tornara ou não inútil ao credor.[99] Não haveria a necessidade de se perquirir a respeito da eventual expectativa do devedor quanto ao resultado do incumprimento. Nesse aspecto, o ponto de vista do devedor releva apenas, para fins de que se investigue se houve ou não culpa para o incumprimento da obrigação, sem que seja necessário se estabelecer uma relação com o resultado decorrente de tal fato.[100] Essas nuances poderão gerar alguma dificuldade de aplicação da regra aos habituados à sistemática da lei nacional.[101]

Em linha de inovação, há a introdução do conceito equivalente ao instituto do *Nachfrist* do Direito Alemão, por meio do qual se prevê a possibilidade de que, a fim de evitar a resolução, o credor conceda prazo suplementar ao cumprimento da obrigação. No ordenamento pátrio, inexiste uma tal etapa para a resolução contratual, prevalecendo a regra *dies interpellat pro homine*, se houver termo para cumprimento, ou, inexistindo, mediante a interpelação para constituição em mora (CC, 397). EDUARDO GREBLER bem destaca que, a despeito da previsão da Convenção não ser de todo desconhecida no espaço nacional, "*it goes beyond Brazilian law requirements and practices*".[102]

99 RODRIGUES, Sílvio, *Direito civil: Parte geral das obrigações*, São Paulo: Saraiva, 2002, pp. 244-247.

100 De efeito, CHRISTIAN SAHB BATISTA LOPES e FERNANDO VINÍCIUS TAVARES MAGALHÃES MORAIS, conquanto ressalvem que "a definição que se tem da previsibilidade do resultado é que essa não deve estar relacionada à análise do dano gerado, mas sim à avaliação das expectativas da parte", esclarecem que, de fato, o exame quanto à imprevisibilidade ainda se faz necessário, destacando que, nesse juízo, "verifica-se se o devedor previu ou tinha condições de razoavelmente prever o resultado, assim como deve-se analisar se pessoa razoável, nas mesmas condições do devedor, poderia prever que o inadimplemento causaria prejuízo substancial em relação à expectativa do credor" (*Op. cit.*, p. 4).

101 Também destacando as distinções entre ambos os regimes, EDUARDO GREBLER já escreveu que "[t]*he position of the Convention and that of the Brazilian contract law on this issue are quite far apart. The Convention language seems to grant the defaulting party a rather lenient treatment, making it extremely difficult for the innocent party to proceed to avoid the contract, unless the default is overtly undeniable, or if the contract clearly spells out the events of default*" (The Convention on International Sale of Goods and Brazilian Law: are differences irreconcilable?. Disponível em: http://cisgbrasil.dominiotemporario.com/doc/egrebler1.pdf Acesso em 29.3.2020, p. 474). Segundo ele, o artigo 25 da Convenção teria sido escrito em "*cryptic language*" (p. 475).

102 GREBLER, Eduardo. *Op. cit.*, p. 473.

Outra distinção da Convenção em relação ao Diploma Substantivo dá-se com relação à delimitação temporal estabelecido por aquela, conforme destacado alhures (arts. 39, (2), 49, (2), e 64, (2)). Conquanto o texto da Convenção aponte para o exercício do direito resolutório em "tempo razoável" ou quando a parte "deveria ter tido conhecimento", o fato é que o Código Civil, como já abordado, não traz qualquer disposição acerca do prazo decadencial aplicável ao direito potestativo de declarar a resolução contratual.[103] Não obstante se dispute em doutrina e jurisprudência se haveria ou não a aplicação à faculdade do mesmo prazo aplicável aos direitos patrimoniais subjacentes, inexistem critérios legais definidos no texto nacional, forçando o intérprete a buscar outras soluções para o "vazio legislativo", tal como se dá nas hipóteses em que o direito resolutivo é afastado a partir do momento em que se gera na contraparte a expectativa de que não haverá a extinção da avença (*supressio*).[104]

A resolução extrajudicial prevista pela Convenção também dá azo à liberação da obrigação e seu retorno ao *status quo ante* (art. 81 (1) e (2)[105]). A restituição, nesses termos, abarcará outrossim todos os proveitos auferidos pelas partes durante o período que o contrato vigeu (art. 82).[106] Para além da restituição, haverá, cumulativamente, o pagamento de indenização, nos termos especificados pelos artigos 74 a 77[107], os

[103] Aguiar, Ruy Rosado. *Op. cit.*, p. 218.

[104] Aguiar, Ruy Rosado. *Ibid.*, p. 218.

[105] "(1) A rescisão do contrato liberará ambas as partes de suas obrigações, salvo a de indenizar as perdas e danos que possam ser devidas. Todavia, a rescisão não prejudicará as disposições contratuais a respeito da solução de controvérsias, nem qualquer outra estipulação do contrato que regule os direitos e obrigações das partes em caso de rescisão.
(2) A parte que tiver cumprido total ou parcialmente o contrato poderá reclamar da outra parte a restituição daquilo que houver fornecido ou pago nos termos do contrato. Se ambas as partes estiverem obrigadas a restituir, deverão fazê-lo simultaneamente".

[106] Aguiar, Ruy Rosado. *Op. cit.*, p. 217.

[107] "Artigo 74
As perdas e danos decorrentes de violação do contrato por uma das partes consistirão no valor equivalente ao prejuízo sofrido, inclusive lucros cessantes, sofrido pela outra parte em consequência do descumprimento. Esta indenização não pode exceder à perda que a parte inadimplente tinha ou devesse ter previsto no momento da conclusão do contrato, levando em conta os fatos dos quais tinha ou devesse ter tido conhecimento naquele momento, como consequência possível do descumprimento do contrato.

quais, segundo Ruy Rosado, corresponderiam "à satisfação do interesse positivo".[108]

A nós, no entanto, temos alguma dúvida se, efetivamente, tratar-se-ia, nessa hipótese, de efetivo interesse positivo. Consoante se denota especialmente da redação dos artigos 75 e 76, permite-se às partes o pleito ao ressarcimento por importes, que indenizem eventuais perdas necessárias para recompor o credor à situação que se encontraria, caso o contrato violado não houvesse sido celebrado e aquele realize ou pretenda realizar o mesmo negócio com terceiro. Sob tal perspectiva, parece-nos que, ainda assim, o ressarcimento dar-se-ia com base no retorno ao *status quo ante* – que, como já visto, não é estático, mas dinâmico – e, assim, haveria a indenização pelo interesse negativo. Possivelmente, a referência de Ruy Rosado decorra de sua própria posição

Artigo 75
Se o contrato for rescindido e se, em modo e prazo razoáveis após a rescisão, o comprador proceder a uma compra substitutiva ou o vendedor a uma venda substitutiva, a parte que exigir a indenização poderá obter a diferença entre o preço do contrato e o preço estipulado na operação substitutiva, assim como quaisquer outras perdas e danos exigíveis de acordo com o artigo 74.
Artigo 76
(1) Se o contrato for rescindido e as mercadorias tiverem preço corrente, a parte que exigir a indenização das perdas e danos poderá, se não houver procedido à compra substitutiva ou à venda substitutiva previstas no artigo 75, obter a diferença entre o preço fixado no contrato e o preço corrente no momento da resolução, bem como quaisquer outras perdas e danos exigíveis em razão do artigo 74. Não obstante, se a parte que exigir a indenização houver resolvido o contrato após ter tomado posse das mercadorias, aplicar-se-á o preço corrente no momento de tomada de posse, em lugar do preço corrente no momento da rescisão.
(2) Para os fins do parágrafo anterior, o preço corrente será aquele do lugar onde a entrega das mercadorias deveria ter sido efetuada ou, na falta de preço corrente nesse lugar, o preço praticado em outra praça que puder razoavelmente substituí-lo, levando-se em consideração as diferenças no custo de transporte das mercadorias.
Artigo 77
A parte que invocar o inadimplemento do contrato deverá tomar as medidas que forem razoáveis, de acordo com as circunstâncias, para diminuir os prejuízos resultantes do descumprimento, incluídos os lucros cessantes. Caso não adote estas medidas, a outra parte poderá pedir redução na indenização das perdas e danos, no montante da perda que deveria ter sido mitigada".

[108] Aguiar, Ruy Rosado. *Op. cit.*, p. 216.

quanto à possibilidade de que, mesmo na resolução, o credor seja ressarcido do interesse positivo.[109] De todo modo, mais uma vez se percebe que as inovações da Convenção são terreno fértil para suscitar novas e relevantes discussões a respeito dos efeitos resolutórios dos contratos que estejam submetidos a seu regramento.

Conclusões

Como fica perceptível dessa breve análise, a despeito da simplicidade do dispositivo legal atinente à cláusula resolutiva expressa (CC, art. 474), sua efetiva incidência suscita uma série de questões relevantes ao intérprete e que, se mal resolvidas, podem impactar, de forma grave, os interesses econômicos dos contratantes. Não bastasse as dificuldades inerentes à matéria na esfera do Código Civil Brasileiro, a CISG também conta com um regime próprio de resolução extrajudicial, com diversas distinções importantes em relação ao regime contido na norma nacional. Essas nuances da Convenção frente ao Código Civil, em adição à relativamente recente adesão do Brasil a seus termos, poderá gerar uma série de dificuldades ao operador mais habituado à aplicação da regra do Diploma Substantivo, o que, certamente, demandará um cuidado muito maior no tratamento dado aos casos de compra e venda submetidos ao regime da norma supranacional. Espera-se que este artigo contribua para a compreensão das semelhanças e diferenças entre os diplomas no que toca à cláusula resolutiva expressa e, assim, facilite o manejo da CISG pelos juristas brasileiros.

Referências

AGUIAR, Ruy Rosado. *Extinção dos Contratos por Incumprimento do Devedor*. Rio de Janeiro: Aide, 2003.

–. A Convenção de Viena e a resolução do contrato por incumprimento. *Revista de Informação Legislativa*. Brasília, a. 31, nº 121, 1994.

CORDEIRO NETO, Alberto de Campos; RADAEL, Gisely Moura; LOPES, Luiz Felipe Calábria. O Brasil e a Ratificação da Convenção de Viena sobre Compra e Venda. Disponível em: http://www.cisg-brasil.net/downloads/O_BRASIL_E_A_RATIFICACAO_DA_CISG.pdf. Acesso em 26.3.2020.

[109] AGUIAR, Ruy Rosado. *Op. cit.*, p. 269.

DATE-BAH, Samuel. In: BIANCA, Cesare Massimo; BONELL, Michael Joachim. *Commentary on the International Sales Law*; Giuffrè: Milão, 1987.

GOMES, Orlando. *Contratos*. Rio de Janeiro: Forense, 2008.

GONÇALVES, Carlos Roberto. *Direito civil brasileiro, volume 3: contratos e atos unilaterais*, São Paulo: Saraiva, 2011.

GREBLER, Eduardo. The Convention on International Sale of Goods and Brazilian Law: are differences irreconcilable?. Disponível em: http://cisgbrasil.dominiotemporario.com/doc/egrebler1.pdf Acesso em 29.3.2020.

LOPES, Christian Sahb Batista; MORAIS, Fernando Vinícius Tavares Magalhães. Inadimplemento e suas consequências na Convenção de Viena. Disponível em: http://www.cisg-brasil.net/downloads/doutrina/LOPES-Christian-Sahb-Batista_MORAIS-Fernando-Vinicius-Tavares-Magalhaes_INADIMPLEMENTO-E-SUAS-CONSEQUENCIAS-NA-CONVENCAO-DE-VIENA.pdf. Acesso em 26.3.2020.

PEREIRA, Caio Mário da Silva. *Instituições de Direito Civil – V.3 – Contratos*. Rio de Janeiro: Forense, 2004.

RODRIGUES, Sílvio, *Direito civil: Parte geral das obrigações*, São Paulo: Saraiva, 2002.

SCHLECHTRIEM, Peter. *Uniform Sales Law – The UN-Convention on Contracts for the International Sale of Goods*. Viena: Manz, 1986.

TERRA, Aline de Miranda Valverde. *Cláusula Resolutiva Expressa*. Belo Horizonte: Fórum, 2017.

Terra, Aline de Miranda Valverde; Guedes, Gisele Sampaio da Cruz. *Inexecução das Obrigações: Pressupostos, evolução e remédios, vol. I*. Rio de Janeiro: Processo, 2020.

VISCASILLA, Maria Pilar Perales. *Extracto de El Contrato De Compraventa Internacional De Mercancias (Convención de Viena de 1980)*. Disponível em: http://www.cisg.law.pace.edu/cisg/biblio/perales1-26.html . Acesso em 4.4.2020.

ZANETTI, Ana Carolina Devito Dearo. *Contato de Distribuição: O Inadimplemento Recíproco*. São Paulo: Atlas, 2015.

ZANETTI, Cristiano de Souza. A Cláusula Resolutiva Expressa na Lei e nos Tribunais: o Caso do Termo de Ocupação. In: LOTUFO, Renan et al. (Coord). *Temas Relevantes do Direito Civil Contemporâneo*. São Paulo: Atlas, 2012.

14. A Teoria do Inadimplemento Eficiente (*Efficient Breach*), os Esforços de Unificação ou Harmonização do Direito Contratual e o Direito Brasileiro

Laura França Pereira

Introdução

A teoria do inadimplemento eficiente (*efficient breach*) evidencia algumas das diferenças mais marcantes, do ponto de vista do direito contratual, entre sistemas jurídicos de tradição anglo-saxônica[1], especialmente o direito norte-americano[2], e sistemas que seguem a tradição romano-

[1] O presente trabalho recorre à conhecida classificação dos regimes jurídicos em famílias de tradição de *common law* ou de *civil law*, à semelhança de diversos estudos de direito contratual comparado. Apesar das críticas, essa classificação continua sendo uma ferramenta descritiva e acadêmica relevante para mapear a realidade jurídica de diversas jurisdições, como bem ressalta Mariana Pargendler (PARGENDLER, Mariana. The Role of the State in Contract Law: The Common-Civil Law Divide. *Yale Journal of International Law*, vol. 43, nº 1, p. 143-189, 2018, p. 145). Cabe uma ressalva, contudo: tal classificação implica certo grau de generalidade e abstração quanto às particularidades dos diversos regimes jurídicos que seguem a tradição jurídica de *common law* ou *civil law* – o que também se aplica às especificidades do próprio direito norte-americano, que é também objeto de estudo deste trabalho, devido ao sistema federalista (HERMAN, Shael. Specific Performance: a Comparative Analysis. *Edinburgh Law Review*, vol. 1, p. 5-26, 2003, p. 8-10). Ver também FARNSWORTH, E. Allan. A Common Lawyer's View of His Civilian Colleagues. *Louisiana Law Review*, vol. 57, nº 1, p. 227-238, 1996, p. 228-229 (para comentários sobre como o direito norte-americano se distancia, em certa medida, dos demais sistemas de *common law*).

[2] Ronald Scalise explica que a forma como o desenvolvimento da teoria ocorreu nos Estados Unidos não encontrou precedente similar em nenhum outro lugar, incluindo outros países que seguem a tradição da *common law*, como o Reino Unido (onde a teoria sofreu crí-

-germânica[3]. Ao determinar que o principal remédio em caso de inadimplemento contratual seja o pagamento de perdas e danos (os chamados *expectation damages*)[4], os sistemas de *common law* propiciaram o desenvolvimento da teoria do inadimplemento eficiente. Por outro lado, a maior disponibilidade da execução específica, aliada à importância conferida à força vinculante do contrato (*pacta sunt servanda*) e à boa-fé objetiva[5], fomentaram expressiva resistência à teoria nos sistemas de *civil law*[6]. A força dessas distinções dificilmente incentivaria o suporte da teoria

ticas por parte da academia e a jurisprudência dos tribunais desenvolveu-se no sentido contrário à teoria) e a Escócia (país que, a despeito de seguir a tradição da *common law*, possui uma preferência pelo remédio da execução específica, aproximando-se da tradição civilista nesse aspecto). Ver Scalise, Ronald J. Why No "Efficient Breach" in the Civil Law?: A Comparative Assessment of the Doctrine of Efficient Breach of Contract. *The American Journal of Comparative Law*, vol. 55, nº 4, p. 721-766, 2007, p. 763-766. Michael Bridge também assevera que o direito inglês não aderiu à teoria do inadimplemento eficiente (Bridge, Michael. A Comment on "Towards a Universal Doctrine of Breach: The Impact of CISG" by Jürgen Basedow. *International Review of Law and Economics*, vol. 25, p. 501-511, 2005, p. 507).

[3] Apesar de alguns autores sustentarem que os sistemas jurídicos anglo-saxônico e romano-germânico estão convergindo com o passar do tempo, especialmente no campo do direito contratual, Mariana Pargendler observa que certas "diferenças relativas entre as tradições jurídicas persistem (ainda que menos pronunciadas do que no passado)", por exemplo em relação às alternativas disponíveis à parte lesada pelo inadimplemento (Pargendler, Mariana. O direito contratual comparado: revisitando as diferenças entre os sistemas romano-germânico e de *common law*. *Revista DIREITO GV*, São Paulo, vol. 13, nº 3, p. 796-826, 2017, p. 800).

[4] Ver, por exemplo, Farnsworth, E. Allan. *Contracts*. 4ª ed. New York: Aspen Publishers, 2004, p. 730, 737.

[5] Em artigo que buscou "oferecer uma narrativa coerente de diferenças clássicas entre o direito dos contratos nas tradições romano-gêrmanica e anglo-saxônica", Mariana Pargendler analisa "distinções doutrinárias centrais – e persistentes" no direito contratual dos dois sistemas, dentre elas (i) "a maior disponibilidade da execução específica na tradição romano-germânica"; e (ii) "o papel mais forte da boa-fé contratual na tradição romano-germânica." (Pargendler, Mariana. O direito contratual comparado: revisitando as diferenças entre os sistemas romano-germânico e de *common law*. *Revista DIREITO GV*, São Paulo, vol. 13, nº 3, p. 796-826, 2017, p. 798, 817). Ambos esses pontos estão, de certa forma, ligados ao desenvolvimento (ou não) da teoria do inadimplemento ineficiente em sistemas de *common law* e *civil law*.

[6] Ver, por exemplo, Scalise, Ronald J. *Op. cit.*, p. 723; e Pela, Juliana Krueger. Inadimplemento eficiente (*efficient breach*) nos contratos empresariais. *Revista Jurídica Luso-Brasileira*, ano 2, nº 1, p. 1091-1103, 2016, p. 1095-1097.

nos sistemas de tradição civilista, motivo pelo qual acadêmicos dessa tradição manifestam-se contra a aplicação da teoria com certa frequência[7].

Aqueles que defendem o inadimplemento eficiente têm como ponto de partida a doutrina do jurista e magistrado norte-americano Oliver Wendell Holmes, entendendo que Holmes advogava que o dever de manter um contrato na *common law* confere ao devedor a opção de cumprir a prestação que lhe cabe ou simplesmente pagar perdas e danos[8]. Partindo dessa premissa, alguns dos precursores da Análise Econômica do Direito nos Estados Unidos[9] passaram a incentivar o inadimplemento contratual quando, em linhas gerais, os custos que o devedor fosse incorrer cumprindo o contrato excedessem o valor da prestação devida ao credor, alegando que neste cenário o inadimplemento seria a opção mais eficiente[10].

[7] Ver, por exemplo FILIOS, Christian P. Efficient Breach Theory et Droits Continentaux. *Revue Héllénique de Droit International*, vol. 53, p. 293-305, 2000 (para um exame da incompatibilidade entre a teoria do inadimplemento eficiente e os sistemas de *civil law*); SCALISE, Ronald J. *Op. cit.* (para uma análise dos obstáculos e críticas em relação à aplicação da teoria em sistemas de *civil law*, em especial o alemão e francês); PELA, Juliana Krueger. *Op. cit.*, p. 1097-1099 (para uma análise dos obstáculos legais e jurídicos à aplicação do inadimplemento eficiente no Brasil); e AGUIAR JÚNIOR, Ruy Rosado. *Comentários ao Novo Código Civil: da Extinção do Contrato: arts. 472 a 480*. Rio de Janeiro: Editora Forense, vol. VI, t. II, 2011, p. 714 (rejeitando a possibilidade de aplicação da teoria no ordenamento jurídico brasileiro).

[8] Os defensores da teoria se apoiam na seguinte afirmação de Holmes: "(...) [*t*]*he duty to keep a contract at common law means a prediction that you must pay damages if you do not keep it – and nothing else.*" (HOLMES JR., Oliver Wendell. The Path of the Law. *Harvard Law Review*, nº 10, 1897, p. 462).

[9] Tal disciplina, conhecida em inglês como *Law & Economics*, influenciou de forma determinante a evolução do direito norte-americano, sendo para alguns difícil superestimar sua influência nos Estados Unidos (PARGENDLER, Mariana; SALAMA, Bruno Meyerhof. Law and Economics in the Civil Law World: The Case of Brazilian Courts. *Tulane Law Review*, vol. 90, p. 439-470, 2015, p. 439).

[10] Ver, por exemplo, POSNER, Richard A. Let Us Never Blame a Contract Breaker. *Michigan Law Review*, vol. 107, nº 8, p. 1349-1363, 2009, p. 1350-1351. A literatura cita dois trabalhos acadêmicos, de meados da década de 1970, como ponto de referência do surgimento da teoria do inadimplemento eficiente nos Estados Unidos. O argumento foi originalmente desenvolvido por Robert Birminghan, ao desafiar a estabilidade dos compromissos como objetivo precípuo do direito contratual: "[*r*]*epudiation of obligations should be encouraged where the promisor is able to profit from his default after placing his promisee in as good a position as he would have occupied had performance been rendered*" (BIRMINGHAM, Robert L. Breach of

Durante anos, a teoria foi objeto de intenso debate entre acadêmicos e juristas, em sua maioria norte-americanos, e alvo de duras e, muitas vezes, bem fundamentadas críticas. A despeito da oposição, a troca de ideias foi tão profícua que alguns chegaram a referi-la como "uma das teorias de análise econômica de maior sucesso"[11]. Em sistemas de *civil law*, como é o caso do Brasil, a discussão ainda é incipiente de maneira geral, mas vem atraindo crescente interesse. Sem dúvida, discussões sobre a teoria despontam na esteira do desenvolvimento da Análise Econômica do Direito em nosso país[12].

Contract, Damage Measures, and Economic Efficiency. *Rutgers Law Review*, vol. 24, p. 273-292, 1970, p. 284). Alguns anos mais tarde, o termo "teoria do inadimplemento eficiente" (*"theory of efficient breach"*) foi utilizado pela primeira vez por Charles Goetz e Robert Scott ao analisar resultados potencialmente eficientes decorrentes da quebra de contratos, referindo-se à doutrina de Birminghan e de outros expoentes do movimento da Análise Econômica do Direito, como Richard A. Posner (Goetz, Charles J.; Scott, Robert E. Liquidated damages, penalties and the just compensation principle: Some notes on an enforcement model and a theory of efficient breach. *Columbia Law Review*, vol. 77, nº 4, p. 554-594, 1977, p. 557).

11 Triantis, George. The evolution of contract remedies (and why do contracts professors teach remedies first?). *University of Toronto Law Journal*, vol. 60, nº 2, p. 643-662, 2010, p. 650 (tradução livre).

12 Bruno Salama analisa que, após o surgimento do movimento da *Law & Economics* nos Estados Unidos, a disciplina se espalhou pelo mundo e, desde os anos 1980, "vem ganhando cada vez mais visibilidade nos países de tradição de Direito Continental, inclusive no Brasil". (Salama, Bruno Meyerhof. *O que é pesquisa em direito e economia?* In: Salama, Bruno Meyerhof. *Estudos em Direito & Economia: Micro, Macro e Desenvolvimento.* 1ª ed. Curitiba: Editora Virtual Gratuita – EGV, 2017, p. 20-21). Apesar dos obstáculos que, como muitos sugeriram, os civilistas enfrentariam para adotar e expandir a disciplina da Análise Econômica do Direito em países de tradição romano-germânica, o Brasil não é, definitivamente, um sistema de *civil law* que se manteve isolado ao movimento, que vem ganhando espaço não só na academia, mas também nos tribunais brasileiros. Sobre o assunto, Mariana Pargendler e Bruno Salama elaboraram interessante análise demonstrando que os tribunais brasileiros têm se mostrado cada vez mais receptivos a argumentos e análises de cunho econômico em suas decisões – o que, concluem, fomentará estudos de Análise Econômica do Direito no país. Ver Pargendler, Mariana; Salama, Bruno Meyerhof. *Op. cit.*, p. 440-442 (para um resumo da extensa lista de motivos acerca da suposta incompatibilidade entre a Análise Econômica do Direito e os sistemas de *civil law*) e p. 442-443, 469 (para algumas das conclusões sobre a utilização de argumentos e análises de cunho econômico pelos tribunais brasileiros).

Em paralelo, intensificaram-se nas últimas décadas esforços para a aproximação de diferentes tradições e regimes jurídicos, especialmente no campo do direito contratual[13], com o objetivo de conferir maior efetividade e segurança jurídica às transações internacionais e ao direito do comércio internacional[14]. Tais esforços – ditos de unificação ou harmonização do direito contratual – vêm atraindo crescente interesse de acadêmicos, juristas e tribunais brasileiros, especialmente após a adesão do Brasil à Convenção das Nações Unidas sobre Contratos de Compra e Venda Internacional de Mercadorias ("CISG" ou "Convenção")[15] em 2013[16]. Ao implementar um direito uniforme e amplamente aceito à compra e venda internacional de mercadorias, a CISG é hoje um *case* de sucesso[17] quanto à aproximação de sistemas jurídicos. Inclusive, repre-

[13] Pargendler, Mariana. The Role of the State in Contract Law: The Common-Civil Law Divide. *Yale Journal of International Law*, vol. 43, nº 1, p. 143-189, 2018, p. 143-144 ("(...) *international commerce has always triggered significant interest in foreign laws, and contracts are a central tool for economic activity. Perhaps unsurprisingly, contract law has also been an area where harmonization and unification efforts have proliferated, though with varying degrees of success.*") (notas de rodapé omitidas).

[14] Soares, Pedro Silveira Campos; Xavier, Rafael Branco. *Aplicação da CISG como fonte narrativa (soft law) na jurisprudência brasileira*. In: Kulesza, Gustavo; Bittencourt, Rafael; Moreira, Rodrigo. Grupo de Estudos sobre a Convenção sobre Compra e Venda Internacional de Mercadorias e Arbitragem do Comitê Brasileiro de Arbitragem (CBAr) & CISG-Brasil.net. *Pesquisa de Jurisprudência "A CISG e o Judiciário Brasileiro"*, 2016, p. 18-19, fonte: http://cbar.org.br/site/grupo-de-estudos-convencao-sobre-compra-e-venda-internacional-de-mercadorias-cisg-e-arbitragem/, acessado em 20 de março de 2020.

[15] A CISG foi celebrada em Viena em 1980, sob os auspícios da Comissão das Nações Unidas sobre o Direito do Comércio Internacional ("UNCITRAL") e entrou em vigor em 1988. O texto oficial da Convenção está disponível em: https://uncitral.un.org/en/texts/salegoods/conventions/sale_of_goods/cisg, acessado em 20 de março de 2020. Para traduções ao português: http://www.cisg-brasil.net/legislacao, acessado em 20 de março de 2020.

[16] Para o *status* atualizado da CISG: https://uncitral.un.org/en/texts/salegoods/conventions/sale_of_goods/cisg/status, acessado em 20 de março de 2020.

[17] Dada sua ampla adoção no cenário global, hoje alcançando 93 países signatários, a CISG cobre mais de 80% do comércio global (Schwenzer, Ingeborg. *Uniform Sales Law – Brazil Joining the CISG Family*. In: Schwenzer, Ingeborg; Pereira, Cesar Guimarães; Tripodi, Leandro. *CISG and Latin America: regional and global perspectives*. Vol. 21. Haia: Eleven International Publishing, 2016, p. 477). Ainda, para uma análise sobre o sucesso e potenciais obstáculos à aplicação da Convenção, ver Schwenzer, Ingeborg; Hachem, Pascal. The CISG – Successes and Pitfalls. *American Journal of Comparative Law*, nº 57, p. 457-478, 2009.

senta para alguns, "o instrumento jurídico mais representativo da tendência uniformizadora e harmonizadora do direito privado"[18].

O sucesso da CISG é confirmado pela influência que a Convenção exerce em âmbito internacional e doméstico[19]. Um exemplo de sua influência internacional – inclusive em relação a outros esforços de unificação e harmonização – pode ser visto na primeira versão dos Princípios UNIDROIT sobre Contratos Comerciais Internacionais ("Princípios UNIDROIT"), de 1994[20], um instrumento de *soft law* que teve como inspiração o texto e a abordagem da CISG[21]. Já no plano doméstico, a CISG inspirou mudanças na legislação contratual de diversos países, das mais variadas tradições jurídicas[22]. Inclusive, apesar de ter entrado em vigor no Brasil há poucos anos, a Convenção já exerce influência em nosso ordenamento jurídico, servindo como fonte de inspiração do Poder Judiciário na avaliação de casos concretos[23].

[18] Soares, Pedro Silveira Campos; Xavier, Rafael Branco. *Op. cit.*, p. 22.

[19] Schwenzer, Ingeborg. *Op. cit.*, p. 478; e Schwenzer, Ingeborg; Hachem, Pascal. *Op. cit.*, p. 461-462.

[20] Os Princípios UNIDROIT, elaborados sob os auspícios do Instituto Internacional para a Unificação do Direito Privado ("UNIDROIT"), são atualizados e revistos periodicamente, tendo sido a última e quarta versão dos Princípios publicada em 2016, fonte: https://www.unidroit.org/english/principles/contracts/principles2016/principles2016-e.pdf, acessado em 20 de março de 2020.

[21] Schwenzer, Ingeborg. *Op. cit.*, p. 478; e Schwenzer, Ingeborg; Hachem, Pascal. *Op. cit.*, p. 461-462.

[22] Como bem resumem Ingeborg Schwenzer e Pascal Hachem, a CISG serviu como ponto de partida para a elaboração de legislações contratuais – ou para reformas legislativas – em países escandinavos (por exemplo, Finlândia, Noruega e Suécia); países bálticos (como é o caso da Estônia); países asiáticos (como China, Japão e Coreia do Sul); e outros países europeus (como a Alemanha) (Schwenzer, Ingeborg; Hachem, Pascal. *Op. cit.*, p. 462-463). Por esse motivo, os autores dizem que a Convenção exerce um "*harmonizing effect*" nos direitos nacionais (Schwenzer, Ingeborg; Hachem, Pascal. *Op. cit.*, p. 478). Nesse sentido, a CISG também vem se consolidando, para além de um direito uniforme aplicável à compra e venda internacional de mercadorias, como um instrumento de *soft law* capaz de influenciar os mais diversos sistemas jurídicos (Kulesza, Gustavo; Bittencourt, Rafael; Moreira, Rodrigo. *Op. cit.*, p. 16).

[23] A primeira pesquisa empírica sobre a aplicação da Convenção pelo Poder Judiciário brasileiro, publicada em 2016, não identificou nenhum caso em que a CISG foi efetivamente aplicada como norma de direito material aplicável à disputa (isto é, como instrumento de *hard law*). Mesmo assim, após analisar as 81 decisões identificadas, a pesquisa conclui que

Interessante, portanto, analisar em que medida a CISG e outros esforços para a unificação ou harmonização do direito contratual, como os Princípios UNIDROIT, podem vir a contribuir para o desenvolvimento da discussão sobre inadimplemento eficiente no Brasil. Já se afirmou, com razão, que "a CISG pode servir de inspiração para outros temas controvertidos do direito contratual brasileiro, que não apresentam tratamento específico no Código Civil"[24]. O presente trabalho se propõe a analisar se o inadimplemento eficiente seria um desses temas.

I. A teoria do inadimplemento eficiente e a discussão no contexto brasileiro

A teoria do inadimplemento eficiente tem como premissa a ideia de que, do ponto de vista econômico, em certos casos é mais eficiente inadimplir o contrato e pagar perdas e danos ao credor do que cumprir o pactuado. A teoria pressupõe que, enquanto o devedor seria incentivado pelo remédio das perdas e danos (*expectation damages*) a tomar decisões eficientes quanto à execução ou não de um contrato, o credor estaria indiferente quanto à situação de cumprimento ou descumprimento[25] uma vez que o pagamento de perdas e danos o colocaria na mesma situ-

a Convenção já exerce influência concreta sobre a jurisprudência brasileira, na medida em que todas elas fazem "referência expressa à CISG como fonte de inspiração (*soft law*) para o direito brasileiro, inclusive em casos puramente domésticos" (Kulesza, Gustavo; Bittencourt, Rafael; Moreira, Rodrigo, *Op. cit.*, p. 10, 90-91). Assim, a pesquisa confirmou o importante papel que a CISG exerce hoje no Brasil como "fonte narrativa, a inspirar o julgador no caso concreto" (Soares, Pedro Silveira Campos; Xavier, Rafael Branco. *Op. cit.*, p. 24), ressaltando sua importância na "modernização do ordenamento jurídico nacional" (Kulesza, Gustavo; Bittencourt, Rafael; Moreira, Rodrigo, *Op. cit.*, p. 90).

[24] Soares, Pedro Silveira Campos; Xavier, Rafael Branco. *Op. cit.*, p. 26.

[25] Melvin A. Eisenberg usou o termo "*indifference principle*" para explicar esta ideia pela ótica da análise econômica, citando Richard Craswell: "[*expectation damages and specific performance*] *are designed to put the plaintiff forward, by implementing what I will call the indifference principle* ' (...) *In economic analysis, this is usually translated as . . . the amount necessary to leave the plaintiff absolutely indifferent, in subjective terms, between having the defendant breach and pay damages or having the defendant perform.*'" (notas de rodapé omitidas). Eisenberg, Melvin A. Actual and Virtual Specific Performance, the Theory of Efficient Breach, and the Indifference Principle in Contract Law. *California Law Review*, vol. 93, nº 4, p. 975-1050, 2005, p. 979. Ver também SIDHU, Dawinder S. The Immorality and Inefficiency of an Efficient Breach. *Transactions: The Tennessee Journal of Business Law*, vol. 8, p. 61-100, 2006-2007, p. 85.

ação econômica em que estaria caso o contrato tivesse sido adimplido[26]. Esse raciocínio, segundo os defensores da teoria, é chancelado do ponto de vista do direito norte-americano pela doutrina de Oliver Wendell Holmes[27], que supostamente defende que o devedor que se obrigou a adimplir uma prestação específica tem a opção de executar o pactuado ou pagar perdas e danos[28].

A ideia de inadimplemento eficiente, portanto, parte da premissa de que o pagamento de perdas e danos (os *expectation damages*[29]) sempre

[26] Ver, por exemplo, FRIEDMANN, Daniel. The Efficient Breach Fallacy. *The Journal of Legal Studies*, vol. 18, p. 1-24, 1989, p. 3.

[27] Ver *Introdução* acima. Richard A. Posner é um dos juristas que se apoia da doutrina de Holmes – que ele batizou de "*option theory of contract law*". Com base nessa doutrina, Posner sustenta que o devedor teria sempre a opção de cumprir sua prestação ou pagar perdas e danos ao credor (POSNER, Richard A. *Economic Analysis of Law*. 9ª ed. New York: Wolters Kluwer Law & Business, 2014, p. 152). Essa opção, segundo Posner (e outros defensores da teoria), estaria implícita em qualquer contrato em que uma prestação específica foi pactuada, de forma que no cenário de quebra eficiente o devedor não estaria cometendo um ilícito contratual, já que o que as partes contrataram foi justamente a opção de executar a prestação específica ou pagar perdas e danos (*Ibid.*, p. 152).

[28] Alguns críticos da teoria sustentam que seus defensores interpretaram de forma equivocada a doutrina de Holmes, alegando que esta não confere substrato a uma suposta quebra eficiente. Um dos pontos levantados é que, para Holmes, inadimplementos eram ilícitos contrários ao direito, e não o legítimo exercício de uma opção de cumprir o pactuado ou pagar perdas e danos – o que, sustentam, é confirmado pelas próprias decisões proferidas por Holmes enquanto magistrado. Ver, por exemplo, PERILLO, Joseph M. Misreading Oliver Wendell Holmes on Efficient Breach and Tortious Interference. *Fordham Law Review*, nº 68, p. 1085-1106, 2000. Outros defendem que a célebre afirmação de Holmes, utilizada como fundamento da teoria por seus defensores, é uma descrição distorcida do direito norte-americano, que não conferiria ao devedor a opção de executar o contrato ou pagar perdas e danos na medida em que inadimplementos seriam considerados como ilícitos ("*[s]ince a breach is a legal wrong, the Holmesian definition is not an accurate description of current law.*"). Ver WALT, Steven. For Specific Performance under the United Nations Sales Convention. *Texas International Law Journal*, vol. 26, nº 2, p. 211-252, 1991, p. 240.

[29] No direito norte-americano, os *expectation damages* são o principal e preferido remédio contratual. Ver FARNSWORTH, E. Allan. *Contracts*. 4ª ed. New York: Aspen Publishers, 2004, p. 730, 737; e Restatement (Second) of Contracts. American Law Institute, 1981, para. 347, comentário (a). Ver também Restatement (Second) of Contracts. American Law Institute, 1981, para. 344(a) ("*Expectation interest is the interest in having the benefit of his bargain by being put in as good as a position as he would have been in had the contract been performed.*"). De forma semelhante, o *Uniform Commercial Code* estabelece que os remédios contratuais ali previstos

colocará a parte prejudicada pelo inadimplemento em situação equivalente àquela em que estaria caso o contrato tivesse sido executado[30]. É por essa razão que os adeptos da teoria advogam que, toda vez que o inadimplemento for economicamente mais proveitoso do que o cumprimento do contrato, o primeiro deve ser incentivado e chancelado pelo ordenamento jurídico. O raciocínio é simples: se o inadimplemento é benéfico ao colocar o devedor em uma melhor situação e ainda assegurar a adequada indenização ao credor, garantindo que este não fique em situação pior àquela decorrente do adimplemento contratual, o direito deve criar incentivos para estimular tais inadimplementos. Como o credor receberá perdas e danos e não será (supostamente) prejudicado pela quebra contratual, caso o devedor possa atingir melhor situação econômica com o inadimplemento este deve ser encorajado por maximizar a riqueza e gerar bem-estar social[31].

buscam que a parte prejudicada "*may be put in as good a position as if the other party had fully performed*" (Uniform Commercial Code. American Law Institute & Uniform Law Commission, 2001, art. 1, para. 305(a)). Em linhas gerais, portanto, os chamados *expectation damages* buscam colocar a parte prejudicada pelo inadimplemento na mesma situação em que ela estaria caso o contrato tivesse sido executado.

[30] Entretanto, contrariando esse que é um dos pressupostos centrais da teoria, vários autores (e críticos da teoria) já chamaram atenção para o fato de que frequentemente os *expectation damages* não compensam a vítima do inadimplemento de forma integral, particularmente após a aplicação das doutrinas da *common law* para cálculo das perdas e danos. Ver, por exemplo, Eisenberg, Melvin A. *Op. cit.*, p. 989-997 (mencionando alguns dos fatores que impedem a integral compensação do credor pelos *expectation damages*, como o uso do valor de mercado do bem ou serviço contratado; a dificuldade em provar lucros cessantes com *reasonable certainty*; limitações por força da regra da *foreseeability*; e custos com o litígio); e Perillo, Joseph M. *Op. cit.*, 1099 (sustentando que até mesmo Robert Birmingham, um dos acadêmicos a quem a criação da teoria é atribuída, reconhece que as perdas e danos podem não ser capazes de compensar todos os prejuízos sofridos pelo credor). Ver também Birmingham, Robert L. *Op. cit.*, p. 285; e Pargendler, Mariana. The Role of the State in Contract Law: The Common-Civil Law Divide. *Yale Journal of International Law*, vol. 43, nº 1, p. 143-189, 2018, p. 169.

[31] É o que explicam: Scalise, Ronald J. *Op. cit.*, p. 722; e Dodge, William S. The Case for Punitive Damages in Contracts. *Duke Law Journal*, vol. 48, nº 4, p. 629-699, 1999, p. 652-653. Por outro lado, a teoria sugere que nos sistemas jurídicos em que existe uma preferência pelo remédio da execução específica, os inadimplementos eficientes não podem existir da mesma forma, já que o credor pode recorrer àquele remédio e exigir do devedor o cumprimento da prestação contratada (Eisenberg, Theodore; Miller, Geoffrey P. Dama-

Logo, em um contexto de inadimplemento eficiente, a pretensa eficiência é entendida como a possibilidade de maximizar os ganhos econômicos resultantes de uma dada transação contratual sem que haja prejuízo a qualquer das partes envolvidas. O parâmetro de eficiência considerado pelos adeptos da teoria é o ótimo de Pareto, pois entende-se que, em decorrência do inadimplemento, o devedor atingirá uma melhor situação e o credor não ficará em pior situação[32]. Para o alcance de uma situação Pareto-eficiente, não basta que haja um aumento da riqueza global: esse aumento não pode causar prejuízo a qualquer das partes envolvidas[33]. Os defensores da teoria sustentam que a melhora de eficiência é alcançada em um cenário de inadimplemento eficiente, pois o devedor é sempre obrigado a pagar perdas e danos ao credor pela inexecução, poupando-lhe de uma situação de prejuízo[34].

Apesar da discussão sobre inadimplemento eficiente ser ainda limitada no Brasil – especialmente se comparada ao acirrado debate em outras jurisdições – é notável o crescente interesse pela teoria, espe-

ges Versus Specific Performance: Lessons from Commercial Contracts. *Journal of Empirical Legal Studies*, vol. 12, p. 29-65, 2015, p. 33-34).

32 Posner, Richard A. *Economic Analysis of Law*. 9ª ed. New York: Wolters Kluwer Law & Business, 2014, p. 14-15.

33 Sobre o conceito de eficiência Paretiana, Bruno Salama explica: "[d]ada uma gama de possíveis alocações de benefícios ou renda, uma alteração que possa melhorar a situação de pelo menos um indivíduo, sem piorar a situação de nenhum outro indivíduo, é chamada de 'melhora de Pareto'. Uma alocação será ótima no sentido de Pareto quando não for possível realizar novas melhoras de Pareto." (Salama, Bruno Meyerhof. *O que é pesquisa em direito e economia?* In: Salama, Bruno Meyerhof. *Estudos em Direito & Economia: Micro, Macro e Desenvolvimento*. 1ª ed. Curitiba: Editora Virtual Gratuita – EGV, 2017, p. 36).

34 Dodge, William S. *Op. cit.*, p. 653. Se o credor não recebesse perdas e danos em decorrência do inadimplemento, esse ainda poderia ser considerado eficiente se fossem utilizados outros parâmetros de avaliação de eficiência econômica, como o critério de Kaldor-Hicks – segundo o qual existiria eficiência se os ganhos obtidos com o inadimplemento excedessem os prejuízos causados (isto é, com base nesse outro parâmetro, o aumento da riqueza global é suficiente, ainda que haja "perdedores" não compensados pelos "ganhadores"). Ver Farnsworth, E. Allan; Sanger, Carol; Cohen, Neil B.; Brooks, Richard R. W.; Garvin, Larry T. *Contracts*. 8ª ed. St. Paul: Foundation Press, 2013, p. 22; e Salama, Bruno Meyerhof. *O que é pesquisa em direito e economia?* In: Salama, Bruno Meyerhof. *Estudos em Direito & Economia: Micro, Macro e Desenvolvimento*. 1ª ed. Curitiba: Editora Virtual Gratuita – EGV, 2017, p. 37.

cialmente nos últimos anos[35]. Apesar de compreensível – e até mesmo esperado – em um contexto de crescimento da Análise Econômica do Direito no país, o fenômeno chama atenção por alguns motivos.

Primeiro, porque a aplicação prática da teoria é, até hoje, inexpressiva. Apesar de ter sido, ao menos em um primeiro momento, "religiosamente pregada"[36], a teoria nunca atingiu os tribunais com a mesma força. Sua efetiva aplicação prática parece ter sido de pouca ou quase nenhuma importância até mesmo nos Estados Unidos, país em que a ideia de inadimplemento eficiente surgiu e aflorou[37]. Críticos à teoria chamam atenção para o fato de que pouquíssimos juízes recorreram ao inadimplemento eficiente para decidir litígios e que até mesmo Richard A. Posner – grande expoente da Análise Econômica do Direito e um dos primeiros defensores da teoria –, enquanto membro do Tribunal de Apelação do Sétimo Circuito dos Estados Unidos, apenas teria feito referência à teoria na fundamentação de suas decisões, com o intuito de promovê-la[38]. Ou seja, mesmo na *common law*, o inadimplemento efi-

[35] Ver, a título exemplificativo, Pela, Juliana Krueger. *Op. cit.*; Almeida Prado Filho, José Inácio Ferraz. A Teoria do Inadimplemento Eficiente (Efficient Breach Theory) e os Custos de Transação. *UC Berkeley: Berkeley Program in Law and Economics*, 2007, fonte: https://escholarship.org/uc/item/5tx002n8, acessado em 15 de março de 2020; Cateb, Alexandre Bueno; Veloso, Sílvia Mechelany. Análise Econômica do Inadimplemento Contratual Oportunista *Versus* o Inadimplemento Eficiente (Efficient Breach). *Revista da Associação Mineira de Direito e* Economia, vol. X, p. 18-44, 2013; Morais, Fernando Vinícius Tavares Magalhães. *Inadimplemento Eficiente nos Contratos Empresariais à Luz do Direito Brasileiro Atual.* Belo Horizonte: Universidade Federal de Minas Gerais, Faculdade de Direito, Dissertação de Mestrado, 2019; Martins, José Eduardo Figueiredo de Andrade. *Inadimplemento Eficiente do Contrato: Quando o Descumprimento do Contrato é Vantajoso para Uma das Partes.* Curitiba: Juruá Editora, 2020.

[36] Friedmann, Daniel. *Op. cit.*, p. 3 (tradução livre).

[37] "*The theory of efficient breach of contract is a powerful academic tool. However, judges fail to apply this theory in any cases. Even judges who ardently support the theory do not decide cases based upon its merit (...) there is no literature demonstrating how or why the American legal system ignores the theory of efficient breach.*" (Warkol, Craig S. Resolving the Paradox between Legal Theory and Legal Fact: The Judicial Rejection of the Theory of Efficient Breach. *Cardozo Law Review*, nº 20, p. 321-353, 1998, p. 321-322).

[38] Sidhu, Dawinder S. *Op. cit.*, p. 100. Ver, por exemplo, os seguintes julgados de Richard A. Posner: Tribunal de Apelação do Sétimo Circuito dos Estados Unidos. *Lake River Corp. v. Carborundum Co.* 769 F.2d. 1985, p. 1289 (fazendo referência à teoria do inadimplemento eficiente para avaliar se uma cláusula contratual possui a natureza de prefixação de

ciente é visto mais como uma ferramenta acadêmica do que algo passível de aplicação pelos tribunais[39].

Segundo, é importante ter em mente o atual estágio da discussão na literatura mundial. Desde seu surgimento há cinquenta anos, os pressupostos, validade e relevância da teoria foram postos em xeque. Em breve síntese, as críticas se direcionaram não apenas ao caráter imoral dos ditos inadimplementos eficientes – já que a teoria ignoraria um dos pilares-chave do direito contratual, que é o elemento da confiança –, mas também questionaram sua suposta eficiência, a qual foi amplamente criticada com base em estudos de Análise Econômica do Direito[40].

Nesse contexto, cabe a rigor uma crítica: as atuais discussões sobre a validade da teoria e sua potencial aplicação no ordenamento jurídico brasileiro não podem ignorar todo o arcabouço teórico desenvolvido a partir da ideia de inadimplemento eficiente – fruto, especialmente, das pertinentes críticas que lhe foram feitas –, sob risco de introduzir o

danos ou de penalidade contratual); Tribunal de Apelação do Sétimo Circuito dos Estados Unidos. *Patton v. Mid-Continent Systems, Inc.* 841 F.2d. 1988, p. 750-751 (citando a teoria do inadimplemento eficiente em um contexto de análise da aplicação de danos punitivos (*punitive damages*)); e Tribunal de Apelação do Sétimo Circuito dos Estados Unidos. *Walgreen Company v. Sara Creek Property Co.* 966 F.2d. 1992, p. 276-279 (apesar de elogiar inadimplementos eficientes, Posner concedeu tutela cautelar para execução específica do contrato ao concluir que, neste caso, tal tutela levaria a melhores resultados que o pagamento de perdas e danos, já que poderia incentivar as partes a renegociarem o contrato).

[39] Ver SCHWENZER, Ingeborg; KEE, Christopher; HACHEM, Pascal. *Global Sales and Contract Law*. New York: Oxford University Press, 2012, para. 43.05.

[40] A análise detalhada dessas críticas foge ao escopo do presente trabalho. Para algumas das principais críticas ao inadimplemento eficiente, ver, por exemplo: EISENBERG, Melvin A. *Op. cit.*; FRIEDMANN, Daniel. *Op. cit.*; PERILLO, Joseph M. *Op. cit.*; SIDHU, Dawinder S. *Op. cit.*; SCHWARTZ, Alan. The Case for Specific Performance. *The Yale Law Journal*, vol. 89, nº 2, p. 271-307, 1979; MACNEIL, Ian R. Efficient Breach of Contract: Circles in the Sky. *Virginia Law Review*, vol. 68, nº 5, p. 947-969, 1982; ULEN, Thomas S. The Efficiency of Specific Performance: Toward a Unified Theory of Contract Remedies. *Michigan Law Review*, vol. 83, nº 2, p. 341-403, 1984; BROOKS, Richard R.W. The Efficient Performance Hypothesis. *The Yale Law Journal*, vol. 116, p. 568-596, 2006; ADLER, Barry E. Efficient Breach Theory Through the Looking Glass. *New York University Law Review*, vol. 83, p. 1679-1725, 2008; AL-TAWIL, Tareq. The Efficient Breach Theory – The Moral Objection. *Griffith Law Review*, vol. 20, nº 2, p. 449-481, 2011. Ao menos um autor brasileiro já teceu críticas à eficiência da teoria com base na Análise Econômica do Direito: ALMEIDA PRADO FILHO, José Inácio Ferraz. *Op. cit.*

debate no Brasil de forma descontextualizada e, inclusive, ineficiente. Não se pretende aqui questionar as contribuições da teoria, especialmente para a Análise Econômica do Direito[41]. Muito pelo contrário, busca-se estimular um debate informado, atual e crítico. Análises de como normas jurídicas podem incentivar comportamentos mais ou menos eficientes dos agentes econômicos são relevantes e podem levar ao aprofundamento de importantes discussões se postas a serviço do direito e da justiça[42]. De nada adianta, porém, refletir sobre a aplicação da teoria de forma acrítica, sem analisar a validade de seus pressupostos e seus prós e contras[43]. Críticos à teoria já sustentaram, por exemplo, que a execução específica[44] costuma produzir resultados mais eficientes que as perdas e danos. Considerações acerca da eficiência de nosso

[41] Bruno Salama ressaltou a importância da discussão sobre inadimplemento eficiente para a Análise Econômica do Direito ao fazer referência a Aristides N. Hatzis, segundo o qual esta "provavelmente é 'a contribuição mais importante (em termos de impacto) da análise econômica ao direito contratual.'" (SALAMA, Bruno Meyerhof. *A Arte do Direito e Macroeconomia.* In: SALAMA, Bruno Meyerhof. *Estudos em Direito & Economia: Micro, Macro e Desenvolvimento.* 1ª ed. Curitiba: Editora Virtual Gratuita – EGV, 2017, p. 157-158).

[42] Sobre a relação entre eficiência e justiça, ver SALAMA, Bruno Meyerhof. *O que é pesquisa em direito e economia?* In: SALAMA, Bruno Meyerhof. *Estudos em Direito & Economia: Micro, Macro e Desenvolvimento.* 1ª ed. Curitiba: Editora Virtual Gratuita – EGV, 2017.

[43] SALAMA, Bruno Meyerhof. De que forma a economia auxilia o profissional e o estudioso do direito? *Economic Analysis of Law Review*, vol. 1, nº 1, p. 4-6, 2010, p. 6 ("(...) o ponto central da análise econômica do direito não é saber se a eficiência pode ser igualada à justiça; ela não pode. A questão é pensar como a busca da justiça pode se beneficiar do exame de prós e contras, dos custos e benefícios.").

[44] A execução específica é um remédio excepcional e discricionário em sistemas de *common law*, sendo apenas aplicada caso o pagamento de *expectation damages* for "inadequado" (entende-se que isso ocorre na minoria dos casos). Já em sistemas de *civil law*, a execução específica é vista como decorrência da obrigação do devedor e, via de regra, está disponível ao credor. Ver, por exemplo, BASEDOW, Jürgen. Towards a Universal Doctrine of Breach of Contract: The Impact of the CISG. *International Review of Law and Economics*, vol. 25, p. 487-500, 2005, p. 492-493. Ver também SCHWENZER, Ingeborg; KEE, Christopher; HACHEM, Pascal. *Op. cit.*, para. 43.11, 43.24, 43.25; SCALISE, Ronald J. *Op. cit.*, p. 726-729; e PARGENDLER, Mariana. O direito contratual comparado: revisitando as diferenças entre os sistemas romano-germânico e de *common law*. *Revista DIREITO GV*, São Paulo, vol. 13, nº 3, p. 796-826, 2017, p. 817.

sistema contratual não podem, portanto, partir de um recorte isolado e acrítico da teoria do inadimplemento eficiente[45].

Por fim, como não poderia deixar de ser, a chegada da discussão no Brasil chama atenção pelas diferenças entre nosso sistema jurídico e aqueles de tradição anglo-saxônica – e, consequentemente, pela existência de obstáculos à importação indiscriminada da teoria ao nosso ordenamento jurídico. Como discutido anteriormente, a principal dessas diferenças decorre do regime de remédios contratuais adotado[46]. No Brasil, sendo o contrato bilateral, em caso de inadimplemento o *credor* tem a opção de recorrer à execução específica[47] ou demandar a resolução – e, em qualquer cenário, pleitear também indenização pelas perdas e danos decorrentes da inexecução[48]. Trata-se de opção diametralmente

[45] Note-se que análises sobre o nível de eficiência do remédio das perdas e danos e da execução específica – à luz das distintas opções adotadas pelo ordenamento jurídico brasileiro, norte-americano, ou até mesmo pela CISG e pelos Princípios UNIDROIT – fogem ao escopo do presente trabalho.

[46] Para uma análise das diferenças que persistem quanto ao recurso à execução específica nos dois sistemas, a despeito de questionamentos feitos por estudiosos nos últimos anos quanto ao "alcance e relevância dessa divergência", ver Pargendler, Mariana. The Role of the State in Contract Law: The Common-Civil Law Divide. *Yale Journal of International Law*, vol. 43, nº 1, p. 143-189, 2018, p. 167-170.

[47] Naturalmente, como explica Ruy Rosado de Aguiar Júnior, a execução específica só será viável caso (i) a prestação ainda possa ser executada; e (ii) o credor ainda tenha interesse em exigir seu cumprimento (Aguiar Júnior, Ruy Rosado de. *Extinção dos Contratos por Incumprimento do Devedor: Resolução: De Acordo Com o Novo Código Civil.* 2ª ed. Rio de Janeiro: AIDE, 2003, p. 95).

[48] Ver, em especial, o artigo 475 do Código Civil: "Art. 475. A parte lesada pelo inadimplemento pode pedir a resolução do contrato, se não preferir exigir-lhe o cumprimento, cabendo, em qualquer dos casos, indenização por perdas e danos." E é justamente porque o ordenamento jurídico confere ao credor a possibilidade de escolher a via processual que entender adequada em um cenário de inadimplemento, incluindo a possibilidade de ajuizar ação de execução, que Ruy Rosado se manifesta contrariamente à teoria do inadimplemento eficiente, concluindo que "sem previsão legal, a alternativa proposta pela [teoria] não pode ser aceita." O autor também ressalta que a teoria não seria condizente com o princípio da força obrigatória do contrato, já que "frusta a expectativa social de cumprimento do programa acordado livremente entre as partes, além de impedir à contraparte usufruir da vantagem esperada com a normal execução da prestação prometida." (Aguiar Júnior, Ruy Rosado. *Comentários ao Novo Código Civil: da Extinção do Contrato: arts. 472 a 480*, Rio de Janeiro: Editora Forense, vol. VI, t. II, 2011, p. 714, nota de rodapé nº 1119). Juliana Krueger Pela também sustentou que o mais importante obstáculo ao transplante do *efficient breach*

oposta àquela utilizada pelos adeptos da teoria para justificar sua validade, segundo a qual o direito norte-americano conferiria ao *devedor* (e não ao credor, como ocorre no direito brasileiro) a opção de cumprir o contrato ou simplesmente pagar perdas e danos. Ainda, o regime jurídico da cláusula penal no Brasil[49] – em especial a previsão de que, em situação de inadimplemento total, tal cláusula se converterá em alternativa a benefício do *credor*[50] – estabelece outra opção incompatível e contrária aos pressupostos básicos da teoria. Além disso, a cláusula geral de boa-fé[51] e o princípio da força obrigatória dos contratos (*pacta sunt servanda*)[52], adotados em nosso ordenamento jurídico, constituem bar-

ao ordenamento brasileiro seria a possibilidade "de o credor valer-se da tutela específica da obrigação, em caso de descumprimento." (PELA, Juliana Krueger. *Op. cit.*, p. 1099). Ver também artigos 497 a 501 do Código de Processo Civil brasileiro.

[49] Ver, por exemplo, PELA, Juliana Krueger. *Op. cit.*, p. 1099.

[50] Ver artigo 410 do Código Civil: "Art. 410. Quando se estipular a cláusula penal para o caso de total inadimplemento da obrigação, esta converter-se-á em alternativa a benefício do credor." Como esclarece Judith Martins-Costa, em caso de inadimplemento total, "a expressão 'alternativa a benefício do credito' diz respeito à alternativa entre exigir do devedor o cumprimento do contrato ou exigir do devedor a cláusula penal. A cláusula penal converte-se em alternativa ao cumprimento, em benefício do credor, jamais do devedor." (MARTINS-COSTA, Judith. *Comentários ao Novo Código Civil: do Inadimplemento das Obrigações, arts. 389 a 420.* Rio de Janeiro: Editora Forense, vol. V, t. II, 2011, p. 659). Assim, o credor deverá eleger "uma alternativa (a pena ou prestação) com exclusão da outra." (*Ibid.*, p. 661).

[51] Sobre o assunto, ver MARTINS-COSTA, Judith. *A Boa-Fé no Direito Privado: Critérios Para sua Aplicação.* São Paulo: Marcial Pons, 2015. A importância que a boa-fé adquiriu no direito brasileiro contrasta com a posição que o instituto ocupa nos sistemas de *common law.* Richard A. Posner, por exemplo, já afirmou em algumas ocasiões que no direito norte-americano não existe um dever geral de boa-fé. Ver, por exemplo, POSNER, Richard A. *Economic Analysis of Law.* 9ª ed. Wolters Kluwer Law & Business, 2014, p. 154; e POSNER, Richard A. Let Us Never Blame a Contract Breaker. *Michigan Law Review*, vol. 107, nº 8, p. 1349-1363, 2009, p. 1358-1359.

[52] Segundo Orlando Gomes, a força obrigatória dos contratos consubstancia-se na ideia de que, celebrado o contrato "(...) com a observância de todos pressupostos e requisitos necessário à sua validade, deve ser executado pelas partes como se suas cláusulas fossem preceitos legais imperativos." (GOMES, Orlando. *Contratos.* 26ª ed. Rio de Janeiro: Editora Forense, 2009, p. 38). Ainda, Orlando Gomes explica que o princípio da força obrigatória dos contratos não é apenas o "corolário da regra moral de que todo homem deve honrar a palavra empenhada", decorrendo também do próprio princípio da autonomia da vontade (*Ibid.*, p. 38). Paula A. Forgioni, por sua vez, ressalta a importância do princípio no âmbito dos contratos empresariais com base em fundamentos de cunho mais econômico do que moral,

reiras adicionais[53] ao transplante e aplicação da teoria à realidade brasileira[54].

É nesse cenário que a análise das contribuições da CISG – e de outros esforços para a unificação ou harmonização do direito contratual, como os Princípios UNIDROIT – ganha relevância. Em um contexto de crescente interesse pela teoria do inadimplemento eficiente, deve-se avaliar em que medida uma eventual aproximação dos sistemas jurídicos de *common law* e *civil law*, encabeçada por tais instrumentos, pode vir a influenciar os rumos da discussão em âmbito doméstico.

II. A potencial influência da CISG e dos Princípios UNIDROIT na discussão sobre a teoria do inadimplemento eficiente

Os esforços de unificação ou harmonização do direito contratual tiveram, naturalmente, de enfrentar as distintas opções adotadas por sistemas de *common law* e *civil law* em relação aos remédios contratuais. Como dito, talvez a mais marcante dessas diferenças seja a maior importância conferida à execução específica nos países de tradição civilista em que, como regra, o credor pode exigir o cumprimento da obrigação como resposta ao inadimplemento – o que contrasta com o caráter excepcional da execução específica na *common law*, onde há ampla pre-

partindo da premissa de que "[s]e lhes fosse permitido, os agentes econômicos valer-se-iam dos contratos para vincular apenas seus parceiros comerciais, e nunca a si próprios." (Forgioni, Paula A. *Contratos Empresariais: Teoria Geral e Aplicação.* 2ª ed. São Paulo: Revista dos Tribunais, 2016, p. 109). A autora conclui que a força obrigatória é necessária ao giro mercantil, já que "freia o natural oportunismo dos agentes econômicos" e garante o funcionamento do mercado, motivo pelo qual Forgioni não antevê uma tendência de relativização desse princípio no âmbito do direito comercial (*Ibid.*, p. 109-110). Note-se que a autora ressalta a existência de posicionamento contrário ao seu na literatura por parte de autores que não concordam com sua posição justamente por defender o inadimplemento eficiente do contrato (*Ibid.*, p. 110).

[53] Analisando obstáculos à teoria nos sistemas de *civil law*, Scalise sintetiza o papel que a boa-fé e o *pacta sunt servanda* exercem em tais jurisdições e como tais institutos dificultam a aplicação da lógica do inadimplemento eficiente (Scalise, Ronald J. *Op. cit.*, p. 722-723).

[54] A análise da compatibilidade (ou não) do direito brasileiro com a teoria do inadimplemento eficiente (e a própria relevância e utilidade dessa análise) foge ao escopo deste trabalho, mas esta apertada síntese busca ilustrar como as distinções entre o direito contratual de sistemas de *common law* e *civil law* – ilustrados pelo caso norte-americano e brasileiro, respectivamente – impactam o estudo e a avaliação da teoria.

ferência pelas perdas e danos[55]. Não por coincidência, essa distinção é um dos pontos-chave no debate sobre inadimplemento eficiente, afinal a viabilidade da teoria depende essencialmente da resposta do sistema jurídico à inexecução contratual.

Enquanto em sistemas de *civil law* a parte prejudicada pelo inadimplemento pode optar, geralmente, pelo pagamento de perdas e danos (em lugar da execução específica)[56], o raciocínio contrário não pode ser transposto à *common law*, em que tanto a lei quanto a jurisprudência subordinam a aplicação da execução específica ao pagamento de perdas e danos, recorrendo à primeira única e exclusivamente caso o segundo seja um remédio "inadequado" no caso concreto[57]. Por consequência,

[55] Ver, por exemplo, Pargendler, Mariana. O direito contratual comparado: revisitando as diferenças entre os sistemas romano-germânico e de *common law*. *Revista DIREITO GV*, São Paulo, vol. 13, nº 3, p. 796-826, 2017, p. 806; e Schwenzer, Ingeborg; Kee, Christopher; Hachem, Pascal. *Op. cit.*, para. 43.24. Para uma análise comparada à luz da evolução do direito norte-americano e francês, ver Boghossian, Nayiri. A Comparative Study of Specific Performance Provisions in the United Nations Convention on Contracts for the International Sale of Goods. *Pace Review of the Convention on Contracts for the International Sale of Goods*, Kluwer, p. 3-78, 1999-2000, p. 38-60. O distinto grau de preferência pela execução específica em sistemas de *common law* e *civil law* não deixa de ser também um reflexo do primado da força obrigatória dos contratos nos países de *civil law* (Schwenzer, Ingeborg; Kee, Christopher; Hachem, Pascal. *Op. cit.*, para. 41.41; e Herman, Shael. *Op. cit.*, p. 10-11).

[56] Ver, por exemplo, artigo 475 do Código Civil brasileiro (citado acima). Ver também Schwenzer, Ingeborg; Kee, Christopher; Hachem, Pascal. *Op. cit.*, para. 43.20 (esclarecendo que, nos sistemas de *civil law*, a execução específica não pode ser exigida quando inconsistente com outros remédios já reclamados pelo credor como, por exemplo, o pagamento de perdas e danos "*in lieu of performance*").

[57] Ver Farnsworth, E. Allan. A Common Lawyer's View of His Civilian Colleagues. *Louisiana Law Review*, vol. 57, nº 1, p. 227-238, 1996, p. 235. Ver também Schwenzer, Ingeborg; Kee, Christopher; e Hachem, Pascal. *Op. cit.*, para. 43.24 (analisando a questão à luz do direito de diversas jurisdições que seguem a tradição da *common law*); Eisenberg, Theodore; Miller, Geoffrey P. *Op. cit.*, p. 29-30 (analisando a questão sob a ótica do direito norte-americano). A título ilustrativo, os tribunais norte-americanos já concluíram que o pagamento de perdas e danos era "inadequado" quando (i) a quantificação se mostrou muito difícil (por exemplo, em um cenário em que o valor de mercado do bem ou serviço não estava disponível); (ii) o inadimplemento (e também as perdas e danos) impedia o credor de cumprir um contrato com terceiros; e ainda quando (iii) o credor tivesse contratado a prestação para um uso específico, que não poderia ser plenamente compensado por perdas e danos (por exemplo, no caso de bens únicos). Concluindo pela inadequação, os

no campo dos remédios contratuais, as iniciativas de unificação ou harmonização do direito contratual tiveram que despender consideráveis esforços ao tentar conciliar as distintas preferências dos sistemas e propor uma "solução balanceada"[58] em relação, principalmente, à disponibilidade da execução específica[59]. Não é à toa que alguns já se referiram ao tema da execução específica como "o famoso pomo da discórdia entre estudiosos do direito comparado" e "uma questão que suscita discussões teóricas constantes"[60].

A CISG prevê, como regra, a disponibilidade da execução específica para ambos, comprador e vendedor, diante do inadimplemento de sua contraparte[61], sem condicionar o recurso àquele remédio à inadequa-

tribunais norte-americanos podem ordenar a execução específica de forma discricionária (Eisenberg, Theodore; Miller, Geoffrey P. *Op. cit.*, p. 33).

58 Schwenzer, Ingeborg; Kee, Christopher; Hachem, Pascal. *Op. cit.*, para. 43.10, 43.49.

59 Nas negociações que antecederam à elaboração da CISG, o recurso à execução específica foi um dos pontos de maior controvérsia. Ver, por exemplo, Honnold, John O. *Uniform Law for International Sales under the 1980 United Nations Convention.* 3ª ed. Haia: Kluwer International Law, 1999, p. 218; Boghossian, Nayiri. *Op. cit.*, p. 16. Honnold também observa que foram identificadas, nesse contexto, diferenças na forma como os próprios países de *civil law* tratavam a execução específica (Honnold, John O. *Op. cit.*, p. 220). Ainda, o norte-americano E. Allan Farnsworth, que participou das negociações da CISG e dos Princípios UNIDROIT, analisa três pontos que foram particularmente problemáticos entre representantes da *common law* e *civil law* e, dentre eles, cita a execução específica (Farnsworth, E. Allan. A Common Lawyer's View of His Civilian Colleagues. *Louisiana Law Review*, vol. 57, nº 1, p. 227-238, 1996, p. 234).

60 Basedow, Jürgen. *Op. cit.*, p. 492-493.

61 Schwenzer, Ingeborg; Kee, Christopher; Hachem, Pascal. *Op. cit.*, para. 43.51. Sobre alguns dos motivos que levaram a CISG a disponibilizar a execução específica às partes de operações de compra e venda internacional, ver Boghossian, Nayiri. *Op. cit.*, p. 23-25. Note-se que os remédios de execução específica disponíveis na CISG, tanto para comprador (artigo 46) quanto para o vendedor (artigo 62), são os primeiros remédios listados nos respectivos capítulos da Convenção, o que indica que, sob a égide da CISG, "*the contractual bond should be preserved as far as possible*". Ver UNCITRAL, *Digest of Case Law on the United Nations Convention on Contracts for the International Sales of Goods*, 2016, p. 221, para. 3, fonte: https://www.uncitral.org/pdf/english/clout/CISG_Digest_2016.pdf, acessado em 20 de março de 2020 ("Digesto da UNCITRAL").

ção das perdas e danos[62]. O artigo 46[63] autoriza o comprador a exigir do vendedor o cumprimento de quaisquer de suas obrigações em caso de inadimplemento (incluindo a entrega dos bens contratados)[64], a não ser que o comprador já tenha exercido ações ou direitos incompatíveis com a execução específica[65]. Da mesma forma, e sujeito à mesma exceção, o artigo 62 autoriza o vendedor a exigir do comprador "o pagamento do preço, o recebimento das mercadorias, ou a execução de outras obrigações que a este incumbirem"[66].

Não se pode dizer, entretanto, que a CISG alcançou a almejada "solução balanceada" e uma "unificação" entre os sistemas de *civil law* e *com-*

[62] Garro, M. Alejandro. Reconciliation of Legal Traditions in the U.N. Convention on Contracts for the International Sale of Goods. *International Lawyer*, vol. 23, p. 443-483, 1989, p. 458.

[63] Segundo o artigo 46(1) da CISG: "[o] comprador poderá exigir do vendedor o cumprimento de suas obrigações, salvo se tiver exercido qualquer ação incompatível com esta exigência." (tradução de Eduardo Grebler e Gisely Radael, fonte: http://www.cisg-brasil.net/doc/egrebler2.pdf, acessado em 20 de março de 2020).

[64] Note-se, contudo, que a Convenção prevê remédios específicos caso as mercadorias entregues pelo vendedor não estiverem conformes ao contrato. Os parágrafos (2) e (3) do artigo 46 autorizam o comprador, nesses casos, a exigir a entrega de outras mercadorias em substituição ou reparação para sanar a desconformidade. Entretanto, do ponto de vista do inadimplemento eficiente, o cenário mais relevante seria aquele de inadimplemento da obrigação (por exemplo, de *não entrega* das mercadorias), e não de cumprimento defeituoso. Assim, neste trabalho, a análise do artigo 46 da CISG tem como foco as situações de inadimplemento que são reguladas pelo parágrafo (1).

[65] Como seria o caso se, por exemplo, o comprador já tivesse pleiteado a resolução do contrato. Ver Digesto da UNCITRAL. *Op. cit.*, p. 221, para. 7. Ver também Boghossian, Nayiri. *Op. cit.*, p. 19-20.

[66] Segundo o artigo 62 da CISG: "[o] vendedor poderá exigir do comprador o pagamento do preço, o recebimento das mercadorias ou a execução de outras obrigações que a este incumbirem, salvo se o vendedor houver exercido algum direito ou ação incompatível com tal exigência." (tradução da CISG de Eduardo Grebler e Gisely Radael, fonte: http://www.cisg-brasil.net/doc/egrebler2.pdf). Esse dispositivo é frequentemente aplicado por tribunais domésticos e arbitrais, já que autoriza o vendedor a exigir o pagamento do preço (Digesto da UNCITRAL. *Op. cit.*, p. 287, para. 2). Alguns autores observam que, ainda que o recurso à execução específica na CISG seja uma herança dos sistemas de *civil law*, a possibilidade de o vendedor exigir o pagamento do preço também tem uma origem na tradicional *action for price* dos sistemas de *common law* (Schwenzer, Ingeborg; Kee, Christopher; Hachem, Pascal. *Op. cit.*, para. 43.51).

mon law quanto à disponibilidade da execução específica[67]. Optou-se por garantir aos países signatários a possibilidade de recorrer às distintas abordagens adotadas por cada um desses sistemas jurídicos de forma total[68]. Isso decorre da restrição prevista no artigo 28 da CISG, que buscou alcançar um compromisso com sistemas que lidam com a execução específica de forma diferente daquela prevista nos artigos 46 e 62 e reduzir a tensão existente entre o mundo da *common law* e da *civil law* a esse respeito[69]. De acordo com o artigo 28, tribunais domésticos (ou arbitrais[70]) não estão obrigados a proferir decisão ordenando a execução específica de obrigações a não ser que devam fazê-lo segundo o que prevê seu próprio direito (i.e., a *lex fori*) em relação a contratos semelhantes[71]. Por força do artigo 28, ainda que a Convenção estabeleça que qualquer das partes de um contrato de compra e venda internacional possa requerer a execução específica, isso não significa que, de fato, demandas de cumprimento específico serão bem-sucedidas[72]. Tudo vai

[67] Garro, M. Alejandro. *Op. cit.*, p. 459-460; Basedow, Jürgen. *Op. cit.*, p. 493; Schwenzer, Ingeborg; Kee, Christopher; Hachem, Pascal. *Op. cit.*, para. 43.55; e Boghossian, Nayiri. *Op. cit.*, p. 77-78.

[68] Schwenzer, Ingeborg; Kee, Christopher; Hachem, Pascal. *Op. cit.*, para. 43.55.

[69] Ver Digesto da UNCITRAL. *Op. cit.*, p. 122, para. 1-2. Apesar da linguagem ampla do artigo 28, a limitação desse dispositivo foi uma concessão à pressão dos países de *common law*, já que nos artigos 46 e 62 prevaleceu a preferência e abordagem da *civil law* quanto à execução específica. Ver Basedow, Jürgen. *Op. cit.*, p. 493; Boghossian, Nayiri. *Op. cit.*, p. 18, 26, 28; e Fitzgerald, John. CISG, Specific Performance, and the Civil Law of Louisiana and Quebec. *Journal of Law and Commerce*, vol. 16, p. 291-313, 1997, p. 297.

[70] Apesar de o artigo 28 não fazer referência aos árbitros, não há dúvidas de sua aplicação em procedimentos arbitrais (Schwenzer, Ingeborg; Kee, Christopher; Hachem, Pascal. *Op. cit.*, para. 43.56).

[71] Ver artigo 28 da CISG: "[s]e, de conformidade com as disposições da presente Convenção, uma das partes tiver o direito de exigir da outra o cumprimento de certa obrigação, o juiz não estará obrigado a ordenar sua execução especifica salvo se devesse fazê-lo segundo seu direito nacional, em relação a contratos de compra e venda semelhantes não regidos pela presente Convenção." (tradução da CISG de Eduardo Grebler e Gisely Radael, fonte: http://www.cisg-brasil.net/doc/egrebler2.pdf).

[72] Ver Schwenzer, Ingeborg; Kee, Christopher; Hachem, Pascal. *Op. cit.*, para. 43.55.

depender da análise conduzida pelo juiz (ou árbitro) à luz de seu direito doméstico[73] (ou *lex arbitri*[74]).

Ao delegar a palavra final sobre a aplicabilidade da execução específica aos sistemas jurídicos nacionais, a CISG não alcançou uma real aproximação dos sistemas jurídicos de *common law* e *civil law* no que diz respeito à execução específica[75]. Apesar da influência que a CISG exerce sobre ordenamentos nacionais, a Convenção se absteve de tomar uma posição firme em relação à execução específica – e tampouco consagrou abertamente uma preferência pelas perdas e danos, que seria um resultado mais próximo da tradição da *common law*. Como efeito, pode-se antecipar que a CISG não alterará os rumos da discussão sobre inadimplemento eficiente no Brasil de forma substancial, já que o *status quo* atual do debate entre (e a própria realidade jurídica de) sistemas de *common law* e *civil law* não foi significativamente alterado pela Convenção nesse aspecto.

Em todo caso, ainda que se busque inspiração na CISG, a Convenção não oferece suporte à teoria do inadimplemento eficiente. Primeiro, os artigos 45 e 61 deixam claro que cabe à *parte prejudicada* pelo inadimplemento exercer a opção pela execução específica ou por outra ação ou direito, como apenas o recebimento de indenização por perdas e danos[76]. Assim, aquele que estivesse, segundo o que prevê a teo-

[73] Tomando como exemplo o caso do Brasil, a CISG – guardadas as devidas proporções – segue posição que pouco se distancia daquela adotada pelo ordenamento jurídico pátrio, de forma que a limitação à execução específica prevista no artigo 28 será, ao que tudo indica, de pouca ou nenhuma relevância prática no país.

[74] Quando a análise for submetida a um tribunal arbitral, a lei relevante é a *lex arbitri*, já que os árbitros não estão atrelados a um direito doméstico da mesma forma que um tribunal estatal (Schwenzer, Ingeborg; Kee, Christopher; Hachem, Pascal. *Op. cit.*, para. 43.56).

[75] Boghossian, Nayiri. *Op. cit.*, p. 29, 75-76 (afirmando que o artigo 28 impediu o objetivo de unificação da CISG quanto à execução específica e constitui uma ameaça à interpretação uniforme da Convenção nesse quesito).

[76] Segundo o artigo 45: "(1) Se o vendedor não cumprir qualquer das obrigações que lhe couberem de acordo com o contrato ou com a presente Convenção, o comprador poderá: (a) exercer os direitos previstos nos artigos 46 a 52; (b) exigir a indenização das perdas e danos prevista nos artigos 74 a 77. (2) O comprador não perde o direito à indenização das perdas e danos por exercer seu direito a outras ações. (3) Não poderá o juiz ou tribunal arbitral conceder ao vendedor qualquer período de graça, quando o comprador exercer

ria, em condições de "inadimplir eficientemente" o contrato não teria como levar a cabo tal descumprimento, pois sua contraparte poderia exigir o cumprimento específico da obrigação ou exercer outras ações e direitos (por exemplo, concedendo prazo suplementar para o cumprimento[77]), ao invés de optar tão somente pela indenização por perdas e danos. Além disso, a restrição à execução específica prevista no artigo 28 – que poderia, em tese, validar a aplicação da teoria em sistemas de *common law* – teve, até hoje, pouquíssima aplicação prática nos tribunais[78]. Também, já se sustentou que, ao menos sob a ótica do direito norte-americano[79], o artigo 28 não instituiria uma verdadeira restrição à execução específica, já que contratos similares àqueles regidos pela CISG são normalmente regulados pelo *Uniform Commercial Code*, que em regra autoriza a execução específica nas mesmas situações em que as partes normalmente buscam a aplicação desse remédio sob a égide da Convenção[80]. Isso já foi confirmado por pelo menos um tribunal norte-americano, em um dos poucos casos em que o artigo 28 da CISG foi efetivamente aplicado[81].

ação contra a violação de contrato." O artigo 61 adotou a mesma linguagem ao regular os remédios contratuais disponíveis ao vendedor em caso de inadimplemento do comprador (tradução da CISG de Eduardo Grebler e Gisely Radael, fonte: http://www.cisg-brasil.net/doc/egrebler2.pdf).

[77] Ver, a esse respeito, artigos 45, 47 e 63 da CISG.

[78] Essa limitada aplicação do artigo 28 decorre, em parte, do fato de que as partes de contratos regidos pela CISG tendem a preferir outros remédios que não a execução específica, em particular o pagamento de perdas e danos (Digesto da UNCITRAL. *Op. cit.*, p. 221, para. 4).

[79] Já se levantou esse argumento em relação aos sistemas de *common law* como um todo. Ver Boghossian, Nayiri. *Op. cit.*, p. 29.

[80] Walt, Steven. *Op. cit.*, p. 218, 224-233 (argumentando que, perante os tribunais norte-americanos, o artigo 28 não restringe efetivamente a disponibilidade de execução específica para contratos regidos pela CISG). Ver também Boghossian, Nayiri. *Op. cit.*, p. 74.

[81] Ver Tribunal Distrital dos Estados Unidos, Distrito Norte de Illinois. *Magellan International Corporation v. Salzgitter Handel GmbH.* Nº 99 C 5153. J. 07/12/1999, fonte: http://www.cisg.law.pace.edu/cisg/wais/db/cases2/991207u1.html, acessado em 20 de março de 2020 (recorrendo ao artigo 28 da CISG, o tribunal entendeu que caberia a aplicação da execução específica tanto com base no artigo 46(1) da Convenção, quanto com base no direito norte-americano, referindo-se ao *Uniform Commercial Code*). Nesse caso, o dispositivo relevante do *Uniform Commercial Code* previa que: "*(1) Specific performance may be decreed where the goods*

Ao contrário da CISG, os Princípios UNIDROIT não estabeleceram a execução específica como um remédio discricionário, cuja disponibilidade depende do que prevê o direito doméstico[82]. O artigo 7.2.2 dos Princípios UNIDROIT, que autoriza a execução específica de obrigações não-monetárias e segue a abordagem do artigo 46 da CISG[83], estabeleceu apenas cinco exceções à sua aplicação[84], de forma que juízes e árbitros não podem se esquivar de ordenar a execução específica salvo na presença de uma destas exceções. E. Allan Farnsworth, jurista norte-americano que participou ativamente da negociação e elaboração dos Princípios UNIDROIT, sustenta que a exceção prevista no artigo 7.2.2(c) – que impede recurso à execução específica quando o credor puder *razoavelmente* obter a prestação contratada de outra forma – aproximaria tal regra da abordagem tradicional da *common law*[85]. Ainda que, de fato, dita exceção possa ter levado a uma aproximação com a *common law*, é improvável que os Princípios UNIDROIT influenciem o desenvolvimento da discussão sobre inadimplemento eficiente de forma signifi-

are unique or in other proper circumstances." (Uniform Commercial Code. American Law Institute & Uniform Law Commission, 2001, art. 2, para. 716(1)).

[82] Ver comentário nº 2 ao artigo 7.2.2 dos Princípios UNIDROIT. Ver também Basedow, Jürgen. *Op. cit.*, p. 493.

[83] Ver comentário nº 1 ao artigo 7.2.2 dos Princípios UNIDROIT.

[84] O artigo 7.2.2 dos Princípios UNIDROIT, intitulado "*Performance of non-monetary obligation*", dispõe o seguinte: "[w]*here a party who owes an obligation other than one to pay money does not perform, the other party may require performance, unless (a) performance is impossible in law or in fact; (b) performance or, where relevant, enforcement is unreasonably burdensome or expensive; (c) the party entitled to performance may reasonably obtain performance from another source; (d) performance is of an exclusively personal character; or (e) the party entitled to performance does not require performance within a reasonable time after it has, or ought to have, become aware of the non-performance.*" Ver também artigo 7.2.1, que trata da execução específica de obrigação monetária ("*Performance of monetary obligation*") e dispõe que: "[w]*here a party who is obliged to pay money does not do so, the other party may require payment.*"

[85] Farnsworth, E. Allan. A Common Lawyer's View of His Civilian Colleagues. *Louisiana Law Review*, vol. 57, nº 1, p. 227-238, 1996, p. 236. Os comentários dos Princípios UNIDROIT sobre o artigo 7.2.2(c) esclarecem que essa exceção se aplica especialmente se os bens ou serviços contratados sejam de tipo padrão e possam ser facilmente substituídos no mercado. Nesse caso, o credor deverá realizar a transação substituta e pleitear tão somente o pagamento de perdas e danos. Entretanto, o simples fato de uma transação substituta ser *possível* não basta; ela deve ser também *razoável* (Ver comentário nº 3(c) ao artigo 7.2.2 dos Princípios UNIDROIT).

cativa. Isso porque, como regra, o *credor* pode optar por exigir a execução específica da prestação com base no artigo 7.2.2 dos Princípios UNIDROIT e, mesmo a exceção do artigo 7.2.2(c) citada por Farnsworth, está sujeita a limitações, só podendo ser aplicada caso a transação substituta for *razoável*[86].

Cabe ainda uma importante observação: não há nenhum indício de que questões sobre a eficiência da execução específica e do remédio das perdas e danos – incluindo a própria teoria do inadimplemento eficiente – integraram as discussões ocorridas durante o processo de negociação da CISG[87] e dos Princípios UNIDROIT. Se institutos jurídicos como a execução específica motivaram tamanha discórdia entre representantes da *common law* e da *civil law*, o que dizer de uma teoria que não foi capaz de criar consenso nem mesmo em seu próprio país de surgimento. Farnsworth deixou isso bem claro em interessante relato sobre o processo de discussão e elaboração dos Princípios UNIDROIT, confirmando que se passou longe de uma discussão sobre incentivar ou não supostas quebras eficientes[88]:

[86] *"The word 'reasonably' indicates that the mere fact that the same performance can be obtained from another source is not in itself sufficient, since the aggrieved part could not in certain circumstances reasonably be expected to have recourse to an alternative supplier."* (Comentário nº 3(c) ao artigo 7.2.2 dos Princípios UNIDROIT).

[87] Para um resumo das negociações da CISG nesse aspecto, ver, em especial, comentários sobre a história das negociações dos artigos 28 e 46 da CISG, fonte: http://www.cisg.law.pace.edu/cisg/article-by-article.html, acessado em 20 de março de 2020.

[88] Farnsworth também atuou como representante dos Estados Unidos na UNCITRAL, tendo participado do Grupo de Trabalho sobre a CISG, e como co-presidente da delegação norte-americana na conferência diplomática de Viena em 1980. Em 1979, Farnsworth elaborou artigo questionando o regime de remédios contratuais incluído no projeto de 1978 da Convenção e propôs sugestões, em sua visão, mais alinhadas com a *common law* e preceitos de eficiência econômica – não poupando críticas à execução específica (FARNSWORTH, E. Allan. Damages and Specific Relief. *American Journal of Comparative Law*, vol. 27, p. 247-253, 1979). Apesar de não fazer referência expressa à teoria do inadimplemento eficiente, nesse artigo Farnsworth pareceu incentivar tais inadimplementos entendendo que, ao preferir o remédio das perdas e danos, a *common law* promove eficiência e auxilia o devedor a atingir melhor posição sem prejudicar o credor (*Ibid.*, para. 3). Na qualidade de co-presidente da delegação norte-americana, Farnsworth apresentou proposta na conferência diplomática de 1980 para alterar o texto do artigo 46 da CISG e excluir a possibilidade de o comprador recorrer à execução específica quando pudesse comprar bens substitutos sem gastos adicionais ou inconvenientes irrazoáveis. Tal proposta, entretanto, foi rejeitada pelas

> (...) que tipos de argumentos – além daqueles baseados em tais textos legislativos – são avançados em nossas discussões? (...) Propostas baseadas, por exemplo, na noção da Análise Econômica do Direito de inadimplemento eficiente não são passíveis de calorosa recepção. (Para o benefício de qualquer convidado norte-americano que possa perambular por nossas deliberações, poderíamos muito bem colocar uma placa exigindo que, antes de entrar, deixe na porta revólveres e exemplares do livro de Richard Posner.)[89]

Assim sendo, ainda que as partes de um contrato sob a égide da CISG possam, *ex ante*, excluir qualquer recurso à execução específica[90] – o que poderia sugerir, para alguns, uma aproximação aos pressupostos da teoria do inadimplemento eficiente – e que o artigo 7.2.2(c) dos Princípios UNIDROIT possa insinuar uma aproximação à *common law*, o propósito de tais disposições não foi, certamente, encorajar a aplicação da teoria, tendo sido tampouco pautadas em argumentos de eficiência econômica.

Além disso, estudiosos da CISG e defensores dos esforços de unificação e harmonização do direito contratual já ressaltaram não só a importância de se preservar a confiança no comércio internacional, mas também o fato de que as justificativas do *pacta sunt servanda* são hoje tanto de cunho moral como – e sobretudo – econômico (sugerindo, portanto,

demais delegações. Em todo caso, a delegação norte-americana liderada por Farnsworth não levantou discussões de eficiência econômica para fundamentar sua proposta (fonte: http://www.cisg.law.pace.edu/cisg/firstcommittee/Meeting18.html, acessado em 20 de março de 2020).

[89] Farnsworth, E. Allan. Closing Remarks. *American Journal of Comparative Law*, vol. 40, p. 699-702, 1992, p. 701 (tradução livre). Ademais, ao analisar as principais diferenças entre a *common law* e a *civil law* no processo de elaboração da CISG e dos Princípios UNIDROIT, Farnsworth deixou claro que o conceito de inadimplemento eficiente não transita bem entre sistemas jurídicos, confirmando a dificuldade de se discutir o assunto com civilistas: "(...) *I might add here that we Americans sometimes rationalize the denial of specific performance on the ground that this permits a party to a contract to commit an 'efficient breach,' but the concept of law and economics is one that not only does not travel well, but that struck most of my civilian colleagues as bordering the immoral.*" (Farnsworth, E. Allan. A Common Lawyer's View of His Civilian Colleagues. *Louisiana Law Review*, vol. 57, nº 1, p. 227-238, 1996, p. 235).

[90] Digesto da UNCITRAL. *Op. cit.*, p. 221, para. 4; Fitzgerald, John. *Op. cit.*, p. 292.

oposição à ideia de inadimplemento eficiente)[91]. Ainda, é inegável a relevância que a boa-fé adquiriu no direito do comércio internacional, de forma que tanto a CISG quanto os Princípios UNIDROIT a incluíram em seus textos[92]. Nesse cenário, é mais provável que tais esforços enfraqueçam movimentos em prol da aplicação da teoria do inadimplemento eficiente no Brasil do que fortaleçam as bases para a difusão da teoria em âmbito doméstico.

[91] Schwenzer, Ingeborg; Kee, Christopher; Hachem, Pascal. *Op. cit.*, para. 43.06 ("*In more recente times, the protection of trust in the performance of the contract is increasingly justified on economic grounds rather than on moral grounds. Securing performance as owed under the contract minimizes the number of breaches thereby lowering transaction costs and the necessity to take costly measures to avoid damages. Furthermore, breach of contract is at least a threat to healthy business relationships which are necessary to encourage market activities. Where the law itself endorses distrust, this will hardly be an incentive to invest in a market.*"). Paula A. Forgioni adota raciocínio semelhante em âmbito doméstico, ao analisar a disciplina dos contratos empresariais (Forgioni, Paula A. *Op. cit.*, p. 109).

[92] Os Princípios UNIDROIT, por exemplo, deixam claro no preâmbulo de sua primeira edição, de 1994, o objetivo de "*ensure fairness in international commercial relations by expressly stating the general duty of the parties to act in accordance with good faith and fair dealing and, in a number of specific instances, imposing standards of reasonable behaviour.*" Ver, em especial, artigo 1.7 ("*Good faith and fair dealing*") da versão atualizada dos Princípios UNIDROIT, de 2016, que dispõe que: "*(1) Each party must act in accordance with good faith and fair dealing in international trade. (2) The parties may not exclude or limit this duty.*" Ver também comentário nº 1 ao artigo 1.7 dos Princípios UNIDROIT, em que são listados diversos dispositivos dos Princípios que constituem aplicação direta ou indireta do princípio da boa-fé. Na CISG, ver artigo 7(1), segundo o qual: "(1) Na interpretação desta Convenção ter-se-ão em conta seu caráter internacional e a necessidade de promover a uniformidade de sua aplicação, bem como de assegurar o respeito à boa fé no comércio internacional." (tradução da CISG de Eduardo Grebler e Gisely Radael, fonte: http://www.cisg-brasil.net/doc/egrebler2.pdf). Segundo E. Allan Farnsworth, a discussão sobre o chamado "*duty of good faith performance*" foi das que mais causou polêmica entre representantes da *common law* e da *civil law* nas negociações da CISG e dos Princípios UNIDROIT (ao lado da discussão sobre a disponibilidade da execução específica, analisada anteriormente). Farnsworth assevera que o artigo 7(1) da CISG não conseguiu alcançar um real compromisso entre a resistência da *common law* quanto ao dever de agir conforme à boa-fé e a importância conferida a esse instituto pela *civil law*, dada a existência de diferentes entendimentos quanto ao propósito e alcance de tal dispositivo. Por outro lado, os Princípios UNIDROIT refletem claramente uma vitória da *civil law*, com a inclusão do dever de agir conforme a boa-fé em seu artigo 1.7 (Farnsworth, E. Allan. A Common Lawyer's View of His Civilian Colleagues. *Louisiana Law Review*, vol. 57, nº 1, p. 227-238, 1996, p. 234-235).

Conclusões

Após anos de debate acerca da validade e relevância da teoria do inadimplemento eficiente, discussões e estudos sobre a teoria despontam no Brasil e têm atraído cada vez mais atenção, em linha com o crescimento da Análise Econômica do Direito no país. Os pressupostos da teoria põe em evidência algumas das mais marcantes diferenças entre sistemas jurídicos de *common law*, especialmente o direito norte-americano, e sistemas de *civil law* quanto ao regime dos remédios contratuais. Iniciativas em prol da aproximação desses diferentes sistemas jurídicos, com o intuito de conferir maior efetividade ao direito do comércio internacional, também têm ganhado espaço no Brasil principalmente após a adesão do país à CISG – sem dúvida uma das iniciativas de maior sucesso.

Não se questiona a influência que essas iniciativas podem exercer (e já exerceram) nos regimes jurídicos nacionais, incluindo o direito brasileiro. Entretanto, em matéria de inadimplemento eficiente, dificilmente a CISG e similares esforços de unificação ou harmonização do direito contratual, como os Princípios UNIDROIT, serão capazes de influenciar de forma significativa os rumos da discussão em âmbito doméstico – mesmo porque, a bem da verdade, o tema parece ter passado longe das negociações que anteviram seus processos de elaboração. E, ainda que se busque inspiração nesses instrumentos para aprofundar o debate no Brasil, tanto a CISG quanto os Princípios UNIDROIT não conferem imediato substrato à ideia de inadimplemento eficiente e algumas de suas premissas básicas – como a importância de garantir a boa-fé no comércio internacional – conflitam com o que advogam os defensores da teoria.

Entretanto, de forma alguma essa conclusão deve desencorajar a realização de pesquisas e estudos sobre a teoria do inadimplemento eficiente no Brasil. A repercussão que a teoria alcançou nos Estados Unidos – e em tantos outros países – confirma a importância de se estudar o inadimplemento contratual e o regime de remédios pelo viés da eficiência e da Análise Econômica do Direito. Obviamente, contudo, quaisquer estudos envolvendo a teoria devem ser feitos de forma crítica e contextualizada, considerando não apenas sua baixa aplicação prática, mas também as diversas críticas, por exemplo, à sua moralidade e eficiência. Após anos de debate, o arcabouço teórico acumulado ao redor da teoria constitui uma "poderosa ferramenta acadêmica"[93] e será, certamente, de grande valor para o desenvolvimento de estudos sérios no campo do direito contratual brasileiro nos anos vindouros.

Referências

ADLER, Barry E. Efficient Breach Theory Through the Looking Glass. *New York University Law Review*, vol. 83, p. 1679-1725, 2008.

AGUIAR JÚNIOR, Ruy Rosado. *Comentários ao Novo Código Civil: da Extinção do Contrato: arts. 472 a 480.* Rio de Janeiro: Editora Forense, vol. VI, t. II, 2011.

AGUIAR JÚNIOR, Ruy Rosado de. *Extinção dos Contratos por Incumprimento do Devedor: Resolução: De Acordo Com o Novo Código Civil.* 2ª ed. Rio de Janeiro: AIDE, 2003.

ALMEIDA PRADO FILHO, José Inácio Ferraz. A Teoria do Inadimplemento Eficiente (Efficient Breach Theory) e os Custos de Transação. *UC Berkeley: Berkeley Program in Law and Economics*, 2007, fonte: https://escholarship.org/uc/item/5tx002n8.

AL-TAWIL, Tareq. The Efficient Breach Theory – The Moral Objection. *Griffith Law Review*, vol. 20, nº 2, p. 449-481, 2011.

BASEDOW, Jürgen. Towards a Universal Doctrine of Breach of Contract: The Impact of the CISG. *International Review of Law and Economics*, vol. 25, p. 487-500, 2005.

BIRMINGHAM, Robert L. Breach of Contract, Damage Measures, and Economic Efficiency. *Rutgers Law Review*, vol. 24, p. 273-292, 1970.

BOGHOSSIAN, Nayiri. A Comparative Study of Specific Performance Provisions in the United Nations Convention on Contracts for the International Sale of Goods. *Pace Review of the Convention on Contracts for the International Sale of Goods*, Kluwer, p. 3-78, 1999-2000.

BRIDGE, Michael. A Comment on "Towards a Universal Doctrine of Breach: The Impact of CISG" by Jürgen Basedow. *International Review of Law and Economics*, vol. 25, p. 501-511, 2005.

BROOKS, Richard R.W. The Efficient Performance Hypothesis. *The Yale Law Journal*, vol. 116, p. 568-596, 2006.

CATEB, Alexandre Bueno; VELOSO, Sílvia Mechelany. Análise Econômica do Inadimplemento Contratual Oportunista *Versus* o Inadimplemento Eficiente (Efficient Breach). *Revista da Associação Mineira de Direito e* Economia, vol. X, p. 18-44, 2013.

DODGE, William S. The Case for Punitive Damages in Contracts. *Duke Law Journal*, vol. 48, nº 4, p. 629-699, 1999.

[93] WARKOL, Craig S. *Op. cit.*, p. 321 (tradução livre).

EISENBERG, Melvin A. Actual and Virtual Specific Performance, the Theory of Efficient Breach, and the Indifference Principle in Contract Law. *California Law Review*, vol. 93, nº 4, p. 975-1050, 2005.

EISENBERG, Theodore; MILLER, Geoffrey P. Damages Versus Specific Performance: Lessons from Commercial Contracts. *Journal of Empirical Legal Studies*, vol. 12, p. 29-65, 2015.

FARNSWORTH, E. Allan. A Common Lawyer's View of His Civilian Colleagues. *Louisiana Law Review*, vol. 57, nº 1, p. 227-238, 1996.

FARNSWORTH, E. Allan. Closing Remarks. *American Journal of Comparative Law*, vol. 40, p. 699-702, 1992.

FARNSWORTH, E. Allan. *Contracts*. 4ª ed. New York: Aspen Publishers, 2004.

FARNSWORTH, E. Allan. Damages and Specific Relief. *American Journal of Comparative Law*, vol. 27, p. 247-253, 1979.

FARNSWORTH, E. Allan; SANGER, Carol; COHEN, Neil B.; BROOKS, Richard R. W.; GARVIN, Larry T. *Contracts*. 8ª ed. St. Paul: Foundation Press, 2013.

FILIOS, Christian P. Efficient Breach Theory et Droits Continentaux. *Revue Hellénique de Droit International*, vol. 53, p. 293-305, 2000.

FITZGERALD, John. CISG, Specific Performance, and the Civil Law of Louisiana and Quebec. *Journal of Law and Commerce*, vol. 16, p. 291-313, 1997.

FORGIONI, Paula A. *Contratos Empresariais: Teoria Geral e Aplicação*. 2ª ed. São Paulo: Revista dos Tribunais, 2016.

FRIEDMANN, Daniel. The Efficient Breach Fallacy. *The Journal of Legal Studies*, vol. 18, p. 1-24, 1989.

GARRO, M. Alejandro. Reconciliation of Legal Traditions in the U.N. Convention on Contracts for the International Sale of Goods. *International Lawyer*, vol. 23, p. 443-483, 1989.

GOETZ, Charles J.; SCOTT, Robert E. Liquidated damages, penalties and the just compensation principle: Some notes on an enforcement model and a theory of efficient breach. *Columbia Law Review*, vol. 77, nº 4, p. 554-594, 1977.

GOMES, Orlando. *Contratos*. 26ª ed. Rio de Janeiro: Editora Forense, 2009.

HERMAN, Shael. Specific Performance: a Comparative Analysis. *Edinburgh Law Review*, vol. 1, p. 5-26, 2003.

HOLMES JR., Oliver Wendell. The Path of the Law. *Harvard Law Review*, nº 10, 1897.

HONNOLD, John O. *Uniform Law for International Sales under the 1980 United Nations Convention*. 3ª ed. Haia: Kluwer International Law, 1999.

KULESZA, Gustavo; BITTENCOURT, Rafael; MOREIRA, Rodrigo. Grupo de Estudos sobre a Convenção sobre Compra e Venda Internacional de Mercadorias e Arbitragem do Comitê Brasileiro de Arbitragem (CBAr) & CISG-Brasil.net. *Pesquisa de Jurisprudência "A CISG e o Judiciário Brasileiro"*, 2016, fonte: http://cbar.org.br/site/grupo-de-estudos-convencao-sobre-compra-e-venda-internacional-de-mercadorias-cisg-e-arbitragem/.

MACNEIL, Ian R. Efficient Breach of Contract: Circles in the Sky. *Virginia Law Review*, vol. 68, nº 5, p. 947-969, 1982.

MARKOVITS, Daniel; SCHWARTZ, Alan. The Myth of Efficient Breach: New Defenses of the Expectation Interest. *Virginia Law Review*, vol. 97, nº 8, p. 1939-2008, 2011.

MARTINS-COSTA, Judith. *A Boa-Fé no Direito Privado: Critérios Para sua Aplicação*. São Paulo: Marcial Pons, 2015.

MARTINS-COSTA, Judith. *Comentários ao Novo Código Civil: do Inadimplemento das Obrigações, arts. 389 a 420*. Rio de Janeiro: Editora Forense, vol. V, t. II, 2011.

MARTINS, José Eduardo Figueiredo de Andrade. *Inadimplemento Eficiente do Contrato: Quando o Descumprimento do Contrato é Vantajoso para Uma das Partes*. Curitiba: Juruá Editora, 2020.

MORAIS, Fernando Vinícius Tavares Magalhães. *Inadimplemento Eficiente nos Contratos Empresariais à Luz do Direito Brasileiro Atual*. Belo Horizonte: Universidade Federal de Minas Gerais, Faculdade de Direito, Dissertação de Mestrado, 2019.

PARGENDLER, Mariana. O direito contratual comparado: revisitando as diferenças entre os sistemas romano-germânico e de *common law*. *Revista DIREITO GV*, São Paulo, vol. 13, nº 3, p. 796-826, 2017.

PARGENDLER, Mariana. The Role of the State in Contract Law: The Common--Civil Law Divide. *Yale Journal of International Law*, vol. 43, nº 1, p. 143-189, 2018.

PARGENDLER, Mariana; SALAMA, Bruno Meyerhof. Law and Economics in the Civil Law World: The Case of Brazilian Courts. *Tulane Law Review*, vol. 90, p. 439-470, 2015.

PELA, Juliana Krueger. Inadimplemento eficiente (*efficient breach*) nos contratos empresariais. *Revista Jurídica Luso-Brasileira*, ano 2, nº 1, p. 1091-1103, 2016.

PERILLO, Joseph M. Misreading Oliver Wendell Holmes on Efficient Breach and Tortious Interference. *Fordham Law Review*, nº 68, p. 1085-1106, 2000.

POSNER, Richard A. *Economic Analysis of Law*. 9ª ed. New York: Wolters Kluwer Law & Business, 2014.

POSNER, Richard A. Let Us Never Blame a Contract Breaker. *Michigan Law Review*, vol. 107, nº 8, p. 1349-1363, 2009.

SALAMA, Bruno Meyerhof. De que forma a economia auxilia o profissional e o estudioso do direito? *Economic Analysis of Law Review*, vol. 1, nº 1, p. 4-6, 2010.

SALAMA, Bruno Meyerhof. *Estudos em Direito & Economia: Micro, Macro e Desenvolvimento*. 1ª ed. Curitiba: Editora Virtual Gratuita – EGV, 2017.

SCALISE, Ronald J. Why No "Efficient Breach" in the Civil Law?: A Comparative Assessment of the Doctrine of Efficient Breach of Contract. *The American Journal of Comparative Law*, vol. 55, nº 4, p. 721-766, 2007.

SCHWARTZ, Alan. The Case for Specific Performance. *The Yale Law Journal*, vol. 89, nº 2, p. 271-307, 1979.

SCHWENZER, Ingeborg; HACHEM, Pascal. The CISG – Successes and Pitfalls. *American Journal of Comparative Law*, nº 57, p. 457-478, 2009.

SCHWENZER, Ingeborg; KEE, Christopher; HACHEM, Pascal. *Global Sales and Contract Law*. New York: Oxford University Press, 2012.

SCHWENZER, Ingeborg; PEREIRA, Cesar Guimarães; TRIPODI, Leandro. *CISG and Latin America: regional and global perspectives*. Vol. 21. Haia: Eleven International Publishing, 2016.

SIDHU, Dawinder S. The Immorality and Inefficiency of an Efficient Breach. *Transactions: The Tennessee Journal of Business Law*, vol. 8, p. 61-100, 2006-2007.

TRIANTIS, George. The evolution of contract remedies (and why do contracts professors teach remedies first?). *University of Toronto Law Journal*, vol. 60, nº 2, p. 643-662, 2010.

ULEN, Thomas S. The Efficiency of Specific Performance: Toward a Unified Theory of Contract Remedies. *Michigan Law Review*, vol. 83, nº 2, p. 341-403, 1984.

WALT, Steven. For Specific Performance under the United Nations Sales Convention. *Texas International Law Journal*, vol. 26, nº 2, p. 211-252, 1991.

WARKOL, Craig S. Resolving the Paradox between Legal Theory and Legal Fact: The Judicial Rejection of the Theory of Efficient Breach. *Cardozo Law Review*, nº 20, p. 321-353, 1998.

15. Possíveis Contribuições da CISG e dos Princípios do UNIDROIT para a Exclusão da Responsabilidade Contratual no Direito Brasileiro

Pedro Martini

Introdução

O objetivo desta obra é analisar a contribuição de fontes internacionais sobre o direito contratual – como a Convenção das Nações Unidas sobre Compra e Venda de Mercadorias ("CISG") e os Princípios do UNIDROIT Relativos aos Contratos Comerciais Internacionais ("Princípios do UNIDROIT") – para a evolução do direito contratual brasileiro.

Especificamente, o mandato atribuído a este autor pelos organizadores da obra foi o de analisar as contribuições que estas fontes podem ter em relação à exclusão da responsabilidade contratual no direito brasileiro. Este capítulo focará, portanto, nas hipóteses de exclusão de responsabilidade em decorrência de (i) força maior e caso fortuito, e (ii) onerosidade excessiva, buscando extrair estas possíveis conclusões a partir de uma análise comparada entre a regulação destas hipóteses no direito brasileiro e a sua regulação naquelas que podem ser consideradas hoje as principais fontes internacionais sobre o direito contratual, a CISG e os Princípios do UNIDROIT.

Certamente, uma análise comparada que se dedicasse a abordar estes temas por completo, ainda que focada apenas nas possíveis contribuições das fontes internacionais, seria suficiente para trabalhos mais complexos e aprofundados, como se vê em dissertações ou teses. Contudo, a fim de cumprir o mandato deste capítulo, decidiu-se aqui focar em três possíveis contribuições, a saber: (i) o dever de informar sobre o evento de força maior que acometeu a prestação contratual, (ii) a possibilidade de reequilíbrio econômico-financeiro entre as partes também quando for necessária a resolução do contrato devido a onerosidade excessiva e (iii) a relação entre a força maior (e o caso fortuito) e a onerosidade excessiva.

Este capítulo se dividirá, portanto, em duas seções principais. A primeira seção descreverá como cada fonte ((a) direito brasileiro, (b) CISG e (c) Princípios do UNIDROIT) regula as matérias relevantes ((i) força maior e caso fortuito e (ii) onerosidade excessiva). Na segunda seção, serão propostas três contribuições que as fontes internacionais podem fazer em relação a estas matérias. Ao final, à guisa de conclusão, serão tecidos breves comentários sobre a análise proposta neste capítulo.

1. Regulação

Para que se possa considerar as possíveis contribuições das fontes internacionais para o direito brasileiro relativo às matérias relevantes, é importante, primeiramente, entender como tais matérias são reguladas em cada caso. Este é o objetivo desta seção.

Contudo, antes disto, cumpre esclarecer como foram delimitadas as "matérias relevantes" que são analisadas neste capítulo. Como descrito anteriormente, este autor ficou encarregado de focar no tema "exclusão de responsabilidade". Como este tema pode ser excessivamente amplo, optou-se por defini-lo com mais precisão, considerando, em especial, os objetivos desta obra. Este processo de definição pode ser resumido em três aspectos principais.

Primeiro, esta análise não abordará questões relacionadas a cláusulas de limitação ou exclusão de responsabilidade. A análise de tais cláusulas frequentemente implica em discussões sobre sua validade em um determinado sistema, discussões estas que são frequentemente deixadas de lado nas fontes internacionais. Portanto, este autor optou por não analisar essas cláusulas.

Segundo, como esta análise será focada em uma comparação com fontes internacionais, não serão analisadas excludentes de responsabilidade que possam ser específicas ao direito brasileiro ou que digam respeito à responsabilidade civil de forma mais ampla. Embora a exceção do contrato não cumprido também esteja presente nas fontes relevantes[1], este autor optou por exclui-la por entender que sua análise não traria contribuições relevantes para este capítulo.

Terceiro, optou-se por incluir nesta análise a hipótese de exclusão de responsabilidade como resultado de onerosidade excessiva (ou *hardship*). Embora a solução primariamente adotada em casos de onerosidade excessiva seja a revisão do contrato, a onerosidade excessiva também pode resultar na exclusão da responsabilidade contratual por meio da resolução do contrato, ainda que como *ultima ratio*. Dessa forma, este capítulo focará mais no remédio resolutivo da onerosidade excessiva.

Como resultado, para atingir os objetivos desta obra, a partir destes elementos, o tema da "exclusão de responsabilidade" no direito ficará limitado às hipóteses de caso fortuito e força maior, majoritária e conjuntamente conhecidas no âmbito internacional como *force majeure*, e de onerosidade excessiva, majoritariamente conhecida no âmbito internacional como *hardship*.

Por fim, se faz necessário mais um esclarecimento. Não se pretende, neste capítulo, uma análise detalhada de cada uma dessas hipóteses nas fontes relevantes (seja no direito brasileiro, seja nas fontes internacionais). As descrições feitas nesta seção se propõem apenas a brevemente delinear cada uma destas hipóteses, ressaltando alguns de seus elementos que serão relevantes para as contribuições a serem propostas na seção seguinte.

a. Direito Brasileiro

O Código Civil de 2002 ("Código Civil") regula o caso fortuito e a força maior em seu art. 393 e a onerosidade excessiva em seus arts. 478 e 479.

i. Caso Fortuito e Força Maior

Devido ao histórico destas hipóteses, até o passado recente, alguns autores se dedicaram a uma distinção entre os conceitos de caso fortuito e de força maior. No entanto, como se pode extrair do art. 393 do Código Civil, o legislador brasileiro optou por conferir a ambos as mesmas consequências (*caput*) e os mesmos requisitos (Parágrafo Único) legais:[2]

[1] *Cf.* art. 80 da CISG, e art. 7.1.3 dos Princípios do UNIDROIT.

[2] Pereira, Caio Mario da Silva. *Instituições de direito civil: Teoria geral das obrigações.* 25ª ed. Rio de Janeiro: Forense, 2012. p. 337. Esta opção não foi uma inovação do legislador

> Art. 393. O devedor não responde pelos prejuízos resultantes de caso fortuito ou força maior, se expressamente não se houver por eles responsabilizado.
>
> Parágrafo único. O caso fortuito ou de força maior verifica-se no fato necessário, cujos efeitos não era possível evitar ou impedir.

Dessa forma, a distinção conceitual entre ambos se tornou irrelevante. Esta opção legislativa parece estar em sintonia com as fontes internacionais, que não apresentam noções distintas para estas hipóteses de exclusão de responsabilidade. No âmbito dos contratos internacionais, estas hipóteses se concentram sob a noção ampla de força maior (normalmente designada pela expressão "*force majeure*"). Portanto, deste ponto em diante, qualquer referência feita neste capítulo à expressão simplificada "força maior," quando feita no contexto do direito brasileiro, deve ser interpretada como contemplando também o caso fortuito.

Embora o art. 393 do Código Civil possua redação aparentemente simples e o tema não seja novo no nosso direito, sempre se testemunhou a existência de certas discordâncias sobre alguns dos requisitos para a configuração da força maior.[3] Considerando o objetivo desta obra, não se pretende uma análise detalhada de todos estes requisitos, nem das discussões doutrinárias que ocorreram ao longo do tempo. Contudo, faz-se necessária uma breve observação sobre a noção de "impossibilidade" da execução, que será relevante para uma das propostas de contribuição feitas neste capítulo.

Historicamente, parece prevalecer a opinião majoritária de que a força maior só está caracterizada quando há impossibilidade *absoluta* (ou quase absoluta) de cumprimento. Diz-se, por exemplo, que se a prestação "se dificulta ou se torna excessivamente onerosa, não há força maior ou caso fortuito",[4] ou que "a simples dificuldade ou o agravamento do ônus" não são consideradas impossibilidade para configuração da força

de 2002 e já tinha sido adotada no art. 1.058 do Código Civil de 1916 (Lei nº 13.292/1916). Cf. Andrade, Darcy Bessone de Oliveira. *Do Contrato – Teoria Geral.* 3ª ed. Rio de Janeiro: Forense, 1987. p. 256.

[3] Em especial, alguns de nossos autores mais clássicos pareciam discordar quanto à relevância da previsibilidade do evento. Cf. por exemplo, Gomes, Orlando. *Obrigações.* 18ª ed. Rio de Janeiro: Forense, 2016. §116,

[4] Cf. por exemplo, Pereira, Caio Mario da Silva. *op. cit.* p. 337.

maior.[5] Em algumas circunstâncias, a doutrina reconhece a "inexigibilidade econômica" como impossibilidade jurídica nos casos em que a prestação exige do devedor um gasto absurdo.[6] Mesmo nestas circunstâncias, a doutrina ressalva que a "inexigibilidade econômica" se distingue da "onerosidade excessiva."[7]

Disso se extrai que, ao menos na história recente do nosso direito, as questões econômico-financeiras foram objeto de debate no contexto da exclusão da responsabilidade em casos de força maior. Contudo, à exceção dos casos extremos em que a inexigibilidade econômica se assemelha à impossibilidade de execução, parece prevalecer uma certa resistência à inclusão de obstáculos econômicos no âmbito da força maior.

ii. Onerosidade Excessiva

A onerosidade excessiva passou a adquirir importância no direito contemporâneo após a Primeira Guerra Mundial, quando juristas europeus se viram na necessidade de flexibilizar o princípio do *pact sunt servanda* devido aos obstáculos impostos à execução de contratos entre partes localizadas nos países afetados pela guerra. Na maioria dos países europeus, estes questionamentos levaram ao renascimento da regra *rebus sic stantibus.*

No Brasil, esta questão permaneceu de certa forma contenciosa até o nosso passado recente.[8] Contudo, a adoção dos arts. 478 e 479 no Código Civil de 2002 afastou qualquer dúvida que pudesse restar quanto à possibilidade de se reconhecer, no direito brasileiro, a onerosidade excessiva (ou o "desequilíbrio contratual") como causa para rever as condições pactuadas pelas partes.

Os arts. 478 e 479 do Código Civil dispõem que:

> Art. 478. Nos contratos de execução continuada ou diferida, se a prestação de uma das partes se tornar excessivamente onerosa, com extrema vantagem para a outra, em virtude de acontecimentos extraordinários e imprevisíveis, poderá o devedor pedir a resolução do contrato. Os efeitos da sentença que a decretar retroagirão à data da citação.

[5] Cf. por exemplo, ANDRADE, Darcy Bessone de Oliveira. *op. cit.* p. 254.

[6] Cf. por exemplo, GOMES, Orlando. *op. cit.* p. 149/214.

[7] *Id.*

[8] Cf. por exemplo, ANDRADE, Darcy Bessone de Oliveira. *op. cit.* p. 283-288.

Art. 479. A resolução poderá ser evitada, oferecendo-se o réu a modificar eqüitativamente as condições do contrato.

Ainda assim, sendo uma regra cuja aplicação depende, substancialmente, das circunstâncias de cada caso, não foi possível estabelecer, até o momento, uma aplicação consistente da onerosidade excessiva (por exemplo, não há uma porcentagem exata de aumento nos custos do devedor a partir da qual se caracteriza a onerosidade excessiva). Para uma análise detalhada sobre o tema, recomenda-se o trabalho de Anderson Schreiber sobre equilíbrio contratual, que em muito contribuiu para a análise feita neste capítulo.[9]

No que tange aos objetivos deste capítulo, é importante notar que embora a redação dos arts. 478 e 479 pareça priorizar a resolução do contrato em casos de onerosidade excessiva, doutrina e jurisprudência brasileiras majoritárias adotam a posição de que a resolução do contrato constitui *ultima ratio*.[10] Ou seja, atualmente, conforme o direito brasileiro, a onerosidade excessiva leva, em regra, à *revisão* do contrato. E somente na impossibilidade de revisão, deverá o julgador proceder à *resolução* do contrato. Em todo caso, isso quer dizer que, embora o direito brasileiro adote a revisão como remédio *principal* para casos de onerosidade excessiva, a exclusão de responsabilidade ainda é uma possível consequência da onerosidade excessiva – mesmo que apenas em último caso.

b. CISG

A CISG regula a exclusão de responsabilidade devido a motivos semelhantes à "força maior" em seu art. 79.[11] Atualmente, a maior parte da doutrina parece entender que o art. 79 da CISG também regula a exclu-

[9] Cf. Schreiber, Anderson. *Equilíbrio contratual e dever de renegociar*. 1ª ed. São Paulo: Saraiva Educação, 2018.

[10] Cf. Jornadas de direito civil I, III, IV e V: enunciados aprovados. Brasília: Conselho da Justiça Federal, Centro de Estudos Judiciários, 2012. Enunciado 176. Em sentido contrário, v. Marino, Francisco Paulo de Crescenzo. Revisão contratual: onerosidade excessiva e modificação contratual equitativa. São Paulo: Almedina, 2020.

[11] A CISG também prevê, em seu art. 80, a exceção do contrato não cumprido como hipótese de exclusão de responsabilidade. Contudo, como explicado acima, este autor optou por excluir esta hipótese desta análise.

são de responsabilidade em casos de *hardship* (ou "onerosidade excessiva").

i. Exclusão de Responsabilidade

Quanto à exclusão de responsabilidade, o art. 79 da CISG dispõe que:

> Artigo 79
>
> (1) Nenhuma das partes será responsável pelo inadimplemento de qualquer de suas obrigações se provar que tal inadimplemento foi devido a motivo alheio à sua vontade, que não era razoável esperar fosse levado em consideração no momento da conclusão do contrato, ou que fosse evitado ou superado, ou ainda, que fossem evitadas ou superadas suas consequências.
>
> (2) Se o inadimplemento de uma das partes for devido à falta de cumprimento de terceiro por ela incumbido da execução total ou parcial do contrato, esta parte somente ficará exonerada de sua responsabilidade se:
>
> (a) estiver exonerada do disposto no parágrafo anterior; e
>
> (b) o terceiro incumbido da execução também estivesse exonerado, caso lhe fossem aplicadas as disposições daquele parágrafo.
>
> (3) A exclusão prevista neste artigo produzirá efeito enquanto durar o impedimento.
>
> (4) A parte que não tiver cumprido suas obrigações deve comunicar à outra parte o impedimento, bem como seus efeitos sobre sua capacidade de cumpri-las. Se a outra parte não receber a comunicação dentro de prazo razoável após o momento em que a parte que deixou de cumprir suas obrigações tiver ou devesse ter tomado conhecimento do impedimento, esta será responsável pelas perdas e danos decorrentes da falta de comunicação.
>
> (5) As disposições deste artigo não impedem as partes de exercer qualquer outro direito além da indenização por perdas e danos nos termos desta Convenção.

Como se vê, de forma geral, o art. 79 da CISG não se distingue significativamente das legislações nacionais sobre exclusão da responsabilidade por motivos de força maior. Em resumo, o art. 79 da CISG requer que o evento seja alheio à vontade do devedor e imprevisível, ou inevitável ou insuperável.

No que tange aos objetivos deste capítulo, dois pontos parecem ser dignos de nota. Primeiro, é interessante notar que, diferentemente do art. 393 do Código Civil, o art. 79 da CISG expressamente prevê que a parte devedora tem a obrigação de notificar a parte credora sobre a existência de um evento que a impedirá de cumprir suas obrigações.

Segundo, a redação final do art. 79 da CISG foi objeto de intensa discussão, quando se discutiu sobre a melhor forma de se referir ao evento que acionaria esta disposição.[12] Depois de considerarem a palavra "circunstância," ao final, os redatores da CISG optaram por se referir a "impedimento."[13] Esta opção se tornou particularmente relevante no contexto das discussões sobre se a CISG regula ou não as hipóteses de exclusão de responsabilidade em casos de *hardship*.

ii. *Hardship*

Como a CISG não dispõe expressamente sobre hipóteses de *hardship*, este é um dos temas que mais enfrentaram controvérsia na doutrina desde a aprovação do texto final da CISG em 1980. Em especial, nos primeiros anos em que a CISG esteve em vigor, a doutrina discutiu extensivamente se a CISG regula hipóteses de onerosidade excessiva e, em caso positivo, como o faz.[14]

Recentemente, esta discussão levou à elaboração de duas opiniões emitidas pelo *Advisory Council* da CISG, uma iniciativa privada composta por diversos acadêmicos dedicados ao estudo a CISG, que tem por objetivo promover a uniformidade na interpretação da CISG. Em seu Parecer nº 7 o *Advisory Council* entendeu que[15]

> *3.1. A change of circumstances that could not reasonably be expected to have been taken into account,* rendering performance excessively onerous ("hardship"), may qualify as an "impediment" *under Article 79(1). The language of Article 79 does not expressly equate the term "impediment" with an event that makes perfor-*

[12] TALLON, Denis. *Article 79.* In BIANCA, C.; BONELL, M. (ed.). *Bianca-Bonell Commentary on the International Sales Law.* Milão: Giuffrè, 1987. para. 1.2-1.5, 2.6.1.

[13] *Id.*

[14] Cf. por exemplo, SCHLECHTRIEM, Peter; SCHWENZER, Ingeborg (ed.). *Commentary on the UN Convention on the International Sale of Goods.* Oxford: Oxford University Press, 2005. Art. 79, para. 30-32.

[15] CISG-AC Opinion Nº 7, Exemption of Liability for Damages under Article 79 of the CISG. CISG Advisory Council, 2007. Disponível em: http://cisgac.com, acesso em 28 de agosto de 2020. Opinion, para. 3.1.

mance absolutely impossible. Therefore, a party that finds itself in a situation of hardship may invoke hardship as an exemption from liability under Article 79.

No mesmo sentido, em fevereiro de 2020, o *Advisory Council* emitiu nova opinião sobre o tema, o Parecer nº 20, confirmando seu entendimento anterior de que o art. 79 da CISG também contempla hipóteses de *hardship*.[16] Em sua nova opinião, o *Advisory Council* optou por detalhar, com mais precisão, as circunstâncias e os limites de aplicação das regras de *hardship* a contratos internacionais sujeitos à CISG.

Novamente, não é o objetivo deste capítulo descrever todas estas regras em detalhes. Contudo, os motivos pelos quais o *Advisory Council* chegou à sua conclusão podem ser importantes para a análise aqui proposta.

O *Advisory Council* entendeu que casos de *hardship* podem ser considerados "impedimentos econômicos," contemplados pela noção de "impedimento" do art. 79 da CISG.[17] Especificamente, o *Advisory Council* notou que[18]

> *It is certainly not possible or even convenient to attempt a definition of hardship, beyond accepting that the impediment may entail a situation of* "economic impossibility" *which,* while short of an absolute bar to perform, imposes *what in some legal systems is conceptualized as* a "limit of sacrifice" *beyond which the obligor cannot be reasonably expected to perform.* (destaque nosso)

Extrai-se destes esclarecimentos que, para chegar à sua conclusão de que o art. 79 permite a exclusão de responsabilidade em casos de *hardship*, o *Advisory Council* entendeu que a CISG não limita as hipóteses de exclusão de responsabilidade àquelas hipóteses em que há impossibilidade *absoluta* de cumprir. De fato, o *Advisory Council* entendeu que casos de *hardship* são aqueles que ultrapassam o limite do sacrifício econômico do devedor, de modo que este deve ser exonerado de sua responsabilidade por eventual descumprimento contratual.

[16] CISG-AC Opinion Nº 20, Exemption of Liability for Damages under Article 79 of the CISG. CISG Advisory Council, 2020. Disponível em: http://cisgac.com, acesso em 28 de agosto de 2020.

[17] *Id.* Opinion, para. 0.6.

[18] CISG-AC Opinion Nº 7. *op. cit.* Comments, para. 38.

c. Princípios do UNIDROIT

Os Princípios do UNIDROIT, como atualizados em 2016, regulam a força maior em seu art. 7.1.7 e a onerosidade excessiva em seu art. 6.2.

i. Força Maior

Quanto à força maior, o art. 7.1.7 dos Princípios do UNIDROIT dispõem que:

> Artigo 7.1.7
>
> (Força maior)
>
> (1) A parte inadimplente isenta-se de responsabilidade se provar que o inadimplemento foi causado por um obstáculo que escapa ao seu controle e que não poderia, razoavelmente, tê-lo levado em conta ao tempo da formação do contrato, ou ter-lhe evitado ou superado as consequências.
>
> (2) Quando o impedimento é apenas temporário, a isenção produz efeitos pelo prazo que for razoável, tendo em vista os efeitos do obstáculo sobre a execução do contrato.
>
> (3) A parte inadimplente deve notificar a outra parte do obstáculo e de seus efeitos sobre sua aptidão para adimplir. Se a notificação não for recebida pela outra parte em prazo razoável, contado a partir do momento em que a parte inadimplente sabia ou deveria ter sabido do obstáculo, essa responderá pelas perdas e danos resultantes da falta do recebimento.
>
> (4) As disposições deste artigo não impedem que as partes exerçam o direito de extinguir o contrato ou suspender seu adimplemento ou, ainda, reclamar juros sobre o valor devido.

Como se pode ver, as regras previstas no art. 7.1.7 dos Princípios do UNIDROIT sobre força maior e as regras previstas no art. 79 da CISG sobre exclusão de responsabilidade são bastante semelhantes.[19] Assim

[19] A principal diferença entre os dois dispositivos diz respeito à hipótese de exclusão de responsabilidade quando o inadimplemento tiver sido causado por descumprimento de terceiro. Embora expressamente prevista no art. 79(2) da CISG, esta hipótese não está presente no art. 7.1.7 dos Princípios do UNIDROIT. Chengwei Liu explica que esta ausência se dá pelo fato de o art. 79(2) da CISG ser considerado, pela maioria dos autores, redundante, de modo que foi considerado desnecessário nos Princípios do UNIDROIT (e em outras fontes internacionais sobre direito contratual). Cf. LIU, Chengway. *Perspectives from the CISG, UNIDROIT Principles, PECL and Case Law – Force Majeure.* 2ª ed. (2005). Albert H. Kritzer

como a CISG, também os Princípios do UNIDROIT se referem a um evento alheio à vontade do devedor e imprevisível, ou inevitável ou insuperável. E também o art. 7.1.7 dos Princípios do UNIDROIT exige expressamente que a parte devedora notifique a parte credora sobre a existência de um evento que a impedirá de cumprir suas obrigações.

No que tange aos objetivos deste capítulo, é importante notar ainda que, em seus comentários oficiais, o UNIDROIT observou que *"[t]his Article must be read together with Chapter 6, Section 2 of the Principles dealing with hardship."*[20] Extrai-se deste comentário que os redatores dos Princípios do UNDROIT notaram uma possível relação entre as hipóteses de força maior e de *hardship*, instruindo o intérprete a considerá-las conjuntamente. As razões do UNIDROIT para adoção deste comentário serão detalhadas adiante.

ii. *Hardship*

Quanto à onerosidade excessiva (ou *hardship*), o art. 6.2 dos Princípios do UNIDROIT prevê que:

> Artigo 6.2.1
>
> (Obrigatoriedade do contrato)
>
> Quando o cumprimento de um contrato torna-se mais oneroso para uma das partes, tal parte continua, ainda assim, obrigada a cumprir o contrato, ressalvadas as disposições seguintes a respeito de *hardship*.
>
> Artigo 6.2.2
>
> (Definição de *hardship*)
>
> Há *hardship* quando sobrevêm fatos que alteram fundamentalmente o equilíbrio do contrato, seja porque o custo do adimplemento da obrigação de uma parte tenha aumentado, seja porque o valor da contraprestação haja diminuído, e (a) os fatos ocorrem ou se tornam conhecidos da parte em desvantagem após a formação do contrato;
>
> (b) os fatos não poderiam ter sido razoavelmente levados em conta pela parte em desvantagem no momento da formação do contrato;

CISG Database. Disponível em: http://www.cisg.law.pace.edu/cisg/biblio/liu6.html, acesso em 28 de agosto de 2020.

[20] UNIDROIT Principles of International Commercial Contracts 2016. Roma: International Institute for the Unification of Private Law (UNIDROIT), 2016. p. 242.

(c) os fatos estão fora da esfera de controle da parte em desvantagem; e

(d) o risco pela superveniência dos fatos não foi assumido pela parte em desvantagem.

Artigo 6.2.3

(Efeitos da *hardship*)

(1) Em caso de *hardship*, a parte em desvantagem tem direito de pleitear renegociações. O pleito deverá ser feito sem atrasos indevidos e deverá indicar os fundamentos nos quais se baseia.

(2) O pleito para renegociação não dá, por si só, direito à parte em desvantagem de suspender a execução.

(3) À falta de acordo das partes em tempo razoável, cada uma das partes poderá recorrer ao Tribunal.

(4) Caso o Tribunal considere a existência de *hardship*, poderá, se for razoável,

(a) extinguir o contrato, na data e condições a serem fixadas, ou

(b) adaptar o contrato com vistas a restabelecer-lhe o equilíbrio.

De forma geral, o art. 6.2 dos Princípios do UNIDROIT parece semelhante aos arts. 478 e 479 do Código Civil brasileiro: determina que haverá *hardship* quando um evento imprevisível e extraordinário ("fora da esfera de controle da parte" e "risco ... não assumido pela parte") tiver alterado fundamentalmente o equilíbrio do contrato. E, da mesma forma, prevê a possibilidade de revisão ou resolução do contrato.

Em relação ao art. 6.2 dos Princípios do UNIDROIT, dois pontos parecem ser dignos de nota para a análise proposta neste capítulo.

Primeiro, como mencionado no item anterior, o UNIDROIT expressamente observou a relação entre as hipóteses de força maior e onerosidade excessiva. Em seus comentários oficiais ao art. 6.2.2, o UNIDROIT esclareceu o motivo pelo qual sugeriu uma leitura conjunta dos arts. 7.1.7 e 6.2 de seus Princípios:[21]

> *In view of the definitions of hardship in this Article and force majeure in Article 7.1.7, under the Principles* there may be factual situations which can at the same time be considered as cases of hardship and of force majeure. *If this is*

[21] UNIDROIT Principles of International Commercial Contracts 2016. *op. cit.* p. 222.

the case, it is for the party affected by these events to decide which remedy to pursue. If it invokes force majeure, it is with a view to its non-performance being excused. If, on the other hand, a party invokes hardship, this is in the first instance for the purpose of renegotiating the terms of the contract so as to allow the contract to be kept alive although on revised terms.

Entende o UNIDROIT que, no âmbito de seus princípios, certos eventos podem ser considerados tanto força maior quanto *hardship*. Este comentário parece sugerir que, para o UNIDROIT, o art. 7.1.7 de seus Princípios (que regula a força maior) também pode se estender a impedimentos econômicos, entendidos como aqueles que não causam a impossibilidade da execução, mas que alteram fundamentalmente o equilíbrio do contrato.[22]

O UNIDROIT esclareceu que a escolha por uma hipótese ou pela outra dependerá da solução buscada pela parte: renegociação ou extinção do contrato. Contudo, este comentário deixou de ressalvar que, mesmo quando a parte optar por alegar que seu impedimento constitui *hardship*, o art. 6.2.3 permite ao julgador decidir pela extinção do contrato. Ou seja, embora a parte possa decidir por uma ou outra hipótese conforme a solução que mais lhe interesse, ao final, o resultado prático no caso de alegação de força maior ou no caso de alegação de *hardship* pode ser o mesmo – a resolução do contrato. Assim, a relação entre força maior e *hardship* parece ser mais complexa do que o UNIDROIT faz parecer em seu comentário, já que os Princípios admitem a possibilidade de ambas as hipóteses regularem circunstâncias supervenientes à formação do contrato que excluem a responsabilidade do devedor e levam à resolução do contrato. Como notou Anderson Schreiber, a partir da visão expressada neste comentário, "perderia a nitidez a fronteira traçada entre o fortuito e a excessiva onerosidade."[23]

[22] Se não os admitisse, exigindo para a caracterização da força maior apenas casos de verdadeira impossibilidade, a interseção entre os arts. 7.1.7 e 6.2 observada pelo UNIDROIT seria fictícia e a intenção dos redatores ineficaz. Interessante notar que, conforme este entendimento, a onerosidade excessiva estaria contemplada pela noção de "impedimento" prevista no art. 7.1.7 dos Princípios do UNIDROIT, o que parece reforçar as razões pelas quais o *Advisory Council* entendeu que a noção de "impedimento" do art. 79 da CISG se estende a questões econômicas.

[23] Schreiber, Anderson. *op. cit.* Capítulo III, §4.3.

O segundo ponto digno de nota diz respeito ao art. 6.2.3. Este dispositivo prevê expressamente que, quando decidir por extinguir o contrato em casos de *hardship* (ao invés da revisão do contrato), o julgador poderá fixar a data e as condições para a extinção do contrato. Como esclarecido nos comentários oficiais do UNIDROIT ao art. 6.2.3, esta possibilidade tem o objetivo, em especial, de permitir ao julgador modular os efeitos da resolução a fim de contemplar eventual cumprimento parcial das obrigações até aquele momento.[24] Dessa forma, o UNIDROIT parece permitir que o julgador busque corrigir eventual desequilíbrio contratual mesmo quando decidir pela exclusão da responsabilidade por meio da resolução do contrato.[25]

2. Contribuições

À luz das considerações acima, este capítulo propõe três possíveis contribuições que a CISG e os Princípios do UNIDROIT podem trazer para a evolução do direito contratual brasileiro: (i) o dever de informar sobre o evento de força maior que acometeu a prestação contratual, (ii) a possibilidade de reequilíbrio econômico-financeiro entre as partes também quando for necessária a resolução por onerosidade excessiva e (iii) a relação entre a força maior e a onerosidade excessiva.

a. Dever de Informar sobre o Evento de Força Maior

A primeira proposta de contribuição diz respeito à obrigação do devedor de informar sobre o evento de força maior que acometeu a prestação contratual.

Como visto acima, tanto o art. 79 da CISG, quanto o art. 7.1.7 dos Princípios da UNIDROIT determinam que o devedor que não estiver em condições de cumprir suas obrigações deverá comunicar ao credor o impedimento que estiver afetando sua capacidade de cumpri-las.

No direito brasileiro, não há previsão legal expressa que obrigue o devedor a notificar o credor quanto ao evento de força maior. É certo

[24] UNIDROIT Principles of International Commercial Contracts 2016. *op. cit.* p. 226.

[25] Esta parece ser também a leitura de Anderson Schreiber: "Muito ao contrário, também a extinção do contrato nessas hipóteses de desequilíbrio superveniente exprime, em última análise, uma forma de adaptação da relação contratual à realidade, que pode, portanto, ser amoldada à luz das circunstâncias concretas e do melhor interesse dos contratantes." SCHREIBER, Anderson. *op. cit.* Capítulo III, §8.3.

que as partes por vezes incluem disposição contratual exigindo esta notificação. É também recomendável à parte devedora que, em todo caso, notifique a parte credora quando se deparar com um obstáculo à execução do contrato, a fim de reforçar suas alegações em eventual litígio. Contudo, na ausência de previsão contratual expressa, não parece haver clareza quanto à *obrigatoriedade* desta notificação e às consequências para o devedor quando não realizar esta notificação.

Neste capítulo, propõe-se que, a exemplo da CISG e dos Princípios do UNIDROIT, se exija com mais clareza que o devedor notifique o credor quando tiver (ou devesse ter) tomado conhecimento do evento de força maior, sob pena de responder por perdas e danos resultantes da falta de notificação. Além de ser plenamente compatível com o direito brasileiro, esta exigência pode ser considerada consequência natural dos deveres contratuais acessórios já contemplados no nosso direito.

Em especial, esta obrigação pode ser derivada da boa-fé contratual (Código Civil, art. 422), como dever informativo. Neste caso, a informação relevante não é objeto da obrigação principal, mas tem caráter instrumental. Por exemplo, ao informar o credor sobre a dificuldade enfrentada no cumprimento de suas obrigações contratuais, o devedor permitirá que o credor busque, o quanto antes, outro fornecedor, capaz de suprir suas necessidades.[26]

Da mesma forma, o credor poderá mitigar eventuais prejuízos resultantes do inadimplemento causado pelo evento de força maior que acometeu o devedor. Também em decorrência do princípio da boa-fé, o credor tem o dever de evitar o agravamento do próprio prejuízo.[27] O credor só conseguirá fazê-lo, contudo, se tiver conhecimento do prejuízo iminente, decorrente do evento força maior.

Em conclusão, embora seja possível afirmar que a boa-fé no direito brasileiro talvez já imponha um dever de informar sobre o evento de força maior, este dever ainda não parece estar claro ou ter sido considerado por doutrina e jurisprudência como essencial para que a parte possa alegar a força maior como excludente de responsabilidade. Tal-

[26] Esta proposta parece ser corroborada pela análise feita por Judith Martins-Costa sobre o dever informativo derivado da boa-fé. Cf. Martins-Costa, Judith. *A boa-fé no direito privado: critérios para a sua aplicação.* 2ª ed. São Paulo: Saraiva Educação, 2018. §63.

[27] Cf. Jornadas de direito civil I, III, IV e V. *op. cit.* Enunciado 169.

vez nossa doutrina e jurisprudência possam se beneficiar do exemplo da CISG e dos Princípios do UNIDROIT, de modo a esclarecer a existência deste dever e de suas consequências no direito brasileiro.

b. Reequilíbrio Contratual nos Casos de Resolução

A segunda proposta diz respeito à possibilidade de o julgador reequilibrar a relação contratual entre as partes também quando a onerosidade excessiva levar à resolução do contrato.

Como descrito acima, o art. 6.2.3(4)(a) dos Princípios do UNIDROIT expressamente prevê que, ao invés da revisão do contrato com vistas a restabelecer o equilíbrio econômico-financeiro do contrato, o julgador poderá "extinguir o contrato, *na data e condições a serem fixadas.*" Ao fazê-lo, os Princípios do UNIDROIT permitem que o julgador restabeleça o equilíbrio contratual também quando for necessária a extinção do contrato, em especial, nos casos em que tiver ocorrido cumprimento parcial das obrigações antes da resolução.

Como observado por Anderson Schreiber:

> No Brasil, essa possibilidade de revisão da resolução – com o perdão do trocadilho – ainda não adentrou as considerações da doutrina e da jurisprudência, mas os exemplos estrangeiros e internacionais revelam que, além de certa preferência por remédios não terminativos, mesmo os remédios terminativos podem vir a ser temperados em seus efeitos.[28]

A proposta de permitir que os efeitos da resolução do contrato sejam temperados não parece ser incompatível com o direito brasileiro. De fato, está claro que, embora o nosso direito dê preferência à manutenção do contrato, ela nem sempre será possível. Contudo, isso não quer dizer que o nosso direito tenha optado por ignorar eventuais prejuízos que já tenham ocorrido por causa do desequilíbrio contratual – sejam eles sofridos pelo credor ou pelo devedor. Ou seja, ainda que a resolução seja *ultima ratio*, não parece adequada a noção de que, não sendo possível a manutenção do contrato (em novas condições), as partes sejam prejudicadas por eventuais efeitos residuais das condições originais do contrato (por exemplo, no caso de cumprimento parcial do contrato até o

[28] Schreiber, Anderson. *op. cit.* Capítulo III, §8.3.

momento da resolução). Se o objetivo da norma é evitar desproporções decorrentes do desequilíbrio contratual,[29] então este objetivo deve ser buscado e considerado também quando for necessário extinguir o contrato.[30]

Portanto, parece mais adequada a noção de que os arts. 478 e 479 do Código Civil, assim como os Princípios do UNIDROIT, garantem ao julgador poder para determinar as condições da resolução do contrato, de modo a mitigar eventuais prejuízos que tenham ocorrido após o surgimento da circunstância superveniente que causou o desequilíbrio contratual e antes que a parte devedora pudesse se libertar das condições contratuais que lhe eram excessivamente onerosas.

Da mesma forma, a proposição considerada por Anderson Schreiber parece acertada, de modo que a regra adotada nos Princípios do UNIDROIT pode em muito contribuir para o desenvolvimento dessa matéria no direito brasileiro.

c. Relação entre Força Maior e Onerosidade Excessiva

Por fim, este capítulo propõe que a nossa doutrina e jurisprudência passem a considerar com maior profundidade a relação e a proximidade entre as questões relativas à força maior e à onerosidade excessiva, em especial, com o objetivo de esclarecer as hipóteses de exclusão de responsabilidade em casos de obstáculos econômicos à execução do contrato.

Como mencionado anteriormente, entre juristas brasileiros, ainda prevalece uma resistência a uma análise conjunta da força maior e da onerosidade excessiva no contexto de impedimentos econômicos, sob o argumento de que força maior (ou "inexigibilidade econômica") e one-

[29] Nesse sentido: "Confirma-se, assim, a amplitude do princípio do equilíbrio contratual, que se destina a impedir não apenas que um contratante sofra sacrifício econômico desproporcional ao benefício econômico obtido – desequilíbrio contratual vertical – , mas também que sofra sacrifício econômico desproporcional ao assumido por conta do seu agravamento no lapso de tempo existente entre o momento da formação do contrato e o momento da sua execução – desequilíbrio contratual horizontal." SCHREIBER, Anderson. *op. cit.* Conclusão, §1.7.

[30] Aparentemente corroborando esta conclusão "[O] fundamento da revisão *e resolução* por onerosidade excessiva é justamente o desequilíbrio entre as prestações, isto é, a perda de reciprocidade entre elas." GOMES, Orlando. *Contratos.* Rio de Janeiro: Forense, 2008. p. 215.

rosidade excessiva não se confundem.[31] Contudo, não parece ser mais possível ignorar a relação entre estas hipóteses.

Mais uma observação de Anderson Schreiber parece acertada:

> A obviedade da [distinção] é mais aparente que real, na medida em que os estudos sobre o caso fortuito e de força maior têm ampliado, cada vez mais, a noção de impossibilidade para transcender a mera impossibilidade física ou natural, passando a abranger também uma "impossibilidade econômica", caracterizada pela falta de razoabilidade do custo envolvido na realização da prestação.[32]

De fato, esta questão não passou despercebida ao UNIDROIT e ao *Advisory Council* da CISG. O UNIDROIT expressamente contemplou a interseção entre hipóteses de força maior e de *hardship*, aconselhando uma leitura conjunta dos arts. 6.2 e 7.1.7 dos Princípios do UNIDROIT.[33] Da mesma forma, o *Advisory Council*, alegadamente expressando a visão majoritária da doutrina, entendeu que o art. 79 da CISG se aplica não só a casos em que há impedimentos que impossibilitam o cumprimento das obrigações (força maior), mas também a casos de impedimentos econômicos que representam o limite do sacrifício (*hardship*).[34]

Para este autor, o direito brasileiro poderia se beneficiar do exemplo internacional. Mais uma vez, a contribuição não parece ser de todo incompatível com o nosso direito. Embora a CISG possa se distinguir do direito brasileiro por ter uma única regra regulando hipóteses de força maior e *hardship*, o mesmo não pode ser dito dos Princípios do UNIDROIT. Esta última fonte internacional adota regras distintas para cada hipótese, à semelhança do direito brasileiro. E, ainda assim, reconhece a relação próxima entre elas.

[31] Cf. Item 2.a.ii. acima. No mesmo sentido: "É uníssona a doutrina brasileira ao registrar que a onerosidade excessiva não se confunde com o caso fortuito ou de força maior, porquanto não corresponde à impossibilidade superveniente da prestação, mas à mera dificuldade em efetuá-la." SCHREIBER, Anderson. *op. cit.* Capítulo III, §4.3.

[32] SCHREIBER, Anderson. *op. cit.* Capítulo III, §4.3.

[33] Cf. Item 2.b.ii. acima.

[34] Cf. Item 2.c.ii. acima.

De fato, como ficou evidente na análise acima, tanto a força maior, quanto a onerosidade excessiva contemplam eventos supervenientes que impedem o cumprimento das obrigações pelo devedor nas condições originalmente pactuadas. E, em ambos os casos, há ao menos a possibilidade de resolução do contrato.

Portanto, uma análise conjunta das hipóteses de exclusão de responsabilidade referente a eventos supervenientes poderá esclarecer a forma mais adequada de solucioná-los. Primeiro, parece importante rever a posição adotada pela doutrina até agora e determinar em que medida estas hipóteses podem se sobrepor ou se distinguir, especialmente no que tange às suas consequências econômicas. Segundo, caso reste comprovada uma maior proximidade entre força maior e onerosidade excessiva, não está claro para este autor que a única conclusão a ser extraída é aquela expressamente considerada nos comentários aos Princípios do UNIDROIT, no sentido de que a parte terá liberdade para escolher entre uma ou outra hipótese (força maior ou onerosidade excessiva) conforme a solução que mais lhe interesse (resolução ou revisão). Em especial, é necessário lembrar que a onerosidade excessiva também pode levar à resolução do contrato, ainda que como *ultima ratio*, e, nestes casos, a distinção com base no remédio buscado deixa de ser tão relevante.

Uma análise sistêmica dos eventos supervenientes e suas consequências econômicas sobre a execução dos contratos poderá trazer maior segurança jurídica para partes e julgador e, dessa forma, contribuir para a evolução do direito brasileiro quanto a esta matéria.

Infelizmente, esta análise em si demandará considerações complexas que não podem ser feitas adequadamente no escopo deste capítulo e são deixadas para um momento mais oportuno.

Conclusões

Como se viu, na superfície, as regras previstas na CISG e nos Princípios do UNIDROIT sobre força maior e onerosidade excessiva não destoam das regras previstas no Código Civil brasileiro. Contudo, alguns aspectos das regras internacionais ainda não foram explorados pela doutrina e pela jurisprudência brasileiras. Estes aspectos podem esclarecer obrigações e consequências que surgem no contexto da força maior e da onerosidade excessiva.

Dentro dos limites necessários à presente análise, buscou-se analisar alguns casos em que as fontes internacionais poderiam contribuir para a evolução do direito brasileiro. Em especial, este autor propôs três possíveis contribuições a serem consideradas pela nossa doutrina e jurisprudência. Primeiro, propõe-se esclarecer que o devedor tem o *dever* de notificar o credor quando tomar conhecimento do evento de força maior que o impedirá de cumprir suas obrigações, sob pena de responder por perdas e danos resultantes da falta de notificação. Segundo, propõe-se que o julgador considere a necessidade de determinar as exatas condições da resolução do contrato causada por onerosidade excessiva, de modo a corrigir eventuais prejuízos causados pelo desequilíbrio contratual após o surgimento da circunstância superveniente que causou o desequilíbrio contratual e antes da extinção do contrato. Terceiro e por fim, propõe-se que força maior e onerosidade excessiva sejam analisadas conjuntamente, como eventos supervenientes à formação do contrato que impedem a execução do contrato nas condições pactuadas, a fim de determinar em que medida estas hipóteses podem se sobrepor ou se distinguir, especialmente no que tange às suas consequências econômicas.

Espera-se que, com estas propostas, doutrina e jurisprudência possam seguir os exemplos das fontes internacionais para aprimorar o direito brasileiro. Talvez a análise dos litígios decorrentes da recente pandemia do COVID-19, que certamente levaram a uma explosão de casos de força maior e onerosidade excessiva, proporcione uma boa oportunidade para tanto, assim como os casos da Primeira Guerra Mundial permitiram o renascimento da cláusula *rebus sic stantibus* no direito contemporâneo.

Referências

ANDRADE, Darcy Bessone de Oliveira. *Do Contrato – Teoria Geral.* 3ª ed. Rio de Janeiro: Forense, 1987.

CISG-AC Opinion Nº 20, Exemption of Liability for Damages under Article 79 of the CISG. CISG Advisory Council, 2020. Disponível em: http://cisgac.com, acesso em 28 de agosto de 2020.

CISG-AC Opinion Nº 7, Exemption of Liability for Damages under Article 79 of the CISG. CISG Advisory Council, 2007. Disponível em: http://cisgac.com, acesso em 28 de agosto de 2020.

GOMES, Orlando. *Contratos*. Rio de Janeiro: Forense, 2008.

GOMES, Orlando. *Obrigações*. 18ª ed. Rio de Janeiro: Forense, 2016.

Jornadas de direito civil I, III, IV e V: enunciados aprovados. Brasília: Conselho da Justiça Federal, Centro de Estudos Judiciários, 2012.

LIU, Chengway. *Perspectives from the CISG, UNIDROIT Principles, PECL and Case Law – Force Majeure*. 2ª ed. (2005). Albert H. Kritzer CISG Database. Disponível em: http://www.cisg.law.pace.edu/cisg/biblio/liu6.html, acesso em 28 de agosto de 2020.

MARTINS-COSTA, Judith. *A boa-fé no direito privado: critérios para a sua aplicação*. 2ª ed. São Paulo: Saraiva Educação, 2018.

PEREIRA, Caio Mario da Silva. *Instituições de direito civil: Teoria geral das obrigações*. 25ª ed. Rio de Janeiro: Forense, 2012.

SCHLECHTRIEM, Peter; SCHWENZER, Ingeborg (ed.). *Commentary on the UN Convention on the International Sale of Goods*. Oxford: Oxford University Press, 2005.

SCHREIBER, Anderson. *Equilíbrio contratual e dever de renegociar*. 1ª ed. São Paulo: Saraiva Educação, 2018.

TALLON, Denis. *Article 79*. In BIANCA, C.; BONELL, M. (ed.). *Bianca-Bonell Commentary on the International Sales Law*. Milão: Giuffrè, 1987.

UNIDROIT Principles of International Commercial Contracts 2016. Roma: International Institute for the Unification of Private Law (UNIDROIT), 2016.

16. Previsibilidade do Dano Contratual no Direito do Comércio Internacional

Vera Cecília Monteiro de Barros

Introdução

O dano é pressuposto da responsabilidade civil contratual e se encontra no centro da obrigação de indenizar. A obrigação de indenizar pressupõe o dano e sem ele não há indenização devida. O lesado deve ser indenizado na medida mais próxima possível do prejuízo sofrido, sendo esta medida indicada pelo princípio da reparação integral do dano, o qual estabelece que o prejuízo deve ser o limite da reparação, sintetizado pela doutrina francesa como *tout le dommage, mais rien que le dommage* ("todo o dano, mas nada mais do que o dano").

O princípio da reparação integral do dano constitui uma diretriz do sistema da responsabilidade civil, mas o fato de ser um princípio não significa que ele não admita limitações. Apesar de ser visto por alguns como um verdadeiro dogma do direito relativo à reparação dos danos, ele não é um princípio absoluto.

A previsibilidade do dano contratual é um dos limites do princípio da reparação integral do dano e possui enorme aceitação internacional. A limitação legal do dano em termos de previsibilidade foi racionalizada pela primeira vez por Charles Dumoulin e, mais tarde, a ideia foi generalizada por Pothier, que já naquela época relacionava a previsibilidade do dano ao risco expresso ou tacitamente assumido pelo devedor ao tempo do contrato[1]. O critério da previsibilidade tem por função limitar o ressarcimento ao risco calculado no momento da celebração do contrato, considerando que os contratantes assumiram obrigações conscientes, avaliando preventivamente os riscos relacionados a uma possível falha da operação econômica.

Tendo em vista que o critério da previsibilidade do dano foi adotado não somente nos países de *common law*[2], como também em diversos sistemas jurídicos de direito codificado, por influência francesa, os redatores dos instrumentos internacionais que visam à harmonização do direito em nível regional e também supranacional viram-se incentivados a adotar o referido critério de limitação de responsabilidade.

Nesse contexto, dentro dessa coletânea de artigos sobre a influência da CISG e de outros instrumentos internacionais no Direito Contratual brasileiro, da qual se tem a honra de participar, analisa-se a adoção da regra da previsibilidade do dano como critério limitador do ressarcimento do dano contratual em alguns dos principais instrumentos internacionais de uniformização do direito europeu, quais sejam, nos Princípios de Direito Europeu dos Contratos (PECLs), no Draft Common Frame of Reference (DCFR), no Common European Sales Law (CESL) e no Projeto do Código Europeu dos Contratos. Antes, contudo, para contextualização do tema, são trazidos os fundamentos contratuais e econômicos da previsibilidade do dano.

Em seguida, analisam-se dois dos principais instrumentos de harmonização do Direito do Comércio Internacional: os Princípios do International Institute for the Unification of Private Law (Princípios Unidroit) e a Convenção das Nações Unidas sobre Contratos de Compra e Venda Internacional de Mercadorias (CISG), que hoje é referência normativa

[1] Sobre a origem histórica da previsibilidade no campo da responsabilidade contratual vide: Monteiro de Barros, Vera Cecília. Previsibilidade do Dano Contratual no Direito do Comércio Internacional. São Paulo: QuartierLatin, 2019, pp. 31-64.

[2] No direito dos contratos do Common Law os danos indenizáveis estão limitados pela regra denominada unforeseeability ou contemplation rule. No sistema inglês a regra se encontra consagrada no acórdão Hadley v. Baxendale (1854), que se constitui num dos casos mais influentes e conhecidos do sistema jurídico anglo-americano. Alguns autores afirmam erroneamente que a regra da previsibilidade emana do referido caso. A origem da regra, contudo, está em Pothier e no Código Civil Francês. O paradigmático caso Hadley v. Baxendale suscitou imediata aprovação tanto na Inglaterra como nos Estados Unidos.

para os contratos internacionais. E especificamente com relação à CISG, avalia-se o momento decisivo para determinação da previsibilidade, seu objeto, o que considerar para se buscar a perda que a parte inadimplente tinha ou deveria ter previsto, a limitação de responsabilidade ao devedor doloso e, por fim, o ônus da prova.

Vale pontuar que, uma vez que a CISG foi internalizada no país, ela se aplica aos contratos de compra e venda de mercadorias cujas partes tenham estabelecimento em países diferentes, independentemente da nacionalidade, nos casos em que as partes não optem expressamente pela sua não aplicação, no exercício da faculdade que lhe atribui o art. 6º da Convenção. Constitui, pois, direito brasileiro aplicável a todas as operações dessa natureza regidas pela legislação nacional, sendo de extrema importância que os operadores conheçam a fundo as suas disposições.

1. Fundamentos contratuais e econômicos da previsibilidade do dano

A limitação da reparação aos danos contratuais previsíveis tem como um dos fundamentos a vontade dos contratantes, pois se os contratos obrigam porque são desejados pelas partes, é natural que, no caso de descumprimento, só tenham lugar as indenizações que tenham sido consideradas, expressa ou implicitamente, pelos mesmos contratantes. Tendo em vista que a existência e o conteúdo do contrato se medem de acordo com o consentimento, parece lógico que esta também seja a medida dos riscos que se contemplam e se assumem no contrato.

A justificativa mais aceita da regra da previsibilidade do dano contratual está na função de atribuir o risco de uma maneira justa e razoável. Seu objetivo é tornar possível às partes calcular o risco e suas possíveis responsabilidades, pois se no momento da celebração do contrato a parte previu ou deveria ter previsto uma determinada perda, poderia ter agido em conformidade com a exclusão ou redução da sua responsabilidade potencial, com a aquisição de seguro, com o aumento do benefício a ser obtido a partir do contrato ou, até mesmo, se recusando a celebrá-lo.

Normalmente as partes adotam condutas econômicas conscientes e assumem os riscos inerentes. Quando da celebração do negócio, as partes preveem ou deveriam prever as consequências da inexecução do contrato, razão pela qual não podem ser responsabilizadas por danos imprevisíveis. As partes inserem no âmbito de proteção do contrato tudo aquilo que puderam prever ao tempo da celebração do negócio jurídico e a isso se estende a sua responsabilidade.

Além do fundamento contratual, a regra da previsibilidade tem fundamento econômico, uma vez que por meio dela se busca favorecer a assunção de compromissos contratuais, incentivar a prestação de informações por parte dos credores, sem, contudo, incrementar excessivamente as indenizações. A inexistência da regra resultaria em efeitos negativos, especialmente em disputas comerciais internacionais, já que permitir a compensação dos danos contratuais imprevistos aumentaria o custo da responsabilidade, o que constituiria um freio à atividade econômica.

A limitação da responsabilidade aos danos contratuais previsíveis libera o devedor de um peso excessivo do risco das obrigações que assume, facilitando a celebração de contratos cujos custos se incrementariam notadamente se o devedor tivesse que assumir e se assegurar contra riscos que não podia prever no momento da celebração do contrato. A regra de previsibilidade incentiva a atividade comercial e também busca fomentar a prestação de informações por parte dos credores, já que cria um incentivo para que o credor revele fatos de seu conhecimento que fariam com que o custo da violação fosse mais alto do que o imaginado[3].

2. A adoção da regra da previsibilidade do dano nos instrumentos internacionais de uniformização do direito europeu

A previsibilidade do dano tem sido bastante utilizada como um método para limitar a responsabilidade do devedor e é a sua popularidade entre os sistemas domésticos[4], bem como a sua adequação percebida às

[3] Sobre os fundamentos do critério da previsibilidade do dano vide: Monteiro de Barros, Vera Cecília. Previsibilidade do Dano Contratual no Direito do Comércio Internacional. São Paulo: QuartierLatin, 2019, pp. 92-98.

[4] A limitação dos danos indenizáveis segundo o critério da sua previsibilidade no momento da celebração do contrato se encontra presente, na responsabilidade civil, em diversas ordens jurídicas ocidentais para as quais irradiou por influência francesa. O critério da previsibilidade tem sua origem ligada ao Direito romano e foi positivado pela primeira vez no Código Civil francês de 1804, que estabelecia, em seu art. 1.150, que "[o] devedor só é responsável pelos danos que foram previstos ou que podiam ser previstos por ocasião do contrato, desde que não tenha sido pelo seu dolo que a obrigação não foi executada".

necessidades de comércio internacional, que encorajaram redatores a introduzir o referido critério nos instrumentos internacionais de uniformização do Direito[5].

A previsibilidade do dano como critério limitador do dano indenizável aparece nos Princípios do Direito Europeu dos Contratos (PECLs), que buscam um direito contratual europeu harmonizado e podem servir de inspiração (apesar de não terem caráter vinculante) para legisladores, partes contratantes, juízes e também árbitros.

O art. 9.503 dos PECLs estabelece que a parte inadimplente é responsável apenas pelo dano que previu ou poderia razoavelmente ter previsto no momento da celebração do contrato, como resultado provável do descumprimento, a menos que este tenha sido intencional ou negligente[6].

Da mesma forma que a CISG e os Princípios Unidroit, que serão analisados mais adiante, os PECLs preveem o uso de um padrão subjetivo e outro objetivo de previsibilidade. E, assim como os Princípios Unidroit, os PECLs parecem ter uma visão um pouco mais restritiva sobre a previsibilidade do que a CISG, afirmando que o dano causado pela violação do contrato deve ter sido o resultado "provável" da violação.

Importante destacar que enquanto o art. 9.503 dos Princípios de Direito Europeu dos Contratos (PECLs) admite exceções, estabelecendo que o devedor está obrigado a reparar todos os danos, inclusive os imprevisíveis, quando tenha atuado com dolo ou negligência grosseira, o art. 7.4.4 dos Princípios Unidroit e o art. 74 da CISG, que serão analisados posteriormente, não admitem exceções à regra da não reparação do dano contratual imprevisível.

A previsibilidade também está presente no "Quadro Comum de Referência" (DCFR) do Direito Europeu dos Contratos elaborado pela Comissão Europeia, destinado a definir conceitos, a enunciar princípios fundamentais e a propor "regras-modelo", "inspiradas no acervo comu-

[5] Sobre o tema, confira-se: MONTEIRO DE BARROS, Vera Cecília. Previsibilidade do Dano Contratual no Direito do Comércio Internacional. São Paulo: Quartier Latin, 2019, pp. 114-122.

[6] Art. 9.503 dos PECL: "The non-performing party is liable only for loss which it foresaw or could reasonably have foreseen at the time of conclusion of the contract as a likely result of its non-performance, unless the non-performance was intentional or grossly negligent."

nitário ou nas melhores soluções encontradas no ordenamento jurídico dos Estados-Membros"[7].

Em seu art. 3.703, o Quadro Comum de Referência estabelece que o devedor de uma obrigação que decorre de um contrato ou outro ato jurídico é responsável apenas pelas perdas que previu, ou poderia razoavelmente se esperar ter previsto, no momento em que a obrigação foi contraída, como resultado provável da não execução, a menos que o descumprimento tenha sido intencional, imprudente ou negligente[8]. O referido dispositivo elucida a fórmula da previsibilidade elegida nos PECLs por meio da frase "poderia razoavelmente ter previsto", ampliando-a para "poderia razoavelmente se esperar ter previsto", dispondo de forma mais precisa o que o art. 9.503 dos PECLs pretende indicar[9].

A proposta do Regulamento do Parlamento Europeu e do Conselho relativo a um Direito Europeu comum de compra e venda, publicada em 11 de outubro de 2011, também traz a previsibilidade do dano como critério limitador do dano indenizável[10]. O Common European Sales Law (CESL) estabelece, em seu art. 161, que "[o] devedor é responsável unicamente pelos prejuízos que previu ou devia ter previsto no momento em que o contrato foi celebrado, como resultado do descumprimento"[11].

[7] Oliveira, Nuno Manuel Pinto. Estudo sobre o não cumprimento das obrigações. 2ª ed. Coimbra: Almedina, 2009, p. 86.

[8] Art. 3.703 do Draft Common Frame of Reference: "The debtor in an obligation which arises from a contract or other juridical act is liable only for loss which the debtor foresaw or could reasonably be expected to have foreseen at the time when the obligation was incurred as a likely result of the non-performance, unless the non-performance was intentional, reckless or grossly negligent."

[9] Zimmermann, Reinhard. Limitation of liability for damages in European Contract Law. Disponível em: <https://www.academia.edu/12680057/LIMITATION_OF_ LIABILITY_FOR_DAMAGES_IN_EUROPEAN_CONTRACT_LAW_REINHARD_ZIMMERMANN>. Acesso em: 19/02/ 2020.

[10] Disponível em: http://eur-lex.europa.eu/legal-content/PT/TXT/PDF/?uri=CELEX:52011 PC0635&from= EN. Acesso em: 19/02/2020.

[11] "The debtor is liable only for loss which the debtor foresaw or could be expected to have foreseen at the time when the contract was concluded as a result of the non-performance".

O projeto preliminar do Código Europeu dos Contratos, apresentado pela Academia dos Jusprivatistas Europeus com a intenção expressa de contribuir para a unificação efetiva do Direito dos Contratos da União Europeia, e coordenado por Guiseppe Gandolfi, adotou uma fórmula diferente. O art. 162, nº 4, do referido projeto exprime a doutrina do fim de proteção do contrato, restringindo a responsabilidade do devedor, excetuados os casos em que tenha atuado com dolo ou culpa, aos danos que devam razoavelmente ser reconduzidos à esfera de risco assumido implicitamente quando da conclusão do contrato[12].

De acordo com o citado artigo, a menos que o devedor tenha agido com dolo ou culpa, o ressarcimento devido pelo mesmo limita-se aos danos que razoavelmente considera-se – com base no texto do contrato, nas circunstâncias, na boa-fé e nos usos – que como pessoa normalmente informada tenha implicitamente assumido o dever de responder[13].

A inclusão da regra da previsibilidade do dano nessas iniciativas de consolidação e harmonização do Direito deixa clara a aceitação geral desse critério de limitação de ressarcimento de danos nos países europeus e indica a conveniência de sua adoção também no Direito do Comércio Internacional[14]. Dada a compatibilidade entre a disciplina nos países do *Common Law* e de tradição romanística, não surpreende

[12] Apesar de o art. 162, nº 4, do Projeto Preliminar do Código Europeu dos Contratos ter adotado uma fórmula distinta, exprimindo a doutrina do fim de proteção do contrato, Sinde Monteiro considera o referido dispositivo, o art. 7.4.4 dos Princípios Unidroit (que será estudado mais adiante) e o art. 9.503 dos PECL, como disposições equivalentes destinadas a consagrar o princípio da não reparação dos danos imprevisíveis. (MONTEIRO, Jorge Ferreira Sinde. Responsabilidade civil: o novo Código Civil do Brasil face ao direito português, às reformas recentes e às actuais discussões de reforma na Europa. Revista Brasileira de Direito Comparado, 2º semestre de 2002, nº 23, pp. 162-163).

[13] GANDOLFI, Giuseppe (Org.). Código europeu dos contratos. Projeto preliminar. Curitiba: Juruá, 2008, p. 78.

[14] Nesse sentido: "The 'Foreseeabilty' Test has been widely used as a method of limiting damages and it is its popularity amongst domestic systems as well as its perceived suitability to the needs of international commerce which encouraged drafters to introduce the test into the international instruments." (SAIDOV, Djakhongir. Foreseeability of Damages. In the Law of Damages in International Sales: the CISG and other International Instruments. Hart Publishing, 2008. Disponível em http://www.cisg.law.pace.edu/cisg/ biblio/saidov5.html. Acesso em: 19/02/2020).

que a previsibilidade do dano como critério limitador da responsabilidade do devedor se faça presente no âmbito do comércio internacional[15].

Dentre desse contexto, serão analisados a seguir, dois dos principais instrumentos de harmonização normativa do comércio internacional: os Princípios Unidroit e a Convenção das Nações Unidas sobre Contratos de Compra e Venda Internacional de Mercadorias (CISG), que hoje é referência normativa para os contratos internacionais.

3. A previsibilidade do dano nos Princípios Unidroit

Os Princípios Unidroit estabelecem regras gerais para contratos comerciais internacionais e traduzem a tendência global de harmonização do Direito do Comércio Internacional[16]. Os Princípios Unidroit aspiram prover as soluções mais adaptadas às exigências do Comércio Internacional e têm como missão guiar e orientar as partes, o legislador e também juízes e árbitros[17].

Os Princípios Unidroit refletem uma tendência contemporânea de criação de um direito das relações comerciais internacionais e seu principal objetivo é fornecer normas uniformes aos agentes do Comércio Internacional. Os referidos Princípios gozam de autoridade suficiente para atrair o interesse de juízes e árbitros que, "levados a aplicar o direito ao contrato internacional, têm à sua disposição um corpo siste-

[15] Sobre o tema, confira-se: Ortscheidt, Jérôme. La reparation du dommage dans lárbitrage commercial international. Paris: Dalloz, 2001, pp. 50-51.

[16] Sobre o tema, confira-se: "Os princípios Unidroit são entendidos como uma compilação do direito aplicável aos contratos internacionais [...]. Sua força é doutrinária e deriva da autoridade do instituto, das pessoas envolvidas em sua elaboração e da aceitação, pela livre vontade das partes, em razão da percepção de ser uma acurada compilação do direito aplicável aos contratos internacionais." (Lopes, Christian Sahb Batista. Mitigação dos prejuízos no Direito Contratual. São Paulo: Saraiva, 2012, p. 86).

[17] Como bem pontuado por Michael Joachim Bonell, "os Princípios Unidroit pretendem enunciar regras que são comuns à maioria dos sistemas jurídicos existentes e, ao mesmo tempo, fornecer soluções que parecem melhor adaptadas às exigências especiais do comércio internacional". (Bonell, Michael Joachim. The Unidroit Principles of International Commercial Contratcs: Why? What? How? Tulane Law Review. New Orleans, 1994-1995, v. 69, pp. 1121-1147, p. 1129)

matizado de normas, de inegável reputação e fácil identificação no cenário internacional"[18].

O art. 7.4.4 dos Princípios Unidroit relativos aos Contratos Comerciais Internacionais estabelece que "a parte inadimplente só responderá pelo dano que tiver previsto ou que poderia razoavelmente ter previsto, à época da conclusão do contrato, como provável resultado de seu inadimplemento". Vê-se que os Princípios Unidroit contêm um padrão objetivo e outro subjetivo para a previsibilidade e exigem que o dano previsível seja uma consequência "provável" do não cumprimento do contrato. A parte pode ser responsabilizada não apenas pelos danos que previu (padrão subjetivo), mas também por aqueles que deveria ter previsto (padrão objetivo).

Nos comentários ao referido art. 7.4.4, o Unidroit manifesta que a limitação está relacionada com a natureza do contrato: "nem todos os benefícios dos quais a parte lesada é privada se inserem no âmbito do contrato e a parte inadimplente não deve ser sobrecarregada com a reparação do dano que não poderia prever na celebração do contrato e contra o risco de que não poderia ter tomado um seguro"[19]. Ainda de acordo com tais comentários, na medida em que a norma não prevê exceção quando o descumprimento se der por dolo ou negligência grave, deve ser feita uma interpretação restritiva do conceito de previsibilidade[20].

[18] Gama Jr., Lauro. Contratos Internacionais à luz dos Princípios do Unidroit 2004. São Paulo: Renovar, 2006, pp. 3-4.

[19] "The limitation is related to the very nature of the contract: not all of benefits of which the aggrieved party is deprived fall within the scope of the contract and the non-performing party must not be saddley with compensation for harm which it could never have foreseen at the time of the conclusion of the contract and against the risk of which it could not have taken out insurance." (UNIDROIT. Principles of International Commercial Contracts 2010. Published by the International Institute for the Unification of Private Law, Rome. Disponível em: http://www.unidroit.org/instruments/commercial-contracts/unidroit-principles-2010/ 406-chapter-7-non-performance-section-4-damages/1034-article-7--4-4-foreseeability-of-harm. Acesso em: 19/02/2020).

[20] "The concept of foreseeability must be clarified since the solution contained in the Principles does not correspond to certain national systems which allow compensation even for harm which is unforeseeable when the non-performance is due to willful misconduct or gross negligence. Since the present rule does not provide for such an exception, a narrow interpretation of the concept of foreseeability is called for". (Id., ibid.).

Os Princípios Unidroit também manifestam, nesses comentários, que a previsibilidade se refere à natureza ou tipo de dano, e não à sua extensão, a menos que a extensão seja de tal grau que transforme o dano em um tipo diferente[21]. Esta não parece ser a melhor interpretação, já que se entende que o âmbito de riscos que se exige do devedor deve ser fixado em relação à natureza ou tipo do dano e também à sua extensão.

Consta ainda dos referidos comentários, nesse ponto de maneira acertada, que a previsibilidade é um conceito flexível que deixa ampla margem de apreciação ao juiz[22]. E pontua-se que o que é previsível deve ser determinado por referência ao momento da celebração do contrato e pela própria parte inadimplente, e o teste é o que uma pessoa normalmente diligente não poderia ter razoavelmente previsto como consequência de incumprimento, no curso normal das coisas e nas circunstâncias específicas do contrato, tais como as informações fornecidas pelas partes ou as suas transações anteriores[23].

Considerando que os Princípios Unidroit buscam enunciar as melhores soluções adaptadas às exigências do Comércio Internacional, a adoção da previsibilidade do dano como critério limitador do ressarcimento do dano representa a sua ampla aceitação no Direito Contratual Internacional[24].

[21] "Foreseeability relates to the nature or type of the harm but not to its extent unless the extent is such as to transform the harm into one of a different kind". (Id., ibid.).

[22] "In any event, foreseeability is a flexible concept which leaves a wide measure of discretion to the judge". (Id., ibid.).

[23] "Foreseeability relates to the nature or type of the harm but not to its extent unless the extent is such, foreseeability is a flexible concept which leaves a wide measure of discretion to the judge. What is foreseeable is to be determined by reference to the time of the conclusion of the contract and to the non-performing party itself (including its servants or agents), and the test is what a normally diligent person could reasonably have foreseen as the consequence of non – performance in the ordinary course of things and the particular circumstances of the contract, such as the information supplied by the parties or their previous transactions". (Id., ibid.).

[24] Sobre a previsibilidade do dano nos Princípios Unidroit, confira-se: Monteiro de Barros, Vera Cecília. Previsibilidade do Dano Contratual no Direito do Comércio Internacional. São Paulo: QuartierLatin, 2019, pp. 162-168.

4. A previsibilidade do dano na CISG

A CISG, apesar de ter adotado, em tese, o princípio da reparação integral do dano, procura manter o equilíbrio econômico entre as partes no momento da reparação de um prejuízo, fazendo com que o lesado seja indenizado na medida mais próxima possível do prejuízo sofrido, sem que, contudo, enriqueça indevidamente com a reparação. Nesse sentido, a CISG limita o princípio da reparação integral, impondo ao devedor a adoção de medidas razoáveis para mitigar as perdas resultantes do inadimplemento (art. 77 da CISG) e pela regra da previsibilidade do dano (art. 74 da CISG)[25].

Na segunda parte do art. 74, a CISG limita os danos indenizáveis segundo o critério da sua previsibilidade, pelo qual a indenização não poderá exceder a perda que a parte inadimplente tinha, ou deveria ter previsto, no momento da conclusão do contrato, levando em conta os fatos dos quais tinha ou deveria ter tido conhecimento naquele momento.

A regra da previsibilidade prevista no art. 74 da CISG, assim como acontece nos Princípios Unidroit, emprega um padrão objetivo e outro subjetivo, ao estabelecer que a indenização não pode exceder a perda que a parte inadimplente tinha, ou deveria ter previsto no momento da conclusão do contrato[26]. Para tanto, leva em conta os fatos dos quais tinha ou deveria ter tido conhecimento naquele momento, como consequência possível do descumprimento do contrato.

A regra da previsibilidade, nessa linha, se divide em duas situações: (i) aquelas em que o devedor previu o dano; e (ii) aquelas em que o devedor deveria ter previsto o dano. A primeira situação é menos comum, já que é difícil que a parte lesada consiga demonstrar que a parte inadimplente tinha previsto o dano. Nos casos, contudo, em que a parte lesada alertou a parte inadimplente sobre os riscos do descum-

[25] Sobre o tema, vale conferir: KUYVEN, Fernando; PIGNATTA, Francisco Augusto. Comentários à Convenção de Viena. Compra e Venda Internacional de Mercadorias. São Paulo: Saraiva, 2015, p. 737.

[26] Sobre o tema, vale conferir: VISCASILLA, Maria del Pilar Perales. El contrato de compraventa internacional de mercancias (Convención de Viena de 1980). Disponível em: https://www.cisg.law.pace.edu/cisg/biblio/perales1.html. Acesso em: 19/02/2020.

primento contratual, se considera que esta previu o dano[27]. Já a segunda situação é mais recorrente, pois é mais fácil a demonstração de que a parte inadimplente deveria ter previsto o dano, bastando que prove que uma pessoa razoável, nas mesmas condições, poderia tê-lo previsto.

Geralmente a previsibilidade acaba sendo determinada utilizando-se esse padrão objetivo, sendo que a questão decisiva é se uma pessoa razoável, se colocando no lugar da parte e consciente das circunstâncias no momento da celebração do contrato, poderia ter previsto o dano. Elementos normativos, tais como a finalidade do contrato, a alocação de riscos de acordo com o contrato, bem como o seu escopo de proteção, devem ser levados em consideração.

A previsibilidade não pode ser imputada a uma pessoa sem se considerar que conhecimento esta pessoa tinha ou deveria ter tido. O conhecimento (real e imputado) é parte integrante do teste de previsibilidade, tal como expressamente reconhecido na CISG, que se refere à previsibilidade à luz dos fatos e circunstâncias que a parte tinha ou deveria ter conhecimento no momento da conclusão do contrato. À medida que a previsibilidade pode ser subjetiva e objetiva, o conhecimento também pode ser de dois tipos: real e presumido.

O conhecimento real dos fatos relevantes é particularmente importante quando a perda em questão é de um tipo incomum ou de uma extensão extraordinariamente elevada, porque se não há nada de excepcional sobre o seu tipo ou grau, conhecimento relevante e previsibilidade serão, em qualquer caso, imputados. Se uma das partes sabe que uma violação é susceptível de gerar perdas incomuns, ela precisa notificar a outra parte sobre a probabilidade da ocorrência de tais perdas antes ou no momento da conclusão do contrato, caso contrário essa perda será considerada imprevisível[28].

[27] Nesse sentido, Ingeborg Schwenzer ressalta que a regra da previsibilidade é suplementada por um elemento subjetivo, já que pode ser estendida pelo promissário, "chamando a atenção do promitente para as especiais e objetivamente imprevisíveis circunstâncias". (Schwenzer, Ingeborg. In: Schlechtriem & Schwenzer. Comentários à Convenção das Nações Unidas sobre Contratos de Compra e Venda Internacional de Mercadorias. Coordenação de Ingeborg Schwenzer, Eduardo Grebler, Vera Fradera e Cesar A. Guimarães Pereira. São Paulo: Editora Revista dos Tribunais, 2014, p. 1126).

[28] Nesse sentido, conferir: Saidov, Djakhongir. *Op. cit.*, 2008.

A regra da previsibilidade equilibra a responsabilidade objetiva das partes e permite que elas estimem os riscos financeiros decorrentes da relação contratual, assegurando-se contra possíveis responsabilizações, e tem como efeito adicional estimular a troca de informações entre as partes ao compeli-las a revelar quaisquer riscos incomuns[29].

A regra da previsibilidade tem por propósito limitar o risco de responsabilidade àquilo que a parte devedora levou em consideração no momento da conclusão do contrato. A ideia central da regra da previsibilidade é que no momento da celebração do contrato as partes sejam capazes de calcular o risco e a responsabilidade assumida no negócio, encorajando a parte credora a revelar qualquer questão relevante[30].

A justificativa mais aceita da regra da previsibilidade do dano contratual se baseia na função de atribuir o risco de uma maneira justa e razoável, tornando possível às partes calcular o risco e suas possíveis responsabilidades. Se, no momento da celebração do contrato, a parte previu ou poderia ter previsto uma determinada perda, era seu dever ter reduzido ou até excluído a sua responsabilidade, ou então adquirido um seguro, aumentado o benefício a ser obtido a partir do contrato ou, até mesmo, se recusado a celebrar o contrato.

Essa função de alocação de risco permite concluir que a regra da previsibilidade do dano contratual está relacionada à própria natureza e à finalidade do contrato, podendo a parte infratora ser responsabilizada apenas na medida em que a sua responsabilidade esteja dentro do âmbito de proteção do contrato[31].

4.1. O momento decisivo para determinação da previsibilidade

A conclusão do contrato é momento decisivo para a determinação da previsibilidade das consequências da violação. Esta posição, apesar de criticável, é normalmente justa, já que apenas o risco assumido pela parte quando da celebração do contrato deve ter relevância jurídica, porque a época da celebração do contrato é a oportunidade que a parte

[29] Schwenzer, Ingeborg. In: Schlechtriem & Schwenzer. *Op. cit.*, 2014, p. 1108.

[30] Nesse sentido, conferir: Chengwei, Liu. Remedies for Non-Performance: Perspectives from CISG, Unidroit Principles & PECL. Disponível em: http://cisgw3.law.pace.edu/cisg/biblio/chengwei-74.html#14-2. Acesso em: 19/02/2020.

[31] Nessa linha, conferir: Saidov, Djakhongir. *Op. cit.*, 2008.

tem de se proteger, aumentando, por exemplo, o preço, adquirindo seguro ou excluindo ou limitando a sua responsabilidade[32]. Mesmo que as negociações do contrato levem algum tempo, o momento relevante do ponto de vista da previsibilidade é, naturalmente, aquele em que o contrato entrou em vigor[33].

A parte inadimplemente não será responsável por perdas que objetivamente não poderia prever no momento da celebração do contrato, mesmo que posteriormente se torne capaz de prevê-las, sendo irrelevante se o devedor tornou-se ou deveria ter se tornado ciente de riscos adicionais, depois desse momento.

Naturalmente, se após a celebração do contrato as partes acordarem em alterar os seus termos, presume-se que ocorreu uma nova assunção de riscos, ao menos com relação às obrigações renegociadas. Se, após a celebração do contrato, as partes decidirem, por exemplo, renegociar a data de entrega e, naquele tempo, o vendedor se tornar consciente de que o atraso na entrega fará com que o comprador pague uma sanção elevada para um terceiro, caso este risco se materalize, presume-se que essa perda era previsível no momento em que a obrigação de entrega foi renegociada[34].

Por fim, quanto a esse ponto, cabe notar que, na prática, a previsibilidade é quase sempre examinada *ex post facto*, já que só após a violação do contrato ou após o prejuízo que ocorreu em consequência da infração que se examina, retrospectivamente, se o prejuízo era previsível no momento da celebração do contrato.

4.2. Objeto da previsibilidade

Existe certa polêmica acerca do objeto da previsibilidade do dano prevista no art. 74 da CISG. Discute-se se a previsibilidade está relacionada apenas à natureza ou tipo de prejuízo, ou também à sua extensão[35]. Parece correto afirmar que a regra da previsibilidade contempla a exten-

[32] Saidov, Djakhongir. *Op. cit.*, 2008.

[33] Knapp, Victor. Article 74. In: Bianca-Bonell. Commentary on the International Sales Law. Giuffrè: Milan, 1987, pp. 538-548. Disponível em: http://cisgw3.law.pace.edu/cisg/biblio/knapp-bb74.html. Acesso em: 19/02/2020.

[34] Saidov, Djakhongir. *Op. cit.*, 2008.

[35] Sobre o tema, vale conferir a análise bastante detalhada do tema feita por Saidov: Saidov, Djakhongir. *Op. cit.*, 2008.

são do dano, não se exigindo, contudo, que os detalhes específicos da perda ou o seu montante exato sejam previsíveis.

Nessa linha, Ingeborg Schwenzer afirma que "a questão decisiva é se a possibilidade de ocorrência do dano, assim como a sua natureza, era previsível pelo promitente, no momento da conclusão do contrato, supondo que o contrato foi descumprido nesse sentido." A autora esclarece que, embora não seja necessário que a parte inadimplente tenha previsto o montante preciso da perda, "a extensão geral deve ter sido previsível. Se a extensão da perda é significativamente superior ao previsível, o risco que se materializa difere do risco previsível"[36].

4.3. Critérios para a análise da extensão do dano previsto ou que deveria ter sido previsto

Para que se possa perquirir sobre a perda que a parte inadimplente previu ou deveria ter previsto, no momento da conclusão do contrato, como possível consequência do seu descumprimento, devem-se considerar os fatos dos quais ela tinha conhecimento ou poderia ter tido conhecimento (previsibilidade presumida). A parte inadimplente será considerada capaz de prever as consequências da violação, mesmo que não conhecesse os fatos e as questões que lhe permitissem fazê-lo, mas se objetivamente estivesse em condições de conhecê-los[37].

Assim sendo, deverão ser analisadas as informações disponibilizadas pela parte lesada quando da celebração do contrato, as condições em que o negócio foi firmado e o propósito da contratação. Para verificar os fatos conhecidos pela parte inadimplente, deverão ser analisados os comportamentos, as trocas de correspondências, a linguagem empregada entre as partes nas suas conversas, as circunstâncias que envolvem o caso, as negociações havidas entre as partes, as práticas estabelecidas entre elas, os usos, entre outros.

Também se deve considerar se a parte inadimplente tinha a obrigação de prever o dano, levando-se em conta a sua experiência no mercado[38]. Em geral, presume-se que uma pessoa de negócios sabe dos fatos e assuntos que lhe permitam prever as consequências da violação e se

[36] Schwenzer, Ingeborg. In: Schlechtriem; Schwenzer. *Op. cit.*, 2014, p. 1127.

[37] Nesse sentido, conferir: Chengwei, Liu. *Op. cit.*, 2015.

[38] Nesse sentido, conferir: Knapp, Victor. *Op. cit.*, 1987.

tal conhecimento pode ser esperado, considerando a sua experiência comercial.

A CISG não se limita à previsibilidade de fato, mas também estabelece a previsibilidade presumida, segundo a qual assume-se que a parte inadimplente terá o conhecimento que os comerciantes, em geral, têm. A parte que descumpriu o contrato deverá ser considerada conhecedora dos fatos e questões que lhe permitiriam prever as consequências do descumprimento contratual, se tal conhecimento derivar da experiência de um comerciante ou a partir de sua experiência no mercado. Certamente, também se considera se a parte lesada alertou ou chamou a atenção da parte inadimplente sobre as possíveis consequências do inadimplemento antes ou no momento da celebração do contrato. Se o fez, as perdas serão tidas como previsíveis[39].

Cabe ponderar, por fim, que, no geral, a parte lesada deverá provar que havia informado a parte inadimplente antes ou no momento da conclusão do contrato sobre a forma de utilização das mercadorias objeto do contrato, sob pena de ver o ressarcimento dos danos decorrentes do uso extraordinário da mercadoria ser limitado pelo critério da previsibilidade. Todavia, se as partes já possuem um relacionamento comercial anterior e conhecem as práticas, a forma de atuação e os usos de determinado mercado, não se mostra razoável se exigir que a parte lesada tenha informado a parte inadimplente sobre a destinação a ser dada às mercadorias.

4.4. A limitação de responsabilidade ao devedor doloso

A limitação da responsabilidade aos danos previstos ou previsíveis, em diversos países de sistema de Direito codificado, beneficia apenas o devedor que não agiu com dolo ou negligência grave. Nesses países, o devedor que descumprir com dolo deverá indenizar inteiramente o credor, sem qualquer redução ou exclusão do dano em razão da imprevisibilidade. Na CISG, contudo, esse tratamento diferenciado não existe, razão pela qual o devedor será somente responsável pelas perdas que previu ou poderia ter previsto no momento da celebração do contrato, mesmo que tenha agido com dolo ou negligência grave[40].

[39] Nesse sentido, conferir: Chengwei, Liu. *Op. cit.*, 2015.

[40] Nesse sentido, conferir: Knapp, Victor. *Op. cit.*, 1987, pp. 538-548.

Diferentemente do art. 9.503 da PECL e do art. III – 3.703 do DCFR, a regra da previsibilidade prevista no art. 74 da CISG se aplica mesmo quando o devedor violou intencionalmente as suas obrigações contratuais[41].

A opção da CISG de não excepcionar a limitação da responsabilidade aos danos previstos ou previsíveis quando a parte tenha agido com dolo ou negligência grave parece acertada, já que não é razoável que a alocação de responsabilidade da parte inadimplente, que depende do risco explícita ou implicitamente assumido no contrato, seja afetada se o descumprimento for ou não intencional, especialmente no Direito do Comércio Internacional[42].

4.5. Ônus da prova

O ônus da prova é muito discutido nos casos em que se aplica o critério da previsibilidade. Alguns autores defendem que cabe ao devedor demonstrar que não previu ou não poderia ter previsto que o descumprimento do contrato produziria o dano[43], enquanto outros defendem ser do credor o ônus da prova de que o devedor previu ou deveria ter previsto o dano[44].

A Convenção de Viena silencia com relação ao ônus da prova da previsibilidade do dano. O tema é controvertido, mas o entendimento que prevalece na doutrina, e que de fato parece ser o mais acertado, é que a parte lesada carrega o ônus de provar a previsibilidade, bastando, contudo, que prove que a parte inadimplente estava objetivamente em posição de prever o dano[45].

[41] Nessa linha, conferir: SCHWENZER, Ingeborg. In: SCHLECHTRIEM; SCHWENZER. *Op. cit.*, 2014, p. 1125.

[42] Nessa linha, conferir: ZIMMERMANN, Reinhard. *Op. cit.*, 2015.

[43] Nesse sentido, conferir: KUYVEN, Fernando; PIGNATTA, Francisco Augusto. *Op. cit.*, 2015, p. 740 e ENDERLEIN, Fritz; MASKOW, Dietrich. International Sales Law. Disponível em: http://www.cisg.law.pace.edu/cisg/biblio/enderlein.html#art74. Acesso em: 19 fev. 2020.

[44] Nesse sentido, conferir: GOTANDA, John Y. UN Convention on Contracts for the International Sale of Goods (CISG). Editado por Stefan Kroll, Loukas Mistelis e Pilar Perales-Viscasillas. Munique: C.H. Beck. Hart. Nomos, 2011, p. 1003.

[45] Nesse sentido: SCHWENZER, Ingeborg. SCHLECHTRIEM; SCHWENZER. *Op. cit.*, 2014, pp. 1132). Na mesma linha: SAIDOV, Djakhongir. *Op. cit.*, 2008.

Conclusões

Como se viu, o critério para limitar a responsabilidade do devedor que ganhou maior aceitação internacional é o da previsibilidade do dano. Tendo em vista que tal critério foi adotado não somente nos países de *Commow Law*, como também em diversos sistemas jurídicos de Direito codificado, por influência francesa, os redatores dos instrumentos internacionais que visam à harmonização do direito dos contratos também se viram incentivados a adotar o referido critério de limitação de responsabilidade.

A limitação da reparação aos danos contratuais previsíveis tem como um dos fundamentos a vontade dos contratantes. Tendo em vista que a existência e o conteúdo do contrato se medem de acordo com o consentimento, parece lógico que esta também seja a medida dos riscos que se contemplam e se assumem no contrato.

Como visto, a justificativa mais aceita da regra da previsibilidade do dano contratual está na função de atribuir o risco de uma maneira justa e razoável, sendo que o seu objetivo é tornar possível às partes calcular o risco e suas possíveis responsabilidades. Quando da celebração do negócio as partes preveem ou deveriam prever as consequências da inexecução do contrato, razão pela qual não podem ser responsabilizadas por danos imprevisíveis. As partes inserem no âmbito de proteção do contrato tudo aquilo que puderam prever ao tempo da celebração do negócio jurídico e a isso se estende a sua responsabilidade.

Além do fundamento contratual, verificou-se que a regra da previsibilidade tem fundamento econômico, uma vez que por meio dela se busca favorecer a assunção de compromissos contratuais, incentivar a prestação de informações por parte dos credores, sem, contudo, incrementar excessivamente as indenizações. A regra de previsibilidade incentiva a atividade comercial e também busca fomentar a prestação de informações por parte dos credores, já que cria um incentivo para que o credor revele fatos de seu conhecimento que fariam com que o custo da violação fosse mais alto do que o imaginado.

Viu-se nesse artigo que a previsibilidade do dano como critério limitador do dano indenizável aparece nos Princípios do Direito Europeu dos Contratos (PECL) (art. 9.503), no "Quadro Comum de Referência" (DCFR) do Direito Europeu dos Contratos elaborado pela Comissão Europeia (art. 3.703), no Common European Sales Law (CESL) (art.

161) e, de forma um pouco distinta, no projeto preliminar do Código Europeu dos Contratos (art. 162).

A inclusão da regra da previsibilidade do dano nessas iniciativas de consolidação e harmonização do Direito deixa evidente a aceitação geral desse critério de limitação de ressarcimento de danos nos países europeus e indica a conveniência de sua adoção também no Direito do Comércio Internacional.

Analisou-se também nesse artigo, com um pouco mais de profundidade, dois dos principais instrumentos de harmonização normativa do comércio internacional, quais sejam, os Princípios Unidroit e a CISG. Como se viu, os Princípios Unidroit, que têm como principal objetivo fornecer normas uniformes aos agentes do Comércio Internacional, estabelecem em seu art. 7.4.4, que "a parte inadimplente só responderá pelo dano que tiver previsto ou que poderia razoavelmente ter previsto, à época da conclusão do contrato, como provável resultado de seu inadimplemento". Destacou-se que os Princípios Unidroit contêm um padrão objetivo e um subjetivo para a previsibilidade e exigem que o dano previsível seja uma consequência "provável" do não cumprimento do contrato.

Verificou-se que nos comentários ao referido art. 7.4.4, os Princípios Unidroit manifestam que a limitação está relacionada com a natureza do contrato e que na medida em que a norma não prevê exceção quando o descumprimento se der por dolo ou negligência grave, deve ser feita uma interpretação restritiva do conceito de previsibilidade.

Apesar de se entender que o âmbito de riscos que se exige do devedor deve ser fixado em relação à natureza ou tipo do dano e também à sua extensão, viu-se que os Princípios Unidroit também manifestam nesses comentários que a previsibilidade se refere à natureza ou tipo de dano, e não à sua extensão, a menos que a extensão seja de tal grau que transforme o dano em um tipo diferente.

Conforme ainda se destacou, consta dos referidos comentários que a previsibilidade é um conceito flexível que deixa ampla margem de apreciação ao juiz, devendo ser determinado no momento da celebração do contrato e pela própria parte inadimplente, e o teste é o que uma pessoa normalmente diligente não podia ter razoavelmente previsto como consequência de incumprimento.

Já na CISG, a limitação dos danos indenizáveis segundo o critério da sua previsibilidade se encontra presente na segunda parte do art.

74, que estabelece que a indenização não poderá exceder a perda que a parte inadimplente tinha, ou deveria ter previsto, no momento da conclusão do contrato, levando em conta os fatos dos quais tinha ou devesse ter tido conhecimento naquele momento.

Como visto, a regra da previsibilidade prevista no art. 74 da CISG também emprega um padrão objetivo e outro subjetivo, ao estabelecer que a indenização não pode exceder a perda que a parte inadimplente tinha, ou deveria ter previsto no momento da conclusão do contrato, levando em conta os fatos dos quais tinha ou deveria ter tido conhecimento naquele momento, como consequência possível do descumprimento do contrato. A previsibilidade normalmente acaba sendo determinada utilizando-se o padrão objetivo, sendo que a questão decisiva é se uma pessoa razoável, se colocando no lugar da parte e consciente das circunstâncias no momento da celebração do contrato, poderia ter previsto o dano. A previsibilidade não pode ser imputada a uma pessoa sem se considerar que conhecimento (real e imputado) esta pessoa tinha ou deveria ter tido.

A regra da previsibilidade equilibra a responsabilidade objetiva das partes e permite que elas estimem os riscos financeiros decorrentes da relação contratual, assegurando-se contra possíveis responsabilizações, e tem como efeito adicional estimular a troca de informações entre as partes ao compeli-las a revelar a outra parte, quando na conclusão do contrato, quaisquer riscos incomuns.

Como se destacou, a regra tem por propósito limitar o risco de responsabilidade àquilo que a parte devedora levou em consideração no momento da conclusão do contrato, quando as partes são capazes de calcular o risco e a responsabilidade assumida no negócio. A regra incentiva a parte credora a revelar qualquer questão relevante, sendo consistente com os objetivos de cooperação e comunicação e com o propósito de não penalizar a parte inadimplente que não conhecia as circunstâncias especiais.

Ponderou-se que a conclusão do contrato é momento decisivo para a determinação da previsibilidade das consequências da violação, sendo certo que a parte inadimplente não será responsável por perdas que objetivamente não poderia prever no momento da celebração do contrato, mesmo que posteriormente se torne capaz de prevê-las.

Quanto ao objeto, pontuou-se ser correto afirmar que a regra da previsibilidade está relacionada à natureza ou ao tipo de prejuízo, assim como à sua extensão, não se exigindo, porém, que os detalhes específicos da perda ou o seu montante exato sejam previsíveis. E para que se possa buscar a perda que a parte inadimplente tinha ou deveria ter previsto no momento da conclusão do contrato, como consequência possível do seu descumprimento, devem-se considerar fatos dos quais ela tinha conhecimento ou poderia ter tido conhecimento (previsibilidade presumida), devendo ser analisados o propósito da contratação, as informações que a parte lesada tinha disponibilizado para a parte inadimplente quando da celebração do contrato e as condições em que o negócio foi firmado.

Com relação à limitação de responsabilidade aos danos previstos ou previsíveis, viu-se que em diversos países de sistema de Direito codificado esta beneficia apenas o devedor que não agiu com dolo ou negligência grave. Entretanto, na CISG esse tratamento diferenciado não existe, razão pela qual o devedor será somente responsável pelas perdas que previu ou poderia ter previsto no momento da celebração do contrato, mesmo que tenha agido com dolo ou negligência grave.

Por fim, quanto ao ônus da prova, apesar de ser tema controvertido, viu-se que o entendimento que prevalece na doutrina é que a parte lesada carrega o ônus de provar a previsibilidade, bastando, contudo, que prove que a parte inadimplente estava objetivamente em posição de prever o dano.

Referências

BONELL, Michael Joachim. The Unidroit Principles of International Commercial Contratcs: Why? What? How? *Tulane Law Review*. New Orleans, 1994-1995, v. 69.

CHENGWEI, Liu. *Remedies for Non-Performance: Perspectives from CISG, Unidroit Principles & PECL*. Disponível em: http://cisgw3.law.pace.edu/cisg/biblio/chengwei-74.html#14-2. Acesso em: 19/-2/2020.

GAMA JR., Lauro. *Contratos Internacionais à luz dos Princípios do Unidroit 2004*. São Paulo: Renovar, 2006.

GANDOLFI, Giuseppe (Org.). *Código europeu dos contratos*. Projeto preliminar. Curitiba: Juruá, 2008.

GOTANDA, John Y. *UN Convention on Contracts for the International Sale of Goods (CISG)*. Editado por Stefan Kroll, Loukas Mistelis e Pilar Perales Viscasillas. Munique: C.H. Beck. Hart. Nomos, 2011.

KNAPP, Victor. Article 74. In: BIANCA-BONELL. Commentary on the International Sales Law. Giuffrè: Milan, 1987. Disponível em: https://www.cisg.law.pace.edu/cisg/biblio/knapp-bb74.html. Acesso em: 19/02/2020.

KUYVEN, Fernando; PIGNATTA, Francisco Augusto. *Comentários à Convenção de Viena.*Compra e Venda Internacional de Mercadorias. São Paulo: Saraiva, 2015.

KUYVEN, Fernando; PIGNATTA, Francisco Augusto. *Op. cit.*, 2015, p. 740 e ENDERLEIN, Fritz; MASKOW, Dietrich. *International Sales Law*. Disponível em: http://www.cisg.law.pace.edu/cisg/biblio/enderlein.html#art74. Acesso em: 19/02/2020.

LOPES, Christian Sahb Batista. Mitigação dos prejuízos no Direito Contratual. São Paulo: Saraiva, 2012.

MONTEIRO DE BARROS, Vera Cecília. *Previsibilidade do Dano Contratual no Direito do Comércio Internacional.* São Paulo: QuartierLatin, 2019.

MONTEIRO, Jorge Ferreira Sinde. Responsabilidade civil: o novo Código Civil do Brasil face ao direito português, às reformas recentes e às actuais discussões de reforma na Europa. *Revista Brasileira de Direito Comparado.* 2º semestre de 2002, nº 23.

OLIVEIRA, Nuno Manuel Pinto. *Estudo sobre o não cumprimento das obrigações.* 2ª ed. Coimbra: Almedina, 2009.

ORTSCHEIDT, Jérôme. *La reparation du dommage dans lárbitrage commercial international.* Paris: Dalloz, 2001.

SAIDOV, Djakhongir. Foreseeability of Damages. *In the Law of Damages in International Sales*: the CISG and other International Instruments. Hart Publishing, 2008. Disponível em http://www.cisg.law.pace.edu/cisg/ biblio/saidov5.html. Acesso em: 19/02/2020.

SCHWENZER, Ingeborg. In: SCHLECHTRIEM & SCHWENZER.*Comentários à Convenção das Nações Unidas sobre Contratos de Compra e Venda Internacional de Mercadorias.* Coordenação de IngeborgSchwenzer, Eduardo Grebler, Vera Fradera e Cesar A. Guimarães Pereira. São Paulo: Editora Revista dos Tribunais, 2014.

UNIDROIT. *PrinciplesofInternationalCommercialContracts 2010*. Published by the International Institute for the Unification of Private Law, Rome. Disponível em: http://www.unidroit.org/instruments/commercial-contracts/unidroit-principles-2010/ 406-chapter-7-non-performance-section-4-damages/1034-article-7-4-4-foreseeability-of-harm. Acesso em: 19/02/2020.

VISCASILLA, Maria del Pilar Perales. *El contrato de compraventa internacional de mercancias*(Convención de Viena de 1980). Disponível em: https://www.cisg.law.pace.edu/cisg/biblio/perales1.html. Acesso em: 19/02/2020.

ZIMMERMANN, Reinhard. *Limitation of liability for damages in European Contract Law.* Disponível em: <https://www.academia.edu/12680057/LIMITATION_OF_LIABILITY_FOR_DAMAGES_IN_EUROPEAN_CONTRACT_LAW_REINHARD_ZIMMERMANN>. Acesso em: 19/02/2020.

17. A Quantificação da Indenização e Operações Substitutivas na Compra e Venda de Mercadorias: A CISG e o Direito Brasileiro

Christian Sahb Batista Lopes

Introdução: operação substitutiva como critério de quantificação da indenização

Imaginemos, a título de exemplo, a compra e venda de 50.000 sacas de soja, realizada em janeiro de 2020, pelo preço de R$ 80,00/saca, para entrega em julho de 2020. O vendedor é um agricultor e o comprador é um fabricante de ração animal. Em julho de 2020, o vendedor não entrega o objeto da compra e venda. Como será calculada a indenização devida ao comprador?

Consideremos que, com cada saca de soja, o comprador fabricaria 200 quilos de ração e que, a cada quilo de ração produzida, ele tivesse R$ 2,00 de lucro. Levemos em consideração, ainda, que existe um mercado de soja para entrega imediata do produto e que, nesse mercado, o preço da saca em julho de 2020 é de R$ 102,00.

Consideradas essas informações, o comprador faria jus a receber lucros cessantes equivalentes a R$ 20 milhões (ou seja, 200 quilos de ração que produziria por saca, vezes R$ 2,00 de lucro por quilo de ração, vezes 50.000 sacas) ou sua indenização deveria ser de R$ 1,1 milhão (ou seja, 50.000 sacas vezes R$ 22,00, que é a diferença entre o preço de mercado da saca de soja e o preço que havia sido contratado)? A resposta poderá variar se o comprador foi ou não ao mercado e comprou, a preços de julho de 2020, as 50.000 sacas de soja?

O pressuposto para a resposta de que o comprador faz jus a receber R$ 20 milhões a título de perdas e danos é que poderá legitimamente manter-se inerte diante do inadimplemento, apesar de poder, sem maiores sacrifícios, ir ao mercado e adquirir a soja de que precisava. Assim, todas as perdas e danos decorrentes do inadimplemento do vendedor (inclusive os lucros cessantes) serão indenizáveis.

Ao contrário, ao responder que o comprador deveria ser indenizado em R$ 1,1 milhão, consideramos que o credor não poderia ficar inerte diante do inadimplemento do devedor e teria o ônus de adotar as medidas razoáveis que estivessem ao seu alcance para mitigar ou minimizar seu próprio prejuízo. Nesse caso, em que a soja é um bem fungível e amplamente disponível no mercado, o comprador poderia adquiri-la no mercado, aos preços então vigentes, o que lhe permitiria produzir a ração e ter o lucro próprio de sua atividade. Seu dano ficaria restrito à diferença de preço entre a mercadoria adquirida no mercado e aquele que havia sido estipulado contratualmente com o vendedor inadimplente.

Na segunda resposta, portanto, está subjacente a ideia de que o comprador fez ou poderia ter feito uma operação substitutiva no mercado como forma de minimizar seus próprios prejuízos. Como ressaltamos em outra obra, os mais diversos ordenamentos jurídicos – tanto de tradição romano-germânica, como os de *common law* – reconhecem o ônus de mitigar e limitam os danos indenizáveis àqueles que não poderiam ser evitados por esforços razoáveis do credor[1]. Da mesma forma, reconhecem-no a Convenção das Nações Unidas sobre Compra e Venda Internacional de Mercadorias de 1980 (aqui referida também por sua sigla em ingês "CISG" ou "Convenção de Viena"), conforme será visto a seguir, e os instrumentos internacionais de uniformização, tais como os Princípios Unidroit relativos aos Contratos Comerciais Internacionais, *Principles of European Contract Law*[2] e no *Draft of a Common Frame of Reference*[3]. No Brasil, defendemos anteriormente que o credor tem o ônus de miti-

[1] Cf. Lopes, Christian Sahb Batista. *Mitigação dos prejuízos no direito contratual.* São Paulo: Saraiva, 2013.

[2] Cf. Lando, Ole, Beale, Hugh. Principles of European contract law. Pt. 1 and 2. Haia, Londres, Boston: Kluwer, 2000. p. 95.

[3] Cf. Von Bar, Christian, Clive, Eric, Schulte-Nölke, Hans. *Principles, definitions and model rules of European Private Law*: Draft Common Frame of Reference (DCFR): Interim Outline Edition. Munique: Sellier, 2008.

gar seus próprios prejuízos como corolário da boa-fé objetiva prevista no artigo 422 do Código Civil[4]. Outros autores concluíram pela existência do ônus de mitigar, pelos mesmos ou diversos fundamentos[5]. O ônus de mitigar os próprios prejuízos foi também reconhecido pela III Jornada de Direito Civil do Conselho da Justiça Federal, por meio do Enunciado nº 169, e vem sendo aplicado pela jurisprudência, conforme os diversos acórdãos referidos nas obras citadas.

Portanto, quando o contrato tem por objeto uma prestação fungível, para a qual há um mercado disponível[6], a estratégia adequada de minização de prejuízos é a realização da operação substitutiva pelo credor. Em outras palavras, o credor pode (e o ônus de mitigar impõe que o faça) ir ao mercado e obter a prestação que o devedor inadimplente não realizou. As perdas e danos seriam, então, a diferença entre o custo que teve o credor de ir ao mercado para assegurar-se da prestação substitutiva e o custo que teria se a obrigação tivesse sido cumprida.

A apuração de danos pode se dar pela operação substitutiva de duas formas: pela concreta ou pela abstrata.

Pela operação substitutiva concreta, o credor prejudicado pelo inadimplemento efetivamente foi ao mercado e contratou a prestação substitutiva. Pagou (ou se comprometeu a pagar) um certo valor e essa quantia que será usada para o cálculo da indenização, desde que ela não seja destoante de parâmetros de mercado. Em outras palavras, "[q]uando o credor realiza uma contratação substitutiva razoável, sua indenização é calculada pela diferença entre a prestação inadimplida e a prestação substituta"[7].

[4] Cf. Lopes. Mitigação... *op. cit.*

[5] Cf. Fradera, Véra Maria Jacob de. Pode o credor ser instado a diminuir o próprio prejuízo? *Revista trimestral de direito civil*, Rio de Janeiro, v. 19, p. 109-119, jul./set. 2004. Kulesza, Gustavo Santos. *Princípio da mitigação de danos*: evolução do direito contratual. Curitiba: Juruá, 2015. Gagliardi, Rafael Villar. *Mitigação de danos pelo credor*: fundamento e perfil dogmático (Tese). São Paulo: PUC-SP, 2016. Dias, Daniel Pires Novais. *A Corresponsabilidade do lesado no direito civil*: da fundamentação da irreparabilidade do dano evitável (Tese). São Paulo: USP, 2016.

[6] Cf. Laithier, Yves-Marie. *Étude comparative des sanctions de l'inexécution du contrat*. Paris: L.G.D.J., 2004, p. 451.

[7] Kulesza. Princípio... *op. cit.*, p. 289.

Retomando nosso exemplo acima, se o fabricante de ração efetivamente vai ao mercado e contrata a compra de 50.000 sacas de soja em substituição àquelas que não foram entregues em razão do inadimplemento do devedor, deve-se levar em conta, na apuração da indenização, o preço efetivamente pago pelo fabricante. Caso tenha pago R$ 105,00 por saca, tal valor está próximo da média de mercado (que, como dito acima, era de R$ 102,00 por saca) e deverá ser considerado. Deve-se considerar que os chamados preços de mercado ou mesmo as quotações de bolsa são médias de operações realizadas durante um certo tempo (um dia, uma semana, etc.) e a operação realizada tende a ser inferior ou superior à média do período. No entanto, caso ela não destoe significativamente das operações realizadas no período considerado, seu valor deve ser levado em conta. Nesse exemplo, as perdas e danos devidas ao credor seriam, portanto, de R$ 1,25 milhão (50.000 sacas vezes R$ 25,00 de difereça de preço por saca).

Por outro lado, se o credor não tiver feito a operação substitutiva, a apuração será realizada por aquela que ele poderia ter realizado[8]. Em outros termos, a quantificação de danos será feita a valores de mercado, porque se considera que o credor poderia ter contratado a operação substitutiva a preços de mercado. É chamada operação substitutiva abstrata.

Segundo Farnsworth, em contratos de compra e venda de mercadorias, a aplicação da limitação de *evitabilidade* faz com que a apuração de danos seja realizada de acordo com fórmulas padrão, segundo as quais a indenização será apurada pela diferença entre o valor contratual e o preço de mercado daquele produto no momento em que o credor deveria ter feito a operação substitutiva de compra ou venda de produtos similares, mais as despesas extras incorridas[9]. Essas regras ficaram conhecidas como fórmulas de preço de mercado (*market price formulas*).

[8] Destaca-se que, no direito inglês, aplica-se somente o critério da operação substitutiva abstrata, independentemente de ter sido ou não efetivamente realizada a operação substitutiva. Cf. *Sale of Goods Act*, art. 51. Cf. Treitel, Guenter H. Remedies for breach of contract (courses of action open to a party aggrieved). In: Von Mehren, Arthur (ed.). *International Encyclopedia of Comparative Law*. v. 7, ch. 16. Tübingen: Mohr, 1972. p. 46.

[9] Cf. Farnsworth. *Farnsworth on Contracts*. v. 3. 3ª ed. Nova York: Aspen, 2004. p. 238-239.

No exemplo acima, caso o fabricante de rações não tenha realizado a operação substitutiva, a indenização devida será de R$ 1,1 milhão, ou seja, 50.000 sacas vezes a diferença entre o preço de mercado da saca de soja e o preço que havia sido ajustado no contrato inadimplido. Mesmo que o fabricante tenha ficado sem produzir razão porque lhe faltou matéria-prima, não poderá cobrar os lucros cessantes (no nosso exemplo, no valor de R$ 20 milhões), pois poderia ter adquirido a soja no mercado. Ou seja, independentemente do dano efetivamente sofrido pelo credor, a apuração da indenização será realizada pela operação substitutiva abstrata.

Deve-se ressaltar que o mesmo raciocínio vale quando há inadimplemento do comprador. Nesse caso, poderá também o vendedor realizar a operação substitutiva e colocar seus produtos no mercado. Se efetivamente vendeu as mercadorias, as perdas e danos serão apuradas como a diferença entre o preço contratado e aquele obtido pelo vendedor quando revendeu as mercadorias que não foram recebidas pelo comprador, aplicando-se o critério da operação substitutiva concreta. Caso não as tenha revendido, o cálculo será feito tomando-se por base o valor de mercado, pelo método da operação substitutiva abstrata.

Por isso, em regra, as perdas e danos pelo descumprimento de um contrato de compra e venda de mercadorias são fixadas tendo por base a diferença entre o valor fixado contratualmente e o valor de mercado na data e local de entrega[10]. Se a parte agiu diligentemente e realizou a operação substitutiva no mercado, aplica-se a mitigação de fato. Caso contrário, poderia ter evitado danos maiores realizando esforços razoáveis (isto é, a operação substitutiva), sendo de se aplicar a limitação de *evitabilidade* na apuração da indenização devida.

Deve-se ressaltar, entretanto, que esse critério é afastado se o inadimplemento representar, para o credor, perda de volume. Na apuração da indenização apenas serão descontados os valores obtidos com uma operação subseqüente do credor, real ou presumida, se se puder determinar que ela foi ou poderia ter sido realizada em substituição àquele contrato descumprido. Em outros termos, se o credor poderia manter o contrato original na hipótese de adimplemento do devedor e,

[10] Cf. Corbin, Arthur L., Perillo, Joseph M. Corbin on contracts: damages. v. 11. rev.ª ed. Newark: LexisNexis, 2005. p. 307.

ainda assim, realizar contratos subseqüentes semelhantes, esses não são considerados substitutos do primeiro. O problema da perda de volume dificilmente ocorre na compra e venda de mercadorias, mas pode ser relevante na prestação de serviços ou aluguel de equipamentos.

Por fim, cabe destacar que se a operação substitutiva for mais vantajosa para o credor do que o contrato inadimplido, o devedor inadimplente não deverá ser beneficiado. A parte inadimplente não deve se beneficiar da boa sorte da outra parte para se enriquecer[11].

Portanto, várias aplicações do princípio dos danos evitáveis pressupõem que exista um mercado em que possam ser realizadas operações substitutivas, de forma efetiva ou hipotética. Para verificar se existe ou não um mercado no qual possam ser realizadas operações substitutivas, torna-se necessário esclarecer em qual deverá o credor buscar a substituição da prestação inadimplida. Segundo Laithié, quando se faz referência ao mercado para efeitos de mitigação, esse não designa um local físico em que as mercadorias são trocadas. Mais abstratamente, significa um ambiente em que se verifica a oferta e demanda de bens e serviços similares àqueles que o devedor deixou de entregar[12]. O autor continua para afirmar que, uma vez identificado o mercado, a disponibilidade é verificada de acordo com quatro critérios. Primeiro, deve haver uma equivalência qualitativa entre o bem ou serviço a ser substituído pelo mercado e aquele da relação contratual inadimplida. Não é necessária a identidade perfeita, bastando que o bem ou serviço substituto seja similar ou comparável ao original. A disparidade entre o substituto e o substituível pode ser aceitável ou não, dependendo da importância que a característica divergente tem para o uso pretendido pelo credor. Quando a divergência é aceitável, mas o substituto é um produto de menor qualidade ou valor que o substituído, considera-se ser razoável que o credor realize a operação substitutiva e ingresse com ação para receber, em dinheiro, compensação pela diferença de valor ou qualidade[13].

Segundo, deve haver uma correspondência quantitativa *grosso modo* entre a prestação prometida no contrato e aquela disponível no mer-

[11] Cf. Corbin, Perillo. Corbin on... *op. cit.*, p. 332.

[12] Cf. Laithier. *Étude... op. cit.*, p. 451.

[13] Cf. Laithier. *Étude... op. cit.*, p. 452.

cado. Se no contrato foi vendida grande quantidade de produtos e o comprador inadimpliu, não é razoável exigir que o vendedor faça várias operações de venda de pequenas quantidades. Ele estará acessando um mercado diferente, com o qual pode não estar acostumado a lidar, ou seja, que não faz parte de seu regular curso de negócios, incorrerá em custos mais significativos para realizar várias transações e empregará muito tempo nessa ação de minimização de danos. No entanto, devem-se analisar as circunstâncias de cada situação específica, já tendo sido considerado que um comprador de grande quantidade poderia fazer várias aquisições menores para substituir a entrega que não foi realizada pelo vendedor. Nesse ponto, cumpre destacar que se o contrato foi realizado no atacado, não é exigido do credor que tenha que realizar operações substitutivas no varejo, sendo a recíproca também verdadeira[14].

Terceiro, como a mitigação deve ser realizada sem atraso injustificável, o mercado deve estar disponível logo após o inadimplemento ou, em outros termos, no momento em que as ações de minimização dos danos seriam esperadas[15].

O quarto e último requisito é de natureza espacial. O mercado em que a operação substitutiva se mostra disponível deverá estar localizado dentro de um perímetro razoável, tendo em vistas as características do contrato original. A determinação de quão distante deverá o credor ir para procurar a operação substitutiva depende do tipo de contrato, de atividade exercida, do custo e das dificuldades da procura e da entrega da operação substitutiva, entre outros fatores[16].

1. As disposições da Convenção de Viena

Deve-se ressalvar inicialmente que a questão abordada nesse artigo – quantificação de perdas e danos – se insere em uma das medidas que o

[14] *Idem.*

[15] *Idem.*

[16] *Idem.* A título exemplificativo, se uma pessoa contrata em Belo Horizonte os serviços de reparo de um aparelho de televisão e o prestador de serviços descumpre o acordado, não é razoável supor que o contratante deverá procurar substituição em São Paulo. Se não há outros prestadores disponíveis em Belo Horizonte, a mitigação será impossível. Por outro lado, se uma usina siderúrgica sediada na Europa compra minério de ferro de uma mineradora brasileira e esta não entrega, é razoável esperar que a compradora realize a operação substitutiva por meio de compra no mercado australiano.

credor prejudicado pelo inadimplemento (seja o comprador ou o vendedor) tem à sua disposição no âmbito da Convenção[17]. Assim, se o vendedor descumprir o contrato, o comprador poderá: (a) exigir execução específica da obrigação (art. 46); (b) exigir que o inadimplemento seja sanado (arts. 47 e 48); (c) declarar resolvido o contrato (art. 49); (d) ter direito a abatimento do preço, em caso de não conformidade (art. 50); e/ou (e) receber indenização pelas perdas e danos (arts. 74 a 77). Se o descumprimento for do comprador, o vendedor poderá: (a) exigir o pagamento do preço ou a execução específica de qualquer outra obrigação (art. 62); (b) exigir que o inadimplemento seja sanado (arts. 63); (c) declarar resolvido o contrato (art. 64); (d) realizar qualquer especificação que o comprador tenha deixado de fazer (art. 65); e/ou (e) receber indenização pelas perdas e danos (arts. 74 a 77). A CISG não estabeleceu a prevalência de um remédio sobre o outro como forma de assegurar a aceitação de países com diferentes tradições jurídicas[18].

Trata-se aqui, portanto, apenas da hipótese em que a indenização por perdas e danos é a medida requerida pelo credor prejudicado pelo inadimplemento. Nesse conjunto, faz-se um novo recorte, para aquelas hipóteses em que se aplica a chamada operação substitutiva como critério para quantificação a indenização.

Nesse aspecto, a CISG estabelece expressamente normas para apuração dos danos por operações substitutivas, tanto pelo critério concreto como pelo abstrato. No primeiro caso, se o credor efetivamente realizou a operação substitutiva e essa foi em termos razoáveis, as perdas e danos serão medidas pela diferença entre o preço do contrato e o custo dessa operação substitutiva. Assim dispõe o artigo 75 da Convenção:

> Artigo 75
>
> Se o contrato é resolvido e se, de maneira razoável e em tempo razoável depois da resolução, o comprador comprou bens em substituição ou o vendedor revendeu os bens, a parte requerendo indenização poderá recuperar

[17] Cf. Müller-Chen, Markus. Section III: Remedies for breach of contract by the seller. In: Schlechtriem, Peter, Schwenger, Ingeborg (ed). *Commentary on the UN Convention on the International Sale of Goods (CISG)*. 2ª ed. Oxford: Oxford University Press, 2005. p. 524.

[18] Cf. Viney, Geneviève. Rapport de Synthèse. *Petites Affiches*, Paris, v. 232, p. 66-71, nov. 2002. p. 69.

> a diferença entre o preço do contrato e o preço da operação substitutiva, além de qualquer outro prejuízo indenizável nos termos do artigo 74.

O artigo 75 se aplica apenas quando de fato foi feita a operação substitutiva. A mera possibilidade de realizá-la não permite a aplicação desse dispositivo[19]. Para a realização da operação substitutiva, exige-se que o contrato tenha sido resolvido, o que pressupõe o inadimplemento ou que uma das partes tenha deixado claro que não irá cumprir o contrato (inadimplemento antecipado). Entende-se que apenas depois de resolvido o contrato as partes estão livres para agir e buscar a satisfação junto a terceiros. Enquanto ainda estão ligadas pelo vínculo contratual, a parte prejudicada pode ainda exigir o cumprimento via execução específica[20]. Portanto, contrariamente do que ocorre na *common law*, não se pode realizar a operação substitutiva após caracterizado apenas o inadimplemento.

Por outro lado, se a operação substitutiva não foi realizada, mas existe um mercado para os bens em que se pode obter uma cotação de preços para a mercadoria objeto do contrato, as perdas e danos serão calculadas pela forma abstrata. Presentes essas condições, entende-se que o credor poderia facilmente ter mitigado os danos pela realização da operação substitutiva. O artigo 76 da CISG estabelece o seguinte:

> Artigo 76
>
> (1) Se o contrato é resolvido e existe um preço corrente para os bens, a parte requerendo indenização pode, se não realizou a compra ou revenda em conformidade com o artigo 75, recuperar a diferença entre o preço fixado no contrato e o preço corrente no momento da rescisão, além de qualquer outro prejuízo indenizável nos termos do artigo 74. Se, entretanto, a parte requerendo os danos resolveu o contrato depois de receber os bens, o preço corrente no momento em que recebeu os bens será aplicado ao invés do preço corrente no momento da resolução.
>
> (2) Para os objetivos do parágrafo precedente, o preço corrente é o preço vigente no local em que a entrega das mercadorias deveria ter sido feita ou, se não houver preço corrente em tal lugar, no preço em outro lugar

[19] Cf. Stoll, Hans, Gruber, Georg. Section II: Damages. In: Schlechtriem, Schwenger. Commentary... *op. cit.*, p. 774.

[20] Cf. Stoll, Gruber. Section... *op. cit.*, p. 775.

que sirva de razoável substituto, realizando-se a compensação devida pelas diferenças no custo de transporte dos bens.

Para atender o disposto no artigo, entende-se que preço corrente não precisa ser um valor de cotação oficial, bastando que tenha sido estabelecido um preço em uma determinada praça como resultado de várias transações regulares envolvendo produtos do mesmo tipo[21].

Segundo compara Rafael Gagliardi:

> Existem grandes vantagens na utilização do art. 75 para cálculo da indenização decorrente da diferença do preço entre as operações original e substitutiva. O primeiro deles consiste em que se evita a discussão sobre remoteness ou foreseeability, uma vez que não é dado ao devedor ignorar a possibilidade de, diante do seu inadimplemento, o credor realizar uma operação substitutiva. A segunda consiste na desnecessidade de comprovação do preço corrente ou de mercado dos bens objeto da operação.
>
> Se, por outro lado, o credor demandante não tiver realizado uma operação substitutiva, poderá recorrer ao método abstrato de cálculo. Diz-se abstrato o método, pois, em primeiro lugar, não depende da existência, ou não, de efetivo para o credor. Ademais, porque resulta da comparação entre o preço da operação originalmente contratada com o devedor e uma operação abstratamente considerada como tendo sido realizada, em condições de mercado, de acordo com os preços aplicáveis.[22]

A Convenção de Viena não se refere expressamente à possibilidade de o credor recuperar os custos razoavelmente incorridos com as medidas de mitigação. No entanto, tal direito é reconhecido pela doutrina e jurisprudência, a partir do princípio da reparação integral previsto no artigo 74 da CISG[23].

Os artigos 75 e 76 são vistos como regras de liquidação da indenização para o inadimplemento em compra e venda de mercadorias fungíveis em que há para elas um mercado disponível ao credor. O fundamento para tais normas de liquidação de danos é encontrado no ônus de

[21] Cf. Stoll, Gruber. Section... *op. cit.*, p. 782.

[22] Gagliardi. Mitigação... *op. cit.*, p. 168.

[23] Cf. Stoll, Gruber. Section... *op. cit.*, p. 792.

mitigação de danos, cuja formulação genérica está contida no artigo 77 da Convenção, *in verbis*:

> Artigo 77
>
> A parte que invocar o descumprimento do contrato deverá tomar as medidas que forem razoáveis, de acordo com as circunstâncias, para mitigar os prejuízos resultantes do descumprimento, incluídos os lucros cessantes. Caso não adote essas medidas, a parte inadimplente poderá pedir redução na indenização das perdas e danos, no montante da perda que deveria ter sido evitada.

No cenário internacional, a mitigação é amplamente aceita, sendo aplicado em arbitragem internacional e referido como parte da *lex mercatoria*[24]. Tendo isso em vista e levando em consideração que a ideia possivelmente não representa afronta à ordem jurídica de nenhum país, a *evitabilidade* foi contemplada na CISG por meio dos três artigos acima mencionados.

Durante a Conferência de Viena, a delegação americana pretendeu inserir, no final da segunda frase do artigo 77, a expressão "ou a modificação correspondente ou um ajuste de qualquer outro remédio"[25], sugestão esta que foi rejeitada pela votação das delegações presentes. Esse fato, juntamente com a colocação do artigo 77 em uma seção que trata de perdas e danos, leva ao entendimento da doutrina de que o dever de mitigar na CISG aplica-se apenas à indenização por perdas e danos, não afetando as demais medidas nela previstas[26]. Assim, se a parte prejudicada escolher a execução específica da obrigação ou a rescisão contratual, o dever de mitigar não será sequer avaliado pelo Tribunal

[24] Cf. DERAINS, Yves. L'obligation de minimiser le dommage dans la jurisprudence arbitrale. *Revue de droit des affaires internationales*. Paris, v. 1987, nº 4, p. 375-382, 1987. p. 377.

[25] WITZ, Claude. L'obligation de minimiser son propre dommage dans le convention internationales: l'exemple de la Convention de Vienne sur la Vente Internationale. *Petites Affiches*, Paris, v. 232, p. 50-54, nov. 2002. p. 51.

[26] Cf. WITZ. L'obligation... p. 50. ZELLER, Bruno. *Damages under the Convention of Contracts for the International Sale of Goods*. 2ª ed. Oxford: Oxford University Press, 2009. p. 104. STOLL, GRUBER. Section... *op. cit.*, p. 788. LIU, Chengwei. *Remedies in international sales*: perspectives from CISG, UNIDROIT principles and PECL. Huntington: Juris Net, 2007. p. 488.

estatal ou arbitral que vier a se pronunciar a respeito do remédio escolhido.

A utilização da expressão "deverá" (*must* na versão oficial em inglês) fez surgir, na doutrina, o questionamento acerca da natureza desse dispositivo. A palavra usada parece indicar que se trata de uma verdadeira obrigação para a parte prejudicada pelo inadimplemento, cujo cumprimento poderia ser exigido de forma independente pela outra parte. No entanto, prevalece na doutrina o entendimento de que não se trata de um verdadeiro dever, mas que não se deve buscar a sua natureza para a CISG nas concepções do direito interno de cada parte signatária. Isto é, não se deve perguntar se se trata de uma limitação à indenização, como fazem os países da *common law*, ou de ônus, como fazem os países de tradição romano-germânica[27].

A busca por um fundamento nas concepções de cada direito interno é incompatível com o caráter internacional e uniformizador da Convenção de Viena e não contribui para o objetivo pretendido com a adoção de tal norma de direito internacional[28]. Assim, deve-se simplesmente interpretar o dispositivo no quadro da própria Convenção, sendo que a segunda sentença do artigo 77 já determina qual será a consequência para a falta de mitigação: a parte prejudicada não será indenizada pelo dano que poderia ter evitado. Portanto, tal dispositivo, em sua primeira sentença, estabelece um comando – a parte prejudicada deve mitigar o dano – e em sua segunda sentença, a sanção – se não mitigar, não recuperará os prejuízos que poderiam ter sido evitados[29].

Anota Witz que a doutrina se divide acerca de existir ou não um dever (ou ônus) de o credor realizar uma operação substitutiva. Alguns autores afirmam que, em razão do princípio da livre escolha dos remédios disponíveis no âmbito da CISG, o artigo 77 não deve constranger o credor a realizar a operação substitutiva, uma das opções disponíveis, para minimizar as perdas do devedor[30]. Assim anotaram Stoll e Gruber:

[27] Cf. Witz. L'obligation... *op. cit.*, p. 50.

[28] O artigo 7(1) da Convenção estabelece que sua interpretação deve ser realizada tendo em vista o seu caráter internacional e seu objetivo de promoção da uniformidade.

[29] Zeller. Damages... *op. cit.*, p. 105.

[30] Cf. Witz. L'obligation... *op. cit.*, p. 53.

> Desta forma, o direito do credor de requerer o cumprimento do devedor inadimplente, em princípio, continua totalmente eficaz, mesmo quando a rescisão do contrato e um pedido de indenização seriam menos onerosos para o devedor, mas o credor não adota tal medida. A CISG não reconhece uma obrigação geral de rescindir o contrato. Nem, basicamente, existe uma obrigação indireta de renunciar ao direito ao cumprimento para exonerar o devedor. Geralmente, a insistência no cumprimento do contrato não pode ser, portanto, considerada uma falta em mitigar os prejuízos no âmbito do artigo 77, mesmo que posteriormente o credor rescinda o contrato e requeira perdas e danos.[31]
>
> A aplicação do artigo 77 é justificável apenas se o credor atrasa a rescisão do contrato sem nenhuma razão plausível ou de maneira especulativa, embora uma operação substitutiva fosse razoável e possível.[32]

Na visão desses autores, se o credor prejudicado exerce qualquer dos direitos a que faz jus no âmbito da Convenção, ele estaria, em princípio, agindo de forma razoável, mesmo que não fosse a melhor forma de evitar os prejuízos.

A opinião diversa é que, embora o credor esteja livre para escolher o remédio que lhe convier, o qual, inclusive, não será afetado pelo dever de mitigar, essa escolha tem consequências na apuração das perdas e danos se, posteriormente, o credor vier a requerê-la. Em outros termos, se o credor obtém a satisfação desejada pelo remédio escolhido, o artigo 77 não se aplica. No entanto, se não for atendido em seus interesses pelo remédio escolhido e tiver que requerer perdas e danos, essas serão avaliadas de acordo com os artigos 74 a 77, verificando-se, inclusive, se o credor poderia ter minimizado os danos se tivesse adotado outra conduta. Conforme comentado por Witz:

> Essa última tese foi adotada por uma jurisdição de apelação alemã que estava consciente da dificuldade e enunciou, a propósito de um vendedor que não resolveu o contrato, nem realizou as vendas substitutivas: "Sem dúvida, o vendedor não é obrigado a exercer esses meios; no contexto do cálculo das perdas e danos, o vendedor deve ser tratado como se tivesse

31 Stoll, Gruber. Section... *op. cit.*, p. 789.

32 Stoll, Gruber. Section... *op. cit.*, p. 792.

tomado as medidas razoáveis"; assim, essas medidas razoáveis teriam conduzido à resolução do contrato.[33]

No mesmo sentido, um Tribunal arbitral ucraniano decidiu, contrariamente ao entendimento de Stoll e Gruber, que requerer repetidas vezes a entrega do produto pelo vendedor não constitui medida razoável da parte do comprador; deveria ele ter comprado bens semelhantes no mercado[34]. Segundo Witz, a realização de uma operação substitutiva é considerada como típica medida de mitigação por numerosos precedentes jurisprudenciais[35].

Portanto, no âmbito da Convenção, o comprador ou vendedor que tenha sido prejudicado pelo inadimplemento deverá efetuar a operação substitutiva se essa tiver o condão de mitigar os danos. Caso não o faça, sua indenização será quantificada tendo por base a operação substitutiva abstrata que poderia ter sido realizada, por força do artigo 76 da Convenção.

2. O direito brasileiro e a quantificação da indenização via operações substitutivas

Conforme visto acima, a operação substitutiva é a forma própria de apuração de perdas e danos quando se trata do inadimplemento de obrigação de dar uma coisa fungível para a qual exista um mercado disponível. Essa forma própria de apuração de danos é consequência direta do reconhecimento do ônus de mitigação de danos em um dado ordenamento jurídico; ou seja, o ônus de mitigação impõe que o credor obtenha junto a terceiros, no mercado, a prestação inadimplida se essa providência puder evitar que sejam causados danos adicionais ou arque com a impossibilidade de ser indenizado pelos danos que poderia ter evitado se tivesse realizado a operação substitutiva.

No que concerne à obrigação de dar, a aplicação dessa norma no direito brasileiro não traz maiores preocupações. Com efeito, não sendo entregue a coisa certa ou incerta, o credor poderá requerer per-

[33] Witz. L'obligation... *op. cit.*, p. 53. O caso citado por Witz é: Oberlandesgericht Munich, 8 février 1995, C.L.O.U.T. 133, C.I.S.G.-online, nº 143.

[34] Cf. Ukraine, 2005, Arbitration proceeding case nº 48, http://cisgw3.law.pace.edu/cases/050000u5.html. Citado por Zeller. Remedies... *op. cit.*, p. 106.

[35] Cf. Witz. L'obligation... *op. cit.*, p. 53.

das e danos ou tutela específica da obrigação. Essa última poderá ser promovida por um procedimento ordinário, na forma do artigo 498 do Código de Processo Civil, ou por procedimento de execução, de acordo com seus artigos 806 e 811. Em ambos os casos, se, depois de expedido o mandado de busca e apreensão ou imissão na posse, a coisa móvel ou imóvel não tiver sido entregue pelo devedor, a obrigação converter-se-á em perdas e danos (artigo 499 do Código de Processo Civil).

Portanto, o credor terá livre escolha da medida a ser imposta ao devedor em caso de inadimplemento de uma obrigação de dar, podendo requerer, desde logo, perdas e danos (artigo 389 do Código Civil) ou tutela específica (artigo 947 do Código Civil). Nesse último caso, se, no curso do procedimento, o cumprimento *in natura* não for possível, poderá requerer a conversão em perdas e danos. É possível, ainda, que haja cumulação da tutela específica com as perdas e danos decorrentes da mora.

Se, por qualquer das formas acima, o credor pretender ser indenizado pelas perdas e danos, aplicar-se-á norma de mitigação. O Direito Civil brasileiro é econômico em dispositivos que tratam da apuração de perdas e danos, trazendo apenas as regras contidas nos artigos 402, 403 e 944 do Código Civil (além do artigo 404 para as obrigações pecuniárias). Nenhum desses dispositivos traz fórmula semelhante, em termos de pormenorização de critérios aplicáveis ao inadimplemento de prestação fungível, àquela contida nos artigos 75 e 76 da Convenção de Viena e que pode também ser encontrada em outras jurisdições[36]. Essa fórmula mais pormenorizada – aplicando os critérios da operação substitutiva concreta ou abstrata – é extraída da conjugação dos referidos dispositivos (artigos 402, 403 e 944 do Código Civil) com o ônus de mitigar, este corolário da boa-fé objetiva, prevista no artigo 422 do mesmo diploma.

Assim, pela articulação desses dispositivos, é possível aplicar, na compra e venda doméstica, os mesmos critérios de apuração de danos previstos na CISG para a compra e venda internacional de mercadorias,

[36] Por exemplo: Código Comercial alemão, §376; Código Civil alemão, §§385 e 615; Código Civil italiano, art. 1.515, 1.516 e 1.518; Estados Unidos, Uniform Commercial Code, §§ 2-712 e 2-713. Destaca-se também a previsão nos Princípios Unidroit relativos aos Contratos Comerciais Internacionais, art. 7.4.5 e 7.5.6.

permitindo o diálogo de fontes de forma enriquecedora para o direito brasileiro.

Desta forma, retomando o exemplo dado na primeira seção desse artigo, a indenização devida pelo vendedor ao comprador das 50.000 sacas de soja, aplicando-se o direito brasileiro, seria de R$ 1,25 milhão, caso tivesse realizado a operação substitutiva nos termos ali descritos, ou R$ 1,1 milhão, caso não a tivesse realizado (aplicando-se o critério da operação substitutiva abstrata).

Por fim, parece-nos apropriado trazer o exemplo de um contrato-padrão que utiliza, para apuração de perdas e danos, exatamente o critério da operação substitutiva. Trata-se das Condições Gerais para Contratação de Compra e Venda de Energia Elétrica estabelecidas para reger as compras e vendas de energia realizadas no âmbito da BBCE – Balcão Brasileiro de Comercialização de Energia. Em sua Cláusula Treze, o instrumento pormenoriza como será realizado o cálculo das perdas e danos para a hipóteses de inadimplemento do comprador e do vendedor, utilizando-se por base o preço obtido em uma operação substitutiva efetivamente realizada e, caso não tenha sido, pela fórmula de preço de mercado.

3. Notas jurisprudenciais

É possível identificar, nos Tribunais brasileiros, decisões que corroboram a possibilidade de aplicação do critério de operações substitutivas para a quantificação de danos no Brasil. Embora os casos identificados não tratem especificamente de compra e venda de mercadorias, os julgados evidenciam a aceitação do ônus do credor de minimizar seus próprios prejuízos e seus reflexos para a apuração de danos pelo critério da operação substitutiva.

Em um caso do Tribunal de Justiça de São Paulo[37], os autores tiveram voo internacional cancelado pela American Airlines e contrataram o transporte junto a outra companhia aérea. Requereram, a título de indenização, a diferença dos preços das passagens. No voto do Desembargador Relator, Tasso Duarte de Melo, constou o seguinte:

[37] TJSP. Apelação Cível 1053403-28.2018.8.26.0100, Relator (a): Tasso Duarte de Melo, 12ª Câmara de Direito Privado, Data do Julgamento: 13/05/2019, Data de Registro: 13/05/2019.

> Já em relação às passagens, os Apelantes devem ser reparados em razão da diferença entre o valor pago originariamente e as novas passagens (R$ 3.026,73 por passageiro – fl. 10), pena de enriquecimento sem causa, pois incontroverso que as passagens originárias foram reembolsadas.
>
> Os valores das passagens também se mostram bastante razoáveis, foram emitidas por companhia de mesmo nível (United Airlines) e têm o mesmo tipo de acomodação, o que confirma a tese de que os passageiros buscaram mitigar os danos (duty to mitigate the loss) e se pautaram pela boa-fé.

Em caso julgado pelo Tribunal de Justiça de Minas Gerais[38], o autor tinha sofrido danos ao seu caminhão em razão de os cabos da concessionária de energia terem arriado e se entrelaçado ao baú de seu veículo. Requereu reparação por danos emergentes, reconhecidos pelo Tribunal, e lucros cessantes, que foram negados pelos seguintes fundamentos (constantes do voto do Desembargador Relator, Bitencourt Marcondes):

> Para fazer jus à indenização a este título, a prova da perda de rendimentos há de ser condigna e efetiva, pois, na linha da jurisprudência do Superior Tribunal de Justiça, os lucros cessantes não podem ser hipotéticos, remotos ou presumidos.
>
> Por outro lado, ainda que se admita a ocorrência de transtornos decorrentes da privação do uso do bem sinistrado pelo tempo em que esteve sob reparo, caberia à apelante, por força do imperativo ético que deve permear todas as relações sociais, contratuais ou não, diligenciar no sentido de atenuar o seu prejuízo – mediante, por exemplo, a locação de outro veículo para fazer suas entregas ou a terceirização do frete –, e não simplesmente aguardar inerte o agravamento do dano, na expectativa de se ressarcir integralmente com uma posterior demanda indenizatória.
>
> Nessa ordem de ideias, a própria jurisprudência do Superior Tribunal de Justiça reconhece que o dever de o credor adotar condutas razoáveis para mitigar sua perda (duty to mitigate the loss) constitui consectário lógico do princípio da boa-fé.

[38] TJMG. Apelação Cível 1.0049.14.001875-2/001, Relator(a): Des.(a) Bitencourt Marcondes, 1ª Câmara Cível, julgamento em 05/09/2017, publicação da súmula em 15/09/2017.

Em outro caso julgado pelo Tribunal de Justiça de São Paulo[39], o autor havia comprado uma camisa de futebol pela loja *online* da ré, que atrasou sua entrega. Alegou que a camisa seria usada para que seu filho (coautor da ação) comparecesse a uma festa de aniversário para a qual os convidados teriam sido instruídos a apresentar-se vestindo camisa de time. Requereu indenização por danos morais, que foi negada pelo Tribunal, ao seguinte fundamento:

> (...) considerando a importância de o coautor Gustavo comparecer na festa usando a camisa de seu time de futebol e o atraso na entrega, poderiam os responsáveis por ele ter providenciado outra camisa, diminuindo, assim, os danos alegados na presente ação.

Os três casos acima mencionados fazem referência a dois precedentes do Superior Tribunal de Justiça, julgados nos REsp 1325862/PR[40] e REsp 758.518/PR[41], em que foi reconhecido que o credor tem o ônus de mitigar seus próprios prejuízos, sob pena de não ser indenizado por aqueles que poderiam ter sido razoavelmente evitados, mas que não tratam especificamente da utilização da operação substitutiva como critério para liquidação da indenização. Portanto, os julgados mencionados acima dão um passo à frente, pois reconhecem a realização da operação substitutiva como a estratégia adequada de minimizar os prejuízos do credor de obrigações fungíveis.

Conclusões

Em um contrato de compra e venda de coisas fungíveis, em que há um mercado disponível para tais bens, a apuração das perdas e danos se dá pelo critério da operação substitutiva.

Isso significa que, diante do inadimplemento do vendedor, o comprador deverá, sem demora indevida, adquirir a coisa que não foi entregue no mercado ao preço vigente no momento. Caso o inadimplemento seja

[39] TJSP. Apelação Cível 1000946-35.2017.8.26.0009, Relator (a): Morais Pucci, 35ª Câmara de Direito Privado, Data do Julgamento: 22/07/2019, Data de Registro: 22/07/2019

[40] STJ. REsp 1325862/PR, Rel. Ministro Luis Felipe Salomão, Quarta Turma, julgado em 05/09/2013, DJe 10/12/2013.

[41] REsp 758.518/PR, Rel. Ministro Vasco Della Giustina, Terceira Turma, julgado em 17/06/2010, REPDJe 01/07/2010, DJe 28/06/2010.

do comprador, deverá o vendedor vender tais bens no mercado, também sem demora indevida e ao preço então em vigor. Essas operações serão consideradas *substitutivas* com relação àquele contrato inadimplido e servirão de baliza para o cálculo das perdas e danos devidas pela parte inadimplente. Se o credor prejudicado é o comprador, as perdas e danos serão dadas pela diferença entre o preço obtido na operação substitutiva e aquele que havia sido contratado. Caso o credor prejudicado seja o vendedor, as perdas e danos serão calculadas pela diferença entre o valor contratado e o preço obtido na operação substitutiva.

Nesses casos, o credor se desincumbiu do ônus de mitigar o seu próprio prejuízo pela conduta mais adequada para a hipótese em que a prestação é fungível e há um mercado disponível para tal prestação, qual seja, pela realização da operação substitutiva. A indenização é medida de acordo com a operação substitutiva concreta realizada, de acordo com o que dispõem expressamente o artigo 75 da Convenção de Viena, para a compra e venda internacional de mercadorias, e conforme a articulação dos artigos 402, 403 e 944 do Código Civil, com o ônus de mitigar que se extrai do princípio da boa-fé objetiva, prevista no artigo 422 do Código Civil.

Se o credor prejudicado pelo inadimplemento em situação equivalente (compra e venda de bens fungíveis que estejam disponíveis no mercado) não realiza a operação substitutiva, não terá se desincumbido de maneira adequada do ônus de mitigar seus prejuízos. Nesses casos, a indenização será medida *como se* ele tivesse realizado a operação substitutiva.

Diante do inadimplemento do vendedor, o comprador deveria ter adquirido o bem no mercado para evitar outros danos; se não o fez, as perdas e danos serão calculadas pela diferença entre o preço médio de mercado no momento do inadimplemento e aquele que havia sido contratado. Da mesma forma, se o inadimplemento foi do comprador e o vendedor não revendeu as mercadorias no mercado, as perdas e danos serão calculadas pela diferença entre o valor contratado e o preço de mercado, pelo qual os bens *poderiam* ter sido revendidos. Nos dois casos, as perdas e danos são calculadas pela chamada *fórmula de preço de mercado* ou pelo critério da operação substitutiva abstrata ou hipotética.

Na CISG, essa regra é expressamente prevista no artigo 76, sendo aplicável às compras e vendas internacionais de mercadorias. Para as compras e vendas domésticas, a norma que impõe tal forma de cálculo da indenização é extraída do ônus de mitigar como limitação das perdas e danos indenizáveis, em conformidade com a boa-fé objetiva insculpida no artigo 422 do Código Civil.

Referências

CORBIN, Arthur L., PERILLO, Joseph M. Corbin on contracts: damages. v. 11. rev. ed. Newark: LexisNexis, 2005.

DERAINS, Yves. L'obligation de minimiser le dommage dans la jurisprudence arbitrale. *Revue de droit des affaires internationales*. Paris, v. 1987, nº 4, p. 375-382, 1987.

DIAS, Daniel Pires Novais. *A Corresponsabilidade do lesado no direito civil*: da fundamentação da irreparabilidade do dano evitável (Tese). São Paulo: USP, 2016.

FARNSWORTH. *Farnsworth on Contracts*. v. 3. 3ª ed. Nova York: Aspen, 2004.

FRADERA, Véra Maria Jacob de. Pode o credor ser instado a diminuir o próprio prejuízo? *Revista trimestral de direito civil*, Rio de Janeiro, v. 19, p. 109-119, jul./set. 2004.

GAGLIARDI, Rafael Villar. *Mitigação de danos pelo credor*: fundamento e perfil dogmático (Tese). São Paulo: PUC-SP, 2016.

KULESZA, Gustavo Santos. *Princípio da mitigação de danos*: evolução do direito contratual. Curitiba: Juruá, 2015.

LAITHIER, Yves-Marie. *Étude comparative des sanctions de l'inexécution du contrat*. Paris : L.G.D.J., 2004.

LANDO, Ole, BEALE, Hugh. Principles of European contract law. Pt. 1 and 2. Haia, Londres, Boston: Kluwer, 2000.

LIU, Chengwei. *Remedies in international sales*: perspectives from CISG, UNIDROIT principles and PECL. Huntington: Juris Net, 2007.

LOPES, Christian Sahb Batista. *Mitigação dos prejuízos no direito contratual*. São Paulo: Saraiva, 2013.

SCHLECHTRIEM, Peter, SCHWENGER, Ingeborg (ed). *Commentary on the UN Convention on the International Sale of Goods (CISG)*. 2ª ed. Oxford: Oxford University Press, 2005.

TREITEL, Guenter H. Remedies for breach of contract (courses of action open to a party aggrieved). In: VON MEHREN, Arthur (ed.). *International Encyclopedia of Comparative Law*. v. 7, ch. 16. Tübingen: Mohr, 1972.

VINEY, Geneviève. Rapport de Synthèse. *Petites Affiches*, Paris, v. 232, p. 66-71, nov. 2002.

Von Bar, Christian, Clive, Eric, Schulte-Nölke, Hans. *Principles, definitions and model rules of European Private Law*: Draft Common Frame of Reference (DCFR): Interim Outline Edition. Munique: Sellier, 2008

Witz, Claude. L'obligation de minimiser son propre dommage dans le convention internationales: l'exemple de la Convention de Vienne sur la Vente Internationale. *Petites Affiches*, Paris, v. 232, p. 50-54, nov. 2002.

Zeller, Bruno. *Damages under the Convention of Contracts for the International Sale of Goods*. 2ª ed. Oxford: Oxford University Press, 2009. p. 104.

18. Mitigação de Danos: Análise da Compra e da Venda Substitutivas

Daniel Dias

Introdução

O tema da mitigação de danos no direito brasileiro é intimamente conectado com a Convenção das Nações Unidas sobre Contratos de Compra e Venda Internacional de Mercadorias (CISG, pela sua sigla em inglês). Foi com olhos no art. 77 da CISG que a Profa. Véra Maria Jacob de Fradera escreveu em 2004 seu artigo seminal, questionando se "pode o credor ser instado a diminuir o próprio prejuízo?"[1].

A partir daí houve um grande interesse da comunidade jurídica brasileira sobre o tema, com a elaboração de diversos trabalhos acadêmicos[2],

[1] Fradera, Véra Maria Jacob de. Pode o credor ser instado a diminuir o próprio prejuízo? *Revista trimestral de direito civil.* Rio de Janeiro: Padma, v. 19 (julho/setembro), 2004, p. 109-119. Antes de Fradera, o tema já havia sido mencionado por Ruy Rosado de Aguiar em breve passagem de obra sobre resolução dos contratos (Aguiar Júnior, Ruy Rosado de. *Extinção dos contratos por incumprimento do devedor.* Rio de Janeiro: Aide, 2003, p. 269-271)

[2] Em nível de teses de doutorado, ver entre outras: Dias, Daniel. *A corresponsabilidade do lesado no Direito civil*: da fundamentação da irreparabilidade do dano evitável. Tese (Doutorado em direito) – Faculdade de Direito, Universidade de São Paulo (USP), São Paulo. USP, 2016; Lopes, Christian Sahb Batista. *Mitigação dos prejuízos no direito contratual.* São Paulo: Saraiva, 2013; Gagliardi, Rafael Villar. *Mitigação de danos pelo credor*: fundamento e perfil dogmático. Tese (Doutorado em direito) – Faculdade de Direito, Pontifícia Universidade Católica de São Paulo, São Paulo, 2016. Em nível de dissertações de mestrado, ver entre outras: Moraes, Bruno Terra de. *O dever de mitigar o próprio dano*: fundamento e parâmetros

decisões judiciais (inclusive do STJ) aplicando o instituto e, inclusive, a aprovação de dois enunciados nas Jornadas de Direito Civil (nº 169 e 629), consagrando a ideia de que o credor, e também o ofendido em geral, têm de adotar medidas razoáveis para evitar o próprio dano, sob pena de não ser por ele indenizado[3].

Apesar da sua extrema relevância para o despertar e evolução do tema no Brasil, a influência da CISG tem, em alguns casos, mostrado-se excessiva. Especialmente quando se analisa a aplicação da mitigação de danos em casos concretos ou hipóteses de incidência típicas, como a compra e a venda substitutivas, percebe-se que o instituto é aplicado de acordo com o regramento presente na CISG, como se a própria Convenção estivesse sendo aplicada ao caso no Brasil[4]. São então muitas vezes desconsideradas as peculiaridades do sistema brasileiro, tendo como consequência final a inobservância e mesmo violação do regramento jurídico vigente.

O debate doutrinário esteve até aqui focado em questões centrais e mais teóricas, como no fundamento jurídico da norma de mitigação e na natureza da situação jurídica do credor em face do dano evitável – se haveria, por exemplo, dever, ônus (material) ou incumbência de evitar o próprio dano. Isso se deve à aparente novidade do tema no Brasil, à necessidade de determinar se o instituto da mitigação de danos é de fato

no direito brasileiro. Rio de Janeiro: Lumen Juris, 2019; Kulesza, Gustavo Santos. *Princípio da mitigação de danos*: evolução no direito contratual. Curitiba: Juruá. 2015. Martins, José Eduardo Figueiredo de Andrade. *Duty to mitigate the loss no direito civil brasileiro.* São Paulo: Verbatim, 2015.

[3] Sobre a história da mitigação de danos no direito brasileiro, com referência a textos doutrinários e decisões judiciais, ver: Dias, Daniel. *O duty to mitigate the loss no direito civil brasileiro e o encargo de evitar o próprio dano.* In: Tepedino, Gustavo; Fachin, Luiz Edson (Org.). *Doutrinas essenciais*: obrigações e contratos, vol. III. RT: São Paulo, 2011, p. 683 e ss.

[4] Há inclusive registro de equívoco: caso que foi solucionado com inspiração na CISG, mas cuja solução na realidade não correspondia inteiramente ao regramento da Convenção. Com isso, acaba-se errando duas vezes: em relação à CISG e ao próprio direito brasileiro. Para mais detalhes sobre o caso, ver: Dias, Daniel, 2011. *Op. cit.*, p. 697-698; Martins, José. *Op. cit.*, p. 254 e ss.; Penteado, Guilherme Stadler; Glitz, Frederico Eduardo Zenedin. O dever de mitigação de perdas em contratos de compra e venda internacional de mercadorias. In: Glitz, Frederico Eduardo Zenedin (Org.). *Questões de direito internacional*: pessoa, comércio e procedimento, vol. II. Curitiba: JML, 2018, p. 104 e ss.

reconhecido no direito brasileiro, e também a uma predileção da doutrina em geral por questões teóricas.

Apesar de ainda haver divergências quanto ao seu fundamento e perfil dogmático, pode-se concluir que a ideia central do instituto – a irreparabilidade do dano razoavelmente evitável – encontra-se consagrada no direito brasileiro. Isso dá oportunidade a que se possa avançar e aprofundar questões periféricas e mais práticas do instituto, como a sua expressão e funcionamento em hipóteses de incidência ou grupo de casos típicos.

No presente artigo, foca-se nos dois mais importantes grupos de casos de mitigação de danos no direito contratual: a compra e a venda substitutivas para evitar dano decorrente do inadimplemento da contraparte. No desenvolvimento desse trabalho, inicia-se por uma breve exposição sobre como funcionam as operações de cobertura com fim de mitigação na CISG. E, em seguida, são analisadas, em separado, a compra e a venda substitutivas no direito brasileiro.

1. Operações substitutivas de mitigação na CISG

Com base no art. 77 da CISG, o credor inadimplido, seja comprador ou vendedor, pode ter de realizar operações substitutivas para evitar a ocorrência ou o agravamento de dano decorrente da quebra de contrato[5]. A realização dessas medidas, desde que feita de modo e em prazo razoáveis (art. 75, CISG), é normalmente uma forma de minimizar o dano decorrente da quebra contratual[6].

Na análise da razoabilidade da operação substitutiva, a primeira questão a se verificar é se a medida é ou não compatível com a execução do contrato, ou seja, se a adoção da medida de mitigação impossibilitará o cumprimento do contrato ou não. Se for compatível, o credor certamente terá de realizar a transação de cobertura[7]. Esse é o caso, por

[5] Schwenzer, Ingeborg. Perdas e danos (arts. 74-77). In: Schwenzer, Ingeborg et. al. (coord.). *Comentários à convenção das nações unidas sobre contratos de compra e venda internacional de mercadorias.* São Paulo: RT, 2014, p. 1153-1154; Magnus, Ulrich. *J. von Staudingers Kommentar zum Bürgerlichen Gesetzbuch mit Einführungsgesetz und Nebengesetzen*: Wiener UN-Kaufrecht (CISG). Berlin: Sellier – de Gruyter, 2005, p. 757.

[6] Kuyven, Fernando; Pignatta, Francisco Augusto. *Comentários à Convenção de Viena*: compra e venda internacional de mercadorias. São Paulo: Saraiva, 2015, p. 766.

[7] Schwenzer, Ingeborg. *Op. cit.*, p. 1153-1154.

exemplo, do comprador que, durante o atraso do vendedor na entrega da coisa vendida, aluga bem equivalente para evitar a ocorrência de lucros cessantes.

Se a medida for incompatível com a execução do contrato, por envolver, por exemplo, aquisição de mercadoria equivalente à não entregue, ou alienação do bem não recebido pelo comprador, a razoabilidade da operação substitutiva dependerá de o credor não preferir executar o contrato. Isso porque a CISG garante ao credor o direito de exigir o cumprimento contratual (arts. 46 (1) e 62, CISG); e a mitigação de danos, em princípio, não interfere no exercício desse direito[8].

Exigir do credor que, para fins de mitigação de danos, compre ou venda a terceiro o bem contratado, significaria impor-lhe que desistisse do contrato, o que violaria o seu direito à execução específica. Nesses casos, o art. 77 da CISG intervém apenas se o exercício do direito ao cumprimento violar a boa-fé, por exemplo se credor inadimplido atrasar, para fins especulativos, a resolução do contrato[9].

[8] É o que se extrai da própria história do dispositivo. Na elaboração da CISG, houve proposta para alterar o texto do atual art. 77, de modo que o dispositivo abrangesse também pretensões cujo objeto fosse o pagamento do preço acordado, mas a proposição não prevaleceu. (Fonte: <http://www.cisg.law.pace.edu/cisg/legislative/doc-B01.html>. Acesso em: 19 out. 2019.) Para uma análise aprofundada dessa tensão entre mitigação de danos e execução específica, ver: Kulesza, Gustavo Santos. Mitigação de danos e execução específica. In: Schwenzer, Ingeborg; Pereira, Cesar A. Guimarães; Tripodi, Leandro. *A CISG e o Brasil*: Convenção das Nações Unidas para os Contratos de Compra e Venda Internacional de Mercadorias. São Paulo: Marcial Pons, 2015, p. 395-420.

[9] Magnus, Ulrich. *Op. cit.*, p. 757. De maneira mais flexível, Heinrich Honsell defende que a tutela específica "tem, em princípio, prioridade", mas que "uma transação de cobertura, no caso de um contrato subsistente", pode ser realizada, desde que "em circunstâncias especiais (por exemplo, no caso de preços em queda rápida, etc.)" (Honsell, Heinrich. Art. 77. In: Honsell, Heinrich (Hrsg.) *Kommentar zum UN-Kaufrecht*: Übereinkommen der Vereinten Nationen über Verträge über den internationalen Warenkauf (CISG). 2. Aufl. Heidelberg: Springer, 2009, p. 1055-1056). A hipótese de inadimplemento antecipado (art. 72 (1)) é ainda mais problemática. Segundo Schwenzer, "é controverso se o dever de mitigar os prejuízos obriga o promissário a rescindir o contrato ou se ele pode esperar e demandar execução específica sem violar o seu dever de mitigação, previsto no art. 77. Isso se torna visível quando se está diante de mercadorias sujeitas a fortes variações no preço. Ao menos quando começa a ficar claro que o desenvolvimento do mercado se dá em detrimento da parte inadimplente, o interesse do promissário em aguardar até que a execução

Nessa hipótese de incompatibilidade, a incidência do art. 77 da CISG está, portanto, ligada ao credor inadimplido optar pela rescisão ou resolução do contrato, cumulada com a exigência de indenização por perdas e danos. Após a resolução, o art. 77 da CISG pode impor ao credor que realize operação substitutiva, caso os resultados das perdas sejam menores do que o valor calculado de acordo com a regra do preço de mercado do art. 76 da CISG[10]. Se, nesse caso, o credor não realizar o negócio de cobertura, ele somente poderá requerer as perdas e danos com base em uma operação substitutiva hipotética, realizada à época em que um credor razoável teria resolvido o contrato. Isso resulta que, na prática, a regra do preço de mercado (art. 76, CISG) é geralmente aplicada[11].

Em caso ilustrativo, julgado pelo Tribunal Supremo Suíço, um comerciante da Ucrânia comprava e vendia relógios fornecidos por um fabricante suíço. Após assinar contrato de distribuição com exclusividade com outro varejista ucraniano, o fabricante interrompeu as entregas para o primeiro comerciante. Esse, então, resolveu o contrato e ajuizou ação contra o fabricante, reivindicando indenização equivalente à diferença entre, de um lado, os preços de "exportação" que teria pago ao réu e, de outro, o valor de varejo desses relógios para comprá-los de terceiros. O Tribunal entendeu que o autor deveria ter mitigado o seu próprio prejuízo, comprando relógios, a um preço menor, do distribuidor que recebeu exclusividade na Ucrânia. O Tribunal concluiu então que o autor não teria direito à indenização calculada com base na diferença entre os preços "de exportação" e o valor de varejo, mas sim na diferença entre os preços "de exportação" e os preços que o distribuidor com exclusividade teria cobrado pelos mesmos relógios[12].

seja devida, geralmente, não é mais digno de proteção." (SCHWENZER, Ingeborg. *Op. cit.*, p. 1154).

10 SCHWENZER, Ingeborg. *Op. cit.*, p. 1154; MAGNUS, Ulrich. *Op. cit.*, p. 757.

11 SCHWENZER, Ingeborg. *Op. cit.*, p. 1154.

12 Suíça, Bundesgericht, 17/12/2009. Disponível em: <http://cisgw3.law.pace.edu/cases/091217s1.html>. Acesso em: 30 set. 2019. Por outro lado, vale registrar que "essa decisão foi criticada por parte da doutrina que viu nela uma incongruência econômica em relação ao seu resultado: o comerciante de Kiev, para limitar seus prejuízos, deverá reforçar economicamente seu concorrente (o distribuidor exclusivo) em comprando dele (o qual terá lucros) as mercadorias que não foram entregues pelo fabricante suíço." (KUYVEN, Fernando; PIGNATTA, Francisco. *Op. cit.*, p. 769).

Outra hipótese típica de mitigação é o caso de comprador que não recebe a mercadoria, especialmente em se tratando de bens de fácil deterioração ou de armazenamento excessivamente custoso. Essa hipótese recebe um regramento mais detalhado e específico da CISG (arts. 85-88). Nada obstante, reconhece-se que o art. 77 da CISG, por ser norma mais ampla, pode complementar as regras mais específicas[13].

Em caso de atraso do comprador em receber as mercadorias, o vendedor é, em primeiro lugar, obrigado a adotar medidas razoáveis para preservar os bens (art. 85, CISG). Além disso, abrem-se duas opções para o vendedor: ele poderá depositar as mercadorias em um armazém, desde que isso não implique despesas não razoáveis (art. 87, CISG); ou poderá vendê-las a terceiro, se a demora do comprador tiver sido por um período não razoável e após tê-lo notificado previamente dessa sua intenção (art. 88, I, CISG).

Se os bens estiverem sujeitos a rápida deterioração ou a sua conservação exigir gastos não razoáveis, o vendedor (ou o comprador, caso seja ele o obrigado a conservá-los) deverá adotar medidas razoáveis para vendê-los e, na medida do possível, deverá comunicar ao comprador original a sua intenção de venda (art. 88, II, CISG).

Em caso que ilustra bem esse regramento, as partes celebraram a compra e venda de 1.200 quilos de determinado aminoácido ao preço de US$ 19.200. O réu entregou toda a mercadoria a tempo, mas foi constatado que ela não estava conforme o contrato e foi solicitado a sua devolução. O réu concordou e indicou o porto de Shenzhen (China) como local de entrega, mas os bens foram remetidos por navio para Hong Kong, onde permaneceram por quase três anos. O autor iniciou procedimento arbitral exigindo do réu, entre outros pedidos, o pagamento do preço das mercadorias e dos seus custos de armazenamento. O tribunal arbitral rejeitou os pedidos, tendo concluído que o autor era o responsá-

[13] SCHWENZER, Ingeborg. *Op. cit.*, p. 1152. Em caso de produto entregue fora das especificações do contrato ou rejeitado por qualquer outra razão, segundo Magalhães e Visconte, a principal medida a ser tomada pelo vendedor para fim de mitigar o dano seria a venda substitutiva (MAGALHÃES, José Carlos de; VISCONTE, Debora. A mitigação de danos pelo credor. In: VENOSA, Sílvio de Salvo; GAGLIARDI, Rafael Villar; TERASHIMA, Eduardo Ono. *A convenção de Viena sobre contratos de compra e venda internacional de mercadorias*: desafios e perspectivas. São Paulo: Atlas, 2015, p. 483).

vel pelo fato de ninguém tê-las recebido e de elas ainda estarem armazenadas em Hong Kong.

Sobre mitigação de danos em específico, o tribunal concluiu que o autor não tomou nenhuma medida razoável para vender os bens e que isso resultou em um aumento não razoável de taxas de armazenamento, uma vez que permaneceram armazenados por três anos e os custos de depósito chegaram a cerca de US$ 17.000, quase o preço de compra das mercadorias para todo o contrato. Além disso, as mercadorias foram armazenadas por um período tão longo que elas poderiam já ter se decomposto. Segundo o tribunal, essa é uma perda que poderia ter sido evitada ou reduzida pelo autor[14].

2. Direito brasileiro

Delineado o tema na CISG, cabe agora questionar se, no direito brasileiro, incumbe ao comprador ou vendedor, em face do inadimplemento da parte oposta, realizar compra ou venda substitutivas para fim de evitar a ocorrência ou agravamento do dano decorrente da quebra contratual. Como se verá abaixo, a resposta recente, tanto da doutrina quanto da jurisprudência, tem sido positiva.

A questão, contudo, merece uma análise mais aprofundada. Em primeiro lugar, diferentemente da CISG, no Brasil as figuras da compra e da venda substitutivas não devem ser tratadas conjunta e indistintamente. Em relação à prestação principal de entrega da coisa, comprador e vendedor figuram em posições jurídicas distintas, sendo o vendedor, devedor, e o comprador, credor. A não entrega da mercadoria, por parte do vendedor, e o seu não recebimento, por parte do comprador, despertam regramentos jurídicos diferentes (mora do devedor e do credor, respectivamente), com consequências jurídicas distintas. Por isso, como se verá melhor abaixo, é necessário que sejam analisadas separadamente a compra e a venda substitutivas.

[14] China, Comissão Internacional de Arbitragem Econômica e Comercial da China (CIETAC), 6/6/1991. Disponível em: <http://cisgw3.law.pace.edu/cases/910606c1.html>. Acesso em: 23 out. 2019.

2.1. Compra substitutiva

2.1.1. Experiência brasileira

O tema da compra substitutiva não é tradicionalmente tratado no direito brasileiro. Mas, recentemente, alguns doutrinadores e tribunais têm afirmado que, em face do inadimplemento do vendedor, cabe ao comprador celebrar compra de cobertura para evitar prejuízo. Escrevendo ainda sob a vigência do CPC/1973, Christian Lopes fundamenta:

> Uma das formas de evitar perdas consiste em realizar, sem demora injustificada, uma operação substitutiva. Em outros termos, o ônus de mitigação impõe que o credor obtenha junto a terceiros, no mercado, a prestação inadimplida se essa providência puder evitar que sejam causados danos adicionais. No que concerne à obrigação de dar, a aplicação dessa norma no direito brasileiro não traz maiores preocupações. Com efeito, não sendo entregue a coisa certa ou incerta, o credor poderá requerer perdas e danos ou tutela específica da obrigação. Essa última poderá ser promovida por um procedimento ordinário, na forma do art. 461-A do Código de Processo Civil, ou por procedimento de execução, de acordo com seus arts. 621 e seguintes. Em ambos os casos, se, depois de expedido o mandado de busca e apreensão ou imissão na posse, a coisa móvel ou imóvel não tiver sido entregue pelo devedor, a obrigação converter-se-á em perdas e danos (art. 461-A, § 3º, combinado com o art. 461, § 1º, e art. 633 do Código de Processo Civil).
>
> Portanto, o credor terá livre escolha da medida a ser imposta ao devedor em caso de inadimplemento de uma obrigação de dar, podendo requerer, desde logo, perdas e danos (art. 389 do Código Civil) ou tutela específica (art. 947 do Código Civil).[15]

Em caso envolvendo a venda de máquina defeituosa que obstou a produção da compradora por quatro meses, o TJRS decidiu que, a título de mitigação de danos, "caberia à autora demonstrar que se acautelou de eventual prejuízo", por exemplo, pela aquisição de "outra máquina que desempenhasse a mesma função"[16].

[15] Lopes, Christian. *Op. cit.*, p. 209.

[16] TJRS, AC 70025609579, 5ª Câm. Cív., Rel. Des. Umberto Guaspari Sudbrack, j. 20.05.2009, DJ 27.05.2009. A decisão é criticável pelo fato de o caso configurar vício redibitório. Assim, a compradora só deveria ter direito a perdas e danos se o vendedor conhe-

A referida fundamentação para reconhecimento da compra substitutiva enfrenta, todavia, diversos obstáculos. Em primeiro lugar, parte-se de uma alegada liberdade de escolha do comprador para optar entre tutela específica e perdas e danos. Porém, segundo a doutrina majoritária, o credor não tem essa liberdade. Entende-se que a opção de perdas e danos no lugar da prestação é admitida apenas em caso de inadimplemento absoluto ou definitivo, ou seja, em caso de impossibilidade superveniente de cumprimento da prestação (arts. 234 e 248, CC, p. ex.), ou de sua inutilidade para o credor em decorrência da mora (art. 395, parágrafo único, CC). Se a prestação ainda é possível e útil para o credor, entende-se que ele tem direito apenas de exigir sua execução em natura[17].

Também é problemático o recurso às normas processuais para fundamentar a liberdade do comprador de optar entre tutela específica e perdas e danos. À luz do CPC/2015, o foco da problemática reside no art. 499, segundo o qual "a obrigação somente será convertida em perdas e danos se o autor o requerer ou se impossível a tutela específica ou a obtenção de tutela pelo resultado prático equivalente." Atenta a essa possível contradição entre regramentos civil e processual civil – o primeiro prevendo a conversão da obrigação em perdas e danos apenas em caso de inadimplemento absoluto e o segundo pregando a possibilidade dessa conversão caso o autor a requeira –, a doutrina civil tem-na solucionado por meio do critério da especialidade, afirmando que o regramento civil tem precedência ao processual por ser mais específico em

cesse o vício ou defeito da máquina (art. 443, CC). E apenas havendo direito à indenização é que faria sentido cogitar sobre mitigação de danos por parte da compradora. Essa questão da má-fé do vendedor, contudo, não foi sequer alvitrada na decisão. Para mais observações sobre esse caso, ver: Dias, Daniel, 2011. *Op. cit.*, p. 697-698; Moraes, Bruno. *Op. cit.*, p. 215--217; Penteado, Guilherme; Glitz, Frederico. *Op. cit.*, p. 104-106.

[17] Ver, entre outros: Aguiar Júnior, Ruy Rosado de. *Comentários ao novo código civil*, vol. VI, t. II: da extinção do contrato (arts. 472 a 480). Rio de Janeiro: Forense, 2011, p. 542--543; Assis, Araken de. Comentários aos arts. 421 a 480. In: Alvim, Arruda; Alvim, Thereza (Coord.). *Comentários ao código civil brasileiro*, vol. 5: do direito das obrigações (arts. 421 a 578). Rio de Janeiro: Forense, 2007, p. 632-633; Steiner, Renata. *Reparação de danos*: interesse positivo e interesse negativo. São Paulo: Quartier Latin, 2018, p. 343; Terra, Aline de Miranda Valverde. Execução pelo equivalente como alternativa à resolução: repercussões sobre a responsabilidade civil. *Revista Brasileira de Direito Civil – RBDCivil*, Belo Horizonte, v. 18, p. 49-73, out./dez. 2018.

relação à inexecução do contrato. O regramento processual seria, por sua vez, aplicável apenas aos casos em que a obrigação não fosse contratual[18].

Vale notar que, também segundo a doutrina de direito processual, o art. 499, CPC não confere ao credor a possibilidade de optar livremente entre exigir a coisa devida e perdas e danos. Argumenta-se que o art. 499, CPC foi criado para as obrigações de fazer e de não fazer, nas quais o objeto da obrigação não existe fisicamente e que, no caso da primeira, exige-se um comportamento concreto do devedor. Na obrigação de dar, por sua vez, o bem devido já existe e apenas está indevidamente na posse do devedor ou de terceiro. Questiona-se, então, por que o credor optaria por perdas e danos se o bem existe e pode ser entregue. Na falta de uma razão convincente e citando a regulação mais restritiva do Código Civil, conclui-se que a liberdade de opção do credor pela conversão é limitada, devendo, com base no art. 809, CPC, ser restrita a determinadas hipóteses, como a de a coisa ter se deteriorado, não poder ser encontrada, ou a de o devedor ter sido judicialmente exortado a entregá-la mas não a entregou[19].

Por fim, a referência aos arts. 389 e 947, CC também não justifica a apregoada liberdade do credor para optar entre tutela específica e resolução do contrato. Em relação ao art. 389, CC, entende-se que esse dispositivo prevê apenas uma das consequências da inexecução contratual e que deve ser lido de forma sistemática[20]. E o próprio art. 947, CC, na verdade, depõe contra a pretensa liberdade, uma vez que nele consta que, apenas se o devedor não puder realizar a prestação na espécie ajustada, ela seria substituída pelo seu valor em dinheiro.

A possibilidade de celebrar compra substitutiva estaria então vedada? Não necessariamente. Note-se que a doutrina civil defende que, em face da mora do devedor, o credor tem de proceder à tutela específica ou execução em natura. Acontece que há outra modalidade de execução

[18] STEINER, Renata. *Op. cit.*, p. 343, com referências.

[19] DIDIER JR., Fredie; CUNHA, Leonardo Carneiro da; BRAGA, Paula Sarno; OLIVEIRA, Rafael Alexandria de. *Curso de direito processual civil*, vol. 5: execução. 7ª ed. Salvador: Jus Podivm, 2017, p. 653-654, com referências.

[20] STEINER, Renata. *Op. cit.*, p. 340-341.

in natura que não apenas o cumprimento pelo próprio devedor, que é a execução substitutiva ou por substituição.

No Código Civil, essa modalidade de execução é prevista expressamente nos casos das obrigações de fazer e de não fazer. Em face do inadimplemento, o credor pode contratar terceiro, à custa do devedor, para fazer ou desfazer aquilo a que ele se obrigara (arts. 249 e 251, CC). Mas no capítulo das obrigações de dar, modalidade obrigacional da qual a compra e venda é o exemplo mais marcante, não há norma equivalente. Essa ausência configuraria lacuna? Ou seria resultado da intenção do legislador de restringir a execução contratual por substituição aos casos de obrigações de fazer e de não fazer, excluindo, portanto, essa possibilidade dos casos de compra e venda?

Como o regramento dos arts. 249 e 251, CC foi inspirado no Código Civil francês, para responder a essas perguntas, importa verificar, mesmo que brevemente, como essas questões surgiram e foram solucionadas na França.

2.1.2. Excurso no direito francês

Até 2016, o Código Civil francês tinha um regramento análogo ao do Código Civil brasileiro. Aquele separava em capítulos, de um lado, obrigação de dar e, de outro, obrigações de fazer e de não fazer. Havia também dispositivos ligados às obrigações de fazer e de não fazer que autorizavam execução por substituição (arts. 1144 e 1143, respectivamente), não havendo artigo equivalente em relação às obrigações de dar. Nada obstante, com base no art. 1144[21], os tribunais começaram a autorizar que, em caso de inadimplemento, o comprador adquirisse mercadorias de terceiro à custa do vendedor inadimplente. Dessa maneira, os tribunais passaram a reconhecer uma especial *faculté de remplacement* do comprador[22].

[21] "Art. 1144. O credor também pode, no caso de inexecução, ser autorizado a fazer cumprir a obrigação à custa do devedor. Ele pode ser condenado a adiantar os valores necessários para tal execução."

[22] Zimmermann, Reinhard. Art 9:506: Substitute transaction. In: Jansen, Nils; Zimmermann, Reinhard. *Commentaries on European contract laws.* Oxford: Oxford University Press, 2018, p. 1489; Rabel, Ernst. *Das Recht des Warenkaufs*: eine Rechtsvergleichende Darstellung, vol. 1. Berlin: Walter de Gruyter, 1964, p. 468; KÖTZ, Hein. *Europäisches Vertragsrecht.* 2. Aufl. Tübingen: Mohr Siebeck, 2015, p. 290-291.

Em caso compra e venda de bens genéricos ou coisas incertas, o dever do vendedor de adquiri-las e entregá-las era vista como uma obrigação de *faire* que não podia ser diretamente imposta. Por isso, em caso de inexecução, o comprador tinha, com base no art. 1144, direito a uma decisão que o autorizasse a comprar de terceiro à custa do vendedor[23].

A faculdade de substituição só podia ser exercida, a princípio, mediante prévia autorização judicial. Essa exigência servia para garantir que não fosse arbitrária a alteração da situação jurídica do devedor inadimplente[24]. Ela era, por outro lado, tida como bastante onerosa para o credor. Para mitigá-la, passaram a ser reconhecidas exceções, como os casos de urgência e os que envolviam contratos comerciais. Nessas hipóteses, o credor podia prosseguir sem autorização judicial, mas assumia o risco de o tribunal decidir mais tarde que ele agiu equivocadamente e se recusar a conceder-lhe o ressarcimento pelos valores gastos com a transação substitutiva[25].

Na prática, a *faculté de remplacement* era uma medida particularmente apropriada quando, para o devedor, o cumprimento em natura havia se tornado impossível, ou quando o credor não mais desejasse obter cumprimento por parte do devedor por ter, por exemplo, perdido a confiança nele. Era amplamente invocada no contexto de contratos de empreitada, com a permissão sendo solicitada para substituir o empreiteiro original, de modo que o trabalho inacabado pudesse ser concluído ou, conforme o caso, para remediar defeito na obra[26].

A natureza jurídica da faculdade de substituição era controversa, embora a doutrina majoritária defendesse que se tratava de execução em natura. Essa percepção baseia-se no resultado do processo sob a pers-

[23] TREITEL, G. H. *Remedies for breach of contract:* a comparative account. Oxford: Claredon Press, 1988, p. 57.

[24] ROWAN, Solène. *Remedies for breach of contract:* a comparative analysis of the protection. Oxford: University Press, 2012, p. 115.

[25] LAITHIER, Yves-Marie. Exécution forcée en nature. In: CARTWRIGHT, John; WHITTAKER, Simon (ed.). *The Code Napoleon rewritten*: French contract law after the 2106 reforms. Oxford: Hart Publishing, 2017, p. 272-273; ROWAN, Solène. *Op. cit.*, p. 115; TREITEL, G. *Op. cit.*, p. 57.

[26] ROWAN, Solène. *Op. cit.*, p. 115.

pectiva do credor, o qual obtém, ao menos de maneira muito próxima, a mercadoria pela qual tinha desde o início contratado[27].

Em 2016, houve reforma do direito obrigacional. Entre outras medidas, eliminou-se a distinção entre obrigações de dar e de fazer, de modo que o regramento passou a ter alcance geral: "Art. 1222. Após notificação para cumprir, o credor pode também, dentro de um prazo e a um custo razoáveis, executar ele mesmo a obrigação ou, com autorização prévia do juiz, destruir o que foi feito em violação da obrigação. Ele pode exigir do devedor o reembolso dos valores dispendidos para esse fim. Ele pode também exigir em juízo que o devedor antecipe os valores necessários para tal execução ou destruição."

Além das mudanças perceptíveis a partir do texto do dispositivo, vale ressaltar que o art. 1222 encontra-se inserido em subseção intitulada *"l'exécution forcée en nature"*, tendo sido assim chancelada legislativamente a natureza jurídica da medida como execução coativa em natura ou específica[28].

Com base nesse desenvolvimento, constata-se que a falta de um dispositivo expresso autorizando a execução substitutiva na seção das obrigações de dar nunca foi obstáculo para o reconhecimento da possibilidade de compra substitutiva no direito francês. Como visto, doutrina e jurisprudência não hesitaram em se apoiar no art. 1144 para construir uma faculdade de substituição do comprador.

Aprofundando essa questão, é possível apontar ao menos duas possíveis razões para a ausência de regramento de execução por substituição na seção *"de l'obligation de donner"*, omissão que foi repetida pelo legislador brasileiro. É relevante identificar essas razões, pois elas confirmam que essa omissão legal não é fruto da intenção legislativa de vedar a execução por substituição nos casos de obrigações de dar.

Em primeiro lugar, no Código Civil francês, a seção *"de l'obligation de donner"* continha regras sobre obrigações ligadas a coisas certas, ou seja, coisas determinadas individualmente, ou que o vendedor já separou e disponibilizou para o comprador. Nesses casos, pelo direito francês, a simples celebração do contrato já implicava a transferência da proprie-

[27] TREITEL, G. *Op. cit.*, p. 57; LAITHIER, Yves-Marie. *Op. cit.*, p. 272; ROWAN, Solène. *Op. cit.*, p. 116, dizendo que a natureza era híbrida, entre execução em natura e perdas e danos.
[28] LAITHIER, Yves-Marie. *Op. cit.*, p. 258.

dade (art. 1138, na versão anterior à reforma de 2016). Assim, em face do inadimplemento, ao comprador cabia pretensão não ao fornecimento de mercadorias alheias, mas à entrega de seus próprios bens[29]. Nesse contexto, não é possível ou, ao menos, é contraintuitivo pensar em execução por substituição.

Em segundo lugar, era em prol da liberdade do devedor que as obrigações de fazer e de não fazer não eram passíveis de execução direta, sendo, em face do inadimplemento do devedor, convertidas em perdas e danos (art. 1142, na versão anterior à reforma de 2016), ou em execução por substituição (arts. 1143 e 1144). Esses dois últimos dispositivos tinham, portanto, a finalidade de compatibilizar, de um lado, a impossibilidade de exigir a execução por parte do próprio devedor com, de outro, a satisfação do interesse do credor no cumprimento da prestação. No caso das obrigações de dar, como a entrega de coisa certa pode ser normalmente obtida sem que o devedor precise colaborar diretamente, ou seja, como a liberdade do devedor não estava ameaçada com a execução, uma tal norma de execução substitutiva pode ter parecido desnecessária ao legislador.

2.1.3. Posição adotada

Partindo da experiência francesa, é possível concluir que o sistema brasileiro é ainda mais propício ao reconhecimento da faculdade de substituição do comprador. No Brasil pode-se pensar em uma tal faculdade em casos de compra e venda de bens fungíveis, mesmo que a obrigação do vendedor seja de dar coisa certa – pelo fato de as coisas terem sido determinadas individualmente, ou de já ter havido concentração (art. 245, CC). Isso porque, mesmo nesses casos, não terá havido transferência da propriedade da coisa vendida (art. 1.267, CC), fazendo, portanto, sentido falar em compra substitutiva.

No direito brasileiro, contudo, não é possível uma solução correspondente à do direito francês pré-reforma de 2016, que seria a de reconhecer a faculdade de substituição do comprador com base diretamente no art. 249, CC. Diferentemente do que havia no Código Civil francês, no Código Civil brasileiro há uma seção específica sobre obrigações de dar coisa incerta (arts. 243-246, CC), o que dificulta a possibilidade de ver

[29] KÖTZ, Hein. *Op. cit.*, p. 291.

como obrigação de fazer os deveres atinentes à obrigação do vendedor em compra e venda de coisa genérica, como por exemplo dever de comprar as coisas de terceiros, ou escolhê-las e entregá-las ao comprador. No direito brasileiro, portanto, melhor é recorrer a uma aplicação analógica do art. 249, CC, para fim de extrair, no caso concreto, o direito do comprador à compra substitutiva.

Contudo, na prática, em função dos procedimentos judiciais previstos para a ordinária concessão dessa medida, ela só fará sentido em duas hipóteses: em caso de urgência, no qual o comprador não precisa obter prévia autorização judicial (art. 249, parágrafo único, CC); ou se a coisa não tiver sido ainda produzida. Caso contrário, se o vendedor tiver por exemplo a mercadoria disponível no seu estoque, o procedimento judicial para satisfação da obrigação à custa do vendedor (arts. 817 e ss., CPC, por analogia) será mais oneroso e demorado para o comprador do que a via da execução para a entrega de coisa. Pela via da execução por substituição – ou por transformação, como chamam os processualistas[30] –, o exequente terá, por exemplo, de adiantar os custos da contratação de terceiro (art. 817, parágrafo único, CPC), o que seria desnecessariamente oneroso para credor que tem à sua disposição medida de busca e apreensão pela via da execução para a entrega de coisa.

Mas, em caso de urgência, o comprador apenas pode ou existe também para ele o "dever" de realizar a compra substitutiva, sob pena de ter a sua indenização reduzida? O questionamento faz todo sentido, uma vez que a ocorrência ou agravamento de dano ao credor decorrente do inadimplemento configura caso de urgência[31]. Nessa hipótese o comprador pode, independentemente de prévia autorização judicial, comprar a mercadoria de terceiro e depois ser ressarcido pelo valor a mais que pagou na compra substitutiva (art. 249, parágrafo único, CC).

Nessa hipótese de urgência, o comprador tem sim de celebrar compra substitutiva, desde que essa medida seja razoável, ou seja, não envolva esforço ou gastos excessivos. Em prol dessa conclusão joga o fator de que, pela aplicação analógica do art. 249, parágrafo único, CC, a compra substitutiva é considerada execução em natura. Nessa perspectiva, a compra de cobertura é coerente com a prevalência no direito bra-

[30] Didier Jr., Fredie; Cunha, Leonardo; Braga, Paula; Oliveira, Rafael. *Op. cit.*, p. 1049.

[31] Miragem, Bruno. *Direito civil*: direito das obrigações. São Paulo: Saraiva, 2017, p. 188.

sileiro pela tutela específica, não havendo, dessa maneira, os obstáculos encontrados pela via das perdas e danos.

O fato de o art. 249, parágrafo único, CC estar previsto em termos permissivos – prever que o credor "pode" e não que "deve" executar ou mandar executar" – não impede o reconhecimento de que cabe ao credor, dentro do razoável, celebrar compra substitutiva para evitar dano decorrente da inexecução do vendedor. De um lado, o credor de fato pode celebrar compra substitutiva, pois está-se diante de um direito de crédito dele, o qual o devedor não poderia exigir que ele o exercesse. De outro, deve-se interpretar o dispositivo conjuntamente com o art. 403, CC, o qual limita a responsabilidade do devedor inadimplente ao dano que o credor não poderia ter razoavelmente evitado[32]. Interpretando esses dispositivos conjuntamente, chega-se à conclusão de que o credor pode celebrar compra substitutiva, mas, se ele o fizer com demora injustificada, não terá direito de ser indenizado pelo dano que poderia razoavelmente ter sido evitado.

2.2. Venda substitutiva

Caso o comprador não receba a coisa comprada, tem o vendedor de revender a terceiro a mercadoria para evitar dano? Essa questão é premente nos casos de mercadoria de rápida ou fácil deterioração (por exemplo, frutas), ou cuja conservação ou armazenamento seja excessivamente custoso (por exemplo, bens muito volumosos, ou que exijam condições especiais de armazenamento).

Para responder a essa pergunta, vai-se apresentar brevemente o tratamento que o tema recebeu e recebe no direito civil brasileiro.

2.2.1. Experiência brasileira

2.2.1.1. CC/1916 com CPC/1973 e CPC/1939

Em face da demora do comprador em receber a mercadoria, o vendedor tinha, em princípio, duas opções: ou permanecia com a coisa, até que o

[32] Extrai-se essa norma de uma interpretação histórica do art. 403, CC. Para uma exposição exauriente dessa fundamentação histórica, ver: Dias, Daniel, 2016. *Op. cit.*, p. 24 ss. Para uma exposição mais resumida, ver: Dias, Daniel. A irreparabilidade do dano evitável no direito civil brasileiro (parte 1). *Consultor Jurídico* (Conjur), São Paulo, 26 fev. 2018. Disponível em: <https://www.conjur.com.br/2018-fev-26/direito-civil-atual-irreparabilidade-dano-evitavel-direito-civil-brasileiro>. Acesso em: 2 nov. 2018.

comprador aceitasse recebê-la, ou depositava-a em juízo (arts. 972 e ss., CC/1916).

Havendo depósito, caso os bens depositados fossem de fácil deterioração, estivessem avariados ou exigissem grandes despesas, o juiz poderia, de ofício ou a requerimento do depositário ou de qualquer das partes, mandar aliená-los em leilão (art. 1.113, CPC/1973; art. 704, CPC/1939). O juiz podia autorizar também a alienação de bens de guarda dispendiosa, como o caso dos semoventes, mas não o faria se um dos interessados se obrigasse a "satisfazer ou garantir as despesas de conservação" (art. 1.113, § 1º, CPC/1973). Se uma das partes requeresse a alienação, o juiz tinha de sempre ouvir a outra antes de decidir (art. 1.113, § 2º, CPC/1973). E, por fim, a alienação poderia ocorrer independentemente de leilão (venda particular), se todos os interessados fossem capazes e concordassem expressamente com a venda (art. 1.113, § 3º, CPC/1973; art. 704, § 2º, CPC/1939).

A possibilidade de depósito e alienação judicial eram ampliadas, pela doutrina, para os casos em que a coisa não pudesse ser depositada, que o depósito fosse arriscado, ou mesmo em que os custos fossem desproporcionais em relação ao valor do bem[33]. Pontes de Miranda enfatizava que, só nas hipóteses previstas, o depositante teria direito à alienação da coisa devida: "O que mais importa saber-se que a pretensão à venda de ajuda própria sòmente *nasce* quando o depósito seria impossível (= impraticável), ou excessivamente dispendioso, ou de custo desproporcional ao valor dos bens depositandos."[34]

Em relação à jurisprudência, em pesquisa nos sites do STJ e dos tribunais estaduais, não foram encontradas decisões referentes a casos em que o vendedor, em face do não recebimento por parte do comprador, tenha requerido a alienação judicial do bem[35]. Essa ausência de julga-

[33] MIRANDA, Pontes de. *Tratado de direito privado*, t. XXIV. São Paulo: RT, 2012, p. 363-364.

[34] MIRANDA, Pontes de. *Op. cit.*, p. 364.

[35] Foram, todavia, encontradas decisões sobre situações parecidas. Por exemplo, o TJSP admitiu, em execução, a venda antecipada de bens perecíveis que haviam sido penhorados: feijão armazenado que apresentava perda da qualidade (TJSP; Agravo de Instrumento 0058214-77.2006.8.26.0000; Relator (a): Antonio Marson; Órgão Julgador: 21ª Câmara de Direito Privado; Foro de Miguelópolis – 1ª VC; Data do Julgamento: 17/05/2006; Data de Registro: 19/06/2006). Em caso envolvendo o transporte de 400 sacas de cimento, as quais não foram recebidas pelo contratante no local de destino, o TJSC concluiu que "a

dos pode ser entendida como um indicativo de que esse procedimento da alienação judicial era excessivamente lento e oneroso para acomodar os interesses das partes envolvidas em uma situação de necessidade de revenda, especialmente de mercadoria sujeita a fácil deterioração, que precisa de solução rápida.

3.2.1.2. CC/2002 e CPC/2015

Sob a legislação vigente, em face do não recebimento por parte do comprador, o vendedor segue tendo, em princípio, duas opções: ou permanece com a mercadoria, responsável pela sua conservação (art. 400, CC), até o comprador recebê-la, purgando a sua mora (art. 401, II, CC); ou o vendedor a deposita judicialmente, realizando a consignação em pagamento (arts. 334 ss., CC)[36].

O CPC/2015 regulou de maneira bem mais sucinta a alienação judicial, como procedimento de jurisdição voluntária, prevendo apenas um dispositivo (art. 730), no qual é feita referência apenas à alienação judicial em caso de falta de consenso dos interessados sobre a forma de se realizar a alienação. É possível, então, questionar se estariam extintas as tradicionais hipóteses de venda judicial de bens depositados que fossem de fácil deterioração, ou que exigissem grandes despesas para a sua guarda.

falta de pagamento do frete e das despesas a ele relativo autoriza a retenção da mercadoria transportada (art. 2º, inc. VII, do Decreto nº 19.473, de 10 de dezembro de 1930), e eventual venda, desde que perecível, para o devido ressarcimento do frete e demais despesas suportadas pelo transportador. A consignação judicial do saldo remanescente apresenta-se, assim, procedimento adequado e justo à liberação completa da responsabilidade deste." (TJSC, Apelação Cível nº 1988.075004-9, de Criciúma, rel. Des. Eládio Torret Rocha, Câmara Cível Especial, j. 02-09-1998).

[36] De maneira distinta, afirma Christian Lopes: "Quando a mora é do comprador, que não recebe os bens vendidos, [...] pode o vendedor revender os bens do mercado, fazendo-se a apuração das perdas e danos pelo critério concreto, isto é, o valor ajustado no contrato menos o preço de revenda no mercado, mais as despesas para realizar a revenda. Se a operação substitutiva não foi realizada ou não se circunscreveu a parâmetros razoáveis, apura-se a indenização pelo critério abstrato, pela diferença entre o valor contratual e o preço corrente de mercado ou de quotação em bolsa." (Lopes, Christian. *Op. cit.*, p. 213). Essa posição aparenta uma visão do direito brasileiro com lentes do *common law*, ou mesmo da CISG. Como se depreende da análise da experiência brasileira, segundo a nossa percepção, ela não condiz com o regramento no Brasil.

A doutrina parece divergir. De um lado, afirma-se que "os requisitos previstos no CPC/1973 que se referiam a bens sujeitos à fácil deterioração, avariados ou com alto custo de manutenção deixam de existir, tornando a hipótese de cabimento da alienação judicial mais clara e objetiva."[37] De outro, defende-se que "o art. 730 do Novo CPC amplia o cabimento do procedimento de alienação judicial, para além do art. 1.113 do CPC/1973, que previa o procedimento para três hipóteses: bens depositados judicialmente de fácil deterioração, bens avariados ou bens com exigência de grandes despesas para a sua guarda."[38]

2.2.1.3. Posição adotada

Não parece ter sido intenção do legislador proscrever as hipóteses tradicionais de alienação judicial em procedimento de jurisdição voluntária. Para que se quisesse proibir, por exemplo, a venda de bens sujeitos a fácil deterioração, seria necessário haver justificativa e nenhuma foi apresentada. Por outro lado, não há elementos que embasem a referida intenção legislativa de ampliar o rol de possibilidades que havia anteriormente. A questão de se o vendedor tem ou não a faculdade de revender o bem devido é anterior à questão de se há ou não consenso sobre a forma como essa venda se dará. Ao que tudo indica, essa omissão não foi intencional, restando então um caso de lacuna. Como resolver?

Nesse caso, deve-se recorrer à analogia, com base nos arts. 753 e 755, CC, ambos que falam sobre a possibilidade e mesmo dever do transportador de alienar mercadorias perecíveis. É inclusive com base nesses dispositivos que o processualista Tiago Figueiredo Gonçalves defende a possibilidade de alienação judicial de mercadoria perecível ou de conservação custosa: "Sempre, pois, que a coisa for de fácil deterioração ou tenha custo de conservação elevado ou desproporcional, e restar configurada uma hipótese legal justificadora do depósito em pagamento, é de se admitir que o devedor proceda à alienação judicial da coisa, e, conse-

[37] Silva, Bruno Freire e. Da alienação judicial. In: Cabral, Antonio do Passo; Cramer, Ronaldo (coord.). *Comentários ao novo código de processo civil.* 2ª ed. Rio de Janeiro: Forense, 2016, p. 1039-1040.

[38] Machado Junior, Dario Ribeiro. *Novo código de processo civil*: anotado e comparado. 2ª ed. Rio de Janeiro: Forense, 2017, p. 418.

guintemente, realize a consignação do produto arrecadado, ainda que a coisa pertença ao credor."[39]

Mas, por outro lado, apenas poderia ou também teria o vendedor de alienar a mercadoria nessas situações? A resposta é que a ele incumbe adotar a medida. Em primeiro lugar, tradicionalmente, as próprias previsões do CPC davam o tom de que a alienação não era uma mera faculdade do depositante, mas sim algo que teria de ser feito. Segundo a previsão legal, em caso de bem perecível ou cuja conservação demanda "grandes despesas" o juiz, inclusive de ofício (!), "mandará aliená-los em leilão". Além disso, o art. 755, CC, referido acima como fundamento para admissibilidade da alienação da coisa devida, fala em dever e não mera possibilidade. E por fim, o art. 403, CC, prevê que o devedor não responde pelo dano decorrente da sua inexecução, mas que o credor inadimplido poderia ter evitado sofrer por meio da adoção de medidas razoáveis. Trata-se de regra geral de delimitação do dano indenizável, que pode ser aplicada analogicamente aos casos de mora do credor (comprador).

Nesse ponto, convém lembrar que a mora do credor pode se configurar mesmo em casos em que não houve culpa dele ao não receber a coisa devida, ou seja, mesmo em casos em que ele não recebeu o bem por, por exemplo, impossibilidade. Além disso, quando o comprador não aceita receber a coisa devida, com frequência é com base em alguma motivação, e não mero capricho ou deslealdade[40]. Em casos como esses, em que o comprador não recebe a mercadoria, a qual, apesar de perecível ou de armazenamento custoso, seria facilmente alienada, caso o vendedor permaneça injustificadamente inerte, ele não será indenizado pela perda da mercadoria ou pelas excessivas despesas de conservação.

Por fim, quanto ao procedimento, com o silêncio do CPC/2015, conclui-se que o procedimento não deve ser mais necessariamente o da via judicial, podendo o vendedor realizar a venda privada. Como referido

[39] GONÇALVES, Tiago Figueiredo. *Consignação em pagamento*: aspectos de direito processual e material. Curitiba: Juruá, 2013, p. 42.

[40] Kuyven e Pignatta recordam que "as partes podem, sinceramente, discordar sobre a conformidade das mercadorias em relação ao que foi contratado, razão pela qual o comprador não aceita a entrega." (KUYVEN, Fernando; PIGNATTA, Francisco. *Op. cit.*, p. 886).

acima, a exigência de procedimento judicial é onerosa e não contribui para a utilização dessa via de deslinde negocial.

Conclusões

A CISG foi fonte de inspiração e de desenvolvimento do tema da mitigação de danos no Brasil. Essa influência foi positiva, pois despertou a comunidade jurídica brasileira para uma temática que estava adormecida. Por outro lado, essa influência levou, em alguns casos, a transposições de normas sem a devida atenção e observância do ordenamento jurídico brasileiro. Hoje o tema da mitigação de danos já se encontra consagrado em termos centrais, sendo o momento propício para o aprofundamento de questões periféricas, como funcionamento e perfil dogmático de grupos de casos.

No presente artigo, o foco de análise foi o da compra e da venda substitutivas, as principais medidas mitigatórias típicas em âmbito contratual. A compra substitutiva corresponde, no direito brasileiro, a uma forma de execução em natura, com base em aplicação analógica do art. 249, CC. Como a ocorrência ou agravamento de dano decorrente do inadimplemento configura caso de urgência, o art. 249, parágrafo único, CC, por analogia, dispensa o comprador de prévia autorização judicial para fim de proceder à compra substitutiva. Com base em uma interpretação sistemática entre art. 249, parágrafo único, CC, por analogia, combinado com o art. 403, CC cabe ao comprador celebrar compra substitutiva sem demora injustificada, sob pena de não ser indenizado pelo dano que poderia ter razoavelmente evitado.

No caso de venda substitutiva, em face do não recebimento da coisa devida por parte do comprador, o vendedor em princípio não pode alienar o bem a terceiro. Ele tem a faculdade de manter-se com a coisa, até que o comprador a receba, ou de depositá-la, extinguindo, nessa última hipótese, a sua obrigação contratual (art. 334, CC).

Nos casos de bens perecíveis ou de armazenamento excessivamente custoso, os códigos de processo civil anteriores previam a possibilidade de o vendedor realizar alienação judicial. O CPC/2015 não mais prevê essa hipótese, configurando caso de lacuna. Aplicando analogicamente os arts. 753 e 755, CC, conclui-se que vendedor pode alienar o bem. E da ausência de previsão processual, cujo procedimento era muito oneroso e lento, extrai-se que a alienação poderá ser particular. Por fim, com base no art. 403, CC, conclui-se que ao vendedor incumbe adotar medidas razoáveis para alienar a terceiros bens perecíveis ou de armazenamento desproporcionalmente custoso, sob pena de não ser indenizado pelo dano que poderia ter evitado sofrer.

Referências

AGUIAR JÚNIOR, Ruy Rosado de. Extinção dos contratos por incumprimento do devedor. Rio de Janeiro: Aide, 2003.

______. Comentários ao novo código civil, vol. VI, t. II: da extinção do contrato (arts. 472 a 480). Rio de Janeiro: Forense, 2011.

ASSIS, Araken de. Comentários aos arts. 421 a 480. In: ALVIM, Arruda; ALVIM, Thereza (Coord.). Comentários ao código civil brasileiro, vol. 5: do direito das obrigações (arts. 421 a 578). Rio de Janeiro: Forense, 2007.

DIAS, Daniel. O duty to mitigate the loss no direito civil brasileiro e o encargo de evitar o próprio dano. In: TEPEDINO, Gustavo; FACHIN, Luiz Edson (Org.). Doutrinas essenciais: obrigações e contratos, vol. III. RT: São Paulo, 2011, p. 683-738.

______. A corresponsabilidade do lesado no Direito civil: da fundamentação da irreparabilidade do dano evitável. Tese (Doutorado em direito) – Faculdade de Direito, Universidade de São Paulo, São Paulo, 2016.

______. A irreparabilidade do dano evitável no direito civil brasileiro (parte 1). Consultor Jurídico (Conjur), São Paulo, 26 fev. 2018. Disponível em: <https://www.conjur.com.br/2018-fev-26/direito-civil-atual-irreparabilidade-dano-evitavel-direito-civil-brasileiro>. Acesso em: 2 nov. 2018.

DIDIER JR., Fredie; CUNHA, Leonardo Carneiro da; BRAGA, Paula Sarno; OLIVEIRA, Rafael Alexandria de. Curso de direito processual civil, vol. 5: execução. 7ª ed. Salvador: Jus Podivm, 2017.

KÖTZ, Hein. Europäisches Vertragsrecht. 2. Aufl. Tübingen: Mohr Siebeck, 2015.

KULESZA, Gustavo Santos. Princípio da mitigação de danos: evolução no direito contratual. Curitiba: Juruá, 2015.

______. Mitigação de danos e execução específica. In: SCHWENZER, Ingeborg; PEREIRA, Cesar A. Guimarães; TRIPODI, Leandro. A CISG e o Brasil: Convenção das Nações Unidas para os Contratos de Compra e Venda Internacional de Mercadorias. São Paulo: Marcial Pons, 2015, p. 395-420.

KUYVEN, Fernando; PIGNATTA, Francisco Augusto. Comentários à Convenção de Viena: compra e venda internacional de mercadorias. São Paulo: Saraiva, 2015.

LAITHIER, Yves-Marie, Exécution forcée en nature. In: CARTWRIGHT, John; WHITTAKER, Simon (ed.). The Code Napoleon rewritten: French contract law after the 2106 reforms. Oxford: Hart Publishing, 2017.

LOPES, Christian Sahb Batista. Mitigação dos prejuízos no direito contratual. São Paulo: Saraiva, 2013.

FRADERA, Véra Maria Jacob de. Pode o credor ser instado a diminuir o próprio prejuízo? Revista trimestral de direito civil. Rio de Janeiro: Padma, v. 19 (julho/setembro), 2004, p. 109-119.

GAGLIARDI, Rafael Villar. Mitigação de danos pelo credor: fundamento e perfil dogmático. Tese (Doutorado em direito) – Faculdade de Direito, Pontifícia Universidade Católica de São Paulo, São Paulo, 2016.

GONÇALVES, Tiago Figueiredo. Consignação em pagamento: aspectos de direito processual e material. Curitiba: Juruá, 2013.

HONSELL, Heinrich. Art. 77. In: HONSELL, Heinrich (Hrsg.) Kommentar zum UN-Kaufrecht: Übereinkommen der Vereinten Nationen über Verträge über den internationalen Warenkauf (CISG). 2. Aufl. Heidelberg: Springer, 2009.

MACHADO JUNIOR, Dario Ribeiro. Novo código de processo civil: anotado e comparado. 2ª ed. Rio de Janeiro: Forense, 2017.

MAGALHÃES, José Carlos de; VISCONTE, Debora. A mitigação de danos pelo credor. In: VENOSA, Sílvio de Salvo; GAGLIARDI, Rafael Villar; TERASHIMA, Eduardo Ono. A convenção de Viena sobre contratos de compra e venda internacional de mercadorias: desafios e perspectivas. São Paulo: Atlas, 2015, p. 478--487.

MAGNUS, Ulrich. J. von Staudingers Kommentar zum Bürgerlichen Gesetzbuch mit Einführungsgesetz und Nebengesetzen: Wiener UN-Kaufrecht (CISG). Berlin: Sellier – de Gruyter, 2005.

MARTINS, José Eduardo Figueiredo de Andrade. Duty to mitigate the loss no direito civil brasileiro. São Paulo: Verbatim, 2015.

MIRAGEM, Bruno. Direito civil: direito das obrigações. São Paulo: Saraiva, 2017.

MIRANDA, Pontes de. Tratado de direito privado, t. XXIV. São Paulo: RT, 2012.

MORAES, Bruno Terra de. O dever de mitigar o próprio dano: fundamento e parâmetros no direito brasileiro. Rio de Janeiro: Lumen Juris, 2019.

PENTEADO, Guilherme Stadler; GLITZ, Frederico Eduardo Zenedin. O dever de mitigação de perdas em contratos de compra e venda internacional de mercadorias. In: GLITZ, Frederico Eduardo Zenedin (Org.). Questões de direito internacional: pessoa, comércio e procedimento, vol. II. Curitiba: JML, 2018, p. 93-111.

RABEL, Ernst. Das Recht des Warenkaufs: eine Rechtsvergleichende Darstellung, vol. 1. Berlin: Walter de Gruyter, 1964.

ROWAN, Solène. Remedies for breach of contract: a comparative analysis of the protection. Oxford: University Press, 2012.

SCHWENZER, Ingeborg. Perdas e danos (arts. 74-77). In: SCHWENZER, Ingeborg et. al. (coord.). Comentários à convenção das nações unidas sobre contratos de compra e venda internacional de mercadorias. São Paulo: RT, 2014.

Silva, Bruno Freire e. Da alienação judicial. In: Cabral, Antonio do Passo; Cramer, Ronaldo (coord.). Comentários ao novo código de processo civil. 2ª ed. Rio de Janeiro: Forense, 2016.

Steiner, Renata C.. Reparação de danos: interesse positivo e interesse negativo. São Paulo: Quartier Latin, 2018.

Zimmermann, Reinhard. Art 9:506: Substitute transaction. In: Jansen, Nils; Zimmermann, Reinhard. Commentaries on European contract laws. Oxford: Oxford University Press, 2018.

ÍNDICE GERAL